中国证券期货统计年鉴

CHINA SECURITIES AND FUTURES STATISTICAL YEARBOOK

2006

中国证券监督管理委员会　编

Edited by

CHINA SECURITIES REGULATORY COMMISSION

学林出版社

图书在版编目(CIP)数据

中国证券期货统计年鉴. 2006/中国证券监督管理委员会编. —上海:学林出版社,2006. 8
ISBN 7-80730-207-0

Ⅰ. 2... Ⅱ. 中... Ⅲ. ①证券交易-统计资料-中国-2006-年鉴 ②期货交易-统计资料-中国-2006-年鉴 Ⅳ. F832. 51-66

中国版本图书馆 CIP 数据核字(2006)第 084534 号

责任编辑 严 梧
特约编辑 李 东
封面设计 周剑峰

中国证券期货统计年鉴(2006)
中国证券监督管理委员会 编
上海世纪出版股份有限公司 学林出版社出版
(上海市钦州南路 81 号 3 楼 邮政编码 200235 电话:021-64515012)
全国新华书店经销 上海译文印刷厂印刷
787×1092 毫米 1/16 印张 23.5 字数 61 万
2006 年 8 月第 1 版 2006 年 8 月第 1 次印刷
印数:1—2,500 册
ISBN 7-80730-207-0/Z・8 定价:120 元

编 者 说 明
Edit Directions

一、《中国证券期货统计年鉴(2006)》(中英文)收录了2006年证券期货市场的统计数据以及与证券市场有关的部分宏观经济指标。

二、本年鉴分为9个部分:1.证券市场概况;2.股票市场;3.债券市场;4.证券投资基金及衍生品;5.上市公司;6.投资者结构;7.期货市场;8.证券期货中介机构;9.大事记。每篇末有《主要统计指标解释》。另附上海、深圳交易所收费标准、中国证监会派出机构通讯录等。

三、本年鉴资料主要来自交易所统计报表和证监会业务部门;宏观经济数据来自中国人民银行、国家统计局等部委。

四、根据证券期货市场的发展,本年年鉴在内容上和表式上进行了扩充和调整。第三章增加了货币市场主要品种利率统计表;第四章增加了QFII情况一览表、上市权证一览表;第五章增加了上海、深圳证券交易所股改公司一览表;第八章增加了2004—2005年高风险证券公司处置情况表,使年鉴内容更加充实、丰富。

五、本年鉴部分数据合计数或相对数由于单位取舍不同而产生的计算误差均未作调整。

六、本年鉴各表中,度量单位均在该表上方,对表中部分指标的注解、资料来源、汇率换算标准等在该表下方。凡带续表的资料,对部分指标的注解一律在最后一张续表的下方。

中国证券监督管理委员会

2006年6月

目　录
CONTENTS

编者说明
Edit Directions

三、债券

Bonds

四、证券投资基金及衍生品
Securities Investment Funds & Derivation

五、上市公司
Listed Companies

六、登记结算
Securities Depository and Clearing

七、期货
Futures

九、大事记
Events

附录
Appendix

2005年中国证券市场综述

Summary for Chinese Securities Market 2005

2005年是我国证券市场的关键变革之年，股权分置改革平稳、成功推出，证券公司综合治理取得明显成效，证券市场法制建设不断完善。随着改革深化和运行环境变化，市场各项基础制度不断完善，原有的矛盾和问题逐步得到化解，市场运行呈现出较强的转折特征。

一、市场运行总体情况

1. 市场规模基本稳定。截至2005年底，两市上市公司1381家，新增16家，退市12家；总市值和流通市值分别为32430.28亿元和10630.51亿元，比去年年底分别下降12.49%和9.05%；投资者开户数7336.07万户，比去年年底增加120.33万户，其中机构投资者36.72万户，比去年年底增加1.20万户。

2. 股市运行总体呈弱市格局。2005年底，上证综指报收于1161.06，较去年年底下跌105.44点，跌幅为8.33%；深证综指较去年年底下跌37.06点，跌幅为11.73%。全年股票日均成交130.84亿元，比去年日均成交额减少了24.89%。

3. 机构投资者稳步发展。截至年底，共有证券投资基金管理公司53家，新成立8家，其中三家为国有商业银行控股的基金公司。管理的基金规模为4714.18亿份，比去年底增加1532.06亿份，增幅为44.12%。批准QFII机构34家，累计获批外汇投资额度57.45亿美元。全国社会保障基金持有股票资产市值205.2亿元，入市规模较去年底增长了65%。保险资金已间接入市1060亿元，直接入市金额已达135.7亿元。企业年金入市工作已进入实质性操作阶段。

4. 境内市场筹资额下降较多。全年境内市场股票筹资338.13亿元，比去年同期下降58.7%，但境外筹资大幅上升，共计筹资折合人民币1544.38亿元，同比增长138.30%。

二、市场运行特征

随着股权分置改革的稳步推进和相关配套政策的逐步落实，沪深股市运行的内在机制和格局发生了重大变化，历史遗留问题导致的定价机制扭曲、过度投机和欺诈操纵屡禁不止的状况得到了好转，市场运行呈现诸多崭新的特征。

1. 估值水平与成熟市场进一步接轨，投资价值明显增强。通过以送股为主要形式的对价支付和市场自然除权，已股改公司的估值水平明显下降，市盈率由2005年4月29日的16.60倍降至2005年底的12.75倍，已低于标普500指数成份股目前17.77倍的平均市盈率，基本接近恒生指数成份股13.60倍的市盈率。在G股的带动下，A股整体市盈率也有明显的下降，由股改前的20.96倍下降到16.34倍。在整体估值水平基本完成国际接轨的基础上，A股市场出现了局部性低估，能源和公用事业类股票估值水平明显低于成熟市场同类股票。股市原有的价格高估风险已基本得到释放，投资价值明显增强。

2. 股改促进了公司治理结构的改善，治理结构良好的公司股价稳步上扬。在股权分置改革初期，由于对改革的预期不稳定，市场估值体系一度出现混乱。但随着股权分置改革的推进和资本市场对外开放的深化,市场估值体系遵循全流通框架和国际化方向演化的趋势日益凸现。业绩优良、公司治理结构良好的上市公司股价稳步走高,而公司治理较差、业绩持续下滑甚至亏损的公司股价继续回落,优质优价、劣质劣价的市场机制得到了体现,市场合理定价的机制开始发挥作用。

3. 机构投资者多元化格局初步形成,股市生态环境逐步改善。在证券投资基金超常规发展的同时,QFII、社保、保险等机构投资者也迅速成长起来,加上创新类和规范类证券公司逐步摆脱历史包袱,活力不断增强,股市机构投资者多元化格局日益显现。由于资金来源和考核标准等方面的差异,不同机构投资者在投资理念、行为方式上表现出各自的特点,改善了股市生态环境,有利于股市转入均衡协调的可持续发展轨道。比如,在大盘冲击千三的过程中,开放式基金500亿元的净赎回被一般机构、QFII、保险机构以及散户承接,大盘保持了相对稳定,这在前几年"基金独大"的局面下是难以想象的。

4. 宏观经济和股市关联度有所增强,行业板块结构分化特征突出。2005年,投资者尤其是机构投资者对我国宏观经济走势和产业周期调整表现出强烈的关注,宏观经济对股市的影响在逐渐强化,经济增速减缓趋势下的行业景气起落在股价结构调整中得到了比较明显的体现。据统计,2004年我国股市行业板块的整体涨跌幅度和净资产收益率之间相关系数为-0.062,业绩好的股票价格并不强势,业绩差的股票反而可能表现较好;2005年这种现象发生了明显的改观,行业板块的整体涨跌幅度和净资产收益率之间相关系数为0.56,业绩好的公司股价走势总体上较强,业绩差的公司股票价格走势较弱。这一变化可能与两方面原因有关:随着机构投资者发展壮大和国际接轨加快,投资分析和决策更加注重基本面因素;股权分置改革的成功推进,极大地稳定了市场预期,影响估值的制度风险有所减少,业绩因素在估值中的作用实现合理回归。

5. G股股价表现总体强于大盘,起到了良好的示范作用。在大盘从股改试点开始的下跌、到股改全面推开时的企稳、再到股改不断深入后的上涨过程中,G股的表现对大盘的稳定及上涨有积极的促进作用。2005年12月30日已上市A股流通市值比2005年4月29日减少了0.21%,而同期已上市G股流通市值却增加了8.3%,G股起到了稳定市场的作用。同时,整体而言,股改后流通股东和非流通股东收益都有明显增加,形成了流通股东和非流通股东双赢的局面。

三、证券市场制度建设

2005年,证券市场的制度建设取得突破性进展,股权分置改革平稳成功推出,证券公司综合治理取得明显成效,证券市场法制建设不断完善。

1. 以股权分置改革为突破口,积极稳妥地解决历史遗留问题。股权分置一直是影响我国证券市场健康发展的重大基础制度缺陷,为了推动证券市场的机制转换,恢复市场功能,2005年4月29日,在国务院的统一部署下,中国证监会发布了《关于上市公司股权分置改革试点有关问题的通知》,正式启动上市公司股权分置改革试点。在中国证监会的全力推动下,在有关部门的协力配合和市场各方的共同参与下,股改效应初步显现,股权分置改革遵循的原则、基本方法得到了普遍的认同,市场信心不断恢复,改革预期趋于稳定。同时,通过股权分置改革与解决上市公司历史遗留问题的组合方案运作,还推动了募集法人股、未上市内部职工股、大股东占用上市公司资金等影响市场和社会稳定的上市公司复杂问题的解决,促进上市公司质量的提高。

2. 证券公司综合治理取得明显成效。为从根本上解决证券公司近年来集中暴露的风险和问题,中国证监会在国务院的统一部署和各有关方面的支持配合下,提出了"解决突出问题和促进行业发展相结合"的证券公司综合治理工作思路。根据经国务院同意的《证券公司综合治理工作方案》,成立了证券公司综合治理工作小组,对证券公司实施了综合治理。主要包括:加强信息监管,强化信息披露;保障客户资产,实现风险隔离;推进公司治理,完善分类监管;改善经营模式,推动资源整合。同时,进一步拓宽证券公司的融资渠道,促进证券公司的业务创新。此外,对严重损害投资者利益、危害市场健康运行的证券公司违法违规行为严肃追究责任,化解风险和打击犯罪齐头并进,督促证券公司规范运作,压缩违规业务空间,加强监管工作的有效性。

3. 以《证券法》、《公司法》修订为标志,证券市场法制建设不断完善。2005年是我国证券法制建设取得丰硕成果的一年。《证券法》和《公司法》的修订于2005年10月27日由第十届全国人大第十八次会议审议通过,并于2006年1月1日起施行。这次"两法"的修订在系统总结我国证券市场改革和发展的实践基础上,以落实党中央、国务院关于大力发展资本市场的战略部署为指导,对两法的条文作了较大幅度的修订,拓宽了证券市场创新发展的法律空间;突出强调了对投资者尤其是中小投资者合法权益的保护;进一步完善了上市公司治理的相关制度;促进了证券公司风险防范和规范发展;完善了证券上市、发行的相关制度;调整了证券登记结算制度;充实了证券监管机构的执法权限和手段,细化了对证券违法行为的处罚等。两法的修订是进一步健全市场经济法律体系的一个重要举措,为我国证券市场改革开放和稳定发展提供了坚实的法律保障。为从根本上解决影响我国证券市场发展的深层次问题和结构性矛盾创造了条件,为证券市场的发展创造了广阔的空间。

(中国证监会)

一、概　　况

Summary

1-1 证券市场概况统计表

	1992	1993	1994	1995
境内上市公司数(A、B股)(家) Number of Listed Companies (A、B share)	53	183	291	323
境内上市外资股(B股)(家) Number of Listed Companies (B share)	18	41	58	70
境外上市公司数(H股)(家) Number of Listed Companies (H share)		6	15	18
股票总发行股本(亿股) Total Issued Capital	68.87	387.73	684.54	848.42
其中:流通股本(亿股) Negotiable Shares	21.18	107.88	226.04	301.46
股票市价总值(亿元) Total Market	1048.13	3531.01	3690.61	3474.28
其中:股票流通市值(亿元) Negotiable Market Capitalization	—	861.62	968.89	938.22
股票成交量(百万股) Trading Volume	3795.39	23422.17	201333.91	70547.06
股票成交金额(亿元) Total Turnover	681.25	3667.02	8127.63	4036.47
上证综合指数(收盘) Shanghai Stock Exchange Composite index	780.39	833.80	647.87	555.29
深证综合指数(收盘) Shenzhen Stock Exchange Composite index	241.2	238.27	140.63	113.24
投资者账户数(万户) Securities Accounts (10000)	216.65	835.17	1107.76	1294.19
平均市盈率 PE Ratio				
上海 Shanghai	—	42.48	23.45	15.70
深圳 Shenzhen	—	42.69	10.28	9.46
平均换手率(%) Turnover Ratio				
上海 Shanghai			1134.65	528.72
深圳 Shenzhen			583.83	254.52
国债发行额(亿元) Amount Issued of T-Bonds (100000000)	460.78	381.31	1137.55	1510.86
企业债发行额(亿元) Amount Issued of Enterprise Bond (100000000)	683.71	235.84	161.75	300.80
债券成交量(万手) Bonds Transaction Volume (10000)				100660.50
债券成交额(亿元) Bonds Turnover (100000000)				59367.61
国债现货成交金额(亿元) Cash T-Bonds Turnover (100000000)	7.1276	61.02	468.37	775.20
国债回购成交金额(亿元) Repurchase T-bonds Turnover (100000000)	0.00	0.42	75.78	1248.52
证券投资基金只数(只) Number of Securities Investment Funds				
证券投资基金规模(亿元) Amount Issued of Securities Investment Funds (100000000)				
证券投资基金成交金额(亿元) Turnover of Securities Investment Funds (1000000000)				
期货总成交量(万手) Futures Transaction Volume (10000)		890.69	12110.72	63612.07
期货总成交额量(亿元) Futures Turnover (100000000)		5521.99	31601.41	100565

数据来源:本书各章相关表

Source: Relative Tables followed

Summary for Securities Market

1996	1997	1998	1999	2000	2001	2002	2003	2004	2005
530	745	851	949	1088	1160	1224	1287	1377	1381
85	101	106	108	114	112	111	111	110	109
25	42	43	46	52	60	75	93	111	122
1219.54	1942.67	2526.79	3088.95	3791.71	5218.01	5875.45	6428.46	7149.43	7629.51
429.85	671.44	861.94	1079.65	1354.26	1813.17	2036.90	2269.92	2577.18	2914.77
9842.38	17529.24	19505.64	26471.17	48090.94	43522.20	38329.12	42457.72	37055.57	32430.28
2867.03	5204.42	5745.59	8213.97	16087.52	14463.17	12484.55	13178.52	11688.64	10630.51
253314.06	256079.12	215411.00	293238.88	475840.00	315228.76	301619.49	416308.40	582773.29	662373.20
21332.16	30721.84	23544.25	31319.60	60826.65	38305.18	27990.46	32115.27	42333.95	31664.78
917.01	1194.10	1146.70	1366.58	2073.48	1645.97	1357.65	1497.04	1266.50	1161.06
327.45	381.29	343.85	402.18	635.73	475.94	388.76	378.62	315.81	278.75
2422.08	3480.26	4259.88	4810.63	6123.24	6898.68	6841.84	6981.24	7215.74	7336.07
31.32	39.86	34.38	38.13	58.22	37.71	34.43	36.54	24.23	16.33
35.42	41.24	32.31	37.56	56.03	39.79	36.97	36.19	24.63	16.36
913.43	701.81	453.63	471.46	492.87	269.33	214.00	250.75	288.71	274.37
1350.35	817.43	406.56	424.52	509.10	227.89	198.79	214.18	288.29	316.43
1847.77	2411.79	3808.77	4015.00	4657.00	4884.00	5934.30	6280.10	6923.90	7042.00
268.92	255.23	147.89	158.20	83.00	147.00	325.00	358.00	327.00	2046.50
174297.17	161732.38	203161.4	170716.33	197979.00	204707.68	329252.26	620194.41	504218.50	283714.36
18039.35	16476.89	21661.78	18284.12	19119.16	20417.76	33249.53	62136.36	50323.50	28367.85
5029.24	3582.75	6059.95	5300.87	4157.49	4815.59	8708.68	5756.11	2966.46	2780.63
13008.64	12876.06	15540.84	12890.53	14733.68	15487.63	24419.64	52999.85	44086.61	23621.17
		6	22	34	51	71	95	161	218
		120	510	562	804.23	1318.85	1614.67	3308.79	4714.18
		555.33	1623.12	2465.79	2561.88	1166.58	682.65	479.47	773.15
34256.77	15876.32	10445.57	7363.91	5461.07	12046.35	13943.37	27992.43	30569.76	32287.41
84119.16	61170.66	36967.24	22343.01	16082.29	30144.98	39490.28	108396.59	146935.32	134463.38

1-2 1986—2005 年国内有价证券分类发行情况

		1981—1985 年	1986 年	1987 年	1988 年	1989 年	1990 年	1991 年	1992 年
一、国债 Treasury Bond	发行额 Amount Issued	237.21	62.51	116.87	188.77	223.91	197.23	281.25	460.78
	兑付额 Amount Repayed		6.65	18.41	21.66	13.22	76.22	111.60	238.05
	期末余额 Balance	237.21	293.07	391.53	558.64	769.33	890.34	1059.99	1282.72
1. 国库券 Treasury Bill	发行额 Amount Issued	237.21	62.51	62.87	92.16	56.07	93.46	199.41	395.64
	兑付额 Amount Repayed		6.65	18.41	21.66	13.22	49.59	106.65	120.41
	期末余额 Balance	237.21	293.07	337.53	408.03	450.88	494.75	587.51	862.74
2. 财政证券 Financial Bond	发行额 Amount Issued				66.07		71.09	64.63	65.14
	兑付额 Amount Repayed								0.02
	期末余额 Balance				66.07	66.07	137.16	201.79	266.91
3. 国家建设债券 State Construction Bond	发行额 Amount Issued				30.54				
	兑付额 Amount Repayed						21.58	4.95	2.25
	期末余额 Balance				30.54	30.54	8.96	4.01	1.76
4. 国家重点建设债券 State Key construction Bond	发行额 Amount Issued			54.00					
	兑付额 Amount Repayed						5.05		
	期末余额 Balance			54.00	54.00	54.00	48.95	48.95	48.95
5. 特种国债 Special Bond	发行额 Amount Issued					42.84	32.68	17.21	
	兑付额 Amount Repayed								
	期末余额 Balance					42.84	75.52	92.73	92.73
6. 保值公债 Price Index Bond	发行额 Amount Issued					125.00			
	兑付额 Amount Repayed								115.37
	期末余额 Balance					125.00	125.00	125.00	9.63
7. 定向债券 Special Purchase Bond	发行额 Amount Issued								
	兑付额 Amount Repayed								
	期末余额 Balance								
二、政策性金融债 Policy Financial Bond	发行额 Amount Issued								
	兑付额 Amount Repayed								
	期末余额 Balance								
三、其他金融债券 Other Financial Bond	发行额 Amount Issued		30.00	60.00	65.00	60.66	64.40	66.91	55.00
	兑付额 Amount Repayed		5.00	30.00	40.00	70.11	50.07	33.67	30.00
	期末余额 Balance		25.00	55.00	80.00	70.55	84.88	118.12	143.12

Issuing Summary of Domestic Securities by Category（1986—2005）

单位:亿元人民币　100000000 yuan

1993 年	1994 年	1995 年	1996 年	1997 年	1998 年	1999 年	2000 年	2001 年	2002 年	2003 年	2004 年	2005 年
381.31	1137.55	1510.86	1847.77	2411.79	3808.77	4015.00	4657.00	4884.00	5934.30	6280.10	6923.90	7042.00
123.29	391.89	496.96	786.64	1264.29	1550.84	1238.70	2179.00	2286.00	2216.20	2755.80	3749.90	1045.50
1540.74	2286.40	3300.30	4361.43	5508.88	7765.70	10542.00	13020.00	15618.00	19336.10	22603.60	25777.60	28774.00
314.77	1117.93	1486.76	1813.27	2382.44								
105.75	349.76	297.99	700.30	1192.23								
1071.76	1839.93	3028.70	4141.67	5331.88								
66.54												
9.38	0.42	126.66	65.05	65.40								
324.07	323.65	196.99	131.94	66.54								
0.90	0.29	0.45	0.09	0.03								
0.86	0.57	0.12	0.03	0.00								
		41.13	3.92	3.63								
48.95	48.95	7.82	3.90	0.27								
	39.81	30.02	17.23	3.00								
92.73	52.92	22.90	5.67	2.67								
7.26	1.61	0.71	0.05									
2.37	0.76	0.05	0.00	0.00								
	19.62	24.10	34.50	29.35								
	19.62	43.72	78.22	107.57								
			1055.60	1431.50	1950.23	1800.89	1645.00	2590.00	3075.00	4561.40	4148.00	5851.70
			254.50	312.30	320.40	473.20	709.20	1438.80	1555.70	2505.30	1778.70	2053.00
		1613.20	2399.70	3486.90	5121.13	6447.48	7383.28	8534.48	10054.10	11650.00	14019.30	17818.00
			14.60	32.00							945.30	1265.30
34.29	13.54										0.00	29.00
108.83	95.29	95.29	109.89	141.90							945.30	1911.60

续表

		1981—1985 年	1986 年	1987 年	1988 年	1989 年	1990 年	1991 年	1992 年
四、企业债 Enterprise Bond	发行额 Amount Issued		100.00	30.00	75.41	75.26	126.37	249.96	683.71
	兑付额 Amount Repayed		16.23	27.42	46.72	43.94	77.29	114.31	192.76
	期末余额 Balance		83.77	86.35	115.04	146.36	195.44	331.09	822.04
1. 中央企业债券 Central Entreprise Bond	发行额 Amount Issued								74.10
	兑付额 Amount Repayed								
	期末余额 Balance								74.10
2. 地方企业债券 Local Enterprise Bond	发行额 Amount Issued		100.00	30.00	30.00	14.83	49.33	115.25	258.77
	兑付额 Amount Repayed		16.23	27.42	46.72	15.32	22.05	25.34	37.26
	期末余额 Balance		83.77	86.35	69.63	69.14	96.42	186.33	407.84
3. 短期融资券 Enterprise Short-term Bond	发行额 Amount Issued				11.72	29.72	50.15	104.44	228.53
	兑付额 Amount Repayed					14.74	32.73	60.03	111.27
	期末余额 Balance				11.72	26.70	44.12	88.53	205.79
4. 内部债券 Internal Bond	发行额 Amount Issued				33.69	30.71	26.89	30.27	111.51
	兑付额 Amount Repayed					13.88	22.51	28.94	44.23
	期末余额 Balance				33.69	50.52	54.90	56.23	123.51
5. 住宅建设债券 House Construction Bond	发行额 Amount Issued								6.43
	兑付额 Amount Repayed								
	期末余额 Balance								6.43
6. 地方投资公司债券 Local Investment Company Bond	发行额 Amount Issued								4.37
	兑付额 Amount Repayed								
	期末余额 Balance								4.37
五、国家投资债券 State Investment Bond	发行额 Amount Issued							95.00	60.00
	兑付额 Amount Repayed								
	期末余额 Balance							95.00	155.00
六、国家投资公司债券 State Investment Company Bond	发行额 Amount Issued			30.00	90.00	22.53	6.15	2.29	8.01
	兑付额 Amount Repayed							0.83	2.04
	期末余额 Balance			30.00	120.00	142.53	148.68	150.14	156.11
债券合计 Total of Bond	发行额 Amount Issued	237.21	192.51	236.87	419.18	382.36	394.15	695.41	1267.50
	兑付额 Amount Repayed	0.00	27.88	75.83	108.38	127.27	203.58	260.41	462.85
	期末余额 Balance	237.21	401.84	562.88	873.68	1128.77	1319.34	1754.34	2558.99
七、股票(A 股) A Shares	发行额 Amount Issued			10.00	25.00	6.62	4.28	5.00	10.00
	筹资额 Raised Capital			10.00	25.00	6.62	4.28	5.00	50.00

注:1. 国债数据,企业债券和金融债券的数据由中国人民银行提供,股票数据由中国证监会提供;
2. 兑付额指还本金额;
3. 2004 年的其他金融债为次级债;
4. 1992 年以前的股票按面值发行,1992 年以后为溢价发行,其中 1992 年的筹资额为按照 5 倍溢价估算值;
5. 股票发行为首发 IPO。

数据来源:中国人民银行、中国证监会
Source: PBC and CSRC

Continued

1993 年	1994 年	1995 年	1996 年	1997 年	1998 年	1999 年	2000 年	2001 年	2002 年	2003 年	2004 年	2005 年
235.84	161.75	300.80	268.92	255.23	147.89	158.00	83.00	147.00	325.00	358.00	327.00	2046.50
255.48	282.04	336.30	317.80	219.81	105.25	56.50	0.00	0.00				37.00
802.40	682.11	646.61	597.73	521.02	676.93	778.63	861.63	1008.63				
		77.50	86.15	86.15								
				0.00								
74.10	74.10	151.60	237.75	238.00								
20.06	38.43	52.50	62.15	99.66								
79.45	91.19	152.50	43.41	101.28								
348.45	295.69	195.69	214.43	213.61								
215.78	123.32	170.80	120.62	69.42								
176.03	190.85	173.00	150.88	118.53								
245.54	178.01	175.81	145.55	69.41								
			123.51									
123.51	123.51	123.51	0.00									
		6.43										
6.43	6.43	0.00	0.00									
		4.37										
4.37	4.37	0.00	0.00									
1.50	14.11											
153.50	139.39	139.39	139.39									
2.38	1.92	32.70										
153.73	151.81	119.11	119.11									
617.15	1299.30	1811.66	3172.29									
416.94	703.50	865.96	1358.94									
2759.20	3355.00	4300.70	6114.05									
42.59	10.97	5.32	38.29	105.65	86.30	98.11	145.68	93.00	134.20	83.64	54.88	13.80
194.83	49.62	22.68	224.45	655.06	409.09	497.88	812.37	534.29	516.96	453.51	353.42	56.74

1-3 股票市值与GDP的比率
Ratio of Market Capitalization to GDP

Unit：100000000 yuan　　　　单位:亿元

	GDP	市价总值 Market Capitalization	%	GDP	流通市值 Negotiable Market Capitalization	%
1992	26638.1	1048.13	3.93%	26638.1		
1993	34634.4	3531.01	10.20%	34634.4		
1994	46759.4	3690.62	7.89%	46759.4	964.82	2.06%
1995	58478.1	3474.00	5.94%	58478.1	937.94	1.60%
1996	67884.6	9842.37	14.50%	67884.6	2867.03	4.22%
1997	74772.4	17529.23	23.44%	74772.4	5204.43	6.96%
1998	79552.8	19505.64	24.52%	79552.8	5745.59	7.22%
1999	82054	26471.17	31.82%	82054	8213.97	9.87%
2000	89404	48090.94	53.79%	89404	16087.52	17.99%
2001	95933	43522.19	45.37%	95933	14463.16	15.08%
2002	102398	38329.12	37.43%	102398	12484.55	12.19%
2003	116694	42457.72	36.38%	116694	13178.52	11.29%
2004	159587	37055.57	23.22%	159587	11688.64	8.56%
2005	183192	32430.28	17.70%	183192	10630.51	5.80%

注:2004、2005年GDP根据国家统计局的第一次证券业经济普查数据进行了调整

数据来源:国家统计局、中国证监会

Source：NBSC and CSRC

市价总值与GDP的比率
Ratio of Market Capitalization to GDP

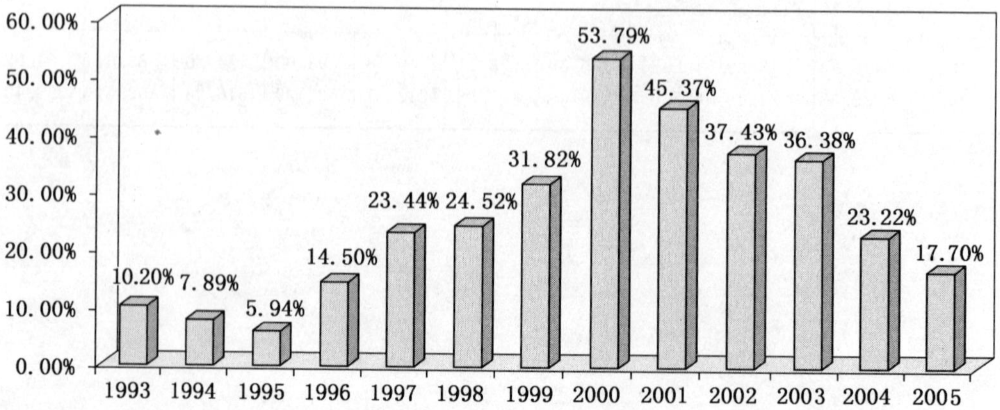

1-4　境内股票筹资和银行贷款增加额的比率

Ratio of Domestic Raised Capital in Stock Market to Amount of Loan of Bank

Unit：100000000 yuan　　　　单位:亿元

	境内筹资额 Domestic Raised Capital	贷款增加额 Amount of Loan of Bank	%
1993	314.54	6335.40	4.96%
1994	138.05	7216.62	1.91%
1995	118.86	9339.82	1.27%
1996	341.52	10683.33	3.20%
1997	933.82	10712.47	8.72%
1998	803.57	11490.94	6.99%
1999	897.39	10846.36	8.27%
2000	1541.02	13346.61	11.55%
2001	1182.13	12439.41	9.50%
2002	779.75	18979.20	4.11%
2003	823.10	27702.30	2.97%
2004	862.67	19201.60	4.49%
2005	338.13	16492.60	2.05%

注:境内筹资额为A、B股筹资额。

数据来源:中国人民银行、国家统计局、中国证监会

Source：PBC NBSC and CSRC

境内股票筹资和银行贷款增加额的比率

Ratio of Domestic Raised Capital in Stock Market to Amount of Loan of Bank

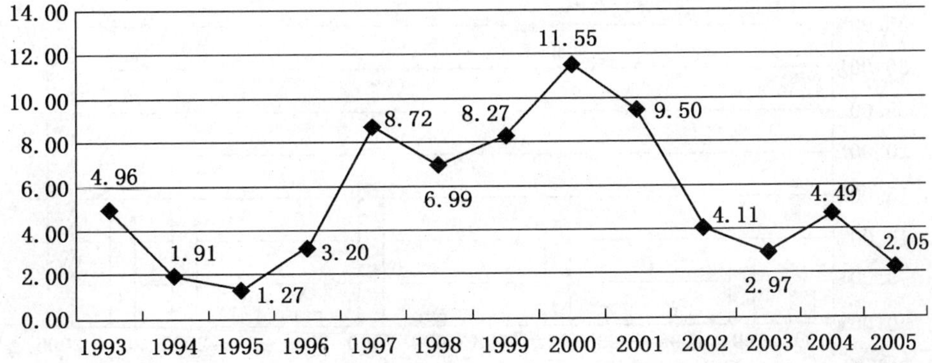

1-5 证券市场境外筹资在引进外资中的比重

Percent of Foreign Raise Capital Through Stock Market in Utilization of Foreign Capital

Unit: 100000000 yuan　　　　单位:亿元

	境外筹资 Foreign Raised Capital	外商直接投资总额 Total Amount of Foreign Direct Investment	%
1993	60.93	1596.16	3.82%
1994	188.73	2856.94	6.61%
1995	31.46	3114.16	1.01%
1996	83.56	3463.59	2.41%
1997	360.00	3756.58	9.58%
1998	37.95	3773.18	1.01%
1999	47.17	3338.50	1.41%
2000	562.21	3370.79	16.68%
2001	70.21	3881.66	1.81%
2002	181.99	4366.87	4.17%
2003	534.65	4430.63	12.07%
2004	648.08	5014.10	12.93%
2005	1544.38	4674.84	33.04%

注:境外筹资仅指 H 股筹资;外商直接投资为实际使用额。

数据来源:国家统计局、中国证监会

Source: NBSC and CSRC

境外筹资占引进外资中的比重

Percent of Foreign Raise Capital Through Stock Market in Utilization of Foreign Capital

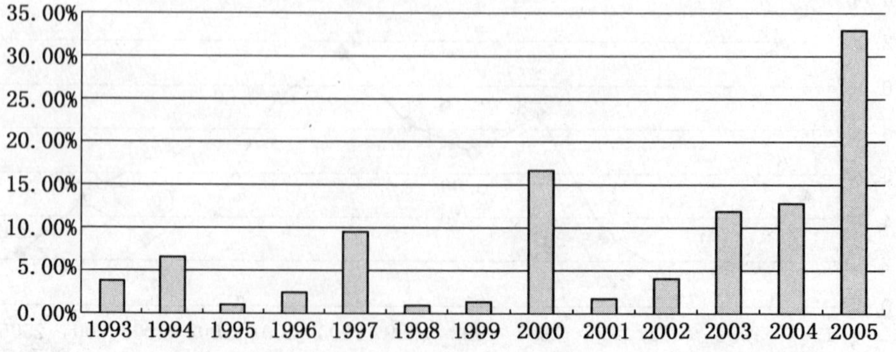

1-6　境内外股票筹资和固定资产投资额的比率

Ratio of Domestic & Foreign Raised Capital in Stock Market to Amount of Investment in Fixed-Assets

Unit：100000000 yuan　　　　单位:亿元

	境内外筹资额 Domestic & Foreign Raised Capital	固定资产投资额 Amount of Investment in Fixed-Assets	%	境内筹资额 Domestic Raised Capital	固定资产投资 Investment in Fixed-Asset	%
1992	94.09	8080.1	1.16%	94.09	8080.1	1.16%
1993	375.47	13072.3	2.87%	314.54	13072.3	2.41%
1994	326.78	17042.1	1.92%	138.05	17042.1	0.81%
1995	150.32	20019.3	0.75%	118.86	20019.3	0.59%
1996	425.08	22913.5	1.86%	341.52	22913.5	1.49%
1997	1293.82	24941.1	5.19%	933.82	24941.1	3.74%
1998	841.52	28406.2	2.96%	803.57	28406.2	2.83%
1999	944.56	29475.15	3.16%	897.39	29475.2	3.04%
2000	2103.16	32917.7	8.68%	1541.02	32917.7	4.68%
2001	1252.28	27826.6	4.50%	1182.13	27826.6	4.25%
2002	961.75	32942	2.92%	779.75	32942.0	2.37%
2003	1357.75	55118	2.46%	823.10	55118.0	1.49%
2004	1519.94	70477.4	2.16%	862.67	70477.4	1.55%
2005	1882.51	88604.3	2.12%	1544.38	88604.3	1.74%

注:境内筹资额包括 A、B 股筹资。
数据来源:国家统计局、中国证监会
Source：NBSC and CSRC

境内外股票筹资和固定资产投资额的比率

Ratio of Domestic & Foreign Raised Capital in Stock Market to Amount of Investment in Fixed-Assets

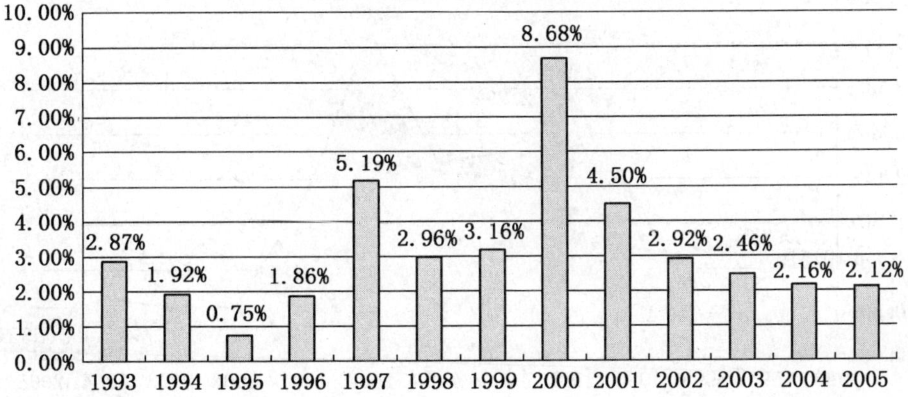

1-7　股票印花税在财政收入中的比重
Proportion of Stamp Duty In Revenue

Unit：100000000 yuan　　　　单位:亿元

	财政收入 Revenue	股票印花税 Stamp Duty	%	中央财政收入 Central Revenue	股票印花税 Stamp Duty	%
1993	4349	22.00	0.51%	958	22.00	2.30%
1994	5248	48.77	0.93%	2907	48.77	1.68%
1995	6242	26.38	0.42%	3257	26.38	0.81%
1996	7408	127.99	1.73%	3661	127.99	3.50%
1997	8651	250.76	2.90%	4227	250.76	5.93%
1998	9853	225.75	2.29%	4885	225.75	4.62%
1999	11377	248.07	2.18%	5798	248.07	4.28%
2000	13380	485.89	3.63%	7584	485.89	6.41%
2001	16386	291.31	1.78%	8583	291.44	3.40%
2002	18914	111.95	0.59%	11020	111.95	1.02%
2003	21715	128.35	0.59%	11865	128.35	1.08%
2004	26397	169.08	0.64%	14503	169.08	1.17%
2005	31628	102.68	0.32%	16535.9	102.68	0.62%

数据来源:国家统计局、中国证监会
Source：NBSC and CSRC

股票印花税在财政收入中的比重
Proportion of Stamp Duty In Revenue

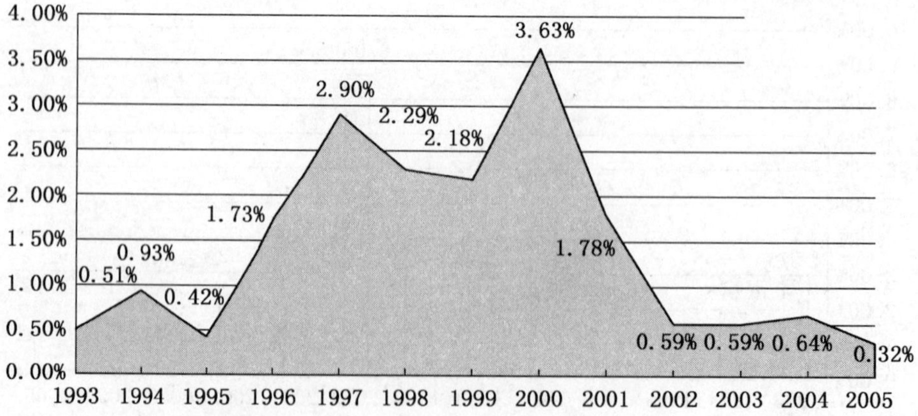

二、股　　票

Stocks

2005年上海股票市场综述

Summary for Shanghai Stock Market 2005

一、市场交易品种增加,上市公司规模与上年基本持平,因市场下跌,股票市价总值、流通市值缩水,筹资总额减少,持有股票的账户比例降低,国债现券托管总量减少

年底,上海证券市场共有10类交易品种,与上年底相比新增ETF、权证两大类。上市公司总数834家,较上年底减少3家;上市股票数878只,较上年底减少3只。市价总值23096.13亿元(相当于2004年GDP的14.45%),较上年底减少2918.21亿元,减幅11.22%;流通市值6754.61亿元,较上年底减少596.27亿元,减幅8.11%。全年股票筹资总额299.77亿元,较上年456.90亿元减少34.39%。其中首次发行筹资28.55亿元,较上年减少87.97%。再次发行筹资271.22亿元,较上年增加23.47%。

年底,投资者开户总数3856.03万户,较上年底增加1.82%,增幅为近五年最低。持有A股账户数1357.61万户,较上年底减少5.58%,占总开户数的35.21%。

年底,国债托管量为3448亿元,比年初3931亿元减少12.29%。

二、股权分置改革顺利实施,沪市125家上市公司完成股改,98家公司公布股改方案

年底,沪市125家G股市价总值、流通市值分别为4635.43、1708.64亿元,分别占沪市A股总体的20.28%、26.23%,平均市盈率12.80倍,较市场平均水平16.33倍低21.62%。98家已公布股改方案公司市价总值、流通市值分别为2525.83、741.78亿元,分别占沪市A股的11.05%、11.39%,平均市盈率21.27倍,较市场平均水平16.33倍水平高30.25%。

三、股票市场总体表现为弱势,上证综指一度跌破千点,随着股改的深入,下半年市场信心有所恢复。债券市场全年稳步上涨,国债指数创出历史新高

上半年,市场振荡下跌,大部分投资者对后市极度悲观,市场出现恐慌性抛售,上证综指一度跌破千点,最低为998.23点,最大跌幅21.18%。下半年,股改预期逐渐明确,市场信心有所恢复,股指出现较大幅度回升,较全年最低点最大涨幅达到22.55%。年末上证综指收盘报1161.06点,较上年底下跌105.44点,跌幅8.33%。上证50指数年末收盘报796.396点,跌幅5.50%,较综指低2.83个百分点。上证180指数年末收盘报2166.779点,跌幅8.27%,较综指低0.06个百分点。

受通货膨胀压力缓解、市场资金宽裕两大利好支持,国债指数全年稳步上涨,并创出历史新高。年底国债指数收盘报109.06点,涨幅14.07%。

	收盘	涨跌	涨跌幅(%)	最大涨幅(%)	最大跌幅(%)	振幅(%)
上证综指	1161.06	−105.44	−8.33	4.90	−21.18	33.09
上证180	2166.78	−195.29	−8.27	5.50	−19.23	30.61
上证50	796.40	−46.33	−5.50	5.61	−17.70	28.33
沪深300	923.45	−61.28	−6.22	2.44	−17.97	24.88
上证B股	62.02	−13.64	−18.03	11.32	−33.49	67.37
国债指数	109.06	13.45	14.06	14.77	−0.01	14.77

四、沪市总成交金额近5万亿元，与上年相比，股票、债券回购交易额大幅减少

全年沪市总成交金额49718.16亿元，占沪深总成交额(62994亿元)的78.93%，较上年减少35.19%；日均成交205.45亿元，同比减少34.93%。其中，股票、国债分别占沪市总成交额的38.70%、53.08%。股票日均成交金额79.50亿元，同比减少27.02%；其中，A股日均成交78.77亿元(单日最高219.72亿元，最低36.38亿元)，同比减少27.03%。按流通股计算的年度换手率，股票为274.36%，同比下降4.97%；其中A股为290.69%，同比下降5.72%。国债日均成交109.06亿元，同比减少43.67%；其中现货、回购日均成交金额分别为11.45、97.61亿元，同比分别减少6.04%、46.20%。企业债现货日均成交0.52亿元，同比增加30.79%。封闭式基金日均成交金额为0.64亿元，同比下降37.17%。ETF总成交额420.92亿元，日均成交1.98亿元。权证总成交金额1763.07亿元，日均成交19.59亿元。

五、完成股改公司平均对价水平10送3.26股，对价方式多样化。完成股改公司整体走势显著强于大盘，流通市值增加212亿元，财富效应显现，G股上市首日走势对同期大盘走势产生较大影响。

据统计，沪市125家G股、98家已公布方案公司的总体对价水平分别为10送3.26股、10送3.09股。在"对价"支付方式上，除送股外，还采用了派送现金、缩股、权证、回购、股价及业绩承诺、股份追送、股权激励等创新方式。沪市125家G股中98家公司对价不低于10送3股，最高10送5股。98家已公布方案公司中73家对价不低于10送3股。最高10送10.3股(ST中西，以资产重组折算)。

股改以来(5—12月)，考虑除权因素后，125只G股91涨34跌，加权平均涨幅7.43%，较同期综指(上涨0.16%)高7.27个百分点，其流通市值由股改前的1497亿元增加到1709亿元，增幅14.14%，财富效应显现。125只G股中89只走势强于综指，其中63只(50.40%)较同期上证综指涨幅高出10个百分点以上，46只(36.80%)较同期上证综指涨幅高出20个百分点以上。与此同时已公布方案未实施的98家公司62涨36跌，加权平均涨幅2.17%，较同期综指(上涨0.16%)高2.01个百分点。其中60只走势强于综指，其中37只(37.76%)较同期上证综指涨幅高出10个百分点以上，16家(16.33%)较同期上证综指涨幅高出20个百分点以上。

整体看，下半年G股上市首日走势对同期大盘走势产生较大影响。在7月下旬至9月中旬、12月上旬至年底两个阶段中，同期G股上市首日考虑除权因素后平均涨幅达到8.58%、7.64%，同期大盘涨幅分别为20.34%、7.59%。而9月下旬至11月底，G股上市首日考虑除权因素后平均跌幅3.05%，且市场传闻对价水平可能降低，同期上证综指下跌11.59%。

六、金融、电气设备、传媒、石化类公司走势强于大盘，绩差、民航、钢铁、高科技类公司跌幅居前

各主要板块中，金融、电气设备、传媒、石化类公司分别上涨25.2%、14.43%、11.56%、8.73%。绩差、民航、钢铁、高科技类公司分别下跌36.16%、25.55%、16.7%、16.35%。全年沪市A股涨跌比215∶609。有270只A股走势跑赢大盘，占整体33%，其中65只涨幅超过30%。207只A股跌幅超过30%。

股改启动以来(5—12月)，金融、软件、石化类公司涨幅居前，分别上涨19.68%、17.26%、14.54%；民航、交通运输、能源、绩差类公司跌幅居前，分别下跌13.18%、12.18%、9.37%、7.89%。

(上海证券交易所)

2005年深圳股票市场综述
Summary for Shenzhen Stock Market 2005

2005年是上市公司股权分置改革启动年，制约证券市场发展的基础性制度缺陷正在有效解决。总体来看，股权分置改革进展顺利，两市全年共有411家上市公司进行了股改，占上市公司总数的30%，其中完成股改的上市公司234家，市值比重为25%。但市场走势依然呈弱市运行格局，深证综指全年下跌11.74%，股票成交额较上年减少21.53%。

一、市场总体概况

截止2005年12月30日，深证成份指数收报2863.61点，与年初相比，下跌203.96点，跌幅6.65%；综合指数收报278.75点，与年初相比，下跌37.07点，跌幅11.74%；B股指数收报195.61点，与年初相比，下跌24.19点，跌幅11.01%。股票平均股价4.37元，比年初下降1.13元，平均市盈率16.36倍，比年初下降8.27倍。全年股票累计成交金额12424.57亿元，比上年同期减少3408.32亿元，减幅21.53%；基金成交196.37亿元，比上年同期减少33.03亿元，减幅14.40%；债券成交229.44亿元，比上年同期减少94.03亿元，减幅29.07%。

截止12月30日，深交所上市公司总数544家，全年新增8家；上市公司总股本2133.65亿元，流通股本934.30亿元，分别比2004年末增加129.18亿元和111.49亿元，增幅6.44%和13.55%。上市公司总市值9334.15亿元，流通市值3875.91亿元，分别减少1707.08亿元和461.86亿元，减幅15.46%和10.65%。全年累计筹集资金30.29亿元，比上年同期减少166.43亿元，减幅84.60%；新增投资者开户54.07万户，比上年同期减少29.34万户，减幅35.18%，投资者累计开户总数3536.86万户。全年发行权证3只，存续量24.87亿份，累计成交425.47亿元。

截止12月30日，深交所中小企业板上市公司总数50家，总股本56.14亿股，占深市上市公司总股本的2.63%；上市公司总市值481.55亿元，占深市上市公司总市值的5.16%。全年，中小企业板股票成交金额1203.92亿元，占深市股票成交总额的9.69%，中小企业板累计筹资29.09亿元，占深市筹资总额的96.04%。

二、市场运行特点

1. 全年指数走势较弱，但日均涨跌分布保持均匀。2005年共有242个交易日，深圳综合指数50%的交易日指数出现上涨，平均日涨跌幅为(−0.04%)，年内日最高涨幅为8%，出现在6月8日，最大跌幅为3%，出现在8月18日，股票、基金日均成交51亿元，最低成交25亿元，出现在1月4日，最大成交为138亿元，出现在8月18日。

2. 围绕股权分置改革，指数走势在年初小幅上涨，股权分置改革试点时中幅下跌，股权改革全面推开后逐步趋向平稳。深市年度指数运行情况可以按照股权分置改革的进程分为三个阶段：

第一阶段从年初到5月初进入股权分置改革前，时期为2004年12月31日至2005年4月29日，期间深圳成份指数上涨89点，涨幅为2.9%，B股指数涨幅较大，上涨14%；第二阶段是进入股权分置改革的“试点”阶段，从2005年5月初至8月25日，成交金额明显放大，深圳综合指数下跌

2%，深圳成份指数下跌 5.8%，B 股指数下跌幅度较大，为 11%；第三阶段为股权分置改革进入全面推进阶段，从 8 月 24 日五部委联合发布《关于上市公司股权分置改革的指导意见》到 12 月 30 日，成份指数和综合指数表现有所背离，成份指数下跌 3.7%，综合指数却基本维持平衡，上涨 0.26%，B 股指数下跌 12.2%。

3. 中小企业板指数走势平稳，年末成交逐步增加。中小企业板指数收盘 1415.65 点，全年上涨 12.50 点，涨幅 0.89%，自 6 月 8 日指数推出以来上涨 42%。中小企业板股票合计成交金额 1203.92 亿元，占深市股票成交总额的 9.69%。中小企业板指数推出后共有 143 个交易日，日均成交 6.05 亿元，平均日涨跌幅为 0.26%，81 个交易日指数上涨，上涨日所占比例为 57%，同期深圳综合指数上涨日所占比例为 54%。

4. 二成股票上涨，八成股票下跌。在 2005 年有 200 个以上交易日的 A 股中，有 81% 的股票下跌，19% 的股票上涨，上涨的股票占成交金额的 27%，下跌的股票占成交金额 73%（参见表 2）。其中，ST 太光跌幅最大，达到 81%，而华侨城涨幅最大，为 88%。

5. 地产、消费和生物制药类股票涨幅居前，机构交易活跃；中小企业板股票涨跌平衡；B 股表现总体最弱。从 A 股股票涨跌结构来看，地产、消费和生物制药类股票涨幅居前，这些股票多为机构投资者的交易热点，问题股和绩差股跌幅较大；中小企业板股票涨跌平稳，最高涨幅的股票达到 81%，最大跌幅的股票不超过 50%，B 股表现总体较弱，只有 4 只股票全年涨幅超过 10%，而跌幅前 10 名的股票跌幅都超过 40%。

6. 权证上市以来，交投异常活跃，价格大幅波动，单只权证最高日换手率超过 400%，权证日成交额一度超过 A 股成交总额。万科、鞍钢及新钢钒三只权证，2005 年累计成交 425.46 亿元，日均成交 21.27 亿元，同期深市股票日均成交额为 41.71 亿元，三只权证交易额约是股票成交额的一半。

三、G 股运行情况

2005 年，深沪市场共有 234 家上市公司完成股改，其年末流通市值 2662.37 亿元，市值所占比重为 25%。深市完成股改的上市公司 109 家，其中中小企业板 50 家上市公司全部完成股改。总体来看，上市公司股改带来一定“财富”效应，234 家完成股改的公司从宣布股改至年底，股价平均上涨了 5.26%，而全年指数跌幅则超过了 10%。在股价上涨的同时，平均市盈率反而有所下降，从股改前的 16.20 倍下降至股改后的 13.34 倍，股改公司投资价值明显提升。

1. G 股总体表现活跃，平均涨幅明显高出同期指数。从宣布股改到 2005 年底，234 只 G 股平均上涨 5.26%，高出同期指数涨幅近 10 个百分点。234 只 G 股中，上涨的股票 146 只，约占 63%，平均涨幅 16.92%，涨幅超过 20% 的有 37 只，其中 GST 环球、G 天威、G 新和成、G 卧龙、G 宝盛、G 丰原和 G 亨通等七只股票涨幅超过了 50%，最高的 GST 环球、G 天威涨幅高达 169% 和 126%。88 只下跌的 G 股平均跌幅 7.11%，略低于 2005 年指数跌幅，其中 G 金牛跌幅最大，达 36.55%。

2. G 股上涨阶段集中在宣布股改至股改方案实施首日。从宣布股改到类别股东大会登记日，234 只 G 股平均上涨 2.14%，股改方案实施首日平均涨幅（考虑对价因素）3.49%，方案实施次日起至 2005 年底，234 只 G 股则平均下跌了 0.42%。数据显示，G 股存在明显的“抢权”效应，但“填权”效应并不明显。尤其是受投资者通过参与万科和中兴通讯股改而收益丰厚影响，近期准 G 股表现相当活跃。

3. 改革后流通股股东与非流通股股东基本实现“双赢”。234 家 G 股公司，流通股股东持股市值平均增幅5.26%,非流通股股东持股市值平均增幅53.43%,总体呈现出“双赢”局面。具体来看,流通股股东和非流通股股东持股市值同步增加的G股公司114家,占49%;同步减少的25家,占10%;流通股股东市值增加而非流通股股东减少的30家,占13%;非流通股股东市值增加而流通股股东减少的65家,占28%。

4. G股公司流通股东权益明显上升,市盈率略有下降。234家G股公司流通股东权益从改革前的平均31.50%上升到改革后的40.42%,增加了近9个百分点。G股加权平均市盈率从改革前的16.20倍下降到13.34倍,下降幅度超过了17%,明显低于市场17倍的平均水平。

四、权证市场表现

权证上市以来,交投异常活跃,价格大幅波动,单只权证最高日换手率超过400%,权证日成交额一度超过A股成交总额。万科、鞍钢及新钢钒三只权证,2005年累计成交425.46亿元,日均成交21.27亿元,同期深市股票日均成交额为41.71亿元,三只权证交易额约是股票成交额的一半。通过分析投资者交易行为,可以发现以下几个特点。

● 每天大约有10万个账户参与权证交易,约占当天参与交易账户总数的30%,其中最高的一天参与权证交易的账户达12.6万户,剔除因股改而获得权证的自然持有人外,则参与权证交易的投资者只有5万人左右。

● 参与权证交易的主体绝大部分为个人投资者,机构投资者交易金额不足5%。

● 参与权证交易的账户中,超过一半的账户进行了T+0回转交易,其交易金额占权证成交总额的80—85%,户均日交易金额超过5万元,而股票户均日交易额仅为1万元。

● 参与权证T+0交易的账户中,超过七成的账户当日只进行了1—2次回转交易,其交易金额比重为23—25%,回转交易5次以上的账户比重约为3%,但其交易金额比重高达30—36%,回转交易介于3—4次的账户比重25—27%,其交易金额比重为24—29%。

● 参与权证T+0交易的账户中,接近一半的账户当天买入又当天全部卖出,但其交易金额所占比重约为16%,低于其账户比重4—5个百分点。其中,超过八成的账户当日只进行了1—2次回转交易,回转交易5次以上的账户仅占3%,最多的超过了20次。

● 根据测算,当日实际投入权证交易的资金量约为权证成交交易的1/4—1/3,就是说平均每天大约有5—7亿元资金参与权证交易,T+0交易制度使权证成交金额超过实际资金投入量2倍多。

● 从权证实际资金投入量来看,对市场资金确实有一定的分流,但总体影响并不大,且这部分资金主要为个人活跃大户资金,这些资金的分流对概念股的短期走势影响较大,对大盘蓝筹股影响并不显著。

(深圳证券交易所)

2-1　1992—2005 年股票市场概况统计表

		1992	1993	1994	1995	1996
境内上市公司数(A、B股)(家) Number of Listed Companies (A、B share)		53	183	291	323	530
其中:ST 公司数(家) Number of ST Listed Companies (A、B share)						
中小板公司数(家)						
境内上市外资股(B股)(家) Number of Listed Companies (B share)		18	41	58	70	85
其中:ST 公司数(家) Number of ST Listed Companies (B share)						
发行股数(百万股) Amount Issued (1000000)		7322.20	32867.50	63947.08	76563.11	111036.04
其中:中小板发行股数 SME Board Amount Issued						
市价总值(百万元) Market Capitalization (1000000)		104814.90	354152.07	369061.68	347427.64	984238.66
其中:中小板市价总值						
流通总值(百万元) Negotiable Market Capitalization (1000000)			86162.97	96890.11	93821.91	286704.01
其中:中小板流通市值						
成交量(百万股) Transcation Volume (1000000)	合计 Sum	3689.78	22656.47	101333.91	70530.78	253314.43
	日平均 Daily Average	14.41	87.92	402.12	283.19	1025.57
	中小板 SME Board					
成交金额(百万元) Turnover (1000000)	合计 Sum	68303.73	362720.32	812762.89	403645.27	2133217.43
	日平均 Daily Average	266.53	1407.49	3225.25	1618.56	8636.51
	中小板 SME Board					
平均换手率(%) Turnover Rate (%)	上海 Shanghai			1134.65	528.72	913.43
	深圳 Shenzhen			583.83	254.52	1350.35
	中小板 SME Board					
平均市盈率 PE Ratio	上海 Shanghai		42.48	23.45	15.70	31.32
	深圳 Shenzhen		42.69	10.37	9.35	35.42
	中小板 SME Board					
上证指数 Shanghai Stock Exchange Composite Index	开盘 open quotation	293.74	802.14	837.7	637.72	550.26
	最高 Highest	1429.01	1558.95	1052.94	926.41	1258.69
	月日 Data	19920526	19930216	19940913	19950522	19961211
	最低 Lowest	292.76	750.46	325.89	524.43	512.83
	月日 Data	19920102	19931220	19940729	19950207	19960119
	平均 Average	668.52	1013.39	674.1	657.80	764.65
	收盘 closing quotation	780.39	833.8	647.87	555.29	917.02
深证指数 Shenzhen Stock Exchange Composite Index	开盘 open quotation	110.53	241.21	238.28	139.62	112.85
	最高 Highest	312.21	359.44	242.06	169.66	473.02
	月日 Data	19920526	19930222	19940107	19950522.00	19961211
	最低 Lowest	107.08	203.91	96.56	112.63	105.34
	月日 Data	19920116	19930721	19940729	19951228.00	19960122
	平均 Average	215.76	277.51	165.86	131.00	224.67
	收盘 closing quotation	241.21	238.28	140.63	113.25	327.34

注:本表中的发行股数不含同时发 A、H 股公司所发行的 H 股

数据来源:上海、深圳证券交易所

Source: Shanghai Shenzhen Stock Exchange

Summary for Stock Market (1992—2005)

1997	1998	1999	2000	2001	2002	2003	2004	2005
745	851	949	1088	1160	1224	1287	1377	1381
	29	56	61	47	89	99	135	115
							38	50
101	106	108	114	112	111	111	110	109
	4	11	11	7	13	14	20	15
177123.19	234535.36	290885.19	361339.05	483835.69	546299.21	599794.35	671473.31	716354.05
							3223.36	5614.41
1752923.70	1952181.21	2647117.52	4809094.43	4352220.39	3832912.86	4245771.60	3705556.82	3243028.14
							41343.14	48155.15
520442.39	574537.94	821396.38	1608751.96	1446317.01	1248455.65	1317851.70	1168863.95	1063051.43
							11996.09	18529.34
256001.89	215246.10	293238.88	475838.21	315228.76	301619.49	416308.40	582773.29	662373.20
1053.51	888.39	1226.94	1990.96	1313.45	1272.66	1727.40	2398.25	2737.08
							5915.87	13029.95
3072183.20	2352731.48	3131960.25	6082664.99	3830518.00	2799045.51	3211527.00	4233394.72	3166477.62
12642.73	9710.80	13104.44	25450.48	15960.00	11810.32	13325.80	17421.38	13084.62
							82263.06	120392.27
701.81	453.63	471.46	492.87	269.33	214.00	250.75	288.71	274.37
817.43	406.56	424.52	509.10	227.89	198.79	214.18	288.29	316.43
							617.75	999.70
39.86	34.38	38.13	58.217	37.71	34.43	36.54	24.231	16.33
39.86	30.59	36.30	56.04	39.79	36.97	36.19	24.63	16.36
							31.33	24.49
914.06	1200.95	1144.89	1368.69	2077.08	1643.49	1347.433	1492.724	1260.782
1510.18	1422.98	1756.18	2125.72	2245	1748.89	1649.6	1783.01	1328.53
19970512	19980604	19990630	20001123	20010613	20020625	20030416	20040407	20050225
870.18	1043.02	1047.83	1361.21	1515	1339.2	1307.4	1259.43	998.23
19970220	19980818	19990517	20000104	20011022	20020129	20040407	20040913	20050606
1175.59	1261.04	1377.33	1882	1956	1567.23	1467.75	1482.85	1153.55
1194.1	1146.7	1366.58	2073.48	1645.97	1357.65	1497.044	1266.496	1161.057
326.33	382.85	343.29	402.71	636.62	475.14	386.61	377.93	313.81
517.91	441.04	525.14	654.37	664.85	512.38	449.42	470.55	333.28
19970512	19980603	19990629	20001123	20010613	20020624	20030415	20040407	20050309
305.81	317.1	310.65	414.69	439.36	371.79	350.74	315.17	237.18
19970106	19980818	19990518	20000104	20011022	20020122	20031118	20040913	20050718
388.16	384.7	407.62	579.61	580.9	455.65	404.08	379.43	282.64
381.29	343.85	402.18	635.73	475.94	388.76	378.63	315.81	278.75

2-2　1992—2005 年 A 股市场概况统计表

		1992	1993	1994	1995	1996
境内上市 A 股公司数 Number of Listed Companies (A share)		54	177	287	311	514
其中:ST 公司数(家) Number of ST Listed Companies (A share)						
发行 A 股数(百万股) Amount Issued (1000000)		6101.20	30018.10	59263.27	70407.74	102501.93
市价总值(百万元) Market Capitalization (1000000)		97808.98	332766.49	351603.46	331057.55	944855.53
流通市值(百万元) Negotiable Market Capitalization(1000000)		15725.82	68302.71	81387.95	79093.97	251401.83
成交量(百万股) Transcation Volume (1000000)	合计 Sum	3287.77	20916.50	98802.40	68106.57	246492.91
	日平均 Daily Average	12.84	81.17	393.77	273.47	997.95
成交金额(百万元) Turnover (1000000)	合计 Sum	65181.02	352254.70	800307.94	395858.73	2105229.62
	日平均 Daily Average	254.34	1366.85	3187.19	1587.59	8523.20
平均换手率(%) Turnover Rate (%)	上海 Shanghai			1471.48	630.32	1035.55
	深圳 Shenzhen	351.8	464.41	638.39	268.10	1295.32
平均市盈率 PE Ratio	上海 Shanghai					32.65
	深圳 Shenzhen	57.52	44.21	10.67	9.80	38.88
上证 A 股指数 Shanghai Stock Exchange Composite Index of A share	开盘 open quotation	293.74	840.32	851.96	656.80	569.77
	最高 Highest	1511.27	1640.71	1092.85	972.03	1313.92
	月日 Data	19920526	19930216	19940913	19950522	19961211
	最低 Lowest	292.76	765.58	321.20	539.86	527.85
	月日 Data	19920102	19931220	19940729	19950207	19960119
	平均 Average	695.64	1052.82	690.90	681.91	798.37
	收盘 closing quotation	815.80	847.75	667.77	575.19	954.98
深证 A 股指数 Shenzhen Stock Exchange Composite Index A share	开盘 open quotation		255.05	245.69	142.63	116.57
	最高 Highest	285.84	379.07	249.71	176.77	498.45
	月日 Data	19921004	19930222	19940110	19950522	19961211
	最低 Lowest	169.04	214.89	95.26	116.32	107.93
	月日 Data	19921123	19930721	19940729	19951228	19960122
	平均 Average	234.21	293.37	169.96	134.85	236.72
	收盘 closing quotation	255.05	245.69	143.73	117.02	341.81

数据来源:上海、深圳证券交易所

Source: Shanghai Shenzhen Stock Exchange

Summary for A share Stock Market (1992—2005)

1997	1998	1999	2000	2001	2002	2003	2004	2005
720	825	922	1060	1140	1213	1277	1363	1358
	25	45	50	42	82	92	132	107
164613.45	220396.92	275788.28	343960.38	465045.49	528364.61	580832.35	650582.37	693607.63
1715419.29	1929929.76	2616762.88	4745574.96	4224555.53	3752655.97	4152050.18	1529582.09	3181054.94
485608.17	555001.76	793746.31	1552420.75	1334489.09	1171875.09	1230593.63	2996219.93	1002843.48
247129.88	209250.08	280974.70	455802.07	246340.74	285949.20	399230.05	567290.76	647087.49
1016.99	850.61	1175.63	1907.12	1026.42	1206.54	1656.56	2334.54	2673.91
3029521.28	2341772.32	3104955.32	6027867.66	3324204.42	2714203.88	3126998.65	4181748.94	3109937.69
12467.16	9519.40	12991.45	25221.21	13850.85	11452.34	12977.09	17208.84	12850.99
758.07	475.55	483.73	506.33	216.67	208.74	268.58	288.71	290.7
813.95	396.09	399.09	493.58	190.30	194.37	219.74	311.78	350.64
		38.14	59.14	37.59	34.50	36.64	24.23	16.38
42.66	32.31	37.56	58.75	40.76	38.22	37.43	25.64	16.96
951.80	1265.86	1217.69	1454.17	2196.23	1710.02	1408.27	1492.72	1324.13
1578.61	1508.41	1860.86	2251.89	2341.02	1825.77	1725.71	1783.01	1394.58
19970512	19980604	19990630	20001124	20010103	20020625	20030416	20040407	20050224
905.50	1108.91	1113.16	1446.12	1579.63	1397.01	1366.75	1259.43	1046.65
19970220	19980818	19990517	20000104	20011022	20020129	20031113	20040913	20050605
1230.14	1337.31	1463.83	1998.04	2046.31	1635.76	1536.19	1482.85	1211.60
1258.49	1219.64	1451.90	2192.38	1712.54	1419.12	1569.13	1266.50	1220.93
340.7	408.15	369.51	432.39	683.58	498.51	407.62	392.73	326.43
546.02	471.99	561.56	703.97	698.10	540.59	472.88	490.56	344.05
19970512	19980603	19990629	20001123	20010103	20020624	20030415	20040406	20050309
319.25	341	333.77	445.32	461.95	391.10	364.26	328.25	244.71
19970106	19980818	19990518	20000104	20011022	20020122	20031118	20040916	20050718
409.42	412.42	438.08	623.69	612.96	480.28	423.9	395.31	292.33
406.45	370.12	431.84	682.61	499.39	409.95	393.47	328.69	290.06

2-3 1992—2005 年 B 股市场概况统计表

		1992	1993	1994	1995	1996
境内上市外资股 Number of Listed Companies (B share)		18	41	58	70	85
其中:ST 公司数(家) Number of ST Listed Companies (B share)						
发行 B 股数(百万股) Amount Issued (1000000)		1221.00	2849.40	4683.81	6155.37	8534.11
市价总值(百万元) Market Capitalization(1000000)		7005.92	21385.58	17458.22	16370.09	39383.13
流通市值(百万元) Negotiable Market Capitalization(1000000)		5123.35	17860.26	15502.16	14727.94	35302.19
成交量(百万股) Transcation Volume (1000000)	合计 Sum	402.02	1739.97	2531.51	2424.20	6821.52
	日平均 Daily Average	1.86	6.86	10.09	9.79	28.24
成交金额(百万元) Turnover (1000000)	合计 Sum	3122.71	10465.62	12454.97	7786.54	27987.82
	日平均 Daily Average	14.53	41.30	49.69	31.48	116.15
平均换手率(%) Turnover Rate (%)	上海 Shanghai			88.04	58.34	74.57
	深圳 Shenzhen	130.91	86.8	35.13	37.28	139.26
平均市盈率 PE Ratio	上海 Shanghai					14.04
	深圳 Shenzhen	35.56	20.11	7.02	6.01	14.07
上证 B 股指数 Shanghai Stock Exchange Composite Index of B share	开盘 open quotation	0	66.09	103.15	63	47.69
	最高 Highest	140.85	105.78	104.71	64	87.12
	月日 Data	19920525	19931231	19940106	19950829	19961211
	最低 Lowest	0	51.01	59.81	47	44.8
	月日 Data	19920102	19930727	19941215	19951225	19961111
	平均 Average	78.19	75.32	73.98	55	51.67
	收盘 closing quotation	66.22	103.15	62.8	48	67.03
深证 B 股指数 Shenzhen Stock Exchange Composite Index B share	开盘 open quotation		111.87	141.44	87	59.48
	最高 Highest	142.03	185.45	142.85	87	198.14
	月日 Data	19921006	19930208	19940106	19950105	19961209
	最低 Lowest	105.72	80.63	85.07	59	58.97
	月日 Data	19921224	19930806	19941229	19951222	19960102
	平均 Average	117.34	120.6	112.32	71	84.82
	收盘 closing quotation	111.87	141.44	86.66	59	145.48

数据来源:上海、深圳证券交易所

Source: Shanghai Shenzhen Stock Exchange

Summary for B share Stock Market (1992—2005)

1997	1998	1999	2000	2001	2002	2003	2004	2005
101	106	108	114	112	111	111	110	109
	4	11	11	7	13	14	20	15
12509.74	14138.44	15096.91	17378.67	18790.20	17934.60	18962.00	20890.94	22746.42
37504.41	20635.62	30354.62	63519.48	127664.86	80256.89	93723.42	74622.12	61973.20
34834.21	19558.43	27650.06	56331.22	111827.92	76580.56	87260.08	69017.34	60207.95
8872.02	6160.48	12264.18	20036.13	68888.02	15670.29	17080.37	15482.53	15285.71
37.06	25.30	51.95	84.89	294.39	66.12	70.87	63.71	63.17
42661.92	12653.13	27004.93	54797.34	506313.30	84841.63	84530.38	75775.34	56539.93
178.55	52.05	114.64	232.23	2163.73	357.98	350.75	311.83	233.63
122.62	57.23	116.19	145.13	452.26	95.99	64.26	58.29	58.49
99.88	34.10	86.63	115.30	423.47	83.55	138.17	110.04	88.21
		10.05	25.23	43.39	30.61	30.318	20.147	12.397
10.67	5.71	10.38	13.06	25.3	17.51	20.92	12.90	9.11
67.03	55.88	28.71	37.91	89.55	170.99	113.399	104.867	75.556
99.31	59.58	62.56	89.9	241.61	171.72	131.41	122.94	84.22
19970506	19980302	19990629	20001226	20010601	37260	20030416	20040219	20050309
51.93	26.17	21.25	35.47	77.62	109.98	96.23	75.46	49.32
19971224	19980812	19990310	20000316	20010212	37587	20030820	20041231	20050720
73.43	40.63	37.08	56.85	165.09	141.86	113.54	97.66	68.67
55.88	28.71	37.91	89.55	171.53	113.51	104.938	75.652	62.015
145.45	98.97	53.58	84.96	137.63	265.74	186.92	271.74	221.26
184.19	98.97	125.42	137.69	435.57	262.31	281.78	315.81	276.84
19970506	19980210	19990629	20001229	20010525	20020705	20031106	20040407	20050309
92.79	49.88	41.56	75.92	124.6	185.52	184.89	212.02	186.53
19971223	19980813	19990310	20000316	20010213	20021126	20030102	20040823	20051028
139.61	75.49	75.28	106	282.61	222.27	228.76	257.39	225.93
98.97	53.58	84.66	137.69	265.67	186.98	272.05	219.8	195.61

2-4　1991—2005 年股票发行情况统计表

	1991	1992	1993	1994	1995	1996
股票发行量(亿股)'Amount Issued	5	20.75	95.79	91.26	31.60	86.11
A股　A Shares	5	10.00	42.59	10.97	5.32	38.29
B股　B Shares		10.75	12.79	10.40	10.90	16.05
H股　H Shares			40.41	69.89	15.38	31.77
股票筹资额（亿元人民币） Raised Capital	5	94.09	375.47	326.78	150.32	425.08
A股　'A Shares	5	50.00	276.41	99.78	85.51	294.34
其中:首发 IPO	5	50.00	194.83	49.62	22.68	224.45
增发 Re-issue						
配股 Right Issue			81.58	50.16	62.83	69.89
可转债 CB						
B股　B Shares		44.09	38.13	38.27	33.35	47.18
H股　H Shares			60.93	188.73	31.46	83.56

注:1. 折算汇率　1992 年　1 美元 = 5.75 元人民币　1 港元 = 0.74 元人民币
1993 年　1 美元 = 5.80 元人民币　1 港元 = 0.75 元人民币
1994 年　1 美元 = 8.46 元人民币　1 港元 = 1.09 元人民币
1995 年　1 美元 = 8.30 元人民币　1 港元 = 1.07 元人民币
1996 年　1 美元 = 8.30 元人民币　1 港元 = 1.07 元人民币
1997 年　1 美元 = 8.30 元人民币　1 港元 = 1.07 元人民币
1998 年　1 美元 = 8.30 元人民币　1 港元 = 1.07 元人民币
1999—2004 年　1 美元 = 8.28 元人民币　1 港元 = 1.07 元人民币
2005 年外资股折算汇率为股票发行月的月末汇率

2. A股发行量为 IPO 数量

数据来源:中国证监会

Source: CSRC

Issuing Summary for Stocks (1991—2005)

1997	1998	1999	2000	2001	2002	2003	2004	2005	合计 total
267.63	105.56	122.93	512.04	141.48	291.74	281.43	227.92	567.05	2848.29
105.65	86.30	98.11	145.68	93.00	134.20	83.64	54.88	13.80	927.43
25.10	9.90	1.77	7.10	0.00	0.00	1.00	1.53	0.00	107.29
136.88	12.86	23.05	359.26	48.48	157.54	196.79	171.51	553.25	1817.07
1293.82	841.52	944.56	2103.24	1252.34	961.75	1357.75	1510.94	1882.51	13525.17
825.92	778.02	893.60	1527.03	1182.13	779.75	819.56	835.71	338.13	8790.89
655.06	409.09	497.88	812.37	534.29	516.96	453.51	353.42	56.74	4835.90
	30.46	59.75	166.70	217.21	164.68	110.66	168.72	278.77	1196.95
170.86	334.97	320.97	519.46	430.63	56.61	74.79	104.54	2.62	2279.91
	3.50	15.00	28.50	0.00	41.50	180.60	209.03	0.00	478.13
107.90	25.55	3.79	13.99	0.00	0.00	3.54	27.16	0.00	382.95
360.00	37.95	47.17	562.21	70.21	181.99	534.65	648.08	1544.38	4351.33

2-5　2005年A股新发行情况一览表

Issuing Summary for A Shares in 2005

公司名称 Issuer	行业分类 Industry	地区 region	发行时间 Date Issued	发行方式 Pattern	发行量（万元面值） Issued Volume	发行价（元） Issuing Price	筹资总额（万元） Raised Capital	中签率 % Ratio of Placement	主承销 Lead Underwriter	上市地点 Exchange Listed in
登海种业	A01	山东	5-Apr	二级市场配售，网下配	2200	16.70	36740	0.051	中信证券股份有限公司	深圳
飞亚股份	C11	安徽	12-Apr	二级市场配售，网下配	4000	3.80	15200	0.076	招商证券股份有限公司	深圳
江苏三友	C13	江苏	25-Apr	二级市场配售，网下配	4500	3.55	15975	0.090	东方证券有限责任公司	深圳
晶源电子	C61	河北	20-May	二级市场配售，网下配	2500	4.78	11950	0.061	华泰证券有限责任公司	深圳
广州国光	C55	广州	29-Apr	二级市场配售，网下配	3000	10.80	32400	0.068	东北证券有限责任公司	深圳
成霖股份	C69	深圳	16-May	二级市场配售，网下配	5100	8.60	43860	0.107	国元证券有限责任公司	深圳
南京港	F11	江苏	11-Mar	二级市场配售，网下配	3850	7.42	28567	0.069	招商证券股份有限公司	深圳
宁波华翔	C48	浙江	19-May	二级市场配售，网下配	3000	5.75	17250	0.070	南京证券有限公司	深圳
黔源电力	D01	贵州	18-Feb	二级市场配售，网下配	5000	5.97	29850	0.087	广发证券股份有限公司	深圳
三花股份	C71	浙江	24-May	二级市场配售，网下配	3000	7.39	22170	0.070	天一证券有限责任公司	深圳
兔宝宝	C21	浙江	19-Apr	二级市场配售，网下配	4200	4.98	20916	0.081	联合证券有限责任公司	深圳
轴研科技	C71	河南	11-May	二级市场配售，网下配	2500	6.39	15975	0.061	东北证券有限责任公司	深圳
华电国际	D	山东	24-Jan	网下询价、网上定价	76500	2.52	192780	0.378	中国国际金融有限公司	上海
中材国际	E	江苏	29-Mar	网下询价、网上定价	5800	7.53	43674	0.082	中国银河证券有限责任公司	上海
包头铝业	B	内蒙古	19-Apr	网上、网下询价发行	14000	3.50	49000	0.172	南方证券股份有限公司	上海

数据来源：上海、深圳证券交易所

Source: Shanghai Shenzhen Stock Exchange

2-6 2005年A股IPO发行量行业分布统计表
Industrial distribution of A Shares IPO Issued Volume in 2005

行 业 Industries	发行量(万股) Issued Volume	比例 (%)
农、林、牧、副、渔业 Agriculture, Forestry, Fishing and Hunting	2200	1.58
采掘业 Mining	14000	10.06
食品、饮料 Food, Beverage	0	0.00
纺织、服装、毛皮 Textile, Apparel, Leather	8500	6.11
木材、家俱 Wood Product	4200	3.02
造纸、印刷 Paper, Printing	0	0.00
石油、化学、橡胶、塑料 Petroleum, Chemical Product, Plastics, Rubber	3000	2.16
电子 Electrical Equipment	3000	2.16
金属、非金属 Metal, Nonmetallic Mineral Product	7600	5.46
机械、设备、仪表 Machinery, Equipment, Meter	5500	3.95
医药、生物 Medicine, Biologic Product	0	0.00
其他制造业 Other Manufacuring	0	0.00
电力、蒸汽及水的生产及供应业 Electricity, Gas, Water Supply	81500	58.57
建筑业 Construction	5800	4.17
交通运输、仓储业 Transport, Storage	3850	2.77
信息技术业 Information, Technology	0	0.00
批发和零售贸易 Wholesale and Retail Trade	0	0.00
金融、保险业 Finance, Insurance	0	0.00
房地产业 Real Estate	0	0.00
社会服务业 Social Services	0	0.00
传播及文化产业 Transmission, Culture	0	0.00
综合类 Conglomerat	0	0.00

数据来源：上海、深圳证券交易所
Source: Shanghai Shenzhen Stock Exchange

2-7　2005年A股IPO筹资额行业分布统计表
Industrial distribution of A Shares IPO Raised Capital in 2005

行　业 Industries	筹资总额	Raised Capital
	金额(万元) Capital	(%)
农、林、牧、副、渔业 Agriculture, Forestry, Fishing and Hunting	36740	6.38
采掘业 Mining	49000	8.50
食品、饮料 Food, Beverage	0	0.00
纺织、服装、毛皮 Textile, Apparel, Leather	31175	5.41
木材、家俱 Wood Product	20916	3.63
造纸、印刷 Paper, Printing	0	0.00
石油、化学、橡胶、塑料 Petroleum, Chemical Product, Plastics, Rubber	17250	2.99
电子 Electrical Equipment	32400	5.62
金属、非金属 Metal, Nonmetallic Mineral Product	55810	9.68
机械、设备、仪表 Machinery, Equipment, Meter	38145	6.62
医药、生物 Medicine, Biologic Product	0	0.00
其他制造业 Other Manufacuring	0	0.00
电力、蒸汽及水的生产及供应业 Electricity, Gas, Water Supply	222630	38.63
建筑业 Construction	43674	7.58
交通运输、仓储业 Transport, Storage	28567	4.96
信息技术业 Information, Technology	0	0.00
批发和零售贸易 Wholesale and Retail Trade	0	0.00
金融、保险业 Finance, Insurance	0	0.00
房地产业 Real Estate	0	0.00
社会服务业 Social Services	0	0.00
传播及文化产业 Transmission, Culture	0	0.00
综合类 Conglomerat	0	0.00

注:本表指A股首次发行
数据来源:上海、深圳证券交易所
Source: Shanghai Shenzhen Stock Exchange

2-8 2005年A股IPO发行量地区分布
Regional Distribution of Issued Volume of A Shares IPO in 2005

地 区 Region	发行量(万股) Issued Volume	比 例 (%)	地 区 Region	发行量(万股) Issued Volume	比 例 (%)
安 徽	4000	2.87	辽 宁	0	0.00
北 京	0	0.00	内蒙古	14000	10.06
福 建	0	0.00	宁 夏	0	0.00
甘 肃	0	0.00	青 海	0	0.00
广 东	8100	5.82	山 东	78700	56.56
广 西	0	0.00	山 西	0	0.00
贵 州	5000	3.59	陕 西	0	0.00
海 南	0	0.00	上 海	0	0.00
河 北	2500	1.80	四 川	0	0.00
河 南	2500	1.80	天 津	0	0.00
黑龙江	0	0.00	西 藏	0	0.00
湖 北	0	0.00	新 疆	0	0.00
湖 南	0	0.00	云 南	0	0.00
吉 林	0	0.00	浙 江	10200	7.33
江 苏	14150	10.17	重 庆	0	0.00
江 西	0	0.00			

数据来源:上海、深圳证券交易所

Source: Shanghai Shenzhen Stock Exchange

2-9 2005年A股IPO筹资金额地区分布表
Regional Distribution of A Shares IPO Raised Capital in 2005

地 区 Region	筹资总额 Raised Capital		地 区 Region	筹资总额 Raised Capital	
	金额(万元) Capital	(%)		金额(万元) Capital	(%)
安 徽	15200	2.64	辽 宁	0	0.00
北 京	0	0.00	内蒙古	49000	8.50
福 建	0	0.00	宁 夏	0	0.00
甘 肃	0	0.00	青 海	0	0.00
广 东	76260	13.23	山 东	229520	39.83
广 西	0	0.00	山 西	0	0.00
贵 州	29850	5.18	陕 西	0	0.00
海 南	0	0.00	上 海	0	0.00
河 北	11950	2.07	四 川	0	0.00
河 南	15975	2.77	天 津	0	0.00
黑龙江	0	0.00	西 藏	0	0.00
湖 北	0	0.00	新 疆	0	0.00
湖 南	0	0.00	云 南	0	0.00
吉 林	0	0.00	浙 江	60336	10.47
江 苏	88216	15.31	重 庆	0	0.00
江 西	0	0.00			

数据来源:上海、深圳证券交易所

Source: Shanghai Shenzhen Stock Exchange

2-10　2005年境外股票发行情况一览表

Summary of H Shares Offering in 2005

公司简称 Issuer	发行量(百万股) No. of Shares Offered (Mil shares)	发行价(港元) Offer Price (HK$)	筹资金额(百万港元) Capital Raised (HK$ mil)	上市时间 Listing Date	筹资方式 Sort	上市地点 Listing Venue
宝业集团	36.14	4.05	146.35	2005-1-13	增发	香港主板
首创置业	112.93	2.16	243.92	2005-1-27	增发	香港主板
复地集团	146.60	2.82	413.42	2005-2-24	增发	香港主板
上海电气	2972.91	1.70	5053.95	2005-4-28	IPO	香港主板
神华股份	3398.58	7.50	25489.37	2005-6-15	IPO	香港主板
交通银行	6733.97	2.50	16834.93	2005-6-23	IPO	香港主板
中远控股	2244.00	4.25	9537.00	2005-6-30	IPO	香港主板
富力地产	211.51	10.80	2284.36	2005-7-14	IPO	香港主板
江西铜业	231.00	3.81	880.80	2005-7-26	增发	香港主板
中国石油	3516.48	6.00	21098.89	2005-8-31	增发	香港主板
南粤物流	138.00	3.45	476.10	2005-10-26	IPO	香港主板
建设银行	30458.83	2.35	71578.26	2005-10-27	IPO	香港主板
哈尔滨动力	93.83	4.45	417.54	2005-11-30	增发	香港主板
东风汽车	2855.73	1.60	4569.17	2005-12-7	IPO	香港主板
宝业集团	43.36	4.85	210.32	2005-12-14	增发	香港主板
厦门国际港务	986.70	1.38	1361.65	2005-12-19	IPO	香港主板
小　计			160596.03			
浙江永隆	225.50	0.24	54.12	2005-3-8	增发	香港创业板
宝德科技	23.00	0.47	10.81	2005-3-24	增发	香港创业板
山东墨龙	108.00	0.92	99.36	2005-4-26	增发	香港创业板
泰达生物	231.00	0.16	37.19	2005-6-10	增发	香港创业板
上海栋华	103.00	0.53	54.59	2005-7-13	IPO	香港创业板
海王生物	236.67	0.33	78.10	2005-9-12	IPO	香港创业板
山东威高	52.90	1.35	71.42	2005-11-17	增发	香港创业板
山东罗欣	164.56	0.26	42.79	2005-12-9	IPO	香港创业板
小　计			448.37			
合　计			161044.40			

数据来源：中国证监会

Source：CSRC

2-11 1991—2005年股票市场历史交易记录一览表

年 份 Year			1991	1992	1993	1994	1995	1996
日收市综合指数 Daily Closing Composite Index	最高 highest	上海 shanghai			1536.82	1033.47	897.42	1247.66
		日期 date			19930215	19940913	19950522	19961209
		深圳 shenzhen	136.94	312.21	359.44	242.06	169.66	473.02
		日期 date	19911114	19920526	19930222	19940107	19950522	19961211
	最低 lowest	上海 shanghai			778.33	333.92	532.49	516.46
		日期 date			19931027	19940729	19950207	19960122
		深圳 shenzhen	45.66	107.08	203.91	96.56	112.63	105.34
		日期 date	19910906	19920116	19930721	19940729	19951228	19960122
	最大升幅%	上海 shanghai			16.44	33.46	30.99	9.83
		日期 date			19930602	19940801	19950518	19961202
		深圳 shenzhen	19.27	12.02	12.43	31.29	28.28	11.04
		日期 date	19911009	19920413	19930824	19940801	19950518	19960426
	最大跌幅%	上海 shanghai			−13.08	−12.68	−16.39	−9.91
		日期 date			19931220	19940809	19950523	19961216
		深圳 shenzhen	−18.63	−10.04	−11.80	−12.66	−17.21	−10.00
		日期 date	19911118	19921116	19930817	19941005	19950523	19961216
日成交金额(亿元) Daily Trading Value	最大 largest	上海 shanghai			38.24	157.54	114.30	192.74
		日期 date			19931207	19940906	19950522	19961203
		深圳 shenzhen	1.1	5.06	22.71	74.49	42.15	189.57
		日期 date	19911113	19921201	19931118	19940906	19950522	19961120
	最小 shortest	上海 shanghai			0.98	1.60	1.14	1.53
		日期 date			19930722	19940712	19950215	19960209
		深圳 shenzhen	0	0.11	0.02	0.03	0.02	0.51
		日期 date	19910420	19920202	19930717	19940707	19950617	19960207
市盈率 P/E Ratio	最高 highest	上海 shanghai						42.784
		日期 date						19961209
		深圳 shenzhen	54.08	64.1	97.67	33.58	13.8	50.76
		日期 date	19910102	19920810	19930222	19940106	19950522	19961211
	最低 lowest	上海 shanghai						26.952
		日期 date						19960912
		深圳 shenzhen	11.46	21.3	28.56	7.37	8.52	8.84
		日期 date	19910906	19920405	19930721	19940729	19950510	19960122

数据来源:上海、深圳证券交易所

Source: Shanghai Shenzhen Stock Exchange

Historical Summary of Stock Trading Records (1991—2005)

1997	1998	1999	2000	2001	2002	2003	2004	2005
1500.40	1420.00	1739.21	2119.44	2242.42	1732.93	1631.47	1777.52	1317.27
19970512	19980603	19990629	20001123	20010613	20020708	20030415	20040406	20050307
517.91	441.04	525.14	654.37	664.85	512.38	449.42	470.55	333.28
19970512	19980603	19990629	20001123	20010613	20020624	20030415	20040407	20050309
876.495	1070.41	1059.874	1406.371	1520.669	1357.654	1316.562	1260.316	1011.499
19970106	19980817	19990518	20000104	20011022	20021231	20031118	20040913	20050711
305.81	317.10	310.65	414.69	439.36	371.79	350.74	315.17	237.18
19970106	19980818	19990518	20000104	20011022	20020122	20031118	20040913	20050718
7.58	5.11	6.59	9.05	9.86	9.25	5.81	4.22	8.21
19970219	19980819	19990909	20000214	20011023	20020624	20030114	20040915	20050608
6.55	5.87	7.03	9.07	9.68	9.05	4.65	4.68	7.92
19970620	19980819	19990720	20000214	20011023	20020624	20030114	20040915	20050608
−8.91	−8.36	−7.61	−4.40	−5.27	−6.33	−3.04	−3.88	−3.76
19970218	19980817	19990701	20000316	20010730	20020128	20030513	20041014	20050818
−9.75	−8.32	−7.99	−4.75	−5.50	−6.59	−2.90	−4.99	−3.38
19970218	19980817	19990701	20000316	20010730	20020128	20030513	20041014	20050818
159.83	119.00	404.43	472.62	234.13	494.80	330.15	28667.52	22157.49
19970512	19980409	19990625	20000217	20011024	20020624	20030416	20040924	20050818
215.81	101.37	353.36	408.34	187.97	325.87	189.41	185.24	137.72
19970507	19980511	19990625	20000217	20010323	20020624	20030416	20040924	20050818
11.51	15.74	11.62	42.92	27.27	26.60	27.24	3166.53	3675.45
19971014	19981231	19990104	20000927	20011115	20021008	20030103	20040907	20050707
11.59	14.77	10.51	46.73	14.41	16.15	17.59	17.45	24.74
19971007	19981231	19990104	20000925	20011115	20021209	20030922	20040907	20050104
		47.391	59.997	62.347	44.402	41.242	43.196	25.188
		19990629	20001123	20010417	20020708	20030415	20040406	20050308
50.04	41.54	48.05	57.63	57.21	47.97	41.57	40.46	24.68
19970507	19980108	19990629	20001123	20010103	20020624	20030602	20040220	20050113
		7.797	38.005	34.98	31.29	31.776	24.081	14.923
		19990428	20000114	20011022	20020128	20031112	20040913	20050711
31.56	28.31	28.05	37.42	36.53	31.36	33.27	24.38	14.66
19970819	19980818	19990208	20000104	20011022	20020122	20031118	20040913	20050718

2-12 1993—2005 年全国股票交易统计表

	1993 年	1994 年	1995 年	1996 年	1997 年
交易所会员总数 Number of Members	907	1046	1085	1066	840
其中:异地会员 Nonlocal Members	836	967	1002	986	773
上市公司数(个)Number of Listed Companies	183	291	323	530	745
上市股票数(只) Number of Listed Stocks	218	345	381	599	821
其中 A股 A Shares	177	287	311	514	720
B股 B Shares	41	58	70	85	101
发行总股本(亿股)	328.67	639.65	765.63	1110.73	1771.42
其中 A股 A Shares	300.18	592.63	704.08	1025.23	1646.13
B股 B Shares	28.49	47.01	61.55	85.49	125.29
流通股本(亿股) Negotiable Shares	81.61	185.63	234.98	345.56	560.82
A股 A Shares	57.13	144.40	178.98	267.14	443.24
B股 B Shares	24.48	41.22	45.99	78.41	117.57
流通市值(亿元) Nego. Market Capitalization	861.62	968.89	938.22	2867.03	5204.42
A股 A Shares	683.03	813.87	790.94	2514.01	4856.08
B股 B Shares	178.59	155.01	147.28	353.01	348.33
市价总值(亿元) Total Market Capitalization	3531.01	3690.61	3474.28	9842.38	17529.24
其中 A股 A Shares	3318.67	3516.03	3310.57	9448.55	17154.19
B股 B Shares	212.35	174.57	163.70	394.02	375.04
成交金额(亿元) Total Turnover	3627.20	8127.62	4036.45	21332.17	30721.83
其中 A股 A Shares	3522.55	8003.08	3958.58	21052.29	30295.21
B股 B Shares	104.65	124.55	77.86	279.87	426.62
成交量(百万股) Trading Volume	22656.47	101333.91	70530.78	253314.43	256001.89
其中 A股 A Shares	20916.50	98802.40	68106.57	246492.91	247129.88
B股 B Shares	1739.97	2531.51	2424.20	6821.52	8872.02
最高上证综合股价指数 High Shanghai Composite Index	1558.95	1052.94	926.41	1258.69	1510.18
其中 A股 A Shares	1640.71	1092.85	972.03	1313.92	1578.61
B股 B Shares	105.78	104.71	63.81	87.12	99.31
最低上证综合股价指数 Low Shanghai Composite Index	750.46	325.89	524.43	512.83	870.18
其中 A股 A Shares	765.58	321.20	539.86	527.85	905.50
B股 B Shares	51.01	59.81	47.03	44.80	51.93
最高深证综合股价指数 High Shenzhen Composite Index	359.44	242.06	169.66	473.02	517.91
其中 A股 A Shares	379.07	249.71	176.77	498.45	546.02
B股 B Shares	185.45	142.85	86.59	198.14	184.19
最低深证综合股价指数 Low Shenzhen Composite Index	203.91	96.56	112.63	105.34	305.81
其中 A股 A Shares	214.89	95.26	116.32	107.93	319.25
B股 B Shares	80.63	85.07	59.40	58.97	92.79

数据来源:上海、深圳证券交易所

Source: Shanghai Shenzhen Stock Exchange

Trading Summary for Stocks(1993—2005)

1998 年	1999 年	2000 年	2001 年	2002 年	2003 年	2004 年	2005 年
659	628	631	547	437	382	350	328
632	603	603	521	406	348	315	290
851	949	1088	1160	1224	1287	1377	1381
931	1029	1174	1240	1310	1372	1463	1467
825	921	1010	1130	1199	1261	1353	1358
106	108	114	110	111	111	110	109
2345.35	2908.85	3613.39	4838.35	5462.99	5997.93	6714.74	7163.54
2203.96	2757.88	3439.60	4650.45	5283.64	5808.31	6505.83	6936.08
141.37	150.96	173.79	187.90	179.34	189.62	208.91	227.47
740.94	952.34	1233.32	1480.88	1679.94	1897.32	2194.15	2498.89
607.01	810.45	1078.33	1315.21	1508.43	1717.93	1996.65	2280.84
133.91	141.88	154.99	165.67	171.51	179.39	197.50	218.05
5745.59	8213.96	16087.52	14463.17	12484.56	13178.52	11688.64	10630.52
5550.02	7937.46	15524.21	13344.90	11718.75	12305.92	10998.47	10028.44
195.57	276.49	563.31	1118.28	765.81	872.60	690.17	602.08
19505.64	26471.17	48090.94	43522.20	38329.13	42457.71	37055.57	32430.28
19299.29	26167.62	47455.75	42245.56	37526.56	41520.48	36309.35	31810.55
206.34	303.54	635.19	1276.65	802.57	937.23	746.22	619.73
23544.25	31319.60	60826.65	38305.18	27990.45	32115.27	42333.95	31664.78
23417.72	31049.55	60278.67	33242.04	27142.04	31269.96	41576.19	31099.38
126.52	270.04	547.97	5063.13	848.41	845.30	757.76	565.40
215410.56	293238.88	475838.21	315228.76	301619.49	416308.40	582773.29	662373.20
209250.08	280974.70	455802.07	246340.74	285949.20	399228.05	567290.76	647087.49
6160.48	12264.18	20036.13	68888.02	15670.29	17080.37	15482.53	15285.71
1422.98	1756.18	2125.72	2245.44	1748.89	1649.60	1783.01	1328.53
1508.41	1860.86	2251.89	2341.02	1825.77	1725.71	1870.01	1394.58
59.58	62.56	89.90	241.61	171.72	131.41	122.94	84.22
1043.02	1047.83	1361.21	1514.86	1339.20	1307.40	1259.43	998.23
1108.91	1113.16	1446.12	1579.63	1397.01	1366.75	1321.16	1047.65
26.17	21.25	35.47	77.62	109.98	96.23	75.46	50.32
441.04	525.14	654.37	664.85	512.38	449.42	470.55	333.28
471.99	561.56	703.97	698.10	540.59	472.88	490.56	344.05
98.97	125.42	137.69	435.57	262.31	281.78	315.81	276.84
317.10	310.65	414.69	439.36	371.79	350.74	315.17	237.18
341.00	333.77	445.32	461.95	391.10	364.26	328.25	244.71
49.88	41.56	75.92	124.60	185.52	184.89	212.02	186.53

2-13 1993—2005 年上海股票交易情况统计表

	1993 年	1994 年	1995 年	1996 年	1997 年
交易所会员总数 Number of Members	481	550	553	524	467
其中:异地会员 Nonlocal Members	438	501	504	478	424
上市公司数(个) Number of Listed Companies	106	171	188	293	383
上市股票数(只) Number of Listed Stocks	123	203	220	329	422
其中 A股 A Shares	101	169	184	287	372
B股 B Shares	22	34	36	42	50
发行总股本(亿股) Total Issued Capital	206.62	419.06	498.25	671.19	975.57
其中 A股 A Shares	188.67	387.63	463.60	625.76	907.76
B股 B Shares	17.95	31.43	34.65	45.43	67.81
流通股本(亿股) Negotiable Shares	45.43	108.06	129.85	186.81	285.76
A股 A Shares	27.15	76.81	95.20	141.38	217.95
B股 B Shares	18.28	31.25	24.65	45.43	67.81
流通市值(亿元) Nego. Market Capitalization	423.94	586.96	587.00	1408.74	2513.47
A股 A Shares	294.40	470.37	495.05	1247.06	2327.86
B股 B Shares	129.54	116.59	91.95	161.68	185.61
市价总值(亿元) Total Market Capitalization	2195.69	2600.13	2525.66	5477.81	9218.07
其中 A股 A Shares	2067.66	2483.54	2433.71	5316.13	9032.45
B股 B Shares	128.04	116.59	91.95	161.88	185.61
成交金额(亿元) Total Turnover	2340.54	5735.07	3103.46	9114.82	13763.17
其中 A股 A Shares	2261.68	5626.73	3042.63	9020.24	13550.24
B股 B Shares	78.86	108.35	60.83	94.57	212.93
成交量(百万股) Trading Volume	14741.81	65676.03	51382.72	110188.37	121568.19
其中 A股 A Shares	13367.93	63432.75	49449.90	107400.20	116601.27
B股 B Shares	1373.88	2243.28	1932.82	2788.17	4966.92
最高综合股价指数 Highest Composite Index	1558.95	1052.94	926.41	1258.69	1510.18
其中 A股 A Shares	1640.71	1092.85	972.03	1313.92	1578.61
B股 B Shares	105.78	104.71	63.81	87.12	99.31
最低综合股价指数 Lowest Composite Index	750.46	325.89	524.43	512.83	870.18
其中 A股 A Shares	765.58	321.20	539.86	527.85	905.50
B股 B Shares	51.01	59.81	47.03	44.80	51.93

数据来源:上海证券交易所

Source: Shanghai Stock Exchange

Trading Summary for Shanghai Stock Exchange (1993—2005)

1998 年	1999 年	2000 年	2001 年	2002 年	2003 年	2004 年	2005 年
330	310	305	263	200	177	161	151
318	299	293	253	186	161	144	133
438	484	572	646	715	780	837	834
477	525	614	690	759	824	881	878
425	471	559	636	705	770	827	824
52	54	55	54	54	54	54	54
1280.35	1580.15	2032.42	3164.44	3727.84	4170.39	4700.55	5023.05
1206.11	1498.68	1947.35	3073.76	3635.49	4075.54	4600.38	4919.54
74.23	81.47	85.07	90.68	92.35	94.85	100.17	103.51
379.73	494.41	648.99	837.53	992.53	1157.10	1366.58	1561.21
305.49	412.94	563.92	746.85	900.18	1062.25	1266.41	1457.70
74.23	81.47	85.07	90.68	92.35	94.85	100.17	103.51
2947.45	4249.69	8481.33	8382.11	7467.30	8201.14	7350.88	6754.61
2846.92	4109.94	8146.79	7726.06	7025.00	7796.87	7050.61	6514.55
100.53	139.75	334.54	656.06	442.30	404.27	300.27	240.06
10625.91	14580.47	26930.86	27590.56	25363.72	29804.92	26014.34	23096.13
10525.38	14440.72	26596.32	26934.51	24921.42	29400.65	25714.07	22856.07
100.53	139.75	334.54	656.06	442.30	404.27	300.27	240.06
12386.11	16965.79	31373.86	22709.38	16959.09	20824.14	26470.60	19240.21
12304.23	16826.20	31029.69	19876.84	16441.71	20541.24	26229.30	19061.49
81.88	139.59	344.17	2832.54	517.38	282.89	241.30	178.72
112795.49	156038.27	243765.39	181995.43	178109.61	269272.88	360774.17	398658.80
108541.93	148825.08	231087.66	142969.11	169353.26	263263.44	355087.88	392689.32
4253.56	7213.19	12677.73	39026.32	8756.35	6009.45	5686.29	5969.48
1422.98	1756.18	2125.72	2245.44	1748.89	1649.60	1783.01	1328.53
1508.41	1860.86	2251.89	2341.02	1825.77	1725.71	1870.01	1394.58
59.58	62.56	89.90	241.61	171.72	131.41	122.94	84.22
1043.02	1047.83	1361.21	1514.86	1339.20	1307.40	1259.43	998.23
1108.91	1113.16	1446.12	1579.63	1397.01	1366.75	1321.16	1047.65
26.17	21.25	35.47	77.62	109.98	96.23	75.46	50.32

2-14 1993—2005 年深圳股票交易情况统计表

	1993 年	1994 年	1995 年	1996 年	1997 年
交易所会员总数 Number of Members	426	496	532	542	373
其中:异地会员 Nonlocal Members	398	466	498	508	349
上市公司数(个) Number of Listed Companies	77	120	135	237	362
上市股票数(只) Number of Listed Stocks	95	142	161	270	399
其中 A股 A Shares	76	118	127	227	348
B股 B Shares	19	24	34	43	51
发行总股本(亿股) Total Issued Capital	122.05	220.59	267.38	439.54	795.85
其中 A股 A Shares	111.51	205.00	240.48	399.47	738.37
B股 B Shares	10.54	15.58	26.90	40.06	57.48
流通股本(亿股) Negotiable Shares	36.18	77.57	105.13	158.75	275.06
A股 A Shares	29.98	67.59	83.78	125.76	225.29
B股 B Shares	6.20	9.97	21.34	32.98	49.76
流通市值(亿元) Nego. Market Capitalization	437.68	381.93	351.22	1458.29	2690.95
A股 A Shares	388.63	343.50	295.89	1266.95	2528.22
B股 B Shares	49.05	38.42	55.33	191.33	162.72
市价总值(亿元) Total Market Capitalization	1335.32	1090.48	948.62	4364.57	8311.17
其中 A股 A Shares	1251.01	1032.49	876.86	4132.42	8121.74
B股 B Shares	84.31	57.98	71.75	232.14	189.43
成交金额(亿元) Total Turnover	1286.66	2392.55	932.99	12217.35	16958.66
其中 A股 A Shares	1260.87	2376.35	915.95	12032.05	16744.97
B股 B Shares	25.79	16.20	17.03	185.30	213.69
成交量(百万股) Trading Volume	7914.66	35657.88	19148.06	143126.06	134433.70
其中 A股 A Shares	7548.57	35369.65	18656.67	139092.71	130528.61
B股 B Shares	366.09	288.23	491.38	4033.35	3905.10
最高综合股价指数 Highest Composite Index	359.44	242.06	169.66	473.02	517.91
其中 A股 A Shares	379.07	249.71	176.77	498.45	546.02
B股 B Shares	185.45	142.85	86.59	198.14	184.19
最低综合股价指数 Lowest Composite Index	203.91	96.56	112.63	105.34	305.81
其中 A股 A Shares	214.89	95.26	116.32	107.93	319.25
B股 B Shares	80.63	85.07	59.40	58.97	92.79

数据来源:深圳证券交易所

Source: Shenzhen Stock Exchange

Trading Summary for Shenzhen Stock Exchange（1993—2005）

1998年	1999年	2000年	2001年	2002年	2003年	2004年	2005年
329	318	326	284	237	205	189	177
314	304	310	268	220	187	171	157
413	465	516	514	509	507	540	547
454	504	560	550	551	548	582	589
400	450	451	494	494	491	526	534
54	54	59	56	57	57	56	55
1065.00	1328.70	1580.97	1673.91	1735.15	1827.54	2014.19	2140.49
997.85	1259.20	1492.25	1576.69	1648.15	1732.77	1905.45	2016.54
67.14	69.49	88.72	97.22	86.99	94.77	108.74	123.96
361.21	457.93	584.33	643.35	687.41	740.22	827.57	937.68
301.52	397.51	514.41	568.36	608.25	655.68	730.24	823.14
59.68	60.41	69.92	74.99	79.16	84.54	97.33	114.54
2798.14	3964.27	7606.19	6081.06	5017.26	4977.38	4337.76	3875.91
2703.10	3827.52	7377.42	5618.84	4693.75	4509.05	3947.86	3513.89
95.04	136.74	228.77	462.22	323.51	468.33	389.90	362.02
8879.73	11890.70	21160.08	15931.64	12965.41	12652.79	11041.23	9334.15
8773.91	11726.90	20859.43	15311.05	12605.14	12119.83	10595.28	8954.48
105.81	163.79	300.65	620.59	360.27	532.96	445.95	379.67
11158.14	14353.81	29452.79	15595.80	11031.36	11291.13	15863.35	12424.57
11113.49	14223.35	29248.98	13365.20	10700.33	10728.72	15346.89	12037.89
44.64	130.45	203.80	2230.59	331.03	562.41	516.46	386.68
102615.07	137200.61	232072.82	133233.33	123509.88	147035.52	221999.12	263714.40
100708.15	132149.62	224714.41	103371.63	116595.94	135964.61	212202.88	254398.17
1906.92	5050.99	7358.40	29861.70	6913.94	11070.92	9796.24	9316.23
441.04	525.14	654.37	664.85	512.38	449.42	470.55	333.28
471.99	561.56	703.97	698.10	540.59	472.88	490.56	344.05
98.97	125.42	137.69	435.57	262.31	281.78	315.81	276.84
317.10	310.65	414.69	439.36	371.79	350.74	315.17	237.18
341.00	333.77	445.32	461.95	391.10	364.26	328.25	244.71
49.88	41.56	75.92	124.60	185.52	184.89	212.02	186.53

2-15　2005 年全国股票分行业成交量、成交额

Trading Volume and Value for Stocks in 2005
(Categorized by Industries)

行　业 Industry	Volume (10000)		成交金额 Turnover (10000)	
	数量(万股) Volume	(%)	金额(万元)	(%)
合计 Total	66237319.33	100	316647762.06	100
其中:15000 万股以上	60929448.12	91.99	285198979.17	90.07
5000 万股—15000 万股	5282053.08	7.97	31400021.88	9.92
5000 万股以下	25819.02	0.04	48761.02	0.02
农、林、牧、副、渔业 Agriculture, Forestry, Fishing and Hunting	1244914.79	1.88	4759237.42	1.50
采掘业 Mining	2154924.71	3.25	13865764.67	4.38
食品、饮料 Food, Beverage	2750003.57	4.15	13860044.42	4.38
纺织、服装、毛皮 Textile, Apparel, Leather	2675945.42	4.04	9247709.31	2.92
木材、家俱 Wood Product	103719.31	0.16	574680.92	0.18
造纸、印刷 Paper, Printing	1065008.39	1.61	4239365.19	1.34
石油、化学、橡胶、塑料 Petroleum, Chemical Product, Plastics, Rubber	6656654.87	10.05	32177391.45	10.16
电子 Electrical Equipment	2350872.19	3.55	11041544.17	3.49
金属、非金属 Metal, Nonmetallic Mineral Product	8256621.06	12.47	38326828.46	12.10
机械、设备、仪表 Machinery, Equipment, Meter	8866680.02	13.39	41070557.90	12.97
医药、生物 Medicine, Biologic Product	2942072.06	4.44	14007202.70	4.42
其他制造业 Other Manufacuring	768034.22	1.16	3288787.54	1.04
电力、蒸汽及水的生产及供应业 Electricity, Gas, Water Supply	3957837.45	5.98	18864000.97	5.96
建筑业 Construction	674378.25	1.02	3185973.27	1.01
交通运输、仓储业 Transport, Storage	3200358.80	4.83	19355115.26	6.11
信息技术业 Information, Technology	5104795.76	7.71	24269816.18	7.66
批发和零售贸易 Wholesale and Retail Trade	3232758.10	4.88	14910693.38	4.71
金融、保险业 Finance, Insurance	2390605.78	3.61	13235686.08	4.18
房地产业 Real Estate	2322420.38	3.51	10530457.73	3.33
社会服务业 Social Services	1335547.32	2.02	6100687.83	1.93
传播及文化产业 Transmission, Culture	476208.96	0.72	3326305.65	1.05
综合类 Conglomerat	3706958.83	5.60	16409911.58	5.18

数据来源:上海、深圳证券交易所
Source: Shanghai Shenzhen Stock Exchange

2-16　2005 年上海股票分行业成交量、成交额

Trading Volume and Value of Shanghai Stock Exchange in 2005 (Categorized by Industries)

行　业 Industry	Volume (10000)		成交金额 Turnover (10000)	
	数量(万股) Volume	(%)	金额(万元)	(%)
合计	39865880.33	100	192402083.69	100
其中:15000 万股以上	37038411.21	92.91	175967522.80	91.46
5000 万股—15000 万股	2818061.75	7.07	16414573.85	8.53
5000 万股以下	9407.36	0.02	19987.05	0.01
农、林、牧、副、渔业 Agriculture, Forestry, Fishing and Hunting	900239.78	2.26	3410670.30	1.77
采掘业 Mining	1305371.12	3.27	8038133.50	4.18
食品、饮料 Food, Beverage	1451166.50	3.64	7163532.23	3.72
纺织、服装、毛皮 Textile, Apparel, Leather	1644064.87	4.12	5535241.41	2.88
木材、家俱 Wood Product	49781.89	0.12	285367.97	0.15
造纸、印刷 Paper, Printing	551546.10	1.38	2293887.08	1.19
石油、化学、橡胶、塑料 Petroleum, Chemical Product, Plastics, Rubber	3443321.08	8.64	17389448.11	9.04
电子 Electrical Equipment	1257044.15	3.15	6125772.33	3.18
金属、非金属 Metal, Nonmetallic Mineral Product	5108870.65	12.82	21756730.70	11.31
机械、设备、仪表 Machinery, Equipment, Meter	4562486.62	11.44	23045518.65	11.98
医药、生物 Medicine, Biologic Product	1451958.98	3.64	7949042.11	4.13
其他制造业 Other Manufacuring	599673.71	1.50	2298032.61	1.19
电力、蒸汽及水的生产及供应业 Electricity, Gas, Water Supply	2707303.81	6.79	13852461.94	7.20
建筑业 Construction	514378.16	1.29	2510695.69	1.30
交通运输、仓储业 Transport, Storage	2532821.35	6.35	14849869.95	7.72
信息技术业 Information, Technology	3684471.30	9.24	15970708.17	8.30
批发和零售贸易 Wholesale and Retail Trade	2198111.83	5.51	10688345.85	5.56
金融、保险业 Finance, Insurance	1970332.89	4.94	11107929.85	5.77
房地产业 Real Estate	896167.11	2.25	4055109.10	2.11
社会服务业 Social Services	734674.78	1.84	3568137.90	1.85
传播及文化产业 Transmission, Culture	270464.79	0.68	1993772.84	1.04
综合类 Conglomerat	2031628.87	5.10	8513675.41	4.42

数据来源:上海证券交易所
Source: Shanghai Stock Exchange

2-17 2005年深圳股票分行业成交量、成交额

Trading Volume and Value of Shenzhen Stock Exchange in 2005 (Categorized by Industries)

行 业 Industry	成交数量 Transaction Volume (10000)		成交金额 Turnover (10000)	
	数量(万股) Volume	(%)	金额(万元)	(%)
合计	26371439.00	100	124245678.37	100
其中:15000万股以上	23891036.91	90.59	109231456.37	87.92
5000万股—15000万股	2463991.33	9.34	14985448.03	12.06
5000万股以下	16411.66	0.06	28773.97	0.02
农、林、牧、副、渔业 Agriculture, Forestry, Fishing and Hunting	344675.01	1.31	1348567.12	1.09
采掘业 Mining	849553.59	3.22	5827631.17	4.69
食品、饮料 Food, Beverage	1298837.07	4.93	6696512.19	5.39
纺织、服装、毛皮 Textile, Apparel, Leather	1031880.55	3.91	3712467.90	2.99
木材、家俱 Wood Product	53937.42	0.20	289312.95	0.23
造纸、印刷 Paper, Printing	513462.29	1.95	1945478.11	1.57
石油、化学、橡胶、塑料 Petroleum, Chemical Product, Plastics, Rubber	3213333.79	12.18	14787943.34	11.90
电子 Electrical Equipment	1093828.04	4.15	4915771.84	3.96
金属、非金属 Metal, Nonmetallic Mineral Product	3147750.41	11.94	16570097.76	13.34
机械、设备、仪表 Machinery, Equipment, Meter	4304193.40	16.32	18025039.25	14.51
医药、生物 Medicine, Biologic Product	1490113.08	5.65	6058160.59	4.88
其他制造业 Other Manufacuring	168360.51	0.64	990754.93	0.80
电力、蒸汽及水的生产及供应业 Electricity, Gas, Water Supply	1250533.64	4.74	5011539.03	4.03
建筑业 Construction	160000.09	0.61	675277.58	0.54
交通运输、仓储业 Transport, Storage	667537.45	2.53	4505245.31	3.63
信息技术业 Information, Technology	1420324.46	5.39	8299108.01	6.68
批发和零售贸易 Wholesale and Retail Trade	1034646.27	3.92	4222347.53	3.40
金融、保险业 Finance, Insurance	420272.89	1.59	2127756.23	1.71
房地产业 Real Estate	1426253.27	5.41	6475348.63	5.21
社会服务业 Social Services	600872.54	2.28	2532549.93	2.04
传播及文化产业 Transmission, Culture	205744.17	0.78	1332532.81	1.07
综合类 Conglomerat	1675329.96	6.35	7896236.17	6.36

数据来源:深圳证券交易所

Source: Shenzhen Stock Exchange

2-18　2005年全国股票每日成交量、成交额

日期 Date	1月 Jan.		2月 Feb.		3月 Mar.		4月 Apr.		5月 May.		6月 Jun.	
	成交额 Turnover	成交量 Volume	成交额 Turnover	成交量 Volume	成交额 Turnover	成交量 Volume	成交额 Turnover	成交量 Volume	成交额 Turnover	成交量 Volume	成交额 Turnover	成交量 Volume
1	0.00	0.00	81.69	15936255.93	137.85	24812413.38	172.75	30967912.67	0.00	0.00	79.54	17216574.82
2	0.00	0.00	167.84	30635219.11	171.48	30165611.51	0.00	0.00	0.00	0.00	93.47	19266590.96
3	0.00	0.00	170.32	31647125.22	116.43	21018806.03	0.00	0.00	0.00	0.00	79.29	17497284.14
4	68.94	12517280.25	147.56	26260256.39	107.57	18644120.15	131.35	22990832.19	0.00	0.00	0.00	0.00
5	79.68	14166896.43	0.00	0.00	0.00	0.00	107.25	19255803.65	0.00	0.00	0.00	0.00
6	69.57	12404448.80	0.00	0.00	0.00	0.00	171.06	28345928.19	0.00	0.00	86.57	18795357.64
7	82.74	14361793.70	0.00	0.00	106.61	18220024.98	232.76	40243196.43	0.00	0.00	131.83	27014792.89
8	0.00	0.00	0.00	0.00	183.07	28921209.26	169.87	30474168.06	0.00	0.00	305.22	64258068.44
9	0.00	0.00	0.00	0.00	190.75	31747855.23	0.00	0.00	90.45	17706364.94	317.40	64982834.38
10	68.54	12059835.48	0.00	0.00	166.13	28204223.94	0.00	0.00	108.38	21539839.65	215.62	44853444.20
11	69.86	12426780.76	0.00	0.00	146.99	23918993.77	189.18	32665622.29	94.64	18757672.03	0.00	0.00
12	65.20	11910397.94	0.00	0.00	0.00	0.00	130.79	22731329.47	104.90	19991421.38	0.00	0.00
13	84.62	14635382.55	0.00	0.00	0.00	0.00	182.89	32211596.18	108.06	22017986.55	145.08	31257101.64
14	83.21	15388348.00	0.00	0.00	191.20	29603385.09	150.03	26937906.57	0.00	0.00	140.64	29924595.49
15	0.00	0.00	0.00	0.00	156.41	25356471.68	132.96	24174566.96	0.00	0.00	115.21	24357375.26
16	0.00	0.00	124.91	22701974.21	133.64	22011978.50	0.00	0.00	84.82	17598303.11	111.19	22756726.17
17	88.97	16728575.87	98.58	18325657.50	127.20	21305157.44	0.00	0.00	89.18	19395289.59	134.26	26561712.96
18	85.73	16393028.92	89.72	16921194.68	120.75	20682125.18	106.54	19628796.03	87.27	18029175.37	0.00	0.00
19	76.63	15154319.14	0.00	0.00	0.00	0.00	104.28	18786893.86	82.31	17547428.86	0.00	0.00
20	89.46	16865374.03	0.00	0.00	0.00	0.00	103.13	19383330.62	74.51	15988109.10	177.98	35487384.95
21	141.11	26399086.21	109.35	19773415.92	92.95	15930203.45	119.35	22188028.42	0.00	0.00	132.89	26677423.63
22	0.00	0.00	207.96	37289014.40	133.63	23771544.47	121.21	23139895.96	0.00	0.00	111.30	22163899.24
23	0.00	0.00	220.06	39372397.99	131.36	22220416.95	0.00	0.00	73.75	16484600.27	106.21	21062754.28
24	155.48	28421142.33	179.81	32116751.29	113.38	18453467.69	0.00	0.00	86.55	18905192.26	89.62	19147684.66
25	111.85	19756265.49	221.04	38372813.29	87.19	15805831.62	119.18	23045614.26	78.33	17721233.56	0.00	0.00
26	89.29	16063621.71	0.00	0.00	0.00	0.00	125.80	24094621.63	74.59	16163793.45	0.00	0.00
27	82.25	15339304.55	0.00	0.00	0.00	0.00	118.08	22527359.65	78.66	16613791.33	181.61	36768190.44
28	71.37	13925389.96	165.44	28797732.97	83.13	15171435.62	152.66	29472415.59	0.00	0.00	113.77	23398994.85
29	0.00	0.00	0.00	0.00	88.40	15510280.24	123.43	23730691.01	0.00	0.00	108.45	21891264.80
30	0.00	0.00	0.00	0.00	103.93	19334169.17	0.00	0.00	69.19	14999919.73	108.94	23040810.11
31	76.21	14964584.43	0.00	0.00	87.21	16874653.43	0.00	0.00	72.13	15950789.74	0.00	0.00

数据来源：上海、深圳证券交易所

Source：Shanghai Shenzhen Stock Exchange

Daily Trading Volume and Value of Stocks in 2005

成交额:亿元;成交量:手

7月 Jul.		8月 Aug.		9月 Sep.		10月 Oct.		11月 Nov.		12月 Dec.	
成交额 Turnover	成交量 Volume	成交额 Turnover	成交量 Volume	成交额 Turnover	成交量 Volume	成交额 Turnover	成交量 Volume	成交额 Turnover	成交量 Volume	成交额 Turnover	成交量 Volume
104.75	23828755.73	104.28	24799962.93	239.85	55627831.60	0.00	0.00	103.94	24119511.30	71.32	15833169.50
0.00	0.00	129.59	32155406.26	212.68	48427845.81	0.00	0.00	133.56	31173175.38	89.58	21076580.25
0.00	0.00	222.25	54265123.67	0.00	0.00	0.00	0.00	120.52	27532646.78	0.00	0.00
86.31	21133628.78	138.44	33360580.53	0.00	0.00	0.00	0.00	99.22	22431672.67	0.00	0.00
82.07	17317205.80	205.09	44991073.89	189.42	43622229.95	0.00	0.00	0.00	0.00	87.50	20887239.08
71.22	15964994.68	0.00	0.00	248.26	56320059.93	0.00	0.00	0.00	0.00	79.80	18635715.71
61.98	14669888.75	0.00	0.00	218.88	48458519.26	0.00	0.00	92.39	20709587.53	75.26	17747107.82
72.79	17696139.05	236.84	51598178.23	245.21	52339919.10	0.00	0.00	106.43	24957765.57	83.53	18828301.52
0.00	0.00	205.22	46556242.82	173.16	38055720.80	0.00	0.00	123.76	27742105.09	103.55	23913973.09
0.00	0.00	222.90	51994053.68	0.00	0.00	91.98	20127491.99	123.56	27997191.58	0.00	0.00
80.60	18972391.94	275.77	59881400.04	0.00	0.00	106.88	23154948.79	94.84	22357190.44	0.00	0.00
130.83	29605572.27	298.58	66792894.19	125.60	28989060.41	150.28	30692031.80	0.00	0.00	95.27	21691163.43
93.61	21379018.24	0.00	0.00	188.28	42506222.32	138.56	28191769.84	0.00	0.00	90.37	20131833.41
89.03	20412850.18	0.00	0.00	241.68	53979247.24	125.48	25500391.24	68.50	16198398.51	116.07	25854143.19
86.46	21347503.52	238.58	49291953.31	203.37	44602289.90	0.00	0.00	91.74	20711743.57	126.65	28570356.80
0.00	0.00	261.03	55279484.98	173.33	38742167.99	0.00	0.00	86.06	20491051.48	100.08	22238648.28
0.00	0.00	252.21	55379512.28	0.00	0.00	120.85	25169047.64	84.32	19979359.29	0.00	0.00
73.29	18887911.36	359.29	79948792.42	0.00	0.00	144.39	30376846.74	164.22	37444728.32	0.00	0.00
67.44	16890303.19	225.68	51325393.40	185.22	41854297.41	142.27	30799244.22	0.00	0.00	86.02	20398100.91
72.80	17673093.34	0.00	0.00	236.91	52621826.97	142.96	30650506.54	0.00	0.00	88.12	20277489.89
76.72	18131933.19	0.00	0.00	229.15	53578196.55	140.18	29938534.36	108.61	25592038.12	89.99	20664187.17
172.75	40696907.48	165.11	38046907.90	212.80	47927344.04	0.00	0.00	95.71	23180103.64	84.63	18720390.36
0.00	0.00	150.81	34963551.11	142.39	32490078.77	0.00	0.00	80.32	19793002.39	108.32	24205863.63
0.00	0.00	154.71	35690866.60	0.00	0.00	129.17	27984822.68	108.67	26157853.42	0.00	0.00
102.91	23805077.17	165.77	39614665.03	0.00	0.00	130.35	28672973.36	94.63	23536519.78	0.00	0.00
173.85	40168788.39	171.20	41297201.86	108.65	23888378.01	141.00	31749425.64	0.00	0.00	139.32	30930085.05
169.37	39833097.93	0.00	0.00	136.62	30560238.46	125.44	27957116.02	0.00	0.00	113.19	25871363.42
186.56	43089972.86	0.00	0.00	111.02	25176918.75	126.43	29470088.70	83.88	19727484.56	106.56	23790113.91
121.26	29566576.64	163.04	41292586.37	139.99	31430008.36	0.00	0.00	77.75	18618281.56	173.38	35209797.68
0.00	0.00	133.64	31483506.65	115.78	25302771.67	0.00	0.00	86.48	19404373.86	159.17	31649144.01
0.00	0.00	161.23	37475356.14	0.00	0.00	104.96	24754421.15	0.00	0.00	0.00	0.00

2-19　2005 年上海股票每日成交量、成交额

日期 Date	1月 Jan.		2月 Feb.		3月 Mar.		4月 Apr.		5月 May.		6月 Jun.	
	成交额 Turnover	成交量 Volume	成交额 Turnover	成交量 Volume	成交额 Turnover	成交量 Volume	成交额 Turnover	成交量 Volume	成交额 Turnover	成交量 Volume	成交额 Turnover	成交量 Volume
1	0.00	0.00	49.88	9507285.84	79.81	13980952.51	107.92	19660332.20	0.00	0.00	46.96	10062490.91
2	0.00	0.00	105.23	19226039.09	107.49	18628635.42	0.00	0.00	0.00	0.00	55.58	11465556.83
3	0.00	0.00	108.97	20415225.01	69.81	12823609.62	0.00	0.00	0.00	0.00	45.02	10016268.88
4	44.20	8166770.54	96.64	17028293.42	62.69	11049958.67	79.47	13794401.40	0.00	0.00	0.00	0.00
5	49.18	8683651.85	0.00	0.00	0.00	0.00	64.49	11582684.49	0.00	0.00	0.00	0.00
6	43.83	7928154.43	0.00	0.00	0.00	0.00	99.20	16727966.83	0.00	0.00	50.57	11115175.21
7	50.42	8945871.93	0.00	0.00	62.83	10762246.49	141.25	24281614.02	0.00	0.00	74.66	15703053.20
8	0.00	0.00	0.00	0.00	111.60	17984398.32	100.85	17768998.01	0.00	0.00	190.12	40282852.58
9	0.00	0.00	0.00	0.00	122.25	20567187.25	0.00	0.00	55.51	10869350.21	195.95	40690928.92
10	41.20	7239683.95	0.00	0.00	105.37	17897669.36	0.00	0.00	67.68	13164154.80	136.13	28410801.15
11	43.68	7725570.58	0.00	0.00	90.39	14996714.13	110.32	19300757.32	56.33	10995569.88	0.00	0.00
12	38.00	6769585.73	0.00	0.00	0.00	0.00	76.01	13075881.39	65.06	12355883.65	0.00	0.00
13	50.04	8746707.40	0.00	0.00	0.00	0.00	110.64	19547071.45	65.68	13474947.71	89.43	19212779.45
14	52.72	9898327.55	0.00	0.00	119.68	18692502.09	86.14	15616198.22	0.00	0.00	87.45	18368255.92
15	0.00	0.00	0.00	0.00	96.78	15642719.99	78.01	14262298.60	0.00	0.00	73.54	15267633.72
16	0.00	0.00	79.80	14445455.86	83.31	13663373.19	0.00	0.00	50.58	10227759.07	70.28	14483083.57
17	54.35	10028565.81	61.03	11218612.27	78.14	12895543.75	0.00	0.00	53.54	11568727.16	84.21	16752562.77
18	52.94	10190288.85	57.86	10688050.32	73.42	12452432.01	62.96	11671176.98	50.61	10378408.36	0.00	0.00
19	46.78	9377195.46	0.00	0.00	0.00	0.00	61.09	10950126.30	51.20	10658166.64	0.00	0.00
20	53.84	10310284.11	0.00	0.00	0.00	0.00	59.39	11182984.22	45.20	9584041.46	101.49	21468619.19
21	90.09	16985080.38	69.31	12536922.82	58.15	9963687.20	70.70	13266844.25	0.00	0.00	73.36	15478090.69
22	0.00	0.00	127.74	22602815.31	81.48	14653309.87	72.67	13578363.91	0.00	0.00	59.02	12351453.74
23	0.00	0.00	136.99	24189127.33	78.51	13440605.61	0.00	0.00	43.06	9533945.55	54.73	11484886.08
24	97.87	18020207.48	113.56	20115815.95	67.00	11477190.50	0.00	0.00	50.65	11029454.08	50.85	11121075.61
25	64.39	11813924.62	139.79	24069610.83	50.76	9527589.17	69.09	13547648.73	44.89	9807597.94	0.00	0.00
26	53.52	9640691.85	0.00	0.00	0.00	0.00	72.07	13974141.53	44.55	9498556.19	0.00	0.00
27	49.55	9412829.18	0.00	0.00	0.00	0.00	70.83	13612865.51	49.03	10146251.88	105.30	21842381.95
28	42.00	8170557.56	102.45	17651432.12	49.10	9023233.60	90.44	17419743.28	0.00	0.00	63.12	13458431.47
29	0.00	0.00	0.00	0.00	51.92	9233160.42	73.77	14193309.13	0.00	0.00	65.42	13469379.68
30	0.00	0.00	0.00	0.00	61.54	11383481.88	0.00	0.00	40.83	8599816.54	64.07	13785959.61
31	46.68	9078062.32	0.00	0.00	53.72	10437790.43	0.00	0.00	42.42	9239224.18	0.00	0.00

数据来源：上海证券交易所
Source：Shanghai Stock Exchange

Daily Trading Volume and Value of Shanghai Stock Exchange in 2005

成交额:亿元;成交量:手

7月 Jul.		8月 Aug.		9月 Sep.		10月 Oct.		11月 Nov.		12月 Dec.	
成交额 Turnover	成交量 Volume	成交额 Turnover	成交量 Volume	成交额 Turnover	成交量 Volume	成交额 Turnover	成交量 Volume	成交额 Turnover	成交量 Volume	成交额 Turnover	成交量 Volume
61.38	13597814.62	61.57	14731551.79	150.62	33830475.60	0.00	0.00	63.26	13985501.54	40.50	8932119.34
0.00	0.00	76.93	19015019.85	128.60	28920490.35	0.00	0.00	81.58	18764779.41	46.73	10636974.13
0.00	0.00	127.76	31436454.63	0.00	0.00	0.00	0.00	75.28	16885824.29	0.00	0.00
50.92	12275958.83	78.69	19436798.06	0.00	0.00	0.00	0.00	59.51	12783138.16	0.00	0.00
51.47	10494885.92	124.21	27096069.93	117.49	26700066.76	0.00	0.00	0.00	0.00	48.18	11224965.89
42.60	9196428.48	0.00	0.00	153.05	33685273.18	0.00	0.00	0.00	0.00	48.77	11052745.26
36.75	8570426.78	0.00	0.00	131.96	28602851.99	0.00	0.00	54.65	12082279.78	45.94	10389383.06
43.40	10337367.63	138.03	30237526.34	146.88	30759926.61	0.00	0.00	67.23	15311164.40	46.72	10398709.41
0.00	0.00	120.46	27154091.70	101.46	22155746.52	0.00	0.00	75.04	16725453.64	60.91	13557010.73
0.00	0.00	135.34	31427115.89	0.00	0.00	54.61	11720065.13	71.12	16155985.11	0.00	0.00
47.84	11330361.94	168.87	36967037.17	0.00	0.00	63.99	13426560.45	53.78	12560032.17	0.00	0.00
81.83	18457805.16	180.50	40478755.77	77.41	17096689.66	93.39	18472331.83	0.00	0.00	54.62	11944637.39
56.23	12821974.65	0.00	0.00	117.18	25913705.44	86.00	16905239.13	0.00	0.00	51.93	11376092.13
55.51	12594093.23	0.00	0.00	149.82	32243761.10	77.41	15145999.46	38.95	9202688.62	70.31	15027599.35
52.38	12750514.18	147.89	30319519.02	128.97	27217492.92	0.00	0.00	53.52	12215753.60	76.07	16824259.33
0.00	0.00	160.76	33399837.79	104.63	22397225.07	0.00	0.00	53.63	12608646.77	58.28	12644127.20
0.00	0.00	148.15	32420937.53	0.00	0.00	74.22	15135238.84	51.35	11961802.50	0.00	0.00
42.64	10964842.83	221.57	49201496.39	0.00	0.00	92.65	18928090.49	97.61	22480629.07	0.00	0.00
39.87	9882316.25	136.43	31501185.90	116.36	24656893.73	90.88	18908399.02	0.00	0.00	52.15	12228678.79
44.44	10568559.55	0.00	0.00	151.30	32300692.29	84.99	17371817.76	0.00	0.00	52.84	11778558.35
48.29	11140360.53	0.00	0.00	142.57	31799464.59	86.54	18011154.12	64.96	15543906.27	56.04	12346995.45
109.88	25488349.30	105.42	24033198.37	131.85	28602274.63	0.00	0.00	59.59	14646805.07	51.88	11121539.00
0.00	0.00	95.42	21840708.32	85.82	18774394.95	0.00	0.00	49.89	12601919.78	66.20	14472553.50
0.00	0.00	99.88	22674109.60	0.00	0.00	81.19	17275913.34	70.54	17140958.27	0.00	0.00
61.34	14134108.39	105.24	24232098.86	0.00	0.00	80.50	16929914.52	62.48	15639896.41	0.00	0.00
109.89	25577510.85	104.36	24296356.07	68.63	14538133.35	87.06	19211835.91	0.00	0.00	85.83	18653133.98
101.51	23812348.81	0.00	0.00	85.31	18093629.73	80.82	17203742.34	0.00	0.00	71.16	15711381.59
106.45	24695847.51	0.00	0.00	68.31	14751543.27	80.19	17973929.94	54.11	12852408.15	65.85	14680286.56
72.15	17683944.35	100.39	24333195.30	86.34	18536992.27	0.00	0.00	48.50	11879938.93	107.05	21845761.69
0.00	0.00	81.44	18551862.32	69.60	14493481.09	0.00	0.00	46.18	10875975.22	101.97	20027934.97
0.00	0.00	96.03	21676099.07	0.00	0.00	65.16	14835142.16	0.00	0.00	0.00	0.00

2-20　2005 年深圳股票每日成交量、成交额

日期 Date	1月 Jan.		2月 Feb.		3月 Mar.		4月 Apr.		5月 May.		6月 Jun.	
	成交额 Turnover	成交量 Volume	成交额 Turnover	成交量 Volume	成交额 Turnover	成交量 Volume	成交额 Turnover	成交量 Volume	成交额 Turnover	成交量 Volume	成交额 Turnover	成交量 Volume
1	0.00	0.00	31.81	6428970.09	58.04	10831460.87	64.83	11307580.47	0.00	0.00	32.58	7154083.91
2	0.00	0.00	62.61	11409180.02	63.99	11536976.09	0.00	0.00	0.00	0.00	37.89	7801034.13
3	0.00	0.00	61.35	11231900.21	46.62	8195196.41	0.00	0.00	0.00	0.00	34.27	7481015.26
4	24.74	4350509.71	50.92	9231962.97	44.88	7594161.48	51.88	9196430.79	0.00	0.00	0.00	0.00
5	30.50	5483244.58	0.00	0.00	0.00	0.00	42.76	7673119.16	0.00	0.00	0.00	0.00
6	25.74	4476294.37	0.00	0.00	0.00	0.00	71.86	11617961.36	0.00	0.00	36.00	7680182.43
7	32.32	5415921.77	0.00	0.00	43.78	7457778.49	91.51	15961582.41	0.00	0.00	57.17	11311739.69
8	0.00	0.00	0.00	0.00	71.47	10936810.94	69.02	12705170.05	0.00	0.00	115.10	23975215.86
9	0.00	0.00	0.00	0.00	68.50	11180667.98	0.00	0.00	34.94	6837014.73	121.45	24291905.46
10	27.34	4820151.53	0.00	0.00	60.76	10306554.58	0.00	0.00	40.70	8375684.85	79.49	16442643.05
11	26.18	4701210.18	0.00	0.00	56.60	8922279.64	78.86	13364864.97	38.31	7762102.15	0.00	0.00
12	27.20	5140812.21	0.00	0.00	0.00	0.00	54.78	9655448.08	39.84	7635537.73	0.00	0.00
13	34.58	5888675.15	0.00	0.00	0.00	0.00	72.25	12664524.73	42.38	8543038.84	55.65	12044322.19
14	30.49	5490020.45	0.00	0.00	71.52	10910883.00	63.89	11321708.35	0.00	0.00	53.19	11556339.57
15	0.00	0.00	0.00	0.00	59.63	9713751.69	54.95	9912268.36	0.00	0.00	41.67	9089741.54
16	0.00	0.00	45.11	8256518.35	50.33	8348605.31	0.00	0.00	34.24	7370544.04	40.91	8273642.60
17	34.62	6700010.06	37.55	7107045.23	49.06	8409613.69	0.00	0.00	35.64	7826562.43	50.05	9809150.19
18	32.79	6202740.07	31.86	6233144.36	47.33	8229693.17	43.58	7957619.05	36.66	7650767.01	0.00	0.00
19	29.85	5777123.68	0.00	0.00	0.00	0.00	43.19	7836767.56	31.11	6889262.22	0.00	0.00
20	35.62	6555089.92	0.00	0.00	0.00	0.00	43.74	8200346.40	29.31	6404067.64	76.49	14018765.76
21	51.02	9414005.83	40.04	7236493.10	34.80	5966516.25	48.65	8921184.17	0.00	0.00	59.53	11199332.94
22	0.00	0.00	80.22	14686199.09	52.15	9118234.60	48.54	9561532.05	0.00	0.00	52.28	9812445.50
23	0.00	0.00	83.07	15183270.66	52.85	8779811.34	0.00	0.00	30.69	6950654.72	51.48	9577868.20
24	57.61	10400934.85	66.25	12000935.34	46.38	6976277.19	0.00	0.00	35.90	7875738.18	38.77	8026609.05
25	47.46	7942340.87	81.25	14303202.46	36.43	6278242.45	50.09	9497965.53	33.44	7913635.62	0.00	0.00
26	35.77	6422929.86	0.00	0.00	0.00	0.00	53.73	10120480.10	30.04	6665237.26	0.00	0.00
27	32.70	5926475.37	0.00	0.00	0.00	0.00	47.25	8914494.14	29.63	6467539.45	76.31	14925808.49
28	29.37	5754832.40	62.99	11146300.85	34.03	6148202.02	62.22	12052672.31	0.00	0.00	50.65	9940563.38
29	0.00	0.00	0.00	0.00	36.48	6277119.82	49.66	9537381.88	0.00	0.00	43.03	8421885.12
30	0.00	0.00	0.00	0.00	42.39	7950687.29	0.00	0.00	28.36	6400103.19	44.87	9254850.50
31	29.53	5886522.11	0.00	0.00	33.49	6436863.00	0.00	0.00	29.71	6711565.56	0.00	0.00

数据来源：深圳证券交易所

Source：Shenzhen Stock Exchange

Daily Trading Volume and Value of Shenzhen Stock Exchange in 2005

成交额:亿元;成交量:手

7月 Jul.		8月 Aug.		9月 Sep.		10月 Oct.		11月 Nov.		12月 Dec.	
成交额 Turnover	成交量 Volume	成交额 Turnover	成交量 Volume	成交额 Turnover	成交量 Volume	成交额 Turnover	成交量 Volume	成交额 Turnover	成交量 Volume	成交额 Turnover	成交量 Volume
43.37	10230941.11	42.71	10068411.14	89.23	21797356.00	0.00	0.00	40.68	10134009.76	30.82	6901050.16
0.00	0.00	52.66	13140386.41	84.08	19507355.46	0.00	0.00	51.98	12408395.97	42.85	10439606.12
0.00	0.00	94.49	22828669.04	0.00	0.00	0.00	0.00	45.24	10646822.49	0.00	0.00
35.39	8857669.95	59.75	13923782.47	0.00	0.00	0.00	0.00	39.71	9648534.51	0.00	0.00
30.60	6822319.88	80.88	17895003.96	71.93	16922163.19	0.00	0.00	0.00	0.00	39.32	9662273.19
28.62	6768566.20	0.00	0.00	95.21	22634786.75	0.00	0.00	0.00	0.00	31.03	7582970.45
25.23	6099461.97	0.00	0.00	86.92	19855667.27	0.00	0.00	37.74	8627307.75	29.32	7357724.76
29.39	7358771.42	98.81	21360651.89	98.33	21579992.49	0.00	0.00	39.20	9646601.17	36.81	8429592.11
0.00	0.00	84.76	19402151.12	71.70	15899974.28	0.00	0.00	48.72	11016651.45	42.64	10356962.36
0.00	0.00	87.56	20566937.79	0.00	0.00	37.37	8407426.86	52.44	11841206.47	0.00	0.00
32.76	7642030.00	106.90	22914362.87	0.00	0.00	42.89	9728388.34	41.06	9797158.27	0.00	0.00
49.00	11147767.11	118.08	26314138.42	48.19	11892370.75	56.89	12219699.97	0.00	0.00	40.65	9746526.04
37.38	8557043.59	0.00	0.00	71.10	16592516.88	52.56	11286530.71	0.00	0.00	38.44	8755741.28
33.52	7818756.95	0.00	0.00	91.86	21735486.14	48.07	10354391.78	29.55	6995709.89	45.76	10826543.84
34.08	8596989.34	90.69	18972434.29	74.40	17384796.98	0.00	0.00	38.22	8495989.97	50.58	11746097.47
0.00	0.00	100.27	21879647.19	68.70	16344942.92	0.00	0.00	32.43	7882404.71	41.80	9594521.08
0.00	0.00	104.06	22958574.75	0.00	0.00	46.63	10033808.80	32.97	8017556.79	0.00	0.00
30.65	7923068.53	137.72	30747296.03	0.00	0.00	51.74	11448756.25	66.61	14964099.25	0.00	0.00
27.57	7007986.94	89.25	19824207.50	68.86	17197403.68	51.39	11890845.20	0.00	0.00	33.87	8169422.12
28.36	7104533.79	0.00	0.00	85.61	20321134.68	57.97	13278688.78	0.00	0.00	35.28	8498931.54
28.43	6991572.66	0.00	0.00	86.58	21778731.96	53.64	11927380.24	43.65	10048131.85	33.95	8317191.72
62.87	15208558.18	59.69	14013709.53	80.95	19325069.41	0.00	0.00	36.12	8533298.57	32.75	7598851.36
0.00	0.00	55.39	13122842.79	56.57	13715683.82	0.00	0.00	30.43	7191082.61	42.12	9733310.13
0.00	0.00	54.83	13016757.00	0.00	0.00	47.98	10708909.34	38.13	9016895.15	0.00	0.00
41.57	9670968.78	60.53	15382566.17	0.00	0.00	49.85	11743058.84	32.15	7896623.37	0.00	0.00
63.96	14591277.54	66.84	17000845.79	40.02	9350244.66	53.94	12537589.73	0.00	0.00	53.49	12276951.07
67.86	16020749.12	0.00	0.00	51.31	12466608.73	44.62	10753373.68	0.00	0.00	42.03	10159981.83
80.11	18394125.35	0.00	0.00	42.71	10425375.48	46.24	11496158.76	29.77	6875076.41	40.71	9109827.35
49.11	11882632.29	62.65	16959391.07	53.65	12893016.09	0.00	0.00	29.25	6738342.63	66.33	13364035.99
0.00	0.00	52.20	12931644.33	46.18	10809290.58	0.00	0.00	40.30	8528398.64	57.20	11621209.04
0.00	0.00	65.20	15799257.07	0.00	0.00	39.80	9919278.99	0.00	0.00	0.00	0.00

2-21　2005 年全国 A 股每日成交量、成交额

日期 Date	1月 Jan.		2月 Feb.		3月 Mar.		4月 Apr.		5月 May.		6月 Jun.	
	成交额 Turnover	成交量 Volume	成交额 Turnover	成交量 Volume	成交额 Turnover	成交量 Volume	成交额 Turnover	成交量 Volume	成交额 Turnover	成交量 Volume	成交额 Turnover	成交量 Volume
1	0.00	0.00	80.25	15538158.07	134.75	24197923.08	168.01	29973161.10	0.00	0.00	77.97	16865836.07
2	0.00	0.00	163.46	29566642.55	167.95	29346658.51	0.00	0.00	0.00	0.00	88.99	18323305.06
3	0.00	0.00	165.79	30622684.79	113.41	20359238.76	0.00	0.00	0.00	0.00	76.82	16827410.80
4	67.08	12086811.52	144.14	25386011.33	104.53	17976426.86	127.01	22210894.39	0.00	0.00	0.00	0.00
5	78.19	13736315.32	0.00	0.00	0.00	0.00	104.29	18631400.64	0.00	0.00	0.00	0.00
6	68.28	12052174.35	0.00	0.00	0.00	0.00	164.85	27200167.93	0.00	0.00	83.80	18186460.48
7	80.92	13898471.93	0.00	0.00	103.77	17636675.56	225.86	38762461.64	0.00	0.00	128.33	26218608.12
8	0.00	0.00	0.00	0.00	178.16	27969843.38	166.48	29579447.39	0.00	0.00	298.06	62374963.73
9	0.00	0.00	0.00	0.00	185.71	30719099.86	0.00	0.00	86.92	16970526.50	312.59	63608439.30
10	67.50	11789842.22	0.00	0.00	161.17	27117585.39	0.00	0.00	105.42	20916175.87	212.58	43981695.72
11	68.81	12156470.05	0.00	0.00	143.23	23165097.36	184.82	31801205.00	92.50	18297481.00	0.00	0.00
12	64.35	11665425.31	0.00	0.00	0.00	0.00	128.14	22145927.35	102.79	19555564.80	0.00	0.00
13	83.61	14391306.39	0.00	0.00	0.00	0.00	179.14	31322720.86	105.42	21441632.57	142.16	30433136.67
14	81.99	15055306.66	0.00	0.00	186.58	28684002.33	147.27	26312906.21	0.00	0.00	137.88	29093923.72
15	0.00	0.00	0.00	0.00	152.96	24649722.72	129.22	23337040.59	0.00	0.00	113.21	23746866.17
16	0.00	0.00	121.48	21921869.56	130.60	21392172.87	0.00	0.00	83.51	17287148.92	109.06	22192403.67
17	87.54	16374522.61	96.14	17851185.06	123.22	20476235.40	0.00	0.00	87.23	18885028.10	130.78	25706296.75
18	84.88	16160510.59	88.09	16577566.26	117.65	19995396.62	103.48	18945191.75	85.16	17566686.39	0.00	0.00
19	75.47	14808862.24	0.00	0.00	0.00	0.00	102.44	18370660.88	80.79	17234085.59	0.00	0.00
20	87.66	16445125.31	0.00	0.00	0.00	0.00	100.94	18919134.57	73.60	15747351.48	173.41	34483152.94
21	139.07	25846784.82	106.39	19192299.98	90.05	15331390.22	116.62	21578019.44	0.00	0.00	130.31	26080302.26
22	0.00	0.00	202.31	36019571.57	128.55	22699724.34	118.51	22398897.78	0.00	0.00	109.09	21665556.18
23	0.00	0.00	214.94	38222723.83	126.76	21371269.35	0.00	0.00	72.47	16100113.26	104.14	20575081.42
24	152.77	27781398.24	176.60	31310491.33	110.17	17893989.56	0.00	0.00	84.79	18483969.38	88.15	18772496.36
25	108.90	19110103.59	215.80	37102227.14	85.58	15454854.18	116.06	22297387.07	76.65	17317722.68	0.00	0.00
26	87.74	15684634.08	0.00	0.00	0.00	0.00	122.46	23269980.29	73.51	15867945.19	0.00	0.00
27	80.73	14988601.91	0.00	0.00	0.00	0.00	115.10	21798704.32	77.34	16283848.38	178.30	35937123.66
28	70.43	13683379.68	161.45	27917167.18	81.63	14834007.53	149.19	28567044.41	0.00	0.00	112.28	23010985.43
29	0.00	0.00	0.00	0.00	85.20	14918173.03	120.26	22912673.19	0.00	0.00	107.29	21574783.04
30	0.00	0.00	0.00	0.00	99.55	18265197.08	0.00	0.00	67.82	14686617.55	107.51	22614659.67
31	75.07	14628395.48	0.00	0.00	83.69	16212997.48	0.00	0.00	69.90	15530924.65	0.00	0.00

数据来源：上海、深圳证券交易所

Source：Shanghai Shenzhen Stock Exchange

Daily Trading Volume and Value of A Shares in 2005

成交额:亿元;成交量:手

7月 Jul.		8月 Aug.		9月 Sep.		10月 Oct.		11月 Nov.		12月 Dec.	
成交额 Turnover	成交量 Volume	成交额 Turnover	成交量 Volume	成交额 Turnover	成交量 Volume	成交额 Turnover	成交量 Volume	成交额 Turnover	成交量 Volume	成交额 Turnover	成交量 Volume
103.48	23393458.86	102.13	24188859.96	237.35	54695926.09	0.00	0.00	102.68	23743756.37	70.67	15643157.42
0.00	0.00	126.99	31296655.07	210.38	47669613.91	0.00	0.00	132.15	30664664.76	88.42	20772962.86
0.00	0.00	216.74	52547374.27	0.00	0.00	0.00	0.00	119.69	27247284.12	0.00	0.00
84.88	20681768.32	134.67	32364668.74	0.00	0.00	0.00	0.00	98.23	22104166.38	0.00	0.00
80.77	16989356.67	200.44	43655150.07	187.52	42885336.99	0.00	0.00	0.00	0.00	86.44	20572475.20
69.69	15561001.82	0.00	0.00	245.42	55292129.55	0.00	0.00	0.00	0.00	78.92	18395007.69
60.30	14184657.54	0.00	0.00	216.96	47734334.54	0.00	0.00	91.68	20450578.15	74.34	17501245.80
71.08	17257068.13	231.84	50189739.23	243.37	51711340.32	0.00	0.00	105.48	24589734.28	82.45	18565362.40
0.00	0.00	201.52	45458846.25	171.65	37452986.19	0.00	0.00	122.50	27304561.20	102.36	23575278.03
0.00	0.00	218.92	50727690.65	0.00	0.00	89.97	19461348.01	122.60	27678593.45	0.00	0.00
78.69	18501354.25	271.67	58608081.65	0.00	0.00	105.59	22668369.34	94.18	22111829.60	0.00	0.00
129.05	29071416.65	292.74	64840172.15	124.28	28435300.27	148.27	30022973.45	0.00	0.00	93.87	21270731.01
92.20	20943885.38	0.00	0.00	186.19	41716431.55	137.09	27723515.86	0.00	0.00	89.32	19816922.00
86.94	19829619.55	0.00	0.00	239.30	52973632.88	123.97	25005768.54	67.50	15925933.18	114.92	25472484.62
84.22	20572008.22	235.22	48225309.44	201.36	43889986.61	0.00	0.00	90.61	20402299.59	125.50	28202433.06
0.00	0.00	256.87	53874863.08	171.32	38062229.92	0.00	0.00	85.44	20274672.97	99.22	21974608.62
0.00	0.00	248.48	54019187.01	0.00	0.00	119.50	24752032.83	83.71	19781019.05	0.00	0.00
70.22	17922290.88	354.09	78070326.93	0.00	0.00	142.99	29869366.29	162.22	36774975.76	0.00	0.00
65.22	16143165.49	222.82	50294122.33	182.73	40890858.88	140.22	30210545.57	0.00	0.00	84.67	20025928.86
71.35	17222789.52	0.00	0.00	234.06	51577227.34	141.62	30228634.06	0.00	0.00	87.27	20046032.26
74.89	17549112.00	0.00	0.00	226.81	52605611.80	139.10	29582002.35	106.92	25062596.15	89.24	20413806.34
168.47	39268148.60	163.20	37453355.98	210.58	47065103.13	0.00	0.00	94.92	22917475.09	83.85	18514220.46
0.00	0.00	148.33	34260932.32	141.06	31986299.40	0.00	0.00	79.36	19545097.42	107.41	23901035.81
0.00	0.00	152.66	34994782.02	0.00	0.00	128.27	27670601.69	107.82	25922131.21	0.00	0.00
100.79	23153661.40	163.11	38729237.64	0.00	0.00	128.79	27947092.33	92.72	23114371.24	0.00	0.00
170.98	39183147.61	168.73	40205583.89	107.71	23513681.35	138.71	31073556.46	0.00	0.00	138.17	30536212.92
166.12	38754897.70	0.00	0.00	134.92	29974420.56	124.09	27535207.83	0.00	0.00	112.43	25621765.35
182.81	41908944.64	0.00	0.00	109.82	24720861.77	124.76	28916119.47	83.33	19550888.65	105.78	23535299.29
118.75	28801848.76	161.34	40598541.12	138.26	30822336.79	0.00	0.00	76.98	18411563.60	171.91	34698204.93
0.00	0.00	132.28	31029032.95	114.11	24746629.16	0.00	0.00	85.62	19181853.97	157.57	31164808.65
0.00	0.00	159.29	36887661.99	0.00	0.00	103.84	24369592.83	0.00	0.00	0.00	0.00

2-22　2005年上海A股每日成交量、成交额

日期 Date	1月 Jan.		2月 Feb.		3月 Mar.		4月 Apr.		5月 May.		6月 Jun.	
	成交额 Turnover	成交量 Volume	成交额 Turnover	成交量 Volume	成交额 Turnover	成交量 Volume	成交额 Turnover	成交量 Volume	成交额 Turnover	成交量 Volume	成交额 Turnover	成交量 Volume
1	0.00	0.00	49.38	9336343.69	78.85	13741501.32	106.26	19206277.69	0.00	0.00	46.66	9968744.11
2	0.00	0.00	104.30	18930278.34	106.49	18347354.31	0.00	0.00	0.00	0.00	54.80	11204631.62
3	0.00	0.00	107.43	20077658.15	68.67	12529932.25	0.00	0.00	0.00	0.00	44.37	9757742.15
4	43.89	8064834.66	95.70	16766673.82	61.81	10822608.25	78.20	13489749.02	0.00	0.00	0.00	0.00
5	48.68	8523853.39	0.00	0.00	0.00	0.00	63.54	11323753.90	0.00	0.00	0.00	0.00
6	43.41	7806968.18	0.00	0.00	0.00	0.00	97.63	16307580.14	0.00	0.00	49.90	10919519.81
7	49.79	8771143.60	0.00	0.00	62.01	10561238.58	138.94	23664121.02	0.00	0.00	73.81	15427580.94
8	0.00	0.00	0.00	0.00	110.35	17652555.25	99.68	17430513.12	0.00	0.00	187.99	39574516.28
9	0.00	0.00	0.00	0.00	120.93	20218837.77	0.00	0.00	54.48	10604464.21	194.67	40234311.79
10	40.87	7146552.20	0.00	0.00	104.16	17559095.13	0.00	0.00	66.89	12923592.57	135.38	28130978.08
11	43.34	7622808.63	0.00	0.00	89.60	14769291.59	108.81	18927409.69	55.67	10820112.48	0.00	0.00
12	37.76	6698201.61	0.00	0.00	0.00	0.00	74.93	12806006.39	64.64	12216094.74	0.00	0.00
13	49.80	8669129.77	0.00	0.00	0.00	0.00	109.33	19173728.01	65.07	13311232.02	88.84	19002232.43
14	52.41	9803234.68	0.00	0.00	118.25	18353815.96	85.33	15400524.09	0.00	0.00	86.99	18186074.92
15	0.00	0.00	0.00	0.00	95.79	15391646.44	76.87	13985823.81	0.00	0.00	73.00	15060662.91
16	0.00	0.00	78.70	14175148.74	82.45	13450296.77	0.00	0.00	50.13	10098795.84	69.70	14317261.64
17	53.97	9898949.05	60.49	11076561.01	76.62	12574296.57	0.00	0.00	52.86	11361435.38	83.48	16555206.38
18	52.71	10112921.85	57.47	10588303.20	72.27	12186341.13	62.25	11468160.19	49.91	10182260.44	0.00	0.00
19	46.39	9222957.03	0.00	0.00	0.00	0.00	60.55	10802215.53	50.82	10554930.89	0.00	0.00
20	53.49	10194671.87	0.00	0.00	0.00	0.00	58.66	11004134.66	44.94	9503631.58	100.84	21276947.33
21	89.56	16807360.99	68.64	12359899.86	57.03	9691399.98	69.99	13057080.35	0.00	0.00	72.87	15317329.43
22	0.00	0.00	125.65	22092290.91	79.92	14270206.05	71.79	13315090.57	0.00	0.00	58.71	12262243.95
23	0.00	0.00	135.55	23819675.97	77.34	13169807.77	0.00	0.00	42.65	9393952.05	54.39	11372848.43
24	97.09	17793365.61	112.73	19907629.18	65.97	11251934.10	0.00	0.00	50.10	10857958.78	50.51	11006895.94
25	63.92	11685120.47	137.79	23533203.30	50.21	9394306.37	68.42	13338636.12	44.49	9676322.67	0.00	0.00
26	53.15	9533910.49	0.00	0.00	0.00	0.00	71.29	13735434.52	44.30	9403478.54	0.00	0.00
27	49.29	9328741.65	0.00	0.00	0.00	0.00	69.79	13246007.12	48.62	10016929.88	104.41	21582299.03
28	41.74	8091605.08	100.95	17277908.59	48.54	8859987.14	89.16	17013982.05	0.00	0.00	62.73	13339386.33
29	0.00	0.00	0.00	0.00	51.08	9020517.79	72.04	13703070.12	0.00	0.00	65.11	13372505.80
30	0.00	0.00	0.00	0.00	60.70	11156512.19	0.00	0.00	40.46	8486308.80	63.74	13674290.23
31	46.29	8933646.36	0.00	0.00	52.56	10166243.03	0.00	0.00	41.99	9100095.10	0.00	0.00

数据来源：上海证券交易所

Source: Shanghai Stock Exchange

Daily Trading Volume and Value of A Shares in Shanghai Stock Exchange in 2005

成交额:亿元;成交量:手

7月 Jul.		8月 Aug.		9月 Sep.		10月 Oct.		11月 Nov.		12月 Dec.	
成交额 Turnover	成交量 Volume	成交额 Turnover	成交量 Volume	成交额 Turnover	成交量 Volume	成交额 Turnover	成交量 Volume	成交额 Turnover	成交量 Volume	成交额 Turnover	成交量 Volume
60.99	13450034.66	60.93	14472471.91	149.27	33282693.65	0.00	0.00	62.89	13853041.62	40.24	8849700.25
0.00	0.00	75.83	18553609.96	127.71	28566120.69	0.00	0.00	81.15	18556805.49	46.22	10482636.57
0.00	0.00	125.99	30722250.14	0.00	0.00	0.00	0.00	75.03	16778100.60	0.00	0.00
50.44	12094320.31	77.49	19030456.02	0.00	0.00	0.00	0.00	59.31	12694694.15	0.00	0.00
51.08	10368241.01	122.69	26553882.87	116.57	26300291.46	0.00	0.00	0.00	0.00	47.61	11063914.42
42.30	9095808.28	0.00	0.00	151.63	33093169.74	0.00	0.00	0.00	0.00	48.44	10959321.33
36.38	8435033.43	0.00	0.00	131.14	28236124.48	0.00	0.00	54.43	11995680.73	45.64	10293581.07
42.98	10182033.40	136.48	29639984.02	146.15	30473227.98	0.00	0.00	66.88	15172001.75	46.42	10302916.86
0.00	0.00	119.08	26618007.17	100.75	21863852.94	0.00	0.00	74.60	16552163.01	60.46	13397569.11
0.00	0.00	133.56	30740447.42	0.00	0.00	53.85	11434140.33	70.85	16049270.59	0.00	0.00
47.43	11180449.34	167.38	36346911.05	0.00	0.00	63.35	13185378.38	53.54	12447144.93	0.00	0.00
81.34	18256351.38	177.92	39374704.23	76.81	16843948.25	92.32	18119632.86	0.00	0.00	54.19	11798516.33
55.95	12705230.27	0.00	0.00	116.31	25548644.66	85.47	16706845.44	0.00	0.00	51.60	11267470.33
55.02	12419955.43	0.00	0.00	149.13	31931201.10	76.88	14957386.11	38.69	9113476.79	69.95	14902249.13
51.38	12328160.22	146.72	29799058.52	128.28	26943247.44	0.00	0.00	53.17	12090804.61	75.64	16669406.01
0.00	0.00	158.97	32670716.72	104.00	22174713.91	0.00	0.00	53.43	12526856.29	57.98	12543756.78
0.00	0.00	146.73	31798542.92	0.00	0.00	73.81	14983261.59	51.19	11894363.66	0.00	0.00
41.75	10593679.10	219.72	48386553.57	0.00	0.00	91.98	18621426.29	96.96	22203913.07	0.00	0.00
38.99	9525223.99	135.28	30972659.50	115.62	24387820.22	90.16	18672517.36	0.00	0.00	51.59	12064926.04
43.88	10361418.89	0.00	0.00	150.04	31885119.20	84.49	17206406.55	0.00	0.00	52.60	11693914.30
47.59	10820668.07	0.00	0.00	141.71	31476177.02	86.15	17863071.22	64.50	15348681.64	55.74	12254763.03
108.45	24902690.40	104.77	23770723.01	130.89	28212935.73	0.00	0.00	59.32	14528495.42	51.53	11029447.80
0.00	0.00	94.70	21584255.77	85.28	18564042.28	0.00	0.00	49.70	12515599.13	65.80	14337967.44
0.00	0.00	99.04	22314658.18	0.00	0.00	80.79	17129649.54	70.27	17046822.98	0.00	0.00
60.70	13849986.98	104.18	23810829.56	0.00	0.00	79.91	16719850.12	61.56	15399916.29	0.00	0.00
108.86	25150096.82	103.41	23859641.72	68.32	14412112.42	86.47	18983043.49	0.00	0.00	85.33	18465112.06
100.32	23294562.17	0.00	0.00	84.54	17834533.96	80.37	17039916.39	0.00	0.00	70.87	15603542.55
105.22	24136063.21	0.00	0.00	67.78	14552382.08	79.65	17759794.58	53.88	12768646.89	65.61	14589052.86
71.36	17351168.79	99.68	24026525.76	85.64	18241984.89	0.00	0.00	48.31	11810787.96	106.47	21655059.81
0.00	0.00	81.02	18374527.12	68.91	14232768.07	0.00	0.00	45.97	10810641.48	101.28	19797825.11
0.00	0.00	95.46	21436982.86	0.00	0.00	64.71	14667261.74	0.00	0.00	0.00	0.00

2-23　2005年深圳A股每日成交量、成交额

日期 Date	1月 Jan.		2月 Feb.		3月 Mar.		4月 Apr.		5月 May.		6月 Jun.	
	成交额 Turnover	成交量 Volume	成交额 Turnover	成交量 Volume	成交额 Turnover	成交量 Volume	成交额 Turnover	成交量 Volume	成交额 Turnover	成交量 Volume	成交额 Turnover	成交量 Volume
1	0.00	0.00	30.87	6201814.38	55.90	10456421.76	61.75	10766883.41	0.00	0.00	31.31	6897091.96
2	0.00	0.00	59.16	10636364.21	61.46	10999304.20	0.00	0.00	0.00	0.00	34.19	7118673.44
3	0.00	0.00	58.36	10545026.64	44.74	7829306.51	0.00	0.00	0.00	0.00	32.45	7069668.65
4	23.19	4021976.86	48.44	8619337.51	42.72	7153818.61	48.81	8721145.37	0.00	0.00	0.00	0.00
5	29.51	5212461.93	0.00	0.00	0.00	0.00	40.75	7307646.74	0.00	0.00	0.00	0.00
6	24.87	4245206.17	0.00	0.00	0.00	0.00	67.22	10892587.79	0.00	0.00	33.90	7266940.67
7	31.13	5127328.33	0.00	0.00	41.76	7075436.98	86.92	15098340.62	0.00	0.00	54.52	10791027.18
8	0.00	0.00	0.00	0.00	67.81	10317288.13	66.80	12148934.27	0.00	0.00	110.07	22800447.45
9	0.00	0.00	0.00	0.00	64.78	10500262.09	0.00	0.00	32.44	6366062.29	117.92	23374127.51
10	26.63	4643290.02	0.00	0.00	57.01	9558490.26	0.00	0.00	38.53	7992583.30	77.20	15850717.64
11	25.47	4533661.42	0.00	0.00	53.63	8395805.77	76.01	12873795.31	36.83	7477368.52	0.00	0.00
12	26.59	4967223.70	0.00	0.00	0.00	0.00	53.21	9339920.96	38.15	7339470.06	0.00	0.00
13	33.81	5722176.62	0.00	0.00	0.00	0.00	69.81	12148992.85	40.35	8130400.55	53.32	11430904.24
14	29.58	5252071.98	0.00	0.00	68.33	10330186.37	61.94	10912382.12	0.00	0.00	50.89	10907848.80
15	0.00	0.00	0.00	0.00	57.17	9258076.28	52.35	9351216.78	0.00	0.00	40.21	8686203.26
16	0.00	0.00	42.78	7746720.82	48.15	7941876.10	0.00	0.00	33.38	7188353.08	39.36	7875142.03
17	33.57	6475573.56	35.65	6774624.05	46.60	7901938.83	0.00	0.00	34.37	7523592.72	47.30	9151090.37
18	32.17	6047588.74	30.62	5989263.06	45.38	7809055.49	41.23	7477031.56	35.25	7384425.95	0.00	0.00
19	29.08	5585905.21	0.00	0.00	0.00	0.00	41.89	7568445.35	29.97	6679154.70	0.00	0.00
20	34.17	6250453.44	0.00	0.00	0.00	0.00	42.28	7914999.91	28.66	6243719.90	72.57	13206205.61
21	49.51	9039423.83	37.75	6832400.12	33.02	5639990.24	46.63	8520939.09	0.00	0.00	57.44	10762972.83
22	0.00	0.00	76.66	13927280.66	48.63	8429518.29	46.72	9083807.21	0.00	0.00	50.38	9403312.23
23	0.00	0.00	79.39	14403047.86	49.42	8201461.58	0.00	0.00	29.82	6706161.21	49.75	9202232.99
24	55.68	9988032.63	63.87	11402862.15	44.20	6642055.46	0.00	0.00	34.69	7626010.60	37.64	7765600.42
25	44.98	7424983.12	78.01	13569023.84	35.37	6060547.81	47.64	8958750.95	32.16	7641400.01	0.00	0.00
26	34.59	6150723.59	0.00	0.00	0.00	0.00	51.17	9534545.77	29.21	6464466.65	0.00	0.00
27	31.44	5659860.26	0.00	0.00	0.00	0.00	45.31	8552697.20	28.72	6266918.50	73.89	14354824.63
28	28.69	5591774.60	60.50	10639258.59	33.09	5974020.39	60.03	11553062.36	0.00	0.00	49.55	9671599.10
29	0.00	0.00	0.00	0.00	34.12	5897655.24	48.22	9209603.07	0.00	0.00	42.18	8202277.24
30	0.00	0.00	0.00	0.00	38.85	7108684.89	0.00	0.00	27.36	6200308.75	43.77	8940369.44
31	28.78	5694749.12	0.00	0.00	31.13	6046754.45	0.00	0.00	27.91	6430829.55	0.00	0.00

数据来源：深圳证券交易所

Source: Shenzhen Stock Exchange

Daily Trading Volume and Value of A Shares in Shenzhen Stock Exchange in 2005

成交额:亿元;成交量:手

7月 Jul.		8月 Aug.		9月 Sep.		10月 Oct.		11月 Nov.		12月 Dec.	
成交额 Turnover	成交量 Volume	成交额 Turnover	成交量 Volume	成交额 Turnover	成交量 Volume	成交额 Turnover	成交量 Volume	成交额 Turnover	成交量 Volume	成交额 Turnover	成交量 Volume
42.49	9943424.20	41.20	9716388.05	88.08	21413232.44	0.00	0.00	39.79	9890714.75	30.43	6793457.17
0.00	0.00	51.16	12743045.11	82.67	19103493.22	0.00	0.00	51.00	12107859.27	42.20	10290326.29
0.00	0.00	90.75	21825124.13	0.00	0.00	0.00	0.00	44.66	10469183.52	0.00	0.00
34.44	8587448.01	57.18	13334212.72	0.00	0.00	0.00	0.00	38.92	9409472.23	0.00	0.00
29.69	6621115.66	77.75	17101267.20	70.95	16585045.53	0.00	0.00	0.00	0.00	38.83	9508560.78
27.39	6465193.54	0.00	0.00	93.79	22198959.81	0.00	0.00	0.00	0.00	30.48	7435686.36
23.92	5749624.11	0.00	0.00	85.82	19498210.06	0.00	0.00	37.25	8454897.42	28.70	7207664.73
28.10	7075034.73	95.36	20549755.21	97.22	21238112.34	0.00	0.00	38.60	9417732.53	36.03	8262445.54
0.00	0.00	82.44	18840839.08	70.90	15589133.25	0.00	0.00	47.90	10752398.19	41.90	10177708.92
0.00	0.00	85.36	19987243.23	0.00	0.00	36.12	8027207.68	51.75	11629322.86	0.00	0.00
31.26	7320904.91	104.29	22261170.60	0.00	0.00	42.24	9482990.96	40.64	9664684.67	0.00	0.00
47.71	10815065.27	114.82	25465467.92	47.47	11591352.02	55.95	11903340.59	0.00	0.00	39.68	9472214.68
36.25	8238655.11	0.00	0.00	69.88	16167786.89	51.62	11016670.42	0.00	0.00	37.72	8549451.67
31.92	7409664.12	0.00	0.00	90.17	21042431.78	47.09	10048382.43	28.81	6812456.39	44.97	10570235.49
32.84	8243848.00	88.50	18426250.92	73.08	16946739.17	0.00	0.00	37.44	8311494.98	49.86	11533027.05
0.00	0.00	97.90	21204146.36	67.32	15887516.01	0.00	0.00	32.01	7747816.68	41.24	9430851.84
0.00	0.00	101.75	22220644.09	0.00	0.00	45.69	9768771.24	32.52	7886655.39	0.00	0.00
28.47	7328611.78	134.37	29683773.36	0.00	0.00	51.01	11247940.00	65.26	14571062.69	0.00	0.00
26.23	6617941.50	87.54	19321462.83	67.11	16503038.66	50.06	11538028.21	0.00	0.00	33.08	7961002.82
27.47	6861370.63	0.00	0.00	84.02	19692108.14	57.13	13022227.51	0.00	0.00	34.67	8352117.96
27.30	6728443.93	0.00	0.00	85.10	21129434.78	52.95	11718931.13	42.42	9713914.51	33.50	8159043.31
60.02	14365458.20	58.43	13682632.97	79.69	18852167.40	0.00	0.00	35.60	8388979.67	32.32	7484772.66
0.00	0.00	53.63	12676676.55	55.78	13422257.12	0.00	0.00	29.66	7029498.29	41.61	9563068.37
0.00	0.00	53.62	12680123.84	0.00	0.00	47.48	10540952.15	37.55	8875308.23	0.00	0.00
40.09	9303674.42	58.93	14918408.08	0.00	0.00	48.88	11227242.21	31.16	7714454.95	0.00	0.00
62.12	14033050.79	65.32	16345942.17	39.39	9101568.93	52.24	12090512.97	0.00	0.00	52.84	12071100.86
65.80	15460335.53	0.00	0.00	50.38	12139886.60	43.72	10495291.44	0.00	0.00	41.56	10018222.80
77.59	17772881.43	0.00	0.00	42.04	10168479.69	45.11	11156324.89	29.45	6782241.76	40.17	8946246.43
47.39	11450679.97	61.66	16572015.36	52.62	12580351.90	0.00	0.00	28.67	6600775.64	65.44	13043145.12
0.00	0.00	51.26	12654505.83	45.20	10513861.09	0.00	0.00	39.65	8371212.49	56.29	11366983.54
0.00	0.00	63.83	15450679.13	0.00	0.00	39.13	9702331.09	0.00	0.00	0.00	0.00

2-24　2005年全国B股每日成交量、成交额

日期 Date	1月 Jan.		2月 Feb.		3月 Mar.		4月 Apr.		5月 May.		6月 Jun.	
	成交额 Turnover	成交量 Volume	成交额 Turnover	成交量 Volume	成交额 Turnover	成交量 Volume	成交额 Turnover	成交量 Volume	成交额 Turnover	成交量 Volume	成交额 Turnover	成交量 Volume
1	0.00	0.00	1.44	398097.86	3.10	614490.30	4.74	994751.57	0.00	0.00	1.57	350738.75
2	0.00	0.00	4.38	1068576.56	3.54	818953.00	0.00	0.00	0.00	0.00	4.49	943285.90
3	0.00	0.00	4.53	1024440.43	3.01	659567.27	0.00	0.00	0.00	0.00	2.47	669873.34
4	1.86	430468.73	3.42	874245.06	3.04	667693.29	4.35	779937.80	0.00	0.00	0.00	0.00
5	1.50	430581.11	0.00	0.00	0.00	0.00	2.96	624403.01	0.00	0.00	0.00	0.00
6	1.29	352274.45	0.00	0.00	0.00	0.00	6.20	1145760.26	0.00	0.00	2.76	608897.16
7	1.81	463321.77	0.00	0.00	2.84	583349.42	6.90	1480734.79	0.00	0.00	3.50	796184.77
8	0.00	0.00	0.00	0.00	4.91	951365.88	3.40	894720.67	0.00	0.00	7.16	1883104.71
9	0.00	0.00	0.00	0.00	5.04	1028755.37	0.00	0.00	3.53	735838.44	4.81	1374395.08
10	1.05	269993.26	0.00	0.00	4.97	1086638.55	0.00	0.00	2.97	623663.78	3.04	871748.48
11	1.05	270310.71	0.00	0.00	3.77	753896.41	4.37	864417.29	2.14	460191.03	0.00	0.00
12	0.85	244972.63	0.00	0.00	0.00	0.00	2.66	585402.12	2.10	435856.58	0.00	0.00
13	1.02	244076.16	0.00	0.00	0.00	0.00	3.76	888875.32	2.63	576353.98	2.92	823964.97
14	1.23	333041.34	0.00	0.00	4.62	919382.76	2.76	625000.36	0.00	0.00	2.75	830671.77
15	0.00	0.00	0.00	0.00	3.45	706748.96	3.74	837526.37	0.00	0.00	2.00	610509.09
16	0.00	0.00	3.43	780104.65	3.05	619805.63	0.00	0.00	1.33	311154.19	2.14	564322.50
17	1.42	354053.26	2.44	474472.44	3.99	828922.04	0.00	0.00	1.95	510261.49	3.49	855416.21
18	0.85	232518.33	1.63	343628.42	3.10	686728.56	3.07	683604.28	2.11	462488.98	0.00	0.00
19	1.17	345456.90	0.00	0.00	0.00	0.00	1.84	416232.98	1.51	313343.27	0.00	0.00
20	1.79	420248.72	0.00	0.00	0.00	0.00	2.19	464196.05	0.91	240757.62	4.57	1004232.01
21	2.04	552301.39	2.95	581115.94	2.90	598813.23	2.74	610008.98	0.00	0.00	2.57	597121.37
22	0.00	0.00	5.65	1269442.83	5.07	1071820.13	2.70	740998.18	0.00	0.00	2.21	498343.06
23	0.00	0.00	5.12	1149674.16	4.60	849147.60	0.00	0.00	1.27	384487.01	2.07	487672.86
24	2.70	639744.09	3.21	806259.96	3.21	559478.13	0.00	0.00	1.76	421222.88	1.47	375188.30
25	2.95	646161.90	5.24	1270586.15	1.61	350977.44	3.12	748227.19	1.68	403510.88	0.00	0.00
26	1.54	378987.63	0.00	0.00	0.00	0.00	3.35	824641.34	1.09	295848.26	0.00	0.00
27	1.52	350702.64	0.00	0.00	0.00	0.00	2.98	728655.33	1.32	329942.95	3.31	831066.78
28	0.94	242010.28	3.98	880565.79	1.51	337428.09	3.47	905371.18	0.00	0.00	1.50	388009.42
29	0.00	0.00	0.00	0.00	3.20	592107.21	3.16	818017.82	0.00	0.00	1.17	316481.76
30	0.00	0.00	0.00	0.00	4.37	1068972.09	0.00	0.00	1.38	313302.18	1.43	426150.44
31	1.14	336188.95	0.00	0.00	3.51	661655.95	0.00	0.00	2.23	419865.09	0.00	0.00

数据来源：上海、深圳证券交易所

Source：Shanghai Shenzhen Stock Exchange

Daily Trading Volume and Value of B Shares in 2005

成交额:亿元;成交量:手

7月 Jul.		8月 Aug.		9月 Sep.		10月 Oct.		11月 Nov.		12月 Dec.	
成交额 Turnover	成交量 Volume	成交额 Turnover	成交量 Volume	成交额 Turnover	成交量 Volume	成交额 Turnover	成交量 Volume	成交额 Turnover	成交量 Volume	成交额 Turnover	成交量 Volume
1.28	435296.87	2.16	611102.97	2.51	931905.51	0.00	0.00	1.26	375754.93	0.65	190012.08
0.00	0.00	2.59	858751.19	2.29	758231.90	0.00	0.00	1.41	508510.62	1.15	303617.39
0.00	0.00	5.51	1717749.40	0.00	0.00	0.00	0.00	0.83	285362.66	0.00	0.00
1.43	451860.46	3.76	995911.79	0.00	0.00	0.00	0.00	0.99	327506.29	0.00	0.00
1.30	327849.13	4.65	1335923.82	1.89	736892.96	0.00	0.00	0.00	0.00	1.07	314763.88
1.52	403992.86	0.00	0.00	2.85	1027930.38	0.00	0.00	0.00	0.00	0.89	240708.02
1.69	485231.21	0.00	0.00	1.92	724184.72	0.00	0.00	0.71	259009.38	0.92	245862.02
1.70	439070.92	5.01	1408439.00	1.85	628578.78	0.00	0.00	0.96	368031.29	1.06	262939.12
0.00	0.00	3.70	1097396.57	1.50	602734.61	0.00	0.00	1.27	437543.89	1.19	338695.06
0.00	0.00	3.98	1266363.03	0.00	0.00	2.01	666143.98	0.95	318598.13	0.00	0.00
1.91	471037.69	4.11	1273318.39	0.00	0.00	1.29	486579.45	0.67	245360.84	0.00	0.00
1.78	534155.62	5.84	1952722.04	1.33	553760.14	2.01	669058.35	0.00	0.00	1.40	420432.42
1.41	435132.86	0.00	0.00	2.09	789790.77	1.49	468253.98	0.00	0.00	1.05	314911.41
2.09	583230.63	0.00	0.00	2.38	1005614.36	1.50	494622.70	0.99	272465.33	1.15	381658.57
2.25	775495.30	3.37	1066643.87	2.01	712303.29	0.00	0.00	1.13	309443.98	1.14	367923.74
0.00	0.00	4.17	1404621.90	2.01	679938.07	0.00	0.00	0.62	216378.51	0.87	264039.66
0.00	0.00	3.74	1360325.27	0.00	0.00	1.35	417014.81	0.62	198340.24	0.00	0.00
3.06	965620.48	5.20	1878465.49	0.00	0.00	1.40	507480.45	2.00	669752.56	0.00	0.00
2.24	747137.70	2.87	1031271.07	2.48	963438.53	2.06	588698.65	0.00	0.00	1.35	372172.05
1.45	450303.82	0.00	0.00	2.86	1044599.63	1.34	421872.48	0.00	0.00	0.85	231457.63
1.83	582821.19	0.00	0.00	2.33	972584.75	1.07	356532.01	1.69	529441.97	0.75	250380.83
4.29	1428758.88	1.91	593551.92	2.20	862240.91	0.00	0.00	0.79	262628.55	0.78	206169.90
0.00	0.00	2.48	702618.79	1.33	503779.37	0.00	0.00	0.96	247904.97	0.91	304827.82
0.00	0.00	2.05	696084.58	0.00	0.00	0.90	314220.99	0.85	235722.21	0.00	0.00
2.12	651415.77	2.66	885427.39	0.00	0.00	1.58	725881.03	1.91	422148.54	0.00	0.00
2.88	985640.78	2.47	1091617.97	0.94	374696.66	2.29	675869.18	0.00	0.00	1.15	393872.13
3.25	1078200.23	0.00	0.00	1.70	585817.90	1.35	421908.19	0.00	0.00	0.77	249598.07
3.76	1181028.22	0.00	0.00	1.20	456056.98	1.68	553969.23	0.55	176595.91	0.77	254814.62
2.50	764727.88	1.69	694045.25	1.73	607671.57	0.00	0.00	0.77	206717.96	1.47	511592.75
0.00	0.00	1.37	454473.70	1.67	556142.51	0.00	0.00	0.86	222519.89	1.59	484335.36
0.00	0.00	1.93	587694.15	0.00	0.00	1.13	384828.32	0.00	0.00	0.00	0.00

2-25　2005 年上海 B 股每日成交量、成交额

日期 Date	1月 Jan.		2月 Feb.		3月 Mar.		4月 Apr.		5月 May.		6月 Jun.	
	成交额 Turnover	成交量 Volume	成交额 Turnover	成交量 Volume	成交额 Turnover	成交量 Volume	成交额 Turnover	成交量 Volume	成交额 Turnover	成交量 Volume	成交额 Turnover	成交量 Volume
1	0.00	0.00	0.50	170942.15	0.96	239451.19	1.66	454054.51	0.00	0.00	0.30	93746.80
2	0.00	0.00	0.93	295760.75	1.00	281281.11	0.00	0.00	0.00	0.00	0.78	260925.21
3	0.00	0.00	1.54	337566.86	1.14	293677.37	0.00	0.00	0.00	0.00	0.65	258526.73
4	0.31	101935.88	0.94	261619.60	0.88	227350.42	1.28	304652.38	0.00	0.00	0.00	0.00
5	0.50	159798.46	0.00	0.00	0.00	0.00	0.95	258930.59	0.00	0.00	0.00	0.00
6	0.42	121186.25	0.00	0.00	0.00	0.00	1.57	420386.69	0.00	0.00	0.66	195655.40
7	0.62	174728.33	0.00	0.00	0.82	201007.91	2.31	617493.00	0.00	0.00	0.85	275472.26
8	0.00	0.00	0.00	0.00	1.24	331843.07	1.17	338484.89	0.00	0.00	2.13	708336.30
9	0.00	0.00	0.00	0.00	1.32	348349.48	0.00	0.00	1.03	264886.00	1.28	456617.13
10	0.33	93131.75	0.00	0.00	1.21	338574.23	0.00	0.00	0.80	240562.23	0.75	279823.07
11	0.34	102761.95	0.00	0.00	0.79	227422.54	1.52	373347.63	0.66	175457.40	0.00	0.00
12	0.24	71384.12	0.00	0.00	0.00	0.00	1.08	269875.00	0.42	139788.91	0.00	0.00
13	0.24	77577.63	0.00	0.00	0.00	0.00	1.32	373343.44	0.61	163715.69	0.59	210547.02
14	0.32	95092.87	0.00	0.00	1.43	338686.13	0.81	215674.13	0.00	0.00	0.46	182181.00
15	0.00	0.00	0.00	0.00	0.99	251073.55	1.14	276474.79	0.00	0.00	0.54	206970.81
16	0.00	0.00	1.10	270307.12	0.86	213076.42	0.00	0.00	0.46	128963.23	0.59	165821.93
17	0.37	129616.76	0.54	142051.26	1.52	321247.18	0.00	0.00	0.68	207291.78	0.73	197356.39
18	0.23	77367.00	0.39	99747.12	1.14	266090.88	0.72	203016.79	0.70	196147.92	0.00	0.00
19	0.39	154238.43	0.00	0.00	0.00	0.00	0.54	147910.77	0.38	103235.75	0.00	0.00
20	0.35	115612.24	0.00	0.00	0.00	0.00	0.73	178849.56	0.26	80409.88	0.65	191671.86
21	0.53	177719.39	0.67	177022.96	1.12	272287.22	0.71	209763.90	0.00	0.00	0.49	160761.26
22	0.00	0.00	2.09	510524.40	1.56	383103.82	0.87	263273.34	0.00	0.00	0.31	89209.79
23	0.00	0.00	1.44	369451.36	1.17	270797.84	0.00	0.00	0.40	139993.50	0.33	112037.65
24	0.78	226841.87	0.83	208186.77	1.03	225256.40	0.00	0.00	0.55	171495.30	0.34	114179.67
25	0.47	128804.15	2.00	536407.53	0.55	133282.80	0.67	209012.61	0.40	131275.27	0.00	0.00
26	0.36	106781.36	0.00	0.00	0.00	0.00	0.79	238707.01	0.25	95077.65	0.00	0.00
27	0.26	84087.53	0.00	0.00	0.00	0.00	1.04	366858.39	0.41	129322.00	0.89	260082.92
28	0.26	78952.48	1.50	373523.53	0.56	163246.46	1.29	405761.23	0.00	0.00	0.39	119045.14
29	0.00	0.00	0.00	0.00	0.84	212642.63	1.73	490239.01	0.00	0.00	0.32	96873.88
30	0.00	0.00	0.00	0.00	0.84	226969.69	0.00	0.00	0.38	113507.74	0.33	111669.38
31	0.39	144415.96	0.00	0.00	1.15	271547.40	0.00	0.00	0.43	139129.08	0.00	0.00

数据来源：上海证券交易所
Source：Shanghai Stock Exchange

Daily Trading Volume and Value of B Shares in Shanghai Stock Exchange in 2005

成交额:亿元;成交量:手

7月 Jul.		8月 Aug.		9月 Sep.		10月 Oct.		11月 Nov.		12月 Dec.	
成交额 Turnover	成交量 Volume	成交额 Turnover	成交量 Volume	成交额 Turnover	成交量 Volume	成交额 Turnover	成交量 Volume	成交额 Turnover	成交量 Volume	成交额 Turnover	成交量 Volume
0.39	147779.96	0.65	259079.88	1.35	547781.95	0.00	0.00	0.37	132459.92	0.26	82419.09
0.00	0.00	1.10	461409.89	0.88	354369.66	0.00	0.00	0.43	207973.92	0.51	154337.56
0.00	0.00	1.77	714204.49	0.00	0.00	0.00	0.00	0.24	107723.69	0.00	0.00
0.48	181638.52	1.19	406342.04	0.00	0.00	0.00	0.00	0.20	88444.01	0.00	0.00
0.39	126644.91	1.52	542187.06	0.91	399775.30	0.00	0.00	0.00	0.00	0.57	161051.47
0.29	100620.20	0.00	0.00	1.42	592103.44	0.00	0.00	0.00	0.00	0.33	93423.93
0.38	135393.35	0.00	0.00	0.82	366727.51	0.00	0.00	0.22	86599.05	0.30	95801.99
0.41	155334.23	1.55	597542.32	0.73	286698.63	0.00	0.00	0.36	139162.65	0.29	95792.55
0.00	0.00	1.38	536084.53	0.70	291893.58	0.00	0.00	0.44	173290.63	0.45	159441.62
0.00	0.00	1.78	686668.47	0.00	0.00	0.76	285924.80	0.27	106714.52	0.00	0.00
0.41	149912.60	1.49	620126.12	0.00	0.00	0.64	241182.07	0.24	112887.24	0.00	0.00
0.49	201453.78	2.59	1104051.54	0.60	252741.41	1.07	352698.97	0.00	0.00	0.43	146121.06
0.28	116744.38	0.00	0.00	0.87	365060.78	0.54	198393.69	0.00	0.00	0.33	108621.80
0.49	174137.80	0.00	0.00	0.69	312560.00	0.52	188613.35	0.26	89211.83	0.36	125350.22
1.01	422353.96	1.18	520460.50	0.69	274245.48	0.00	0.00	0.35	124948.99	0.42	154853.32
0.00	0.00	1.80	729121.07	0.63	222511.16	0.00	0.00	0.20	81790.48	0.31	100370.42
0.00	0.00	1.42	622394.61	0.00	0.00	0.41	151977.25	0.16	67438.84	0.00	0.00
0.89	371163.73	1.85	814942.82	0.00	0.00	0.67	306664.20	0.65	276716.00	0.00	0.00
0.89	357092.26	1.16	528526.40	0.73	269073.51	0.72	235881.66	0.00	0.00	0.56	163752.75
0.56	207140.66	0.00	0.00	1.26	415573.09	0.50	165411.21	0.00	0.00	0.24	84644.05
0.70	319692.46	0.00	0.00	0.86	323287.57	0.38	148082.90	0.46	195224.63	0.29	92232.42
1.44	585658.90	0.65	262475.36	0.95	389338.90	0.00	0.00	0.27	118309.65	0.35	92091.20
0.00	0.00	0.72	256452.55	0.55	210352.67	0.00	0.00	0.19	86320.65	0.40	134586.06
0.00	0.00	0.84	359451.42	0.00	0.00	0.40	146263.80	0.27	94135.29	0.00	0.00
0.63	284121.41	1.06	421269.30	0.00	0.00	0.60	210064.40	0.92	239980.12	0.00	0.00
1.03	427414.03	0.95	436714.35	0.31	126020.93	0.59	228792.42	0.00	0.00	0.50	188021.92
1.19	517786.64	0.00	0.00	0.77	259095.77	0.45	163825.95	0.00	0.00	0.30	107839.04
1.23	559784.30	0.00	0.00	0.53	199161.19	0.54	214135.36	0.23	83761.26	0.24	91233.70
0.78	332775.56	0.70	306669.54	0.70	295007.38	0.00	0.00	0.19	69150.97	0.58	190701.88
0.00	0.00	0.42	177335.20	0.69	260713.02	0.00	0.00	0.21	65333.74	0.68	230109.86
0.00	0.00	0.57	239116.21	0.00	0.00	0.46	167880.42	0.00	0.00	0.00	0.00

2-26　2005年深圳B股每日成交量、成交额

日期 Date	1月 Jan.		2月 Feb.		3月 Mar.		4月 Apr.		5月 May.		6月 Jun.	
	成交额 Turnover	成交量 Volume	成交额 Turnover	成交量 Volume	成交额 Turnover	成交量 Volume	成交额 Turnover	成交量 Volume	成交额 Turnover	成交量 Volume	成交额 Turnover	成交量 Volume
1	0.00	0.00	0.94	227155.71	2.14	375039.11	3.08	540697.06	0.00	0.00	1.27	256991.95
2	0.00	0.00	3.45	772815.81	2.54	537671.89	0.00	0.00	0.00	0.00	3.71	682360.69
3	0.00	0.00	2.99	686873.57	1.87	365889.90	0.00	0.00	0.00	0.00	1.82	411346.61
4	1.55	328532.85	2.48	612625.46	2.16	440342.87	3.07	475285.42	0.00	0.00	0.00	0.00
5	1.00	270782.65	0.00	0.00	0.00	0.00	2.01	365472.42	0.00	0.00	0.00	0.00
6	0.87	231088.20	0.00	0.00	0.00	0.00	4.63	725373.57	0.00	0.00	2.10	413241.76
7	1.19	288593.44	0.00	0.00	2.02	382341.51	4.59	863241.79	0.00	0.00	2.65	520712.51
8	0.00	0.00	0.00	0.00	3.67	619522.81	2.23	556235.78	0.00	0.00	5.03	1174768.41
9	0.00	0.00	0.00	0.00	3.72	680405.89	0.00	0.00	2.50	470952.44	3.53	917777.95
10	0.72	176861.51	0.00	0.00	3.76	748064.32	0.00	0.00	2.17	383101.55	2.29	591925.41
11	0.71	167548.76	0.00	0.00	2.98	526473.87	2.85	491069.66	1.48	284733.63	0.00	0.00
12	0.61	173588.51	0.00	0.00	0.00	0.00	1.58	315527.12	1.68	296067.67	0.00	0.00
13	0.78	166498.53	0.00	0.00	0.00	0.00	2.44	515531.88	2.02	412638.29	2.33	613417.95
14	0.91	237948.47	0.00	0.00	3.19	580696.63	1.95	409326.23	0.00	0.00	2.29	648490.77
15	0.00	0.00	0.00	0.00	2.46	455675.41	2.60	561051.58	0.00	0.00	1.46	403538.28
16	0.00	0.00	2.33	509797.53	2.19	406729.21	0.00	0.00	0.87	182190.96	1.55	398500.57
17	1.05	224436.50	1.90	332421.18	2.47	507674.86	0.00	0.00	1.27	302969.71	2.76	658059.82
18	0.62	155151.33	1.24	243881.30	1.96	420637.68	2.35	480587.49	1.41	266341.06	0.00	0.00
19	0.78	191218.47	0.00	0.00	0.00	0.00	1.30	268322.21	1.13	210107.52	0.00	0.00
20	1.44	304636.48	0.00	0.00	0.00	0.00	1.46	285346.49	0.65	160347.74	3.92	812560.15
21	1.51	374582.00	2.28	404092.98	1.78	326526.01	2.03	400245.08	0.00	0.00	2.08	436360.11
22	0.00	0.00	3.56	758918.43	3.51	688716.31	1.83	477724.84	0.00	0.00	1.90	409133.27
23	0.00	0.00	3.68	780222.80	3.43	578349.76	0.00	0.00	0.87	244493.51	1.74	375635.21
24	1.92	412902.22	2.38	598073.19	2.18	334221.73	0.00	0.00	1.21	249727.58	1.13	261008.63
25	2.48	517357.75	3.24	734178.62	1.06	217694.64	2.45	539214.58	1.28	272235.61	0.00	0.00
26	1.18	272206.27	0.00	0.00	0.00	0.00	2.56	585934.33	0.84	200770.61	0.00	0.00
27	1.26	266615.11	0.00	0.00	0.00	0.00	1.94	361796.94	0.91	200620.95	2.42	570983.86
28	0.68	163057.80	2.48	507042.26	0.95	174181.63	2.18	499609.95	0.00	0.00	1.11	268964.28
29	0.00	0.00	0.00	0.00	2.36	379464.58	1.43	327778.81	0.00	0.00	0.85	219607.88
30	0.00	0.00	0.00	0.00	3.53	842002.40	0.00	0.00	1.00	199794.44	1.10	314481.06
31	0.75	191772.99	0.00	0.00	2.36	390108.55	0.00	0.00	1.80	280736.01	0.00	0.00

数据来源：深圳证券交易所

Source：Shenzhen Stock Exchange

Daily Trading Volume and Value of B Shares in Shenzhen Stock Exchange in 2005

成交额:亿元;成交量:手

7月 Jul.		8月 Aug.		9月 Sep.		10月 Oct.		11月 Nov.		12月 Dec.	
成交额 Turnover	成交量 Volume	成交额 Turnover	成交量 Volume	成交额 Turnover	成交量 Volume	成交额 Turnover	成交量 Volume	成交额 Turnover	成交量 Volume	成交额 Turnover	成交量 Volume
0.89	287516.91	1.51	352023.09	1.16	384123.56	0.00	0.00	0.89	243295.01	0.39	107592.99
0.00	0.00	1.49	397341.30	1.41	403862.24	0.00	0.00	0.98	300536.70	0.64	149279.83
0.00	0.00	3.74	1003544.91	0.00	0.00	0.00	0.00	0.59	177638.97	0.00	0.00
0.95	270221.94	2.57	589569.75	0.00	0.00	0.00	0.00	0.79	239062.28	0.00	0.00
0.91	201204.22	3.13	793736.76	0.98	337117.66	0.00	0.00	0.00	0.00	0.50	153712.41
1.23	303372.66	0.00	0.00	1.43	435826.94	0.00	0.00	0.00	0.00	0.56	147284.09
1.31	349837.86	0.00	0.00	1.10	357457.21	0.00	0.00	0.49	172410.33	0.62	150060.03
1.29	283736.69	3.46	810896.68	1.12	341880.15	0.00	0.00	0.60	228868.64	0.77	167146.57
0.00	0.00	2.32	561312.04	0.80	310841.03	0.00	0.00	0.83	264253.26	0.74	179253.44
0.00	0.00	2.20	579694.56	0.00	0.00	1.25	380219.18	0.68	211883.61	0.00	0.00
1.50	321125.09	2.62	653192.27	0.00	0.00	0.65	245397.38	0.43	132473.60	0.00	0.00
1.29	332701.84	3.25	848670.50	0.73	301018.73	0.94	316359.38	0.00	0.00	0.97	274311.36
1.13	318388.48	0.00	0.00	1.22	424729.99	0.95	269860.29	0.00	0.00	0.72	206289.61
1.60	409092.83	0.00	0.00	1.69	693054.36	0.98	306009.35	0.73	183253.50	0.79	256308.35
1.24	353141.34	2.19	546183.37	1.32	438057.81	0.00	0.00	0.78	184494.99	0.72	213070.42
0.00	0.00	2.37	675500.83	1.38	457426.91	0.00	0.00	0.42	134588.03	0.56	163669.24
0.00	0.00	2.32	737930.66	0.00	0.00	0.94	265037.56	0.46	130901.40	0.00	0.00
2.17	594456.75	3.35	1063522.67	0.00	0.00	0.73	200816.25	1.35	393036.56	0.00	0.00
1.35	390045.44	1.71	502744.67	1.75	694365.02	1.34	352816.99	0.00	0.00	0.79	208419.30
0.89	243163.16	0.00	0.00	1.60	629026.54	0.84	256461.27	0.00	0.00	0.61	146813.58
1.13	263128.73	0.00	0.00	1.47	649297.18	0.69	208449.11	1.23	334217.34	0.46	158148.41
2.85	843099.98	1.26	331076.56	1.25	472902.01	0.00	0.00	0.52	144318.90	0.43	114078.70
0.00	0.00	1.76	446166.24	0.78	293426.70	0.00	0.00	0.77	161584.32	0.51	170241.76
0.00	0.00	1.21	336633.16	0.00	0.00	0.50	167957.19	0.58	141586.92	0.00	0.00
1.49	367294.36	1.60	464158.09	0.00	0.00	0.98	515816.63	0.99	182168.42	0.00	0.00
1.85	558226.75	1.52	654903.62	0.63	248675.73	1.70	447076.76	0.00	0.00	0.65	205850.21
2.06	560413.59	0.00	0.00	0.93	326722.13	0.90	258082.24	0.00	0.00	0.47	141759.03
2.53	621243.92	0.00	0.00	0.67	256895.79	1.14	339833.87	0.32	92834.65	0.53	163580.92
1.72	431952.32	0.99	387375.71	1.03	312664.19	0.00	0.00	0.58	137566.99	0.89	320890.87
0.00	0.00	0.95	277138.50	0.98	295429.49	0.00	0.00	0.65	157186.15	0.91	254225.50
0.00	0.00	1.36	348577.94	0.00	0.00	0.67	216947.90	0.00	0.00	0.00	0.00

2-27　2005年股票成交金额地区分布

Regional Distribution of Stock Turnover in 2005

成交额：百万元；(1000000)

地区 Region	总成交额 Turnover	比例(%)
安　徽	68246.40	2.16
北　京	331268.83	10.46
福　建	83617.25	2.64
甘　肃	25037.70	0.79
广　东	449774.99	14.20
广　西	25161.86	0.79
贵　州	19139.88	0.60
海　南	13729.62	0.43
河　北	57847.51	1.83
河　南	58243.14	1.84
黑龙江	54161.36	1.71
湖　北	112702.73	3.56
湖　南	57432.45	1.81
吉　林	50384.20	1.59
江　苏	175330.28	5.54
江　西	49740.79	1.57
辽　宁	90662.01	2.86
内蒙古	45647.83	1.44
宁　夏	7549.72	0.24
青　海	8905.61	0.28
山　东	172584.19	5.45
山　西	44293.14	1.40
陕　西	41517.30	1.31
上　海	665378.20	21.01
四　川	94415.90	2.98
天　津	55426.45	1.75
西　藏	5113.09	0.16
新　疆	52478.52	1.66
云　南	35661.73	1.13
浙　江	177247.14	5.60
重　庆	28419.49	0.90
境外及其他	9358.45	0.30
合　计	3166477.66	100.00

数据来源：上海、深圳证券交易所

Source: Shanghai Shenzhen Stock Exchange

2-28　2005 年全国 A 股按成交量排序前 50 名

Top 50 of A Share Trading Volume in 2005

序号 No.	代码 Code	股票简称 Shares	年成交量(百万股) Trading Volume(1000000)	年成交金额(百万元) Turnover (1000000)	交易所 Exchange
1	600050	中国联通	15175.61	42714.2	上海
2	600005	G 武 钢	10917.89	39172.52	上海
3	600019	G 宝 钢	8111.52	38742.34	上海
4	600028	中国石化	7159.54	29210.56	上海
5	000002	G 万科 A	5462.35	23322.16	深圳
6	600036	招商银行	5380.78	38796.55	上海
7	600016	G 民 生	4616.58	22487.71	上海
8	600027	华电国际	4472.92	14259.54	上海
9	600900	G 长 电	4328.99	34276.63	上海
10	600029	南方航空	4246.90	13362.79	上海
11	000720	鲁能泰山	4004.13	9506.97	深圳
12	000503	海虹控股	3354.38	34268.61	深圳
13	600104	G 上 汽	3110.86	14010.91	上海
14	000039	中集集团	3045.27	38305.56	深圳
15	600210	G 紫 江	3019.68	8169.55	上海
16	000518	四环生物	3018.66	5252.48	深圳
17	600015	华夏银行	2933.52	12219.89	上海
18	600030	G 中 信	2877.89	15183.91	上海
19	000898	G 鞍 钢	2870.93	12951.53	深圳
20	600688	上海石化	2743.63	10905.8	上海
21	000100	TCL集团	2707.75	7116.1	深圳
22	000930	G 丰 原	2572.45	12587.51	深圳
23	000920	南方汇通	2446.11	11403.49	深圳
24	000625	长安汽车	2297.19	12417.68	深圳
25	000554	泰山石油	2276.95	7538.5	深圳
26	000866	扬子石化	2164.16	22263.06	深圳
27	600002	齐鲁石化	2153.28	14884.32	上海
28	000937	G 金 牛	2112.41	14283.82	深圳
29	600797	G 网 新	2090.23	7664.95	上海
30	600339	天利高新	2079.59	8545.93	上海
31	600601	方正科技	2020.59	8004.15	上海
32	000549	湘火炬 A	1999.41	6876.97	深圳
33	000629	G 新钢钒	1912.60	8527.22	深圳
34	600780	G 通 宝	1874.68	6093.43	上海
35	000001	深发展A	1836.73	11382.61	深圳
36	000517	甬 成 功	1836.64	9597.72	深圳
37	600000	浦发银行	1782.60	14125.86	上海
38	600653	申华控股	1757.18	3279.57	上海
39	600177	雅 戈 尔	1735.25	7050.69	上海
40	600320	振华港机	1726.13	15435.77	上海
41	000858	五 粮 液	1710.22	12747.05	深圳
42	000416	健特生物	1700.49	7100.89	深圳
43	600705	北亚集团	1694.77	3678.85	上海
44	600026	G 中 海	1635.97	12836.36	上海
45	000850	华茂股份	1595.43	3709.74	深圳
46	000983	G 西 煤	1583.26	12172.09	深圳
47	000557	*ST 广夏	1568.39	1946.48	深圳
48	000800	一汽轿车	1567.47	4774.57	深圳
49	000688	朝华集团	1567.03	5013.76	深圳
50	600717	G 天津港	1529.50	10295.91	上海

数据来源:上海、深圳证券交易所

Source:Shanghai Shenzhen Stock Exchange

2-29　2005年上海A股按成交量排序前50名

Top 50 of Shanghai Stock Exchange A Share Trading Volume in 2005

序号 No.	代码 Code	股票简称 Shares	年成交量(百万股) Trading Volume(1000000)	年成交金额(百万元) Turnover (1000000)
1	600050	中国联通	15175.61	42714.20
2	600005	G 武 钢	10917.89	39172.52
3	600019	G 宝 钢	8111.52	38742.34
4	600028	中国石化	7159.54	29210.56
5	600036	招商银行	5380.78	38796.55
6	600016	G 民 生	4616.58	22487.71
7	600027	华电国际	4472.92	14259.54
8	600900	G 长 电	4328.99	34276.63
9	600029	南方航空	4246.90	13362.79
10	600104	G 上 汽	3110.86	14010.91
11	600210	G 紫 江	3019.68	8169.55
12	600015	华夏银行	2933.52	12219.89
13	600030	G 中 信	2877.89	15183.91
14	600688	上海石化	2743.63	10905.80
15	600002	齐鲁石化	2153.28	14884.32
16	600797	G 网 新	2090.23	7664.95
17	600339	天利高新	2079.59	8545.93
18	600601	方正科技	2020.59	8004.15
19	600780	G 通 宝	1874.68	6093.43
20	600000	浦发银行	1782.60	14125.86
21	600653	申华控股	1757.18	3279.57
22	600177	雅 戈 尔	1735.25	7050.69
23	600320	振华港机	1726.13	15435.77
24	600705	北亚集团	1694.77	3678.85
25	600026	G 中 海	1635.97	12836.36
26	600717	G 天津港	1529.50	10295.91
27	600500	G 中 化	1526.77	10722.45
28	600839	四川长虹	1504.43	5945.22
29	600010	包钢股份	1493.63	5556.46
30	600058	五矿发展	1489.66	10210.16
31	600811	东方集团	1405.38	5498.01
32	600331	G 宏 达	1400.34	8276.00
33	600186	莲花味精	1381.59	3163.26
34	600642	G 申 能	1369.82	8640.77
35	600217	秦岭水泥	1316.60	2884.27
36	600098	G 广 控	1308.12	7139.46
37	600399	抚顺特钢	1261.69	5494.57
38	600808	马钢股份	1245.63	3991.07
39	600428	G 中 远	1236.89	11657.81
40	600086	ST 多 佳	1223.77	2083.93
41	600816	ST 安 信	1203.80	3390.00
42	600737	ST 屯 河	1189.13	2736.15
43	600011	华能国际	1155.69	7351.93
44	600660	福耀玻璃	1116.49	7343.78
45	600188	兖州煤业	1108.83	8596.73
46	600868	梅雁股份	1087.00	2355.01
47	600001	邯郸钢铁	1080.43	4463.05
48	600282	南钢股份	1080.29	4836.18
49	600362	江西铜业	1077.76	5504.18
50	600812	华北制药	1075.52	2825.69

数据来源：上海、深圳证券交易所

Source: Shanghai Shenzhen Stock Exchange

2-30 2005年深圳A股按成交量排序前50名

Top 50 of Shenzhen Stock Exchange A Share Trading Volume in 2005

序号 No.	代码 Code	股票简称 Shares	年成交量(百万股) Trading Volume(1000000)	年成交金额(百万元) Turnover (1000000)
1	000002	G万科A	5462.35	23322.16
2	000720	鲁能泰山	4004.13	9506.97
3	000503	海虹控股	3354.38	34268.61
4	000039	中集集团	3045.27	38305.56
5	000518	四环生物	3018.66	5252.48
6	000898	G 鞍 钢	2870.93	12951.53
7	000100	TCL集团	2707.75	7116.10
8	000930	G 丰 原	2572.45	12587.51
9	000920	南方汇通	2446.11	11403.49
10	000625	长安汽车	2297.19	12417.68
11	000554	泰山石油	2276.95	7538.50
12	000866	扬子石化	2164.16	22263.06
13	000937	G 金 牛	2112.41	14283.82
14	000549	湘火炬A	1999.41	6876.97
15	000629	G新钢钒	1912.60	8527.22
16	000001	深发展A	1836.73	11382.61
17	000517	甬 成 功	1836.64	9597.72
18	000858	五 粮 液	1710.22	12747.05
19	000416	健特生物	1700.49	7100.89
20	000850	华茂股份	1595.43	3709.74
21	000983	G 西 煤	1583.26	12172.09
22	000557	*ST广夏	1568.39	1946.48
23	000800	一汽轿车	1567.47	4774.57
24	000688	朝华集团	1567.03	5013.76
25	000562	宏源证券	1511.25	6297.46
26	000717	G 韶 钢	1495.07	6146.93
27	000632	三木集团	1484.24	4721.14
28	000630	G 铜 都	1462.92	7008.75
29	000619	海螺型材	1333.07	7580.39
30	000506	东泰控股	1322.20	2575.90
31	000825	太钢不锈	1321.94	5672.16
32	000633	合金投资	1275.37	2605.37
33	000618	吉林化工	1196.54	5450.69
34	000927	一汽夏利	1186.73	3571.08
35	000068	赛格三星	1158.10	5671.00
36	000676	思达高科	1128.38	5425.09
37	000892	星美联合	1073.97	3576.66
38	000520	中国凤凰	1050.33	4089.79
39	000932	华菱管线	1047.84	4629.62
40	000682	东方电子	1043.19	2510.38
41	000757	方向光电	1027.11	2712.31
42	000766	*ST通金	987.34	1539.08
43	000680	山推股份	967.48	2501.16
44	000559	万向钱潮	958.67	3282.43
45	000036	华联控股	953.15	3976.10
46	000599	G 双 星	932.87	2930.42
47	000725	G京东方	928.14	3640.45
48	000027	深能源A	925.34	6387.28
49	000956	中原油气	919.87	6856.11
50	000005	ST 星 源	916.46	1493.56

数据来源:上海、深圳证券交易所

Source:Shanghai Shenzhen Stock Exchange

2-31　2005年全国A股按成交额排序前50名

Top 50 of A Share Turnover in 2005

序号 No.	代码 Code	股票简称 Shares	年成交额(百万元) Tutnover (1000000)	年成交量(百万股) Trading Volume (1000000)	交易所 Exchange
1	600050	中国联通	42714.20	15175.61	上海
2	600005	G 武 钢	39172.52	10917.89	上海
3	600036	招商银行	38796.55	5380.78	上海
4	600019	G 宝 钢	38742.34	8111.52	上海
5	000039	中集集团	38305.56	3045.27	深圳
6	600900	G 长 电	34276.63	4328.99	上海
7	000503	海虹控股	34268.61	3354.38	深圳
8	600028	中国石化	29210.56	7159.54	上海
9	000002	G万科A	23322.16	5462.35	深圳
10	600016	G 民 生	22487.71	4616.58	上海
11	000866	扬子石化	22263.06	2164.16	深圳
12	600320	振华港机	15435.77	1726.13	上海
13	600030	G 中 信	15183.91	2877.89	上海
14	600002	齐鲁石化	14884.32	2153.28	上海
15	000937	G 金 牛	14283.82	2112.41	深圳
16	600027	华电国际	14259.54	4472.92	上海
17	600000	浦发银行	14125.86	1782.60	上海
18	000063	G 中 兴	14068.58	523.70	深圳
19	600104	G 上 汽	14010.91	3110.86	上海
20	600009	上海机场	13385.24	853.38	上海
21	600029	南方航空	13362.79	4246.90	上海
22	000898	G 鞍 钢	12951.53	2870.93	深圳
23	600026	G 中 海	12836.36	1635.97	上海
24	000858	五 粮 液	12747.05	1710.22	深圳
25	000930	G 丰 原	12587.51	2572.45	深圳
26	000625	长安汽车	12417.68	2297.19	深圳
27	600015	华夏银行	12219.89	2933.52	上海
28	000983	G 西 煤	12172.09	1583.26	深圳
29	600018	G 上 港	12113.26	866.33	上海
30	600428	G 中 远	11657.81	1236.89	上海
31	600832	G 明 珠	11514.37	898.65	上海
32	000920	南方汇通	11403.49	2446.11	深圳
33	000001	深发展A	11382.61	1836.73	深圳
34	600688	上海石化	10905.80	2743.63	上海
35	600500	G 中 化	10722.45	1526.77	上海
36	600717	G天津港	10295.91	1529.50	上海
37	600550	G 天 威	10227.61	1031.34	上海
38	600058	五矿发展	10210.16	1489.66	上海
39	000517	甬 成 功	9597.72	1836.64	深圳
40	000720	鲁能泰山	9506.97	4004.13	深圳
41	600309	烟台万华	9178.73	707.34	上海
42	000088	盐田港A	8975.97	774.65	深圳
43	000792	盐湖钾肥	8750.19	838.30	深圳
44	600100	清华同方	8657.88	801.83	上海
45	600642	G 申 能	8640.77	1369.82	上海
46	600188	兖州煤业	8596.73	1108.83	上海
47	600887	伊利股份	8586.17	663.73	上海
48	600339	天利高新	8545.93	2079.59	上海
49	000629	G新钢钒	8527.22	1912.60	深圳
50	000402	金 融 街	8492.95	905.85	深圳

数据来源:上海、深圳证券交易所

Source:Shanghai Shenzhen Stock Exchange

2-32 2005年上海A股按成交额排序前50名

Top 50 of Shanghai Stock Exchange A Share Turnover in 2005

序号 No.	代码 Code	股票简称 Shares	年成交额(百万元) Tutnover (1000000)	年成交量(百万股) Trading Volume (1000000)
1	600050	中国联通	42714.20	15175.61
2	600005	G 武 钢	39172.52	10917.89
3	600036	招商银行	38796.55	5380.78
4	600019	G 宝 钢	38742.34	8111.52
5	600900	G 长 电	34276.63	4328.99
6	600028	中国石化	29210.56	7159.54
7	600016	G 民 生	22487.71	4616.58
8	600320	振华港机	15435.77	1726.13
9	600030	G 中 信	15183.91	2877.89
10	600002	齐鲁石化	14884.32	2153.28
11	600027	华电国际	14259.54	4472.92
12	600000	浦发银行	14125.86	1782.60
13	600104	G 上 汽	14010.91	3110.86
14	600009	上海机场	13385.24	853.38
15	600029	南方航空	13362.79	4246.90
16	600026	G 中 海	12836.36	1635.97
17	600015	华夏银行	12219.89	2933.52
18	600018	G 上 港	12113.26	866.33
19	600428	G 中 远	11657.81	1236.89
20	600832	G 明 珠	11514.37	898.65
21	600688	上海石化	10905.80	2743.63
22	600500	G 中 化	10722.45	1526.77
23	600717	G 天津港	10295.91	1529.50
24	600550	G 天 威	10227.61	1031.34
25	600058	五矿发展	10210.16	1489.66
26	600309	烟台万华	9178.73	707.34
27	600100	清华同方	8657.88	801.83
28	600642	G 申 能	8640.77	1369.82
29	600188	兖州煤业	8596.73	1108.83
30	600887	伊利股份	8586.17	663.73
31	600339	天利高新	8545.93	2079.59
32	600331	G 宏 达	8276.00	1400.34
33	600210	G 紫 江	8169.55	3019.68
34	600601	方正科技	8004.15	2020.59
35	600205	山东铝业	7899.45	839.95
36	600797	G 网 新	7664.95	2090.23
37	600011	华能国际	7351.93	1155.69
38	600660	福耀玻璃	7343.78	1116.49
39	600031	G 三 一	7210.49	752.87
40	600098	G 广 控	7139.46	1308.12
41	600004	G 穗机场	7119.26	918.06
42	600198	大唐电信	7063.94	906.72
43	600177	雅 戈 尔	7050.69	1735.25
44	600519	贵州茅台	6894.70	147.83
45	600383	金地集团	6490.68	1004.01
46	600651	飞乐音响	6255.24	970.80
47	600020	中原高速	6253.35	844.95
48	600089	特变电工	6237.98	819.85
49	600770	G 综 艺	6223.68	649.73
50	600780	G 通 宝	6093.43	1874.68

数据来源:上海证券交易所

Source:Shanghai Stock Exchange

2-33　2005年深圳A股按成交额排序前50名

Top 50 of Shenzhen Stock Exchange A Share Turnover in 2005

序号 No.	代码 Code	股票简称 Shares	年成交额(百万元) Tutnover (1000000)	年成交量(百万股) Trading Volume (1000000)
1	000039	中集集团	38305.56	3045.27
2	000503	海虹控股	34268.61	3354.38
3	000002	G万科A	23322.16	5462.35
4	000866	扬子石化	22263.06	2164.16
5	000937	G 金 牛	14283.82	2112.41
6	000063	G 中 兴	14068.58	523.70
7	000898	G 鞍 钢	12951.53	2870.93
8	000858	五 粮 液	12747.05	1710.22
9	000930	G 丰 原	12587.51	2572.45
10	000625	长安汽车	12417.68	2297.19
11	000983	G 西 煤	12172.09	1583.26
12	000920	南方汇通	11403.49	2446.11
13	000001	深发展A	11382.61	1836.73
14	000517	甬 成 功	9597.72	1836.64
15	000720	鲁能泰山	9506.97	4004.13
16	000088	盐田港A	8975.97	774.65
17	000792	盐湖钾肥	8750.19	838.30
18	000629	G新钢钒	8527.22	1912.60
19	000402	金 融 街	8492.95	905.85
20	000619	海螺型材	7580.39	1333.07
21	000554	泰山石油	7538.50	2276.95
22	000100	TCL集团	7116.10	2707.75
23	000416	健特生物	7100.89	1700.49
24	000630	G 铜 都	7008.75	1462.92
25	000917	G 电 广	6954.48	900.94
26	000549	湘火炬A	6876.97	1999.41
27	000956	中原油气	6856.11	919.87
28	000839	中信国安	6535.37	641.22
29	000069	华侨城A	6400.25	689.78
30	000027	深能源A	6387.28	925.34
31	000562	宏源证券	6297.46	1511.25
32	000933	神火股份	6290.95	554.96
33	000717	G 韶 钢	6146.93	1495.07
34	000825	太钢不锈	5672.16	1321.94
35	000068	赛格三星	5671.00	1158.10
36	002012	凯恩股份	5660.20	653.96
37	000618	吉林化工	5450.69	1196.54
38	000676	思达高科	5425.09	1128.38
39	000066	长城电脑	5319.17	599.72
40	000581	威孚高科	5304.61	726.48
41	000939	凯迪电力	5273.97	823.65
42	000518	四环生物	5252.48	3018.66
43	000817	辽河油田	5212.56	713.27
44	002024	苏宁电器	5162.82	171.15
45	000423	东阿阿胶	5120.24	731.74
46	000688	朝华集团	5013.76	1567.03
47	000787	创智科技	4948.47	899.57
48	000800	一汽轿车	4774.57	1567.47
49	002025	航天电器	4761.03	226.09
50	000968	G煤气化	4760.52	805.62

数据来源:深圳证券交易所

Source: Shenzhen Stock Exchange

2-34 2005年全国B股按成交量排序前50名

Top 50 of B Share Trading Volume in 2005

序号 No.	代码 Code	股票简称 Shares	年成交量(百万股) Trading Volume(1000000)	年成交金额(百万元) Turnover (1000000)	交易所 Exchange
1	200725	京东方B	1155.24	2414.67	深圳
2	200039	中 集 B	791.57	8418.92	深圳
3	200625	长 安 B	636.46	2653.23	深圳
4	200488	晨 鸣 B	507.50	2435.99	深圳
5	200012	南 玻 B	449.03	1682.20	深圳
6	900949	东电B股	398.96	1516.44	上海
7	200002	万 科 B	382.85	1874.08	深圳
8	200761	本钢板B	335.85	1019.41	深圳
9	200160	帝 贤 B	326.02	522.74	深圳
10	200539	粤电力B	324.77	1295.45	深圳
11	900947	振华B股	321.34	2351.33	上海
12	200017	*ST中华B	304.57	204.92	深圳
13	900919	ST大江B	300.78	271.94	上海
14	900948	伊泰B股	287.61	2436.00	上海
15	200429	粤高速B	254.25	885.59	深圳
16	900936	鄂绒B股	212.53	488.94	上海
17	900946	ST轻骑B	201.10	187.67	上海
18	900910	海立B股	200.28	715.35	上海
19	900901	上电B股	186.74	419.66	上海
20	200022	深赤湾B	179.33	2751.11	深圳
21	900908	氯碱B股	173.09	283.32	上海
22	200613	*ST东海B	162.28	87.29	深圳
23	900932	陆家B股	160.55	521.67	上海
24	900917	海欣B股	159.94	385.27	上海
25	200992	ST中鲁B	151.02	137.35	深圳
26	900937	华电B股	147.04	337.15	上海
27	200058	深赛格B	143.14	238.72	深圳
28	900920	上柴B股	142.62	460.39	上海
29	900909	轮胎B股	141.93	266.57	上海
30	900950	新城B股	141.07	411.29	上海
31	200771	杭汽轮B	139.55	1496.21	深圳
32	200869	张 裕 B	139.44	1610.84	深圳
33	900924	上工B股	138.81	199.17	上海
34	200550	江 铃 B	136.80	442.65	深圳
35	200016	深康佳B	135.96	411.60	深圳
36	200512	闽灿坤B	134.29	194.00	深圳
37	900911	金桥B股	131.65	409.99	上海
38	900902	二纺B股	128.33	168.42	上海
39	900953	凯马B股	122.57	156.25	上海
40	200513	丽 珠 B	122.22	510.43	深圳
41	900952	锦港B股	119.95	380.39	上海
42	900942	黄山B股	115.76	538.65	上海
43	900934	锦江B股	115.16	520.27	上海
44	900914	锦投B股	110.56	469.56	上海
45	200152	山 航 B	109.48	265.07	深圳
46	200726	鲁 泰 B	109.30	719.68	深圳
47	200024	招商局B	108.64	714.08	深圳
48	900938	*ST天海B	104.82	109.31	上海
49	200770	武 锅 B	103.57	284.63	深圳
50	200029	深深房B	102.13	160.96	深圳

数据来源:上海、深圳证券交易所

Source:Shanghai Shenzhen Stock Exchange

2-35 2005年上海B股按成交量排序前50名

Top 50 of Shanghai Stock Exchange B Share Trading Volume in 2005

序号 No.	代码 Code	股票简称 Shares	年成交量(百万股) Trading Volume(1000000)	年成交金额(百万元) Turnover (1000000)
1	900949	东电B股	398.96	1516.44
2	900947	振华B股	321.34	2351.33
3	900919	ST大江B	300.78	271.94
4	900948	伊泰B股	287.61	2436
5	900936	鄂绒B股	212.53	488.94
6	900946	ST轻骑B	201.1	187.67
7	900910	海立B股	200.28	715.35
8	900901	上电B股	186.74	419.66
9	900908	氯碱B股	173.09	283.32
10	900932	陆家B股	160.55	521.67
11	900917	海欣B股	159.94	385.27
12	900937	华电B股	147.04	337.15
13	900920	上柴B股	142.62	460.39
14	900909	轮胎B股	141.93	266.57
15	900950	新城B股	141.07	411.29
16	900924	上工B股	138.81	199.17
17	900911	金桥B股	131.65	409.99
18	900902	二纺B股	128.33	168.42
19	900953	凯马B股	122.57	156.25
20	900952	锦港B股	119.95	380.39
21	900942	黄山B股	115.76	538.65
22	900934	锦江B股	115.16	520.27
23	900914	锦投B股	110.56	469.56
24	900938	*ST天海B	104.82	109.31
25	900943	开开B股	93.09	139.29
26	900906	中纺B股	91.8	125.67
27	900903	大众B股	90.6	379.05
28	900940	华源B股	87.51	150.47
29	900951	大化B股	81.71	158.01
30	900925	机电B股	81.3	266.31
31	900941	东信B股	80.14	156.04
32	900912	外高B股	77.62	185.39
33	900916	凤凰B股	77.43	105.77
34	900957	凌云B股	76.46	99.79
35	900923	友谊B股	73.84	330.79
36	900905	中铅B股	61.56	122.39
37	900928	ST自仪B	61.05	77.58
38	900926	宝　信　B	59.83	198.94
39	900935	阳晨B股	57.54	154.68
40	900933	华新B股	56.94	158.98
41	900918	耀皮B股	53.85	163.16
42	900930	邮通B股	52.82	112.42
43	900915	永久B股	51.98	113.76
44	900945	海航B股	50.19	117.2
45	900956	东贝B股	43.28	60.07
46	900907	发展B股	33.98	83.13
47	900927	物贸B股	33.69	82.48
48	900913	*ST联华B	31.87	34.9
49	900922	三毛B股	30.97	53.53
50	900904	*ST永生B	29.13	63.21

数据来源：上海证券交易所

Source: Shanghai Stock Exchange

2-36 2005年深圳B股按成交量排序前50名

Top 50 of Shenzhen Stock Exchange B Share Trading Volume in 2005

序号 No.	代码 Code	股票简称 Shares	年成交量(百万股) Trading Volume(1000000)	年成交金额(百万元) Turnover (1000000)
1	200725	京东方B	1155.24	2414.67
2	200039	中 集 B	791.57	8418.92
3	200625	长 安 B	636.46	2653.23
4	200488	晨 鸣 B	507.50	2435.99
5	200012	南 玻 B	449.03	1682.20
6	200002	万 科 B	382.85	1874.08
7	200761	本钢板B	335.85	1019.41
8	200160	帝 贤 B	326.02	522.74
9	200539	粤电力B	324.77	1295.45
10	200017	*ST中华B	304.57	204.92
11	200429	粤高速B	254.25	885.59
12	200022	深赤湾B	179.33	2751.11
13	200613	*ST东海B	162.28	87.29
14	200992	ST中鲁B	151.02	137.35
15	200058	深赛格B	143.14	238.72
16	200771	杭汽轮B	139.55	1496.21
17	200869	张 裕 B	139.44	1610.84
18	200550	江 铃 B	136.80	442.65
19	200016	深康佳B	135.96	411.60
20	200512	闽灿坤B	134.29	194.00
21	200513	丽 珠 B	122.22	510.43
22	200152	山 航 B	109.48	265.07
23	200726	鲁 泰 B	109.30	719.68
24	200024	招商局B	108.64	714.08
25	200770	武 锅 B	103.57	284.63
26	200029	深深房B	102.13	160.96
27	200055	方 大 B	101.67	247.59
28	200468	宁通信B	95.62	160.85
29	200168	雷 伊 B	94.14	156.75
30	200037	深南电B	91.23	622.42
31	200581	苏威孚B	91.06	649.98
32	200054	建 摩 B	90.90	145.35
33	200570	苏常柴B	87.75	168.68
34	200553	沙隆达B	84.71	143.35
35	200521	皖美菱B	84.27	132.01
36	200986	粤华包B	82.31	206.42
37	200053	深基地B	78.05	570.24
38	200011	深物业B	77.52	208.06
39	200413	宝 石 B	71.96	103.66
40	200056	深国商B	71.76	111.37
41	200418	小天鹅B	70.90	145.22
42	200530	大 冷 B	59.90	176.22
43	200020	*ST华发B	57.46	76.34
44	200541	粤照明B	49.00	450.86
45	200057	*ST大洋B	47.58	20.13
46	200596	*ST古井B	46.79	97.32
47	200505	ST珠江B	46.31	45.46
48	200045	深纺织B	46.04	112.69
49	200030	ST盛润B	45.36	31.91
50	200025	ST特力B	40.03	71.57

数据来源:深圳证券交易所

Source:Shenzhen Stock Exchange

2-37 2005年全国B股按成交额排序前50名

Top 50 of B Share Turnover in 2005

序号 No.	代码 Code	股票简称 Shares	年成交额(百万元) Turnover (1000000)	年成交量(百万股) Trading Volume(1000000)	交易所 Exchange
1	200039	中 集 B	8418.92	791.57	深圳
2	200022	深赤湾B	2751.11	179.33	深圳
3	200625	长 安 B	2653.23	636.46	深圳
4	900948	伊泰B股	2436.00	287.61	上海
5	200488	晨 鸣 B	2435.99	507.50	深圳
6	200725	京东方B	2414.67	1155.24	深圳
7	900947	振华B股	2351.33	321.34	上海
8	200002	万 科 B	1874.08	382.85	深圳
9	200012	南 玻 B	1682.20	449.03	深圳
10	200869	张 裕 B	1610.84	139.44	深圳
11	900949	东电B股	1516.44	398.96	上海
12	200771	杭汽轮B	1496.21	139.55	深圳
13	200539	粤电力B	1295.45	324.77	深圳
14	200761	本钢板B	1019.41	335.85	深圳
15	200429	粤高速B	885.59	254.25	深圳
16	200726	鲁 泰 B	719.68	109.30	深圳
17	900910	海立B股	715.35	200.28	上海
18	200024	招商局B	714.08	108.64	深圳
19	200581	苏威孚B	649.98	91.06	深圳
20	200037	深南电B	622.42	91.23	深圳
21	200053	深基地B	570.24	78.05	深圳
22	900942	黄山B股	538.65	115.76	上海
23	200160	帝 贤 B	522.74	326.02	深圳
24	900932	陆家B股	521.67	160.55	上海
25	900934	锦江B股	520.27	115.16	上海
26	200513	丽 珠 B	510.43	122.22	深圳
27	900936	鄂绒B股	488.94	212.53	上海
28	900914	锦投B股	469.56	110.56	上海
29	900920	上柴B股	460.39	142.62	上海
30	200541	粤照明B	450.86	49.00	深圳
31	200550	江 铃 B	442.65	136.80	深圳
32	900901	上电B股	419.66	186.74	上海
33	200016	深康佳B	411.60	135.96	深圳
34	900950	新城B股	411.29	141.07	上海
35	900911	金桥B股	409.99	131.65	上海
36	900917	海欣B股	385.27	159.94	上海
37	900952	锦港B股	380.39	119.95	上海
38	900903	大众B股	379.05	90.60	上海
39	900937	华电B股	337.15	147.04	上海
40	900923	友谊B股	330.79	73.84	上海
41	200770	武 锅 B	284.63	103.57	深圳
42	900908	氯碱B股	283.32	173.09	上海
43	900919	ST大江B	271.94	300.78	上海
44	900909	轮胎B股	266.57	141.93	上海
45	900925	机电B股	266.31	81.30	上海
46	200152	山 航 B	265.07	109.48	深圳
47	200055	方 大 B	247.59	101.67	深圳
48	200058	深赛格B	238.72	143.14	深圳
49	200011	深物业B	208.06	77.52	深圳
50	200986	粤华包B	206.42	82.31	深圳

数据来源:上海、深圳证券交易所

Source:Shanghai Shenzhen Stock Exchange

2-38 2005年上海B股按成交额排序前50名

Top 50 of Shanghai Stock Exchange B Share Trading Volume in 2005

序号 No.	代码 Code	股票简称 Shares	年成交额(百万元) Turnover (1000000)	年成交量(百万股) Trading Volume(1000000)
1	900948	伊泰B股	2436.00	287.61
2	900947	振华B股	2351.33	321.34
3	900949	东电B股	1516.44	398.96
4	900910	海立B股	715.35	200.28
5	900942	黄山B股	538.65	115.76
6	900932	陆家B股	521.67	160.55
7	900934	锦江B股	520.27	115.16
8	900936	鄂绒B股	488.94	212.53
9	900914	锦投B股	469.56	110.56
10	900920	上柴B股	460.39	142.62
11	900901	上电B股	419.66	186.74
12	900950	新城B股	411.29	141.07
13	900911	金桥B股	409.99	131.65
14	900917	海欣B股	385.27	159.94
15	900952	锦港B股	380.39	119.95
16	900903	大众B股	379.05	90.6
17	900937	华电B股	337.15	147.04
18	900923	友谊B股	330.79	73.84
19	900908	氯碱B股	283.32	173.09
20	900919	ST大江B	271.94	300.78
21	900909	轮胎B股	266.57	141.93
22	900925	机电B股	266.31	81.3
23	900924	上工B股	199.17	138.81
24	900926	宝 信 B	198.94	59.83
25	900946	ST轻骑B	187.67	201.1
26	900912	外高B股	185.39	77.62
27	900902	二纺B股	168.42	128.33
28	900918	耀皮B股	163.16	53.85
29	900933	华新B股	158.98	56.94
30	900951	大化B股	158.01	81.71
31	900953	凯马B股	156.25	122.57
32	900941	东信B股	156.04	80.14
33	900935	阳晨B股	154.68	57.54
34	900940	华源B股	150.47	87.51
35	900943	开开B股	139.29	93.09
36	900906	中纺B股	125.67	91.8
37	900905	中铅B股	122.39	61.56
38	900945	海航B股	117.20	50.19
39	900915	永久B股	113.76	51.98
40	900930	邮通B股	112.42	52.82
41	900938	*ST天海B	109.31	104.82
42	900916	凤凰B股	105.77	77.43
43	900957	凌云B股	99.79	76.46
44	900907	发展B股	83.13	33.98
45	900927	物贸B股	82.48	33.69
46	900928	ST自仪B	77.58	61.05
47	900929	锦旅B股	76.57	19.64
48	900904	*ST永生B	63.21	29.13
49	900956	东贝B股	60.07	43.28
50	900922	三毛B股	53.53	30.97

数据来源:上海证券交易所

Source:Shanghai Stock Exchange

2-39　2005年深圳B股按成交额排序前50名

Top 50 of Shenzhen Stock Exchange B Share Turnover in 2005

序号 No.	代码 Code	股票简称 Shares	年成交额（百万元） Turnover (1000000)	年成交量（百万股） Trading Volume(1000000)
1	200039	中　集　B	8418.92	791.57
2	200022	深赤湾B	2751.11	179.33
3	200625	长　安　B	2653.23	636.46
4	200488	晨　鸣　B	2435.99	507.50
5	200725	京东方B	2414.67	1155.24
6	200002	万　科　B	1874.08	382.85
7	200012	南　玻　B	1682.20	449.03
8	200869	张　裕　B	1610.84	139.44
9	200771	杭汽轮B	1496.21	139.55
10	200539	粤电力B	1295.45	324.77
11	200761	本钢板B	1019.41	335.85
12	200429	粤高速B	885.59	254.25
13	200726	鲁　泰　B	719.68	109.30
14	200024	招商局B	714.08	108.64
15	200581	苏威孚B	649.98	91.06
16	200037	深南电B	622.42	91.23
17	200053	深基地B	570.24	78.05
18	200160	帝　贤　B	522.74	326.02
19	200513	丽　珠　B	510.43	122.22
20	200541	粤照明B	450.86	49.00
21	200550	江　铃　B	442.65	136.80
22	200016	深康佳B	411.60	135.96
23	200770	武　锅　B	284.63	103.57
24	200152	山　航　B	265.07	109.48
25	200055	方　大　B	247.59	101.67
26	200058	深赛格B	238.72	143.14
27	200011	深物业B	208.06	77.52
28	200986	粤华包B	206.42	82.31
29	200017	*ST中华B	204.92	304.57
30	200512	闽灿坤B	194.00	134.29
31	200530	大　冷　B	176.22	59.90
32	200570	苏常柴B	168.68	87.75
33	200029	深深房B	160.96	102.13
34	200468	宁通信B	160.85	95.62
35	200168	雷　伊　B	156.75	94.14
36	200054	建　摩　B	145.35	90.90
37	200418	小天鹅B	145.22	70.90
38	200553	沙隆达B	143.35	84.71
39	200992	ST中鲁B	137.35	151.02
40	200521	皖美菱B	132.01	84.27
41	200706	瓦　轴　B	116.28	39.66
42	200045	深纺织B	112.69	46.04
43	200056	深国商B	111.37	71.76
44	200413	宝　石　B	103.66	71.96
45	200596	*ST古井B	97.32	46.79
46	200028	一　致　B	90.14	34.42
47	200613	*ST东海B	87.29	162.28
48	200020	*ST华发B	76.34	57.46
49	200025	ST特力B	71.57	40.03
50	200026	飞亚达B	57.20	27.43

数据来源：深圳证券交易所

Source: Shenzhen Stock Exchange

2-40 2005年上海证券交易所每日收市指数

Daily Closing Composite Index of Shanghai Stock Exchange in 2005

日期 Date	1月 Jan.	2月 Feb.	3月 Mar.	4月 Apr.	5月 May	6月 Jun.	7月 Jul.	8月 Aug.	9月 Sep.	10月 Oct.	11月 Nov.	12月 Dec.
1	0.00	1188.93	1303.41	1223.57	0.00	1039.19	1055.59	1088.95	1184.93	0.00	1089.95	1098.75
2	0.00	1252.50	1287.45	0.00	0.00	1016.06	0.00	1104.04	1188.85	0.00	1104.79	1094.29
3	0.00	1242.31	1294.34	0.00	0.00	1013.64	0.00	1107.70	0.00	0.00	1095.27	0.00
4	1242.77	1269.00	1287.71	1202.97	0.00	0.00	1047.28	1102.59	0.00	0.00	1100.05	0.00
5	1251.94	0.00	0.00	1191.75	0.00	0.00	1039.04	1128.74	1196.22	0.00	0.00	1079.20
6	1239.43	0.00	0.00	1214.87	0.00	1034.38	1033.55	0.00	1173.32	0.00	0.00	1087.79
7	1244.75	0.00	1293.74	1225.49	0.00	1030.94	1038.60	0.00	1194.31	0.00	1100.65	1099.62
8	0.00	0.00	1318.27	1248.52	0.00	1115.58	1017.98	1138.88	1194.41	0.00	1110.15	1098.32
9	0.00	0.00	1316.79	0.00	1130.84	1131.05	0.00	1152.53	1189.63	0.00	1108.15	1113.48
10	1252.40	0.00	1286.23	0.00	1135.56	1108.29	0.00	1165.03	0.00	1138.95	1088.30	0.00
11	1257.46	0.00	1289.94	1240.97	1124.27	0.00	1011.50	1183.58	0.00	1157.19	1090.20	0.00
12	1256.92	0.00	0.00	1219.51	1103.99	0.00	1046.16	1167.92	1188.21	1161.85	0.00	1116.37
13	1256.31	0.00	0.00	1248.20	1107.63	1106.29	1037.39	0.00	1207.16	1152.61	0.00	1117.85
14	1245.62	0.00	1293.50	1234.33	0.00	1093.46	1040.42	0.00	1217.26	1139.55	1088.65	1125.39
15	0.00	0.00	1269.14	1216.96	0.00	1072.84	1026.12	1187.01	1217.28	0.00	1087.51	1123.56
16	0.00	1278.88	1255.59	0.00	1095.47	1086.01	0.00	1177.28	1212.95	0.00	1095.89	1127.51
17	1216.65	1276.13	1243.48	0.00	1099.64	1085.61	0.00	1192.83	0.00	1131.38	1095.31	0.00
18	1225.45	1258.97	1227.40	1197.74	1102.97	0.00	1012.10	1148.04	0.00	1141.20	1117.00	0.00
19	1218.11	0.00	0.00	1199.90	1103.48	0.00	1014.36	1150.18	1220.63	1134.61	0.00	1131.75
20	1204.39	0.00	0.00	1184.19	1099.27	1115.62	1021.05	0.00	1212.62	1135.95	0.00	1136.34
21	1234.48	1284.48	1231.05	1172.56	0.00	1101.49	1020.63	0.00	1187.99	1141.32	1119.94	1130.76
22	0.00	1309.28	1206.92	1169.19	0.00	1102.03	1046.32	1158.60	1159.96	0.00	1098.66	1135.24
23	0.00	1309.48	1201.65	0.00	1070.84	1093.70	0.00	1149.96	1151.98	0.00	1105.75	1144.87
24	1255.78	1309.95	1208.19	0.00	1073.85	1101.88	0.00	1167.14	0.00	1141.17	1113.37	0.00
25	1254.23	1312.45	1205.63	1157.97	1072.14	0.00	1045.40	1172.48	0.00	1121.92	1114.92	0.00
26	1241.96	0.00	0.00	1165.34	1058.87	0.00	1072.81	1171.86	1155.04	1097.16	0.00	1156.82
27	1225.89	0.00	0.00	1148.76	1051.95	1124.64	1089.91	0.00	1133.24	1097.78	0.00	1154.29
28	1213.67	1306.00	1200.11	1169.12	0.00	1108.59	1086.55	0.00	1131.77	1080.87	1110.82	1157.03
29	0.00	0.00	1195.02	1159.15	0.00	1104.99	1083.03	1154.43	1155.49	0.00	1096.99	1169.86
30	0.00	0.00	1172.57	0.00	1060.16	1080.94	0.00	1146.39	1155.61	0.00	1099.26	1161.06
31	1191.82	0.00	1181.24	0.00	1060.74	0.00	0.00	1162.80	0.00	1092.82	0.00	0.00

数据来源：上海、深圳证券交易所

2-41 2005年上海证券交易所每日收市A股指数

Daily Closing A Share Composite Index of Shanghai Stock Exchange in 2005

日期 Date	1月 Jan.	2月 Feb.	3月 Mar.	4月 Apr.	5月 May	6月 Jun.	7月 Jul.	8月 Aug.	9月 Sep.	10月 Oct.	11月 Nov.	12月 Dec.
1	0.00	1248.43	1368.17	1283.71	0.00	1090.64	1108.46	1144.83	1245.21	0.00	1145.91	1154.95
2	0.00	1315.22	1351.30	0.00	0.00	1066.54	0.00	1160.46	1249.30	0.00	1161.49	1150.47
3	0.00	1304.41	1358.36	0.00	0.00	1063.96	0.00	1164.06	0.00	0.00	1151.42	0.00
4	1305.05	1332.44	1351.45	1261.93	0.00	0.00	1099.83	1158.81	0.00	0.00	1156.45	0.00
5	1314.38	0.00	0.00	1250.09	0.00	0.00	1091.08	1186.07	1257.00	0.00	0.00	1134.56
6	1300.88	0.00	0.00	1274.30	0.00	1085.77	1085.35	0.00	1232.95	0.00	0.00	1143.64
7	1306.48	0.00	1357.86	1285.28	0.00	1082.06	1090.67	0.00	1255.00	0.00	1157.09	1156.16
8	0.00	0.00	1383.68	1309.54	0.00	1171.02	1069.13	1196.73	1255.16	0.00	1166.97	1154.85
9	0.00	0.00	1381.92	0.00	1186.90	1187.39	0.00	1211.02	1250.16	0.00	1164.81	1170.81
10	1314.63	0.00	1349.81	0.00	1191.90	1163.43	0.00	1224.58	0.00	1196.96	1143.92	0.00
11	1320.04	0.00	1353.69	1301.65	1180.10	0.00	1062.45	1244.00	0.00	1216.02	1145.87	0.00
12	1319.50	0.00	0.00	1279.24	1158.73	0.00	1098.99	1227.12	1248.71	1220.81	0.00	1173.83
13	1318.79	0.00	0.00	1309.35	1162.54	1161.41	1089.82	0.00	1268.55	1211.08	0.00	1175.49
14	1307.56	0.00	1357.48	1294.79	0.00	1147.98	1093.26	0.00	1279.23	1197.30	1144.24	1183.39
15	0.00	0.00	1331.82	1276.47	0.00	1126.34	1078.84	1247.12	1279.25	0.00	1143.06	1181.51
16	0.00	1342.98	1317.50	0.00	1149.91	1140.33	0.00	1236.88	1274.61	0.00	1151.97	1185.70
17	1276.99	1340.03	1304.68	0.00	1154.13	1140.18	0.00	1253.37	0.00	1188.72	1151.32	0.00
18	1286.26	1321.87	1287.86	1256.31	1157.67	0.00	1064.78	1206.29	0.00	1199.08	1174.08	0.00
19	1278.56	0.00	0.00	1258.62	1158.17	0.00	1066.92	1208.56	1282.59	1192.34	0.00	1190.38
20	1264.05	0.00	0.00	1242.03	1153.78	1171.68	1073.97	0.00	1274.24	1193.83	0.00	1195.25
21	1295.84	1348.79	1291.74	1229.82	0.00	1156.71	1073.86	0.00	1248.25	1199.54	1177.08	1189.30
22	0.00	1374.55	1266.42	1226.33	0.00	1157.35	1100.42	1217.56	1218.73	0.00	1154.60	1194.00
23	0.00	1374.75	1260.75	0.00	1124.04	1148.60	0.00	1208.53	1210.29	0.00	1162.13	1204.06
24	1318.13	1375.26	1267.59	0.00	1127.00	1157.19	0.00	1226.56	0.00	1199.57	1170.27	0.00
25	1316.61	1377.60	1265.03	1214.65	1125.27	0.00	1099.45	1232.14	0.00	1179.48	1172.00	0.00
26	1303.77	0.00	0.00	1222.36	1111.28	0.00	1128.12	1231.76	1213.51	1153.38	0.00	1216.61
27	1286.84	0.00	0.00	1205.09	1104.03	1181.08	1145.84	0.00	1190.51	1154.10	0.00	1213.89
28	1273.98	1370.97	1259.22	1226.54	0.00	1164.28	1142.45	0.00	1188.97	1136.27	1167.70	1216.80
29	0.00	0.00	1253.75	1216.20	0.00	1160.49	1138.69	1213.55	1213.86	0.00	1153.07	1230.34
30	0.00	0.00	1230.13	0.00	1112.75	1135.12	0.00	1205.08	1214.01	0.00	1155.49	1220.93
31	1251.14	0.00	1239.27	0.00	1113.29	0.00	0.00	1222.16	0.00	1148.88	0.00	0.00

数据来源:上海、深圳证券交易所

2-42　2005年上海证券交易所每日收市B股指数

Daily Closing B Share Composite Index of Shanghai Stock Exchange in 2005

日期 Date	1月 Jan.	2月 Feb.	3月 Mar.	4月 Apr.	5月 May	6月 Jun.	7月 Jul.	8月 Aug.	9月 Sep.	10月 Oct.	11月 Nov.	12月 Dec.
1	0.00	72.42	81.71	79.86	0.00	65.99	64.04	59.42	67.35	0.00	59.41	60.90
2	0.00	76.12	81.25	0.00	0.00	63.67	0.00	61.45	67.68	0.00	60.35	59.67
3	0.00	76.02	82.53	0.00	0.00	63.70	0.00	62.93	0.00	0.00	60.13	0.00
4	75.29	77.64	81.91	79.35	0.00	0.00	62.98	62.00	0.00	0.00	60.33	0.00
5	77.30	0.00	0.00	78.95	0.00	0.00	63.04	64.65	68.38	0.00	0.00	59.07
6	78.33	0.00	0.00	80.71	0.00	64.78	62.49	0.00	67.01	0.00	0.00	59.34
7	78.55	0.00	81.89	82.18	0.00	65.11	62.71	0.00	68.20	0.00	60.35	59.53
8	0.00	0.00	83.08	83.24	0.00	69.81	60.94	65.20	67.94	0.00	61.38	59.21
9	0.00	0.00	83.98	0.00	71.46	70.10	0.00	66.25	67.54	0.00	61.56	59.92
10	78.48	0.00	82.25	0.00	71.57	69.02	0.00	64.81	0.00	64.40	60.56	0.00
11	78.32	0.00	82.51	82.58	70.58	0.00	59.88	66.19	0.00	65.95	60.89	0.00
12	78.15	0.00	0.00	80.66	69.76	0.00	61.27	67.43	67.28	66.78	0.00	60.13
13	78.44	0.00	0.00	82.48	69.97	68.54	60.55	0.00	68.71	66.33	0.00	59.73
14	77.79	0.00	82.47	81.60	0.00	67.54	59.43	0.00	68.95	65.84	60.85	60.26
15	0.00	0.00	81.41	80.95	0.00	66.20	55.57	68.80	68.98	0.00	60.67	59.95
16	0.00	77.42	80.99	0.00	68.56	66.21	0.00	68.37	69.15	0.00	60.67	60.00
17	76.80	77.58	80.74	0.00	69.61	64.84	0.00	68.50	0.00	65.36	60.83	0.00
18	77.20	77.19	79.49	79.63	69.57	0.00	51.44	65.99	0.00	65.74	62.21	0.00
19	76.66	0.00	0.00	79.60	69.77	0.00	52.70	66.06	70.03	64.40	0.00	59.14
20	76.37	0.00	0.00	79.12	69.41	66.71	53.02	0.00	69.24	64.07	0.00	59.18
21	77.23	78.12	79.49	78.34	0.00	66.49	51.34	0.00	68.35	64.05	62.77	59.30
22	0.00	80.98	77.96	77.94	0.00	66.21	55.01	65.75	67.14	0.00	62.16	59.59
23	0.00	81.02	78.28	0.00	67.14	65.73	0.00	65.01	66.95	0.00	62.19	60.43
24	78.91	81.01	78.81	0.00	68.27	66.19	0.00	66.11	0.00	63.13	62.01	0.00
25	78.30	82.52	78.03	76.76	67.84	0.00	54.98	66.53	0.00	61.33	61.53	0.00
26	77.31	0.00	0.00	77.32	67.31	0.00	57.24	65.18	67.09	60.36	0.00	61.15
27	76.62	0.00	0.00	75.65	66.82	67.62	59.47	0.00	66.29	60.07	0.00	61.28
28	76.02	81.46	77.78	76.53	0.00	66.39	58.55	0.00	66.25	59.36	61.32	61.31
29	0.00	0.00	78.03	75.26	0.00	66.22	58.69	63.62	67.73	0.00	60.95	61.74
30	0.00	0.00	76.92	0.00	66.86	65.30	0.00	63.29	67.65	0.00	60.93	62.02
31	74.18	0.00	77.22	0.00	67.19	0.00	0.00	65.05	0.00	59.76	0.00	0.00

数据来源:上海、深圳证券交易所

Source:Shanghai Shenzhen Stock Exchange

2-43　2005年上海证券交易所每日收市180指数

Daily Closing 180 Shares Index of Shanghai Stock Exchange in 2005

日期 Date	1月 Jan.	2月 Feb.	3月 Mar.	4月 Apr.	5月 May	6月 Jun.	7月 Jul.	8月 Aug.	9月 Sep.	10月 Oct.	11月 Nov.	12月 Dec.
1	0.00	2256.45	2432.61	2293.92	0.00	1978.45	2034.23	2103.54	2246.02	0.00	2053.47	2051.39
2	0.00	2377.11	2398.50	0.00	0.00	1931.69	0.00	2127.12	2253.09	0.00	2075.74	2045.79
3	0.00	2344.17	2414.00	0.00	0.00	1931.30	0.00	2134.36	0.00	0.00	2053.69	0.00
4	2321.30	2406.44	2403.15	2253.84	0.00	0.00	2026.53	2126.17	0.00	0.00	2062.42	0.00
5	2339.73	0.00	0.00	2235.15	0.00	0.00	2010.62	2176.22	2260.73	0.00	0.00	2023.07
6	2315.21	0.00	0.00	2275.34	0.00	1977.23	1992.41	0.00	2221.57	0.00	0.00	2039.58
7	2319.22	0.00	2415.71	2300.02	0.00	1971.13	1994.82	0.00	2257.15	0.00	2057.78	2058.04
8	0.00	0.00	2458.14	2339.27	0.00	2131.83	1962.35	2184.02	2261.57	0.00	2069.94	2055.26
9	0.00	0.00	2449.02	0.00	2141.85	2149.66	0.00	2196.84	2249.23	0.00	2065.13	2086.32
10	2342.97	0.00	2395.28	0.00	2151.67	2112.08	0.00	2218.60	0.00	2149.62	2030.78	0.00
11	2352.81	0.00	2406.36	2322.48	2128.18	0.00	1951.22	2247.24	0.00	2178.91	2033.59	0.00
12	2350.55	0.00	0.00	2284.13	2088.54	0.00	2019.64	2219.46	2248.40	2184.04	0.00	2084.25
13	2348.13	0.00	0.00	2337.31	2095.19	2097.92	2006.54	0.00	2278.13	2166.50	0.00	2083.60
14	2330.38	0.00	2416.62	2307.08	0.00	2076.83	2015.28	0.00	2291.67	2137.53	2027.81	2098.46
15	0.00	0.00	2373.63	2275.67	0.00	2042.42	1993.70	2267.00	2291.09	0.00	2015.67	2096.43
16	0.00	2420.57	2350.41	0.00	2065.88	2073.30	0.00	2241.24	2284.47	0.00	2030.39	2109.30
17	2279.59	2412.92	2330.02	0.00	2080.65	2079.60	0.00	2258.23	0.00	2121.16	2029.30	0.00
18	2297.30	2374.88	2301.12	2248.39	2085.00	0.00	1977.75	2193.38	0.00	2132.64	2074.51	0.00
19	2278.72	0.00	0.00	2253.91	2088.70	0.00	1982.51	2198.52	2293.97	2122.12	0.00	2112.96
20	2255.26	0.00	0.00	2220.75	2085.15	2136.44	1997.13	0.00	2277.53	2124.40	0.00	2125.04
21	2320.59	2423.40	2307.84	2206.48	0.00	2111.39	2002.00	0.00	2235.90	2131.96	2073.64	2115.86
22	0.00	2468.11	2264.50	2205.29	0.00	2120.35	2036.68	2216.38	2190.20	0.00	2039.65	2127.36
23	0.00	2456.00	2250.52	0.00	2038.33	2103.08	0.00	2198.23	2174.05	0.00	2056.57	2143.44
24	2355.98	2459.26	2265.23	0.00	2044.34	2113.30	0.00	2218.69	0.00	2129.88	2071.22	0.00
25	2353.03	2462.52	2259.22	2187.42	2043.78	0.00	2028.88	2215.91	0.00	2104.24	2078.28	0.00
26	2332.18	0.00	0.00	2201.31	2016.60	0.00	2074.04	2211.10	2176.27	2058.15	0.00	2157.15
27	2296.14	0.00	0.00	2174.36	1999.16	2151.73	2110.42	0.00	2143.71	2056.82	0.00	2150.93
28	2285.59	2440.86	2256.58	2208.54	0.00	2124.87	2102.76	0.00	2143.03	2041.52	2069.00	2156.34
29	0.00	0.00	2243.86	2190.28	0.00	2116.37	2096.70	2183.13	2171.40	0.00	2046.83	2184.24
30	0.00	0.00	2202.29	0.00	2013.41	2074.47	0.00	2177.36	2173.85	0.00	2055.08	2166.78
31	2254.03	0.00	2212.63	0.00	2016.60	0.00	0.00	2207.72	0.00	2062.37	0.00	0.00

数据来源：上海、深圳证券交易所

Source: Shanghai Shenzhen Stock Exchange

2-44 2005年深圳证券交易所每日收市综合指数
Daily Closing Composite Index of Shenzhen Stock Exchange in 2005

日期 Date	1月 Jan.	2月 Feb.	3月 Mar.	4月 Apr.	5月 May	6月 Jun.	7月 Jul.	8月 Aug.	9月 Sep.	10月 Oct.	11月 Nov.	12月 Dec.
1	0	295.69	327.42	307.54	0.00	256.01	252.28	255.83	284.90	0.00	264.71	266.59
2	0.00	311.44	322.59	0.00	0.00	251.81	0.00	260.27	286.69	0.00	269.45	264.18
3	0.00	306.42	324.72	0.00	0.00	250.41	0.00	263.43	0.00	0.00	267.44	0.00
4	310.62	312.01	323.50	303.47	0.00	0.00	250.47	261.49	0.00	0.00	269.01	0.00
5	315.25	0.00	0.00	302.16	0.00	0.00	248.41	268.59	289.36	0.00	0.00	258.17
6	311.98	0.00	0.00	307.53	0.00	256.33	246.94	0.00	283.91	0.00	0.00	259.63
7	312.61	0.00	325.43	311.27	0.00	255.99	248.18	0.00	290.72	0.00	269.98	262.10
8	0.00	0.00	332.24	316.72	0.00	276.26	241.63	271.29	291.79	0.00	271.78	262.47
9	0.00	0.00	333.28	0.00	274.19	278.29	0.00	274.33	289.41	0.00	271.04	266.56
10	315.85	0.00	324.86	0.00	274.58	271.95	0.00	276.21	0.00	277.44	264.69	0.00
11	316.42	0.00	326.84	314.51	271.23	0.00	239.48	280.41	0.00	282.60	265.63	0.00
12	316.35	0.00	0.00	308.86	267.87	0.00	247.33	275.20	290.20	284.44	0.00	267.79
13	317.00	0.00	0.00	315.61	269.15	272.55	245.70	0.00	295.97	282.57	0.00	268.63
14	313.40	0.00	326.65	311.05	0.00	268.18	245.86	0.00	298.55	279.10	265.42	271.55
15	0.00	0.00	322.03	304.92	0.00	261.54	241.93	281.95	299.13	0.00	263.38	270.36
16	0.00	314.98	319.01	0.00	266.41	264.56	0.00	280.33	299.06	0.00	265.31	273.05
17	306.44	315.22	315.35	0.00	268.83	263.30	0.00	284.21	0.00	278.06	265.38	0.00
18	309.81	311.64	309.09	301.20	269.49	0.00	237.18	274.61	0.00	281.17	271.87	0.00
19	307.78	0.00	0.00	300.69	269.76	0.00	238.37	274.82	301.72	279.23	0.00	272.93
20	303.68	0.00	0.00	295.20	268.82	271.46	240.63	0.00	299.25	278.89	0.00	273.44
21	309.98	317.11	309.85	291.28	0.00	268.76	240.37	0.00	294.18	280.99	272.62	271.41
22	0.00	325.39	303.12	287.18	0.00	269.88	245.57	277.91	285.08	0.00	267.49	273.18
23	0.00	327.39	302.29	0.00	261.31	267.54	0.00	274.33	282.01	0.00	269.38	275.85
24	315.98	328.11	304.53	0.00	265.34	268.78	0.00	276.58	0.00	282.40	270.16	0.00
25	315.69	328.49	304.36	282.36	266.07	0.00	244.21	278.03	0.00	277.39	270.46	0.00
26	313.19	0.00	0.00	285.91	262.87	0.00	249.76	278.74	283.08	269.72	0.00	278.03
27	308.01	0.00	0.00	282.22	260.25	275.37	255.72	0.00	277.52	269.12	0.00	277.36
28	304.01	328.13	302.86	287.85	0.00	270.70	255.67	0.00	276.75	263.12	269.51	278.25
29	0.00	0.00	301.68	283.57	0.00	268.45	254.47	275.94	281.63	0.00	266.36	281.64
30	0.00	0.00	294.11	0.00	262.34	260.73	0.00	274.27	281.72	0.00	266.86	278.75
31	297.05	0.00	296.75	0.00	262.25	0.00	0.00	278.98	0.00	265.40	0.00	0.00

数据来源:上海、深圳证券交易所

Source:Shanghai Shenzhen Stock Exchange

2-45　2005年深圳证券交易所每日收市A股综合指数

Daily Closing A Share Composite Index of Shenzhen Stock Exchange in 2005

日期 Date	1月 Jan.	2月 Feb.	3月 Mar.	4月 Apr.	5月 May	6月 Jun.	7月 Jul.	8月 Aug.	9月 Sep.	10月 Oct.	11月 Nov.	12月 Dec.
1	0	306.08	339.00	317.04	0.00	263.53	260.11	263.65	294.84	0.00	275.23	276.93
2	0.00	322.47	333.84	0.00	0.00	259.68	0.00	268.22	296.77	0.00	280.13	274.31
3	0.00	317.08	335.83	0.00	0.00	258.29	0.00	271.19	0.00	0.00	278.07	0.00
4	322.89	322.85	334.50	312.69	0.00	0.00	258.25	269.12	0.00	0.00	279.65	0.00
5	327.68	0.00	0.00	311.16	0.00	0.00	256.05	276.31	299.64	0.00	0.00	268.03
6	324.16	0.00	0.00	316.69	0.00	264.13	254.55	0.00	293.94	0.00	0.00	269.63
7	324.61	0.00	336.30	320.58	0.00	264.02	255.94	0.00	301.12	0.00	280.58	272.36
8	0.00	0.00	343.12	326.33	0.00	285.01	249.05	279.18	302.23	0.00	282.39	272.76
9	0.00	0.00	344.05	0.00	282.43	287.20	0.00	282.53	299.71	0.00	281.50	277.20
10	328.06	0.00	335.51	0.00	282.55	280.58	0.00	284.70	0.00	287.40	274.79	0.00
11	328.63	0.00	337.28	324.11	279.22	0.00	246.64	289.08	0.00	292.79	275.76	0.00
12	328.58	0.00	0.00	318.17	275.90	0.00	254.72	283.46	300.67	294.71	0.00	278.52
13	329.16	0.00	0.00	325.27	277.25	281.13	252.99	0.00	306.69	292.81	0.00	279.38
14	325.31	0.00	337.13	320.54	0.00	276.46	253.20	0.00	309.22	289.40	275.78	282.57
15	0.00	0.00	332.42	314.01	0.00	269.46	249.08	290.77	309.75	0.00	273.57	281.31
16	0.00	326.07	329.25	0.00	274.36	272.62	0.00	289.17	309.72	0.00	275.62	284.13
17	318.04	326.34	325.34	0.00	276.83	271.63	0.00	293.37	0.00	288.49	275.69	0.00
18	321.57	322.54	318.78	310.53	277.80	0.00	244.71	283.29	0.00	291.91	282.25	0.00
19	319.52	0.00	0.00	309.98	277.95	0.00	245.93	283.55	312.47	290.20	0.00	284.04
20	315.27	0.00	0.00	304.11	276.91	280.42	248.24	0.00	309.91	289.73	0.00	284.58
21	321.82	328.26	319.48	300.09	0.00	277.72	247.92	0.00	304.65	291.92	283.10	282.40
22	0.00	336.63	312.29	295.71	0.00	278.97	253.08	286.82	295.08	0.00	277.76	284.32
23	0.00	338.67	311.48	0.00	269.02	276.31	0.00	283.31	291.73	0.00	279.69	287.15
24	327.98	339.50	313.92	0.00	273.11	277.63	0.00	285.70	0.00	293.50	280.54	0.00
25	327.49	339.98	313.78	290.70	273.79	0.00	251.77	287.51	0.00	288.40	280.90	0.00
26	324.88	0.00	0.00	294.35	270.53	0.00	257.50	288.59	293.05	280.73	0.00	289.45
27	319.40	0.00	0.00	290.29	267.80	284.45	263.74	0.00	287.33	280.05	0.00	288.78
28	315.10	339.57	312.13	296.17	0.00	279.61	263.51	0.00	286.50	273.66	279.96	289.76
29	0.00	0.00	310.77	291.76	0.00	277.21	262.23	285.74	291.56	0.00	276.69	293.36
30	0.00	0.00	303.01	0.00	270.22	269.17	0.00	283.92	291.46	0.00	277.25	290.06
31	307.62	0.00	305.64	0.00	269.93	0.00	0.00	288.75	0.00	275.96	0.00	0.00

数据来源：上海、深圳证券交易所

Source：Shanghai Shenzhen Stock Exchange

2-46 2005年深圳证券交易所每日收市B股综合指数

Daily Closing B Share Composite Index of Shenzhen Stock Exchange in 2005

日期 Date	1月 Jan.	2月 Feb.	3月 Mar.	4月 Apr.	5月 May	6月 Jun.	7月 Jul.	8月 Aug.	9月 Sep.	10月 Oct.	11月 Nov.	12月 Dec.
1	0	232.48	256.14	262.52	0.00	224.78	214.69	219.60	224.68	0.00	188.95	194.18
2	0.00	243.35	254.90	0.00	0.00	213.63	0.00	223.57	224.79	0.00	192.70	194.07
3	0.00	242.63	259.96	0.00	0.00	211.62	0.00	230.86	0.00	0.00	190.89	0.00
4	222.52	247.29	260.05	261.37	0.00	0.00	213.25	230.39	0.00	0.00	192.84	0.00
5	226.18	0.00	0.00	263.22	0.00	0.00	212.54	238.53	225.12	0.00	0.00	190.21
6	225.79	0.00	0.00	267.97	0.00	220.72	211.11	0.00	221.71	0.00	0.00	190.16
7	229.45	0.00	264.87	270.67	0.00	216.59	210.41	0.00	225.08	0.00	194.66	189.46
8	0.00	0.00	273.71	273.18	0.00	232.39	207.04	239.49	225.88	0.00	196.73	189.52
9	0.00	0.00	276.84	0.00	237.76	232.50	0.00	238.56	224.78	0.00	198.04	189.70
10	230.42	0.00	267.46	0.00	242.71	228.50	0.00	236.45	0.00	214.23	195.07	0.00
11	231.21	0.00	273.42	270.26	237.78	0.00	208.40	239.25	0.00	217.47	195.94	0.00
12	230.79	0.00	0.00	267.42	232.63	0.00	215.16	238.89	223.29	218.70	0.00	190.06
13	232.83	0.00	0.00	270.87	233.26	230.18	214.65	0.00	226.81	216.75	0.00	190.85
14	231.99	0.00	272.53	267.36	0.00	228.99	213.96	0.00	231.23	211.16	192.28	190.65
15	0.00	0.00	267.73	265.59	0.00	225.86	211.84	238.78	232.79	0.00	192.08	190.13
16	0.00	247.19	266.18	0.00	232.01	227.65	0.00	236.34	232.15	0.00	192.91	191.74
17	227.52	247.05	265.12	0.00	234.46	221.61	0.00	236.50	0.00	207.79	193.01	0.00
18	229.56	245.64	261.61	256.59	230.43	0.00	199.25	231.18	0.00	207.31	200.43	0.00
19	227.10	0.00	0.00	256.66	232.62	0.00	200.26	230.60	234.19	201.16	0.00	191.14
20	224.13	0.00	0.00	255.31	233.01	222.57	202.51	0.00	232.47	202.64	0.00	191.31
21	228.38	249.23	263.65	251.68	0.00	218.77	203.13	0.00	228.52	204.07	199.92	190.97
22	0.00	258.80	261.86	250.73	0.00	218.24	210.71	231.98	223.77	0.00	196.23	191.03
23	0.00	260.84	260.31	0.00	228.99	220.39	0.00	225.97	224.18	0.00	198.23	192.29
24	234.00	259.95	260.21	0.00	233.54	220.64	0.00	226.69	0.00	203.36	198.25	0.00
25	236.91	259.05	259.68	247.27	235.29	0.00	208.12	222.76	0.00	198.27	197.80	0.00
26	235.23	0.00	0.00	250.32	231.93	0.00	212.81	217.87	221.55	188.20	0.00	193.19
27	233.08	0.00	0.00	251.30	230.10	225.80	216.31	0.00	216.64	188.65	0.00	192.41
28	232.36	259.42	259.89	254.95	0.00	222.29	219.18	0.00	216.64	186.53	196.41	192.40
29	0.00	0.00	261.21	251.32	0.00	221.73	218.69	214.70	220.37	0.00	193.99	193.72
30	0.00	0.00	254.02	0.00	227.66	216.42	0.00	215.02	223.55	0.00	193.81	195.61
31	231.33	0.00	257.73	0.00	230.66	0.00	0.00	219.47	0.00	189.23	0.00	0.00

数据来源：上海、深圳证券交易所

Source：Shanghai Shenzhen Stock Exchange

2-47　2005年深圳证券交易所每日收市成份指数
Daily Closing Composite Component Index of Shenzhen Stock Exchange in 2005

日期 Date	1月 Jan.	2月 Feb.	3月 Mar.	4月 Apr.	5月 May	6月 Jun.	7月 Jul.	8月 Aug.	9月 Sep.	10月 Oct.	11月 Nov.	12月 Dec.
1	0.00	3066.23	3348.45	3284.95	0.00	2716.79	2728.72	2890.82	3003.87	0.00	2661.61	2684.56
2	0.00	3221.21	3301.76	0.00	0.00	2630.61	0.00	2940.23	3012.15	0.00	2691.82	2680.64
3	0.00	3196.55	3334.46	0.00	0.00	2627.02	0.00	2989.40	0.00	0.00	2675.57	0.00
4	3025.42	3266.01	3332.15	3244.25	0.00	0.00	2737.22	2969.31	0.00	0.00	2687.02	0.00
5	3052.86	0.00	0.00	3244.93	0.00	0.00	2716.56	3047.33	3016.23	0.00	0.00	2643.93
6	3028.73	0.00	0.00	3312.64	0.00	2729.20	2696.50	0.00	2978.17	0.00	0.00	2659.02
7	3035.59	0.00	3368.67	3343.77	0.00	2709.48	2697.94	0.00	3025.69	0.00	2686.28	2676.86
8	0.00	0.00	3451.82	3397.32	0.00	2936.57	2650.61	3061.79	3035.28	0.00	2693.30	2691.45
9	0.00	0.00	3464.66	0.00	3031.50	2951.14	0.00	3062.84	3009.36	0.00	2703.11	2724.19
10	3062.73	0.00	3373.54	0.00	3067.98	2882.27	0.00	3062.94	0.00	2858.60	2660.33	0.00
11	3069.57	0.00	3408.84	3357.03	3000.60	0.00	2651.80	3128.42	0.00	2886.97	2664.05	0.00
12	3064.34	0.00	0.00	3310.81	2930.79	0.00	2742.87	3065.73	2999.22	2891.21	0.00	2736.92
13	3074.37	0.00	0.00	3371.49	2921.50	2879.77	2734.37	0.00	3041.64	2870.32	0.00	2758.77
14	3055.52	0.00	3420.55	3324.93	0.00	2853.52	2738.00	0.00	3073.57	2830.76	2633.66	2789.99
15	0.00	0.00	3366.68	3304.31	0.00	2795.06	2716.67	3119.15	3068.95	0.00	2622.03	2777.91
16	0.00	3283.88	3341.12	0.00	2889.02	2823.81	0.00	3085.49	3061.06	0.00	2639.50	2801.64
17	2999.02	3264.34	3296.17	0.00	2903.99	2790.65	0.00	3097.03	0.00	2798.98	2643.05	0.00
18	3022.41	3233.57	3255.28	3261.32	2883.77	0.00	2676.39	3001.40	0.00	2794.71	2721.87	0.00
19	3001.25	0.00	0.00	3267.54	2898.29	0.00	2684.76	3002.14	3064.07	2770.63	0.00	2793.76
20	2969.12	0.00	0.00	3222.53	2900.83	2868.04	2716.51	0.00	3019.92	2762.11	0.00	2804.80
21	3055.81	3298.47	3276.52	3207.56	0.00	2829.62	2724.26	0.00	2965.56	2775.82	2732.76	2788.67
22	0.00	3382.98	3249.50	3176.92	0.00	2842.46	2782.89	3030.41	2905.68	0.00	2687.24	2805.38
23	0.00	3383.06	3220.07	0.00	2840.97	2839.51	0.00	2992.37	2892.85	0.00	2706.08	2827.19
24	3111.40	3379.49	3214.98	0.00	2869.58	2848.34	0.00	2996.65	0.00	2789.18	2716.80	0.00
25	3141.86	3385.44	3214.85	3160.62	2869.65	0.00	2758.67	2973.82	0.00	2744.98	2725.06	0.00
26	3122.62	0.00	0.00	3180.19	2839.55	0.00	2831.56	2952.73	2895.72	2662.79	0.00	2848.30
27	3070.58	0.00	0.00	3163.01	2806.11	2914.97	2886.52	0.00	2844.83	2667.63	0.00	2834.22
28	3065.61	3376.32	3213.31	3204.73	0.00	2870.25	2893.59	0.00	2847.56	2631.52	2713.49	2834.60
29	0.00	0.00	3208.44	3156.67	0.00	2847.80	2887.57	2912.06	2884.65	0.00	2682.11	2879.97
30	0.00	0.00	3137.46	0.00	2794.20	2760.23	0.00	2909.81	2903.11	0.00	2676.85	2863.61
31	3045.48	0.00	3170.35	0.00	2801.66	0.00	0.00	2950.43	0.00	2662.29	0.00	0.00

数据来源：上海、深圳证券交易所

Source: Shanghai Shenzhen Stock Exchange

2-48 2005 年深圳证券交易所每日收市成份 A 股指数

Daily Closing A Share Composite Component Index of Shenzhen Stock Exchange in 2005

日期 Date	1月 Jan.	2月 Feb.	3月 Mar.	4月 Apr.	5月 May	6月 Jun.	7月 Jul.	8月 Aug.	9月 Sep.	10月 Oct.	11月 Nov.	12月 Dec.
1	0.00	3205.29	3485.73	3350.53	0.00	2755.37	2816.45	2982.91	3129.28	0.00	2826.13	2839.98
2	0.00	3370.37	3428.70	0.00	0.00	2684.31	0.00	3035.11	3144.30	0.00	2855.28	2832.35
3	0.00	3336.46	3450.76	0.00	0.00	2691.22	0.00	3070.38	0.00	0.00	2838.34	0.00
4	3206.63	3408.88	3444.16	3302.89	0.00	0.00	2827.29	3043.59	0.00	0.00	2850.94	0.00
5	3231.81	0.00	0.00	3293.84	0.00	0.00	2802.07	3114.85	3152.94	0.00	0.00	2793.92
6	3201.44	0.00	0.00	3358.34	0.00	2784.21	2780.72	0.00	3113.92	0.00	0.00	2816.53
7	3196.36	0.00	3470.34	3392.04	0.00	2777.47	2790.69	0.00	3166.02	0.00	2843.04	2840.77
8	0.00	0.00	3541.03	3455.27	0.00	3018.04	2738.10	3130.42	3177.12	0.00	2846.79	2860.45
9	0.00	0.00	3547.99	0.00	3109.00	3036.83	0.00	3138.30	3146.51	0.00	2851.21	2905.98
10	3228.48	0.00	3463.78	0.00	3131.89	2961.40	0.00	3145.30	0.00	2990.61	2803.77	0.00
11	3233.82	0.00	3482.71	3414.58	3068.20	0.00	2729.86	3217.26	0.00	3019.92	2805.37	0.00
12	3228.87	0.00	0.00	3362.70	3001.03	0.00	2824.28	3138.55	3139.95	3023.22	0.00	2922.64
13	3236.69	0.00	0.00	3430.44	2987.44	2951.18	2813.98	0.00	3186.24	3004.09	0.00	2945.20
14	3212.70	0.00	3502.45	3382.22	0.00	2918.83	2821.50	0.00	3211.74	2975.43	2782.98	2987.26
15	0.00	0.00	3448.32	3356.36	0.00	2854.84	2799.35	3208.92	3198.42	0.00	2765.47	2972.51
16	0.00	3433.00	3419.60	0.00	2948.77	2888.98	0.00	3172.53	3194.22	0.00	2786.75	2998.39
17	3153.82	3407.33	3371.64	0.00	2962.44	2875.30	0.00	3193.89	0.00	2947.28	2792.18	0.00
18	3174.69	3372.33	3329.19	3329.65	2957.54	0.00	2784.48	3091.43	0.00	2948.14	2865.42	0.00
19	3151.97	0.00	0.00	3339.34	2963.76	0.00	2791.05	3095.05	3195.95	2940.42	0.00	2992.49
20	3114.93	0.00	0.00	3284.74	2964.98	2978.23	2823.41	0.00	3148.06	2919.98	0.00	3007.55
21	3212.95	3440.71	3346.23	3277.50	0.00	2943.56	2828.51	0.00	3088.63	2931.64	2879.16	2984.43
22	0.00	3514.52	3303.39	3240.67	0.00	2962.37	2878.60	3125.20	3022.83	0.00	2833.95	3007.98
23	0.00	3511.17	3272.30	0.00	2894.22	2945.15	0.00	3100.83	3002.59	0.00	2849.61	3031.79
24	3266.10	3510.59	3268.13	0.00	2914.47	2956.76	0.00	3107.12	0.00	2949.20	2864.01	0.00
25	3292.77	3521.07	3271.80	3222.82	2906.31	0.00	2857.08	3097.38	0.00	2904.42	2876.28	0.00
26	3274.88	0.00	0.00	3239.68	2878.31	0.00	2936.20	3085.66	3018.01	2832.69	0.00	3056.66
27	3217.08	0.00	0.00	3210.44	2844.65	3026.78	2997.97	0.00	2969.04	2840.23	0.00	3040.29
28	3211.15	3510.31	3264.76	3258.66	0.00	2979.10	2990.49	0.00	2972.95	2795.35	2868.35	3042.35
29	0.00	0.00	3248.92	3213.64	0.00	2950.09	2981.88	3046.88	3009.26	0.00	2835.39	3096.03
30	0.00	0.00	3184.59	0.00	2842.95	2857.77	0.00	3041.87	3019.53	0.00	2832.53	3063.22
31	3184.97	0.00	3212.33	0.00	2838.27	0.00	0.00	3078.91	0.00	2825.30	0.00	0.00

数据来源:上海、深圳证券交易所

Source:Shanghai Shenzhen Stock Exchange

2-49　2005 年深圳证券交易所每日收市成份 B 股指数
Daily Closing B Share Composite Component Index of Shenzhen Stock Exchange in 2005

日期 Date	1月 Jan.	2月 Feb.	3月 Mar.	4月 Apr.	5月 May	6月 Jun.	7月 Jul.	8月 Aug.	9月 Sep.	10月 Oct.	11月 Nov.	12月 Dec.
1	0.00	1781.71	1983.28	2103.20	0.00	1779.07	1671.61	1772.48	1771.56	0.00	1453.74	1494.71
2	0.00	1863.88	1977.34	0.00	0.00	1684.34	0.00	1799.84	1761.07	0.00	1476.89	1499.28
3	0.00	1870.47	2023.54	0.00	0.00	1657.28	0.00	1867.03	0.00	0.00	1467.32	0.00
4	1646.37	1911.32	2031.57	2090.90	0.00	0.00	1672.07	1869.26	0.00	0.00	1472.54	0.00
5	1671.11	0.00	0.00	2113.18	0.00	0.00	1668.35	1939.24	1752.90	0.00	0.00	1477.95
6	1670.00	0.00	0.00	2166.73	0.00	1749.07	1657.59	0.00	1728.94	0.00	0.00	1471.02
7	1704.72	0.00	2079.73	2182.30	0.00	1705.08	1638.53	0.00	1750.75	0.00	1487.96	1468.79
8	0.00	0.00	2164.59	2197.30	0.00	1829.77	1618.15	1946.56	1753.71	0.00	1500.26	1468.11
9	0.00	0.00	2186.56	0.00	1905.49	1829.92	0.00	1931.24	1747.09	0.00	1519.37	1463.72
10	1711.10	0.00	2108.65	0.00	1960.80	1797.89	0.00	1915.14	0.00	1656.38	1500.63	0.00
11	1719.61	0.00	2169.50	2170.59	1906.39	0.00	1640.73	1945.00	0.00	1673.65	1508.21	0.00
12	1715.29	0.00	0.00	2151.59	1852.62	0.00	1695.51	1939.45	1731.51	1678.51	0.00	1464.18
13	1727.77	0.00	0.00	2177.33	1855.85	1814.25	1693.90	0.00	1751.45	1660.37	0.00	1477.48
14	1727.59	0.00	2159.52	2149.17	0.00	1810.52	1687.25	0.00	1788.97	1609.38	1470.93	1476.10
15	0.00	0.00	2123.23	2146.78	0.00	1783.28	1674.52	1936.52	1806.68	0.00	1475.57	1473.48
16	0.00	1907.69	2112.79	0.00	1847.36	1790.38	0.00	1919.73	1792.39	0.00	1479.32	1485.01
17	1694.33	1909.86	2088.74	0.00	1860.54	1721.54	0.00	1904.67	0.00	1580.82	1477.71	0.00
18	1716.91	1899.28	2064.22	2080.84	1812.60	0.00	1586.98	1854.88	0.00	1568.08	1543.61	0.00
19	1706.13	0.00	0.00	2077.31	1840.97	0.00	1597.07	1848.47	1797.40	1520.41	0.00	1475.47
20	1696.15	0.00	0.00	2067.98	1845.71	1714.58	1617.51	0.00	1775.75	1537.73	0.00	1474.47
21	1727.89	1935.60	2088.18	2040.41	0.00	1679.27	1629.09	0.00	1750.16	1551.52	1545.37	1478.30
22	0.00	2022.15	2105.11	2033.29	0.00	1674.02	1689.64	1863.45	1722.76	0.00	1514.33	1475.11
23	0.00	2031.08	2088.69	0.00	1830.61	1705.57	0.00	1804.33	1731.08	0.00	1533.07	1485.69
24	1772.98	2020.87	2083.13	0.00	1869.86	1705.12	0.00	1802.48	0.00	1551.09	1533.15	0.00
25	1803.99	2013.35	2074.53	2026.30	1889.18	0.00	1666.59	1755.25	0.00	1522.00	1530.26	0.00
26	1787.09	0.00	0.00	2047.54	1863.56	0.00	1702.08	1718.16	1703.28	1442.61	0.00	1492.39
27	1765.62	0.00	0.00	2062.64	1841.05	1743.00	1723.87	0.00	1663.67	1439.91	0.00	1487.56
28	1764.58	2011.20	2085.78	2076.77	0.00	1719.14	1762.98	0.00	1662.74	1434.69	1515.20	1484.42
29	0.00	0.00	2107.02	2037.05	0.00	1719.22	1764.92	1685.57	1690.12	0.00	1497.26	1498.12
30	0.00	0.00	2043.53	0.00	1808.51	1670.13	0.00	1690.64	1722.27	0.00	1489.05	1523.06
31	1766.14	0.00	2077.57	0.00	1842.12	0.00	0.00	1727.29	0.00	1457.63	0.00	0.00

数据来源：上海、深圳证券交易所

Source: Shanghai Shenzhen Stock Exchange

2-50 2005年上海证券交易所A股平均市盈率、换手率
P/E Ratio and Turnover Velocity of A Shares in Shanghai Stock Exchange in 2005

年 份	市盈率 P/E		换手率(%)Turnover Velocity
年份 Year	发行股数平均 Total Shares	流通股数平均 Negotiable Shares	流通股平均换手率 Negotiable Shares
1992			
1993			
1994			
1995	16.32	13.66	519.41
1996	32.65	31.13	760.05
1997	43.43	42.44	534.99
1998	34.36	33.66	355.30
1999	38.13	36.59	421.55
2000	59.14	58.63	504.07
2001	37.59	41.39	216.67
2002	34.50	37.44	208.74
2003	36.64	37.22	268.58
2004	24.29	26.20	308.31
2005	16.38	17.84	290.70

数据来源:上海、深圳证券交易所
Source:Shanghai Shenzhen Stock Exchange

2-51 2005年深圳证券交易所A股平均市盈率、换手率
P/E Ratio and Turnover Velocity of A Shares in Shenzhen Stock Exchange in 2005

年 份	市盈率 P/E		换手率(%)Turnover Velocity
年份 Year	发行股数平均 Total Shares	流通股数平均 Negotiable Shares	流通股平均换手率 Negotiable Shares
1992	36.44	34.68	265.45
1993	35.94	37.90	324.44
1994	10.56	10.38	691.79
1995	9.97	9.39	309.56
1996	38.88	38.52	949.68
1997	42.66	42.38	662.32
1998	32.31	32.18	411.14
1999	37.56	38.28	371.61
2000	58.75	59.62	396.47
2001	40.76	41.02	189.97
2002	38.22	38.75	200.65
2003	37.43	37.55	216.97
2004	25.64	26.51	311.78
2005	16.96	17.79	350.64

数据来源:上海、深圳证券交易所
Source:Shanghai Shenzhen Stock Exchange

2-52　2005 年上海证券交易所 B 股平均市盈率、换手率
P/E Ratio and Turnover Velocity of B Shares in Shanghai Stock Exchange in 2005

年　份	市盈率 P/E		换手率（%）Turnover Velocity
年份 Year	发行股数平均 Total Shares	流通股数平均 Negotiable Shares	流通股平均换手率 Negotiable Shares
1992			
1993			
1994			
1995	8.00	8.00	56.26
1996	14.04	14.04	61.58
1997	11.99	11.99	74.60
1998	6.04	6.04	57.30
1999	10.05	10.05	92.59
2000	25.23	25.23	151.24
2001	43.39	43.39	452.26
2002	30.61	30.61	95.99
2003	30.32	30.32	64.26
2004	20.15	20.15	59.41
2005	12.40	12.40	58.49

数据来源：上海、深圳证券交易所
Source：Shanghai Shenzhen Stock Exchange

2-53　2005 年深圳证券交易所 B 股平均市盈率、换手率
P/E Ratio and Turnover Velocity of B Shares in Shenzhen Stock Exchange in 2005

年　份	市盈率 P/E		换手率（%）Turnover Velocity
年份 Year	发行股数平均 Total Shares	流通股数平均 Negotiable Shares	流通股平均换手率 Negotiable Shares
1992	35.56	17.76	124.28
1993	20.11	16.24	52.58
1994	7.02	6.97	42.16
1995	6.01	5.86	30.79
1996	14.07	12.54	96.85
1997	10.66	10.71	131.32
1998	5.71	5.82	45.88
1999	10.38	10.39	95.40
2000	13.06	13.50	89.09
2001	25.30	25.59	417.47
2002	17.51	18.34	89.98
2003	20.92	21.57	133.87
2004	12.90	12.60	110.04
2005	9.11	8.97	88.21

数据来源：上海、深圳证券交易所
Source：Shanghai Shenzhen Stock Exchange

2-54 2005年上海证券交易所A股按行业平均市盈率、换手率

P/E Ratio and Turnover Velocity of A Shares in Shanghai Stock Exchange Classified by Industries in 2005

行 业 Industries	市盈率 P/E 发行股数平均 Total Shares	市盈率 P/E 流通股数平均 Negotiable Shares	换手率(%) Turnover Velocity 流通股换手率 Negotiable Shares
农、林、牧、副、渔业 Agriculture, Forestry, Fishing and Hunting	21.20	21.88	346.58
采掘业 Mining	12.79	14.33	297.96
食品、饮料 Food, Beverage	28.72	29.72	288.20
纺织、服装、毛皮 Textile, Apparel, Leather	17.67	17.30	276.98
木材、家俱 Wood Product	24.13	24.86	308.11
造纸、印刷 Paper, Printing	17.29	15.91	292.35
石油、化学、橡胶、塑料 Petroleum, Chemical Product, Plastics, Rubber	16.86	17.65	358.03
电子 Electrical Equipment	27.56	27.54	278.71
金属、非金属 Metal, Nonmetallic Mineral Product	8.32	8.73	307.10
机械、设备、仪表 Machinery, Equipment, Meter	18.33	17.07	288.93
医药、生物 Medicine, Biologic Product	26.73	25.36	242.20
其他制造业 Other Manufacuring	30.70	27.95	343.44
电力、蒸汽及水的生产及供应业 Electricity, Gas, Water Supply	16.12	16.87	239.22
建筑业 Construction	22.78	22.29	197.88
交通运输、仓储业 Transport, Storage	20.52	19.99	260.34
信息技术业 Information, Technology	27.46	26.68	293.27
批发和零售贸易 Wholesale and Retail Trade	19.65	20.42	277.18
金融、保险业 Finance, Insurance	20.65	20.15	264.23
房地产业 Real Estate	22.62	22.01	193.23
社会服务业 Social Services	23.07	23.30	195.60
传播及文化产业 Transmission, Culture	46.21	46.07	503.53
综合类 Conglomerat	32.46	33.15	206.64

数据来源：上海、深圳证券交易所
Source: Shanghai Shenzhen Stock Exchange

2-55　2005年深圳证券交易所A股按行业平均市盈率、换手率

P/E Ratio and Turnover Velocity of A Shares in Shenzhen Stock Exchange Classified by Industries in 2005

行　　业 Industries	市盈率 P/E 发行股数平均 Total Shares	市盈率 P/E 流通股数平均 Negotiable Shares	换手率(%) Turnover Velocity 流通股换手率 Negotiable Shares
农、林、牧、副、渔业 Agriculture, Forestry, Fishing and Hunting	23.61	23.86	286.26
采掘业 Mining	13.73	13.45	466.82
食品、饮料 Food, Beverage	26.33	25.74	381.71
纺织、服装、毛皮 Textile, Apparel, Leather	30.49	27.54	457.05
木材、家俱 Wood Product	21.53	21.54	484.88
造纸、印刷 Paper, Printing	15.00	14.55	460.37
石油、化学、橡胶、塑料 Petroleum, Chemical Product, Plastics, Rubber	12.16	16.60	364.50
电子 Electrical Equipment	25.67	26.53	361.76
金属、非金属 Metal, Nonmetallic Mineral Product	9.05	8.84	307.99
机械、设备、仪表 Machinery, Equipment, Meter	18.06	17.68	374.10
医药、生物 Medicine, Biologic Product	28.24	25.99	366.70
其他制造业 Other Manufacuring	25.94	24.53	577.49
电力、蒸汽及水的生产及供应业 Electricity, Gas, Water Supply	15.89	16.87	327.78
建筑业 Construction	26.62	26.21	245.60
交通运输、仓储业 Transport, Storage	21.23	22.05	198.78
信息技术业 Information, Technology	29.18	28.93	444.10
批发和零售贸易 Wholesale and Retail Trade	32.25	33.90	379.96
金融、保险业 Finance, Insurance	44.03	42.68	266.02
房地产业 Real Estate	18.61	18.14	313.88
社会服务业 Social Services	32.84	32.36	254.46
传播及文化产业 Transmission, Culture	46.70	50.15	741.36
综合类 Conglomerat	30.46	31.71	337.15

数据来源：上海、深圳证券交易所
Source: Shanghai Shenzhen Stock Exchange

三、债　券

Bonds

2005 年债券市场综述

Summary for Chinese Bonds Market

2005 年,我国债券市场继续保持健康的发展势头,市场产品创新不断推出,债券发行规模快速扩大;市场交易明显活跃,成交量大幅增长;投资主体数量继续快速增加,类型日渐丰富;市场制度性建设获得较大进展,市场运行机制更为完善。

(一) 一级市场:债券品种更为丰富,期限结构日趋合理

2005 年,我国债券市场累计发行债券 4.1 万亿元,同比增加 67.2%。其中,财政部发行记账式国债 15 期,共计 5042 亿元,同比增加 14.3%;人民银行发行中央银行票据 124 期,共计 27462 亿元,同比增加 82.2%;政策性银行发行金融债券 50 期,共计 6051.7 亿元,同比增加 39.2%;商业银行发行次级债券 11 期,共计 766.3 亿元,同比增加 2.3%,发行一般性债券 4 期,共计 270 亿元;试点银行发行信贷资产支持证券 2 期,共计 71.9 亿元;国际开发机构发行人民币债券 2 期,共计21.3 亿元;企业发行短期融资券 76 期,共计 1392.5 亿元;证券公司发行短期融资券 5 期,共计 29 亿元。2005 年,债券一级市场运行主要有以下特点:

一是债券发行主体进一步多样化,债券品种和信用层次逐渐丰富。债券发行人已从财政部、人民银行、政策性银行扩大至部分商业银行、非银行金融机构、国际开发机构和企业等各类主体,金融债券、资产支持证券、国际开发机构人民币债券、短期融资券等非政府信用的债券品种相继推出,债券信用等级和种类都日趋多样化。

二是债券发行期限结构日趋均衡。2001 年以来,期限 5 年以内(不含 5 年)的债券发行比例逐年增大,中长期债券发行比例逐渐减少。2005 年,期限 5 年以内债券发行量占比 48.1%,比 2004 年上升 1.8 个百分点,比 2001 年上升 26.6 个百分点;期限 5～10 年的债券发行量占比 25.5%,比 2004 年下降 12.8 个百分点,比 2001 年下降 8.22 个百分点;期限 10 年以上的债券发行量占比 26.4%,比 2004 年上升 11.1 个百分点,比 2001 年下降 29.4 个百分点。期限 5 年以内和 10 年以上的债券发行占比均有所上升,5～10 年期的债券发行占比明显下降,债券期限结构日趋均衡。

三是债券市场存量明显增加,场外市场快速发展。2005 年末,我国债券市场债券余额达 7.2 万亿元,同比增加 39.8%。其中,银行间债券市场、交易所市场、商业银行柜台市场的占比分别为 93.8%、5.5%和 0.7%。

债券产品的不断丰富,表明随着我国金融市场的发展与商业银行改革的推进,直接融资渠道不断拓宽,金融资产结构不断优化,长期以来间接融资占绝对比重的局面已有所改观。债券发行期限结构调整,反映了发行人和投资人在市场发展中逐渐理性和成熟。

(二) 二级市场:总体持续上涨,成交量大幅增长,市场利率持续走低

2005 年,债券市场流动性较为充足,收益率曲线整体下移,推动债券价格整体上行,现券交易明显活跃。市场运行主要有以下特点:

一是债券市场总体呈现持续上行走势。2005 年,银行间市场债券指数由年初的 104.02 点上升至年末的 113.23 点,上升 9.21 点,升幅 8.85%;交易所市场国债指数由年初的 95.69 点上升至年末的 109.06 点,上升 13.37 点,升幅 13.97%。

二是交易明显活跃，成交量同比大幅增长。2005 年，债券市场现券交易总量为 6.3 万亿元，比 2004 年增加了 122.6%。其中，银行间债券市场成交 6.01 万亿元，同比增长 137.8%，占市场交易总量的 95.5%；交易所市场成交 2780.6 亿元，同比下降 6.3%，占市场交易总量的 4.5%。债券市场价格整体上行是现券交易活跃的主要原因；产品创新不断推出，也导致市场成交意愿大大增强。

三是收益率曲线整体下移。2005 年，国债收益率曲线呈现总体平稳下移趋势，其中，中长期债券收益率下降更为明显，导致收益率曲线平坦化。具体来看，收益率曲线变化可大致分为三个阶段：第一阶段是从年初到 9 月份的持续总体下移阶段，这一阶段债券市场价格持续上涨，尤其是超额准备金存款利率下调后导致市场流动性充足，各期限债券到期收益率明显下降，收益率曲线下移较多；第二阶段是从 10 月份到 11 月底的小幅回升阶段，收益率曲线小幅回升到与 7 月中旬基本相同的水平；第三阶段是年底的小幅下移阶段，随着年底债券市场价格整体回升，收益率曲线又出现小幅下移。

在市场利率长期走低、中长期债券收益率下降幅度较大的情况下，长期债券收益率与货币市场利率之间的利差总体呈现逐渐缩小的趋势。长期债券收益率下降幅度较大的重要原因在于长期债券供求关系不平衡：一方面，保险公司、社保基金等对长期固定收益产品的投资需求正在快速增长；另一方面，我国资本市场包括债券在内的长期产品供给相对不足。

（中国人民银行）

3-1 历年全国债券发行情况汇总表(1990—2005)
Issuing Summary of Bonds (1990—2005)

单位:亿元 Unit:100000000 yuan

时期 Year	国债 T-Bonds			金融债 Financial Bonds			次级债			企业债 Enterprise Bonds		
	发行额 Amounts Issued	兑付额 Amounts Repayed	期末余额 Balance	发行额 Amounts Issued	兑付额 Amounts Repayed	期末余额 Balance	发行额 Amounts Issued	兑付额 Amounts Repayed	期末余额 Balance	发行额 Amounts Issued	兑付额 Amounts Repayed	期末余额 Balance
1990 年	197.23	76.22	890.34	64.40	50.07	84.88				126.37	77.29	195.44
1991 年	281.25	111.60	1059.99	66.91	33.67	118.12				249.96	114.31	331.09
1992 年	460.78	238.05	1282.72	55.00	30.00	143.12				683.71	192.76	822.04
1993 年	381.31	123.29	1540.74		34.29	108.83				235.84	255.48	802.40
1994 年	1137.55	391.89	2286.40		13.54	95.29				161.75	282.04	682.11
1995 年	1510.86	496.96	3300.30			1708.49				300.80	336.30	646.61
1996 年	1847.77	786.64	4361.43	1055.60	254.50	2509.59				268.92	317.80	597.73
1997 年	2411.79	1264.29	5508.93	1431.50	312.30	3628.80				255.23	219.81	521.02
1998 年	3808.77	2060.86	7765.70	1950.23	320.40	5121.13				147.89	105.25	676.93
1999 年	4015.00	1238.70	10542.00	1800.89	473.20	6447.48				158.20	56.50	778.63
2000 年	4657.00	2179.00	13020.00	1645.00	709.20	7383.28				83.00	0.00	861.63
2001 年	4884.00	2286.00	15618.00	2590.00	1438.80	8534.48				147.00		
2002 年	5934.30	2216.20	19336.10	3075.00	1555.70	10054.10				325.00		
2003 年	6280.10	2755.80	22603.60	4561.40	2505.30	11650.00				358.00		
2004 年	6923.90	3749.90	25777.60	4148.00	1778.70	14019.30	860.70	0.00	860.70	327.00		
2005 年	7042.00	4045.50	28774.00	5851.70	2053.00	17818.00	966.30	0.00	1885.10	2046.50	37.00	

数据来源:中国人民银行

Source: The People's Bank of China

3-2 主要存款项目利率表(1996—2005)
Interest Rates of Major Saving Deposite (1996—2005)

项 目	Item	1996.5.1 May 1 1996	1996.8.23 Aug. 23 1996	1997.10.23 Oct. 23 1997	1998.3.25 Mar. 25 1998	1998.7.1 Jul. 1 1998	1998.12.7 Dec. 7 1998	1999.6.10 Jun. 10 1999	2002.2.21 Feb. 21 2002	2004.10.29 Oct. 29 2004
个人人民币储蓄存款	Household Saving Deposits									
活期	Demand	2.97	1.98	1.71	1.71	1.44	1.40	0.99	0.72	0.72
定期	Time									
3个月	3 Months	4.86	3.33	2.88	2.88	2.79	2.79	1.98	1.71	1.71
6个月	6 Months	7.20	5.40	4.14	4.14	3.96	3.33	2.16	1.89	2.07
1年	1 Year	9.18	7.47	5.67	5.22	4.77	3.78	2.25	1.98	2.25
2年	2 Years	9.90	7.92	5.94	5.58	4.86	3.96	2.43	2.25	2.70
3年	3 Years	10.80	8.28	6.21	6.21	4.95	4.14	2.70	2.52	3.24
5年	5 Years	12.06	9.00	6.66	6.66	5.22	4.50	2.88	2.79	3.60
企业单位	Enterprise Deposits									
活期	Demand	2.97	1.98	1.71	1.71	1.44	1.44	0.99	0.72	0.72
定期	Time									
3个月	3 Months	4.86	3.33	2.88	2.88	2.79	2.79	1.98	1.71	1.71
6个月	6 Months	7.20	5.40	4.14	4.14	3.96	3.33	2.16	1.89	2.07
1年	1 Year	9.18	7.47	5.67	5.22	4.77	3.78	2.25	1.98	2.25
2年	2 Years	9.90	7.92	5.94	5.58	4.86	3.96			2.70
3年	3 Years	10.80	8.28	6.21	6.21	4.95	4.14			3.24
5年	5 Years	12.06	9.00	6.66	6.66	5.22	4.50			3.60
大额可转让定期存单	CDs									
1个月	1 Months	3.96	2.70							
3个月	3 Months	4.86	3.33	2.88	2.88	2.79	2.79	1.98		
6个月	6 Months	7.20	5.40	4.14	4.14	3.96	3.33	2.16		
9个月	9 Months	8.19	6.66							
12个月	12 Months	9.18	7.47	5.67	5.22	4.77	3.78	2.25		

注:2005年存款利率没有调整

数据来源:中国人民银行

Source: The People's Bank of China

3-3 2005年全国银行间同业拆借利率统计表

Interbank Offer Rates in 2005

单位:%

时期	隔夜	7天内	8～14天内	15～20天内	21～30天内	31～60天内	61～90天内	91～120天内
1月	1.90	2.06	1.99	2.15	2.40	2.46	3.00	4.00
2月	2.10	2.26	2.44	2.58	2.57	2.31	3.30	2.83
3月	1.72	1.98	2.03	1.88	3.05	2.81	3.12	3.99
4月	1.23	1.79	1.48	1.42	2.12	3.54	2.39	2.39
5月	1.25	1.64	1.20	1.52	2.31	1.48	2.13	2.50
6月	1.28	1.57	1.16	1.17	2.35	2.22	3.88	0.00
7月	1.23	1.55	1.32	1.24	1.54	2.27	3.98	0.00
8月	1.20	1.56	1.43	1.37	1.91	2.11	2.85	2.25
9月	1.20	1.55	1.30	1.41	1.84	1.75	4.18	0.00
10月	1.26	1.48	1.20	1.45	1.86	1.96	2.07	1.96
11月	1.24	1.60	1.27	1.38	1.58	2.17	1.67	2.02
12月	1.52	1.73	1.70	1.97	2.09	2.15	1.73	3.89

注:表中利率为加权平均利率

数据来源:中国人民银行

Source:The People's Bank of China

3-4 2005年全国银行间市场债券质押式回购利率统计表

Interbank Bonds Repurchase Rate in 2005

单位:%

时期	1天	7天	14天	21天	1个月	2个月	3个月	4个月	6个月	9个月	一年
1月	1.75	1.84	1.91	2.35	2.43	2.37	2.49	2.50	3.25	3.80	3.62
2月	1.85	1.95	2.37	2.58	2.60	2.54	2.38	2.42	3.60	0.00	0.00
3月	1.59	1.70	1.87	1.99	2.08	2.35	2.51	3.56	2.93	3.56	0.00
4月	1.16	1.29	1.34	1.37	1.52	1.72	2.21	2.71	2.74	3.06	3.07
5月	1.10	1.14	1.19	1.20	1.35	1.34	1.52	0.00	1.80	3.00	2.96
6月	1.08	1.10	1.13	1.18	1.23	1.28	1.50	2.80	0.00	0.00	2.94
7月	1.15	1.19	1.20	1.24	1.34	1.39	1.54	1.45	1.44	0.00	3.00
8月	1.14	1.23	1.24	1.29	1.40	1.72	1.49	1.83	1.57	3.00	0.00
9月	1.10	1.20	1.19	1.22	1.33	1.39	1.52	1.41	1.67	0.00	0.00
10月	1.09	1.12	1.13	1.16	1.31	1.48	1.83	0.00	1.53	2.60	0.00
11月	1.11	1.20	1.21	1.21	1.34	1.47	1.53	1.62	1.50	0.00	2.70
12月	1.46	1.56	1.62	1.73	1.79	1.92	1.77	2.25	0.00	0.00	0.00

注:表中利率为加权平均利率

数据来源:中国人民银行

Source:The People's Bank of China

3-5　2005年全国银行间市场债券买断式回购利率统计表

Interbank Bonds Repurchase Rate in 2005

单位：%

时期	1天	7天	14天	21天	1个月	2个月	3个月
1月	2.01	1.90	1.90	0.00	2.41	2.17	2.80
2月	1.93	1.95	2.35	2.42	2.18	2.24	0.00
3月	0.00	1.81	1.88	2.03	2.06	2.13	2.29
4月	1.26	1.31	1.35	1.33	1.69	1.54	2.87
5月	0.93	1.16	1.19	1.43	1.43	3.05	2.00
6月	1.11	1.12	1.17	1.20	1.11	2.46	1.80
7月	1.15	1.25	1.17	1.22	1.36	1.45	2.82
8月	1.14	1.24	1.29	1.28	1.35	2.29	1.83
9月	1.15	1.21	1.21	1.23	1.25	1.35	2.96
10月	3.25	1.12	1.14	1.17	1.28	1.38	2.81
11月	1.35	1.21	1.35	1.36	1.31	1.42	1.59
12月	1.51	1.59	1.69	1.62	1.74	1.89	2.06

注：表中利率为加权平均利率

数据来源：中国人民银行

Source: The People's Bank of China

3-6　2005年货币市场主要品种利率统计表

Rates for Major Items in Money Market in 2005

金额单位：亿元

时期 Month	银行间同业拆借市场信用拆借 Interbank Offer		银行间债券市场1天质押式债券回购 Interbank Bonds Repurchase	
	交易额 Trading Value	利率 Rate (%)	交易额 Trading Value	利率 Rate (%)
1月	843.53	2.06	2026.30	1.75
2月	606.62	2.26	1824.26	1.85
3月	916.58	1.98	4156.66	1.59
4月	714.86	1.79	6395.78	1.16
5月	616.26	1.64	7443.16	1.10
6月	787.68	1.57	8070.39	1.08
7月	674.69	1.55	7316.99	1.15
8月	763.92	1.56	9470.17	1.14
9月	723.94	1.55	9328.54	1.10
10月	650.00	1.48	6637.72	1.09
11月	703.90	1.60	5855.85	1.11
12月	960.62	1.73	4221.39	1.46

注：表中利率为加权平均利率

数据来源：中国人民银行

Source: The People's Bank of China

3-7 2005 年国债发行统计表

Issuing Summary for T-Bond In 2005

单位:亿元 Unit:100000000 yuan

	发行对象 Issue Target	偿还期限 Maturity	发行利率(%) Interest Rate	累计发行额 Total Amount Issued
一、当期国债发行与兑付				7042.00
(一) 凭证式国债 Certificate TB.				2000.00
1. 凭证式国债(1) Certificate TB. (1)				350.00
三年期 3 Year	个人投资者	3	3.37	245.00
五年期 5 Year	个人投资者	5	3.81	105.00
2. 凭证式国债(2) Certificate TB. (2)				350.00
三年期 3 Year	个人投资者	3	3.37	245.00
五年期 5 Year	个人投资者	5	3.81	105.00
3. 凭证式国债(3) Certificate TB. (3)				500.00
三年期 3 Year	个人投资者	3	3.37	350.00
五年期 5 Year	个人投资者	5	3.81	150.00
4. 凭证式国债(4) Certificate TB. (4)				300.00
三年期 3 Year	个人投资者	3	3.24	210.00
五年期 5 Year	个人投资者	5	3.60	90.00
5. 凭证式国债 5 期(5) Certificate TB. (5)				500
三年期 3 Year	个人投资者	3	3.24	350.00
五年期 5 Year	个人投资者	5	3.60	150.00
(二) 记账式国债 Bookentry TB.				5042.00
一期	银行间/交易所	10	4.44	300.00
二期	银行间/交易所	1	97.93/2.11	300.00
三期	银行间/交易所	5	3.30	333.90
四期	银行间/交易所	20	4.41	339.20
五期	银行间/交易所	7	3.37	337.80
六期	银行间/交易所	1	98.62/1.40	353.80
七期	银行间/交易所	2	1.58	350.80
八期	银行间/交易所	3	1.93	324.50
九期	银行间/交易所	7	2.83	319.40
十期	银行间/交易所	1	98.87/1.14	331.70
十一期	银行间/交易所	5	2.14	333.50
十二期	银行间/交易所	15	3.65	344.10
十三期	银行间/交易所	7	3.01	328.40
十四期	银行间/交易所	2	1.75	333.90
十五期	银行间/交易所	1/4		411.00
二、特种定向国债				
三、以前国债发行与兑付				45908.30
四、当前累计 Total				52950.30

数据来源:中国人民银行

Source:The People's Bank of China

3-8　1990—2005 年国债余额一览表

The Balance of T-Bond (1990—2005)

单位:亿元　100000000 yuan

年份 Year	年底余额 Balance at the end of the year
1990	890.34
1991	1059.99
1992	1282.72
1993	1540.74
1994	2286.40
1995	3300.30
1996	4361.43
1997	5508.93
1998	7765.70
1999	10542.00
2000	13020.00
2001	15618.00
2002	19336.10
2003	22603.60
2004	25777.60
2005	28774.00

数据来源:中国人民银行

Source: The People's Bank of China

3-9 1995—2005年全国债券交易情况汇总表

		1995年	1996年	1997年
年末上市数目合计	Listed Numbers	62	43	42
金融债	Financial Bonds	4	2	0
企业债	Enterprise Bonds	13	6	7
企业债现货	Enterprise Bonds Cash	13	6	7
企业债回购	Enterprise Bonds Repurchase			
可转换债券	Converse Bonds	1	0	0
国债	T-Bonds	44	35	35
现货	T-Bond Cash	12	18	18
期货	T-Bond Futures	12	0	0
回购	T-Bond Repurchase	20	17	17
成交数量(万手/口)	Transaction Volume	100660.50	174297.17	161732.38
金融债	Financial Bonds			
企业债(万手)	Enterprise Bonds	29.35	38.00	356.12
企业债现货	Enterprise Bonds Cash	29.35	38.00	356.12
企业债回购	Enterprise Bonds Repurchase			
可转换债券(万手)	Converse Bonds	70905.00	0.00	0.00
国债(万手)	T-Bond	29726.15	174259.17	161376.26
现货(万手)	T-Bond Cash	6105.57	44172.76	32615.20
期货(万口)	T-Bond Future	21151.63	0.00	0.00
回购(万手)	T-Bond Repurchase	2468.95	130086.41	128761.06
成交金额(百万元)	Transaction Turnover	5936760.69	1803934.55	1647689.03
金融债	Financial Bonds	0.03	0.05	0.00
企业债	Enterprise Bonds	84.10	146.09	1808.10
企业债现货	Enterprise Bonds Cash	84.10	146.09	1808.10
企业债回购	Enterprise Bonds Repurchase			
可转换债券	Converse Bonds	676.85	0.00	0.00
国债	T-Bond	5935999.71	1803788.41	1645880.93
现货	T-Bond Cash	77520.01	502924.30	358274.52
期货	T-Bond Future	5733628.12	0.00	0.00
回购	T-Bond Repurchase	124851.58	1300864.12	1287606.41
成交笔数合计(万笔)	Transaction Turnover	3941177	2546422	1535030
金融债	Financial Bonds	2	4	2
企业债	Enterprise Bonds	6288	13400	51350
企业债现货	Enterprise Bonds Cash	6288	13400	51350
企业债回购	Enterprise Bonds Repurchase			
可转换债券	Converse Bonds	36721	0	0
国债	T-Bond	3898166	2533018	1483678
现货	T-Bond Cash	629531	1832141	1118563
期货	T-Bond Future	3185378	0	0
回购	T-Bond Repurchase	83257	700877	365115

数据来源:上海、深圳证券交易所

Source:Shanghai Shenzhen Stock Exchange

Summary for Bonds Trading（1995—2005）

1998 年	1999 年	2000 年	2001 年	2002 年	2003 年	2004 年	2005 年
39	43	46	54	74	115	155	245
0	0	0	0	0	0	0	0
7	12	12	13	15	31	40	66
7	12	12	13	15	24	33	59
					7	7	7
1	2	3	3	9	23	32	29
31	29	31	38	50	61	83	150
14	12	14	21	33	41	57	85
0	0	0	0	0	0	0	0
17	17	17	17	17	20	26	65
203161.40	170716.33	197979.00	204707.68	329252.26	620194.41	504218.50	283714.36
						0.00	0.00
946.39	471.12	906.15	672.13	639.81	26973.40	26356.20	14472.25
946.39	471.12	906.15	672.13	639.81	3439.33	1158.24	1493.43
					23534.07	25197.96	12978.82
833.45	3133.54	11717.48	3684.55	688.29	5830.70	5633.34	4822.40
201381.56	167111.67	185355.37	200351.00	328152.15	587390.31	472228.96	264419.71
45973.57	38206.39	38018.57	45474.64	83955.76	57391.85	31362.82	28207.98
0.00	0.00	0.00	0.00	0.00	0.00	0.00	0.00
155407.99	128905.28	147336.80	154876.36	244196.39	529998.46	440866.14	236211.73
2166177.72	1828412.24	1911915.83	2041776.34	3324952.62	6213635.97	5032349.66	2836785.47
0.00	0.00	0.00	0.00	0.00	0.00	0.00	0.00
4068.57	4799.48	9292.27	6884.31	7033.09	271701.63	263316.09	145259.32
4068.57	4799.48	9292.27	6884.31	7033.09	36360.93	11336.49	15471.12
					235340.7	251979.6	129788.2
2030.17	4473.35	13506.68	4568.04	7369.70	66338.72	63726.37	51345.76
2160078.98	1819139.41	1889116.88	2030323.99	3312831.83	5875595.62	4705307.19	2640180.39
605994.78	530086.53	415748.83	481560.35	870867.90	575610.99	296645.79	278063.09
0.00	0.00	0.00	0.00	0.00	0.00	0.00	0.00
1554084.00	1289052.88	1473368.05	1548763.64	2441963.93	5299984.63	4408661.40	2362117.30
1700434	1586663	1937637	1161774	2136984	4789412	4719995	3447412
0	0	0	0	0	0	0	0
310499	233767	434395	173256	120462	333915	273821	199235
310499	233767	434395	173256	120462	207187	140237	133352
					126728	133584	65883
172571	513702	827248	208841	191200	665889	736253	507992
1217364	839194	675994	779677	1902951	3789608	3709921	2740185
796406	536532	385348	476656	1105316	1299017	1576217	1766595
0	0	0	0	0	0	0	0
420958	302662	290646	303021	797635	2490591	2133704	973590

3-10 1995—2005 年上海债券交易情况统计表

		1995 年	1996 年	1997 年
年末上市数目合计	Listed Numbers	47	24	22
金融债	Financial Bonds	4	2	0
企业债	Enterprise Bonds	12	5	5
企业债现货	Enterprise Bonds Cash	12	5	5
企业债回购	Enterprise Bonds Repurchase			
可转换债券	Converse Bonds			
国债	T-Bonds	31	17	17
现货	T-Bond Cash	6	9	9
期货	T-Bond Futures	12	0	0
回购	T-Bond Repurchase	13	8	8
成交数量(万手/口)	Transaction Volume	24246.06	167937.07	150768.00
金融债	Financial Bonds			
企业债(万手)	Enterprise Bonds	5.51	9.76	128.00
企业债现货	Enterprise Bonds Cash	5.51	9.76	128.00
企业债回购	Enterprise Bonds Repurchase			
可转换债券(万手)	Converse Bonds			
国债(万手)	T-Bond	24240.55	167927.31	150640.00
现货(万手)	T-Bond Cash	6004.60	43535.71	31518.00
期货(万口)	T-Bond Future	16520.00	0.00	0.00
回购(万手)	T-Bond Repurchase	1715.95	124391.60	119122.00
成交金额(百万元)	Transaction Turnover	5162822.95	1740269.88	1539606.07
金融债	Financial Bonds	0.03	0.05	0.00
企业债	Enterprise Bonds	61.06	116.12	1550.32
企业债现货	Enterprise Bonds Cash	61.06	116.12	1550.32
企业债回购	Enterprise Bonds Repurchase			
可转换债券	Converse Bonds			
国债	T-Bond	5162761.86	1740153.71	1538055.75
现货	T-Bond Cash	76444.46	496237.71	346839.95
期货	T-Bond Future	4969157.90	0.00	0.00
回购	T-Bond Repurchase	117159.50	1243916.00	1191215.80
成交笔数合计(万笔)	Transaction Turnover	2992638	2502405	1501749
金融债	Financial Bonds	2	4	2
企业债	Enterprise Bonds	4442	11032	49205
企业债现货	Enterprise Bonds Cash	4442	11032	49205
企业债回购	Enterprise Bonds Repurchase			
可转换债券	Converse Bonds			
国债	T-Bond	2988194	2491369	1452542
现货	T-Bond Cash	622155	1805154	1096789
期货	T-Bond Future	2287468	0	0
回购	T-Bond Repurchase	78571	686215	355753

数据来源:上海、深圳证券交易所

Source:Shanghai Shenzhen Stock Exchange

Summary for Bonds Trading in Shanghai Stock Exchange（1995—2005）

1998 年	1999 年	2000 年	2001 年	2002 年	2003 年	2004 年	2005 年
20	23	25	31	39	65	90	165
0	0	0	0	0	0	0	0
5	9	10	12	11	22	27	50
5	9	10	12	11	19	24	47
					3	3	3
				3	13	19	18
15	14	15	19	25	30	44	97
7	6	7	11	17	21	29	43
0	0	0	0	0	0	0	0
8	8	8	8	8	9	15	54
197912.00	159528.81	165336.68	195274.87	305478.71	615065.44	501277.76	281556.45
						0.00	0.00
170.00	300.44	790.26	610.45	454.99	26523.60	26134.06	14180.84
170.00	300.44	790.26	610.45	454.99	2992.22	978.10	1202.02
					23531.38	25155.96	12978.82
				228.00	3888.19	2971.42	3035.41
197742.00	159228.37	164546.42	194664.42	305023.72	584653.65	472172.28	264340.20
45857.00	37987.20	33074.28	41234.63	60831.83	54838.27	31310.10	28128.47
0.00	0.00	0.00	0.00	0.00	0.00	0.00	0.00
151885.00	121241.17	131472.14	153429.79	244191.89	529815.38	440862.18	236211.73
2126655.84	1744673.41	1689582.58	1979403.51	3085105.73	6159638.70	4999773.72	2813841.37
0.00	0.00	0.00	0.00	0.00	0.00	0.00	0.00
3131.84	4584.47	9155.65	6799.92	5103.67	266918.03	261147.37	142276.64
3131.84	4584.47	9155.65	6799.92	5103.67	31604.23	9587.77	12488.44
					235313.8	251559.6	129788.2
				2282.00	44531.21	33854.71	32168.02
2123524.00	1740088.94	1680426.93	1972603.59	3080002.06	5848189.46	4704771.64	2639396.71
604669.80	527677.24	365705.53	438305.69	638083.16	550035.66	296149.84	277279.41
0.00	0.00	0.00	0.00	0.00	0.00	0.00	0.00
1518854.00	1212411.70	1314721.40	1534297.90	2441918.90	5298153.80	4408621.80	2362117.30
1509904	1054994	1047980	914158	1899455	4474444	4329965	3188216
0	0	0	0	0	0	0	0
304452	225834	427365	169902	104113	311351	257219	177830
304452	225834	427365	169902	104113	184647	123677	111947
					126704	133542	65883
				77629	414286	388584	308610
1205452	829160	620615	744256	1795342	3748807	3684162	2701776
787783	531248	347069	443748	997717	1258530	1550466	1728186
0	0	0	0	0	0	0	0
417669	297912	273546	300508	797625	2490277	2133696	973590

3-11 1995—2005 年深圳债券交易情况统计表

		1995 年	1996 年	1997 年
年末上市数目合计	Listed Numbers	15	19	20
金融债	Financial Bonds			
企业债	Enterprise Bonds	1	1	2
企业债现货	Enterprise Bonds Cash	1	1	2
企业债回购	Enterprise Bonds Repurchase			
可转换债券	Converse Bonds	1		
国债	T-Bonds	13	18	18
现货	T-Bond Cash	6	9	9
期货	T-Bond Futures			
回购	T-Bond Repurchase	7	9	9
成交数量(万手/口)	Transaction Volume	76414.44	6360.10	10964.38
金融债	Financial Bonds			
企业债(万手)	Enterprise Bonds	23.84	28.24	228.12
企业债现货	Enterprise Bonds Cash	23.84	28.24	228.12
企业债回购	Enterprise Bonds Repurchase			
国债(万手)	T-Bonds	70905.00		
可转换债券(万手)	Converse Bonds	5485.60	6331.86	10736.26
现货(万手)	T-Bond Cash	100.97	637.05	1097.20
期货(万口)	T-Bond Future	4631.63		
回购(万手)	T-Bond Repurchase	753.00	5694.81	9639.06
成交金额(百万元)	Transaction Turnover	773937.74	63664.67	108082.96
金融债	Financial Bonds			
企业债	Enterprise Bonds	23.04	29.97	257.78
企业债现货	Enterprise Bonds Cash	23.04	29.97	257.78
企业债回购	Enterprise Bonds Repurchase			
可转换债券	Converse Bonds	676.85		
国债	T-Bond	773237.85	63634.70	107825.18
现货	T-Bond Cash	1075.55	6686.59	11434.57
期货	T-Bond Future	764470.22		
回购	T-Bond Repurchase	7692.08	56948.12	96390.61
成交笔数合计(万笔)	Transaction Turnover	948539	44017	33281
金融债	Financial Bonds			
企业债	Enterprise Bonds	1846	2368	2145
企业债现货	Enterprise Bonds Cash	1846	2368	2145
企业债回购	Enterprise Bonds Repurchase			
可转换债券	Converse Bonds	36721		
国债	T-Bond	909972	41649	31136
现货	T-Bond Cash	7376	26987	21774
期货	T-Bond Future	897910		
回购	T-Bond Repurchase	4686	14662	9362

数据来源:上海、深圳证券交易所

Source:Shanghai Shenzhen Stock Exchange

Summary for Bonds Trading in Shenzhen Stock Exchange（1995—2005）

1998 年	1999 年	2000 年	2001 年	2002 年	2003 年	2004 年	2005 年
19	20	21	23	35	50	65	80
			0	0	0	0	
2	3	2	1	4	9	13	16
2	3	2	1	4	5	9	12
					4	4	4
1	2	3	3	6	10	13	11
16	15	16	19	25	31	39	53
7	6	7	10	16	20	28	42
				0	0	0	0
9	9	9	9	9	11	11	11
5249.40	11187.52	32642.32	9432.81	23773.55	5128.97	2940.74	2157.91
					0.00	0.00	0.00
776.39	170.68	115.89	61.68	184.82	449.80	222.14	291.41
776.39	170.68	115.89	61.68	184.82	447.11	180.14	291.41
					2.69	42	0
833.45	3133.54	11717.48	3684.55	460.29	1942.51	2661.92	1786.99
3639.56	7883.30	20808.95	5686.58	23128.43	2736.66	56.68	79.51
116.57	219.19	4944.29	4240.01	23123.93	2553.58	52.72	79.51
						0.00	0.00
3522.99	7664.11	15864.66	1446.57	4.50	183.08	3.96	0.00
39521.88	83738.83	222333.25	62372.83	239846.89	53997.27	32575.94	22944.10
				0.00	0.00	0.00	0.00
936.73	215.01	136.62	84.39	1929.42	4783.60	2168.72	2982.68
936.73	215.01	136.62	84.39	1929.42	4756.7	1748.72	2982.68
					26.9	420	0
2030.17	4473.35	13506.68	4568.04	5087.70	21807.51	29871.66	19177.74
36554.98	79050.47	208689.95	57720.40	232829.77	27406.16	535.55	783.68
1324.98	2409.29	50043.30	43254.66	232784.74	25575.33	495.95	783.68
					0.00	0.00	0.00
35230.00	76641.18	158646.65	14465.74	45.03	1830.83	39.60	0.00
190530	531669	889657	247616	237529	314968	390030	259196
				0	0	0	0
6047	7933	7030	3354	16349	22564	16602	21405
6047	7933	7030	3354	16349	22540	16560	21405
					24	42	0
172571	513702	827248	208841	113571	251603	347669	199382
11912	10034	55379	35421	107609	40801	25759	38409
8623	5284	38279	32908	107599	40487	25751	38409
					0	0	0
3289	4750	17100	2513	10	314	8	0

3-12 2005年全国国债现货每日成交量、成交额

日期 Date	1月 Jan.		2月 Feb.		3月 Mar.		4月 Apr.		5月 May		6月 Jun.	
	成交额 Turnover	成交量 Volume	成交额 Turnover	成交量 Volume	成交额 Turnover	成交量 Volume	成交额 Turnover	成交量 Volume	成交额 Turnover	成交量 Volume	成交额 Turnover	成交量 Volume
1	0.00	0	13.48	1410046	11.85	1217369	10.94	1125154	0.00	0	12.28	1233664
2	0.00	0	14.02	1453179	19.00	1954865	0.00	0	0.00	0	11.07	1116034
3	0.00	0	9.36	969862	17.82	1848401	0.00	0	0.00	0	10.83	1094482
4	5.57	575633	9.32	958011	20.08	2065031	9.08	932251	0.00	0	0.00	0
5	10.58	1100562	0.00	0	0.00	0	7.27	747259	0.00	0	0.00	0
6	13.24	1374189	0.00	0	0.00	0	9.04	926560	0.00	0	10.95	1113373
7	7.55	781510	0.00	0	15.27	1574528	10.26	1045602	0.00	0	14.69	1495324
8	0.00	0	0.00	0	24.97	2551413	8.92	908001	0.00	0	14.29	1444957
9	0.00	0	0.00	0	21.85	2234339	0.00	0	6.78	693148	9.05	918912
10	12.86	1349512	0.00	0	19.10	1955032	0.00	0	10.44	1069170	13.69	1393328
11	9.21	970773	0.00	0	10.20	1052356	10.73	1107381	11.82	1212617	0.00	0
12	12.72	1349801	0.00	0	0.00	0	9.74	1010173	13.15	1344156	0.00	0
13	10.56	1104864	0.00	0	0.00	0	10.31	1061399	14.53	1496955	11.58	1177501
14	15.24	1596830	0.00	0	8.65	898483	11.43	1176423	0.00	0	14.50	1462077
15	0.00	0	0.00	0	13.94	1427200	14.75	1511573	0.00	0	18.56	1901675
16	0.00	0	6.52	673739	15.07	1535670	0.00	0	9.71	992860	11.47	1152022
17	11.77	1224250	11.04	1149755	12.57	1295095	0.00	0	10.19	1039577	13.95	1424351
18	15.70	1626226	8.66	886181	17.79	1839940	11.60	1183813	12.12	1249013	0.00	0
19	11.27	1172503	0.00	0	0.00	0	10.82	1104870	16.46	1702659	0.00	0
20	12.39	1342976	0.00	0	0.00	0	9.35	953290	11.16	1147204	16.91	1697628
21	9.83	1019767	9.44	981351	12.90	1320447	11.27	1150343	0.00	0	6.69	674995
22	0.00	0	13.74	1416745	13.67	1403914	12.96	1350292	0.00	0	12.07	1218028
23	0.00	0	12.66	1312432	12.28	1258803	0.00	0	10.72	1089995	11.35	1147885
24	10.77	1120971	10.93	1142471	10.08	1039705	0.00	0	11.63	1183976	11.26	1127277
25	14.16	1470990	17.05	1767306	10.87	1113344	14.51	1490717	7.14	722962	0.00	0
26	15.36	1612073	0.00	0	0.00	0	11.37	1160043	8.75	884044	0.00	0
27	12.42	1317912	0.00	0	0.00	0	8.38	853885	8.88	902447	9.02	906745
28	10.75	1111150	13.16	1354427	9.91	1014122	6.98	718034	0.00	0	11.63	1172115
29	0.00	0	0.00	0	10.36	1064233	8.19	839169	0.00	0	9.30	936595
30	0.00	0	0.00	0	7.83	804068	0.00	0	11.93	1204530	9.57	965154
31	10.85	1131466	0.00	0	11.44	1177475	0.00	0	10.31	1037355	0.00	0

数据来源:上海、深圳证券交易所

Source:Shanghai Shenzhen Stock Exchange

Daily Trading of T-Bonds Cash in 2005

成交额:亿元;成交量:手

7月 Jul.		8月 Aug.		9月 Sep.		10月 Oct.		11月 Nov.		12月 Dec.	
成交额 Turnover	成交量 Volume	成交额 Turnover	成交量 Volume	成交额 Turnover	成交量 Volume	成交额 Turnover	成交量 Volume	成交额 Turnover	成交量 Volume	成交额 Turnover	成交量 Volume
5.75	576369	11.48	1148160	10.45	1041572	0.00	0	8.67	866656	4.52	453535
0.00	0	11.92	1185687	6.38	631045	0.00	0	6.15	613102	7.52	756836
0.00	0	14.33	1428337	0.00	0	0.00	0	6.52	653935	0.00	0
6.86	695807	19.09	1895549	0.00	0	0.00	0	5.91	582362	0.00	0
11.09	1130898	17.48	1750464	5.57	554055	0.00	0	0.00	0	10.93	1101449
12.41	1258298	0.00	0	7.53	748670	0.00	0	0.00	0	7.23	724996
14.15	1436826	0.00	0	7.87	790961	0.00	0	7.77	772423	11.61	1171800
16.48	1659071	16.12	1628186	10.83	1085623	0.00	0	11.67	1162490	14.29	1432901
0.00	0	15.32	1540280	8.09	810066	0.00	0	14.95	1505429	14.30	1434285
0.00	0	13.17	1319731	0.00	0	16.23	1600200	15.62	1577581	0.00	0
8.92	970258	25.13	2524076	0.00	0	11.74	1165718	14.10	1425298	0.00	0
16.37	1651788	13.95	1432886	8.28	832820	13.42	1335193	0.00	0	11.33	1137148
12.25	1224722	0.00	0	9.08	903947	18.40	1819974	0.00	0	11.52	1151436
14.97	1481036	0.00	0	9.06	898809	10.42	1043529	9.34	944156	8.95	894805
12.94	1295750	14.86	1475350	11.73	1173008	0.00	0	7.66	778506	13.01	1297443
0.00	0	9.37	946424	9.48	952920	0.00	0	7.09	712255	13.03	1296835
0.00	0	12.39	1249468	0.00	0	11.35	1127544	7.45	748517	0.00	0
13.54	1352662	9.26	927112	0.00	0	17.57	1781470	4.58	464245	0.00	0
16.71	1664552	7.71	772209	11.91	1189234	17.13	1725104	0.00	0	9.75	974262
11.83	1184876	0.00	0	7.51	751726	13.18	1305625	0.00	0	8.18	815504
11.40	1146676	0.00	0	6.60	661171	15.03	1491154	5.73	579151	7.14	712062
17.50	1748788	9.52	960537	8.94	887484	0.00	0	7.07	717518	9.15	910291
0.00	0	10.27	1025296	6.13	609053	0.00	0	4.91	497841	11.50	1143400
0.00	0	11.95	1198654	0.00	0	12.86	1270844	8.19	823464	0.00	0
17.10	1716933	8.61	855059	0.00	0	10.83	1075787	6.78	684027	0.00	0
15.78	1600663	7.26	720856	9.77	974498	8.53	845066	0.00	0	12.82	1270115
24.19	2442675	0.00	0	7.18	716036	8.51	847661	0.00	0	9.66	967277
15.90	1609268	0.00	0	12.07	1204201	13.58	1358555	6.74	677580	10.29	1026671
16.33	1614273	12.68	1270664	5.65	562682	0.00	0	7.87	796623	13.02	1294935
0.00	0	16.40	1617310	9.10	902232	0.00	0	8.06	814666	13.27	1322784
0.00	0	8.11	802702	0.00	0	9.96	1000421	0.00	0	0.00	0

3-13 2005年上海国债现货每日成交量、成交额

日期 Date	1月 Jan.		2月 Feb.		3月 Mar.		4月 Apr.		5月 May		6月 Jun.	
	成交额 Turnover	成交量 Volume	成交额 Turnover	成交量 Volume	成交额 Turnover	成交量 Volume	成交额 Turnover	成交量 Volume	成交额 Turnover	成交量 Volume	成交额 Turnover	成交量 Volume
1	0.00	0	13.46	1407653	11.82	1213776	10.91	1122331	0.00	0	12.25	1230778
2	0.00	0	14.00	1450781	18.96	1950352	0.00	0	0.00	0	11.04	1113210
3	0.00	0	9.33	967161	17.78	1844551	0.00	0	0.00	0	10.76	1087809
4	5.56	574313	9.29	955124	20.06	2062373	9.06	930296	0.00	0	0.00	0
5	10.56	1098689	0.00	0	0.00	0	7.25	744943	0.00	0	0.00	0
6	13.23	1372719	0.00	0	0.00	0	9.01	923695	0.00	0	10.93	1111377
7	7.53	779886	0.00	0	15.25	1572194	10.23	1043056	0.00	0	14.64	1490887
8	0.00	0	0.00	0	24.95	2549375	8.89	905133	0.00	0	14.24	1440274
9	0.00	0	0.00	0	21.83	2232503	0.00	0	6.75	690600	9.02	915955
10	12.84	1347890	0.00	0	19.08	1952950	0.00	0	10.42	1066954	13.63	1386949
11	9.20	969780	0.00	0	10.16	1048533	10.66	1100565	11.78	1208713	0.00	0
12	12.71	1349005	0.00	0	0.00	0	9.69	1004771	13.12	1340614	0.00	0
13	10.55	1103451	0.00	0	0.00	0	10.29	1059053	14.50	1493383	11.53	1172537
14	15.22	1594244	0.00	0	8.61	894579	11.40	1173654	0.00	0	14.43	1455428
15	0.00	0	0.00	0	13.90	1422970	14.72	1508801	0.00	0	18.50	1895743
16	0.00	0	6.49	671139	15.03	1531757	0.00	0	9.68	989374	11.45	1149957
17	11.74	1221479	11.02	1147937	12.52	1289919	0.00	0	10.16	1036527	13.91	1420323
18	15.67	1623425	8.64	884530	17.74	1834501	11.57	1180666	12.08	1245212	0.00	0
19	11.25	1170750	0.00	0	0.00	0	10.79	1101650	16.42	1698676	0.00	0
20	12.37	1340953	0.00	0	0.00	0	9.34	952106	11.12	1143419	16.86	1692640
21	9.81	1017371	9.42	978795	12.87	1316919	11.25	1148599	0.00	0	6.66	671587
22	0.00	0	13.71	1413859	13.64	1401292	12.95	1348731	0.00	0	12.04	1214612
23	0.00	0	12.63	1309239	11.07	1135366	0.00	0	10.68	1085830	11.32	1144779
24	10.75	1118881	10.91	1140308	10.05	1036878	0.00	0	11.60	1181431	11.24	1125662
25	14.13	1468183	17.02	1763672	10.83	1109541	14.48	1487466	7.12	720747	0.00	0
26	15.33	1609134	0.00	0	0.00	0	11.34	1157427	8.71	880111	0.00	0
27	12.40	1315836	0.00	0	0.00	0	8.36	851669	8.83	897991	9.00	904452
28	10.73	1109114	13.12	1350822	9.88	1011583	6.96	715821	0.00	0	11.60	1168829
29	0.00	0	0.00	0	10.32	1060213	8.17	837163	0.00	0	9.28	934631
30	0.00	0	0.00	0	7.43	762307	0.00	0	11.87	1198596	9.56	963854
31	10.82	1128526	0.00	0	11.42	1175287	0.00	0	10.19	1025937	0.00	0

数据来源:上海证券交易所

Source: Shanghai Stock Exchange

Daily Trading of T-Bonds Cash in Shanghai Stock Exchange in 2005

成交额:亿元;成交量:手

7月 Jul.		8月 Aug.		9月 Sep.		10月 Oct.		11月 Nov.		12月 Dec.	
成交额 Turnover	成交量 Volume	成交额 Turnover	成交量 Volume	成交额 Turnover	成交量 Volume	成交额 Turnover	成交量 Volume	成交额 Turnover	成交量 Volume	成交额 Turnover	成交量 Volume
5.74	575720	11.46	1146150	10.43	1039898	0.00	0	8.66	865985	4.51	452764
0.00	0	11.90	1183661	6.37	629668	0.00	0	6.14	612235	7.51	756025
0.00	0	14.30	1425249	0.00	0	0.00	0	6.51	653026	0.00	0
6.85	694953	19.06	1892085	0.00	0	0.00	0	5.90	581480	0.00	0
11.08	1129487	17.44	1746931	5.55	552416	0.00	0	0.00	0	10.92	1100596
12.39	1256294	0.00	0	7.52	747551	0.00	0	0.00	0	7.22	724265
14.13	1434566	0.00	0	7.86	789979	0.00	0	7.76	771386	11.60	1171044
16.45	1655693	16.10	1626560	10.82	1084653	0.00	0	11.64	1159859	14.28	1431573
0.00	0	15.31	1538979	8.08	809216	0.00	0	14.93	1503239	14.29	1433029
0.00	0	13.15	1317628	0.00	0	16.21	1598525	15.60	1575846	0.00	0
8.91	968766	25.10	2520778	0.00	0	11.71	1162112	14.09	1423821	0.00	0
16.36	1650292	13.93	1430888	8.27	831933	13.39	1332145	0.00	0	11.16	1119947
12.23	1222264	0.00	0	9.07	902930	18.28	1807029	0.00	0	11.50	1149551
14.96	1479543	0.00	0	9.05	897515	10.37	1038394	9.33	943073	8.94	893565
12.93	1294584	14.84	1473394	11.72	1171838	0.00	0	7.65	777696	13.00	1296550
0.00	0	9.36	945173	9.46	950888	0.00	0	7.07	710690	13.01	1295273
0.00	0	12.38	1248528	0.00	0	11.29	1121880	7.43	746804	0.00	0
13.52	1351097	9.25	925746	0.00	0	17.54	1778481	4.57	462861	0.00	0
16.70	1663470	7.69	770601	11.89	1186854	17.11	1723515	0.00	0	9.74	973382
11.82	1183985	0.00	0	7.49	749217	13.16	1303439	0.00	0	8.16	813782
11.39	1145376	0.00	0	6.59	659870	15.01	1488960	5.72	578149	7.13	711016
17.49	1747792	9.51	959579	8.93	886630	0.00	0	7.06	716835	9.14	909106
0.00	0	10.24	1022540	6.11	606769	0.00	0	4.90	497244	11.49	1141897
0.00	0	11.93	1196927	0.00	0	12.83	1268189	8.18	822571	0.00	0
17.07	1713878	8.60	853819	0.00	0	10.81	1073617	6.78	683588	0.00	0
15.74	1596433	7.25	719729	9.76	973170	8.51	842631	0.00	0	12.80	1268174
24.13	2436841	0.00	0	7.15	713331	8.50	846206	0.00	0	9.65	966053
15.83	1601994	0.00	0	12.04	1201075	13.56	1356856	6.65	668055	10.27	1024748
16.19	1600703	12.67	1269796	5.63	560088	0.00	0	7.81	790135	13.00	1293379
0.00	0	16.39	1616130	9.08	900716	0.00	0	8.04	812778	13.23	1319196
0.00	0	8.10	802044	0.00	0	9.95	999204	0.00	0	0.00	0

3-14 2005年深圳国债现货每日成交量、成交额

日期 Date	1月 Jan.		2月 Feb.		3月 Mar.		4月 Apr.		5月 May		6月 Jun.	
	成交额 Turnover	成交量 Volume	成交额 Turnover	成交量 Volume	成交额 Turnover	成交量 Volume	成交额 Turnover	成交量 Volume	成交额 Turnover	成交量 Volume	成交额 Turnover	成交量 Volume
1	0.00	0	0.02	2393	0.03	3593	0.03	2823	0.00	0	0.03	2886
2	0.00	0	0.02	2398	0.04	4513	0.00	0	0.00	0	0.03	2824
3	0.00	0	0.03	2701	0.04	3850	0.00	0	0.00	0	0.07	6673
4	0.01	1320	0.03	2887	0.02	2658	0.02	1955	0.00	0	0.00	0
5	0.02	1873	0.00	0	0.00	0	0.02	2316	0.00	0	0.00	0
6	0.01	1470	0.00	0	0.00	0	0.03	2865	0.00	0	0.02	1996
7	0.02	1624	0.00	0	0.02	2334	0.03	2546	0.00	0	0.05	4437
8	0.00	0	0.00	0	0.02	2038	0.03	2868	0.00	0	0.05	4683
9	0.00	0	0.00	0	0.02	1836	0.00	0	0.03	2548	0.03	2957
10	0.02	1622	0.00	0	0.02	2082	0.00	0	0.02	2216	0.06	6379
11	0.01	993	0.00	0	0.04	3823	0.07	6816	0.04	3904	0.00	0
12	0.01	796	0.00	0	0.00	0	0.05	5402	0.03	3542	0.00	0
13	0.01	1413	0.00	0	0.00	0	0.02	2346	0.03	3572	0.05	4964
14	0.02	2586	0.00	0	0.04	3904	0.03	2769	0.00	0	0.07	6649
15	0.00	0	0.00	0	0.04	4230	0.03	2772	0.00	0	0.06	5932
16	0.00	0	0.03	2600	0.04	3913	0.00	0	0.03	3486	0.02	2065
17	0.03	2771	0.02	1818	0.05	5176	0.00	0	0.03	3050	0.04	4028
18	0.03	2801	0.02	1651	0.05	5439	0.03	3147	0.04	3801	0.00	0
19	0.02	1753	0.00	0	0.00	0	0.03	3220	0.04	3983	0.00	0
20	0.02	2023	0.00	0	0.00	0	0.01	1184	0.04	3785	0.05	4988
21	0.02	2396	0.02	2556	0.03	3528	0.02	1744	0.00	0	0.03	3408
22	0.00	0	0.03	2886	0.03	2622	0.01	1561	0.00	0	0.03	3416
23	0.00	0	0.03	3193	1.21	123437	0.00	0	0.04	4165	0.03	3106
24	0.02	2090	0.02	2163	0.03	2827	0.00	0	0.03	2545	0.02	1615
25	0.03	2807	0.03	3634	0.04	3803	0.03	3251	0.02	2215	0.00	0
26	0.03	2939	0.00	0	0.00	0	0.03	2616	0.04	3933	0.00	0
27	0.02	2076	0.00	0	0.00	0	0.02	2216	0.05	4456	0.02	2293
28	0.02	2036	0.04	3605	0.03	2539	0.02	2213	0.00	0	0.03	3286
29	0.00	0	0.00	0	0.04	4020	0.02	2006	0.00	0	0.02	1964
30	0.00	0	0.00	0	0.40	41761	0.00	0	0.06	5934	0.01	1300
31	0.03	2940	0.00	0	0.02	2188	0.00	0	0.12	11418	0.00	0

数据来源:深圳证券交易所

Source:Shenzhen Stock Exchange

Daily Trading of T-Bonds Cash in Shenzhen Stock Exchange in 2005

成交额:亿元;成交量:手

7月 Jul.		8月 Aug.		9月 Sep.		10月 Oct.		11月 Nov.		12月 Dec.	
成交额 Turnover	成交量 Volume	成交额 Turnover	成交量 Volume	成交额 Turnover	成交量 Volume	成交额 Turnover	成交量 Volume	成交额 Turnover	成交量 Volume	成交额 Turnover	成交量 Volume
0.01	649	0.02	2010	0.02	1674	0.00	0	0.01	671	0.01	771
0.00	0	0.02	2026	0.01	1377	0.00	0	0.01	867	0.01	811
0.00	0	0.03	3088	0.00	0	0.00	0	0.01	909	0.00	0
0.01	854	0.03	3464	0.00	0	0.00	0	0.01	882	0.00	0
0.01	1411	0.04	3533	0.02	1639	0.00	0	0.00	0	0.01	853
0.02	2004	0.00	0	0.01	1119	0.00	0	0.00	0	0.01	731
0.02	2260	0.00	0	0.01	982	0.00	0	0.01	1037	0.01	756
0.03	3378	0.02	1626	0.01	970	0.00	0	0.03	2631	0.01	1328
0.00	0	0.01	1301	0.01	850	0.00	0	0.02	2190	0.01	1256
0.00	0	0.02	2103	0.00	0	0.02	1675	0.02	1735	0.00	0
0.01	1492	0.03	3298	0.00	0	0.03	3606	0.01	1477	0.00	0
0.01	1496	0.02	1998	0.01	887	0.03	3048	0.00	0	0.17	17201
0.02	2458	0.00	0	0.01	1017	0.12	12945	0.00	0	0.02	1885
0.01	1493	0.00	0	0.01	1294	0.05	5135	0.01	1083	0.01	1240
0.01	1166	0.02	1956	0.01	1170	0.00	0	0.01	810	0.01	893
0.00	0	0.01	1251	0.02	2032	0.00	0	0.02	1565	0.02	1562
0.00	0	0.01	940	0.00	0	0.06	5664	0.02	1713	0.00	0
0.02	1565	0.01	1366	0.00	0	0.03	2989	0.01	1384	0.00	0
0.01	1082	0.02	1608	0.02	2380	0.02	1589	0.00	0	0.01	880
0.01	891	0.00	0	0.02	2509	0.02	2186	0.00	0	0.02	1722
0.01	1300	0.00	0	0.01	1301	0.02	2194	0.01	1002	0.01	1046
0.01	996	0.01	958	0.01	854	0.00	0	0.01	683	0.01	1185
0.00	0	0.03	2756	0.02	2284	0.00	0	0.01	597	0.01	1503
0.00	0	0.02	1727	0.00	0	0.03	2655	0.01	893	0.00	0
0.03	3055	0.01	1240	0.00	0	0.02	2170	0.00	439	0.00	0
0.04	4230	0.01	1127	0.01	1328	0.02	2435	0.00	0	0.02	1941
0.06	5834	0.00	0	0.03	2705	0.01	1455	0.00	0	0.01	1224
0.07	7274	0.00	0	0.03	3126	0.02	1699	0.09	9525	0.02	1923
0.14	13570	0.01	868	0.02	2594	0.00	0	0.06	6488	0.02	1556
0.00	0	0.01	1180	0.02	1516	0.00	0	0.02	1888	0.04	3588
0.00	0	0.01	658	0.00	0	0.01	1217	0.00	0	0.00	0

3-15 2005年全国国债回购每日成交量、成交额

日期 Date	1月 Jan.		2月 Feb.		3月 Mar.		4月 Apr.		5月 May		6月 Jun.	
	成交额 Turnover	成交量 Volume	成交额 Turnover	成交量 Volume	成交额 Turnover	成交量 Volume	成交额 Turnover	成交量 Volume	成交额 Turnover	成交量 Volume	成交额 Turnover	成交量 Volume
1	0.00	0	142.52	14251500	102.04	10204100	100.58	10058200	0.00	0	83.20	8319800
2	0.00	0	115.63	11563300	167.80	16779800	0.00	0	0.00	0	109.69	10969000
3	0.00	0	115.08	11508100	140.59	14058900	0.00	0	0.00	0	66.89	6688700
4	197.32	19732100	55.64	5564100	108.57	10856600	115.75	11574700	0.00	0	0.00	0
5	126.42	12642400	0.00	0	0.00	0	76.39	7639300	0.00	0	0.00	0
6	163.79	16378900	0.00	0	0.00	0	116.26	11625900	0.00	0	155.61	15560700
7	151.75	15174600	0.00	0	115.82	11581900	108.14	10814300	0.00	0	93.02	9302300
8	0.00	0	0.00	0	86.28	8628400	100.97	10096500	0.00	0	105.32	10532200
9	0.00	0	0.00	0	148.71	14871100	0.00	0	252.04	25203900	109.41	10941000
10	129.83	12983100	0.00	0	121.88	12187800	0.00	0	88.31	8831100	72.17	7216800
11	142.58	14258100	0.00	0	97.20	9719700	110.01	11001300	99.83	9982900	0.00	0
12	88.53	8853400	0.00	0	0.00	0	96.57	9657200	108.48	10848100	0.00	0
13	148.54	14853500	0.00	0	0.00	0	134.06	13405900	69.52	6952200	127.58	12758000
14	137.64	13763600	0.00	0	104.65	10465100	114.22	11422300	0.00	0	81.22	8121900
15	0.00	0	0.00	0	71.25	7124600	112.37	11237100	0.00	0	81.89	8188500
16	0.00	0	283.76	28376200	173.03	17302700	0.00	0	146.06	14606200	108.39	10839300
17	133.09	13308600	140.48	14048300	119.64	11964000	0.00	0	90.13	9013300	76.53	7652700
18	158.22	15822300	88.60	8859600	97.99	9798800	135.31	13530500	93.21	9321300	0.00	0
19	124.46	12445800	0.00	0	0.00	0	100.55	10054700	110.28	11028000	0.00	0
20	188.10	18810100	0.00	0	0.00	0	197.28	19727800	92.50	9250300	144.72	14472200
21	135.93	13593000	119.39	11938700	129.18	12917600	121.84	12184400	0.00	0	97.19	9718700
22	0.00	0	66.67	6667100	104.05	10405000	133.30	13330300	0.00	0	90.29	9028600
23	0.00	0	158.47	15846900	138.83	13882900	0.00	0	168.58	16857900	112.24	11223600
24	150.37	15036900	144.79	14479300	136.23	13623100	0.00	0	90.13	9012900	72.06	7205500
25	133.73	13372800	114.16	11415800	120.85	12084800	144.41	14441200	103.95	10395200	0.00	0
26	105.26	10525900	0.00	0	0.00	0	105.92	10592200	121.41	12140900	0.00	0
27	156.60	15659500	0.00	0	0.00	0	139.81	13981400	89.92	8992400	128.69	12869300
28	132.26	13225500	121.28	12127700	143.00	14299900	128.54	12854200	0.00	0	86.85	8685100
29	0.00	0	0.00	0	123.81	12381100	59.21	5921400	0.00	0	89.81	8981400
30	0.00	0	0.00	0	150.05	15005300	0.00	0	147.96	14796100	113.65	11364700
31	140.80	14080400	0.00	0	121.68	12168100	0.00	0	78.97	7897100	0.00	0

数据来源:上海、深圳证券交易所

Source:Shanghai Shenzhen Stock Exchange

Daily Trading Volume and Value of T-Bonds Repurchase in 2005

成交额:亿元;成交量:手

7月 Jul.		8月 Aug.		9月 Sep.		10月 Oct.		11月 Nov.		12月 Dec.	
成交额 Turnover	成交量 Volume	成交额 Turnover	成交量 Volume	成交额 Turnover	成交量 Volume	成交额 Turnover	成交量 Volume	成交额 Turnover	成交量 Volume	成交额 Turnover	成交量 Volume
70.64	7063900	112.39	11239200	81.18	8118100	0.00	0	81.16	8115800	60.66	6065700
0.00	0	94.19	9419000	58.00	5799800	0.00	0	52.55	5255000	52.44	5243700
0.00	0	107.92	10791800	0.00	0	0.00	0	50.70	5070300	0.00	0
133.62	13361900	96.41	9640700	0.00	0	0.00	0	38.38	3838200	0.00	0
97.96	9795900	73.36	7336200	94.24	9423900	0.00	0	0.00	0	118.74	11874200
125.25	12525400	0.00	0	64.36	6435800	0.00	0	0.00	0	74.16	7415600
107.94	10793800	0.00	0	57.47	5746700	0.00	0	109.11	10911300	63.63	6363000
82.08	8207700	107.81	10781400	73.35	7335300	0.00	0	63.21	6320700	67.60	6760400
0.00	0	78.11	7810700	52.99	5298900	0.00	0	55.85	5585200	56.68	5667500
0.00	0	86.95	8694800	0.00	0	169.16	16915600	62.11	6210600	0.00	0
132.67	13267200	96.18	9617800	0.00	0	65.11	6510900	40.24	4023800	0.00	0
75.75	7574900	76.47	7646800	94.35	9434700	55.49	5549400	0.00	0	112.33	11233400
75.80	7579800	0.00	0	67.07	6706800	70.96	7096100	0.00	0	60.06	6005600
86.82	8682000	0.00	0	70.12	7012100	58.32	5831900	88.48	8848400	54.47	5446800
82.20	8219800	93.56	9355800	77.77	7776500	0.00	0	60.01	6000800	72.49	7248600
0.00	0	75.25	7524900	43.32	4332100	0.00	0	50.78	5078000	44.68	4467800
0.00	0	74.90	7490000	0.00	0	110.93	11093200	63.24	6324200	0.00	0
133.85	13385100	88.10	8809700	0.00	0	65.16	6515700	41.83	4183100	0.00	0
101.24	10123500	58.83	5882600	91.54	9153800	63.06	6306400	0.00	0	90.32	9032100
110.78	11077800	0.00	0	56.70	5670100	78.12	7811800	0.00	0	46.45	4644700
105.44	10543700	0.00	0	52.33	5232800	75.78	7578400	103.46	10345500	54.13	5412600
79.16	7915500	81.90	8190000	77.86	7785900	0.00	0	67.93	6793400	67.70	6769900
0.00	0	60.31	6030500	47.00	4699500	0.00	0	64.02	6401500	46.04	4603900
0.00	0	60.38	6038100	0.00	0	132.07	13206600	64.73	6473300	0.00	0
111.15	11114600	73.91	7391100	0.00	0	75.96	7596000	45.92	4591700	0.00	0
79.28	7928200	55.16	5516100	92.72	9271600	78.32	7831500	0.00	0	94.14	9414200
95.02	9502200	0.00	0	81.09	8108800	74.40	7440300	0.00	0	72.08	7207800
91.93	9192600	0.00	0	75.63	7562700	53.29	5328900	102.79	10279000	65.13	6513100
67.27	6726800	97.06	9706100	77.46	7746100	0.00	0	63.54	6353900	71.27	7127100
0.00	0	71.42	7141700	34.71	3470900	0.00	0	52.25	5224500	28.34	2833500
0.00	0	74.06	7406200	0.00	0	93.60	9359800	0.00	0	0.00	0

3-16 2005年上海国债回购每日成交量、成交额

日期 Date	1月 Jan.		2月 Feb.		3月 Mar.		4月 Apr.		5月 May		6月 Jun.	
	成交额 Turnover	成交量 Volume	成交额 Turnover	成交量 Volume	成交额 Turnover	成交量 Volume	成交额 Turnover	成交量 Volume	成交额 Turnover	成交量 Volume	成交额 Turnover	成交量 Volume
1	0.00	0	142.52	14251500	102.04	10204100	100.58	10058200	0.00	0	83.20	8319800
2	0.00	0	115.63	11563300	167.80	16779800	0.00	0	0.00	0	109.69	10969000
3	0.00	0	115.08	11508100	140.59	14058900	0.00	0	0.00	0	66.89	6688700
4	197.32	19732100	55.64	5564100	108.57	10856600	115.75	11574700	0.00	0	0.00	0
5	126.42	12642400	0.00	0	0.00	0	76.39	7639300	0.00	0	0.00	0
6	163.79	16378900	0.00	0	0.00	0	116.26	11625900	0.00	0	155.61	15560700
7	151.75	15174600	0.00	0	115.82	11581900	108.14	10814300	0.00	0	93.02	9302300
8	0.00	0	0.00	0	86.28	8628400	100.97	10096500	0.00	0	105.32	10532200
9	0.00	0	0.00	0	148.71	14871100	0.00	0	252.04	25203900	109.41	10941000
10	129.83	12983100	0.00	0	121.88	12187800	0.00	0	88.31	8831100	72.17	7216800
11	142.58	14258100	0.00	0	97.20	9719700	110.01	11001300	99.83	9982900	0.00	0
12	88.53	8853400	0.00	0	0.00	0	96.57	9657200	108.48	10848100	0.00	0
13	148.54	14853500	0.00	0	0.00	0	134.06	13405900	69.52	6952200	127.58	12758000
14	137.64	13763600	0.00	0	104.65	10465100	114.22	11422300	0.00	0	81.22	8121900
15	0.00	0	0.00	0	71.25	7124600	112.37	11237100	0.00	0	81.89	8188500
16	0.00	0	283.76	28376200	173.03	17302700	0.00	0	146.06	14606200	108.39	10839300
17	133.09	13308600	140.48	14048300	119.64	11964000	0.00	0	90.13	9013300	76.53	7652700
18	158.22	15822300	88.60	8859600	97.99	9798800	135.31	13530500	93.21	9321300	0.00	0
19	124.46	12445800	0.00	0	0.00	0	100.55	10054700	110.28	11028000	0.00	0
20	188.10	18810100	0.00	0	0.00	0	197.28	19727800	92.50	9250300	144.72	14472200
21	135.93	13593000	119.39	11938700	129.18	12917600	121.84	12184400	0.00	0	97.19	9718700
22	0.00	0	66.67	6667100	104.05	10405000	133.30	13330300	0.00	0	90.29	9028600
23	0.00	0	158.47	15846900	138.83	13882900	0.00	0	168.58	16857900	112.24	11223600
24	150.37	15036900	144.79	14479300	136.23	13623100	0.00	0	90.13	9012900	72.06	7205500
25	133.73	13372800	114.16	11415800	120.85	12084800	144.41	14441200	103.95	10395200	0.00	0
26	105.26	10525900	0.00	0	0.00	0	105.92	10592200	121.41	12140900	0.00	0
27	156.60	15659500	0.00	0	0.00	0	139.81	13981400	89.92	8992400	128.69	12869300
28	132.26	13225500	121.28	12127700	143.00	14299900	128.54	12854200	0.00	0	86.85	8685100
29	0.00	0	0.00	0	123.81	12381100	59.21	5921400	0.00	0	89.81	8981400
30	0.00	0	0.00	0	150.05	15005300	0.00	0	147.96	14796100	113.65	11364700
31	140.80	14080400	0.00	0	121.68	12168100	0.00	0	78.97	7897100	0.00	0

数据来源：上海证券交易所
Source: Shanghai Stock Exchange

Daily Trading Volume and Value of T-Bonds Repurchase in Shanghai in 2005

成交额:亿元;成交量:手

7月 Jul.		8月 Aug.		9月 Sep.		10月 Oct.		11月 Nov.		12月 Dec.	
成交额 Turnover	成交量 Volume	成交额 Turnover	成交量 Volume	成交额 Turnover	成交量 Volume	成交额 Turnover	成交量 Volume	成交额 Turnover	成交量 Volume	成交额 Turnover	成交量 Volume
70.64	7063900	112.39	11239200	81.18	8118100	0.00	0	81.16	8115800	60.66	6065700
0.00	0	94.19	9419000	58.00	5799800	0.00	0	52.55	5255000	52.44	5243700
0.00	0	107.92	10791800	0.00	0	0.00	0	50.70	5070300	0.00	0
133.62	13361900	96.41	9640700	0.00	0	0.00	0	38.38	3838200	0.00	0
97.96	9795900	73.36	7336200	94.24	9423900	0.00	0	0.00	0	118.74	11874200
125.25	12525400	0.00	0	64.36	6435800	0.00	0	0.00	0	74.16	7415600
107.94	10793800	0.00	0	57.47	5746700	0.00	0	109.11	10911300	63.63	6363000
82.08	8207700	107.81	10781400	73.35	7335300	0.00	0	63.21	6320700	67.60	6760400
0.00	0	78.11	7810700	52.99	5298900	0.00	0	55.85	5585200	56.68	5667500
0.00	0	86.95	8694800	0.00	0	169.16	16915600	62.11	6210600	0.00	0
132.67	13267200	96.18	9617800	0.00	0	65.11	6510900	40.24	4023800	0.00	0
75.75	7574900	76.47	7646800	94.35	9434700	55.49	5549400	0.00	0	112.33	11233400
75.80	7579800	0.00	0	67.07	6706800	70.96	7096100	0.00	0	60.06	6005600
86.82	8682000	0.00	0	70.12	7012100	58.32	5831900	88.48	8848400	54.47	5446800
82.20	8219800	93.56	9355800	77.77	7776500	0.00	0	60.01	6000800	72.49	7248600
0.00	0	75.25	7524900	43.32	4332100	0.00	0	50.78	5078000	44.68	4467800
0.00	0	74.90	7490000	0.00	0	110.93	11093200	63.24	6324200	0.00	0
133.85	13385100	88.10	8809700	0.00	0	65.16	6515700	41.83	4183100	0.00	0
101.24	10123500	58.83	5882600	91.54	9153800	63.06	6306400	0.00	0	90.32	9032100
110.78	11077800	0.00	0	56.70	5670100	78.12	7811800	0.00	0	46.45	4644700
105.44	10543700	0.00	0	52.33	5232800	75.78	7578400	103.46	10345500	54.13	5412600
79.16	7915500	81.90	8190000	77.86	7785900	0.00	0	67.93	6793400	67.70	6769900
0.00	0	60.31	6030500	47.00	4699500	0.00	0	64.02	6401500	46.04	4603900
0.00	0	60.38	6038100	0.00	0	132.07	13206600	64.73	6473300	0.00	0
111.15	11114600	73.91	7391100	0.00	0	75.96	7596000	45.92	4591700	0.00	0
79.28	7928200	55.16	5516100	92.72	9271600	78.32	7831500	0.00	0	94.14	9414200
95.02	9502200	0.00	0	81.09	8108800	74.40	7440300	0.00	0	72.08	7207800
91.93	9192600	0.00	0	75.63	7562700	53.29	5328900	102.79	10279000	65.13	6513100
67.27	6726800	97.06	9706100	77.46	7746100	0.00	0	63.54	6353900	71.27	7127100
0.00	0	71.42	7141700	34.71	3470900	0.00	0	52.25	5224500	28.34	2833500
0.00	0	74.06	7406200	0.00	0	93.60	9359800	0.00	0	0.00	0

3-17 2005年深圳国债回购每日成交量、成交额

日期 Date	1月 Jan.		2月 Feb.		3月 Mar.		4月 Apr.		5月 May		6月 Jun.	
	成交额 Turnover	成交量 Volume	成交额 Turnover	成交量 Volume	成交额 Turnover	成交量 Volume	成交额 Turnover	成交量 Volume	成交额 Turnover	成交量 Volume	成交额 Turnover	成交量 Volume
1	0.00	0	0.00	0	0.00	0	0.00	0	0.00	0	0.00	0
2	0.00	0	0.00	0	0.00	0	0.00	0	0.00	0	0.00	0
3	0.00	0	0.00	0	0.00	0	0.00	0	0.00	0	0.00	0
4	0.00	0	0.00	0	0.00	0	0.00	0	0.00	0	0.00	0
5	0.00	0	0.00	0	0.00	0	0.00	0	0.00	0	0.00	0
6	0.00	0	0.00	0	0.00	0	0.00	0	0.00	0	0.00	0
7	0.00	0	0.00	0	0.00	0	0.00	0	0.00	0	0.00	0
8	0.00	0	0.00	0	0.00	0	0.00	0	0.00	0	0.00	0
9	0.00	0	0.00	0	0.00	0	0.00	0	0.00	0	0.00	0
10	0.00	0	0.00	0	0.00	0	0.00	0	0.00	0	0.00	0
11	0.00	0	0.00	0	0.00	0	0.00	0	0.00	0	0.00	0
12	0.00	0	0.00	0	0.00	0	0.00	0	0.00	0	0.00	0
13	0.00	0	0.00	0	0.00	0	0.00	0	0.00	0	0.00	0
14	0.00	0	0.00	0	0.00	0	0.00	0	0.00	0	0.00	0
15	0.00	0	0.00	0	0.00	0	0.00	0	0.00	0	0.00	0
16	0.00	0	0.00	0	0.00	0	0.00	0	0.00	0	0.00	0
17	0.00	0	0.00	0	0.00	0	0.00	0	0.00	0	0.00	0
18	0.00	0	0.00	0	0.00	0	0.00	0	0.00	0	0.00	0
19	0.00	0	0.00	0	0.00	0	0.00	0	0.00	0	0.00	0
20	0.00	0	0.00	0	0.00	0	0.00	0	0.00	0	0.00	0
21	0.00	0	0.00	0	0.00	0	0.00	0	0.00	0	0.00	0
22	0.00	0	0.00	0	0.00	0	0.00	0	0.00	0	0.00	0
23	0.00	0	0.00	0	0.00	0	0.00	0	0.00	0	0.00	0
24	0.00	0	0.00	0	0.00	0	0.00	0	0.00	0	0.00	0
25	0.00	0	0.00	0	0.00	0	0.00	0	0.00	0	0.00	0
26	0.00	0	0.00	0	0.00	0	0.00	0	0.00	0	0.00	0
27	0.00	0	0.00	0	0.00	0	0.00	0	0.00	0	0.00	0
28	0.00	0	0.00	0	0.00	0	0.00	0	0.00	0	0.00	0
29	0.00	0	0.00	0	0.00	0	0.00	0	0.00	0	0.00	0
30	0.00	0	0.00	0	0.00	0	0.00	0	0.00	0	0.00	0
31	0.00	0	0.00	0	0.00	0	0.00	0	0.00	0	0.00	0

注：本年深圳交易所国债回购没有交易

数据来源：深圳证券交易所

Source：Shenzhen Stock Exchange

Daily Trading Volume and Value of T-Bonds Repurchase in Shenzhen in 2005

成交额:亿元;成交量:手

7月 Jul.		8月 Aug.		9月 Sep.		10月 Oct.		11月 Nov.		12月 Dec.	
成交额 Turnover	成交量 Volume	成交额 Turnover	成交量 Volume	成交额 Turnover	成交量 Volume	成交额 Turnover	成交量 Volume	成交额 Turnover	成交量 Volume	成交额 Turnover	成交量 Volume
0.00	0	0.00	0	0.00	0	0.00	0	0.00	0	0.00	0
0.00	0	0.00	0	0.00	0	0.00	0	0.00	0	0.00	0
0.00	0	0.00	0	0.00	0	0.00	0	0.00	0	0.00	0
0.00	0	0.00	0	0.00	0	0.00	0	0.00	0	0.00	0
0.00	0	0.00	0	0.00	0	0.00	0	0.00	0	0.00	0
0.00	0	0.00	0	0.00	0	0.00	0	0.00	0	0.00	0
0.00	0	0.00	0	0.00	0	0.00	0	0.00	0	0.00	0
0.00	0	0.00	0	0.00	0	0.00	0	0.00	0	0.00	0
0.00	0	0.00	0	0.00	0	0.00	0	0.00	0	0.00	0
0.00	0	0.00	0	0.00	0	0.00	0	0.00	0	0.00	0
0.00	0	0.00	0	0.00	0	0.00	0	0.00	0	0.00	0
0.00	0	0.00	0	0.00	0	0.00	0	0.00	0	0.00	0
0.00	0	0.00	0	0.00	0	0.00	0	0.00	0	0.00	0
0.00	0	0.00	0	0.00	0	0.00	0	0.00	0	0.00	0
0.00	0	0.00	0	0.00	0	0.00	0	0.00	0	0.00	0
0.00	0	0.00	0	0.00	0	0.00	0	0.00	0	0.00	0
0.00	0	0.00	0	0.00	0	0.00	0	0.00	0	0.00	0
0.00	0	0.00	0	0.00	0	0.00	0	0.00	0	0.00	0
0.00	0	0.00	0	0.00	0	0.00	0	0.00	0	0.00	0
0.00	0	0.00	0	0.00	0	0.00	0	0.00	0	0.00	0
0.00	0	0.00	0	0.00	0	0.00	0	0.00	0	0.00	0
0.00	0	0.00	0	0.00	0	0.00	0	0.00	0	0.00	0
0.00	0	0.00	0	0.00	0	0.00	0	0.00	0	0.00	0
0.00	0	0.00	0	0.00	0	0.00	0	0.00	0	0.00	0
0.00	0	0.00	0	0.00	0	0.00	0	0.00	0	0.00	0
0.00	0	0.00	0	0.00	0	0.00	0	0.00	0	0.00	0
0.00	0	0.00	0	0.00	0	0.00	0	0.00	0	0.00	0
0.00	0	0.00	0	0.00	0	0.00	0	0.00	0	0.00	0
0.00	0	0.00	0	0.00	0	0.00	0	0.00	0	0.00	0
0.00	0	0.00	0	0.00	0	0.00	0	0.00	0	0.00	0
0.00	0	0.00	0	0.00	0	0.00	0	0.00	0	0.00	0

3-18 2005年全国企业债现货每日成交量、成交额

日期 Date	1月 Jan.		2月 Feb.		3月 Mar.		4月 Apr.		5月 May		6月 Jun.	
	成交额 Turnover	成交量 Volume	成交额 Turnover	成交量 Volume	成交额 Turnover	成交量 Volume	成交额 Turnover	成交量 Volume	成交额 Turnover	成交量 Volume	成交额 Turnover	成交量 Volume
1	0.00	0	0.14	14908	0.10	10170	0.34	34144	0.00	0	0.49	48537
2	0.00	0	0.16	17096	0.18	19139	0.00	0	0.00	0	0.48	47466
3	0.00	0	0.90	97954	0.23	23935	0.00	0	0.00	0	0.57	57529
4	0.29	28566	0.21	22521	0.34	34020	0.58	61834	0.00	0	0.00	0
5	0.24	23797	0.00	0	0.00	0	0.76	81118	0.00	0	0.00	0
6	0.22	24900	0.00	0	0.00	0	0.75	78635	0.00	0	0.56	55310
7	0.06	6092	0.00	0	0.18	19459	0.82	85570	0.00	0	0.35	35576
8	0.00	0	0.00	0	0.11	11323	0.32	32509	0.00	0	0.69	67490
9	0.00	0	0.00	0	0.12	11521	0.00	0	0.15	15634	0.25	24374
10	0.09	9224	0.00	0	0.41	44427	0.00	0	0.25	25371	0.39	37480
11	0.16	18429	0.00	0	0.08	8581	0.27	27457	0.94	95559	0.00	0
12	0.10	11040	0.00	0	0.00	0	0.59	58817	0.31	31484	0.00	0
13	0.40	40389	0.00	0	0.00	0	0.49	50795	0.43	42360	0.37	36724
14	0.18	17651	0.00	0	0.09	9229	0.72	73116	0.00	0	0.42	41122
15	0.00	0	0.00	0	0.12	12820	0.89	92988	0.00	0	0.56	55058
16	0.00	0	0.08	8650	0.23	22765	0.00	0	0.29	29103	5.92	571996
17	0.32	33060	0.15	16545	0.29	29136	0.00	0	0.09	9044	1.50	146068
18	0.30	32102	0.15	15592	0.36	35701	0.17	17006	0.28	27969	0.00	0
19	0.16	18019	0.00	0	0.00	0	0.85	83699	0.07	7073	0.00	0
20	0.30	32076	0.00	0	0.00	0	0.85	83930	0.14	13733	1.29	126277
21	0.35	38062	0.19	18100	0.35	36594	0.32	33398	0.00	0	2.82	274497
22	0.00	0	0.20	21463	0.31	30197	0.41	43191	0.00	0	1.40	134369
23	0.00	0	0.09	9805	0.23	23203	0.00	0	0.23	23367	1.05	100816
24	0.12	12924	1.33	141643	0.27	30334	0.00	0	0.24	23956	2.60	255649
25	0.13	12565	0.12	12311	0.10	11199	0.22	22861	0.22	22567	0.00	0
26	0.48	49684	0.00	0	0.00	0	0.48	47250	0.29	28447	0.00	0
27	0.53	54243	0.00	0	0.00	0	1.05	104737	0.56	55737	1.25	119345
28	0.14	14196	0.17	17508	0.13	12954	0.49	48647	0.00	0	1.22	114217
29	0.00	0	0.00	0	1.42	152597	0.13	12956	0.00	0	0.97	92267
30	0.00	0	0.00	0	0.54	58206	0.00	0	0.62	62137	0.38	35730
31	0.53	54786	0.00	0	0.43	42355	0.00	0	0.53	50400	0.00	0

数据来源：上海、深圳证券交易所

Source：Shanghai Shenzhen Stock Exchange

Daily Trading Volume and Value of Enterprise Bonds Cash in 2005

成交额：亿元；成交量：手

7月 Jul.		8月 Aug.		9月 Sep.		10月 Oct.		11月 Nov.		12月 Dec.	
成交额 Turnover	成交量 Volume	成交额 Turnover	成交量 Volume	成交额 Turnover	成交量 Volume	成交额 Turnover	成交量 Volume	成交额 Turnover	成交量 Volume	成交额 Turnover	成交量 Volume
0.61	60374	0.51	47962	1.06	99801	0.00	0	0.34	31025	0.33	31312
0.00	0	0.46	43030	0.90	85409	0.00	0	0.83	77207	0.16	14594
0.00	0	0.30	27661	0.00	0	0.00	0	0.26	24139	0.00	0
0.36	34166	0.57	54024	0.00	0	0.00	0	0.39	36098	0.00	0
0.81	78168	0.27	25887	1.05	98473	0.00	0	0.00	0	0.20	18487
0.53	51495	0.00	0	0.89	83293	0.00	0	0.00	0	0.29	26328
0.74	70595	0.00	0	1.39	132060	0.00	0	0.28	26277	0.11	9389
0.46	44300	0.27	26159	1.07	98525	0.00	0	0.69	64115	0.24	21607
0.00	0	0.53	49285	0.46	42561	0.00	0	0.43	41143	0.68	64314
0.00	0	0.45	42580	0.00	0	0.63	59180	0.32	29790	0.00	0
0.76	72649	7.16	681151	0.00	0	1.52	139868	0.35	34551	0.00	0
0.28	27284	4.85	456100	0.98	90521	1.35	124344	0.00	0	1.66	159425
1.41	136147	0.00	0	0.67	62077	0.78	71821	0.00	0	1.61	153826
0.27	25301	0.00	0	0.48	45653	0.65	60616	0.27	25554	0.10	8751
0.79	76285	3.92	376317	0.98	92652	0.00	0	0.68	62467	0.72	66191
0.00	0	3.71	351604	0.44	41644	0.00	0	0.74	67540	0.26	24577
0.00	0	0.80	74718	0.00	0	0.58	53547	0.75	70117	0.00	0
0.51	48567	0.70	64957	0.00	0	0.64	58363	0.64	60714	0.00	0
0.70	65916	0.59	55613	0.22	20529	0.63	56936	0.00	0	0.31	29229
0.45	43371	0.00	0	0.69	65030	0.59	53468	0.00	0	0.20	19008
1.93	184817	0.00	0	0.24	22156	0.92	83620	0.48	44358	0.26	24683
0.43	41102	0.84	79930	0.44	40276	0.00	0	0.38	34881	0.12	11298
0.00	0	0.56	53173	0.14	13143	0.00	0	0.12	11382	0.08	7694
0.00	0	0.31	28774	0.00	0	0.46	41883	0.13	12301	0.00	0
0.89	85686	0.32	29287	0.00	0	0.81	75433	0.84	79059	0.00	0
0.49	47239	0.26	24739	0.52	48174	1.73	157549	0.00	0	0.19	17871
0.74	69197	0.00	0	0.61	55697	0.79	75286	0.00	0	0.13	11558
0.64	61223	0.00	0	0.66	61036	0.28	25178	2.59	244939	0.16	14276
0.69	66442	0.49	46471	0.49	45702	0.00	0	1.54	146379	0.89	82685
0.00	0	1.85	174155	0.32	29325	0.00	0	0.92	85370	0.20	18567
0.00	0	1.71	160807	0.00	0	0.65	61376	0.00	0	0.00	0

3-19 2005年上海企业债现货每日成交量、成交额

日期 Date	1月 Jan.		2月 Feb.		3月 Mar.		4月 Apr.		5月 May		6月 Jun.	
	成交额 Turnover	成交量 Volume	成交额 Turnover	成交量 Volume	成交额 Turnover	成交量 Volume	成交额 Turnover	成交量 Volume	成交额 Turnover	成交量 Volume	成交额 Turnover	成交量 Volume
1	0.00	0	0.12	12399	0.09	9238	0.32	32360	0.00	0	0.37	36952
2	0.00	0	0.12	12094	0.12	12715	0.00	0	0.00	0	0.28	28256
3	0.00	0	0.87	94365	0.12	13461	0.00	0	0.00	0	0.34	34338
4	0.22	20435	0.21	22046	0.24	24999	0.26	26716	0.00	0	0.00	0
5	0.16	14805	0.00	0	0.00	0	0.71	75715	0.00	0	0.00	0
6	0.10	10812	0.00	0	0.00	0	0.70	73241	0.00	0	0.13	12693
7	0.05	4989	0.00	0	0.17	18060	0.58	60222	0.00	0	0.33	33349
8	0.00	0	0.00	0	0.08	8859	0.26	25959	0.00	0	0.65	63996
9	0.00	0	0.00	0	0.11	10920	0.00	0	0.14	14138	0.20	19374
10	0.09	8869	0.00	0	0.40	43726	0.00	0	0.15	15562	0.26	24852
11	0.15	17649	0.00	0	0.06	6620	0.22	22671	0.19	19631	0.00	0
12	0.08	8495	0.00	0	0.00	0	0.49	48796	0.17	17631	0.00	0
13	0.39	39407	0.00	0	0.00	0	0.23	23353	0.17	16863	0.26	25928
14	0.16	15412	0.00	0	0.06	6395	0.61	61552	0.00	0	0.37	36160
15	0.00	0	0.00	0	0.11	11339	0.82	85559	0.00	0	0.55	53654
16	0.00	0	0.06	6983	0.21	21074	0.00	0	0.25	24923	4.90	473579
17	0.25	26223	0.14	15235	0.22	22213	0.00	0	0.08	8452	1.34	130404
18	0.25	26769	0.14	15039	0.22	22658	0.15	15242	0.09	8670	0.00	0
19	0.10	10620	0.00	0	0.00	0	0.80	78744	0.06	6222	0.00	0
20	0.23	24319	0.00	0	0.00	0	0.83	82266	0.10	9892	0.75	73072
21	0.16	16778	0.06	6325	0.20	20680	0.30	31405	0.00	0	1.85	179306
22	0.00	0	0.19	20304	0.22	21766	0.37	38944	0.00	0	1.33	127928
23	0.00	0	0.06	6320	0.18	18417	0.00	0	0.20	19931	0.97	93397
24	0.04	4207	0.06	5983	0.14	15505	0.00	0	0.11	10773	2.48	244006
25	0.12	11905	0.09	9276	0.07	7616	0.20	20296	0.19	19357	0.00	0
26	0.47	48268	0.00	0	0.00	0	0.42	41513	0.20	19747	0.00	0
27	0.52	53294	0.00	0	0.00	0	0.99	98632	0.52	52337	0.93	88150
28	0.11	11204	0.11	11572	0.11	10725	0.41	40679	0.00	0	0.99	92098
29	0.00	0	0.00	0	1.09	117717	0.10	9845	0.00	0	0.51	47448
30	0.00	0	0.00	0	0.50	53943	0.00	0	0.60	59823	0.24	22547
31	0.53	54350	0.00	0	0.21	21348	0.00	0	0.46	44148	0.00	0

数据来源:上海证券交易所

Source:Shanghai Stock Exchange

Daily Trading Volume and Value of Enterprise Bonds Cash in Shanghai in 2005

成交额：亿元；成交量：手

7月 Jul.		8月 Aug.		9月 Sep.		10月 Oct.		11月 Nov.		12月 Dec.	
成交额 Turnover	成交量 Volume	成交额 Turnover	成交量 Volume	成交额 Turnover	成交量 Volume	成交额 Turnover	成交量 Volume	成交额 Turnover	成交量 Volume	成交额 Turnover	成交量 Volume
0.20	19881	0.45	42077	1.05	98704	0.00	0	0.30	27478	0.33	30869
0.00	0	0.37	34532	0.78	73974	0.00	0	0.75	69867	0.16	14394
0.00	0	0.22	20539	0.00	0	0.00	0	0.21	19488	0.00	0
0.26	24776	0.47	44538	0.00	0	0.00	0	0.30	28053	0.00	0
0.73	70946	0.23	21789	1.04	97535	0.00	0	0.00	0	0.19	17928
0.51	49260	0.00	0	0.83	77775	0.00	0	0.00	0	0.28	25444
0.70	67055	0.00	0	1.29	122346	0.00	0	0.22	20574	0.09	8011
0.39	37454	0.23	21978	0.70	64850	0.00	0	0.58	54045	0.17	15333
0.00	0	0.39	35933	0.43	39867	0.00	0	0.33	31640	0.67	63610
0.00	0	0.30	28178	0.00	0	0.62	58159	0.26	24424	0.00	0
0.72	69017	6.01	572099	0.00	0	1.51	139398	0.31	30325	0.00	0
0.26	25171	4.68	440207	0.95	87242	1.34	123675	0.00	0	1.49	142755
1.35	130582	0.00	0	0.60	55944	0.76	70218	0.00	0	1.42	135722
0.24	22829	0.00	0	0.47	44519	0.64	59485	0.24	22874	0.08	7232
0.77	73879	3.90	373957	0.93	87757	0.00	0	0.67	61275	0.70	63897
0.00	0	3.46	328019	0.42	39475	0.00	0	0.70	63816	0.21	20439
0.00	0	0.69	64550	0.00	0	0.51	47022	0.48	43758	0.00	0
0.21	19664	0.58	53600	0.00	0	0.49	44628	0.17	15795	0.00	0
0.63	59094	0.42	39150	0.16	14866	0.51	46122	0.00	0	0.12	11246
0.40	38461	0.00	0	0.56	52518	0.50	45522	0.00	0	0.10	8873
0.42	39535	0.00	0	0.22	20178	0.84	76151	0.37	34137	0.12	10764
0.41	39463	0.70	66515	0.42	38658	0.00	0	0.23	21376	0.09	8366
0.00	0	0.54	50838	0.13	11808	0.00	0	0.11	10198	0.06	5786
0.00	0	0.28	26436	0.00	0	0.33	30036	0.12	11762	0.00	0
0.87	84056	0.29	26688	0.00	0	0.75	70387	0.81	76657	0.00	0
0.39	37402	0.24	22489	0.49	45105	1.71	155567	0.00	0	0.17	16071
0.61	56712	0.00	0	0.55	50325	0.76	72293	0.00	0	0.10	9073
0.50	48257	0.00	0	0.42	38603	0.23	20981	0.31	28173	0.14	12390
0.65	62191	0.21	19521	0.47	43439	0.00	0	0.17	15475	0.87	80913
0.00	0	1.56	146139	0.31	28330	0.00	0	0.36	34198	0.10	9570
0.00	0	1.68	157935	0.00	0	0.63	59187	0.00	0	0.00	0

3-20 2005年深圳企业债现货每日成交量、成交额

日期 Date	1月 Jan.		2月 Feb.		3月 Mar.		4月 Apr.		5月 May		6月 Jun.	
	成交额 Turnover	成交量 Volume	成交额 Turnover	成交量 Volume	成交额 Turnover	成交量 Volume	成交额 Turnover	成交量 Volume	成交额 Turnover	成交量 Volume	成交额 Turnover	成交量 Volume
1	0.00	0	0.02	2509	0.01	932	0.02	1784	0.00	0	0.12	11585
2	0.00	0	0.04	5002	0.06	6424	0.00	0	0.00	0	0.20	19210
3	0.00	0	0.03	3589	0.11	10474	0.00	0	0.00	0	0.23	23191
4	0.07	8131	0.00	475	0.10	9021	0.32	35118	0.00	0	0.00	0
5	0.08	8992	0.00	0	0.00	0	0.05	5403	0.00	0	0.00	0
6	0.12	14088	0.00	0	0.00	0	0.05	5394	0.00	0	0.43	42617
7	0.01	1103	0.00	0	0.01	1399	0.24	25348	0.00	0	0.02	2227
8	0.00	0	0.00	0	0.03	2464	0.06	6550	0.00	0	0.04	3494
9	0.00	0	0.00	0	0.01	601	0.00	0	0.01	1496	0.05	5000
10	0.00	355	0.00	0	0.01	701	0.00	0	0.10	9809	0.13	12628
11	0.01	780	0.00	0	0.02	1961	0.05	4786	0.75	75928	0.00	0
12	0.02	2545	0.00	0	0.00	0	0.10	10021	0.14	13853	0.00	0
13	0.01	982	0.00	0	0.00	0	0.26	27442	0.26	25497	0.11	10796
14	0.02	2239	0.00	0	0.03	2834	0.11	11564	0.00	0	0.05	4962
15	0.00	0	0.00	0	0.01	1481	0.07	7429	0.00	0	0.01	1404
16	0.00	0	0.02	1667	0.02	1691	0.00	0	0.04	4180	1.02	98417
17	0.07	6837	0.01	1310	0.07	6923	0.00	0	0.01	592	0.16	15664
18	0.05	5333	0.01	553	0.14	13043	0.02	1764	0.19	19299	0.00	0
19	0.06	7399	0.00	0	0.00	0	0.05	4955	0.01	851	0.00	0
20	0.07	7757	0.00	0	0.00	0	0.02	1664	0.04	3841	0.54	53205
21	0.19	21284	0.13	11775	0.15	15914	0.02	1993	0.00	0	0.97	95191
22	0.00	0	0.01	1159	0.09	8431	0.04	4247	0.00	0	0.07	6441
23	0.00	0	0.03	3485	0.05	4786	0.00	0	0.03	3436	0.08	7419
24	0.08	8717	1.27	135660	0.13	14829	0.00	0	0.13	13183	0.12	11643
25	0.01	660	0.03	3035	0.03	3583	0.02	2565	0.03	3210	0.00	0
26	0.01	1416	0.00	0	0.00	0	0.06	5737	0.09	8700	0.00	0
27	0.01	949	0.00	0	0.00	0	0.06	6105	0.04	3400	0.32	31195
28	0.03	2992	0.06	5936	0.02	2229	0.08	7968	0.00	0	0.23	22119
29	0.00	0	0.00	0	0.33	34880	0.03	3111	0.00	0	0.46	44819
30	0.00	0	0.00	0	0.04	4263	0.00	0	0.02	2314	0.14	13183
31	0.00	436	0.00	0	0.22	21007	0.00	0	0.07	6252	0.00	0

数据来源:深圳证券交易所

Source:Shenzhen Stock Exchange

Daily Trading Volume and Value of Enterprise Bonds Cash in Shenzhen in 2005

成交额:亿元;成交量:手

7月 Jul.		8月 Aug.		9月 Sep.		10月 Oct.		11月 Nov.		12月 Dec.	
成交额 Turnover	成交量 Volume	成交额 Turnover	成交量 Volume	成交额 Turnover	成交量 Volume	成交额 Turnover	成交量 Volume	成交额 Turnover	成交量 Volume	成交额 Turnover	成交量 Volume
0.41	40493	0.06	5885	0.01	1097	0.00	0	0.04	3547	0.00	443
0.00	0	0.09	8498	0.12	11435	0.00	0	0.08	7340	0.00	200
0.00	0	0.08	7122	0.00	0	0.00	0	0.05	4651	0.00	0
0.10	9390	0.10	9486	0.00	0	0.00	0	0.09	8045	0.00	0
0.08	7222	0.04	4098	0.01	938	0.00	0	0.00	0	0.01	559
0.02	2235	0.00	0	0.06	5518	0.00	0	0.00	0	0.01	884
0.04	3540	0.00	0	0.10	9714	0.00	0	0.06	5703	0.02	1378
0.07	6846	0.04	4181	0.37	33675	0.00	0	0.11	10070	0.07	6274
0.00	0	0.14	13352	0.03	2694	0.00	0	0.10	9503	0.01	704
0.00	0	0.15	14402	0.00	0	0.01	1021	0.06	5366	0.00	0
0.04	3632	1.15	109052	0.00	0	0.01	470	0.04	4226	0.00	0
0.02	2113	0.17	15893	0.03	3279	0.01	669	0.00	0	0.17	16670
0.06	5565	0.00	0	0.07	6133	0.02	1603	0.00	0	0.19	18104
0.03	2472	0.00	0	0.01	1134	0.01	1131	0.03	2680	0.02	1519
0.02	2406	0.02	2360	0.05	4895	0.00	0	0.01	1192	0.02	2294
0.00	0	0.25	23585	0.02	2169	0.00	0	0.04	3724	0.05	4138
0.00	0	0.11	10168	0.00	0	0.07	6525	0.27	26359	0.00	0
0.30	28903	0.12	11357	0.00	0	0.15	13735	0.47	44919	0.00	0
0.07	6822	0.17	16463	0.06	5663	0.12	10814	0.00	0	0.19	17983
0.05	4910	0.00	0	0.13	12512	0.09	7946	0.00	0	0.10	10135
1.51	145282	0.00	0	0.02	1978	0.08	7469	0.11	10221	0.14	13919
0.02	1639	0.14	13415	0.02	1618	0.00	0	0.15	13505	0.03	2932
0.00	0	0.02	2335	0.01	1335	0.00	0	0.01	1184	0.02	1908
0.00	0	0.03	2338	0.00	0	0.13	11847	0.01	539	0.00	0
0.02	1630	0.03	2599	0.00	0	0.06	5046	0.03	2402	0.00	0
0.10	9837	0.02	2250	0.03	3069	0.02	1982	0.00	0	0.02	1800
0.13	12485	0.00	0	0.06	5372	0.03	2993	0.00	0	0.03	2485
0.14	12966	0.00	0	0.24	22433	0.05	4197	2.28	216766	0.02	1886
0.04	4251	0.28	26950	0.02	2263	0.00	0	1.37	130904	0.02	1772
0.00	0	0.29	28016	0.01	995	0.00	0	0.56	51172	0.10	8997
0.00	0	0.03	2872	0.00	0	0.02	2189	0.00	0	0.00	0

3-21 2005年全国企业债回购每日成交量、成交额

日期 Date	1月 Jan.		2月 Feb.		3月 Mar.		4月 Apr.		5月 May		6月 Jun.	
	成交额 Turnover	成交量 Volume	成交额 Turnover	成交量 Volume	成交额 Turnover	成交量 Volume	成交额 Turnover	成交量 Volume	成交额 Turnover	成交量 Volume	成交额 Turnover	成交量 Volume
1	0.00	0	5.28	528100	3.55	355000	4.85	484600	0.00	0	3.72	372300
2	0.00	0	6.36	635900	10.91	1090800	0.00	0	0.00	0	5.61	560500
3	0.00	0	5.55	554700	7.63	763300	0.00	0	0.00	0	3.60	359600
4	12.33	1233300	3.76	376400	3.03	302500	6.26	626300	0.00	0	0.00	0
5	8.56	856000	0.00	0	0.00	0	4.73	473400	0.00	0	0.00	0
6	9.88	987600	0.00	0	0.00	0	12.06	1206300	0.00	0	11.93	1192800
7	8.80	879700	0.00	0	2.97	296800	8.95	895200	0.00	0	10.64	1063800
8	0.00	0	0.00	0	5.08	507500	5.20	520300	0.00	0	6.58	658300
9	0.00	0	0.00	0	13.15	1314800	0.00	0	16.26	1626100	7.40	739600
10	3.82	382200	0.00	0	6.15	615300	0.00	0	10.38	1037800	2.06	205700
11	8.78	878000	0.00	0	2.79	279400	7.65	765400	5.87	586600	0.00	0
12	7.07	706800	0.00	0	0.00	0	7.74	773800	5.53	553200	0.00	0
13	6.20	619700	0.00	0	0.00	0	9.63	963200	3.19	319400	10.22	1022300
14	5.72	571800	0.00	0	3.17	316600	6.01	601400	0.00	0	8.44	843700
15	0.00	0	0.00	0	3.65	365400	7.58	758200	0.00	0	3.01	300900
16	0.00	0	20.00	1999600	12.13	1213300	0.00	0	12.17	1217300	4.59	458800
17	3.55	355100	4.84	483900	7.90	789600	0.00	0	8.28	828200	2.07	207000
18	7.76	775800	2.86	286100	2.46	245900	5.38	538300	3.64	363800	0.00	0
19	6.26	625900	0.00	0	0.00	0	4.81	481200	5.90	590000	0.00	0
20	6.94	694400	0.00	0	0.00	0	8.15	814500	3.40	340400	10.09	1009100
21	5.01	500700	2.84	284100	4.94	494100	10.64	1064100	0.00	0	8.47	847100
22	0.00	0	3.11	311300	6.70	670300	3.20	319700	0.00	0	0.98	98100
23	0.00	0	15.11	1511400	13.77	1377300	0.00	0	12.11	1211400	4.50	450000
24	3.96	395800	8.67	866600	6.62	662200	0.00	0	7.99	798600	1.38	137600
25	6.52	652200	3.11	311400	3.63	362500	8.41	840500	3.06	305800	0.00	0
26	5.43	542600	0.00	0	0.00	0	4.66	465800	5.67	566700	0.00	0
27	12.77	1277200	0.00	0	0.00	0	8.22	821700	3.39	339100	9.64	963900
28	5.71	570600	2.65	265000	5.34	533700	8.80	879900	0.00	0	7.06	705500
29	0.00	0	0.00	0	3.21	320500	1.42	141700	0.00	0	1.04	103500
30	0.00	0	0.00	0	11.55	1155000	0.00	0	11.45	1145100	3.68	368000
31	7.61	761400	0.00	0	6.59	658700	0.00	0	8.09	808600	0.00	0

数据来源:上海证券交易所

Source: Shanghai Stock Exchange

Enterprise Bonds Repurchase Daily Trading in 2005

成交额:亿元;成交量:手

7月 Jul.		8月 Aug.		9月 Sep.		10月 Oct.		11月 Nov.		12月 Dec.	
成交额 Turnover	成交量 Volume	成交额 Turnover	成交量 Volume	成交额 Turnover	成交量 Volume	成交额 Turnover	成交量 Volume	成交额 Turnover	成交量 Volume	成交额 Turnover	成交量 Volume
2.15	214600	9.63	963200	3.63	363200	0.00	0	7.26	725600	4.28	428100
0.00	0	7.04	703500	2.48	247700	0.00	0	3.25	324600	1.06	106000
0.00	0	2.35	235300	0.00	0	0.00	0	6.58	657600	0.00	0
9.99	998800	3.06	305600	0.00	0	0.00	0	1.21	120800	0.00	0
8.66	866100	3.47	346800	6.02	601800	0.00	0	0.00	0	4.48	447500
3.35	335400	0.00	0	5.73	573400	0.00	0	0.00	0	5.92	592100
5.39	538700	0.00	0	2.33	232800	0.00	0	5.90	590100	4.63	462500
2.98	298200	9.28	927700	5.80	579900	0.00	0	5.41	540500	4.08	408400
0.00	0	6.76	675800	2.01	200800	0.00	0	2.68	267900	1.85	184500
0.00	0	1.21	121300	0.00	0	12.42	1241600	3.46	346300	0.00	0
10.21	1020500	2.73	272500	0.00	0	6.80	679800	0.50	50200	0.00	0
7.39	739100	3.04	303900	6.97	697100	4.02	401700	0.00	0	2.43	243300
1.59	159100	0.00	0	3.83	382500	5.08	507600	0.00	0	4.13	413300
5.16	515900	0.00	0	1.40	139800	0.91	91100	4.00	399500	3.12	311500
2.50	249600	7.88	788100	6.34	633600	0.00	0	4.23	423000	3.97	397100
0.00	0	8.97	896700	1.90	190400	0.00	0	2.19	218600	4.45	444500
0.00	0	0.32	32300	0.00	0	6.47	647400	6.93	693200	0.00	0
9.29	929300	1.61	160600	0.00	0	3.53	353300	0.90	90300	0.00	0
7.80	779500	2.09	209200	6.99	698500	4.06	406300	0.00	0	5.62	561600
1.76	176000	0.00	0	3.76	375600	4.13	412500	0.00	0	2.03	203000
4.33	432900	0.00	0	1.49	149100	1.30	130300	4.64	463900	1.73	173200
2.87	286500	7.24	723800	5.59	558600	0.00	0	3.93	392600	5.15	514900
0.00	0	5.72	572100	2.74	273700	0.00	0	1.92	192300	0.42	42100
0.00	0	0.60	60400	0.00	0	6.31	631100	4.52	452000	0.00	0
9.29	929100	1.93	192700	0.00	0	3.24	324200	0.65	64700	0.00	0
8.58	858100	2.21	220500	7.65	764500	2.14	214300	0.00	0	5.27	526500
1.28	127700	0.00	0	3.71	371000	2.89	289000	0.00	0	3.25	325000
2.78	278300	0.00	0	1.57	156600	0.48	47700	4.72	472100	2.73	272900
4.05	404800	7.19	718500	4.38	438000	0.00	0	4.60	460100	1.27	127400
0.00	0	5.72	572100	0.23	22500	0.00	0	2.86	285800	1.04	103800
0.00	0	0.22	22400	0.00	0	9.62	961600	0.00	0	0.00	0

3-22 2005年上海企业债回购每日成交量、成交额

日期 Date	1月 Jan.		2月 Feb.		3月 Mar.		4月 Apr.		5月 May		6月 Jun.	
	成交额 Turnover	成交量 Volume	成交额 Turnover	成交量 Volume	成交额 Turnover	成交量 Volume	成交额 Turnover	成交量 Volume	成交额 Turnover	成交量 Volume	成交额 Turnover	成交量 Volume
1	0.00	0	5.28	528100	3.55	355000	4.85	484600	0.00	0	3.72	372300
2	0.00	0	6.36	635900	10.91	1090800	0.00	0	0.00	0	5.61	560500
3	0.00	0	5.55	554700	7.63	763300	0.00	0	0.00	0	3.60	359600
4	12.33	1233300	3.76	376400	3.03	302500	6.26	626300	0.00	0	0.00	0
5	8.56	856000	0.00	0	0.00	0	4.73	473400	0.00	0	0.00	0
6	9.88	987600	0.00	0	0.00	0	12.06	1206300	0.00	0	11.93	1192800
7	8.80	879700	0.00	0	2.97	296800	8.95	895200	0.00	0	10.64	1063800
8	0.00	0	0.00	0	5.08	507500	5.20	520300	0.00	0	6.58	658300
9	0.00	0	0.00	0	13.15	1314800	0.00	0	16.26	1626100	7.40	739600
10	3.82	382200	0.00	0	6.15	615300	0.00	0	10.38	1037800	2.06	205700
11	8.78	878000	0.00	0	2.79	279400	7.65	765400	5.87	586600	0.00	0
12	7.07	706800	0.00	0	0.00	0	7.74	773800	5.53	553200	0.00	0
13	6.20	619700	0.00	0	0.00	0	9.63	963200	3.19	319400	10.22	1022300
14	5.72	571800	0.00	0	3.17	316600	6.01	601400	0.00	0	8.44	843700
15	0.00	0	0.00	0	3.65	365400	7.58	758200	0.00	0	3.01	300900
16	0.00	0	20.00	1999600	12.13	1213300	0.00	0	12.17	1217300	4.59	458800
17	3.55	355100	4.84	483900	7.90	789600	0.00	0	8.28	828200	2.07	207000
18	7.76	775800	2.86	286100	2.46	245900	5.38	538300	3.64	363800	0.00	0
19	6.26	625900	0.00	0	0.00	0	4.81	481200	5.90	590000	0.00	0
20	6.94	694400	0.00	0	0.00	0	8.15	814500	3.40	340400	10.09	1009100
21	5.01	500700	2.84	284100	4.94	494100	10.64	1064100	0.00	0	8.47	847100
22	0.00	0	3.11	311300	6.70	670300	3.20	319700	0.00	0	0.98	98100
23	0.00	0	15.11	1511400	13.77	1377300	0.00	0	12.11	1211400	4.50	450000
24	3.96	395800	8.67	866600	6.62	662200	0.00	0	7.99	798600	1.38	137600
25	6.52	652200	3.11	311400	3.63	362500	8.41	840500	3.06	305800	0.00	0
26	5.43	542600	0.00	0	0.00	0	4.66	465800	5.67	566700	0.00	0
27	12.77	1277200	0.00	0	0.00	0	8.22	821700	3.39	339100	9.64	963900
28	5.71	570600	2.65	265000	5.34	533700	8.80	879900	0.00	0	7.06	705500
29	0.00	0	0.00	0	3.21	320500	1.42	141700	0.00	0	1.04	103500
30	0.00	0	0.00	0	11.55	1155000	0.00	0	11.45	1145100	3.68	368000
31	7.61	761400	0.00	0	6.59	658700	0.00	0	8.09	808600	0.00	0

数据来源:上海证券交易所
Source:Shanghai Stock Exchange

Enterprise Bonds Repurchase Daily Trading in Shanghai in 2005

成交额:亿元;成交量:手

7月 Jul.		8月 Aug.		9月 Sep.		10月 Oct.		11月 Nov.		12月 Dec.	
成交额 Turnover	成交量 Volume	成交额 Turnover	成交量 Volume	成交额 Turnover	成交量 Volume	成交额 Turnover	成交量 Volume	成交额 Turnover	成交量 Volume	成交额 Turnover	成交量 Volume
2.15	214600	9.63	963200	3.63	363200	0.00	0	7.26	725600	4.28	428100
0.00	0	7.04	703500	2.48	247700	0.00	0	3.25	324600	1.06	106000
0.00	0	2.35	235300	0.00	0	0.00	0	6.58	657600	0.00	0
9.99	998800	3.06	305600	0.00	0	0.00	0	1.21	120800	0.00	0
8.66	866100	3.47	346800	6.02	601800	0.00	0	0.00	0	4.48	447500
3.35	335400	0.00	0	5.73	573400	0.00	0	0.00	0	5.92	592100
5.39	538700	0.00	0	2.33	232800	0.00	0	5.90	590100	4.63	462500
2.98	298200	9.28	927700	5.80	579900	0.00	0	5.41	540500	4.08	408400
0.00	0	6.76	675800	2.01	200800	0.00	0	2.68	267900	1.85	184500
0.00	0	1.21	121300	0.00	0	12.42	1241600	3.46	346300	0.00	0
10.21	1020500	2.73	272500	0.00	0	6.80	679800	0.50	50200	0.00	0
7.39	739100	3.04	303900	6.97	697100	4.02	401700	0.00	0	2.43	243300
1.59	159100	0.00	0	3.83	382500	5.08	507600	0.00	0	4.13	413300
5.16	515900	0.00	0	1.40	139800	0.91	91100	4.00	399500	3.12	311500
2.50	249600	7.88	788100	6.34	633600	0.00	0	4.23	423000	3.97	397100
0.00	0	8.97	896700	1.90	190400	0.00	0	2.19	218600	4.45	444500
0.00	0	0.32	32300	0.00	0	6.47	647400	6.93	693200	0.00	0
9.29	929300	1.61	160600	0.00	0	3.53	353300	0.90	90300	0.00	0
7.80	779500	2.09	209200	6.99	698500	4.06	406300	0.00	0	5.62	561600
1.76	176000	0.00	0	3.76	375600	4.13	412500	0.00	0	2.03	203000
4.33	432900	0.00	0	1.49	149100	1.30	130300	4.64	463900	1.73	173200
2.87	286500	7.24	723800	5.59	558600	0.00	0	3.93	392600	5.15	514900
0.00	0	5.72	572100	2.74	273700	0.00	0	1.92	192300	0.42	42100
0.00	0	0.60	60400	0.00	0	6.31	631100	4.52	452000	0.00	0
9.29	929100	1.93	192700	0.00	0	3.24	324200	0.65	64700	0.00	0
8.58	858100	2.21	220500	7.65	764500	2.14	214300	0.00	0	5.27	526500
1.28	127700	0.00	0	3.71	371000	2.89	289000	0.00	0	3.25	325000
2.78	278300	0.00	0	1.57	156600	0.48	47700	4.72	472100	2.73	272900
4.05	404800	7.19	718500	4.38	438000	0.00	0	4.60	460100	1.27	127400
0.00	0	5.72	572100	0.23	22500	0.00	0	2.86	285800	1.04	103800
0.00	0	0.22	22400	0.00	0	9.62	961600	0.00	0	0.00	0

3-23 2005年深圳企业债回购每日成交量、成交额

日期 Date	1月 Jan.		2月 Feb.		3月 Mar.		4月 Apr.		5月 May		6月 Jun.	
	成交额 Turnover	成交量 Volume	成交额 Turnover	成交量 Volume	成交额 Turnover	成交量 Volume	成交额 Turnover	成交量 Volume	成交额 Turnover	成交量 Volume	成交额 Turnover	成交量 Volume
1	0.00	0	0.00	0	0.00	0	0.00	0	0.00	0	0.00	0
2	0.00	0	0.00	0	0.00	0	0.00	0	0.00	0	0.00	0
3	0.00	0	0.00	0	0.00	0	0.00	0	0.00	0	0.00	0
4	0.00	0	0.00	0	0.00	0	0.00	0	0.00	0	0.00	0
5	0.00	0	0.00	0	0.00	0	0.00	0	0.00	0	0.00	0
6	0.00	0	0.00	0	0.00	0	0.00	0	0.00	0	0.00	0
7	0.00	0	0.00	0	0.00	0	0.00	0	0.00	0	0.00	0
8	0.00	0	0.00	0	0.00	0	0.00	0	0.00	0	0.00	0
9	0.00	0	0.00	0	0.00	0	0.00	0	0.00	0	0.00	0
10	0.00	0	0.00	0	0.00	0	0.00	0	0.00	0	0.00	0
11	0.00	0	0.00	0	0.00	0	0.00	0	0.00	0	0.00	0
12	0.00	0	0.00	0	0.00	0	0.00	0	0.00	0	0.00	0
13	0.00	0	0.00	0	0.00	0	0.00	0	0.00	0	0.00	0
14	0.00	0	0.00	0	0.00	0	0.00	0	0.00	0	0.00	0
15	0.00	0	0.00	0	0.00	0	0.00	0	0.00	0	0.00	0
16	0.00	0	0.00	0	0.00	0	0.00	0	0.00	0	0.00	0
17	0.00	0	0.00	0	0.00	0	0.00	0	0.00	0	0.00	0
18	0.00	0	0.00	0	0.00	0	0.00	0	0.00	0	0.00	0
19	0.00	0	0.00	0	0.00	0	0.00	0	0.00	0	0.00	0
20	0.00	0	0.00	0	0.00	0	0.00	0	0.00	0	0.00	0
21	0.00	0	0.00	0	0.00	0	0.00	0	0.00	0	0.00	0
22	0.00	0	0.00	0	0.00	0	0.00	0	0.00	0	0.00	0
23	0.00	0	0.00	0	0.00	0	0.00	0	0.00	0	0.00	0
24	0.00	0	0.00	0	0.00	0	0.00	0	0.00	0	0.00	0
25	0.00	0	0.00	0	0.00	0	0.00	0	0.00	0	0.00	0
26	0.00	0	0.00	0	0.00	0	0.00	0	0.00	0	0.00	0
27	0.00	0	0.00	0	0.00	0	0.00	0	0.00	0	0.00	0
28	0.00	0	0.00	0	0.00	0	0.00	0	0.00	0	0.00	0
29	0.00	0	0.00	0	0.00	0	0.00	0	0.00	0	0.00	0
30	0.00	0	0.00	0	0.00	0	0.00	0	0.00	0	0.00	0
31	0.00	0	0.00	0	0.00	0	0.00	0	0.00	0	0.00	0

注:2005年深圳证券交易所企业债回购没有交易

数据来源:深圳证券交易所

Source: Shenzhen Stock Exchange

Enterprise Bonds Repurchase Daily Trading in Shenzhen in 2005

成交额:亿元;成交量:手

7月 Jul.		8月 Aug.		9月 Sep.		10月 Oct.		11月 Nov.		12月 Dec.	
成交额 Turnover	成交量 Volume	成交额 Turnover	成交量 Volume	成交额 Turnover	成交量 Volume	成交额 Turnover	成交量 Volume	成交额 Turnover	成交量 Volume	成交额 Turnover	成交量 Volume
0.00	0	0.00	0	0.00	0	0.00	0	0.00	0	0.00	0
0.00	0	0.00	0	0.00	0	0.00	0	0.00	0	0.00	0
0.00	0	0.00	0	0.00	0	0.00	0	0.00	0	0.00	0
0.00	0	0.00	0	0.00	0	0.00	0	0.00	0	0.00	0
0.00	0	0.00	0	0.00	0	0.00	0	0.00	0	0.00	0
0.00	0	0.00	0	0.00	0	0.00	0	0.00	0	0.00	0
0.00	0	0.00	0	0.00	0	0.00	0	0.00	0	0.00	0
0.00	0	0.00	0	0.00	0	0.00	0	0.00	0	0.00	0
0.00	0	0.00	0	0.00	0	0.00	0	0.00	0	0.00	0
0.00	0	0.00	0	0.00	0	0.00	0	0.00	0	0.00	0
0.00	0	0.00	0	0.00	0	0.00	0	0.00	0	0.00	0
0.00	0	0.00	0	0.00	0	0.00	0	0.00	0	0.00	0
0.00	0	0.00	0	0.00	0	0.00	0	0.00	0	0.00	0
0.00	0	0.00	0	0.00	0	0.00	0	0.00	0	0.00	0
0.00	0	0.00	0	0.00	0	0.00	0	0.00	0	0.00	0
0.00	0	0.00	0	0.00	0	0.00	0	0.00	0	0.00	0
0.00	0	0.00	0	0.00	0	0.00	0	0.00	0	0.00	0
0.00	0	0.00	0	0.00	0	0.00	0	0.00	0	0.00	0
0.00	0	0.00	0	0.00	0	0.00	0	0.00	0	0.00	0
0.00	0	0.00	0	0.00	0	0.00	0	0.00	0	0.00	0
0.00	0	0.00	0	0.00	0	0.00	0	0.00	0	0.00	0
0.00	0	0.00	0	0.00	0	0.00	0	0.00	0	0.00	0
0.00	0	0.00	0	0.00	0	0.00	0	0.00	0	0.00	0
0.00	0	0.00	0	0.00	0	0.00	0	0.00	0	0.00	0
0.00	0	0.00	0	0.00	0	0.00	0	0.00	0	0.00	0
0.00	0	0.00	0	0.00	0	0.00	0	0.00	0	0.00	0
0.00	0	0.00	0	0.00	0	0.00	0	0.00	0	0.00	0
0.00	0	0.00	0	0.00	0	0.00	0	0.00	0	0.00	0
0.00	0	0.00	0	0.00	0	0.00	0	0.00	0	0.00	0
0.00	0	0.00	0	0.00	0	0.00	0	0.00	0	0.00	0
0.00	0	0.00	0	0.00	0	0.00	0	0.00	0	0.00	0

3-24 2005年全国可转债每日成交量、成交额

日期 Date	1月 Jan.		2月 Feb.		3月 Mar.		4月 Apr.		5月 May		6月 Jun.	
	成交额 Turnover	成交量 Volume	成交额 Turnover	成交量 Volume	成交额 Turnover	成交量 Volume	成交额 Turnover	成交量 Volume	成交额 Turnover	成交量 Volume	成交额 Turnover	成交量 Volume
1	0.00	0	1.71	166184	1.81	166497	4.03	375056	0.00	0	1.07	103963
2	0.00	0	3.91	375839	1.89	179718	0.00	0	0.00	0	2.56	247271
3	0.00	0	2.69	257368	1.64	158623	0.00	0	0.00	0	1.66	160282
4	2.59	254323	4.40	415396	1.58	145949	2.02	178296	0.00	0	0.00	0
5	1.59	156399	0.00	0	0.00	0	1.15	97518	0.00	0	0.00	0
6	1.20	117459	0.00	0	0.00	0	2.17	193691	0.00	0	1.60	155024
7	2.16	206978	0.00	0	1.84	172405	6.92	653408	0.00	0	1.50	144846
8	0.00	0	0.00	0	2.76	255376	2.87	265075	0.00	0	5.78	546563
9	0.00	0	0.00	0	2.15	199041	0.00	0	1.37	128940	4.15	384016
10	2.80	267505	0.00	0	2.03	186933	0.00	0	2.16	199380	2.48	235734
11	1.91	183776	0.00	0	2.36	211650	5.72	536842	2.19	201934	0.00	0
12	1.08	104677	0.00	0	0.00	0	1.31	123900	2.65	251999	0.00	0
13	1.44	136428	0.00	0	0.00	0	4.60	434950	2.41	230365	1.58	150444
14	1.08	103285	0.00	0	2.76	243291	1.95	183783	0.00	0	2.09	201589
15	0.00	0	0.00	0	2.01	188681	2.56	243810	0.00	0	1.00	97946
16	0.00	0	2.36	223903	2.23	211090	0.00	0	2.22	190707	2.42	229668
17	1.98	189440	1.87	176923	2.33	219881	0.00	0	1.69	156060	2.89	272269
18	1.93	185453	2.26	215299	1.80	169490	2.39	215493	3.13	303757	0.00	0
19	0.98	95768	0.00	0	0.00	0	2.08	188742	1.35	129250	0.00	0
20	1.62	154535	0.00	0	0.00	0	2.32	215148	2.53	242893	5.72	529373
21	3.32	322958	1.85	176738	1.14	108296	4.21	390942	0.00	0	2.70	242406
22	0.00	0	4.40	417663	2.37	219089	2.39	225053	0.00	0	3.90	363644
23	0.00	0	3.02	282546	2.17	202631	0.00	0	1.52	144481	2.01	186597
24	4.61	446357	2.04	190165	1.43	135331	0.00	0	1.22	116373	1.50	141120
25	1.94	188269	4.44	407390	1.84	178257	1.48	135150	1.63	159086	0.00	0
26	2.14	207498	0.00	0	0.00	0	2.23	204562	1.03	98193	0.00	0
27	1.52	145016	0.00	0	0.00	0	1.32	122360	0.86	81237	3.05	287764
28	0.84	81442	3.42	310347	1.48	137569	2.16	199007	0.00	0	2.42	227451
29	0.00	0	0.00	0	0.86	79641	3.17	302289	0.00	0	1.85	175867
30	0.00	0	0.00	0	1.46	140433	0.00	0	0.89	85459	2.36	224790
31	1.11	103575	0.00	0	1.61	153499	0.00	0	1.00	92117	0.00	0

数据来源:上海、深圳证券交易所
Source:Shanghai Shenzhen Stock Exchange

Daily Trading Volume and Value of Converse Bonds in 2005

成交额：亿元；成交量：手

7月 Jul.		8月 Aug.		9月 Sep.		10月 Oct.		11月 Nov.		12月 Dec.	
成交额 Turnover	成交量 Volume	成交额 Turnover	成交量 Volume	成交额 Turnover	成交量 Volume	成交额 Turnover	成交量 Volume	成交额 Turnover	成交量 Volume	成交额 Turnover	成交量 Volume
2.46	236635	3.09	282428	2.52	228186	0.00	0	1.55	149664	0.85	81284
0.00	0	2.22	208633	1.97	177797	0.00	0	1.44	136619	0.74	70895
0.00	0	3.85	357861	0.00	0	0.00	0	4.14	392877	0.00	0
0.87	83327	2.15	202386	0.00	0	0.00	0	0.49	46209	0.00	0
0.70	67340	3.21	298200	1.64	146669	0.00	0	0.00	0	0.92	89312
0.99	95563	0.00	0	2.05	185933	0.00	0	0.00	0	1.56	148707
0.33	32013	0.00	0	2.13	192460	0.00	0	0.39	37274	1.19	112750
0.33	32241	4.64	431147	1.55	141794	0.00	0	1.30	123407	1.12	107246
0.00	0	2.99	275369	2.83	258490	0.00	0	1.82	173116	1.73	168692
0.00	0	3.82	355807	0.00	0	1.11	104396	1.77	169401	0.00	0
1.17	112990	4.51	407502	0.00	0	1.28	121650	0.87	82471	0.00	0
2.80	265274	4.61	415312	3.10	286609	1.74	162151	0.00	0	1.23	116208
0.94	90011	0.00	0	2.44	225690	2.02	190372	0.00	0	1.38	129954
0.93	88459	0.00	0	2.73	248517	1.43	137852	0.80	76992	1.73	161232
1.58	150952	2.57	233111	1.10	101018	0.00	0	0.60	57664	6.11	571478
0.00	0	3.17	291025	1.57	144574	0.00	0	0.58	55964	2.35	219313
0.00	0	2.35	213910	0.00	0	1.49	142618	0.43	41420	0.00	0
1.05	101116	2.72	251852	0.00	0	1.67	160822	1.09	107293	0.00	0
2.22	211733	2.66	243986	1.74	163261	2.78	266276	0.00	0	2.36	225904
1.11	106327	0.00	0	1.64	155135	4.02	385980	0.00	0	1.90	178255
0.87	83693	0.00	0	2.20	205593	2.38	229474	0.41	40363	1.21	113259
4.75	443027	1.47	135035	3.32	310175	0.00	0	0.79	75867	2.25	213685
0.00	0	1.05	96321	1.43	134633	0.00	0	1.23	119007	5.41	510023
0.00	0	1.56	146585	0.00	0	1.70	162125	5.50	519853	0.00	0
3.54	329138	1.33	121850	0.00	0	1.54	147143	1.95	188005	0.00	0
5.59	517598	1.33	125040	0.99	90008	2.10	200502	0.00	0	1.33	124330
2.03	190254	0.00	0	2.51	236676	2.26	211164	0.00	0	1.76	163530
3.11	288645	0.00	0	2.32	218299	1.09	102826	1.43	139667	1.54	145375
2.22	210422	1.27	117564	1.97	185126	0.00	0	0.49	47938	1.98	187590
0.00	0	2.49	235664	1.85	171452	0.00	0	0.65	62310	1.80	166712
0.00	0	1.84	170283	0.00	0	1.59	151598	0.00	0	0.00	0

3-25 2005年上海可转债每日成交量、成交额

日期 Date	1月 Jan.		2月 Feb.		3月 Mar.		4月 Apr.		5月 May		6月 Jun.	
	成交额 Turnover	成交量 Volume	成交额 Turnover	成交量 Volume	成交额 Turnover	成交量 Volume	成交额 Turnover	成交量 Volume	成交额 Turnover	成交量 Volume	成交额 Turnover	成交量 Volume
1	0.00	0	1.02	101417	1.09	102328	2.25	219591	0.00	0	0.58	56025
2	0.00	0	2.77	270460	0.94	89659	0.00	0	0.00	0	1.58	151989
3	0.00	0	1.83	176266	0.88	86073	0.00	0	0.00	0	1.13	108477
4	1.08	107737	3.13	299462	0.62	58918	0.62	60659	0.00	0	0.00	0
5	1.13	112702	0.00	0	0.00	0	0.34	32057	0.00	0	0.00	0
6	0.64	64193	0.00	0	0.00	0	0.75	72973	0.00	0	1.33	129171
7	1.05	103698	0.00	0	0.61	59396	5.61	534751	0.00	0	1.22	117119
8	0.00	0	0.00	0	1.33	126939	1.97	187423	0.00	0	3.75	351516
9	0.00	0	0.00	0	0.88	85692	0.00	0	1.16	108452	2.92	267555
10	1.48	144740	0.00	0	0.90	84524	0.00	0	1.76	163020	1.88	176737
11	1.12	110223	0.00	0	0.71	68259	3.79	359397	1.59	145371	0.00	0
12	0.72	71092	0.00	0	0.00	0	0.57	54483	1.53	145153	0.00	0
13	0.64	62691	0.00	0	0.00	0	3.11	297418	1.39	133013	1.40	132366
14	0.56	54962	0.00	0	1.05	97201	1.28	122165	0.00	0	1.54	148045
15	0.00	0	0.00	0	1.21	117239	1.47	143138	0.00	0	0.80	77254
16	0.00	0	1.84	177213	1.48	144818	0.00	0	0.72	67638	2.03	191647
17	1.21	117384	1.07	103052	1.28	124607	0.00	0	0.90	85194	2.43	226748
18	0.92	90138	0.89	85830	0.96	91007	0.96	91207	0.96	93926	0.00	0
19	0.27	26507	0.00	0	0.00	0	1.09	103838	0.76	73679	0.00	0
20	0.69	66852	0.00	0	0.00	0	1.33	127732	1.74	168194	4.82	440891
21	1.97	194855	1.46	139892	0.80	76202	2.80	265630	0.00	0	1.38	124431
22	0.00	0	3.18	305916	1.19	115116	1.71	162859	0.00	0	2.27	213131
23	0.00	0	1.89	180070	1.25	119084	0.00	0	0.84	81122	1.17	108572
24	2.73	268669	1.15	109481	1.01	99094	0.00	0	0.77	73640	0.94	89113
25	1.29	128137	2.65	251135	1.19	117373	0.79	74457	0.64	62571	0.00	0
26	1.52	148515	0.00	0	0.00	0	1.36	128079	0.64	61185	0.00	0
27	0.89	86667	0.00	0	0.00	0	0.85	77929	0.46	43627	2.03	190043
28	0.56	54541	1.17	109733	0.72	70898	1.34	125809	0.00	0	1.58	146724
29	0.00	0	0.00	0	0.41	39044	2.32	223485	0.00	0	1.09	103036
30	0.00	0	0.00	0	0.65	64399	0.00	0	0.48	45568	2.01	190693
31	0.57	53638	0.00	0	0.80	78103	0.00	0	0.71	65403	0.00	0

数据来源:上海证券交易所

Source: Shanghai Stock Exchange

Daily Trading Volume and Value of Converse Bonds in Shanghai in 2005

成交额:亿元;成交量:手

7月 Jul.		8月 Aug.		9月 Sep.		10月 Oct.		11月 Nov.		12月 Dec.	
成交额 Turnover	成交量 Volume	成交额 Turnover	成交量 Volume	成交额 Turnover	成交量 Volume	成交额 Turnover	成交量 Volume	成交额 Turnover	成交量 Volume	成交额 Turnover	成交量 Volume
2.07	197451	2.13	192520	1.04	97301	0.00	0	0.90	86902	0.80	76314
0.00	0	1.56	144572	1.20	109432	0.00	0	0.77	72283	0.61	58696
0.00	0	1.95	180608	0.00	0	0.00	0	1.05	99533	0.00	0
0.51	48051	1.80	169265	0.00	0	0.00	0	0.13	12294	0.00	0
0.48	45650	2.33	214851	1.05	95134	0.00	0	0.00	0	0.73	70485
0.76	73358	0.00	0	1.02	93336	0.00	0	0.00	0	1.44	137202
0.19	18751	0.00	0	1.52	136337	0.00	0	0.25	24139	1.07	101443
0.28	26698	3.17	294474	1.02	93114	0.00	0	1.12	106326	0.93	88509
0.00	0	2.03	183037	1.24	110650	0.00	0	1.70	161338	1.21	116453
0.00	0	2.41	222680	0.00	0	0.69	65112	1.40	134157	0.00	0
0.78	74799	2.91	260755	0.00	0	1.01	95908	0.70	66101	0.00	0
2.26	213032	3.20	285648	2.08	190362	1.56	146613	0.00	0	0.92	85385
0.72	68323	0.00	0	1.15	104161	1.67	157123	0.00	0	0.96	90182
0.76	71364	0.00	0	1.39	127135	0.90	85996	0.39	37138	1.49	138351
0.90	84541	1.93	172810	0.75	68716	0.00	0	0.49	47390	1.52	141712
0.00	0	1.68	152369	0.73	66754	0.00	0	0.52	50570	0.96	89140
0.00	0	1.42	128001	0.00	0	0.96	90788	0.34	32963	0.00	0
0.53	49370	1.25	114739	0.00	0	1.32	126102	0.50	48179	0.00	0
1.71	161486	1.80	163012	0.91	83617	1.52	145011	0.00	0	0.92	87090
0.79	75254	0.00	0	0.65	60308	2.00	189754	0.00	0	0.62	57450
0.63	60288	0.00	0	1.63	150463	0.82	78774	0.25	24409	0.39	36320
3.88	360602	0.99	89123	2.37	217934	0.00	0	0.69	66465	0.94	89615
0.00	0	0.76	69434	1.14	106357	0.00	0	0.91	87911	3.87	365913
0.00	0	1.20	112796	0.00	0	0.91	86834	5.22	492712	0.00	0
3.24	300385	0.77	70058	0.00	0	1.11	106139	0.99	95725	0.00	0
3.79	346778	0.75	69351	0.71	63370	1.45	137124	0.00	0	1.13	105502
1.59	147700	0.00	0	1.63	151224	1.91	177201	0.00	0	1.44	133198
2.48	227420	0.00	0	1.55	144236	0.86	79976	1.06	102255	1.12	105778
1.57	147686	0.67	62531	1.16	110483	0.00	0	0.32	30551	1.29	119445
0.00	0	1.14	106671	1.08	102172	0.00	0	0.60	57602	0.99	89791
0.00	0	0.96	88916	0.00	0	1.24	117954	0.00	0	0.00	0

3-26　2005年深圳可转债每日成交量、成交额

日期 Date	1月 Jan.		2月 Feb.		3月 Mar.		4月 Apr.		5月 May		6月 Jun.	
	成交额 Turnover	成交量 Volume	成交额 Turnover	成交量 Volume	成交额 Turnover	成交量 Volume	成交额 Turnover	成交量 Volume	成交额 Turnover	成交量 Volume	成交额 Turnover	成交量 Volume
1	0.00	0	0.69	64767	0.72	64169	1.78	155465	0.00	0	0.49	47938
2	0.00	0	1.14	105379	0.95	90059	0.00	0	0.00	0	0.98	95282
3	0.00	0	0.86	81102	0.76	72550	0.00	0	0.00	0	0.53	51805
4	1.51	146586	1.27	115934	0.96	87031	1.40	117637	0.00	0	0.00	0
5	0.46	43697	0.00	0	0.00	0	0.81	65461	0.00	0	0.00	0
6	0.56	53266	0.00	0	0.00	0	1.42	120718	0.00	0	0.27	25853
7	1.11	103280	0.00	0	1.23	113009	1.31	118657	0.00	0	0.28	27727
8	0.00	0	0.00	0	1.43	128437	0.90	77652	0.00	0	2.03	195047
9	0.00	0	0.00	0	1.27	113349	0.00	0	0.21	20488	1.23	116461
10	1.32	122765	0.00	0	1.13	102409	0.00	0	0.40	36360	0.60	58997
11	0.79	73553	0.00	0	1.65	143391	1.93	177445	0.60	56563	0.00	0
12	0.36	33585	0.00	0	0.00	0	0.74	69417	1.12	106846	0.00	0
13	0.80	73737	0.00	0	0.00	0	1.49	137532	1.02	97352	0.18	18078
14	0.52	48323	0.00	0	1.71	146090	0.67	61618	0.00	0	0.55	53544
15	0.00	0	0.00	0	0.80	71442	1.09	100672	0.00	0	0.20	20692
16	0.00	0	0.52	46690	0.75	66272	0.00	0	1.50	123069	0.39	38021
17	0.77	72056	0.80	73871	1.05	95274	0.00	0	0.79	70866	0.46	45521
18	1.01	95315	1.37	129469	0.84	78483	1.43	124286	2.17	209831	0.00	0
19	0.71	69261	0.00	0	0.00	0	0.99	84904	0.59	55571	0.00	0
20	0.93	87683	0.00	0	0.00	0	0.99	87416	0.79	74699	0.90	88482
21	1.35	128103	0.39	36846	0.34	32094	1.41	125312	0.00	0	1.32	117975
22	0.00	0	1.22	111747	1.18	103973	0.68	62194	0.00	0	1.63	150513
23	0.00	0	1.13	102476	0.92	83547	0.00	0	0.68	63359	0.84	78025
24	1.88	177688	0.89	80684	0.42	36237	0.00	0	0.45	42733	0.56	52007
25	0.65	60132	1.79	156255	0.65	60884	0.69	60693	0.99	96515	0.00	0
26	0.62	58983	0.00	0	0.00	0	0.87	76483	0.39	37008	0.00	0
27	0.63	58349	0.00	0	0.00	0	0.47	44431	0.40	37610	1.02	97721
28	0.28	26901	2.25	200614	0.76	66671	0.82	73198	0.00	0	0.84	80727
29	0.00	0	0.00	0	0.45	40597	0.85	78804	0.00	0	0.76	72831
30	0.00	0	0.00	0	0.81	76034	0.00	0	0.41	39891	0.35	34097
31	0.54	49937	0.00	0	0.81	75396	0.00	0	0.29	26714	0.00	0

数据来源：深圳证券交易所

Source：Shenzhen Stock Exchange

Daily Trading Volume and Value of Converse Bonds in Shenzhen in 2005

成交额：亿元；成交量：手

7月 Jul.		8月 Aug.		9月 Sep.		10月 Oct.		11月 Nov.		12月 Dec.	
成交额 Turnover	成交量 Volume	成交额 Turnover	成交量 Volume	成交额 Turnover	成交量 Volume	成交额 Turnover	成交量 Volume	成交额 Turnover	成交量 Volume	成交额 Turnover	成交量 Volume
0.39	39184	0.96	89908	1.48	130885	0.00	0	0.65	62762	0.05	4970
0.00	0	0.66	64061	0.77	68365	0.00	0	0.67	64336	0.13	12199
0.00	0	1.90	177253	0.00	0	0.00	0	3.09	293344	0.00	0
0.36	35276	0.35	33121	0.00	0	0.00	0	0.36	33915	0.00	0
0.22	21690	0.88	83349	0.59	51535	0.00	0	0.00	0	0.19	18827
0.23	22205	0.00	0	1.03	92597	0.00	0	0.00	0	0.12	11505
0.14	13262	0.00	0	0.61	56123	0.00	0	0.14	13135	0.12	11307
0.05	5543	1.47	136673	0.53	48680	0.00	0	0.18	17081	0.19	18737
0.00	0	0.96	92332	1.59	147840	0.00	0	0.12	11778	0.52	52239
0.00	0	1.41	133127	0.00	0	0.42	39284	0.37	35244	0.00	0
0.39	38191	1.60	146747	0.00	0	0.27	25742	0.17	16370	0.00	0
0.54	52242	1.41	129664	1.02	96247	0.18	15538	0.00	0	0.31	30823
0.22	21688	0.00	0	1.29	121529	0.35	33249	0.00	0	0.42	39772
0.17	17095	0.00	0	1.34	121382	0.53	51856	0.41	39854	0.24	22881
0.68	66411	0.64	60301	0.35	32302	0.00	0	0.11	10274	4.59	429766
0.00	0	1.49	138656	0.84	77820	0.00	0	0.06	5394	1.39	130173
0.00	0	0.93	85909	0.00	0	0.53	51830	0.09	8457	0.00	0
0.52	51746	1.47	137113	0.00	0	0.35	34720	0.59	59114	0.00	0
0.51	50247	0.86	80974	0.83	79644	1.26	121265	0.00	0	1.44	138814
0.32	31073	0.00	0	0.99	94827	2.02	196226	0.00	0	1.28	120805
0.24	23405	0.00	0	0.57	55130	1.56	150700	0.16	15954	0.82	76939
0.87	82425	0.48	45912	0.95	92241	0.00	0	0.10	9402	1.31	124070
0.00	0	0.29	26887	0.29	28276	0.00	0	0.32	31096	1.54	144110
0.00	0	0.36	33789	0.00	0	0.79	75291	0.28	27141	0.00	0
0.30	28753	0.56	51792	0.00	0	0.43	41004	0.96	92280	0.00	0
1.80	170820	0.58	55689	0.28	26638	0.65	63378	0.00	0	0.20	18828
0.44	42554	0.00	0	0.88	85452	0.35	33963	0.00	0	0.32	30332
0.63	61225	0.00	0	0.77	74063	0.23	22850	0.37	37412	0.42	39597
0.65	62736	0.60	55033	0.81	74643	0.00	0	0.17	17387	0.69	68145
0.00	0	1.35	128993	0.77	69280	0.00	0	0.05	4708	0.81	76921
0.00	0	0.88	81367	0.00	0	0.35	33644	0.00	0	0.00	0

四、证券投资基金及衍生品

Securities Investment Funds & Derivation

2005年证券投资基金市场综述

Summary for Securities Investment Funds Market 2005

2005年,我国基金业取得巨大发展。基金规模不断扩大,品种逐渐丰富;基金销售渠道与交易方式创新取得突破;基金管理公司的管理经验、投资运作水平有了一定程度的提高,内部控制、风险管理得到了普遍加强。

一、证券投资基金规模不断扩大,货币市场基金取得较快发展

截至2005年底,共有218只基金,基金总规模为4714.18亿份,基金资产净值为4691.37亿元。其中封闭式基金54只,总规模817亿份,基金资产净值822.17亿元;开放式基金164只,总规模3897.18亿份,基金资产净值3869.21亿元。已经开业的基金管理公司共有53家,其中合资基金管理公司20家。托管银行共12家。2005年,共有57只基金完成募集,总募集规模1002.99亿元。据统计,截至2005年12月底,基金净值占沪深两市流通市值的比例为44%,持股市值占流通市值的比重为16%。

2005年,货币市场基金取得较快发展。基金数量和规模分别由年初的9只、633.34亿元增长到年底的26只、1867.90亿元,货币基金的数量和规模均较年初翻了两番,货币市场基金规模已占行业总规模的40%。

二、基金销售与服务创新取得突破

2005年,基金销售渠道进一步拓宽,多层次的基金营销体系不断完善。运用沪、深证券交易所的交易网络系统开展基金的申购、赎回业务,极大的拓宽了基金的销售服务网络。货币市场基金联名信用卡的推出,使货币市场基金首次实现了支付功能,可以看作是货币市场基金发展史上的一次革命。

三、基金监管体系不断完善,初步建立起基金监管的分工协作体系

2005年,中国证监会发布施行了《证券投资基金监管职责分工协作指引》,在集中统一监管体制下,明确了证监会、证监会各派出证监局、基金业协会与交易所在基金管理公司治理、内部控制、高级管理人员、基金销售、信息披露等关键监管环节中的各自职责,形成了各部门各司其职、各负其责、密切协作的基金监管体系。

四、机构投资者发展迅速,初步形成了多元化的发展格局

2005年,我国机构投资者发展迅速,证券投资基金规模稳步增长,QFII、保险、社保基金、企业年金等各类机构投资者队伍日益壮大,初步形成了多元化的机构投资者格局,为促进证券市场的规范、健康、稳定发展起了重要作用。

截至2005年底,共有QFII 34家,资产规模为386亿人民币,托管银行11家。QFII证券资

产 347 亿元，占总投资额度的 90％。其中，A 股投资约 223 亿元，占证券资产的 64％；基金投资 60 亿元，占 17％；可转债投资 26 亿，占 7％，国债投资 37 亿，占 11％。保险资金稳定入市，2005 年底投资证券投资基金 1099.21 亿元。企业年金入市进程加快，第一批企业年金受托管理人、账户管理人、投资管理人、资产托管人的资格认定工作已经完成，企业年金投资于资本市场的条件进一步成熟。

（中国证监会）

4-1 封闭式基金概况

List of Close Securities Investment Funds

序号 No.	基金简称 Investment Funds	发行时间 Date Issued	上市时间 Date Listed	基金存续期 Duration	基金规模(亿) Manage Capital	基金总资产净值(亿元) Net Asset	基金管理公司 Manager	基金托管银行 Castodian	上市地点 Exchange Listed in
1	基金金泰	19980327	19980407	15	20	19.58	鹏华	工行	深圳
2	基金开元	19980327	19980407	15	20	21.35	长盛	中行	深圳
3	基金兴华	19980428	19980508	15	20	20.41	宝盈	交行	深圳
4	基金安信	19980622	19980626	15	20	21.29	华安	工行	上海
5	基金裕阳	19980725	19980730	15	20	21.10	长城	农行	深圳
6	基金普惠	19990106	19990127	15	20	19.46	富国	建行	上海
7	基金泰和	19990408	19990420	15	20	21.07	易方达	交行	深圳
8	基金同益	19990408	19990421	15	20	21.10	华安	交行	深圳
9	基金汉盛	19990510	19990518	15	20	19.99	长盛	工行	深圳
10	基金景宏	19990505	19990518	15	20	18.49	国泰	建行	上海
11	基金安顺	19990615	19990622	15	30	33.85	华夏	建行	上海
12	基金裕隆	19990615	19990624	15	30	28.94	长城	交行	深圳
13	基金普丰	19990714	19990730	15	30	28.42	富国	工行	上海
14	基金兴和	19990714	19990730	15	30	28.31	融通	建行	上海
15	基金天元	19990826	19990920	15	30	32.96	华夏	农行	上海
16	基金景博	19990922	19991022	15	10	9.25	大成	农行	深圳
17	基金景阳	19990917	19991022	15	10	10.83	长盛	中行	深圳
18	基金裕元	19990921	19991028	15	15	16.29	国投瑞银	工行	深圳
19	基金金鑫	19991021	19991126	15	30	28.54	南方	工行	深圳
20	基金同盛	19991105	19991126	15	30	28.10	华安	工行	上海
21	基金汉兴	19991230	20000110	15	30	25.69	大成	中行	深圳
22	基金景福	19991230	20000110	15	30	27.57	博时	工行	上海
23	基金裕华	20000714	20000224	15	5	5.22	嘉实	交行	深圳
24	基金同智	20000721	20000515	15	5	5.76	鹏华	工行	上海
25	基金裕泽	20000714	20000517	15	5	5.71	银河	建行	上海
26	基金金盛	20000908	20000630	15	5	5.25	华夏	建行	上海
27	基金金元	20000908	20000711	15	5	5.10	大成	农行	上海

续表

序号 No.	基金简称 Investment Funds	发行时间 Date Issued	上市时间 Date Listed	基金存续期 Duration	基金规模(亿) Manage Capital	基金总资产净值(亿元) Net Asset	基金管理公司 Manager	基金托管银行 Castodian	上市地点 Exchange Listed in
28	基金兴科	20000825	20000718	15	5	5.25	宝盈	农行	深圳
29	基金金鼎	20001020	20000804	15	5	5.04	博时	农行	深圳
30	基金汉鼎	20001027	20000817	15	5	4.57	嘉实	建行	上海
31	基金兴安	20001110	20000920	15	5	5.13	融通	建行	深圳
32	基金汉博	20001124	20001017	15	5	4.78	鹏华	交行	深圳
33	基金隆元	20001201	20001018	15	5	4.50	国泰	建行	上海
34	基金科汇	20010712	20010620	10	8	10.87	博时	工行	深圳
35	基金科翔	20010712	20010620	10	8	9.89	南方	工行	上海
36	基金科讯	20010712	20010620	10	8	9.15	华夏	交行	深圳
37	基金兴业	20000818	20010727	10	5	4.37	大成	农行	上海
38	基金同德	20010904	20010801	10	5	5.66	鹏华	工行	深圳
39	基金天华	20010904	20010808	10	25	21.16	易方达	工行	深圳
40	基金普华	20011019	20010829	10	5	3.84	华夏	中行	深圳
41	基金安瑞	20011103	20010830	15	5	4.63	国泰	工行	上海
42	基金安久	20000704	20010831	10	5	4.33	南方	工行	深圳
43	基金普润	20011025	20010904	10	5	4.78	南方	工行	深圳
44	基金通宝	20011023	20010906	10	5	4.62	长盛	农行	上海
45	基金通乾	20010829	20010921	15	20	19.58	银华	农行	深圳
46	基金鸿飞	20010518	20011128	10	5	4.46	富国	农行	上海
47	基金鸿阳	20011210	20011218	15	20	18.68	华安	交行	上海
48	基金景业	20000816	20011219	10	5	4.53	大成	农行	深圳
49	基金科瑞	20020312	20020320	15	30	36.06	国泰	建行	深圳
50	基金丰和	20020322	20020404	15	30	31.41	博时	农行	上海
51	基金久富	20011227	20020418	10	5	5.19	富国	交行	上海
52	基金久嘉	20020705	20020827	15	20	21.41	博时	交行	深圳
53	基金融鑫	20020809	20020902	15	8	8.48	易方达	交行	上海
54	基金银丰	20020815	20020910	15	30	30.17	易方达	交行	上海
合计					817	822.17	—	—	—

数据来源：中国证监会
Source：CSRC

4-2 开放式基金概况

List of Open Securities Investment Funds

序号 No.	基金简称 Investment Funds	成立时间 Date Founded	初始基金规模(亿元) Manage Capital at Beginning	现有基金规模(亿元) Manage Capital Now	基金总资产净值(亿元) Net Asset	基金单位净值(元) Net Asset Value Per Unit	基金管理公司 Manager	基金托管银行 Castodian
1	华安创新	2001.9.21	58.67	23.36	23.66	1.01	华安	交行
2	南方稳健	2001.9.28	34.89	31.45	33.52	1.07	南方	工行
3	华夏成长	2001.12.18	32.37	20.3	20.3	1.00	华夏	建行
4	国泰金鹰增长	2002.5.9	22.26	7.01	7.26	1.04	国泰	交行
5	鹏华行业成长	2002.5.24	39.77	11.48	10.51	0.92	鹏华	工行
6	富国动态平衡	2002.8.16	46.17	8.53	8.39	0.98	富国	农行
7	易方达平稳增长	2002.8.23	46.78	23.08	25.56	1.11	易方达	中行
8	融通新蓝筹	2002.9.13	22.19	10.64	10.84	1.02	融通	建行
9	长盛成长价值	2002.9.18	31.67	10.61	11.25	1.06	长盛	农行
10	南方宝元	2002.9.20	49.03	9.14	9.35	1.02	南方	工行
11	宝盈鸿利收益	2002.10.8	14.46	4.04	3.47	0.86	宝盈	农行
12	博时价值增长	2002.10.9	30.47	23.03	25.66	1.11	博时	建行
13	华夏债券	2002.10.23	51.33	14.29	14.52	1.02	华夏	交行
14	嘉实成长收益	2002.11.5	20.02	18.46	19.65	1.06	嘉实	中行
15	华安180	2002.11.8	30.94	17.29	15.32	0.89	华安	工行
16	大成价值增长	2002.11.11	26.04	8.96	9.2	1.03	大成	农行
17	银华优势企业	2002.11.13	16.82	10.66	11.53	1.08	银华	中行
18	天同180指数	2003.3.15	19.30	6.88	5.68	0.83	天同	中行
19	中融融华债券型基金	2003.4.16	25.88	2.91	3.06	1.05	国投瑞银	光大
20	湘财成长	2003.4.26	10.22	5.71	6.23	1.09	湘财合丰	交行
21	湘财周期		6.27	2.52	2.56	1.02		
22	湘财稳定		9.87	2.37	2.44	1.03		
23	招商安泰股票投资基金	2003.4.28	10.29	19.64	19.84	1.01	招商	招行
24	招商安泰平衡型证券投资基金		8.99	2.93	2.93	1.00		
25	招商安泰债券投资基金		25.86	3.94	4.11	1.04		
26	大成债券投资	2003.6.12	21.53	2.13	2.17	1.02	大成	农行
27	金鹰成分股优选	2003.6.16	15.17	3.67	3.03	0.83	金鹰	中行
28	南方避险	2003.6.27	51.93	26.15	27.08	1.04	南方	工行
29	嘉实稳健	2003.7.9	10.30	8.05	8.4	1.04	嘉实	中行
30	嘉实债券		5.87	1.19	1.22	1.03		
31	嘉实增长		9.45	15.37	18.33	1.19		
32	鹏华普天收益	2003.7.12	3.43	2.18	2.25	1.03	鹏华	交行

续表

序号 No.	基金简称 Investment Funds	成立时间 Date Founded	初始基金规模(亿元) Manage Capital at Beginning	现有基金规模(亿元) Manage Capital Now	基金总资产净值(亿元) Net Asset	基金单位净值(元) Net Asset Value Per Unit	基金管理公司 Manager	基金托管银行 Castodian
33	鹏华普天债券	2003.7.12	7.98	0.7	0.7	1.00	鹏华	交行
34	华宝兴业宝康消费品	2003.7.15	15.41	17.47	19.23	1.10	华宝兴业	建行
35	华宝兴业宝康灵活配置		10.67	10.59	11.27	1.06		
36	华宝兴业宝康债券		12.88	4.17	4.21	1.01		
37	银河稳健	2003.8.4	11.87	4.66	4.32	0.93	银河	农行
38	银河收益		18.02	0.99	1.03	1.04		
39	国联安德盛稳健	2003.8.8	36.66	11.51	11.22	0.97	国联安	工行
40	海富通精选	2003.8.22	36.98	23.26	25.11	1.08	海富通	交行
41	博时裕富	2003.8.26	51.23	33.12	28.75	0.87	博时	建行
42	华夏回报	2003.9.5	37.97	21.35	21.96	1.03	华夏	中行
43	融通蓝筹成长	2003.9.30	7.70	7.07	7.29	1.03	融通	工行
44	融通深证 100		4.80	8.41	6.74	0.80		
45	融通债券		8.70	3	3.1	1.03		
46	景顺长城股票基金	2003.10.24	8.21	10.84	11.33	1.05	景顺长城	中行
47	景顺长城货币市场		4.74	9.45	9.45	1.00		
48	景顺长城平衡基金		5.41	2.51	2.55	1.02		
49	长盛中信债券	2003.10.25	9.30	1.31	1.37	1.05	长盛	农行
50	长城久恒平衡型	2003.10.31	12.84	4.14	4.16	1.00	长城	建行
51	富国天利债券	2003.12.2	22.95	2.25	2.29	1.02	富国	工行
52	广发聚富	2003.12.3	31.32	21.39	22.85	1.07	广发	工行
53	国泰金龙行业精选	2003.12.5	6.84	2.18	2.24	1.03	国泰	浦发
54	国泰金龙债券		18.87	0.67	0.68	1.01		
55	易方达策略成长	2003.12.9	20.35	22.44	25.25	1.13	易方达	中行
56	华安现金富利	2003.12.30	42.54	334.78	334.78	1.00	华安	工行
57	招商现金增值证券投资基金	2004.1.15	46.45	109.28	109.28	1.00	招商	招行
58	博时现金收益	2004.1.16	62.80	84.31	84.31	1.00	博时	交行
59	泰信天天收益	2004.2.10	60.23	69.38	69.38	1.00	泰信	中行
60	银华保本增值	2004.3.2	60.72	45.83	46.48	1.01	银华	建行
61	南方现金增利	2004.3.5	80.49	384.73	384.73	1.00	南方	工行
62	海富通收益增长	2004.3.12	130.74	84.24	80.69	0.96	海富通	中行
63	中信经典配置	2004.3.15	121.49	73.97	71.8	0.97	中信	招商
64	长信利息收益	2004.3.19	70.43	119.21	119.21	1.00	长信	农行
65	易方达 50 指数	2004.3.22	50.50	53.27	46.52	0.87	易方达	交行
66	巨田基础行业	2004.3.26	18.55	10.64	9.26	0.87	巨田	光大
67	银河银泰	2004.3.30	60.13	36.92	33.89	0.92	银河	工行

续表

序号 No.	基金简称 Investment Funds	成立时间 Date Founded	初始基金规模(亿元) Manage Capital at Beginning	现有基金规模(亿元) Manage Capital No	基金总资产净值(亿元) Net Asset	基金单位净值(元) Net Asset Value Per Unit	基金管理公司 Manager	基金托管银行 Castodian
68	嘉实服务增值行业	2004.4.1	90.33	67.96	62.33	0.92	嘉实	中行
69	华夏现金增利	2004.4.7	64.26	203	203	1.00	华夏	建行
70	申万巴黎盛利精选	2004.4.9	68.09	49.57	47.67	0.96	申万巴黎	工行
71	国联安德盛小盘	2004.4.12	83.25	61.8	57.88	0.94	国联安	工行
72	中融景气行业	2004.4.29	21.96	11.53	11.72	1.02	国投瑞银	光大
73	融通行业景气	2004.4.29	25.47	12.5	11.78	0.94	融通	交行
74	华宝兴业多策略增长	2004.5.11	52.33	32.95	31.29	0.95	华宝兴业	建行
75	兴业可转债	2004.5.11	32.82	20.86	21.03	1.01	兴业	工行
76	鹏华中国50	2004.5.12	24.45	12.55	12.57	1.00	鹏华	交行
77	长盛动态精选	2004.5.21	41.41	23.52	23.41	1.00	长盛	农行
78	长城久泰中信标普300指数	2004.5.21	15.12	12.29	10.75	0.87	长城	招行
79	诺安平衡型	2004.5.21	22.06	14.96	15.39	1.03	诺安	工行
80	金鹰中小盘	2004.5.27	5.46	3.2	2.86	0.89	金鹰	交行
81	招商先锋	2004.6.1	16.05	15.03	14.74	0.98	招商	中行
82	大成蓝筹稳健	2004.6.3	22.34	8.43	8.02	0.95	大成	中行
83	富国天益价值	2004.6.15	10.34	2.04	2.23	1.09	富国	交行
84	国泰金马稳健回报	2004.6.18	12.31	6.49	6.24	0.96	国泰	建行
85	博时精选	2004.6.22	61.03	47.74	46.78	0.98	博时	工行
86	景顺长城内需增长	2004.6.25	25.21	13.19	13.56	1.03	景顺长城	农行
87	泰信先行策略	2004.6.28	7.49	4.57	4.25	0.93	泰信	光大
88	天治财富增长	2004.6.29	9.52	1.49	1.53	1.03	天治	浦发
89	湘财行业精选	2004.7.10	20.17	13.34	13.67	1.02	湘财荷银	中行
90	广发稳健	2004.7.26	22.97	17.9	19.33	1.08	广发	工行
91	华夏大盘精选	2004.8.11	19.27	7.04	7.04	1.00	华夏	中行
92	银华-道琼斯88精选	2004.8.11	10.86	3.38	3.62	1.07	银华	建行
93	华安宝利配置	2004.8.24	11.30	9.87	10.64	1.08	华安	交行
94	光大保德信量化核心	2004.8.28	25.43	14.83	12.99	0.88	光大保德信	光大
95	易方达积极成长	2004.9.9	11.58	12.49	12.91	1.03	易方达	中行
96	上投摩根中国优势	2004.9.16	16.69	11.63	12.61	1.08	上投摩根	建行
97	国联优质成长基金	2004.9.28	10.18	3.22	3.06	0.95	国联	交行
98	天同保本增值	2004.9.29	21.94	13.3	13.73	1.03	天同	农行
99	南方积配	2004.10.14	35.36	13.45	12.8	0.95	南方	工行
100	国泰金象	2004.11.10	8.03	4.48	4.52	1.01	国泰	中行
101	东方龙混合型	2004.11.25	11.30	3.13	3.16	1.01	东方	建行
102	申万配置	2004.11.29	6.90	4.05	3.95	0.98	申万巴黎	工行

续表

序号 No.	基金简称 Investment Funds	成立时间 Date Founded	初始基金规模(亿元) Manage Capital at Beginning	现有基金规模(亿元) Manage Capital No	基金总资产净值(亿元) Net Asset	基金单位净值(元) Net Asset Value Per Unit	基金管理公司 Manager	基金托管银行 Castodian
103	嘉实浦安保本	2004.12.1	12.96	5.66	5.79	1.02	嘉实	浦发
104	诺安货币市场	2004.12.6	15.74	28.42	28.42	1.00	诺安	工行
105	大成精选	2004.12.15	13.36	5.07	5.06	1.00	大成	农行
106	银河银富	2004.12.20	19.38	21.9	21.9	1.00	银河	交行
107	华夏50ETF	2004.12.30	54.35	81.12	66.01	0.81	华夏	工行
108	中银中国	2005.1.4	10.63	9.1	9.28	1.02	中银国际	工行
109	海富通货币市场	2005.1.4	9.64	29.29	29.29	1.00	海富通	中行
110	博时主题行业	2005.1.6	12.10	11.01	11.12	1.01	博时	建行
111	天治品质优选	2005.1.12	12.13	2.49	2.39	0.96	天治	民生
112	长信银利精选	2005.1.17	11.83	4.3	4.23	0.98	长信	农行
113	银华货币	2005.1.31	5.91	26.29	26.29	1.00	银华	交行
114	东吴嘉禾	2005.2.1	10.29	3.75	3.47	0.93	东吴	工行
115	广发小盘成长	2005.2.2	11.75	7.55	7.91	1.05	广发	浦发
116	易方达货币市场	2005.2.2	36.22	95.89	95.89	1.00	易方达	中行
117	华富竞争力优选	2005.3.2	6.01	3.73	3.65	0.98	华富	建行
118	宝盈泛沿海	2005.3.8	4.02	1.97	1.97	1.00	宝盈	工行
119	景顺长城鼎益	2005.3.16	4.49	6.37	6.1	0.96	景顺长城	中行
120	嘉实货币市场	2005.3.18	29.47	68.46	68.46	1.00	嘉实	中行
121	华宝兴业现金宝	2005.3.31	23.14	54.18	54.18	1.00	华宝	建行
122	富国天瑞强势	2005.4.5	16.39	6.55	6.71	1.02	富国	农行
123	湘财风险预算	2005.4.5	5.46	3.39	3.36	0.99	湘财荷银	交行
124	鹏华货币基金	2005.4.12	33.54	31.02	31.02	1.00	鹏华	农行
125	上投摩根货币市场	2005.4.13	9.91	3.16	3.16	1.00	上投摩根	建行
126	中信货币市场	2005.4.20	24.33	26.09	26.09	1.00	中信	招商
127	友邦华泰盛世中国	2005.4.27	9.01	6.78	6.83	1.01	友邦华泰	中行
128	融通巨潮	2005.5.12	5.14	2.49	2.53	1.02	融通	工行
129	广发货币市场	2005.5.20	26.37	26.76	26.76	1.00	广发	工行
130	长城货币市场	2005.5.30	29.35	30.47	30.47	1.00	长城	华夏
131	国海富兰克林中国收益	2005.6.1	6.72	5.14	5.27	1.03	国海富兰克林	工行
132	大成货币市场	2005.6.3	36.37	39.63	39.63	1.00	大成	光大
133	中银国际货币市场	2005.6.7	12.49	8.6	8.6	1.00	中银国际	工行
134	光大保德信货币市场	2005.6.9	14.40	17.54	17.54	1.00	光大保德信	招行
135	国联分红增利	2005.6.16	6.03	1.94	1.93	0.99	国联	农行

续表

序号 No.	基金简称 Investment Funds	成立时间 Date Founded	初始基金规模(亿元) Manage Capital at Beginning	现有基金规模(亿元) Manage Capital No	基金总资产净值(亿元) Net Asset	基金单位净值(元) Net Asset Value Per Unit	基金管理公司 Manager	基金托管银行 Castodian
136	国泰货币基金	2005.6.21	44.45	7.89	7.89	1.00	国泰	农行
137	华夏红利混合	2005.6.30	7.70	5.36	5.36	1.00	华夏	建行
138	南方高增长	2005.7.13	12.77	5.05	5.4	1.07	南方	中行
139	国联安安心成长	2005.7.13	4.09	1.4	1.43	1.02	国联安	工行
140	天同公共事业基金	2005.7.15	3.10	1.41	1.38	0.98	天同	交行
141	海富通股票基金	2005.7.29	4.20	10.54	10.49	1.00	海富通	中行
142	博时价值债券	2005.8.24	45.29	99.14	99.25	1.00	博时	建行
143	汇添富优势精选	2005.8.25	10.29	8.56	8.69	1.02	汇添富	工行
144	嘉实沪深300指数	2005.8.29	8.67	9.64	9.46	0.98	嘉实	中行
145	工银瑞信核心价值	2005.8.31	43.47	38.86	39.47	1.02	工银瑞信	中行
146	新世纪优选分红	2005.9.16	6.19	4.42	4.47	1.01	新世纪	农行
147	易方达月月收益中短债	2005.9.16	114.55	89.86	89.89	1.00	易方达	中行
148	银华核心价值	2005.9.27	5.19	3.38	3.5	1.04	银华	建行
149	巨田资源优选	2005.9.27	3.10	1.33	1.35	1.02	巨田	光大
150	交银精选	2005.9.29	48.75	24.52	25.04	1.02	交银施罗德	农行
151	天弘精选	2005.10.8	3.29	2.55	2.55	1.00	天弘	工行
152	上投摩根阿尔法	2005.10.11	7.68	8.58	8.75	1.02	上投摩根	建行
153	兴业趋势混合	2005.11.3	9.28	9.29	9.44	1.02	兴业	兴业
154	申万巴黎动力精选	2005.11.10	6.70	2.72	2.78	1.02	申万巴黎	工行
155	湘财荷银货币市场	2005.11.10	46.64	21.1	21.1	1.00	湘财荷银	农行
156	富国天惠	2005.11.16	5.84	5.85	5.98	1.02	富国	工行
157	华宝兴业动力组合	2005.11.17	5.35	4.23	4.34	1.03	华宝兴业	中行
158	招商优质成长	2005.11.17	6.53	3.57	3.68	1.03	招商	中信
159	中信精选红利	2005.11.17	5.44	4.2	4.22	1.00	中信	建行
160	建信恒久价值股票型证券投资基金	2005.12.1	62.54	62.02	62.37	1.01	建信	中信
161	长盛货币	2005.12.12	36.01	17.07	17.07	1.00	长盛	兴业
162	诺安股票	2005.12.19	3.79	3.79	3.8	1.00	诺安	工行
163	广发聚丰	2005.12.23	13.16	13.16	13.15	1.00	广发	工行
164	德盛精选股票	2005.12.28	5.79	5.79	5.79	1.00	国联安	华夏
合计			4077.07	3897.18	3869.21			

数据来源:中国证监会

Source:CSRC

4-3 QFII 情况一览表

List of QFII

序号 No.	QFII 名称 QFII	QFII 资格批准时间 Date Approved	累计批准外汇额度(亿美元) Ration Approved
1	瑞士银行有限公司	2003.5.23	8
2	野村证券株式会社	2003.5.23	0.5
3	摩根士丹利国际有限公司	2003.6.5	4
4	花期环球金融有限公司	2003.6.5	5.5
5	高盛公司	2003.7.4	1.5
6	德意志银行	2003.7.30	4
7	汇丰银行有限公司	2003.8.4	4
8	荷兰商业银行	2003.9.10	1
9	摩根大通银行	2003.9.30	0.5
10	瑞士信贷(香港)有限公司	2003.10.24	3
11	渣打银行香港有限公司	2003.12.11	0.75
12	日兴资产管理有限公司	2003.12.11	2.5
13	美林国际	2004.4.30	3
14	恒生银行有限公司	2004.5.10	1
15	大和证券 SMBC 株式会社	2004.5.10	0.5
16	雷曼兄弟国际欧洲公司	2004.7.6	2
17	比尔及美林达·盖茨基金会	2004.7.19	1
18	景顺资产管理有限公司	2004.8.4	0.5
19	荷兰银行有限公司	2004.9.2	1.75
20	法国兴业银行	2004.9.2	0.5
21	邓普顿资产管理有限公司	2004.9.14	—
22	巴克莱银行	2004.9.15	0.75
23	德雷斯登银行	2004.9.27	0.75
24	富通银行	2004.9.29	4
25	法国巴黎银行	2004.9.29	0.75
26	加拿大鲍尔集团	2004.10.15	0.5
27	东方汇理银行	2004.10.15	0.75
28	高盛国际资产管理公司	2005.5.9	2
29	马丁可利投资管理有限公司	2005.10.25	1.2
30	新加坡政府投资公司	2005.10.25	1
31	美国国际集团投资公司	2005.11.14	0.5
32	淡马锡富敦投资私人有限公司	2005.11.15	1
33	JF 资产管理有限公司	2005.12.28	1.5
34	第一生命保险相互会社	2005.12.28	1

数据来源:中国证监会

Source:CSRC

4-4 历年全国基金交易情况汇总表(1994—2005)

Trading Summary of Funds in Recent Years(1994—2005)

年月 Data	基金数量(只) Number of Funds	成交数量(亿单位) Trading Volume(1000000000)	成交金额(亿元) Turnover(100000000)
1994 年	20	237.89	357.50
1995 年	22	241.80	510.19
1996 年	25	474.30	1566.50
1997 年	25	228.72	807.91
1998 年	29	555.33	1016.89
1999 年	42	1623.12	2485.48
2000 年	36	2180.62	2801.84
2001 年	48	2208.62	2561.88
2002 年	54	1218.60	1166.62
2003 年	54	849.18	682.65
2004 年	54	589.72	479.47
2005 年	65	1098.41	773.15

注:2000 年以前数据中包括非证券投资基金;2005 年数据包括 LOFE 和 ETF

数据来源:上海、深圳证券交易所

Source:Shanghai Shenzhen Stock Exchange

4-5 历年上海基金交易情况汇总表(1994—2005)

Trading Summary of Funds in Shanghai Stock Exchange(1994—2005)

年月 Data	基金数量(只) Number of Funds	成交数量(亿单位) Trading Volume(1000000000)	成交金额(亿元) Turnover(100000000)
1994 年	12	56.73	117.34
1995 年	12	107.21	305.67
1996 年	15	128.01	497.38
1997 年	15	55.57	219.53
1998 年	19	329.58	605.28
1999 年	26	827.95	1365.82
2000 年	18	995.32	1334.18
2001 年	23	1148.35	1348.92
2002 年	25	573.69	556.77
2003 年	25	441.62	362.16
2004 年	25	297.78	249.10
2005 年	26	778.73	576.78

注:2000 年以前数据中包括非证券投资基金;2005 年数据包括 LOFE 和 ETF

数据来源:上海证券交易所

Source:Shenzhen Stock Exchange

4-6 历年深圳基金交易情况汇总表(1994—2005)

Trading Summary of Funds in Shenzhen Stock Exchange(1994—2005)

年月 Data	基金数量(只) Number of Funds	成交数量(亿单位) Trading Volume(1000000000)	成交金额(亿元) Turnover(100000000)
1994年	8	181.16	240.16
1995年	10	134.59	204.52
1996年	10	346.29	1069.12
1997年	10	173.15	588.38
1998年	10	225.75	411.61
1999年	16	795.17	1119.66
2000年	18	1185.30	1467.66
2001年	25	1060.27	1212.96
2002年	29	644.91	609.85
2003年	29	407.56	320.49
2004年	29	291.94	230.37
2005年	39	319.68	196.37

注:2000年以前数据中包括非证券投资基金;2005年数据包括LOFE和ETF
数据来源:深圳证券交易所
Source:Shenzhen Stock Exchange

4-7 2005年全国基金成交概况

Trading Summary of Funds in 2005

		本年	上年	增减(%)
交易日数(天)	No. of Dates	242	243	-0.41
基金上市品种(个)	Variety	65	54	20.37
其中:ETF	ETF	1	0	—
LOFE	LOFE	10	0	—
基金成交金额(亿元)	Turnover(100000000)	773.15	479.47	61.25
其中:ETF	ETF	420.92	0.00	—
LOFE	LOFE	11.14	0.00	—
基金日均成交金额(亿元)	Average Turnover(100000000)	3.15	1.98	59.09
基金成交股数(亿股)	Transcation Volume(100000000)	1098.41	589.72	86.26
其中:ETF	ETF	525.01	0.00	—
LOFE	LOFE	11.33	0.00	—
基金成交笔数(百万笔)	No. of Transcation(1000000)	4.13	3.90	5.78
其中:ETF	ETF	0.94	0.00	—
LOFE	LOFE	0.01	0.00	—
上证基金指数开市	Opening Composite Index of Shanghai Stock Exchange	866.93	1012.37	-14.37
上证基金指数最高	Highest	866.93	1101.88	-21.32
上证基金指数最低	Lowest	706.53	836.81	-15.57
上证基金指数收市	Closing	840.19	872.01	-3.65
深证基金指数开市	Opening Composite Index of Shenzhen Stock Exchange	764.18	935.33	-18.30
深证基金指数最高	Highest	783.51	999.95	-21.65
深证基金指数最低	Lowest	640.30	742.81	-13.80
深证基金指数收市	Closing	772.13	771.25	0.11

数据来源:上海、深圳证券交易所
Source:Shanghai、Shenzhen Stock Exchange

4-8 基金管理公司概况

序号 No.	基金管理公司全称 Company	注册资本(万元) Registered Capital	注册地点 Registered in	成立时间 Date Founded	法定代表人 corporation	总经理 Manager
1	国泰基金管理有限公司	11000	上海市	1998/03	陈勇胜	李春平
2	南方基金管理有限公司	15000	深圳市	1998/03	吴万善	高良玉
3	华夏基金管理有限公司	13800	北京市	1998/04	凌新源	范勇宏
4	华安基金管理有限公司	15000	上海市	1998/05	杜建国	韩方河
5	博时基金管理有限公司	10000	深圳市	1998/07	吴雄伟	肖　风
6	鹏华基金管理有限公司	15000	深圳市	1998/12	孙　枫	孙翌扬
7	长盛基金管理有限公司	10000	深圳市	1999/03	王其华	蒋月勤
8	嘉实基金管理有限公司(合资)	10000	北京市	1999/03	王忠民	赵学军
9	大成基金管理有限公司	10000	深圳市	1999/04	胡学光	于　华
10	富国基金管理有限公司(合资)	12000	上海市	1999/04	陈　敏	李建国
11	易方达基金管理有限公司	12000	珠海市	2001/04	梁　棠	叶俊英
12	宝盈基金管理有限公司	10000	深圳市	2001/05	郭　伟	金　旭
13	融通基金管理有限公司	12500	深圳市	2001/05	孟立坤	吕秋梅
14	银华基金管理有限公司	10000	深圳市	2001/05	彭　越	尚　健
15	长城基金管理有限公司	10000	深圳市	2001/11	杨光裕	
16	银河基金管理有限公司	10000	上海市	2002/05	刘澎湃	谭庆中 (副总代行 总经理职责)
17	湘财荷银基金管理公司(合资)	10000	上海市	2002/06	张嘉玉	林伟萌
18	国投瑞银基金管理有限公司(合资)	10000	深圳市	2002/06	施洪祥	万朝领
19	天同基金管理公司	10000	深圳市	2002/08	柳亚男	马志刚
20	金鹰基金管理公司	10000	广州市	2002/12	吴　张	詹松茂
21	招商基金管理公司(合资)	16000	深圳市	2002/12	牛冠兴	成保良
22	华宝兴业基金管理公司(合资)	10000	上海市	2003/1	郑安国	裴长江
23	巨田基金管理公司	10000	深圳市	2003/3	王一楠	许　明
24	国联安基金管理公司(合资)	10000	上海市	2003/3	符学东	先　江
25	海富通基金管理公司(合资)	10000	上海市	2003/4	邵国有	田仁灿

Summary of Securities Investment Funds Management Corp.

管理基金只数 No. of Funds Managed	管理基金规模（亿份） Manage Capital	管理基金名称 Funds Managed
10	88.72	国泰金鹰增长、基金金泰、基金金鑫、基金金盛、基金金鼎、国泰金龙系列（金龙行业、金龙债券）金马、金象、国泰货币基金
10	529.97	南方稳健成长、基金开元、基金天元、基金金元、基金隆元、南方宝元债券型、南方避险增值、现金增利、南方积极配置、南方高增长基金
12	417.46	华夏成长、基金兴华、基金兴和、基金兴科、基金兴安、基金兴业、华夏债券、华夏回报、现金增利、大盘精选、50ETF、华夏红利混合
8	445.3	华安创新、基金安信、基金安顺、基金安瑞、基金安久、华安180指数增强型、华安现金富利、宝利配置
11	373.35	基金裕阳、基金裕隆、基金裕元、基金裕华、基金裕泽、博时价值增长、博时裕富指数、现金收益、精选、博时主题行业、博时价值债券基金
9	117.93	鹏华行业成长、基金普惠、基金普丰、基金普华、基金普润、鹏华普天系列基金、中国50
8	112.51	基金同益、基金同盛、基金同智、基金同德、长盛成长价值、中信全债指数增强型、动态精选、长盛货币
10	244.79	基金泰和、基金丰和、嘉实成长收益、嘉实理财通系列基金、嘉实服务增值行业、嘉实货币市场、嘉实沪深300指数基金
10	139.22	基金景宏、基金景阳、基金景博、基金景福、基金景业、大成价值增长、大成债券投资、蓝筹、大成精选、大成货币市场
9	85.22	富国动态平衡、基金汉盛、基金汉兴、基金汉鼎、基金汉博、天利债券、富国天益、富国天瑞强势、富国天惠
10	351.03	易方达平稳增长、基金科讯、基金科汇、基金科翔、基金科瑞、策略成长、50指数、易方达积极成长、易方达货币、易方达月月收益中短债基金
4	31.01	基金鸿飞、基金鸿阳、宝盈鸿利收益、宝盈泛沿海
8	69.12	基金通宝、基金通乾、融通新蓝筹、融通通利系列基金（包括蓝筹成长、深证180、融通债券）、融通行业景气、融通巨潮
6	114.54	基金天华、银华优势企业、保本增长、道琼斯-88、银华货币、银华核心价值
5	71.9	基金久富、基金久嘉、久恒平衡型、久泰、长城货币市场
5	94.47	基金银丰、银河稳健系列基金、银河银泰、银富
6	48.43	湘财合丰系列行业基金（包括湘财成长类行业、湘财稳定类行业、湘财周期类行业）、精选、湘财风险预算、湘财荷银货币市场
3	22.44	基金融鑫、融华债券型、中融景气行业
3	21.59	天同180指数保本增值、天同公共事业基金
2	6.87	金鹰成分股优选、金鹰中小盘精选
6	154.39	招商安泰系列基金（包括安泰股票基金、安泰平衡型基金、安泰债券基金）、现金增值、招商先锋、招商优质成长
6	123.59	华宝兴业宝康系列基金、多策略增长、华宝兴业现金宝、华宝兴业动力组合
2	11.97	基础行业、巨田资源优选
4	80.5	国联安德盛稳健、德盛小盘、国联安安心成长、德盛精选股票
4	147.33	海富通精选、收益增长、海富通货币、海富通股票基金

续表

序号 No.	基金管理公司全称 Company	注册资本(万元) Registered Capital	注册地点 Registered in	成立时间 Date Founded	法定代表人 corporation	总经理 Manager
26	长信基金管理公司	10000	上海市	2003/4	田　丹	叶　烨
27	泰信基金管理公司	10000	上海市	2003/5	朱崇利	高清海
28	天治基金管理公司	10000	上海市	2003/5	赵玉彪	祖　煜
29	景顺长城基金管理公司(合资)	13000	深圳市	2003/6	徐　英	梁华栋
30	广发基金管理公司	10000	珠海市	2003/7	董正青	林传辉
31	兴业基金管理公司	10000	上海市	2003/9	郑苏芬	杨　东
32	中信基金管理公司	10000	深圳市	2003/9	王东明	吕　涛
33	诺安基金管理公司	11000	深圳市	2003/12	刘德树	姜永凯
34	申万巴黎基金管理公司(合资)	10000	深圳市	2003/12	姜国芳	唐熹明
35	国联基金管理公司	10000	上海市	2004/3	华伟荣	雷建辉
36	光大保德信基金管理公司(合资)	10000	上海市	2004/3	林　昌	汤　臣
37	华富基金管理公司	12000	上海市	2004/3	姚怀然	周志德
38	上投摩根富林明基金管理公司(合资)	15000	上海市	2004/4	周有道	王鸿嫔
39	东方基金管理公司	10000	北京市	2004/6	李维维	程红(代)
40	中银国际基金管理公司(合资)	10000	上海市	2004/6	平　岳	陈　儒
41	东吴基金管理公司	10000	上海市	2004/8	王彦国	徐建平
42	国海富兰克林基金管理公司(合资)	10000	南宁市	2004/9	张雅锋	林伟杰
43	天弘基金管理公司	10000	天津	2004/10	李宗唐	楚义芳
44	友邦华泰基金管理公司(合资)	10000	上海市	2004/11	齐　亮	陈国杰
45	新世纪基金管理公司	10000	重庆市	2004/11	蒋　钢	孙枝来
46	汇添富基金管理公司	10000	上海市	2005/1	桂水发	林利军
47	工银瑞信基金管理公司(合资)	20000	北京市	2005/6	杨　凯	郭特华
48	交银施罗德基金管理公司(合资)	20000	上海市	2005/7	谢红兵	雷贤达
49	信诚基金管理公司(合资)	10000	上海市	2005/8	杨明辉	石志成
50	建信基金管理公司(合资)	20000	北京市	2005/9	孙志晨	江先周
51	华商基金管理公司	10000	北京市	2005/9	李晓安	马顺福
52	汇丰晋信基金管理公司(合资)	20000	上海市	2005/10	杨小勇	李选进
53	益民基金管理公司	10000	重庆市	2005/12	翁振杰	刘义鹏

续表

管理基金只数 No. of Funds Managed	管理基金规模（亿份） Manage Capital	管理基金名称 Funds Managed
2	123.51	长信利息收益、长信银利
2	73.95	泰信天天收益、先行策略
2	3.98	财富增长、天治品质优选
5	42.36	景顺长城景系列基金(包括优选股票、货币市场、动力平衡)、内需增长、景顺长城鼎益
5	86.75	广发聚富、稳健、广发小盘、广发货币市场、广发聚丰
2	30.15	兴业可转债、兴业趋势混合
3	104.26	经典配置、中信货币市场、中信精选红利
3	47.17	诺安平衡型、诺安货币、诺安股票
3	56.34	申万巴黎盛利精选、盛利配置、申万巴黎动力精选
2	5.16	优质成长、国联分红增利
2	32.37	光大保德信量化核心、光大保德信货币市场
1	3.73	华富竞争力
3	23.37	中国优势、上投摩根货币市场、上投摩根阿尔法
1	3.13	东方龙混合型
2	17.71	中银中国、中银国际货币市场
1	3.75	东吴嘉禾
1	5.14	富兰克林国海中国收益
1	2.55	天弘精选
1	6.78	友邦华泰盛世中国
1	4.42	新世纪优选分红基金
1	8.56	汇添富优势精选基金
1	38.86	工银核心价值
1	24.52	交银精选
0		—
1	62.02	建信精选股票
0		—
0		—
0		—

数据来源：中国证监会
Source：CSRC

4-9 基金托管人概况

Summary of Securities Investment Funds Custodian

序号	托管人名称	注册地点	取得托管资格时间	托管基金只数	托管基金名称	月末托管基金总规模(亿份)	月末托管基金资产净值(亿元)
No.	Custodian	Registered in	Founding Date	No. of Funds Custodied	Funds Custodied	Volume	Net Asset
1	工商银行	北京市	1998-2-24	54	基金开元、基金天元、基金隆元、基金金元、基金安信、基金安瑞、基金裕元、基金裕泽、基金普丰、基金普华、基金普润、基金同益、基金金泰、基金科翔、基金汉鼎、基金融鑫、南方稳健成长、鹏华行业成长、南方宝元债券型、华安180指数增强型、南方避险增值、国联安德盛稳健、融通通利系列基金、富国天利增长债券、广发聚富、华安现金富利、南方现金增利、银河银泰、申万巴黎盛利精选、德盛小盘、诺安平衡型、兴业可转债、博时精选、广发稳健、南方积极配置、申万配置、诺安货币、华夏50ETF、中银中国、东吴嘉禾、宝盈泛沿海、融通巨潮、广发货币市场、国海富兰克林中国收益、中银国际货币市场、国联安安心成长基金、汇添富优势精选、天弘精选、申万巴黎动力精选、富国天惠、诺安股票、广发聚丰	1547.28	1530.67
2	建设银行	北京市	1998-3-18	35	基金鸿飞、基金金盛、基金通宝、基金泰和、基金兴华、基金金鑫、基金兴和、基金金鼎、基金汉博、基金通乾、基金银丰、华夏成长、融通新蓝筹、博时价值增长、华宝兴业宝康系列基金、博时裕富指数、长城久恒平衡型、银华保本增值、华夏现金增利、华宝兴业多策略增长、国泰金马、银华-道琼斯88、中国优势、东方龙混合型、博时主题行业、华富竞争力、华宝兴业现金宝、上投摩根货币市场、华夏红利混合、博时价值债券、银华核心价值、上投摩根阿尔法、中信精选红利	797.61	796.24
3	农业银行	北京市	1998-5-29	34	基金裕隆、基金景博、基金景福、基金天华、基金丰和、基金鸿阳、基金汉盛、基金裕阳、基金景阳、基金景业、基金兴业、基金同德、基金久嘉、富国动态平衡、宝盈鸿利收益、长盛成长价值、大成价值增长、大成债券投资、银河稳健系列基金、长盛中信全债指数增强型、长信利息收益、长盛动态精选、景顺长城内需增长、天同保本、大成精选、长信银利、富国天瑞强势、鹏华货币基金、国联分红增利、国泰货币基金、新世纪优选分红基金、交银精选、湘财荷银货币市场	547.26	543.46

续表

序号	托管人名称	注册地点	取得托管资格时间	托管基金只数	托管基金名称	月末托管基金总规模（亿份）	月末托管基金资产净值（亿元）
No.	Custodian	Registered in	Founding Date	No. of Funds Custodied	Funds Custodied	Volume	Net Asset
4	交通银行	上海市	1998-7-3	31	基金裕华、基金久富、基金汉兴、基金安久、基金安顺、基金兴科、基金普惠、基金科汇、基金科讯、基金科瑞、国泰金鹰增长、华安创新、华夏债券、湘财合丰系列行业基金、鹏华普天系列基金、海富通精选、博时现金收益、易方达50指数、融通行业景气、鹏华中国50、金鹰中小盘精选、富国天益、华安宝利配置、优质成长、银河银富、银华货币、湘财风险预算、天同公共事业基金	461.35	466.7
5	中国银行	北京市	1998-7-7	37	基金景宏、基金同盛、基金同智、基金兴安、易方达平稳增长、银华优势企业、嘉实成长收益、天同180指数、金鹰成分股优选、嘉实理财通系列基金、华夏回报、景顺长城景系列、易方达策略成长、泰信天天收益、海富通收益增长、嘉实服务增值行业、招商先锋、大成蓝筹、湘财荷银行业精选、易方达积极成长、国泰金象、海富通货币、易方达货币、景顺长城鼎益、嘉实货币市场、友邦华泰盛世中国、南方高增长基金、海富通股票基金、嘉实沪深300指数、工银瑞信核心价值、易方达月月收益中短债基金、华宝兴业动力组合	861.31	860.34
6	中国光大银行	北京市	2002-10-23	7	融华债券型、巨田基础行业、中融景气行业、泰信先行策略、光大保德信量化核心、大成货币市场、巨田资源优选	85.44	82.26
7	招商银行	深圳市	2002-11-6	8	招商安泰系列基金、招商现金增值、中信经典配置、长城久泰、中信货币市场、光大保德信货币市场	265.68	262.34
8	浦发银行	上海市	2003-9-10	5	国泰金龙系列、天治财富增长、嘉实浦安保本、广发小盘	17.55	18.15
9	民生银行	北京市	2004-7-9	1	天治品质优选	2.49	2.39
10	中信银行	北京市	2004-8-18	2	招商优质成长、建信精选股票	65.59	66.05
11	华夏银行	北京市	2005-2-23	2	长城货币市场、国联安德盛精选股票	36.26	36.26
12	兴业银行	福州市	2005-4-25	2	兴业趋势混合、长盛货币基金	26.36	26.51

数据来源：中国证监会

Source：CSRC

4-10 2005年全国证券投资基金每日成交量、成交额

日期 Date	1月 Jan.		2月 Feb.		3月 Mar.		4月 Apr.		5月 May.		6月 Jun.	
	成交额 Turnover	成交量 Volume	成交额 Turnover	成交量 Volume	成交额 Turnover	成交量 Volume	成交额 Turnover	成交量 Volume	成交额 Turnover	成交量 Volume	成交额 Turnover	成交量 Volume
1	0.00	0.00	0.75	1157598.96	0.77	1114644.44	2.32	3330696.25	0.00	0.00	1.01	1681732.30
2	0.00	0.00	1.74	2619344.24	1.07	1550163.79	0.00	0.00	0.00	0.00	1.42	2580525.84
3	0.00	0.00	1.28	1955088.85	0.65	952925.07	0.00	0.00	0.00	0.00	0.86	1531301.55
4	0.89	1287984.45	1.32	1983472.12	0.65	948383.26	1.75	2517010.45	0.00	0.00	0.00	0.00
5	0.70	991763.19	0.00	0.00	0.00	0.00	1.40	2097976.10	0.00	0.00	0.00	0.00
6	0.66	952722.28	0.00	0.00	0.00	0.00	1.37	2036713.08	0.00	0.00	0.93	1686194.72
7	0.53	742808.99	0.00	0.00	0.70	1005169.71	1.91	2815651.51	0.00	0.00	1.62	2905587.79
8	0.00	0.00	0.00	0.00	1.71	2481477.15	1.44	2115108.06	0.00	0.00	4.25	7696820.55
9	0.00	0.00	0.00	0.00	1.37	1951960.18	0.00	0.00	0.75	1097266.16	3.90	6614904.96
10	0.52	761282.77	0.00	0.00	1.74	2462830.12	0.00	0.00	1.19	1738719.50	1.71	2959175.41
11	0.49	729029.82	0.00	0.00	1.34	1927051.96	1.68	2468806.60	0.84	1208190.65	0.00	0.00
12	0.59	892692.72	0.00	0.00	0.00	0.00	1.26	1830773.34	1.02	1507003.37	0.00	0.00
13	0.60	887343.52	0.00	0.00	0.00	0.00	1.77	2583131.02	0.89	1364799.84	1.01	1795725.20
14	0.66	959701.80	0.00	0.00	1.78	2529244.71	1.05	1533100.51	0.00	0.00	1.16	2048401.63
15	0.00	0.00	0.00	0.00	1.69	2432269.83	1.06	1565889.65	0.00	0.00	0.91	1655642.32
16	0.00	0.00	1.50	2246333.40	1.24	1844905.24	0.00	0.00	1.08	1631003.53	0.58	1038562.55
17	0.78	1155999.03	0.69	1045896.23	1.17	1764962.69	0.00	0.00	0.59	948940.36	1.15	2178623.40
18	0.69	1022076.49	0.71	1055854.46	1.20	1833800.20	0.82	1188466.73	0.66	977892.85	0.00	0.00
19	0.52	766303.69	0.00	0.00	0.00	0.00	0.81	1162172.80	0.60	933494.23	0.00	0.00
20	0.71	1066857.18	0.00	0.00	0.00	0.00	0.78	1180653.76	0.42	686996.72	2.00	3639634.67
21	1.01	1521279.28	1.03	1548905.46	0.72	1048880.23	1.00	1494153.36	0.00	0.00	1.16	2055133.07
22	0.00	0.00	1.79	2690402.65	1.15	1763491.27	0.85	1265499.89	0.00	0.00	0.66	1147882.71
23	0.00	0.00	1.07	1577279.95	1.20	1734045.39	0.00	0.00	0.43	726488.63	1.03	1755006.17
24	1.10	1690548.61	0.77	1125339.21	0.96	1391118.78	0.00	0.00	0.72	1182272.21	0.64	1122019.63
25	0.61	962031.61	1.31	1926555.64	3.57	5438750.20	0.98	1462628.90	0.61	948234.20	0.00	0.00
26	0.49	770268.72	0.00	0.00	0.00	0.00	0.89	1301765.55	0.67	1051165.36	0.00	0.00
27	0.53	826909.48	0.00	0.00	0.00	0.00	0.88	1232510.75	1.08	1659332.04	2.38	4042315.42
28	0.46	721400.06	0.90	1271784.07	1.64	2428246.59	1.12	1615649.51	0.00	0.00	0.91	1581481.86
29	0.00	0.00	0.00	0.00	2.98	4430511.53	0.90	1247656.17	0.00	0.00	0.71	1236619.95
30	0.00	0.00	0.00	0.00	4.59	6710567.64	0.00	0.00	0.75	1214528.01	0.93	1624647.06
31	0.79	1262458.55	0.00	0.00	2.00	2864391.20	0.00	0.00	0.62	1080712.04	0.00	0.00

数据来源：上海、深圳证券交易所

Source：Shanghai Shenzhen Stock Exchange

Daily Trading Volume and Value of Securities Investment Funds in 2005

成交量:手;成交额:亿元

7月 Jul.		8月 Aug.		9月 Sep.		10月 Oct.		11月 Nov.		12月 Dec.	
成交额 Turnover	成交量 Volume	成交额 Turnover	成交量 Volume	成交额 Turnover	成交量 Volume	成交额 Turnover	成交量 Volume	成交额 Turnover	成交量 Volume	成交额 Turnover	成交量 Volume
0.79	1403969.50	1.55	2461543.53	1.85	3131912.13	0.00	0.00	0.39	716264.62	2.42	4371272.00
0.00	0.00	3.16	5215739.18	1.29	2197346.99	0.00	0.00	0.64	1223292.68	2.22	3976300.51
0.00	0.00	5.86	9317387.39	0.00	0.00	0.00	0.00	0.62	1192596.69	0.00	0.00
0.91	1683259.72	2.91	4841048.44	0.00	0.00	0.00	0.00	0.58	1103911.87	0.00	0.00
0.62	1188102.62	3.37	5569176.95	1.49	2462291.54	0.00	0.00	0.00	0.00	4.86	8803756.54
0.52	931687.73	0.00	0.00	1.62	2595879.81	0.00	0.00	0.00	0.00	3.13	5406185.34
0.45	791596.51	0.00	0.00	1.26	2036368.78	0.00	0.00	0.95	1776220.16	2.98	5243076.89
0.51	953427.05	3.40	5587351.22	1.46	2441268.85	0.00	0.00	6.26	11524937.63	1.82	3222178.53
0.00	0.00	1.95	3214500.35	1.39	2369655.68	0.00	0.00	4.59	8617101.03	1.63	2839988.98
0.00	0.00	2.02	3277752.13	0.00	0.00	0.47	814547.05	2.59	4994333.10	0.00	0.00
0.57	1039692.45	3.23	5283234.52	0.00	0.00	0.54	951723.75	2.49	4858160.54	0.00	0.00
0.99	1818997.86	3.14	5137187.76	0.76	1233218.27	0.71	1172330.24	0.00	0.00	1.97	3400043.08
0.77	1386435.60	0.00	0.00	0.99	1607186.57	0.71	1164653.16	0.00	0.00	2.19	3872863.16
0.78	1384704.02	0.00	0.00	1.54	2505429.70	0.70	1233874.53	3.04	5816437.04	1.57	2728541.10
0.68	1166685.51	2.04	3287219.52	0.96	1551988.90	0.00	0.00	1.48	2814695.36	1.89	3289243.94
0.00	0.00	2.32	3796872.31	0.89	1438814.49	0.00	0.00	1.46	2688613.69	1.61	2699057.07
0.00	0.00	2.17	3505788.91	0.00	0.00	0.59	995714.16	0.92	1690643.02	0.00	0.00
0.66	1158236.39	2.40	3697133.18	0.00	0.00	0.73	1343855.93	2.24	4089148.38	0.00	0.00
0.72	1231310.88	1.61	2640051.91	1.08	1736139.29	0.65	1208412.32	0.00	0.00	2.32	3864936.21
1.55	2589386.06	0.00	0.00	1.11	1739080.83	0.57	1057338.82	0.00	0.00	1.71	2954008.41
1.85	3078390.08	0.00	0.00	1.60	2537519.96	0.59	1091397.17	1.15	2128791.01	1.91	3255661.37
3.07	5294149.26	1.51	2195488.54	1.43	2292945.08	0.00	0.00	1.29	2298815.64	1.95	3271430.67
0.00	0.00	1.61	2297432.89	0.93	1606781.24	0.00	0.00	1.00	1878260.67	1.62	2697067.97
0.00	0.00	2.35	3339287.41	0.00	0.00	0.89	1682993.75	1.59	2964905.38	0.00	0.00
1.61	2678378.99	1.73	2523760.92	0.00	0.00	0.87	1653745.80	1.15	2053127.63	0.00	0.00
3.15	5072146.84	1.20	1938635.92	0.68	1114540.25	0.90	1648236.74	0.00	0.00	2.14	3588111.49
1.99	3379160.03	0.00	0.00	0.85	1390939.92	0.59	1091536.49	0.00	0.00	1.96	3268551.15
2.00	3361313.62	0.00	0.00	0.55	952896.60	0.67	1245859.96	1.04	1852246.16	2.61	4399930.55
1.55	2397008.29	1.10	1813090.47	0.76	1313128.12	0.00	0.00	3.52	6496760.27	3.67	5965820.00
0.00	0.00	0.89	1475310.39	0.75	1336501.62	0.00	0.00	2.65	4913596.50	3.05	4921157.05
0.00	0.00	1.04	1744015.31	0.00	0.00	0.47	872303.61	0.00	0.00	0.00	0.00

4-11 2005年上海证券投资基金每日成交量、成交额

日期 Date	1月 Jan.		2月 Feb.		3月 Mar.		4月 Apr.		5月 May.		6月 Jun.	
	成交额 Turnover	成交量 Volume	成交额 Turnover	成交量 Volume	成交额 Turnover	成交量 Volume	成交额 Turnover	成交量 Volume	成交额 Turnover	成交量 Volume	成交额 Turnover	成交量 Volume
1	0.00	0.00	0.39	610386.09	0.35	494332.75	1.11	1587803.48	0.00	0.00	0.43	748734.53
2	0.00	0.00	0.86	1305074.54	0.47	672124.10	0.00	0.00	0.00	0.00	0.59	1050246.68
3	0.00	0.00	0.62	929205.21	0.32	458320.59	0.00	0.00	0.00	0.00	0.41	735083.00
4	0.39	551530.83	0.58	860333.14	0.23	329408.37	0.77	1098512.05	0.00	0.00	0.00	0.00
5	0.34	475664.48	0.00	0.00	0.00	0.00	0.63	971478.32	0.00	0.00	0.00	0.00
6	0.30	428661.82	0.00	0.00	0.00	0.00	0.66	1018311.70	0.00	0.00	0.36	671970.27
7	0.27	380800.98	0.00	0.00	0.28	390931.42	0.83	1260844.37	0.00	0.00	0.75	1384413.37
8	0.00	0.00	0.00	0.00	0.63	885778.03	0.64	968724.01	0.00	0.00	1.88	3371572.08
9	0.00	0.00	0.00	0.00	0.50	702132.43	0.00	0.00	0.35	525561.44	1.70	2892641.18
10	0.27	387417.54	0.00	0.00	0.76	1047286.32	0.00	0.00	0.47	716065.41	0.75	1307455.30
11	0.24	346340.65	0.00	0.00	0.52	705135.12	0.69	1033379.10	0.31	461682.20	0.00	0.00
12	0.26	371637.17	0.00	0.00	0.00	0.00	0.56	839297.84	0.41	625594.57	0.00	0.00
13	0.33	455502.10	0.00	0.00	0.00	0.00	0.79	1168017.16	0.37	581838.44	0.45	789462.74
14	0.37	516359.54	0.00	0.00	0.80	1142765.18	0.44	658561.67	0.00	0.00	0.46	801242.38
15	0.00	0.00	0.00	0.00	0.84	1206123.65	0.53	788189.40	0.00	0.00	0.39	720271.85
16	0.00	0.00	0.71	1050091.15	0.59	888747.53	0.00	0.00	0.45	704797.28	0.25	457002.51
17	0.35	503053.88	0.36	540284.17	0.45	672529.78	0.00	0.00	0.27	453399.88	0.43	775914.38
18	0.33	469877.35	0.33	480749.36	0.43	650157.43	0.35	507314.99	0.26	409252.38	0.00	0.00
19	0.23	321604.50	0.00	0.00	0.00	0.00	0.35	512476.40	0.22	362964.78	0.00	0.00
20	0.32	465264.30	0.00	0.00	0.00	0.00	0.37	571031.55	0.21	342221.96	0.71	1279089.94
21	0.50	742007.46	0.45	671789.48	0.33	476188.26	0.50	763987.22	0.00	0.00	0.49	867284.91
22	0.00	0.00	0.78	1152014.04	0.45	676115.50	0.35	549797.18	0.00	0.00	0.27	466605.54
23	0.00	0.00	0.43	630104.25	0.53	783468.87	0.00	0.00	0.17	288456.02	0.42	710892.87
24	0.48	701774.13	0.34	512297.90	0.38	564138.03	0.00	0.00	0.35	579429.13	0.26	455636.11
25	0.25	370144.53	0.57	830385.13	2.01	3028773.97	0.41	638016.53	0.32	497640.44	0.00	0.00
26	0.23	344341.42	0.00	0.00	0.00	0.00	0.33	502318.95	0.37	575333.15	0.00	0.00
27	0.27	410408.11	0.00	0.00	0.00	0.00	0.35	506402.19	0.56	863104.36	1.06	1826502.08
28	0.21	322363.62	0.34	493104.57	0.82	1219833.15	0.47	692135.83	0.00	0.00	0.43	727782.47
29	0.00	0.00	0.00	0.00	1.31	1921508.45	0.31	452122.83	0.00	0.00	0.35	598505.06
30	0.00	0.00	0.00	0.00	2.59	3750394.10	0.00	0.00	0.29	491035.47	0.44	731176.75
31	0.36	553462.36	0.00	0.00	1.05	1515715.01	0.00	0.00	0.26	454061.33	0.00	0.00

数据来源:上海证券交易所

Source:Shanghai Stock Exchange

Daily Trading Volume and Value of Securities Investment Funds in Shanghai Stock Exchange in 2005

成交量：手；成交额：亿元

7月 Jul.		8月 Aug.		9月 Sep.		10月 Oct.		11月 Nov.		12月 Dec.	
成交额 Turnover	成交量 Volume	成交额 Turnover	成交量 Volume	成交额 Turnover	成交量 Volume	成交额 Turnover	成交量 Volume	成交额 Turnover	成交量 Volume	成交额 Turnover	成交量 Volume
0.37	643960.12	0.72	1086595.85	0.74	1255116.47	0.00	0.00	0.18	332060.46	1.29	2295371.75
0.00	0.00	1.44	2326227.57	0.57	957965.22	0.00	0.00	0.32	601976.37	1.08	1931518.12
0.00	0.00	2.84	4385218.31	0.00	0.00	0.00	0.00	0.30	575384.34	0.00	0.00
0.33	574874.94	1.22	1968885.84	0.00	0.00	0.00	0.00	0.25	474833.13	0.00	0.00
0.14	256213.89	1.36	2125496.39	0.68	1112138.68	0.00	0.00	0.00	0.00	2.30	4039964.37
0.21	365393.92	0.00	0.00	0.70	1122095.36	0.00	0.00	0.00	0.00	1.39	2343558.41
0.20	318962.04	0.00	0.00	0.53	856954.31	0.00	0.00	0.40	727628.17	1.42	2420754.69
0.23	409890.40	1.54	2419301.78	0.61	1018129.85	0.00	0.00	3.17	5779062.61	0.89	1537432.37
0.00	0.00	0.90	1400115.11	0.59	997148.53	0.00	0.00	2.62	4885989.23	0.84	1435947.52
0.00	0.00	0.89	1358503.55	0.00	0.00	0.23	394707.43	1.27	2458221.60	0.00	0.00
0.22	379301.48	1.38	2124741.77	0.00	0.00	0.19	320669.35	1.43	2752483.82	0.00	0.00
0.39	686168.50	1.41	2189163.80	0.34	540552.93	0.35	555181.66	0.00	0.00	0.97	1623855.15
0.28	481355.49	0.00	0.00	0.41	652888.94	0.26	451957.10	0.00	0.00	1.06	1817917.16
0.29	481435.31	0.00	0.00	0.69	1096908.75	0.28	486201.89	1.67	3147906.60	0.73	1252354.24
0.33	536290.59	0.92	1403461.89	0.41	653443.80	0.00	0.00	0.84	1591986.28	0.82	1391198.45
0.00	0.00	0.98	1561298.25	0.38	614820.73	0.00	0.00	0.78	1510465.60	0.78	1264163.62
0.00	0.00	0.98	1521776.90	0.00	0.00	0.28	473397.07	0.50	939642.18	0.00	0.00
0.29	486598.97	0.83	1278221.60	0.00	0.00	0.26	456977.39	1.19	2163855.08	0.00	0.00
0.38	610142.15	0.74	1158481.59	0.53	836015.12	0.23	414699.51	0.00	0.00	1.17	1883374.46
0.77	1212231.81	0.00	0.00	0.50	773265.35	0.21	382094.44	0.00	0.00	0.88	1471932.22
0.91	1381608.17	0.00	0.00	0.65	993690.66	0.24	417854.68	0.64	1204866.46	1.09	1854461.53
1.46	2398304.00	0.43	660734.40	0.66	1043098.65	0.00	0.00	0.64	1179493.71	0.87	1445571.60
0.00	0.00	0.70	960972.14	0.33	532962.95	0.00	0.00	0.59	1123438.86	0.71	1162704.44
0.00	0.00	1.19	1657335.44	0.00	0.00	0.34	617742.32	0.93	1758928.27	0.00	0.00
0.73	1136926.04	0.64	922595.01	0.00	0.00	0.35	658083.72	0.62	1116891.37	0.00	0.00
1.27	1978781.48	0.45	734423.51	0.26	412345.98	0.38	691203.13	0.00	0.00	1.01	1662008.28
0.90	1479542.67	0.00	0.00	0.36	562422.80	0.24	444966.86	0.00	0.00	0.87	1415269.60
0.90	1502565.25	0.00	0.00	0.23	386170.02	0.26	469982.28	0.46	826761.64	1.19	1995826.90
0.70	1044744.62	0.46	726782.63	0.34	561800.98	0.00	0.00	1.88	3455767.60	1.72	2741060.24
0.00	0.00	0.40	652717.81	0.26	465100.08	0.00	0.00	1.30	2381571.60	1.45	2279207.59
0.00	0.00	0.45	743802.73	0.00	0.00	0.17	294784.89	0.00	0.00	0.00	0.00

4-12 2005年深圳证券投资基金每日成交量、成交额

日期 Date	1月 Jan.		2月 Feb.		3月 Mar.		4月 Apr.		5月 May.		6月 Jun.	
	成交额 Turnover	成交量 Volume	成交额 Turnover	成交量 Volume	成交额 Turnover	成交量 Volume	成交额 Turnover	成交量 Volume	成交额 Turnover	成交量 Volume	成交额 Turnover	成交量 Volume
1	0.00	0.00	0.40	592719.16	0.46	663472.06	1.28	1807639.76	0.00	0.00	0.60	956098.03
2	0.00	0.00	0.96	1400816.06	0.72	999424.18	0.00	0.00	0.00	0.00	0.87	1581503.33
3	0.00	0.00	0.77	1141769.55	0.37	531266.31	0.00	0.00	0.00	0.00	0.49	838600.47
4	0.56	803074.16	0.91	1299697.44	0.45	652379.40	1.01	1444122.67	0.00	0.00	0.00	0.00
5	0.39	551538.44	0.00	0.00	0.00	0.00	0.79	1145120.59	0.00	0.00	0.00	0.00
6	0.39	556369.68	0.00	0.00	0.00	0.00	0.83	1136339.02	0.00	0.00	0.60	1044468.49
7	0.30	398902.07	0.00	0.00	0.47	660323.31	1.31	1774621.50	0.00	0.00	0.92	1572954.62
8	0.00	0.00	0.00	0.00	1.26	1769008.32	1.12	1459371.06	0.00	0.00	2.43	4386242.29
9	0.00	0.00	0.00	0.00	1.02	1392130.89	0.00	0.00	0.49	666008.24	2.24	3767445.97
10	0.36	488676.00	0.00	0.00	1.02	1451919.37	0.00	0.00	0.76	1059283.31	0.98	1674122.44
11	0.29	421632.49	0.00	0.00	0.86	1263361.04	1.05	1489807.51	0.56	780679.50	0.00	0.00
12	0.34	535750.58	0.00	0.00	0.00	0.00	0.73	1021575.56	0.64	916559.08	0.00	0.00
13	0.29	453979.61	0.00	0.00	0.00	0.00	1.10	1534924.10	0.57	835270.87	0.57	1020069.11
14	0.31	462323.93	0.00	0.00	1.14	1546080.21	0.67	931631.05	0.00	0.00	0.71	1262283.51
15	0.00	0.00	0.00	0.00	0.96	1331138.10	0.54	791915.77	0.00	0.00	0.53	943886.03
16	0.00	0.00	0.92	1322115.42	0.69	990666.62	0.00	0.00	0.65	950732.76	0.39	646343.66
17	0.45	670652.25	0.37	542077.48	0.78	1149011.38	0.00	0.00	0.38	560881.73	0.74	1427808.90
18	0.38	575853.25	0.41	606144.42	0.79	1205115.49	0.48	692389.32	0.42	593208.94	0.00	0.00
19	0.31	465633.51	0.00	0.00	0.00	0.00	0.47	664378.11	0.40	591204.93	0.00	0.00
20	0.44	656502.19	0.00	0.00	0.00	0.00	0.43	631503.25	0.22	356225.92	1.36	2430029.74
21	0.53	804810.50	0.77	1064589.72	0.40	582812.46	0.51	738609.27	0.00	0.00	0.69	1212142.48
22	0.00	0.00	1.43	1950963.50	0.72	1103300.54	0.51	722813.56	0.00	0.00	0.42	708684.13
23	0.00	0.00	1.00	1301332.41	0.69	967951.86	0.00	0.00	0.27	453834.06	0.63	1065489.10
24	0.69	1055947.03	0.73	913389.62	0.59	836771.67	0.00	0.00	0.38	616161.64	0.40	683128.57
25	0.37	606917.83	0.89	1246511.39	1.57	2416100.67	0.58	834880.55	0.31	467755.58	0.00	0.00
26	0.33	493256.16	0.00	0.00	0.00	0.00	0.57	810357.74	0.31	486192.68	0.00	0.00
27	0.28	439555.63	0.00	0.00	0.00	0.00	0.54	731477.49	0.55	829651.02	1.49	2384314.74
28	0.29	444704.49	0.67	889816.83	0.83	1216305.09	0.67	939362.08	0.00	0.00	0.50	872744.44
29	0.00	0.00	0.00	0.00	1.69	2528029.08	0.70	908653.99	0.00	0.00	0.37	653846.74
30	0.00	0.00	0.00	0.00	2.01	2967507.80	0.00	0.00	0.50	770516.91	0.50	907747.56
31	0.46	738426.41	0.00	0.00	0.96	1358919.09	0.00	0.00	0.38	643952.37	0.00	0.00

数据来源：深圳证券交易所

Source: Shenzhen Stock Exchange

Daily Trading Volume and Value of Securities Investment Funds in Shenzhen Stock Exchange in 2005

成交量:手;成交额:亿元

7月 Jul.		8月 Aug.		9月 Sep.		10月 Oct.		11月 Nov.		12月 Dec.	
成交额 Turnover	成交量 Volume	成交额 Turnover	成交量 Volume	成交额 Turnover	成交量 Volume	成交额 Turnover	成交量 Volume	成交额 Turnover	成交量 Volume	成交额 Turnover	成交量 Volume
0.46	803354.25	0.86	1407900.49	1.15	1917734.37	0.00	0.00	0.23	408401.81	1.14	2085374.05
0.00	0.00	1.76	2932775.18	0.74	1264206.41	0.00	0.00	0.34	641581.63	1.15	2051635.92
0.00	0.00	3.11	5023573.54	0.00	0.00	0.00	0.00	0.33	633039.46	0.00	0.00
0.59	1119081.61	1.74	2923970.91	0.00	0.00	0.00	0.00	0.34	639253.63	0.00	0.00
0.48	934703.76	2.10	3531719.79	0.85	1393368.18	0.00	0.00	0.00	0.00	2.57	4773155.95
0.31	570021.14	0.00	0.00	0.97	1528928.84	0.00	0.00	0.00	0.00	1.75	3075621.84
0.25	477610.54	0.00	0.00	0.78	1226399.24	0.00	0.00	0.56	1063987.06	1.58	2840360.56
0.29	549344.63	1.93	3240064.18	0.91	1481367.25	0.00	0.00	3.10	5761418.67	0.95	1705959.23
0.00	0.00	1.08	1848886.75	0.83	1405956.61	0.00	0.00	1.98	3746442.46	0.84	1458775.95
0.00	0.00	1.21	1997830.02	0.00	0.00	0.25	433522.01	1.33	2545967.71	0.00	0.00
0.36	670645.67	1.98	3284044.24	0.00	0.00	0.36	645062.71	1.07	2114900.31	0.00	0.00
0.61	1146236.05	1.85	3069496.41	0.44	707969.62	0.38	638606.09	0.00	0.00	1.02	1801043.84
0.51	924113.01	0.00	0.00	0.62	996345.09	0.47	729430.56	0.00	0.00	1.16	2084487.77
0.50	915090.17	0.00	0.00	0.93	1489787.28	0.43	758686.06	1.38	2680375.98	0.88	1517512.20
0.35	635771.44	1.21	1968711.10	0.61	957584.12	0.00	0.00	0.65	1235728.47	1.09	1921963.05
0.00	0.00	1.55	2444786.33	0.56	875122.96	0.00	0.00	0.71	1206321.95	0.86	1464794.69
0.00	0.00	1.29	2084104.02	0.00	0.00	0.44	662478.16	0.43	763423.88	0.00	0.00
0.37	677149.32	1.68	2525991.60	0.00	0.00	0.50	917277.00	1.07	1951129.31	0.00	0.00
0.34	626657.63	0.89	1497862.13	0.61	955647.05	0.47	839998.50	0.00	0.00	1.23	2062511.49
0.79	1384326.68	0.00	0.00	0.65	1004903.80	0.41	733127.11	0.00	0.00	0.87	1523244.93
0.96	1714829.76	0.00	0.00	1.01	1603152.95	0.41	740406.30	0.52	932878.99	0.86	1446221.10
1.64	2932828.10	1.11	1569297.76	0.79	1273066.60	0.00	0.00	0.66	1132585.80	1.11	1858550.12
0.00	0.00	0.94	1371172.59	0.62	1089167.44	0.00	0.00	0.42	765700.25	0.95	1574449.50
0.00	0.00	1.18	1698079.90	0.00	0.00	0.61	1125928.74	0.68	1226580.78	0.00	0.00
0.89	1552662.14	1.11	1616774.91	0.00	0.00	0.55	1027876.51	0.55	954912.96	0.00	0.00
1.90	3120486.79	0.76	1213647.44	0.43	712630.58	0.55	992710.86	0.00	0.00	1.26	2055991.99
1.13	1940462.00	0.00	0.00	0.51	844475.68	0.38	679856.53	0.00	0.00	1.15	1912728.82
1.18	1935711.31	0.00	0.00	0.33	580253.55	0.43	801678.12	0.60	1045394.49	1.50	2489520.02
0.86	1366832.32	0.65	1094607.48	0.45	780292.21	0.00	0.00	1.66	3060824.45	2.12	3389598.76
0.00	0.00	0.50	829391.81	0.50	878339.04	0.00	0.00	1.36	2542586.26	1.70	2743335.08
0.00	0.00	0.60	1009089.86	0.00	0.00	0.32	598501.41	0.00	0.00	0.00	0.00

4-13 2005年上海证券交易所基金成交概况

Trading Summary of Securities Investment Funds in Shanghai Stock Exchange in 2005

		本年	上年	增减(%)
交易日数(天)	No. of Dates	242	243	-0.41
基金上市品种(个)	Variety	26	25	4.00
其中:ETF	ETF	1	0	—
LOFE	LOFE	0	0	—
基金成交金额(亿元)	Turnover(100000000)	576.78	249.1	131.55
其中:ETF	ETF	420.92	0	—
LOFE	LOFE	0	0	—
基金日均成交金额(亿元)	Average Turnover(100000000)	2.38	1.03	131.07
基金成交股数(亿股)	Transcation Volume(100000000)	778.73	297.78	161.51
其中:ETF	ETF	525.01	0	—
LOFE	LOFE	0	0	0.00
基金成交笔数(百万笔)	No. of Transcation(1000000)	2.51	1.81	38.67
其中:ETF	ETF	0.94	0	—
LOFE	LOFE	0	0	0.00
上证基金指数开市	Opening Composite Index of Shanghai Stock Exchange	866.926	1012.374	-14.37
上证基金指数最高	Highest	866.926	1101.875	-21.32
上证基金指数最低	Lowest	706.529	836.81	-15.57
上证基金指数收市	Closing	840.186	872.012	-3.65

数据来源:上海、深圳证券交易所

Source:Shanghai、Shenzhen Stock Exchange

4-14 2005年深圳证券交易所基金成交概况

Trading Summary of Securities Investment Funds in Shenzhen Stock Exchange in 2005

		本年	上年	增减(%)
交易日数(天)	No. of Dates	242	243	-0.41
基金上市品种(个)	Variety	39	29	34.48
其中:ETF	ETF	0	0	—
LOFE	LOFE	10	0	—
基金成交金额(亿元)	Turnover(100000000)	196.37	230.37	-14.76
其中:ETF	ETF	0.00	0.00	—
LOFE	LOFE	11.14	0.00	—
基金日均成交金额(亿元)	Average Turnover(100000000)	0.77	0.95	-18.96
基金成交股数(亿股)	Transcation Volume(100000000)	319.68	291.94	9.50
其中:ETF	ETF	0.00	0.00	—
LOFE	LOFE	11.33	0.00	—
基金成交笔数(百万笔)	No. of Transcation(1000000)	1.62	2.09	-22.70
其中:ETF	ETF	0.00	0.00	—
LOFE	LOFE	0.01	0.00	—
深证基金指数开市	Opening Composite Index of Shanghai Stock Exchange	764.18	935.33	-18.30
深证基金指数最高	Highest	783.51	999.95	-21.65
深证基金指数最低	Lowest	640.30	742.81	-13.80
深证基金指数收市	Closing	772.13	771.25	0.11

数据来源:上海、深圳证券交易所

Source:Shanghai、Shenzhen Stock Exchange

4-15 2005 年上海证券交易所每日收市基金指数
Daily Closing B-Share Composite Index of Shanghai Stock Exchange in 2005

日期 Date	1月 Jan.	2月 Feb.	3月 Mar.	4月 Apr.	5月 May.	6月 Jun.	7月 Jul.	8月 Aug.	9月 Sep.	10月 Oct.	11月 Nov.	12月 Dec.
1	0.00	816.30	850.64	845.82	0.00	730.52	735.77	791.07	821.19	0.00	749.48	801.89
2	0.00	843.00	847.12	0.00	0.00	719.08	0.00	809.32	822.36	0.00	756.50	799.95
3	0.00	834.67	847.75	0.00	0.00	711.90	0.00	819.66	0.00	0.00	752.77	0.00
4	855.64	849.21	846.55	831.99	0.00	0.00	729.77	817.71	0.00	0.00	758.35	0.00
5	858.51	0.00	0.00	823.16	0.00	0.00	728.91	831.59	825.60	0.00	0.00	811.64
6	853.82	0.00	0.00	826.23	0.00	718.97	728.87	0.00	816.32	0.00	0.00	816.48
7	853.11	0.00	848.49	831.87	0.00	717.34	731.24	0.00	821.91	0.00	766.14	813.49
8	0.00	0.00	857.58	842.13	0.00	766.64	724.60	829.65	822.74	0.00	791.29	815.05
9	0.00	0.00	857.72	0.00	812.99	766.53	0.00	825.99	822.16	0.00	785.35	816.17
10	854.19	0.00	846.19	0.00	807.57	752.88	0.00	824.57	0.00	781.39	769.64	0.00
11	852.45	0.00	846.64	840.88	802.87	0.00	725.32	831.55	0.00	786.25	782.07	0.00
12	851.04	0.00	0.00	833.88	790.77	0.00	741.66	828.94	820.33	786.22	0.00	815.89
13	852.19	0.00	0.00	844.46	786.51	752.94	739.56	0.00	826.30	781.00	0.00	810.08
14	850.56	0.00	845.94	838.34	0.00	749.49	743.21	0.00	829.94	773.49	782.06	815.56
15	0.00	0.00	835.08	829.39	0.00	738.67	741.06	837.06	829.62	0.00	774.51	817.91
16	0.00	852.38	826.69	0.00	767.32	742.50	0.00	824.64	828.66	0.00	775.59	823.89
17	837.78	849.79	821.93	0.00	770.70	743.14	0.00	826.98	0.00	766.09	775.80	0.00
18	836.11	844.40	819.53	822.72	770.12	0.00	741.11	807.55	0.00	766.43	786.68	0.00
19	833.18	0.00	0.00	825.22	769.34	0.00	744.86	806.46	829.78	764.79	0.00	829.44
20	822.27	0.00	0.00	819.79	771.33	765.15	753.18	0.00	824.49	763.58	0.00	828.50
21	833.29	851.46	818.36	819.08	0.00	757.97	758.55	0.00	814.00	763.20	784.33	824.47
22	0.00	860.60	810.26	819.43	0.00	757.30	775.95	811.02	797.70	0.00	773.76	829.13
23	0.00	858.16	809.91	0.00	758.93	753.62	0.00	806.88	795.20	0.00	780.07	832.85
24	840.31	855.71	809.65	0.00	758.42	754.85	0.00	813.55	0.00	771.43	787.31	0.00
25	836.01	858.68	827.51	815.58	758.49	0.00	773.57	812.90	0.00	765.17	790.41	0.00
26	830.00	0.00	0.00	818.44	753.77	0.00	786.87	814.34	795.58	753.79	0.00	838.97
27	824.68	0.00	0.00	817.37	745.70	766.61	790.59	0.00	786.83	753.38	0.00	837.41
28	821.15	853.98	817.13	823.94	0.00	759.16	789.30	0.00	784.51	747.96	787.47	844.73
29	0.00	0.00	833.63	820.38	0.00	757.48	785.36	806.89	790.07	0.00	794.88	848.16
30	0.00	0.00	834.31	0.00	741.01	747.05	0.00	804.15	790.67	0.00	799.62	840.19
31	815.61	0.00	831.73	0.00	740.85	0.00	0.00	810.71	0.00	752.90	0.00	0.00

数据来源:上海证券交易所
Source:Shanghai Stock Exchange

4-16 2005年深圳证券交易所每日收市基金指数
Daily Closing B-Share Composite Index of Shenzhen Stock Exchange in 2005

日期 Date	1月 Jan.	2月 Feb.	3月 Mar.	4月 Apr.	5月 May.	6月 Jun.	7月 Jul.	8月 Aug.	9月 Sep.	10月 Oct.	11月 Nov.	12月 Dec.
1	0	720.31	753.46	761.72	0.00	661.46	653.67	714.90	735.67	0.00	671.17	725.85
2	0.00	743.54	750.81	0.00	0.00	654.73	0.00	734.41	737.26	0.00	678.53	722.61
3	0.00	736.80	751.65	0.00	0.00	647.12	0.00	739.58	0.00	0.00	676.63	0.00
4	754.05	750.30	750.24	754.41	0.00	0.00	645.86	733.94	0.00	0.00	681.92	0.00
5	755.58	0.00	0.00	749.93	0.00	0.00	646.61	746.79	740.30	0.00	0.00	737.72
6	750.14	0.00	0.00	753.53	0.00	651.73	646.72	0.00	732.39	0.00	0.00	742.61
7	750.94	0.00	752.44	758.18	0.00	647.84	648.30	0.00	737.50	0.00	690.20	738.28
8	0.00	0.00	760.18	766.47	0.00	688.62	640.97	744.28	738.24	0.00	712.65	739.96
9	0.00	0.00	759.96	0.00	746.56	687.44	0.00	740.84	736.27	0.00	705.57	741.23
10	750.94	0.00	750.53	0.00	740.36	673.43	0.00	738.13	0.00	699.22	689.81	0.00
11	750.50	0.00	753.00	764.14	737.85	0.00	643.62	742.68	0.00	702.03	704.10	0.00
12	747.42	0.00	0.00	757.70	726.53	0.00	656.65	740.94	733.48	703.86	0.00	740.58
13	745.88	0.00	0.00	765.20	721.03	674.12	656.09	0.00	738.77	699.56	0.00	734.64
14	745.20	0.00	754.25	761.05	0.00	673.29	660.67	0.00	741.93	695.07	707.29	740.71
15	0.00	0.00	746.66	755.11	0.00	663.88	657.70	745.34	742.42	0.00	699.74	744.21
16	0.00	754.66	740.08	0.00	701.28	666.11	0.00	733.65	741.45	0.00	700.09	749.01
17	732.46	751.41	736.71	0.00	703.33	666.00	0.00	733.77	0.00	687.85	699.51	0.00
18	733.19	746.24	733.70	748.12	700.67	0.00	657.75	720.37	0.00	687.11	709.05	0.00
19	729.61	0.00	0.00	748.83	699.91	0.00	661.84	719.77	742.52	683.67	0.00	752.35
20	722.55	0.00	0.00	745.85	700.83	682.98	672.14	0.00	739.03	681.02	0.00	750.59
21	732.49	753.78	735.26	745.90	0.00	677.02	678.09	0.00	729.19	682.24	706.95	744.94
22	0.00	761.09	733.56	745.72	0.00	675.74	696.61	723.93	712.99	0.00	697.20	751.34
23	0.00	758.79	734.96	0.00	689.06	672.69	0.00	720.78	708.71	0.00	703.45	756.84
24	737.37	756.73	733.75	0.00	690.22	674.32	0.00	724.81	0.00	692.68	708.30	0.00
25	733.55	759.48	747.90	743.13	688.74	0.00	696.11	724.29	0.00	687.73	709.37	0.00
26	730.16	0.00	0.00	747.40	685.08	0.00	709.55	727.30	708.50	677.21	0.00	763.42
27	726.23	0.00	0.00	747.43	676.93	683.62	711.55	0.00	699.11	676.46	0.00	765.42
28	722.09	755.95	744.67	753.42	0.00	677.31	711.51	0.00	696.74	670.37	708.51	776.62
29	0.00	0.00	760.40	751.62	0.00	676.30	707.94	722.37	702.51	0.00	717.36	779.85
30	0.00	0.00	752.99	0.00	672.35	665.62	0.00	722.44	706.75	0.00	723.40	772.13
31	719.62	0.00	751.35	0.00	672.93	0.00	0.00	726.48	0.00	673.73	0.00	0.00

数据来源:上海、深圳证券交易所

Source:Shanghai Shenzhen Stock Exchange

4-17 2005 年上市权证一览表

权证代码 Code	权证简称 Name	权证类别 Type	行权方式 Exercising Method	行权价格 Exercising Price	上市日 Listing Date	到期日 Expiration Date
580000	宝钢 JTB1	认购	欧式	4.2	2005-8-22	2006-8-30
580001	武钢 JTB1	认购	欧式	2.9	2005-11-23	2006-11-22
580998	机场 JTP1	认沽	美式	7	2005-12-23	2006-12-22
580999	武钢 JTP1	认沽	欧式	3.13	2005-11-23	2006-11-22
030001	鞍钢 JTC1	认购权证	欧式	3.6	2005-12-5	2006-11-28
038001	钢钒 PGP1	认沽权证	欧式	4.85	2005-12-5	2007-4-24
038002	万科 HRP1	认沽权证	百幕大混合式	3.73	2005-12-5	2006-8-28

数据来源：上海、深圳证券交易所
Source：Shanghai Shenzhen Stock Exchange

List of Warrants in 2005

行权期 Exercising Date	年末余量 Year-end Volume	成交量(亿份) Trading Volume	成交金额(亿元) Trading Value	收市价 Close Price	上市地点 Trading Spot
2006-8-30	387700000	659.84	1029.27	1.009	上海
2006-11-10 至 2006-11-12	1520896679	349.68	417.65	1.901	上海
2006-3-23 至 2006-12-22	286000000	248.37	281.56	0.997	上海
2006-11-10 至 2006-11-22	1066426580	16.90	34.60	1.484	上海
2006-12-5	113097855	25.61	62.79	2.375	深圳
2007-5-3	233338057	34.57	73.55	2.19	深圳
2006-8-29 至 2006-9-4	2140286008	362.76	289.12	0.734	深圳

五、上 市 公 司

Listed Companies

2005 年上市公司监管综述

Summary for Listed Companies Supervising in 2005

2005 年是全面落实上市公司辖区监管责任制的一年,中国证监会及派出机构在上市公司监管职责、监管手段、监管方式等方面都发生了很大变化。本着求真务实、开拓创新的工作态度,中国证监会积极转变观念、改进工作方法,认真履行“指导、协调、督促、检查”的监管职责,在总部、地方证监局、证券交易所之间建立了良好的沟通协调机制,进一步提高了监管效率,形成了监管合力。

一、落实《国务院关于推进资本市场改革开放和稳定发展的若干意见》,从战略高度加强市场基础建设,构建综合监管体系

(一) 牵头起草《关于提高上市公司质量的意见》,以国务院发文的形式对提高上市公司质量提出了明确的目标、任务、措施和要求

2005 年,中国证监会起草了《关于提高上市公司质量的意见》,在总结近几年监管经验和展望监管工作未来的基础上,从统揽全局、综合治理的高度,对提高上市公司质量系统地提出了明确的目标、任务、措施和要求。经国务院同意后,《意见》于 10 月底以《国务院批转证监会关于提高上市公司质量的通知》(国发[2005]34 号)的形式颁布。

(二) 成立跨部委的上市公司规范运作小组,并启动相关监管工作

为规范上市公司行为,促进上市公司全面、协调、规范、持续发展,根据国务院指示精神,2005 年 4 月,中国证监会与国资委、公安部、税务总局、工商总局、海关总署、银监会等部委成立了跨部门的上市公司规范运作专题小组。中国证监会负责起草专题小组的实施方案、工作方案和日常协调工作。目前,上市公司规范运作专题工作小组工作进展顺利,确定了《上市公司规范运作专题工作小组工作方案》和《上市公司规范运作专题工作实施方案》,明确了各项重点工作的具体实施方案和推进步骤,以及相关的主办单位和进度安排。此外,上市公司规范运作专题工作小组还成立了解决上市公司资金被占用问题专门工作小组、解决上市公司违规担保问题专门工作小组和加强部委之间监管协作的专门工作小组,分别启动有关督导清欠、与银监会就上市公司对外担保问题联合发布规定、加强监管协作等方面的工作。

二、全面落实辖区监管责任制,完善监管体系,提高监管效率

(一) 组织落实

按照辖区监管责任制的要求,中国证监会对上市公司监管部的处室结构和人员配置进行了调整,分辖区指导、协调上市公司监管工作,在总部、证监局、交易所之间建立了“三点一线”的监管网络,从组织上保证了监管效率和质量。

(二) 任务落实

围绕“给投资者一个真实的上市公司”,实行“明责、问责、尽责、免责”,中国证监会将监管任务落实到岗,责任到人,形成各司其职、各负其责、运转协调、相互配合的监管合力,有效地整合了系统

监管力量，提高了监管的一致性、前瞻性和效率。

(三) 方法落实

中国证监会通过发挥“指导、协调、督促、检查”职能，抓制度建设，抓业务创新，抓人员培训。在制度建设方面，发布了《上市公司辖区监管责任制工作规定》及监管协作、信息披露、诚信污点记录、监管档案管理等配套工作规程，使辖区监管责任制进一步制度化、规范化。在加强指导方面，为使一线监管人员能够尽快吸纳、利用全系统的监管信息、监管经验和监管成果，提高监管工作的针对性和有效性，定期编发《上市公司监管工作》简报，编印了《上市公司监管研究报告集(2004 卷)》和《上市公司监管案例汇编(2004 卷)》、《上市公司 2004 年年报事后审核分析报告集》，及时向一线监管人员内部讲解新出台的与监管工作密切相关的政策和法律、法规、规章。在人员培训方面，发布了《中国证监会上市公司监管人员培训纲要》，对派出机构和交易所人员进行了定期轮训，并通过现场指导、座谈会等多种形式统一监管思路，提高监管水平。在深入调研方面，开展了“处级以上干部百户上市公司治理调研”活动。

三、完善公司治理体系，提高上市公司质量

(一) 完善制度建设，引导上市公司提高治理水平

结合新修订的《证券法》、《公司法》的出台给上市公司监管的法律环境带来新的变化、股权分置改革和全流通发行给上市公司监管带来新的课题、国有资产管理体系的变化给上市公司监管带来新的影响，在公司治理的制度建设方面，中国证监会发布了《上市公司投资者关系工作指引》，修改并完善《上市公司股权激励规范意见》、《独立董事制度指导意见》、《上市公司股东大会规范意见》、《上市公司累计投票制》，其中，《上市公司股权激励规范意见》已由主席办公会讨论原则通过，将向国务院上报报告，并征求法制办、国资委意见。

(二) 精心组织暂停上市公司的风险防范工作，认真落实退市公司的退市平移工作

在 2004 年年报和 2005 年中报披露前期，中国证监会组织证券交易所对可能暂停上市或退市公司的风险状况进行了研究，并布置各证监局制定暂停上市公司的风险防范和退市处理预案、落实工作，统一退市解释口径，力求退市公司的平稳、顺利。

(三) 加大解决占用资金和违规担保问题的监管力度

1. 加大对资金占用和违规担保的清理力度

加强核查，反复梳理，使未履行信息披露义务和内部批准程序的资金占用和违规担保事项尽快曝光，防止风险集中爆发；同时，采取有效措施，加大对资金占用和违规担保的清理力度，指导各证监局做好上市公司大股东资金占用的清欠方案。在 2004 年年报及 2005 年半年度半年报披露后，两次督促各证监局统计上市公司大股东占款情况，并要求建立重点公司“一户一策”的制度，要求上市公司制订可行的还款方案，力争 2006 年底彻底解决大股东占用情况。

2. 与国资委组成清欠工作组进行现场督导

在 2005 年中报的基础上，中国证监会与国资委共同组成清欠专题小组，会同当地省国资委和证监局，对黑龙江、山东和河南三个省的 20 家国有控股上市公司的清欠问题进行逐家督导，取得了较好的效果。

3. 与银监会联合发文规范上市公司的担保行为和商业银行的放贷行为

由于违规担保的成因主要集中在上市公司内部控制制度不完善、银行审贷不够审慎两个方面，因此需要证监会和银监会两个监管部门双管齐下，综合治理。2005 年 11 月，中国证监会和银监会

联合起草了《中国证监会、中国银监会关于规范上市公司对外担保行为的通知》,将原来单一的限制上市公司担保对象条件的监管理念调整为上市公司加强内部流程控制、银行业金融机构加强审核控制的"双效"监管思路上来。

4. 以股改为契机,完善"以股抵债"操作模式

针对控股股东长期占用上市公司资金而又无力清偿的问题,继在2004年联合国资委等有关部门进行了"以股抵债"试点后,2005年中国证监会又指导了郑州煤电在股改试点中进行"定向回购"模式解决占用问题,完善了"以股抵债"操作模式,为上市公司通过股改解决资金占用提供了途径。

(四)防范、化解"一控多"等高风险的公司风险

在对高风险公司的个案处理中,中国证监会采取了"防范风险、隔离风险、揭示风险、联动监管"的四大风险处置原则,有效揭示和化解风险。根据德隆系、鸿仪系公司暴露出来的有关问题,对"一控多"公司情况进行了摸底调查,联动监管,实时监控,揭示并控制了这些可能引发市场振荡、影响社会稳定的风险隐患。针对系类公司风险集中曝发的情况,积极研究新的监管手段和监管方式、方法。在处置"格林科尔系"、"青鸟系"事件中,系统地提出了处置上市公司突发重大事件的风险处置原则,极大地化解了系类公司的风险。

四、支持有利于公司持续发展的并购重组,优化资源配置

随着国民经济战略性结构调整和各地"国退民进"步伐的加快,2005年以来上市公司并购重组活动继续保持活跃势头,特别是股权分置改革进入攻坚阶段以来,并购重组与公司股改相配套,给上市公司监管工作提出了新的挑战。对此,中国证监会以"通过并购重组提高上市公司质量"为中心,以"规范与发展并重"为两个基本点,全面推进并购重组法律法规修订和基础制度建设,大力推动市场创新,完善审核程序,提高审核效率,并根据市场情况及时调整了监管政策和方式。

(一)进一步完善并购重组法规体系,建立财务顾问制度,推进以市场为主导的监管理念

为加快并购市场制度创新,制定并发布了《上市公司回购社会公众股份管理办法》,以优化股权结构,增强投资者信心,活跃证券市场;制定了《证券经营机构从事上市公司并购重组财务顾问业务暂行办法》,修订了《上市公司收购管理办法》、《上市公司重大资产重组管理办法》,草拟了《上市公司定向发行有限售期的流通股份购买资产的试点意见》、《征集上市公司股东投票权指引(试行)》、《外商受让上市公司国有股和法人股实施细则》。

(二)积极配合股权分置改革工作,制定了一系列配套政策

为提高大股东进行股权分置改革的积极性,增强投资者信心,简化审批程序,提高市场效率,中国证监会制定和发布了一系列的配套政策,审核中凡涉及股改的并购重组事项,按照"程序从简、次序优先"的原则,建立审核绿色通道——发布了《关于上市公司控股股东在股权分置改革后增持社会公众股份有关问题的通知》,对于控股股东在股权分置改革方案获得通过后的两个月内增持社会公众股份而触发要约收购义务的予以自动豁免;草拟了《关于上市公司股权分置改革与并购重组结合有关问题的通知》,明确对于控股股东为实施股权分置改革方案需增持非流通股而触发要约收购义务的,在相关股东会议同意股权分置改革方案后,自动豁免其要约收购义务。对于控股股东在股改方案中提出以股抵债来解决资金占用问题的,明确由交易所负责审核;与交易所就并购重组与股权分置改革的衔接进行全面协调,明确了资产重组与股改的程序衔接、简化披露、自动豁免的安排、交易所接受股改公司申报工作与审核绿色通道挂钩等,从申报程序、审核时间安排、组织落实等方面,全力配合上市公司股改工作的推进。

(三) 推进并购重组制度创新和产品创新

1. 中石油率先主动要约收购下属三家上市公司,实现集团资源整合的战略性目标,开辟了以市场化方式退市的先河,在市场上产生轰动效应。

2. 邯郸钢铁等 5 家上市公司先后进行了回购社会公众股的尝试。通过回购社会公众股,有利于纠正公司价值错位,提升公司股票价值,增强投资者信心,树立公司在资本市场的良好形象。

3. 以股份置换资产,实现集团公司的整体上市。鞍钢新轧成为首家定向增发流通股购买控股股东优质资产的上市公司。

4. ST 吉纸、宁城老窖通过实施债务重组引入有实力的重组方,对上市公司进行脱胎换骨的资产重组,重组方实现借壳上市,有效地化解了市场风险。

（中国证监会）

5-1 1990—2005 年上市公司数量变化

Changes of Listed Companies(1990—2005)

年份 Year	全国 National	上交所 Shanghai Stock Exchange	深交所 Shenzhen Stock Exchange
1990 年	10	8	2
1991 年	14	8	6
1992 年	53	29	24
1993 年	183	106	77
1994 年	291	171	120
1995 年	323	188	135
1996 年	530	293	237
1997 年	745	383	362
1998 年	851	438	413
1999 年	949	484	465
2000 年	1088	572	516
2001 年	1160	646	514
2002 年	1224	715	509
2003 年	1287	780	507
2004 年	1377	837	540
2005 年	1381	834	547

数据来源:上海、深圳证券交易所
Source: Shanghai Shenzhen Stock Exchange

5-2 2005 年上市公司行业分类

Industrial Distribution of Listed Companies in 2005

行 业 Industries	全国合计 Total		上交所 Shanghai Stock Exchange		深交所 Shenzhen Stock Exchange	
	公司数量 No. of Listed Companies	占总额 (%)	公司数量 No. of Listed Companies	占总额 (%)	公司数量 No. of Listed Companies	占总额 (%)
农、林、牧、副、渔业 Agriculture, Forestry, Fishing and Hunting	36	2.61	24	2.88	12	2.19
采掘业 Mining	24	1.74	14	1.68	10	1.83
制造业 Manufacuring	809	58.75	471	56.47	338	61.79
食品、饮料 Food, Beverage	59	4.28	37	4.44	22	4.02
纺织、服装、毛皮 Textile, Apparel, Leather	65	4.72	38	4.56	27	4.94
木材、家俱 Wood Product	4	0.29	2	0.24	2	0.37
造纸、印刷 Paper, Printing	29	2.11	19	2.28	10	1.83
石油、化学、橡胶、塑料 Petroleum, Chemical Product, Rubber, Plastics	151	10.97	81	9.71	70	12.80
电子 Electrical Equipment	47	3.41	28	3.36	19	3.47
金属、非金属 Metal, Nonmetallic Mineral Product	125	9.08	76	9.11	49	8.96
机械、设备、仪表 Machinery, Equipment, Meter	221	16.05	124	14.87	97	17.73
医药、生物 Medicine, Biologic Product	90	6.54	54	6.47	36	6.58
其他制造业 Other Manufacuring	18	1.31	12	1.44	6	1.10
电力、蒸汽及水的生产及供应业 Electricity, Gas, Water Supply	61	4.43	40	4.80	21	3.84
建筑业 Construction	28	2.03	22	2.64	6	1.10
交通运输、仓储业 Transport, Storage	59	4.28	40	4.80	19	3.47
信息技术业 Information, Technology	84	6.10	53	6.35	31	5.67
批发和零售贸易 Wholesale and Retail Trade	92	6.68	63	7.55	29	5.30
金融、保险业 Finance, Insurance	10	0.73	7	0.84	3	0.55
房地产业 Real Estate	49	3.56	27	3.24	22	4.02
社会服务业 Social Services	41	2.98	21	2.52	20	3.66
传播及文化产业 Transmission, Culture	10	0.73	7	0.84	3	0.55
综合类 Conglomerat	78	5.66	45	5.40	33	6.03
合计 Total	1381	100	834	100	547	100

数据来源:上海、深圳证券交易所
Source: Shanghai Shenzhen Stock Exchange

5-3 2005年新上市公司行业分类

Industrial Distribution of New Listed Companies in 2005

行业 Industries	全国合计 Total		上交所 Shanghai Stock Exchange		深交所 Shenzhen Stock Exchange	
	公司数量 No. of Listed Companies	占总额 (%)	公司数量 No. of Listed Companies	占总额 (%)	公司数量 No. of Listed Companies	占总额 (%)
农、林、牧、副、渔业 Agriculture, Forestry, Fishing and Hunting	1	6.67	0	0.00	1	8.33
采掘业 Mining	1	6.67	1	33.33	0	0.00
制造业 Manufacuring	9	60.00	0	0.00	9	75.00
食品、饮料 Food, Beverage	0	0.00	0	0.00	0	0.00
纺织、服装、毛皮 Textile, Apparel, Leather	2	13.33	0	0.00	2	16.67
木材、家俱 Wood Product	1	6.67	0	0.00	1	8.33
造纸、印刷 Paper, Printing	0	0.00	0	0.00	0	0.00
石油、化学、橡胶、塑料 Petroleum, Chemical Product, Rubber, Plastics	0	0.00	0	0.00	0	0.00
电子 Electrical Equipment	2	13.33	0	0.00	2	16.67
金属、非金属 Metal, Nonmetallic Mineral Product	1	6.67	0	0.00	1	8.33
机械、设备、仪表 Machinery, Equipment, Meter	3	20.00	0	0.00	3	25.00
医药、生物 Medicine, Biologic Product	0	0.00	0	0.00	0	0.00
其他制造业 Other Manufacuring	0	0.00	0	0.00	0	0.00
电力、蒸汽及水的生产及供应业 Electricity, Gas, Water Supply	2	13.33	1	33.33	1	8.33
建筑业 Construction	1	6.67	1	33.33	0	0.00
交通运输、仓储业 Transport, Storage	1	6.67	0	0.00	1	8.33
信息技术业 Information, Technology	0	0.00	0	0.00	0	0.00
批发和零售贸易 Wholesale and Retail Trade	0	0.00	0	0.00	0	0.00
金融、保险业 Finance, Insurance	0	0.00	0	0.00	0	0.00
房地产业 Real Estate	0	0.00	0	0.00	0	0.00
社会服务业 Social Services	0	0.00	0	0.00	0	0.00
传播及文化产业 Transmission, Culture	0	0.00	0	0.00	0	0.00
综合类 Conglomerat	0	0.00	0	0.00	0	0.00
合计 Total	15	100.00	3	100.00	12	100.00

数据来源：上海、深圳证券交易所

Source: Shanghai Shenzhen Stock Exchange

5-4 1994—2005 年全国按股份类别划分的上市公司年末数量变化

Changes of Listed Companies by Shares Categories (1994—2005)

年 份 Year	1994	1995	1996	1997	1998	1999	2000	2001	2002	2003	2004	2005
仅发 A 股 Only A Shares	227	242	431	627	727	822	955	1025	1085	1146	1236	1240
发 A、H 股 A&H Shares	6	11	14	17	18	19	19	23	28	30	31	32
发 A、B 股 A&B Shares	54	58	69	76	80	82	86	88	87	87	86	86
仅发 B 股 Only B Shares	4	12	16	25	26	26	28	24	24	24	24	23
合 计 Total	291	324	530	745	851	949	1088	1160	1224	1287	1377	1381
A 股合计 Total of A Shares	287	311	514	720	825	923	1060	1136	1200	1263	1353	1358
B 股合计 Total of B Shares	58	70	85	101	106	108	114	112	111	111	110	109

数据来源:上海、深圳证券交易所

Source: Shanghai Shenzhen Stock Exchange

按股份类别划分的上市公司年末数量构成(2005)

Number of Listed Companies by Shares Categories in 2005

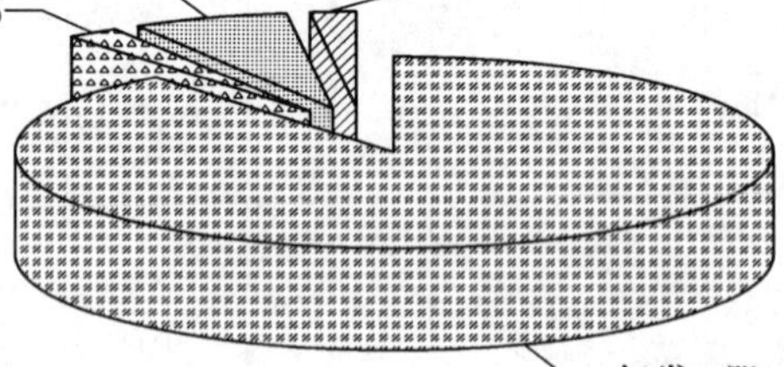

5-5 上交所按股份类别划分的上市公司年末数量变化

Changes of Listed Companies by Shares Categories (Shanghai Stock Exchange)

年 份 Year	1994	1995	1996	1997	1998	1999	2000	2001	2002	2003	2004	2005
仅发 A 股 Only A Shares	131	142	240	321	373	417	504	573	639	702	759	755
发 A、H 股 A&H Shares	6	10	11	12	13	13	13	19	22	24	24	25
发 A、B 股 A&B Shares	32	32	36	39	39	41	42	44	44	44	44	44
仅发 B 股 Only B Shares	2	4	6	11	13	13	13	10	10	10	10	10
合 计 Total	171	189	293	383	438	484	572	646	715	780	837	834
A 股合计 Total of A Shares	169	184	287	372	425	471	559	636	705	770	827	824
B 股合计 Total of B Shares	34	36	42	50	52	54	55	54	54	54	54	54

数据来源:上海证券交易所

Source: Shanghai Stock Exchange

5-6 深交所按股份类别划分的上市公司年末数量变化
Changes of Listed Companies by Shares Categories (Shenzhen Stock Exchange)

年　份 Year	1994	1995	1996	1997	1998	1999	2000	2001	2002	2003	2004	2005
仅发 A 股 Only A Shares	96	100	191	306	354	405	451	452	446	444	477	485
发 A、H 股 A&H Shares	0	1	3	5	5	6	6	4	6	6	7	7
发 A、B 股 A&B Shares	22	26	33	37	41	41	44	44	43	43	42	42
仅发 B 股 Only B Shares	2	8	10	14	13	13	15	14	14	14	14	13
合　计 Total	120	135	237	362	413	465	516	514	509	507	540	547
A 股合计 Total of A Shares	118	127	227	348	400	452	501	500	495	493	526	534
B 股合计 Total of B Shares	24	34	43	51	54	54	59	58	57	57	56	55

数据来源：深圳证券交易所
Source: Shenzhen Stock Exchange

5-7 2005 年按股本规模划分的上市公司年末数量变化
Changes of Listed Companies by Stock Capital in 2005

股本规模 Stock Capital	上海 Shanghai	深圳 Shenzhen	合计 Total
1 亿以下	41	42	83
1—2 亿	236	142	378
2—3 亿	182	126	308
3—5 亿	202	123	325
5—10 亿	103	76	179
10 亿以上	70	38	108
合计 Total	834	547	1381

数据来源：上海、深圳证券交易所
Source: Shanghai Shenzhen Stock Exchange

5-8 1992—2005 年全国上市公司总体股份的历年年末数量

Capital Structure Figures(1992—2005)

单位:亿股,每股面值一元

年 份 Year	1992	1993	1994	1995	1996	1997	1998	1999	2000	2001	2002	2003	2004	2005
国家股 State-owned Shares	29	190.22	296.47	328.67	432.01	612.28	865.51	1116.07	1475.13	2410.61	2773.43	3046.53	3344.20	3433.34
发起法人股 Sponsor's Legal Person's Shares	9.05	34.97	73.87	135.18	224.63	439.91	528.06	590.51	642.54	663.17	664.51	699.95	757.32	552.22
外资法人股 Foreign Legal Person's Shares	2.8	4.09	7.52	11.84	14.99	26.07	35.77	40.51	46.20	45.80	53.26	59.23	70.30	226.30
定向募集法人股 Private Placement of Legal Person's Shares	6.49	41.06	72.82	61.93	91.82	130.48	152.34	190.10	214.20	245.25	299.70	309.71	345.02	242.83
内部职工股 Staff Shares	0.85	9.32	6.72	3.07	14.64	39.62	51.7	36.71	24.29	23.75	15.62	10.97	8.94	3.97
其他(转配股、基金配售股份、战略投资者配售股份) Others	0	0.19	1.1	6.27	11.6	22.87	31.47	33.20	35.07	16.28	32.02	34.36	46.45	286.59
A股 A Shares	10.93	61.34	143.76	179.94	267.32	442.68	608.03	813.18	1078.16	1318.13	1509.22	1714.73	1992.53	2281.16
B股 B Shares	10.25	24.7	41.46	56.52	78.65	117.31	133.96	141.92	151.56	163.10	167.61	175.35	197.01	218.08
H股 H Shares	0	21.84	40.82	65	83.88	111.45	119.95	124.54	124.54	331.94	360.07	377.62	387.64	415.53
合计 Total Shares	68.87	387.73	684.54	848.42	1219.54	1942.67	2526.79	3088.95	3791.71	5218.01	5875.45	6428.46	7149.43	7629.51

数据来源:上海、深圳证券交易所

Source: Shanghai Shenzhen Stock Exchange

5-9 2005 年中小板上市公司股份结构

Capital Structure Figures of SME Board in 2005

单位:百万 (1000000)

股份结构 Capital Structure	股份数量 Number
发起人股 Sponsor's Shares	0.00
国家股 State-owned Shares	0.00
发起人法人股 Sponsor's Legal Person's Shares	0.00
境外法人股 Foreign Legal Person's Shares	0.00
定向募集法人股 Private Placement of Legal Person's Shares	0.00
其他 Others Sponsor's Shares	0.00
其他未流通股 Other Nonnegotiable Shares	3394.01
尚未流通股份合计 Total Nonnegotiable Shares	3394.01
境内上市人民币普通股 A Shares	2220.40
境内上市外资股 B Shares	0.00
境外上市外资股 H Shares	0.00
其他已流通股 Other Negotiable Shares	0.00
已流通股份合计 Negotiable Shares	2220.40
股份总数 Total Shares	5614.41

数据来源:深圳证券交易所

Source: Shenzhen Stock Exchange

5-10　2005 年中小板上市公司分行业信息汇总
Summary for SME Board Categorized by Industries in 2005

	家数 Number	总股本（万股） Total Shares	流通股本（万股） Negotiable Shares	总市值（万元） Market Capitalization	流通市值（万元） Negotiable Capitalization	成交金额（万元） Tureover	每股收益 EPS	市盈率 PE Ratio	换手率(%) Turnover Rate	平均价格(元) Average Price	筹资总额（万元） Rasied Capital
农、林、牧、副、渔业 Agriculture, Forestry, Fishing and Hunting	1	88000000	27940000	171160	54343.3	304051.3421	20.1554	486.92	19.45	36740	36740
制造业 Manufacuring	43	4456246567	1805017659	3471192.187	1386450.095	9602182.977	23.6198	602.6	7.681	195696	195696
纺织、服装、毛皮 Textile, Apparel, Leather	6	550170000	254497820	296642.14	136095.7302	1085456.504	20.4937	692.27	5.347	31175	31175
木材、家俱 Wood Product	1	122000000	55440000	63074	28662.48	250524.8086	22.9778	690.69	5.17	20916	20916
造纸、印刷 Paper, Printing	1	194789298	72900000	100900.8564	37762.2	566020.0419	23.3333	897.07	5.18	0	0
石油、化学、橡胶、塑料 Petroleum, Chemical Product, Plastics, Rubber	7	719380000	289960362	540769.16	213960.8465	1475903.731	20.3085	564.75	7.378	17250	17250
电子 Electrical Equipment	4	432024000	166875000	595341.676	231470.925	1412453.822	38.5878	654.67	13.87	32400	32400
金属、非金属 Metal, Nonmetallic Mineral Product	4	600272702	217522702	349680.9307	126596.7307	758315.1288	16.9703	473.37	5.819	55810	55810
机械、设备、仪表 Machinery, Equipment, Meter	12	1122927134	483554019	874810.4702	369870.4986	2595676.206	24.4717	589.61	7.649	38145	38145
医药、生物 Medicine, Biologic Product	6	549100000	201117756	523017.8	193443.8835	1083460.848	24.9349	523.38	9.618	0	0
其他制造业 Other Manufacuring	2	165583433	63150000	126955.1536	48586.8	374371.8864	21.045	657.15	7.693	0	0
电力、蒸汽及水的生产及供应业 Electricity, Gas, Water Supply	1	140256000	66000000	79244.64	37290	303785.8764	16.0057	604.82	5.65	29850	29850
交通运输、仓储业 Transport, Storage	2	271257226	99725032	205003.3887	76166.6764	651782.4764	21.9256	658.23	7.637	28567	28567
信息技术业 Information, Technology	1	223951938	75384400	140193.9132	47190.6344	475526.1296	27.0996	804.4	6.26	0	0
批发和零售贸易 Wholesale and Retail Trade	1	335376000	112500000	670752	225000	516281.5558	36.9686	152.13	20	0	0
社会服务业 Social Services	1	99323048	33750000	77968.5927	26493.75	185616.2755	21.9888	544.23	7.85	0	0

数据来源：上海、深圳证券交易所
Source: Shanghai Shenzhen Stock Exchange

5-11　2005年上市公司行业、地区交叉分布

	安徽	重庆	湖北	吉林	内蒙古	宁夏	山西	福建	浙江	辽宁	河南	甘肃	新疆
农、林、牧、副、渔业 Agriculture, Forestry, Fishing and Hunting	1	0	1	1	0	0	0	1	0	0	0	2	6
采掘业 Mining	1	0	0	0	3	0	4	0	0	1	2	0	0
食品、饮料 Food, Beverage	3	1	1	2	4	0	1	1	2	0	3	4	3
纺织、服装、毛皮 Textile, Apparel, Leather	2	0	4	0	2	1	0	3	9	2	1	1	1
木材、家俱 Wood Product	0	0	0	0	0	0	0	0	1	0	0	0	1
造纸、印刷 Paper, Printing	1	0	0	2	0	1	0	2	2	1	1	0	1
石油、化学、橡胶、塑料 Petroleum, Chemical Product, Plastics, Rubber	9	3	12	3	4	2	5	1	7	6	3	2	1
电子 Electrical Equipment	2	0	2	1	0	0	0	4	4	1	1	0	0
金属、非金属 Metal, Nonmetallic Mineral Product	5	1	5	2	3	3	5	3	4	6	7	4	4
机械、设备、仪表 Machinery, Equipment, Meter	11	8	11	4	3	2	2	8	14	8	7	2	1
医药、生物 Medicine, Biologic Product	1	5	5	5	1	1	1	1	8	2	4	0	0
其他制造业 Other Manufacuring	1	0	1	1	0	0	0	0	4	0	0	0	0
电力、蒸汽及水的生产及供应业 Electricity, Gas, Water Supply	1	3	4	2	2	0	2	1	2	4	2	1	1
建筑业 Construction	2	1	1	1	0	0	0	1	3	1	0	0	2
交通运输、仓储业 Transport, Storage	2	3	1	2	0	0	0	4	3	3	1	0	0
信息技术业 Information, Technology	1	2	2	1	0	0	1	4	9	2	0	1	0
批发和零售贸易 Wholesale and Retail Trade	1	1	6	3	0	1	1	3	10	5	0	2	4
金融、保险业 Finance, Insurance	0	0	0	0	0	0	0	0	0	0	0	0	1
房地产业 Real Estate	0	1	0	2	0	0	0	1	1	3	0	0	1
社会服务业 Social Services	1	0	0	0	0	0	0	0	1	1	0	0	0
传播及文化产业 Transmission, Culture	0	0	1	0	0	0	0	0	0	0	0	0	0
综合类 Conglomerat	0	0	4	1	0	0	0	7	2	4	0	0	0
合计	45	29	61	33	22	11	22	45	86	50	32	19	27

数据来源:上海、深圳证券交易所

Source: Shanghai Shenzhen Stock Exchange

Industries-Region Distribution of Listed Companies in 2005

北京	黑龙江	青海	河北	四川	江西	江苏	天津	西藏	海南	贵州	广东	深圳	湖南	山东	上海	陕西	云南	广西	合计
4	1	0	1	3	1	0	0	0	1	0	1	0	5	4	1	1	1	0	36
1	0	0	2	0	0	0	2	1	0	1	0	1	0	3	1	0	1	0	24
3	2	0	2	5	0	2	0	1	1	1	1	2	3	4	4	0	1	2	59
2	0	1	2	3	0	11	0	0	1	0	4	3	1	2	9	0	0	0	65
0	1	0	0	0	0	0	0	0	0	0	1	0	0	0	0	0	0	0	4
0	3	0	0	3	1	1	0	0	0	0	2	0	1	3	2	1	1	0	29
4	6	2	9	6	3	14	1	0	0	4	6	0	5	14	12	0	3	4	151
3	0	0	2	4	1	1	0	0	0	2	4	7	1	2	3	2	0	0	47
3	2	2	9	8	4	3	1	0	1	2	5	5	4	10	6	3	5	0	125
10	5	1	4	8	8	20	3	1	1	4	15	5	8	13	23	7	2	2	221
5	1	2	1	2	2	6	3	1	1	1	7	4	3	5	6	1	2	3	90
3	0	0	0	0	0	0	1	0	1	0	2	1	1	0	2	0	0	0	18
3	2	0	2	6	2	1	0	0	0	1	7	2	2	2	4	0	1	1	61
3	1	0	0	2	0	1	0	0	0	0	0	3	0	1	5	0	0	0	28
3	1	0	0	1	2	3	4	1	3	0	6	5	1	1	7	0	0	2	59
13	2	0	0	3	0	10	1	0	0	0	4	10	2	4	8	2	1	1	84
8	1	1	0	3	0	8	1	1	1	0	1	4	2	4	15	3	1	1	92
2	0	0	0	0	0	0	0	0	0	0	2	1	0	0	3	1	0	0	10
6	0	0	1	1	0	4	2	0	1	0	5	9	0	0	9	0	1	1	49
7	1	0	0	1	0	2	3	2	1	0	3	2	3	1	6	3	1	2	41
2	0	0	0	2	0	0	0	0	0	0	0	0	1	0	3	1	0	0	10
0	3	0	0	2	0	4	1	0	7	1	5	8	1	5	19	0	1	3	78
85	32	9	35	63	24	91	23	8	20	17	81	72	44	78	148	25	22	22	1381

5-12 2005 年分行业股本结构统计表

行　业 Industries	国家股 State-owned Shares	发起法人股 Sponsor's Legal Person's Shares	外资法人股 Foreign Legal Person's Shares	募集法人股 Private Placement of Legal Person's Shares
农、林、牧、副、渔业 Agriculture, Forestry, Fishing and Hunting	27.43	16.09	0.00	7.29
采掘业 Mining	695.85	21.62	0.00	4.00
制造业 Manufacuring	996.56	723.86	47.22	170.90
食品、饮料 Food, Beverage	56.35	60.43	5.82	20.63
纺织、服装、毛皮 Textile, Apparel, Leather	29.90	61.97	3.00	13.46
木材、家俱 Wood Product	0.00	2.50	1.17	0.26
造纸、印刷 Paper, Printing	20.88	15.93	0.00	4.18
石油、化学、橡胶、塑料 Petroleum, Chemical Product, Plastics, Rubber	224.96	174.51	3.02	27.40
电子 Electrical Equipment	50.37	54.03	2.01	8.65
金属、非金属 Metal, Nonmetallic Mineral Product	329.02	102.64	11.89	27.76
机械、设备、仪表 Machinery, Equipment, Meter	221.89	184.72	15.19	46.82
医药、生物 Medicine, Biologic Product	56.58	57.08	2.41	18.34
其他制造业 Other Manufacuring	6.61	10.06	2.72	3.39
电力、蒸汽及水的生产及供应业 Electricity, Gas, Water Supply	174.15	94.92	0.84	23.12
建筑业 Construction	27.42	12.59	0.00	2.19
交通运输、仓储业 Transport, Storage	154.49	78.38	1.58	19.81
信息技术业 Information, Technology	34.04	52.44	1.04	20.79
批发和零售贸易 Wholesale and Retail Trade	74.60	32.59	0.00	31.26
金融、保险业 Finance, Insurance	8.42	64.96	3.51	53.33
房地产业 Real Estate	49.76	38.01	4.31	20.36
社会服务业 Social Services	63.63	44.07	0.48	9.68
传播及文化产业 Transmission, Culture	1.47	4.65	0.00	4.73
综合类 Conglomerat	33.58	59.84	1.10	41.63

数据来源：深圳证券交易所

Source: Shenzhen Stock Exchange

Capital Structure Categorized by Industries in 2005

单位:亿（100000000）

内部职工股 Staff Shares	其他未流通股 Other	A 股 A Share	B 股 B Share	H 股 H Share	股份总数 Total
0.20	4.23	38.43	1.38	0.00	103.39
0.00	13.13	66.21	2.77	180.04	1012.02
0.78	167.14	1164.11	143.22	118.32	3481.07
0.01	11.95	87.67	5.70	6.55	249.63
0.05	4.47	75.32	18.81	0.00	206.92
0.00	0.67	3.30	0.00	0.00	8.08
0.15	3.98	32.96	8.04	0.00	81.67
0.18	33.39	189.03	11.78	46.95	643.23
0.00	18.44	73.92	19.80	0.00	217.48
0.04	70.70	308.83	24.30	46.21	1000.57
0.09	13.51	267.64	51.26	13.90	775.31
0.25	7.45	104.74	1.93	4.70	248.41
0.00	2.57	20.69	1.60	0.00	49.78
1.43	7.28	151.52	19.43	44.86	634.67
0.26	5.13	31.48	2.72	0.00	87.63
0.27	17.77	135.24	12.00	65.00	541.72
0.03	11.80	162.37	4.63	3.91	437.04
0.06	4.82	110.38	3.02	0.00	260.70
0.00	0.00	106.40	0.00	0.00	319.45
0.83	6.09	90.93	19.80	0.00	221.21
0.00	5.55	58.65	7.78	3.40	210.08
0.00	0.64	8.79	0.46	0.00	26.38
0.09	4.11	156.64	0.88	0.00	294.15

5-13 2005年上市公司地区分布

Regional Distribution of Listed Companies in 2005

地区 Area	上市公司家数 Listed Companies		
	上交所 Shanghai	深交所 Shenzhen	全国合计 National
安 徽	27	17	44
北 京	60	8	68
福 建	28	25	53
甘 肃	11	18	29
广 东	32	14	46
广 西	10	28	38
贵 州	9	8	17
海 南	7	49	56
河 北	18	12	30
河 南	19	8	27
黑龙江	23	25	48
湖 北	34	7	41
湖 南	20	5	25
吉 林	19	3	22
江 苏	63	6	69
江 西	16	29	45
辽 宁	25	9	34
内蒙古	17	29	46
宁 夏	4	11	15
青 海	6	3	9
山 东	49	72	121
山 西	13	2	15
陕 西	14	7	21
上 海	145	13	158
深 圳	0	25	25
四 川	34	9	43
天 津	16	17	33
西 藏	6	13	19
新 疆	21	15	36
云 南	13	27	40
浙 江	61	24	85
重 庆	14	9	23
总 计	834	547	1381

数据来源:上海、深圳证券交易所

Source: Shanghai Shenzhen Stock Exchange

5-14 2005 年分地区股本结构统计表

Capital Structure Figures Categorized by Industries in 2005

单位:亿 (100000000)

地区 Area	国家股 State-owned Shares	发起法人股 Sponsor's Legal Person's Shares	外资法人股 Foreign Legal Person's Shares	募集法人股 Private Placement of Legal Person's Shares	内部职工股 Staff Shares	其他(基金配售、转配股等) Other	A股 A Share	B股 B Share	H股 H Share	股份总数 Total
安徽	78.19	27.05	0.70	2.93	0.01	7.93	62.10	2.77	25.87	206.71
北京	781.92	107.97	4.51	11.65	0.01	36.44	210.24	11.16	201.17	1521.31
福建	34.95	33.75	11.46	12.10	0.02	3.15	48.93	4.12	0.00	136.81
甘肃	11.72	9.64	0.00	3.78	0.00	0.00	26.92	0.00	0.00	59.91
广东	86.44	96.26	7.08	21.12	0.83	25.79	142.19	15.23	20.11	389.74
广西	17.51	13.66	0.00	5.71	0.03	0.89	24.01	0.00	0.00	62.48
贵州	10.30	7.49	0.00	1.77	0.25	2.10	15.36	0.00	0.00	39.84
海南	9.30	20.23	0.37	19.90	0.06	1.97	38.22	3.31	0.00	87.05
河北	65.75	30.23	0.85	4.77	0.01	26.15	61.60	4.85	0.00	177.32
河南	53.77	28.64	0.46	3.22	0.01	2.12	50.24	0.00	2.50	138.37
黑龙江	34.53	16.44	0.00	14.97	0.00	0.00	53.42	4.32	0.00	130.50
湖北	32.00	33.77	0.00	17.95	0.05	10.81	91.30	5.19	0.00	256.96
湖南	30.91	41.65	0.00	15.69	0.10	1.84	55.95	0.00	0.00	134.24
吉林	57.76	46.71	0.00	5.38	1.17	3.10	52.45	0.00	9.65	145.51
江苏	94.13	95.06	3.94	27.81	0.08	8.76	111.38	5.76	28.64	371.13
江西	21.19	18.39	0.32	0.77	0.00	0.00	25.84	3.44	13.87	96.11
辽宁	65.53	56.30	0.91	14.49	0.01	16.67	77.87	9.12	11.48	237.46
内蒙古	12.77	23.70	0.92	7.04	0.00	0.00	38.08	5.86	0.00	116.73
宁夏	6.99	6.43	0.00	1.14	0.00	1.09	11.25	0.00	0.00	23.76
青海	6.20	6.96	0.00	2.60	0.00	0.00	9.07	0.00	0.00	26.48
山东	132.06	54.16	1.45	20.77	0.59	4.75	131.42	13.65	34.60	431.93
山西	19.00	15.53	0.01	1.58	0.00	16.35	41.19	0.00	0.00	95.18
陕西	16.34	17.00	0.12	5.22	0.15	0.21	25.93	0.00	0.00	61.48
上海	385.66	85.62	19.83	55.49	0.00	1.39	395.31	71.15	51.93	1339.55
深圳	83.91	149.08	4.04	65.84	0.11	21.99	177.96	41.77	8.97	520.35
四川	72.03	52.47	0.00	19.97	0.01	15.17	84.75	0.00	1.70	217.13
天津	40.81	19.19	0.00	4.72	0.01	10.15	41.72	1.80	4.40	120.18
西藏	1.67	3.12	0.00	0.36	0.00	0.00	4.62	0.00	0.00	12.05
新疆	5.96	18.80	1.95	4.98	0.03	0.66	33.42	0.00	0.00	85.23
云南	22.74	20.02	0.00	4.40	0.00	0.66	21.02	0.00	0.65	57.35
浙江	21.16	68.35	1.14	23.97	0.40	22.50	90.41	9.20	0.00	249.55
重庆	28.22	20.37	0.00	7.04	0.00	5.07	27.03	5.40	0.00	81.11

数据来源:上海、深圳证券交易所

Source: Shanghai Shenzhen Stock Exchange

5-15 1992—2005年上市公司主要财务指标一览表
Summary of Financial Figures for Listed Companies (1992—2005)

年份 Year	资产总额(亿元) Total Assets (100,000,000)	净资产额(亿元) Net Assets (100,000,000)	主营收入(亿元) Accrued Revernue (100,000,000)	利润总额(亿元) Total Profit (100,000,000)	净利润(亿元) Net Profit (100,000,000)	资产负债率(%) Debt Ratio	净资产收益率(%) Net Asset Ratio	每股净资产(元) Net Asset Per Share	每股收益(元) EPS
1992年	481.00	168.27	225.55	31.64	24.03	65.02	14.28	2.44	0.35
1993年	1821.00	933.00	954.00	157.00	137.00	48.76	14.68	2.44	0.36
1994年	3309.00	1628.00	1680.00	256.00	214.12	50.80	13.15	2.39	0.31
1995年	4295.00	1958.00	2204.00	256.00	211.00	54.41	10.78	2.31	0.25
1996年	6352.00	2940.00	3235.00	344.00	282.00	53.72	9.59	2.41	0.23
1997年	9660.58	4824.77	5076.51	577.33	467.76	50.06	9.69	2.47	0.24
1998年	12407.52	6266.76	6269.71	614.40	466.97	49.49	7.45	2.48	0.19
1999年	16107.36	7639.35	7974.56	806.31	628.88	52.57	8.23	2.48	0.20
2000年	21673.88	10079.77	10783.87	1007.43	769.22	53.49	7.63	2.66	0.20
2001年	29257.03	12975.66	15475.80	1016.48	694.22	55.65	5.35	2.49	0.13
2002年	41526.17	14636.98	19001.97	1298.89	826.95	64.75	5.65	2.49	0.14
2003年	53246.30	17044.80	25047.16	1890.11	1256.83	67.99	7.37	2.39	0.19
2004年	63472.40	19261.59	34064.44	2671.98	1757.06	69.65	9.12	2.71	0.25
2005年	72712.99	20461.59	41042.29	2627.31	1674.82	71.86	8.19	2.74	0.22

数据来源:中国证监会

Source: CSRC

5-16 2005 年报上市公司分地区主要财务指标

Regional Summary of Financial Figures for Listed Companies 2005

	总资产（亿元）Total Assets	股东权益（亿元）Stockholders' Equtiy	净利润（亿元）Net Profit	每股收益（元）EPS	净资产收益率（%）Net Profit Ratio	资产负债率（%）Debt Ratio	每股净资产（元）Net Asset Per Share
安　徽	1346.55	614.74	59.50	0.29	9.68	54.35	2.96
北　京	18288.13	4007.13	550.57	0.36	13.74	78.09	2.60
福　建	882.79	326.16	6.21	0.05	1.91	63.05	2.53
甘　肃	405.96	172.22	5.25	0.09	3.05	57.58	2.91
广　东	3017.38	1037.74	25.31	0.11	2.44	65.61	4.47
广　西	450.21	168.98	8.70	0.14	5.15	62.47	2.66
贵　州	295.93	161.25	15.03	0.38	9.32	45.51	4.07
海　南	576.93	144.59	−5.80	−0.06	−4.01	74.94	1.54
河　北	1291.59	490.74	27.67	0.16	5.64	62.01	2.81
河　南	861.73	437.37	34.39	0.25	7.86	49.25	3.18
黑龙江	723.82	268.22	−5.91	−0.05	−2.20	62.94	2.15
湖　北	1531.71	667.11	56.72	0.22	8.50	56.45	2.59
湖　南	1179.78	395.59	−10.12	−0.08	−2.56	66.47	2.94
吉　林	647.35	311.71	3.86	0.03	1.24	51.85	2.83
江　苏	2412.79	1078.96	72.72	0.19	6.74	55.28	2.84
江　西	574.19	268.39	23.37	0.24	8.71	53.26	2.81
辽　宁	1594.17	624.60	43.31	0.20	6.93	60.82	2.88
内蒙古	793.77	324.81	23.56	0.21	7.25	59.08	2.90
宁　夏	137.53	41.21	1.00	0.07	2.42	70.04	2.69
青　海	163.85	52.85	4.36	0.06	8.25	67.74	0.74
山　东	2872.38	1297.42	120.96	0.28	9.32	54.83	2.96
山　西	720.04	299.38	35.49	0.37	11.85	58.42	3.13
陕　西	283.51	124.10	−11.12	−0.19	−8.96	56.23	2.11
上　海	13996.41	3707.45	345.51	0.26	9.32	73.51	2.80
深　圳	12245.50	1353.44	142.18	0.27	10.51	88.95	2.60
四　川	1362.95	583.73	25.21	0.12	4.32	57.17	2.69
天　津	607.20	264.20	20.90	0.18	7.91	56.49	2.24
西　藏	54.44	20.59	−1.66	−0.14	−8.05	62.18	1.69
新　疆	629.18	189.59	−2.82	−0.03	−1.49	69.87	2.10
云　南	406.33	159.49	20.97	0.36	13.15	60.75	2.77
浙　江	1749.13	678.91	35.88	0.14	5.28	61.19	2.65
重　庆	609.72	189.17	3.66	0.04	1.93	68.97	2.32

数据来源：中国证监会
Source：CSRC

5-17 2005年报上市公司分行业主要财务指标

Industry Summary of Financial Figures for Listed Companies 2005

	总资产(亿元) Total Assets	股东权益(亿元) Stockholders' Equtiy	净利润(亿元) Net Profit	每股收益(元) EPS	净资产收益率(%) Net Profit Ratio	资产负债率(%) Debt Ratio	每股净资产(元) Net Asset Per Share
农、林、牧、副、渔业 Agriculture, Forestry, Fishing and Hunting	606.15	249.99	-2.75	-0.03	-1.10	58.76	2.78
采掘业 Mining	6112.69	2709.11	491.38	0.49	18.14	55.68	2.69
食品、饮料 Food, Beverage	1329.85	677.05	30.85	0.13	4.56	49.09	2.75
纺织、服装、毛皮 Textile, Apparel, Leather	1120.25	471.02	3.16	0.02	0.67	57.95	3.21
木材、家俱 Wood Product	39.75	19.34	0.11	0.01	0.58	51.34	2.37
造纸、印刷 Paper, Printing	656.88	209.76	2.46	0.03	1.17	68.07	2.52
石油、化学、橡胶、塑料 Petroleum, Chemical Product, Plastics, Rubber	3514.54	1599.62	94.71	0.16	5.92	54.49	2.70
电子 Electrical Equipment	1566.74	612.69	-25.62	-0.12	-4.18	60.89	2.77
金属、非金属 Metal, Nonmetallic Mineral Product	7401.05	3313.85	422.32	0.43	12.74	55.22	3.34
机械、设备、仪表 Machinery, Equipment, Meter	4855.59	1931.58	108.19	0.14	5.60	60.22	2.56
医药、生物 Medicine, Biologic Product	1609.71	689.16	31.36	0.13	4.55	57.19	2.78
其他制造业 Other Manufacuring	243.83	85.87	-3.68	-0.09	-4.28	64.78	2.01
电力、蒸汽及水的生产及供应业 Electricity, Gas, Water Supply	4471.60	1853.72	164.30	0.26	8.86	58.54	2.93
建筑业 Construction	926.89	275.74	11.67	0.14	4.23	70.25	3.20
交通运输、仓储业 Transport, Storage	3980.50	1490.97	127.61	0.24	8.56	62.54	2.78
信息技术业 Information, Technology	2919.53	1087.08	6.54	0.01	0.60	62.77	2.40
批发和零售贸易 Wholesale and Retail Trade	2107.49	661.77	23.38	0.09	3.53	68.60	2.60
金融、保险业 Finance, Insurance	24787.71	786.66	101.41	0.32	12.89	96.83	2.48
房地产业 Real Estate	1633.57	622.43	52.55	0.24	8.44	61.90	2.86
社会服务业 Social Services	1065.68	470.52	28.52	0.14	6.06	55.85	2.24
传播及文化产业 Transmission, Culture	145.17	71.49	2.18	0.08	3.05	50.76	2.72
综合类 Conglomerat	1617.82	572.43	4.13	0.01	0.72	64.62	1.85

注:净资产收益率、每股净资产、每股收益、资产负债率为总股本加权的

数据来源:上海、深圳证券交易所

Source: Shanghai Shenzhen Stock Exchange

5-18　2005 年报上市公司分行业每股收益分布
EPS of Listed Companies by Industries 2005

	1.00元以上	0.80—1.00	0.50—0.80	0.20—0.50	0.10—0.20	0.05—0.10	0.05—0.00	亏损	合计	扭亏
农、林、牧、副、渔业 Agriculture，Forestry，Fishing and Hunting	0	1	2	9	5	1	6	11	35	1
采掘业 Mining	6	5	4	6	1	1	0	0	23	0
食品、饮料 Food，Beverage	1	0	4	8	14	5	17	10	59	7
纺织、服装、毛皮 Textile，Apparel，Leather	0	0	3	11	10	9	17	14	64	11
木材、家俱 Wood Product	0	0	0	2	1	0	0	1	4	0
造纸、印刷 Paper，Printing	1	0	2	6	3	4	5	8	29	2
石油、化学、橡胶、塑料 Petroleum，Chemical Product，Plastics，Rubber	3	4	8	36	25	18	26	28	148	5
电子 Electrical Equipment	1	0	1	7	11	6	7	13	46	3
金属、非金属 Metal，Nonmetallic Mineral Product	1	4	17	34	14	11	22	21	124	3
机械、设备、仪表 Machinery，Equipment，Meter	3	2	15	51	46	25	38	40	220	13
医药、生物 Medicine，Biologic Product	1	1	10	24	19	8	13	13	89	7
其他制造业 Other Manufacuring	0	0	1	3	5	0	5	3	17	0
电力、蒸汽及水的生产及供应业 Electricity，Gas，Water Supply	0	0	2	23	15	7	8	6	61	3
建筑业 Construction	0	0	2	8	9	2	4	3	28	3
交通运输、仓储业 Transport，Storage	1	2	7	20	11	6	5	6	58	5
信息技术业 Information，Technology	1	2	2	15	13	6	16	27	82	3
批发和零售贸易 Wholesale and Retail Trade	2	1	4	24	18	10	15	18	92	3
金融、保险业 Finance，Insurance	0	0	1	3	2	0	2	2	10	1
房地产业 Real Estate	0	1	5	16	7	9	6	5	49	3
社会服务业 Social Services	0	0	0	11	15	4	6	5	41	1
传播及文化产业 Transmission，Culture	0	0	0	1	1	2	4	2	10	1
综合类 Conglomerat	0	0	0	11	12	18	22	14	77	3
合　计	21	23	90	329	257	152	244	250	1366	78

注：各区间包括下限不包括上限

数据来源：上海、深圳证券交易所

Source：Shanghai Shenzhen Stock Exchange

5-19 2005年报上市公司分行业每股净资产分布

Net Asset Per Share of Listed Companies by Industries 2005

	5元以上	3—5元	2—3元	1—2元	0.5—1元	0—0.5元	小于0元	合计	扭亏
农、林、牧、副、渔业 Agriculture, Forestry, Fishing and Hunting	4	11	7	7	2	3	1	35	0
采掘业 Mining	6	13	3	1	0	0	0	23	0
食品、饮料 Food, Beverage	4	15	23	10	2	4	1	59	2
纺织、服装、毛皮 Textile, Apparel, Leather	2	19	16	17	4	4	2	64	3
木材、家俱 Wood Product	0	1	2	0	0	1	0	4	0
造纸、印刷 Paper, Printing	3	8	7	4	2	1	4	29	1
石油、化学、橡胶、塑料 Petroleum, Chemical Product, Plastics, Rubber	8	50	43	31	3	5	8	148	2
电子 Electrical Equipment	5	13	17	8	2	0	1	46	2
金属、非金属 Metal, Nonmetallic Mineral Product	6	50	36	25	2	3	2	124	3
机械、设备、仪表 Machinery, Equipment, Meter	11	76	53	49	15	6	10	220	7
医药、生物 Medicine, Biologic Product	8	38	21	15	2	3	2	89	5
其他制造业 Other Manufacuring	2	6	4	3	0	0	2	17	0
电力、蒸汽及水的生产及供应业 Electricity, Gas, Water Supply	1	29	22	8	0	1	0	61	3
建筑业 Construction	2	14	5	6	1	0	0	28	1
交通运输、仓储业 Transport, Storage	1	24	19	11	2	1	0	58	2
信息技术业 Information, Technology	9	25	12	21	7	1	7	82	2
批发和零售贸易 Wholesale and Retail Trade	3	29	22	23	5	6	4	92	2
金融、保险业 Finance, Insurance	0	1	5	2	2	0	0	10	1
房地产业 Real Estate	3	19	14	9	2	1	1	49	2
社会服务业 Social Services	0	10	17	11	1	1	1	41	1
传播及文化产业 Transmission, Culture	1	2	1	4	0	1	1	10	0
综合类 Conglomerat	1	7	27	30	3	3	6	77	3
合 计	80	460	376	295	57	45	53	1366	42

注:各区间包括下限不包括上限

数据来源:上海、深圳证券交易所

Source: Shanghai Shenzhen Stock Exchange

5-20 2005年报上市公司分行业净资产收益率分布

Net Asset Ratio of Listed Companies by Industries 2005

	100%以上	60%—100%	40%—60%	30%—40%	20%—30%	10%—20%	5%—10%	0%—5%	小于0	合计	扭亏
农、林、牧、副、渔业 Agriculture, Forestry, Fishing and Hunting	1	0	0	0	0	6	7	11	10	35	2
采掘业 Mining	0	0	1	1	5	11	5	0	0	23	0
食品、饮料 Food, Beverage	0	0	0	0	2	7	15	24	11	59	6
纺织、服装、毛皮 Textile, Apparel, Leather	1	0	0	0	0	7	15	28	12	64	12
木材、家俱 Wood Product	0	0	0	0	0	1	1	1	1	4	0
造纸、印刷 Paper, Printing	0	0	1	0	0	5	8	8	6	29	2
石油、化学、橡胶、塑料 Petroleum, Chemical Product, Plastics, Rubber	3	1	0	2	8	30	28	52	20	148	7
电子 Electrical Equipment	1	0	0	0	1	4	9	19	12	46	3
金属、非金属 Metal, Nonmetallic Mineral Product	1	0	0	0	7	28	31	38	19	124	4
机械、设备、仪表 Machinery, Equipment, Meter	2	0	2	1	6	37	58	72	35	220	13
医药、生物 Medicine, Biologic Product	0	1	0	0	1	23	23	28	12	89	7
其他制造业 Other Manufacuring	0	0	0	0	0	2	4	8	1	17	0
电力、蒸汽及水的生产及供应业 Electricity, Gas, Water Supply	0	0	0	0	1	12	24	18	6	61	3
建筑业 Construction	0	0	0	0	1	5	9	10	3	28	3
交通运输、仓储业 Transport, Storage	0	0	1	1	3	16	20	11	6	58	5
信息技术业 Information, Technology	1	0	0	0	0	11	15	29	20	82	4
批发和零售贸易 Wholesale and Retail Trade	2	0	1	0	4	12	27	30	15	92	5
金融、保险业 Finance, Insurance	0	0	0	0	0	4	2	2	2	10	1
房地产业 Real Estate	0	0	0	1	1	12	12	17	6	49	3
社会服务业 Social Services	0	0	0	0	0	5	18	12	5	41	1
传播及文化产业 Transmission, Culture	0	0	0	0	0	1	1	7	1	10	2
综合类 Conglomerat	2	0	0	1	5	5	11	41	9	77	4
合　计	14	2	6	7	45	244	343	466	212	1366	87

注：各区间包括下限不包括上限

数据来源：上海、深圳证券交易所

Source: Shanghai Shenzhen Stock Exchange

5-21 2005年报上市公司每股未分配利润分布
Returned Profit Per Share of Listed Companies by Industries 2005

	3.00元以上	2.50—3.00	2.00—2.50	1.50—2.00	1.00—1.50	0.50—1.00	0.00—0.50	小于0	合计
农、林、牧、副、渔业 Agriculture, Forestry, Fishing and Hunting	0	0	1	0	2	5	16	11	35
采掘业 Mining	0	1	1	3	6	5	6	1	23
食品、饮料 Food, Beverage	1	0	0	1	4	6	26	21	59
纺织、服装、毛皮 Textile, Apparel, Leather	0	0	0	1	3	9	25	26	64
木材、家俱 Wood Product	0	0	0	0	0	2	1	1	4
造纸、印刷 Paper, Printing	0	0	1	2	3	2	11	10	29
石油、化学、橡胶、塑料 Petroleum, Chemical Product, Plastics, Rubber	0	0	1	2	16	28	65	36	148
电子 Electrical Equipment	0	0	0	0	3	10	20	13	46
金属、非金属 Metal, Nonmetallic Mineral Product	0	0	4	4	13	35	44	24	124
机械、设备、仪表 Machinery, Equipment, Meter	0	0	0	4	11	48	92	65	220
医药、生物 Medicine, Biologic Product	0	1	2	2	7	28	32	17	89
其他制造业 Other Manufacuring	0	0	0	0	0	4	8	5	17
电力、蒸汽及水的生产及供应业 Electricity, Gas, Water Supply	0	0	0	0	5	13	35	8	61
建筑业 Construction	0	0	0	1	0	12	9	6	28
交通运输、仓储业 Transport, Storage	0	0	0	1	6	15	24	12	58
信息技术业 Information, Technology	0	1	0	1	6	14	27	33	82
批发和零售贸易 Wholesale and Retail Trade	0	1	0	1	3	19	41	27	92
金融、保险业 Finance, Insurance	0	0	0	0	0	0	7	3	10
房地产业 Real Estate	0	0	0	2	5	17	13	12	49
社会服务业 Social Services	0	0	0	0	1	5	26	9	41
传播及文化产业 Transmission, Culture	0	0	0	0	0	3	3	4	10
综合类 Conglomerat	0	0	0	0	1	12	41	23	77
合 计	1	4	10	25	95	292	572	367	1366

注:各区间包括下限不包括上限

数据来源:上海、深圳证券交易所

Source: Shanghai Shenzhen Stock Exchange

5-22 2005年报上市公司每股经营活动现金分布
Operating Cash Flow Per Share of Listed Companies by Industries 2005

	3.00元以上	2.50—3.00	2.00—2.50	1.50—2.00	1.00—1.50	0.50—1.00	0.00—0.50	小于0	合计
农、林、牧、副、渔业 Agriculture, Forestry, Fishing and Hunting	0	0	0	0	3	5	17	10	35
采掘业 Mining	1	1	1	3	6	5	6	0	23
食品、饮料 Food, Beverage	2	0	0	1	3	16	31	6	59
纺织、服装、毛皮 Textile, Apparel, Leather	0	0	0	0	2	11	41	10	64
木材、家俱 Wood Product	0	0	0	0	0	2	1	1	4
造纸、印刷 Paper, Printing	0	0	1	0	3	4	17	4	29
石油、化学、橡胶、塑料 Petroleum, Chemical Product, Plastics, Rubber	1	0	0	8	8	44	65	22	148
电子 Electrical Equipment	0	0	0	0	1	6	25	14	46
金属、非金属 Metal, Nonmetallic Mineral Product	0	1	1	5	13	26	58	20	124
机械、设备、仪表 Machinery, Equipment, Meter	1	1	1	5	11	37	117	47	220
医药、生物 Medicine, Biologic Product	1	0	0	2	4	21	50	11	89
其他制造业 Other Manufacuring	0	0	0	1	1	4	8	3	17
电力、蒸汽及水的生产及供应业 Electricity, Gas, Water Supply	0	0	1	2	6	25	24	3	61
建筑业 Construction	0	0	2	0	2	8	11	5	28
交通运输、仓储业 Transport, Storage	1	0	0	3	5	19	27	3	58
信息技术业 Information, Technology	0	0	0	2	3	13	40	24	82
批发和零售贸易 Wholesale and Retail Trade	1	2	0	2	7	26	35	19	92
金融、保险业 Finance, Insurance	0	1	1	0	1	1	0	6	10
房地产业 Real Estate	1	0	0	0	6	7	15	20	49
社会服务业 Social Services	0	0	0	1	1	10	22	7	41
传播及文化产业 Transmission, Culture	0	0	0	0	0	1	7	2	10
综合类 Conglomerat	0	0	0	2	1	17	38	19	77
合 计	9	6	8	37	87	308	655	256	1366

注：各区间包括下限不包括上限
数据来源：上海、深圳证券交易所
Source: Shanghai Shenzhen Stock Exchange

5-23 2005年上市公司配股情况一览表
Summary for Rights Issuing of Listed Companies in 2005

序号 No.	股权登记日 Record Data	交易所 Exchange	股票代码 Code	公司简称 Companied	配股比例 Percent	配股价 Price	配股前总股本 Shares Befor Issue	配股后总股本 Shares After Issue	筹资总额（万元） Raised Capital	增加股本 Shares Changed
1	2005-1-4	600302	上海	G标准	3.00	5.26	319009804	346009804	14202.00	27000000
2	2004-12-31	深交所	000599	青岛双星	3.00	4.33	197365055	225079327	12000.28	27714272

数据来源：上海、深圳证券交易所
Source: Shanghai Shenzhen Stock Exchange

5-24　2005年上市公司送转股情况一览表
Summary for Bonus Shares of Listed Companies in 2005

序号 No.	交易所 Exchange	股票代码 Code	公司简称 Companies	送转股比例 Percent	股权登记日期 Record Data	送转股上市交易日 Date	送转股前总股本 Previous Shares	送股股本数 Bonus Shares 1	转股股本数 Bonus Shares 2	送转股后总股本 Shares Now
1	深交所	000793	燃气股份	10.00	2005-3-18	2005-3-21	680066289	68006628	612059659	1360132576
2	上交所	600426	G恒升	5.00	2005-3-21	2005-3-23	167000000	0	83500000	250500000
3	上交所	600162	香江控股	10.00	2005-3-23	2005-3-25	175890000	0	175890000	351780000
4	上交所	600725	G云维	5.00	2005-3-25	2005-3-29	110000000	22000000	33000000	165000000
5	上交所	600309	烟台万华	3.00	2005-3-31	2005-4-4	652800000	195840000	0	848640000
6	深交所	000599	青岛双星	8.00	2005-4-1	2005-4-4	252793599	0	202234879	455028478
7	深交所	002022	科华生物	2.00	2005-4-5	2005-4-6	68750000	0	13750000	82500000
8	深交所	000888	峨眉山A	8.00	2005-4-6	2005-4-7	130660000	26132000	78396000	235188000
9	深交所	002019	鑫富股份	3.00	2005-4-6	2005-4-7	52500000	0	15750000	68250000
10	上交所	600995	文山电力	10.00	2005-4-7	2005-4-11	87570000	0	87570000	175140000
11	上交所	600114	G东睦	7.00	2005-4-8	2005-4-12	115000000	0	80500000	195500000
12	上交所	600527	G高纤	8.00	2005-4-8	2005-4-12	80000000	32000000	32000000	144000000
13	深交所	000729	燕京啤酒	5.00	2005-4-12	2005-4-13	679980363	135429217	203143826	1018553406
14	深交所	002025	航天电器	2.00	2005-4-12	2005-4-13	80000000	0	16000000	96000000
15	上交所	600477	G杭萧	6.00	2005-4-14	2005-4-18	154733646	0	92840188	247573834
16	上交所	600016	G民生	2.00	2005-4-15	2005-4-19	5184723434	1036944687	0	6221668121
17	上交所	600422	G昆药	10.00	2005-4-15	2005-4-19	157088000	78544000	78544000	314176000
18	上交所	600066	G宇通	3.00	2005-4-18	2005-4-20	205085492	0	61525648	266611140
19	深交所	002038	双鹭药业	2.00	2005-4-18	2005-4-19	69000000	0	13800000	82800000
20	上交所	600521	G华海	3.00	2005-4-21	2005-4-25	180000000	0	54000000	234000000
21	深交所	000969	安泰科技	3.00	2005-4-21	2005-4-22	244160000	48832000	24416000	317408000
22	深交所	000039	中集集团	10.00	2005-4-22	2005-4-25	466634675	0	466634675	933269350
23	深交所	200039	中集B	10.00	2005-4-22	2005-4-28	541848678	0	541848678	1083697356
24	上交所	600479	G千金	5.00	2005-4-25	2005-4-27	56000000	0	28000000	84000000
25	上交所	600533	G栖霞	5.00	2005-4-25	2005-4-27	140000000	0	70000000	210000000
26	深交所	000402	金融街	5.00	2005-4-26	2005-4-27	459126640	0	229563320	688689960
27	深交所	000830	鲁西化工	3.00	2005-4-26	2005-4-27	312012819	0	93603845	405616664
28	上交所	600352	G龙盛	3.00	2005-4-27	2005-4-29	454000000	0	136200000	590200000
29	深交所	002028	思源电气	10.00	2005-4-27	2005-4-28	53000000	0	53000000	106000000
30	上交所	600177	雅戈尔	5.00	2005-4-28	2005-5-9	1084774749	0	542387375	1630338524
31	深交所	000559	万向钱潮	4.00	2005-4-28	2005-4-29	732562404	0	293024961	1025587365
32	上交所	600500	G中化	5.00	2005-4-29	2005-5-10	838462500	167692500	251538750	1257693750
33	上交所	600098	G广控	5.00	2005-5-10	2005-5-12	1372800000	549120000	137280000	2059200000
34	深交所	000937	金牛能源	6.00	2005-5-10	2005-5-11	459369303	0	261711295	721080598
35	深交所	002027	七喜股份	10.00	2005-5-10	2005-5-11	111975969	0	111975969	223951938
36	上交所	600381	贤成实业	3.00	2005-5-11	2005-5-13	220000000	0	66000000	286000000
37	上交所	600583	G海工	2.00	2005-5-11	2005-5-13	330000000	33000000	33000000	396000000
38	上交所	600428	G中远	4.00	2005-5-13	2005-5-17	468000000	0	187200000	655200000

续表 1　Continued 1

序号 No.	交易所 Exchange	股票代码 Code	公司简称 Companies	送转股比例 Percent	股权登记日期 Record Data	送转股上市交易日 Date	送转股前总股本 Previous Shares	送股股本数 Bonus Shares 1	转股股本数 Bonus Shares 2	送转股后总股本 Shares Now
39	深交所	000768	西飞国际	6.00	2005-5-16	2005-5-17	391500000	0	234900000	626400000
40	上交所	600410	华胜天成	3.00	2005-5-17	2005-5-19	94000000	0	28200000	122200000
41	上交所	600491	G龙元	5.00	2005-5-17	2005-5-19	162000000	0	81000000	243000000
42	深交所	000983	西山煤电	5.00	2005-5-18	2005-5-19	808000000	0	404000000	1212000000
43	上交所	600439	G瑞贝卡	3.00	2005-5-19	2005-5-23	99000000	0	29700000	128700000
44	上交所	600510	黑牡丹	5.00	2005-5-19	2005-5-23	292247200	0	146123600	438370800
45	深交所	000488	晨鸣纸业	5.00	2005-5-19	2005-5-20	526064254	105212652	157818978	789095884
46	深交所	200488	晨鸣 B	5.00	2005-5-19	2005-5-25	371664990	74332998	111499497	557497485
47	上交所	600125	G铁龙	6.00	2005-5-20	2005-5-24	287311440	28731144	143655720	459698304
48	上交所	600588	G用友	2.00	2005-5-20	2005-5-24	144000000	0	28800000	172800000
49	深交所	000422	湖北宜化	1.00	2005-5-20	2005-5-23	246535479	0	24653547	271189026
50	深交所	002007	华兰生物	5.00	2005-5-20	2005-5-23	67000000	0	33500000	100500000
51	深交所	000848	承德露露	2.00	2005-5-23	2005-5-24	259250000	0	51850000	311100000
52	深交所	000600	建投能源	5.00	2005-5-24	2005-5-25	153733407	23060011	53806692	230600110
53	上交所	600563	法拉电子	5.00	2005-5-25	2005-5-27	150000000	0	75000000	225000000
54	深交所	000997	新大陆	3.00	2005-5-25	2005-5-26	232000000	0	69600000	301600000
55	深交所	002029	七匹狼	3.00	2005-5-25	2005-5-26	85000000	0	25500000	110500000
56	上交所	600282	南钢股份	5.00	2005-5-26	2005-5-30	624000000	0	312000000	936000000
57	上交所	600400	G红豆	4.00	2005-5-26	2005-5-30	215323000	0	86129200	301452200
58	上交所	600538	G国发	8.00	2005-5-26	2005-5-30	110800000	0	88640000	199440000
59	深交所	000012	南玻 A	5.00	2005-5-26	2005-5-27	377922870	0	188961435	566884305
60	深交所	001696	宗申动力	3.00	2005-5-26	2005-5-27	136864000	27372800	13686400	177923200
61	深交所	200012	南玻 B	5.00	2005-5-26	2005-6-1	299052546	0	149526273	448578819
62	上交所	600383	金地集团	8.00	2005-5-27	2005-5-31	370000000	0	296000000	666000000
63	上交所	600507	G长力	10.00	2005-5-27	2005-5-31	125000000	0	125000000	250000000
64	深交所	000822	山东海化	4.79	2005-5-27	2005-5-30	489220680	0	219474189	708694869
65	上交所	600339	天利高新	2.00	2005-5-31	2005-6-2	357000000	0	71400000	428400000
66	上交所	600570	G恒生	5.00	2005-5-31	2005-6-2	68000000	0	34000000	102000000
67	深交所	002008	大族激光	5.00	2005-5-31	2005-6-1	107016000	0	53508000	160524000
68	深交所	002023	海特高新	5.00	2005-5-31	2005-6-1	78391484	0	39195742	117587226
69	上交所	600130	波导股份	10.00	2005-6-2	2005-6-6	192000000	0	192000000	384000000
70	上交所	600965	福成五丰	1.00	2005-6-2	2005-6-6	254002943	25400294	0	279403237
71	深交所	002024	苏宁电器	10.00	2005-6-2	2005-6-3	93160000	0	93160000	186320000
72	深交所	002035	华帝股份	4.00	2005-6-3	2005-6-6	78650000	0	31460000	110110000
73	上交所	600529	G药玻	2.00	2005-6-6	2005-6-8	185416759	0	37083352	222500111
74	上交所	600637	G上广电	1.00	2005-6-6	2005-6-8	819812485	81981249	0	901793733
75	上交所	600837	G都市	1.00	2005-6-6	2005-6-8	250540496	25054050	0	275594546
76	深交所	000538	云南白药	2.00	2005-6-6	2005-6-7	241563368	0	48312673	289876041
77	深交所	000635	英力特	2.00	2005-6-6	2005-6-7	114562000	22912400	0	137474400
78	上交所	600851	G海欣	10.00	2005-6-7	2005-6-9	402199811	120659943	281539868	804399622
79	上交所	600571	G信雅达	6.00	2005-6-8	2005-6-10	93536000	0	56121600	149657600
80	上交所	600594	G益佰	2.00	2005-6-8	2005-6-10	67000000	0	13400000	80400000

续表 2　Continued 2

序号 No.	交易所 Exchange	股票代码 Code	公司简称 Companies	送转股比例 Percent	股权登记日期 Record Data	送转股上市交易日 Date	送转股前总股本 Previous Shares	送股股本数 Bonus Shares 1	转股股本数 Bonus Shares 2	送转股后总股本 Shares Now
81	深交所	002012	凯恩股份	8.00	2005-6-8	2005-6-9	108216277	0	86573021	194789298
82	深交所	002034	美欣达	2.00	2005-6-8	2005-6-9	67600000	0	13520000	81120000
83	上交所	600517	G置信	10.00	2005-6-9	2005-6-13	79830000	0	79830000	159660000
84	上交所	600971	G恒源	5.00	2005-6-10	2005-6-14	125600000	25120000	37680000	188400000
85	上交所	900917	海欣B股	10.00	2005-6-10	2005-6-14	201328535	60398561	140929975	402657070
86	上交所	600270	外运发展	1.00	2005-6-13	2005-6-15	823165200	82316520	0	905481720
87	上交所	600626	G申达	4.00	2005-6-13	2005-6-15	338210865	0	135284346	473495211
88	深交所	002021	中捷股份	6.00	2005-6-13	2005-6-14	86000000	0	51600000	137600000
89	上交所	600143	G金发	3.00	2005-6-14	2005-6-16	175000000	0	52500000	227500000
90	上交所	600420	现代制药	5.00	2005-6-14	2005-6-16	87191940	0	43595970	130787910
91	上交所	600393	G东华	5.00	2005-6-15	2005-6-17	200000000	60000000	40000000	300000000
92	深交所	002031	巨轮股份	3.00	2005-6-15	2005-6-16	141000000	0	42300000	183300000
93	深交所	200512	闽灿坤B	1.00	2005-6-15	2005-6-21	1011227343	70785914	30336820	1112350077
94	上交所	600008	首创股份	10.00	2005-6-16	2005-6-20	1100000000	0	1100000000	2200000000
95	上交所	600271	航天信息	9.00	2005-6-16	2005-6-20	162000000	0	145800000	307800000
96	上交所	600330	天通股份	6.00	2005-6-16	2005-6-20	274470000	0	164682000	439152000
97	上交所	600480	G凌云	3.00	2005-6-16	2005-6-20	240000000	0	72000000	312000000
98	上交所	600036	G招行	5.00	2005-6-17	2005-6-21	6848245415	0	3424122708	10272368123
99	上交所	600692	G亚通	2.00	2005-6-20	2005-6-22	200216324	20021632	20021632	240259589
100	深交所	000153	丰原药业	10.00	2005-6-20	2005-6-21	130004600	0	130004600	260009200
101	深交所	000662	索芙特	2.00	2005-6-20	2005-6-21	149992500	29998500	0	179991000
102	上交所	600236	桂冠电力	10.00	2005-6-21	2005-6-23	675363587	0	675363587	1350727174
103	上交所	600401	G申龙	8.00	2005-6-21	2005-6-23	143359802	0	114687842	258047644
104	深交所	002032	苏泊尔	3.00	2005-6-21	2005-6-22	135400000	0	40620000	176020000
105	上交所	600311	荣华实业	3.00	2005-6-22	2005-6-24	200000000	0	60000000	260000000
106	上交所	600598	G北大荒	2.00	2005-6-22	2005-6-24	1469960000	0	293992000	1763952000
107	深交所	000860	顺鑫农业	2.00	2005-6-23	2005-6-24	331450000	66290000	0	397740000
108	深交所	000815	美利纸业	2.00	2005-6-24	2005-6-27	132000000	13200000	13200000	158400000
109	深交所	000806	银河科技	2.00	2005-6-27	2005-6-28	348951454	0	69790290	418741744
110	上交所	600074	中达股份	1.00	2005-6-28	2005-6-30	341280000	34128000	0	375408000
111	上交所	600586	G金晶	5.00	2005-6-28	2005-6-30	125905000	0	62952500	188857500
112	深交所	000002	万科A	5.00	2005-6-28	2005-6-29	1908723258	0	954349341	2863072599
113	深交所	000090	深天健	0.50	2005-6-28	2005-6-29	223261600	11163080	0	234424680
114	深交所	200002	万科B	5.00	2005-6-28	2005-7-5	365265408	0	182632704	547898112
115	上交所	600031	G三一	10.00	2005-6-29	2005-7-1	240000000	0	240000000	480000000
116	上交所	600501	G晨光	6.00	2005-6-29	2005-7-1	187314375	37462875	74925750	299703000
117	上交所	600409	G唐三友	2.00	2005-6-30	2005-7-4	350000000	0	70000000	420000000
118	上交所	600980	北矿磁材	3.00	2005-6-30	2005-7-4	100000000	0	30000000	130000000
119	上交所	600536	中国软件	5.00	2005-7-1	2005-7-5	101007389	0	50503695	151511084
120	上交所	600320	G振华	5.00	2005-7-4	2005-7-6	807280000	0	403640000	1210920000
121	上交所	600475	华光股份	6.00	2005-7-4	2005-7-6	160000000	0	96000000	256000000
122	上交所	600662	强生控股	5.00	2005-7-4	2005-7-6	417199496	83439899	125159849	625799244

续表 3　Continued 3

序号 No.	交易所 Exchange	股票代码 Code	公司简称 Companies	送转股比例 Percent	股权登记日期 Record Data	送转股上市交易日 Date	送转股前总股本 Previous Shares	送股股本数 Bonus Shares 1	转股股本数 Bonus Shares 2	送转股后总股本 Shares Now
123	上交所	600694	大商股份	1.00	2005-7-5	2005-7-7	267016957	0	26701696	293718653
124	深交所	000022	深赤湾 A	3.00	2005-7-5	2005-7-6	357591000	0	107277300	464868300
125	深交所	200022	深赤湾 B	3.00	2005-7-5	2005-7-11	138381100	0	41514330	179895430
126	上交所	600085	G同仁堂	2.00	2005-7-6	2005-7-8	361684915	0	72336983	434021898
127	上交所	600978	G宜华	2.00	2005-7-6	2005-7-8	251329093	0	50265819	301594912
128	深交所	000527	美的电器	3.00	2005-7-6	2005-7-7	484889726	0	145466917	630356643
129	上交所	900947	振华 B股	5.00	2005-7-7	2005-7-11	220000000	0	110000000	330000000
130	深交所	000812	陕西金叶	1.00	2005-7-7	2005-7-8	237007658	23700765	0	260708423
131	上交所	600300	G维维	10.00	2005-7-8	2005-7-12	330000000	0	330000000	660000000
132	上交所	600639	G金桥	1.00	2005-7-8	2005-7-12	542685000	54268500	0	596953500
133	上交所	600704	G中大	3.00	2005-7-8	2005-7-12	288270821	0	86481246	374752068
134	上交所	600966	G博汇	2.00	2005-7-8	2005-7-12	180000000	0	36000000	216000000
135	深交所	000617	石油济柴	2.00	2005-7-11	2005-7-12	166400000	33280000	0	199680000
136	上交所	600405	G动力源	2.00	2005-7-13	2005-7-15	86953000	0	17390600	104343600
137	上交所	900911	金桥 B股	1.00	2005-7-13	2005-7-15	224939000	22493900	0	247432900
138	深交所	000046	光彩建设	2.00	2005-7-13	2005-7-14	292901210	29290120	29290120	351481450
139	上交所	600247	G物华	2.00	2005-7-14	2005-7-18	237600000	0	47520000	285120000
140	上交所	600257	洞庭水殖	5.00	2005-7-14	2005-7-18	146000000	0	73000000	219000000
141	上交所	600101	明星电力	3.00	2005-7-15	2005-7-19	203766500	20376650	40753300	264896450
142	上交所	600392	G天成	5.00	2005-7-15	2005-7-19	72000000	14400000	21600000	108000000
143	上交所	600651	飞乐音响	2.00	2005-7-15	2005-7-19	424165123	0	84833025	508998148
144	上交所	600825	华联超市	2.00	2005-7-15	2005-7-19	218856860	0	43771372	262628232
145	深交所	000725	京东方 A	5.00	2005-7-18	2005-7-19	720097200	0	360048600	1080145800
146	深交所	200725	京东方 B	5.00	2005-7-18	2005-7-22	743700000	0	371850000	1115550000
147	上交所	600067	G冠城	2.00	2005-7-19	2005-7-21	268829845	26882985	26882985	322595814
148	上交所	600421	春天股份	2.00	2005-7-19	2005-7-21	136000000	0	27200000	163200000
149	上交所	600881	亚泰集团	5.00	2005-7-19	2005-7-21	557760953	0	278880477	836641430
150	上交所	600963	G岳纸	5.00	2005-7-19	2005-7-21	179866715	0	89933358	269800073
151	深交所	000717	韶钢松山	6.00	2005-7-19	2005-7-20	838200000	0	502920000	1341120000
152	上交所	600834	G申地铁	1.00	2005-7-21	2005-7-25	433983550	43398355	0	477381905
153	深交所	000581	威孚高科	3.00	2005-7-21	2005-7-22	347966150	104389845	0	452355995
154	深交所	200581	苏威孚 B	3.00	2005-7-21	2005-7-27	88400000	26520000	0	114920000
155	上交所	600089	特变电工	3.00	2005-7-22	2005-7-26	298614976	0	89584493	388199469
156	上交所	600792	马龙产业	1.00	2005-7-22	2005-7-26	114750000	11475000	0	126225000
157	上交所	600175	G美都	2.00	2005-7-25	2005-7-27	106680000	0	21336000	128016000
158	上交所	600188	兖州煤业	6.00	2005-7-26	2005-7-28	3074000000	0	1844400000	4184000000
159	上交所	600606	金丰投资	1.00	2005-7-28	2005-8-1	254942546	0	25494255	280436801
160	深交所	000637	茂化实华	2.00	2005-7-28	2005-7-29	376721273	75344254	0	452065527
161	上交所	600747	大显股份	1.00	2005-7-29	2005-8-2	706721482	0	70672148	777393630
162	上交所	600519	贵州茅台	2.00	2005-8-4	2005-8-8	393250000	0	78650000	471900000
163	上交所	600628	G新世界	3.00	2005-8-8	2005-8-10	355718575	106715573	0	462434148
164	上交所	600001	邯郸钢铁	5.00	2005-8-11	2005-8-15	1508692307	754346154	0	2263038461

续表 4　Continued 4

序号 No.	交易所 Exchange	股票代码 Code	公司简称 Companies	送转股比例 Percent	股权登记日期 Record Data	送转股上市交易日 Date	送转股前总股本 Previous Shares	送股股本数 Bonus Shares 1	转股股本数 Bonus Shares 2	送转股后总股本 Shares Now
165	上交所	600386	北京巴士	6.00	2005-8-11	2005-8-15	252000000	0	151200000	403200000
166	上交所	600900	G长电	0.42	2005-8-11	2005-8-15	7856000000	0	330737600	8186737600
167	上交所	600654	G飞乐	2.00	2005-8-15	2005-8-17	629202628	0	125840526	755043154
168	上交所	600768	宁波富邦	2.00	2005-8-7	2005-8-19	111456000	14489280	7801920	133747200
169	上交所	600582	天地科技	3.00	2005-8-22	2005-8-24	156000000	0	46800000	202800000
170	上交所	600635	大众公用	3.00	2005-8-25	2005-8-29	546181666	0	163854500	710036166
171	深交所	000598	蓝星清洗	3.00	2005-8-25	2005-8-26	232669798	0	69800939	302470737
172	深交所	000933	神火股份	10.00	2005-9-8	2005-9-9	250000000	0	250000000	500000000
173	上交所	600507	G长力	3.00	2005-9-27	2005-9-29	250000000	0	75000000	325000000
174	深交所	002010	G传化	5.00	2005-9-27	2005-9-28	80000000	0	40000000	120000000
175	上交所	600037	G歌华	6.00	2005-9-29	2005-10-10	351468193	0	210880916	562349109
176	深交所	002024	G苏宁	8.00	2005-10-14	2005-10-17	186320000	0	149056000	335376000
177	深交所	002001	G新和成	5.00	2005-10-18	2005-10-19	114020000	0	57010000	171030000
178	上交所	600016	G民生	1.55	2005-10-24	2005-10-26	6284495595	0	974096817	7258592412
179	深交所	002016	G威尔	1.49	2005-10-24	2005-10-28	55083000	0	8207367	63290367
180	上交所	600325	G华发	3.00	2005-10-27	2005-10-31	200000000	0	60000000	260000000
181	上交所	600360	华微电子	10.00	2005-10-27	2005-10-31	118000000	0	118000000	236000000
182	深交所	000629	G新钢钒	3.00	2005-11-3	2005-11-7	1306845288	0	392053586	1698898874
183	深交所	000897	G津滨	2.10	2005-11-9	2005-11-11	679499548	0	142694905	822194453
184	上交所	600010	G包钢	10.00	2005-11-11	2005-11-15	1428229834	714114917	714114917	2856459668
185	深交所	002047	G成霖	1.13	2005-11-25	2005-11-30	201330000	0	22812702	224142702
186	深交所	000514	G渝开发	5.00	2005-11-29	2005-12-1	117542880	0	58771440	176314320
187	深交所	000930	G丰原	10.00	2005-12-6	2005-12-7	481933564	0	481928566	963862130
188	上交所	600824	G益民	10.00	2005-12-7	2005-12-9	193649092	0	193649092	387298184
189	上交所	600418	G江汽	6.04	2005-12-12	2005-12-14	567167860	0	342722523	909892506

数据来源：上海、深圳证券交易所

Source：Shanghai Shenzhen Stock Exchange

5-25　2005年上市公司红利分配一览表

Summary for Dividend Distributions of Listed Companies in 2005

序号 No.	年月 Month	交易所 Exchange	公司代码 Code	公司简称 Companies	红利派发日 Data	每股现金红利 Dividend Per Share	现金分配合计(万元) Total Dividend
1	200503	深交所	000690	G宝丽华	2005-3-21	0.20	4221.00
2	200503	深交所	000793	燃气股份	2005-3-21	0.03	2040.20
3	200503	上交所	600426	G恒升	2005-3-22	0.10	1670.00
4	200503	上交所	600580	G卧龙	2005-3-24	0.12	2094.80
5	200503	上交所	600155	宝硕股份	2005-3-25	0.03	1237.50
6	200503	上交所	600725	G云维	2005-3-28	0.05	550.00
7	200503	上交所	600261	G浙阳光	2005-3-31	0.35	4310.60
8	200504	上交所	600309	烟台万华	2005-4-1	0.20	13056.00

续表 1　Continued 1

序号 No.	年月 Month	交易所 Exchange	公司代码 Code	公司简称 Companies	红利派发日 Data	每股现金红利 Dividend Per Share	现金分配合计(万元) Total Dividend
9	200504	上交所	600370	三房巷	2005-4-4	0.18	2848.68
10	200504	上交所	600567	山鹰纸业	2005-4-4	0.10	2649.34
11	200504	深交所	002022	科华生物	2005-4-6	0.70	4812.50
12	200504	深交所	000888	峨眉山 A	2005-4-7	0.10	1306.60
13	200504	深交所	000895	双汇发展	2005-4-7	0.60	30813.30
14	200504	深交所	002019	鑫富药业	2005-4-7	0.20	1050.00
15	200504	上交所	600995	文山电力	2005-4-8	0.50	4378.50
16	200504	深交所	000651	格力电器	2005-4-8	0.38	20403.72
17	200504	上交所	600114	G 东睦	2005-4-11	0.25	2875.00
18	200504	上交所	600527	G 高纤	2005-4-11	0.20	1600.00
19	200504	上交所	600423	G 柳化	2005-4-12	0.15	2862.33
20	200504	上交所	600467	好当家	2005-4-12	0.10	1800.00
21	200504	上交所	600642	G 申能	2005-4-12	0.20	53792.63
22	200504	深交所	000667	名流置业	2005-4-12	0.12	2940.34
23	200504	深交所	000729	燕京啤酒	2005-4-13	0.06	4062.88
24	200504	深交所	002014	永新股份	2005-4-13	0.30	2802.00
25	200504	深交所	002025	航天电器	2005-4-13	0.10	800.00
26	200504	上交所	600798	宁波海运	2005-4-14	0.14	7166.25
27	200504	上交所	600477	G 杭萧	2005-4-15	0.10	1547.34
28	200504	上交所	600016	G 民生	2005-4-18	0.07	36293.06
29	200504	上交所	600325	G 华发	2005-4-18	0.10	2000.00
30	200504	上交所	600422	G 昆药	2005-4-18	0.15	2356.32
31	200504	上交所	600590	G 泰豪	2005-4-18	0.05	997.93
32	200504	深交所	002013	中航精机	2005-4-18	0.20	1000.00
33	200504	上交所	600066	G 宇通	2005-4-19	0.50	10254.27
34	200504	上交所	600126	G 杭钢	2005-4-19	0.30	19360.13
35	200504	上交所	600151	航天机电	2005-4-19	0.15	7017.60
36	200504	上交所	600886	G 华靖	2005-4-19	0.10	5634.92
37	200504	深交所	000911	南宁糖业	2005-4-19	0.38	9927.79
38	200504	深交所	002038	双鹭药业	2005-4-19	0.20	1380.00
39	200504	上交所	600161	天坛生物	2005-4-20	0.12	3906.00
40	200504	上交所	600298	安琪酵母	2005-4-20	0.25	3392.50
41	200504	上交所	600740	山西焦化	2005-4-20	0.20	4057.00
42	200504	深交所	000828	G 东控	2005-4-20	0.15	16887.91
43	200504	上交所	600301	G 南化	2005-4-21	0.22	4073.26
44	200504	上交所	600303	G 曙光	2005-4-21	0.20	3240.00
45	200504	深交所	000778	G 铸管	2005-4-21	1.00	62148.77
46	200504	深交所	000989	九芝堂	2005-4-21	0.30	7855.50
47	200504	上交所	600152	维科精华	2005-4-22	0.06	1760.97
48	200504	上交所	600416	G 湘电	2005-4-22	0.19	3705.00
49	200504	上交所	600521	G 华海	2005-4-22	0.30	5400.00
50	200504	上交所	600548	G 深高速	2005-4-22	0.11	23987.70
51	200504	深交所	000897	G 津滨	2005-4-22	0.02	1019.25
52	200504	深交所	000969	G 安泰 A	2005-4-22	0.17	4126.30
53	200504	上交所	600226	G 拜克	2005-4-25	0.12	3244.39
54	200504	上交所	600391	成发科技	2005-4-25	0.05	700.00

续表 2 Continued 2

序号 No.	年月 Month	交易所 Exchange	公司代码 Code	公司简称 Companies	红利派发日 Data	每股现金红利 Dividend Per Share	现金分配合计(万元) Total Dividend
55	200504	深交所	000039	中集集团	2005-4-25	0.50	23331.73
56	200504	深交所	000687	G 天鹅	2005-4-25	0.15	4812.00
57	200504	上交所	600299	星新材料	2005-4-26	0.22	5280.00
58	200504	上交所	600356	G 恒丰	2005-4-26	0.10	1400.00
59	200504	上交所	600479	G 千金	2005-4-26	0.50	2800.00
60	200504	上交所	600533	G 栖霞	2005-4-26	0.50	7000.00
61	200504	上交所	600616	G 食品	2005-4-26	0.20	6092.66
62	200504	上交所	600983	合肥三洋	2005-4-26	0.09	2997.00
63	200504	深交所	000990	诚志股份	2005-4-26	0.06	1075.50
64	200504	深交所	000402	金融街	2005-4-27	0.30	13773.80
65	200504	深交所	000830	G 鲁西	2005-4-27	0.10	3120.13
66	200504	上交所	600123	G 兰花	2005-4-28	0.20	7425.00
67	200504	上交所	600352	G 龙盛	2005-4-28	0.10	4540.00
68	200504	深交所	000763	锦州石化	2005-4-28	0.30	23625.00
69	200504	深交所	000790	华神集团	2005-4-28	0.10	1279.80
70	200504	深交所	002028	思源电气	2005-4-28	0.40	2120.00
71	200504	深交所	002033	丽江旅游	2005-4-28	0.20	1986.46
72	200504	深交所	002036	宜科科技	2005-4-28	0.15	1248.45
73	200504	深交所	200039	中集 B	2005-4-28	0.50	27092.30
74	200504	上交所	600177	雅戈尔	2005-4-29	0.25	27119.37
75	200504	上交所	600525	G 长园	2005-4-29	0.12	1194.48
76	200504	深交所	000559	万向钱潮	2005-4-29	0.10	7325.62
77	200504	深交所	000869	张裕 A	2005-4-29	0.50	13416.00
78	200504	深交所	000962	东方钽业	2005-4-29	0.08	2673.00
79	200505	上交所	600500	G 中化	2005-5-9	0.25	20961.56
80	200505	上交所	600961	G 株冶	2005-5-9	0.20	8549.16
81	200505	上交所	600897	厦门空港	2005-5-10	0.50	13500.00
82	200505	上交所	600098	G 广控	2005-5-11	0.20	27456.00
83	200505	上交所	600366	G 韵升	2005-5-11	0.20	5719.50
84	200505	深交所	000937	G 金牛	2005-5-11	0.50	21809.27
85	200505	深交所	002027	七喜控股	2005-5-11	0.20	2239.52
86	200505	深交所	200869	张裕 B	2005-5-11	0.50	6864.03
87	200505	上交所	600000	浦发银行	2005-5-12	0.12	46980.00
88	200505	上交所	600207	安彩高科	2005-5-12	0.30	13200.00
89	200505	上交所	600317	G 营口港	2005-5-12	0.10	2500.00
90	200505	上交所	600499	科达机电	2005-5-12	0.30	2986.20
91	200505	上交所	600583	G 海工	2005-5-12	0.10	3300.00
92	200505	上交所	600611	大众交通	2005-5-12	0.20	7918.03
93	200505	上交所	900903	大众 B 股	2005-5-12	0.02	490.07
94	200505	深交所	002001	新和成	2005-5-12	0.30	3420.60
95	200505	上交所	600488	G 天药	2005-5-13	0.10	2518.25
96	200505	深交所	000623	G 敖东	2005-5-13	0.10	3504.97
97	200505	深交所	000970	中科三环	2005-5-13	0.06	3045.60
98	200505	上交所	600428	G 中远	2005-5-16	0.30	14040.00
99	200505	上交所	600791	G 天创	2005-5-16	0.02	257.40
100	200505	深交所	000024	招商地产	2005-5-16	0.15	5888.91

续表 3　Continued 3

序号 No.	年月 Month	交易所 Exchange	公司代码 Code	公司简称 Companies	红利派发日 Data	每股现金红利 Dividend Per Share	现金分配合计(万元) Total Dividend
101	200505	深交所	002020	京新药业	2005-5-16	0.20	1354.00
102	200505	上交所	600021	G 上电	2005-5-17	0.21	32833.61
103	200505	上交所	600246	先锋股份	2005-5-17	0.15	1380.00
104	200505	上交所	600487	G 亨通	2005-5-17	0.10	1261.20
105	200505	上交所	600674	川投能源	2005-5-17	0.03	965.52
106	200505	深交所	000936	G 华西村	2005-5-17	0.10	3027.44
107	200505	上交所	600302	G 标准	2005-5-18	0.10	3460.10
108	200505	上交所	600410	华胜天成	2005-5-18	0.50	4700.00
109	200505	上交所	600491	G 龙元	2005-5-18	0.30	4860.00
110	200505	上交所	600512	腾达建设	2005-5-18	0.10	1597.35
111	200505	上交所	600530	G 昂立	2005-5-18	0.10	2400.00
112	200505	深交所	000898	G 鞍钢	2005-5-18	0.30	62189.57
113	200505	深交所	002030	达安基因	2005-5-18	0.15	1254.00
114	200505	深交所	200024	招商局 B	2005-5-18	0.15	3393.37
115	200505	上交所	600237	G 铜峰	2005-5-19	0.10	2000.00
116	200505	上交所	600268	国电南自	2005-5-19	0.15	1770.00
117	200505	上交所	600406	国电南瑞	2005-5-19	0.20	4251.00
118	200505	上交所	600470	六国化工	2005-5-19	0.22	4136.00
119	200505	上交所	600535	G 天士力	2005-5-19	0.30	8550.00
120	200505	上交所	600547	山东黄金	2005-5-19	0.30	4800.00
121	200505	上交所	600761	G 合力	2005-5-19	0.15	4604.32
122	200505	上交所	600779	G 全兴	2005-5-19	0.10	4885.46
123	200505	上交所	900950	新城 B 股	2005-5-19	0.01	401.02
124	200505	深交所	000060	G 中金	2005-5-19	0.13	5400.00
125	200505	深交所	000709	G 唐钢	2005-5-19	0.50	97748.94
126	200505	深交所	000983	G 西煤	2005-5-19	0.30	24240.00
127	200505	深交所	002010	传化股份	2005-5-19	0.30	2400.00
128	200505	上交所	600110	中科英华	2005-5-20	0.02	668.25
129	200505	上交所	600200	G 吴中	2005-5-20	0.06	2494.80
130	200505	上交所	600205	山东铝业	2005-5-20	0.42	28224.00
131	200505	上交所	600439	G 瑞贝卡	2005-5-20	0.20	1980.00
132	200505	上交所	600481	G 双良	2005-5-20	0.26	7956.00
133	200505	上交所	600510	黑牡丹	2005-5-20	0.25	7306.18
134	200505	上交所	600729	重庆百货	2005-5-20	0.16	3264.00
135	200505	深交所	000488	晨鸣纸业	2005-5-20	0.10	5260.63
136	200505	深交所	000825	太钢不锈	2005-5-20	0.20	25828.08
137	200505	上交所	600005	G 武钢	2005-5-23	0.25	195950.00
138	200505	上交所	600009	G 沪机场	2005-5-23	0.10	19269.58
139	200505	上交所	600079	G 人福	2005-5-23	0.02	406.66
140	200505	上交所	600087	G 水运	2005-5-23	0.20	10313.95
141	200505	上交所	600125	G 铁龙	2005-5-23	0.03	861.93
142	200505	上交所	600150	G 重机	2005-5-23	0.12	2897.92
143	200505	上交所	600160	G 巨化	2005-5-23	0.15	8352.00
144	200505	上交所	600231	G 凌钢	2005-5-23	0.25	13097.50
145	200505	上交所	600449	赛马实业	2005-5-23	0.15	1845.00
146	200505	上交所	600508	G 上能	2005-5-23	0.60	24090.60

续表 4 Continued 4

序号 No.	年月 Month	交易所 Exchange	公司代码 Code	公司简称 Companies	红利派发日 Data	每股现金红利 Dividend Per Share	现金分配合计(万元) Total Dividend
147	200505	上交所	600531	G 豫光	2005-5-23	0.15	3424.04
148	200505	上交所	600588	G 用友	2005-5-23	0.32	4608.00
149	200505	上交所	600835	上海机电	2005-5-23	0.20	13441.74
150	200505	上交所	600884	杉杉股份	2005-5-23	0.10	4108.58
151	200505	上交所	900925	机电 B 股	2005-5-23	0.02	435.44
152	200505	深交所	000422	湖北宜化	2005-5-23	0.15	3698.03
153	200505	深交所	000629	G 新钢钒	2005-5-23	0.20	26136.91
154	200505	深交所	000630	G 铜都	2005-5-23	0.08	6255.09
155	200505	深交所	002007	华兰生物	2005-5-23	0.40	2680.00
156	200505	上交所	600235	民丰特纸	2005-5-24	0.12	3160.80
157	200505	上交所	600398	G 凯诺	2005-5-24	0.10	2366.59
158	200505	上交所	600496	G 精工钢	2005-5-24	0.05	550.00
159	200505	上交所	600537	G 海通	2005-5-24	0.13	2875.43
160	200505	上交所	600561	江西长运	2005-5-24	0.08	1392.93
161	200505	上交所	600595	G 中孚	2005-5-24	0.02	457.26
162	200505	上交所	600824	G 益民	2005-5-24	0.15	2904.74
163	200505	上交所	600866	G 星湖	2005-5-24	0.05	2605.51
164	200505	上交所	600888	新疆众和	2005-5-24	0.02	206.78
165	200505	上交所	600900	G 长电	2005-5-24	0.21	164976.00
166	200505	深交所	000037	深南电 A	2005-5-24	0.50	15404.92
167	200505	深交所	000711	天伦置业	2005-5-24	0.05	536.33
168	200505	深交所	000848	承德露露	2005-5-24	0.20	5185.00
169	200505	上交所	600396	G 金山	2005-5-25	0.03	552.50
170	200505	上交所	600452	G 涪电力	2005-5-25	0.20	3200.00
171	200505	上交所	600456	G 宝钛	2005-5-25	0.20	4001.60
172	200505	上交所	600463	G 空港	2005-5-25	0.20	2800.00
173	200505	上交所	600557	G 康缘	2005-5-25	0.10	1560.60
174	200505	深交所	000157	中联重科	2005-5-25	0.40	20280.00
175	200505	深交所	000600	G 建投	2005-5-25	0.08	1229.87
176	200505	深交所	002005	德豪润达	2005-5-25	1.00	10100.00
177	200505	深交所	200488	晨鸣 B	2005-5-25	0.10	3716.58
178	200505	上交所	600227	G 赤天化	2005-5-26	0.20	3400.00
179	200505	上交所	600459	贵研铂业	2005-5-26	0.20	1719.00
180	200505	上交所	600482	G 风帆	2005-5-26	0.13	2725.00
181	200505	上交所	600518	G 康美	2005-5-26	0.15	1593.00
182	200505	上交所	600563	法拉电子	2005-5-26	0.40	6000.00
183	200505	上交所	600584	G 苏长电	2005-5-26	0.05	1462.96
184	200505	上交所	600992	贵绳股份	2005-5-26	0.20	3287.40
185	200505	深交所	000401	冀东水泥	2005-5-26	0.10	9627.71
186	200505	深交所	000833	贵糖股份	2005-5-26	0.10	2526.89
187	200505	深交所	000939	凯迪电力	2005-5-26	0.10	2811.90
188	200505	深交所	000997	G 新大陆	2005-5-26	0.13	2900.00
189	200505	深交所	002029	七匹狼	2005-5-26	0.15	1275.00
190	200505	上交所	600022	济南钢铁	2005-5-27	0.50	47000.00
191	200505	上交所	600282	南钢股份	2005-5-27	0.30	18720.00
192	200505	上交所	600400	G 红豆	2005-5-27	0.11	2368.55

续表 5　Continued 5

序号 No.	年月 Month	交易所 Exchange	公司代码 Code	公司简称 Companies	红利派发日 Data	每股现金红利 Dividend Per Share	现金分配合计(万元) Total Dividend
193	200505	上交所	600418	G 江汽	2005-5-27	0.28	11612.24
194	200505	上交所	600566	洪城股份	2005-5-27	0.02	212.62
195	200505	上交所	600597	光明乳业	2005-5-27	0.15	15628.39
196	200505	深交所	000012	南玻 A	2005-5-27	0.25	9448.07
197	200505	深交所	000811	烟台冰轮	2005-5-27	0.10	1753.77
198	200505	深交所	000837	秦川发展	2005-5-27	0.02	464.96
199	200505	深交所	000926	G 福星	2005-5-27	0.20	5333.90
200	200505	深交所	000998	隆平高科	2005-5-27	0.15	1575.00
201	200505	深交所	001696	宗申动力	2005-5-27	0.06	821.18
202	200505	深交所	200037	深南电 B	2005-5-27	0.50	11993.44
203	200505	上交所	600109	成都建投	2005-5-30	0.05	354.91
204	200505	上交所	600357	G 承钒钛	2005-5-30	0.20	15213.34
205	200505	上交所	600383	金地集团	2005-5-30	0.33	12210.00
206	200505	上交所	600436	片仔癀	2005-5-30	0.26	3640.00
207	200505	上交所	600507	G 长力	2005-5-30	0.40	5000.00
208	200505	上交所	600875	东方电机	2005-5-30	0.12	5400.00
209	200505	深交所	000822	山东海化	2005-5-30	0.10	4389.30
210	200505	深交所	000968	G 煤气化	2005-5-30	0.01	395.19
211	200505	深交所	002026	山东威达	2005-5-30	0.10	900.00
212	200505	深交所	002037	久联发展	2005-5-30	0.35	3850.00
213	200505	上交所	600081	东风科技	2005-5-31	0.15	4703.40
214	200505	上交所	600178	东安动力	2005-5-31	0.10	4620.80
215	200505	上交所	600210	G 紫江	2005-5-31	0.08	10775.52
216	200505	上交所	600230	沧州大化	2005-5-31	0.10	2593.32
217	200505	上交所	600287	江苏舜天	2005-5-31	0.13	5678.35
218	200505	上交所	600310	桂东电力	2005-5-31	0.30	4702.50
219	200505	上交所	600575	芜湖港	2005-5-31	0.40	4744.00
220	200505	上交所	600708	G 海博	2005-5-31	0.05	1784.51
221	200505	上交所	600785	新华百货	2005-5-31	0.25	2572.31
222	200505	深交所	000966	长源电力	2005-5-31	0.10	3701.42
223	200506	上交所	600339	天利高新	2005-6-1	0.10	3570.00
224	200506	上交所	600380	健康元	2005-6-1	0.11	6709.23
225	200506	上交所	600408	G 安泰	2005-6-1	0.13	4887.50
226	200506	上交所	600493	G 凤竹	2005-6-1	0.20	3400.00
227	200506	上交所	600539	狮头股份	2005-6-1	0.02	460.00
228	200506	上交所	600570	G 恒生	2005-6-1	0.20	1360.00
229	200506	上交所	600782	新华股份	2005-6-1	0.10	1932.20
230	200506	上交所	600987	航民股份	2005-6-1	0.10	2850.00
231	200506	深交所	002008	大族激光	2005-6-1	0.20	2140.32
232	200506	深交所	002017	东信和平	2005-6-1	0.25	2270.00
233	200506	深交所	002023	海特高新	2005-6-1	0.20	1567.83
234	200506	深交所	200012	南玻 B	2005-6-1	0.25	7476.20
235	200506	上交所	600015	华夏银行	2005-6-2	0.10	42000.00
236	200506	上交所	600176	中国玻纤	2005-6-2	0.05	2136.96
237	200506	上交所	600253	天方药业	2005-6-2	0.05	2100.00
238	200506	上交所	600686	G 金龙	2005-6-2	0.15	2272.76

续表 6　Continued 6

序号 No.	年月 Month	交易所 Exchange	公司代码 Code	公司简称 Companies	红利派发日 Data	每股现金红利 Dividend Per Share	现金分配合计(万元) Total Dividend
239	200506	上交所	600817	G 宏盛	2005-6-2	0.05	495.11
240	200506	上交所	600100	G 同方	2005-6-3	0.10	5746.12
241	200506	上交所	600130	波导股份	2005-6-3	0.30	5760.00
242	200506	上交所	600189	G 森工	2005-6-3	0.30	9315.00
243	200506	上交所	600362	江西铜业	2005-6-3	0.12	31968.46
244	200506	上交所	600377	宁沪高速	2005-6-3	0.15	73047.34
245	200506	上交所	600460	G 士兰微	2005-6-3	0.10	2020.40
246	200506	上交所	600489	中金黄金	2005-6-3	0.15	4200.00
247	200506	上交所	600724	宁波富达	2005-6-3	0.20	7287.38
248	200506	上交所	600965	福成五丰	2005-6-3	0.05	1270.01
249	200506	深交所	000786	北新建材	2005-6-3	0.05	2875.75
250	200506	深交所	002016	威尔科技	2005-6-3	0.30	1652.49
251	200506	深交所	002024	苏宁电器	2005-6-3	0.10	931.60
252	200506	上交所	600028	中国石化	2005-6-6	0.08	693619.51
253	200506	上交所	600258	首旅股份	2005-6-6	0.16	3702.40
254	200506	上交所	600361	G 综超	2005-6-6	0.20	5022.92
255	200506	上交所	600829	三精制药	2005-6-6	0.02	773.18
256	200506	上交所	600969	郴电国际	2005-6-6	0.10	2102.68
257	200506	上交所	600975	新五丰	2005-6-6	0.07	701.08
258	200506	深交所	002018	华星化工	2005-6-6	0.10	650.00
259	200506	深交所	002035	华帝股份	2005-6-6	0.40	3146.00
260	200506	上交所	600529	G 药玻	2005-6-7	0.10	1854.17
261	200506	上交所	600585	G 海螺	2005-6-7	0.13	15385.24
262	200506	上交所	600601	方正科技	2005-6-7	0.02	1940.89
263	200506	上交所	600718	东软股份	2005-6-7	0.60	16887.10
264	200506	深交所	000050	深天马 A	2005-6-7	0.10	2655.40
265	200506	深交所	000538	云南白药	2005-6-7	0.35	8454.72
266	200506	深交所	000635	G 英力特	2005-6-7	0.10	1145.62
267	200506	上交所	600786	东方锅炉	2005-6-8	0.25	10115.66
268	200506	上交所	600851	G 海欣	2005-6-8	0.10	4022.00
269	200506	上交所	900917	海欣 B 股	2005-6-8	0.01	243.25
270	200506	深交所	000014	沙河股份	2005-6-8	0.03	268.94
271	200506	上交所	600051	宁波联合	2005-6-9	0.10	3024.00
272	200506	上交所	600113	G 东日	2005-6-9	0.10	1180.00
273	200506	上交所	600195	G 中牧	2005-6-9	0.10	3900.00
274	200506	上交所	600307	酒钢宏兴	2005-6-9	0.24	17472.00
275	200506	上交所	600553	G 太行	2005-6-9	0.04	1520.00
276	200506	上交所	600571	G 信雅达	2005-6-9	0.20	1870.72
277	200506	上交所	600594	G 益佰	2005-6-9	0.13	837.50
278	200506	上交所	600602	G 电子	2005-6-9	0.05	3476.57
279	200506	上交所	600655	豫园商城	2005-6-9	0.12	5584.00
280	200506	上交所	600879	G 火箭	2005-6-9	0.10	3515.00
281	200506	上交所	600981	江苏纺织	2005-6-9	0.17	3078.53
282	200506	上交所	900901	上电 B 股	2005-6-9	0.01	140.10
283	200506	深交所	000065	G 北方	2005-6-9	0.06	974.62
284	200506	深交所	000510	金路集团	2005-6-9	0.05	3045.91

续表 7 Continued 7

序号 No.	年月 Month	交易所 Exchange	公司代码 Code	公司简称 Companies	红利派发日 Data	每股现金红利 Dividend Per Share	现金分配合计(万元) Total Dividend
285	200506	深交所	000978	桂林旅游	2005-6-9	0.16	2832.00
286	200506	深交所	002006	精工科技	2005-6-9	0.25	2000.00
287	200506	深交所	002012	凯恩股份	2005-6-9	0.30	3246.49
288	200506	深交所	002034	美欣达	2005-6-9	0.20	1352.00
289	200506	上交所	600103	青山纸业	2005-6-10	0.01	706.30
290	200506	上交所	600280	南京中商	2005-6-10	0.20	2870.84
291	200506	上交所	600295	G 鄂绒	2005-6-10	0.12	7344.00
292	200506	上交所	600389	江山股份	2005-6-10	0.10	1980.00
293	200506	上交所	600478	力元新材	2005-6-10	0.12	1484.37
294	200506	上交所	600517	G 置信	2005-6-10	0.05	399.15
295	200506	上交所	600962	G 中鲁	2005-6-10	0.05	825.00
296	200506	上交所	900936	鄂绒 B 股	2005-6-10	0.01	608.96
297	200506	深交所	000679	大连友谊	2005-6-10	0.10	2376.00
298	200506	深交所	000819	岳阳兴长	2005-6-10	0.20	3302.68
299	200506	深交所	000960	锡业股份	2005-6-10	0.20	10737.12
300	200506	上交所	600018	G 上港	2005-6-13	0.30	54132.00
301	200506	上交所	600019	G 宝钢	2005-6-13	0.32	560384.00
302	200506	上交所	600055	万东医疗	2005-6-13	0.08	1154.40
303	200506	上交所	600219	南山实业	2005-6-13	0.12	3084.00
304	200506	上交所	600560	金自天正	2005-6-13	0.10	993.98
305	200506	上交所	600676	G 交运	2005-6-13	0.10	3379.24
306	200506	上交所	600865	百大集团	2005-6-13	0.08	2157.65
307	200506	上交所	600971	G 恒源	2005-6-13	0.10	1256.00
308	200506	上交所	900949	东电 B 股	2005-6-13	0.03	6071.41
309	200506	上交所	600232	G 金鹰	2005-6-14	0.10	2188.52
310	200506	上交所	600270	外运发展	2005-6-14	0.20	16463.30
311	200506	上交所	600367	G 红星	2005-6-14	0.10	2912.00
312	200506	上交所	600626	G 申达	2005-6-14	0.10	3382.11
313	200506	上交所	900935	阳晨 B 股	2005-6-14	0.01	222.36
314	200506	深交所	000541	佛山照明	2005-6-14	0.48	13245.52
315	200506	深交所	002021	中捷股份	2005-6-14	0.30	2580.00
316	200506	上交所	600121	G 郑煤电	2005-6-15	0.10	8100.00
317	200506	上交所	600143	G 金发	2005-6-15	0.20	3500.00
318	200506	上交所	600420	现代制药	2005-6-15	0.20	1743.84
319	200506	上交所	600620	G 天宸	2005-6-15	0.01	320.13
320	200506	深交所	000625	长安汽车	2005-6-15	0.32	38427.17
321	200506	上交所	600007	中国国贸	2005-6-16	0.20	15600.00
322	200506	上交所	600033	福建高速	2005-6-16	0.35	34524.00
323	200506	上交所	600035	楚天高速	2005-6-16	0.07	6055.74
324	200506	上交所	600102	莱钢股份	2005-6-16	0.40	36890.92
325	200506	上交所	600276	恒瑞医药	2005-6-16	0.20	5101.44
326	200506	上交所	600319	亚星化学	2005-6-16	0.10	3155.94
327	200506	上交所	600376	G 天鸿宝	2005-6-16	0.10	1732.00
328	200506	上交所	600393	G 东华	2005-6-16	0.10	2000.00
329	200506	上交所	600665	天地源	2005-6-16	0.05	3600.51
330	200506	上交所	600675	G 中企	2005-6-16	0.13	8718.19

续表 8 Continued 8

序号 No.	年月 Month	交易所 Exchange	公司代码 Code	公司简称 Companies	红利派发日 Data	每股现金红利 Dividend Per Share	现金分配合计(万元) Total Dividend
331	200506	上交所	600801	G 华新	2005-6-16	0.06	986.40
332	200506	上交所	600984	建设机械	2005-6-16	0.20	2831.12
333	200506	上交所	900933	华新 B 股	2005-6-16	0.01	118.88
334	200506	深交所	000158	常山股份	2005-6-16	0.06	2580.00
335	200506	深交所	000539	粤电力 A	2005-6-16	0.18	35893.15
336	200506	深交所	000554	泰山石油	2005-6-16	0.10	4807.93
337	200506	深交所	000817	辽河油田	2005-6-16	0.50	55000.00
338	200506	深交所	000903	云内动力	2005-6-16	0.25	4995.00
339	200506	深交所	002031	巨轮股份	2005-6-16	0.15	2115.00
340	200506	深交所	002045	广州国光	2005-6-16	0.35	3500.00
341	200506	深交所	200541	粤照明 B	2005-6-16	0.48	3960.04
342	200506	上交所	600008	首创股份	2005-6-17	0.12	13200.00
343	200506	上交所	600064	南京高科	2005-6-17	0.20	6882.92
344	200506	上交所	600135	乐凯胶片	2005-6-17	0.22	7524.00
345	200506	上交所	600262	北方股份	2005-6-17	0.08	1360.00
346	200506	上交所	600267	G 海正	2005-6-17	0.15	6739.20
347	200506	上交所	600271	航天信息	2005-6-17	0.45	7290.00
348	200506	上交所	600292	G 九电	2005-6-17	0.13	4181.25
349	200506	上交所	600330	天通股份	2005-6-17	0.10	2744.70
350	200506	上交所	600382	广东明珠	2005-6-17	0.05	854.37
351	200506	上交所	600395	盘江股份	2005-6-17	0.10	3713.00
352	200506	上交所	600480	G 凌云	2005-6-17	0.20	4800.00
353	200506	上交所	600549	G 厦钨	2005-6-17	0.20	4800.00
354	200506	上交所	600558	大西洋	2005-6-17	0.12	1440.00
355	200506	上交所	600572	G 康恩贝	2005-6-17	0.20	2744.00
356	200506	上交所	600621	G 金陵	2005-6-17	0.10	5240.82
357	200506	上交所	600997	G 开滦	2005-6-17	0.25	12200.00
358	200506	上交所	900929	锦旅 B 股	2005-6-17	0.02	256.26
359	200506	深交所	000530	大冷股份	2005-6-17	0.10	2350.15
360	200506	深交所	000616	亿城股份	2005-6-17	0.05	1417.07
361	200506	深交所	000731	四川美丰	2005-6-17	0.45	11054.96
362	200506	深交所	000739	普洛康裕	2005-6-17	0.05	728.75
363	200506	深交所	000938	清华紫光	2005-6-17	0.07	1442.56
364	200506	深交所	200625	长安 B	2005-6-17	0.32	13439.78
365	200506	上交所	600036	G 招行	2005-6-20	0.11	75330.70
366	200506	上交所	600096	云天化	2005-6-20	0.40	20470.59
367	200506	上交所	600138	G 中青旅	2005-6-20	0.18	4806.00
368	200506	上交所	600726	华电能源	2005-6-20	0.07	4861.49
369	200506	上交所	900937	华电 B 股	2005-6-20	0.01	365.39
370	200506	深交所	000949	新乡化纤	2005-6-20	0.10	4905.71
371	200506	深交所	200539	粤电力 B	2005-6-20	0.18	11976.10
372	200506	上交所	600026	G 中海	2005-6-21	0.15	49890.00
373	200506	上交所	600196	复星医药	2005-6-21	0.15	12396.94
374	200506	上交所	600269	赣粤高速	2005-6-21	0.20	15568.90
375	200506	上交所	600592	G 龙溪	2005-6-21	0.22	3300.00
376	200506	上交所	600982	G 宁热电	2005-6-21	0.10	1680.00

续表 9 Continued 9

序号 No.	年月 Month	交易所 Exchange	公司代码 Code	公司简称 Companies	红利派发日 Data	每股现金红利 Dividend Per Share	现金分配合计(万元) Total Dividend
377	200506	上交所	600991	长丰汽车	2005-6-21	0.20	8013.41
378	200506	深交所	000662	G 索芙特	2005-6-21	0.05	749.96
379	200506	深交所	000715	中兴商业	2005-6-21	0.14	3004.68
380	200506	深交所	000839	中信国安	2005-6-21	0.10	6600.00
381	200506	深交所	000972	G 中基	2005-6-21	0.10	1245.89
382	200506	深交所	000988	G 华工	2005-6-21	0.04	1196.00
383	200506	深交所	002015	霞客环保	2005-6-21	0.10	503.20
384	200506	上交所	600011	华能国际	2005-6-22	0.25	301384.59
385	200506	上交所	600104	G 上汽	2005-6-22	0.25	81899.98
386	200506	上交所	600106	G 渝路桥	2005-6-22	0.10	3100.00
387	200506	上交所	600168	武汉控股	2005-6-22	0.06	2646.90
388	200506	上交所	600236	桂冠电力	2005-6-22	0.22	14858.00
389	200506	上交所	600486	扬农化工	2005-6-22	0.23	2300.00
390	200506	上交所	600509	天富热电	2005-6-22	0.20	5072.55
391	200506	上交所	600528	G 中铁	2005-6-22	0.15	6150.00
392	200506	上交所	600552	方兴科技	2005-6-22	0.10	1170.00
393	200506	上交所	600589	G 榕泰	2005-6-22	0.20	3840.00
394	200506	上交所	600622	G 嘉宝	2005-6-22	0.08	2669.51
395	200506	上交所	600796	钱江生化	2005-6-22	0.10	2107.71
396	200506	上交所	600896	中海海盛	2005-6-22	0.06	1903.70
397	200506	深交所	000021	深科技 A	2005-6-22	0.15	10993.98
398	200506	深交所	000096	广聚能源	2005-6-22	0.14	7128.00
399	200506	深交所	000151	中成股份	2005-6-22	0.13	3847.74
400	200506	深交所	000956	中原油气	2005-6-22	0.25	21866.25
401	200506	深交所	002011	盾安环境	2005-6-22	0.25	1779.55
402	200506	深交所	002032	苏泊尔	2005-6-22	0.20	2708.00
403	200506	深交所	200530	大冷 B	2005-6-22	0.10	1149.97
404	200506	上交所	600054	G 黄山	2005-6-23	0.10	1989.00
405	200506	上交所	600128	G 弘业	2005-6-23	0.10	1994.48
406	200506	上交所	600132	重庆啤酒	2005-6-23	0.20	5126.16
407	200506	上交所	600148	长春一东	2005-6-23	0.04	523.61
408	200506	上交所	600201	金宇集团	2005-6-23	0.20	4368.53
409	200506	上交所	600312	平高电气	2005-6-23	0.10	3119.50
410	200506	上交所	600348	G 国阳	2005-6-23	0.32	15392.00
411	200506	上交所	600375	G 星马	2005-6-23	0.20	2499.75
412	200506	上交所	600425	G 青松	2005-6-23	0.13	2404.06
413	200506	上交所	600497	驰宏锌锗	2005-6-23	0.30	4800.00
414	200506	上交所	600520	三佳科技	2005-6-23	0.05	565.20
415	200506	上交所	600559	裕丰股份	2005-6-23	0.15	2100.00
416	200506	上交所	600598	G 北大荒	2005-6-23	0.05	7349.80
417	200506	上交所	600744	华银电力	2005-6-23	0.06	4269.89
418	200506	上交所	600830	大红鹰	2005-6-23	0.10	2627.20
419	200506	上交所	600979	广安爱众	2005-6-23	0.15	2477.56
420	200506	上交所	900942	黄山 B 股	2005-6-23	0.01	125.65
421	200506	深交所	000066	长城电脑	2005-6-23	0.30	13754.75
422	200506	深交所	000419	通程控股	2005-6-23	0.10	1755.08

续表 10　Continued 10

序号 No.	年月 Month	交易所 Exchange	公司代码 Code	公司简称 Companies	红利派发日 Data	每股现金红利 Dividend Per Share	现金分配合计(万元) Total Dividend
423	200506	深交所	000520	中国凤凰	2005-6-23	0.06	3115.01
424	200506	深交所	000959	G 首钢	2005-6-23	0.40	92400.99
425	200506	深交所	002009	天奇股份	2005-6-23	0.10	575.55
426	200506	深交所	002039	黔源电力	2005-6-23	0.13	1753.20
427	200506	上交所	600002	齐鲁石化	2005-6-24	0.18	35100.00
428	200506	上交所	600027	华电国际	2005-6-24	0.04	21073.79
429	200506	上交所	600050	中国联通	2005-6-24	0.03	68888.94
430	200506	上交所	600058	五矿发展	2005-6-24	0.20	16539.46
431	200506	上交所	600171	G 贝岭	2005-6-24	0.04	2450.21
432	200506	上交所	600278	G 东创	2005-6-24	0.10	3200.00
433	200506	上交所	600337	G 美克	2005-6-24	0.05	994.46
434	200506	上交所	600368	五洲交通	2005-6-24	0.08	3536.00
435	200506	上交所	600476	湘邮科技	2005-6-24	0.05	516.25
436	200506	上交所	600511	国药股份	2005-6-24	0.10	1330.00
437	200506	上交所	600545	G 新城建	2005-6-24	0.08	1284.33
438	200506	上交所	600562	高淳陶瓷	2005-6-24	0.10	840.89
439	200506	上交所	600776	东方通信	2005-6-24	0.04	1673.00
440	200506	上交所	600889	南京化纤	2005-6-24	0.04	775.43
441	200506	上交所	600970	中材国际	2005-6-24	0.25	4200.00
442	200506	上交所	900941	东信 B 股	2005-6-24	0.00	63.44
443	200506	深交所	000753	漳州发展	2005-6-24	0.10	3607.56
444	200506	深交所	000860	G 顺鑫	2005-6-24	0.05	1657.25
445	200506	深交所	000913	钱江摩托	2005-6-24	0.15	6803.04
446	200506	深交所	000916	华北高速	2005-6-24	0.16	17440.00
447	200506	上交所	600059	G 龙山	2005-6-27	0.20	4656.00
448	200506	上交所	600172	G 旋风	2005-6-27	0.06	1608.00
449	200506	上交所	600250	南纺股份	2005-6-27	0.05	1293.46
450	200506	上交所	600273	G 华芳	2005-6-27	0.05	1075.00
451	200506	上交所	600387	海越股份	2005-6-27	0.10	1980.00
452	200506	上交所	600446	金证科技	2005-6-27	0.25	1718.00
453	200506	上交所	600546	中油化建	2005-6-27	0.13	1430.00
454	200506	上交所	600650	G 锦投	2005-6-27	0.20	7811.20
455	200506	上交所	900914	锦投 B 股	2005-6-27	0.02	389.18
456	200506	深交所	000586	G 汇源	2005-6-27	0.03	580.32
457	200506	深交所	000607	G 华立	2005-6-27	0.06	2147.73
458	200506	深交所	000815	G 美利	2005-6-27	0.03	330.00
459	200506	上交所	600006	东风汽车	2005-6-28	0.08	15000.00
460	200506	上交所	600063	皖维高新	2005-6-28	0.08	2023.20
461	200506	上交所	600183	G 生益	2005-6-28	0.19	12122.30
462	200506	上交所	600322	G 天房	2005-6-28	0.04	1694.83
463	200506	上交所	600343	航天动力	2005-6-28	0.10	1850.00
464	200506	上交所	600432	G 吉恩	2005-6-28	0.30	5700.00
465	200506	上交所	600540	新赛股份	2005-6-28	0.12	2160.00
466	200506	上交所	600960	G 活塞	2005-6-28	0.15	1628.24
467	200506	深交所	000061	G 农产品	2005-6-28	0.05	1938.32
468	200506	深交所	000619	海螺型材	2005-6-28	0.04	1440.00

续表 11 Continued 11

序号 No.	年月 Month	交易所 Exchange	公司代码 Code	公司简称 Companies	红利派发日 Data	每股现金红利 Dividend Per Share	现金分配合计(万元) Total Dividend
469	200506	深交所	000666	经纬纺机	2005-6-28	0.05	2115.00
470	200506	深交所	000725	G 京东方	2005-6-28	0.02	1440.19
471	200506	深交所	000761	本钢板材	2005-6-28	0.20	14720.00
472	200506	深交所	000792	盐湖钾肥	2005-6-28	0.30	23026.50
473	200506	深交所	000961	大连金牛	2005-6-28	0.02	601.06
474	200506	深交所	200770	武锅 B	2005-6-28	0.05	1395.84
475	200506	上交所	600074	中达股份	2005-6-29	0.05	1706.40
476	200506	上交所	600329	中新药业	2005-6-29	0.15	5544.82
477	200506	上交所	600340	国祥股份	2005-6-29	0.20	2000.00
478	200506	上交所	600415	小商品城	2005-6-29	0.30	3749.06
479	200506	上交所	600586	G 金晶	2005-6-29	0.10	1259.05
480	200506	上交所	600719	大连热电	2005-6-29	0.10	2023.00
481	200506	深交所	000002	G 万科 A	2005-6-29	0.15	28630.48
482	200506	深交所	000068	赛格三星	2005-6-29	0.10	7859.71
483	200506	深交所	000090	深天健	2005-6-29	0.02	401.87
484	200506	深交所	000782	美达股份	2005-6-29	0.05	1710.00
485	200506	深交所	000818	锦化氯碱	2005-6-29	0.05	1700.00
486	200506	深交所	000878	云南铜业	2005-6-29	0.10	7986.89
487	200506	深交所	200771	杭汽轮 B	2005-6-29	0.70	15400.07
488	200506	上交所	600031	G 三一	2005-6-30	0.20	4800.00
489	200506	上交所	600133	东湖高新	2005-6-30	0.05	1377.96
490	200506	上交所	600327	大厦股份	2005-6-30	0.35	7608.30
491	200506	上交所	600490	中科合臣	2005-6-30	0.15	1140.00
492	200506	上交所	600501	G 晨光	2005-6-30	0.05	936.57
493	200506	上交所	600591	G 上航	2005-6-30	0.06	6489.00
494	200506	上交所	600710	常林股份	2005-6-30	0.04	1155.00
495	200506	上交所	600736	G 苏高新	2005-6-30	0.15	6862.05
496	200506	深交所	000006	深振业 A	2005-6-30	0.08	1901.94
497	200506	深交所	000155	川化股份	2005-6-30	0.10	4700.00
498	200506	深交所	000866	扬子石化	2005-6-30	0.40	93200.00
499	200506	深交所	000900	现代投资	2005-6-30	0.40	15966.64
500	200506	深交所	200152	山航 B	2005-6-30	0.06	840.07
501	200506	深交所	200725	京东方 B	2005-6-30	0.02	1487.22
502	200507	上交所	600409	G 唐三友	2005-7-1	0.15	5250.00
503	200507	上交所	600980	北矿磁材	2005-7-1	0.10	1000.00
504	200507	深交所	000975	科学城	2005-7-1	0.04	2131.20
505	200507	深交所	200761	本钢板 B	2005-7-1	0.20	8000.20
506	200507	上交所	600037	G 歌华	2005-7-4	0.15	5265.02
507	200507	上交所	600105	G 永鼎	2005-7-4	0.10	2721.10
508	200507	上交所	600536	中国软件	2005-7-4	0.25	2525.18
509	200507	上交所	600556	G 北生	2005-7-4	0.10	1727.46
510	200507	上交所	600895	G 张江	2005-7-4	0.07	7901.85
511	200507	上交所	600967	北方创业	2005-7-4	0.10	1300.00
512	200507	深交所	000639	金德发展	2005-7-4	0.05	364.32
513	200507	深交所	200002	万科 B	2005-7-4	0.15	5479.00
514	200507	上交所	600320	G 振华	2005-7-5	0.12	9687.36

续表 12 Continued 12

序号 No.	年月 Month	交易所 Exchange	公司代码 Code	公司简称 Companies	红利派发日 Data	每股现金红利 Dividend Per Share	现金分配合计(万元) Total Dividend
515	200507	上交所	600350	山东基建	2005-7-5	0.10	33638.00
516	200507	上交所	600397	安源股份	2005-7-5	0.05	1100.00
517	200507	上交所	600461	洪城水业	2005-7-5	0.10	1400.00
518	200507	上交所	600475	华光股份	2005-7-5	0.20	3200.00
519	200507	上交所	600683	银泰股份	2005-7-5	0.10	1992.54
520	200507	上交所	600754	G 锦江	2005-7-5	0.16	7155.85
521	200507	上交所	600808	马钢股份	2005-7-5	0.22	142016.60
522	200507	上交所	600894	广钢股份	2005-7-5	0.15	15439.05
523	200507	上交所	900934	锦江 B 股	2005-7-5	0.02	301.58
524	200507	上交所	900947	振华 B 股	2005-7-5	0.01	318.98
525	200507	深交所	000676	思达高科	2005-7-5	0.06	1887.52
526	200507	上交所	600038	哈飞股份	2005-7-6	0.10	3373.50
527	200507	上交所	600180	G 九发	2005-7-6	0.20	5019.80
528	200507	上交所	600284	G 浦建	2005-7-6	0.11	2373.00
529	200507	上交所	600331	G 宏达	2005-7-6	0.05	2080.00
530	200507	上交所	600661	G 南洋	2005-7-6	0.05	868.38
531	200507	上交所	600673	G 阳之光	2005-7-6	0.05	553.97
532	200507	上交所	600694	大商股份	2005-7-6	0.10	2670.17
533	200507	上交所	600819	G 耀皮	2005-7-6	0.20	10875.00
534	200507	上交所	600861	北京城乡	2005-7-6	0.07	2840.17
535	200507	上交所	900918	耀皮 B 股	2005-7-6	0.02	453.09
536	200507	上交所	900948	伊泰 B 股	2005-7-6	0.08	3095.52
537	200507	深交所	000022	深赤湾 A	2005-7-6	0.64	22778.55
538	200507	深交所	000829	赣南果业	2005-7-6	0.02	504.00
539	200507	上交所	600085	G 同仁堂	2005-7-7	0.25	9042.12
540	200507	上交所	600141	兴发集团	2005-7-7	0.05	800.00
541	200507	上交所	600433	冠豪高新	2005-7-7	0.10	1600.00
542	200507	上交所	600565	G 迪马	2005-7-7	0.15	1200.00
543	200507	上交所	600596	新安股份	2005-7-7	0.30	6839.63
544	200507	上交所	600887	伊利股份	2005-7-7	0.25	9781.62
545	200507	上交所	600978	G 宜华	2005-7-7	0.10	2513.29
546	200507	深交所	000027	深能源 A	2005-7-7	0.30	36074.86
547	200507	深交所	000042	深长城 A	2005-7-7	0.05	1197.32
548	200507	深交所	000527	美的电器	2005-7-7	0.15	7273.35
549	200507	上交所	600070	浙江富润	2005-7-8	0.10	1027.12
550	200507	上交所	600241	辽宁时代	2005-7-8	0.05	530.00
551	200507	上交所	600251	冠农股份	2005-7-8	0.03	540.00
552	200507	上交所	600438	G 通威	2005-7-8	0.35	6015.80
553	200507	上交所	600739	G 成大	2005-7-8	0.05	2492.24
554	200507	上交所	600750	江中药业	2005-7-8	0.10	1461.12
555	200507	上交所	600765	力源液压	2005-7-8	0.06	666.19
556	200507	上交所	600795	国电电力	2005-7-8	0.08	18155.49
557	200507	上交所	600854	春兰股份	2005-7-8	0.01	519.46
558	200507	深交所	000063	G 中兴	2005-7-8	0.25	23988.04
559	200507	深交所	000070	特发信息	2005-7-8	0.03	750.00
560	200507	深交所	000831	关铝股份	2005-7-8	0.03	1089.00

续表 13 Continued 13

序号 No.	年月 Month	交易所 Exchange	公司代码 Code	公司简称 Companies	红利派发日 Data	每股现金红利 Dividend Per Share	现金分配合计(万元) Total Dividend
561	200507	上交所	600153	建发股份	2005-7-11	0.35	21616.00
562	200507	上交所	600255	鑫科材料	2005-7-11	0.05	475.00
563	200507	上交所	600300	G 维维	2005-7-11	0.25	8250.00
564	200507	上交所	600353	旭光股份	2005-7-11	0.12	1139.89
565	200507	上交所	600360	华微电子	2005-7-11	0.05	590.00
566	200507	上交所	600639	G 金桥	2005-7-11	0.05	2713.43
567	200507	上交所	600663	G 陆家嘴	2005-7-11	0.05	6790.42
568	200507	上交所	600780	G 通宝	2005-7-11	0.05	4364.70
569	200507	上交所	600827	友谊股份	2005-7-11	0.15	3987.25
570	200507	上交所	600863	内蒙华电	2005-7-11	0.12	23774.64
571	200507	上交所	600966	G 博汇	2005-7-11	0.10	1800.00
572	200507	上交所	900911	金桥 B 股	2005-7-11	0.01	135.89
573	200507	上交所	900923	友谊 B 股	2005-7-11	0.02	296.11
574	200507	上交所	900932	陆家 B 股	2005-7-11	0.01	307.85
575	200507	深交所	200022	深赤湾 B	2005-7-11	0.64	8814.87
576	200507	上交所	600120	G 浙东方	2005-7-12	0.10	5054.73
577	200507	上交所	600697	欧亚集团	2005-7-12	0.20	2844.22
578	200507	上交所	600755	厦门国贸	2005-7-12	0.10	3566.16
579	200507	上交所	600973	G 宝胜	2005-7-12	0.20	2400.00
580	200507	上交所	600990	四创电子	2005-7-12	0.10	588.00
581	200507	深交所	000099	中信海直	2005-7-12	0.05	2568.00
582	200507	深交所	000522	白云山 A	2005-7-12	0.02	748.69
583	200507	深交所	000525	红太阳	2005-7-12	0.06	1681.43
584	200507	深交所	000617	石油济柴	2005-7-12	0.05	832.00
585	200507	深交所	000758	中色股份	2005-7-12	0.12	6969.60
586	200507	深交所	000958	东方热电	2005-7-12	0.05	1718.63
587	200507	深交所	002002	江苏琼花	2005-7-12	0.30	2751.00
588	200507	深交所	200053	深基地 B	2005-7-12	0.22	2420.66
589	200507	上交所	600279	G 重庆港	2005-7-13	0.10	2283.91
590	200507	深交所	000032	深桑达 A	2005-7-13	0.08	1552.43
591	200507	深交所	000417	合肥百货	2005-7-13	0.10	1892.40
592	200507	深交所	000428	华天酒店	2005-7-13	0.10	1728.40
593	200507	深交所	000568	G 老窖	2005-7-13	0.04	3365.60
594	200507	深交所	000652	G 泰达	2005-7-13	0.02	2107.96
595	200507	深交所	000919	金陵药业	2005-7-13	0.20	6720.00
596	200507	上交所	600345	长江通信	2005-7-14	0.05	990.00
597	200507	上交所	600405	G 动力源	2005-7-14	0.15	1304.30
598	200507	上交所	600607	上实联合	2005-7-14	0.12	3678.15
599	200507	上交所	600690	青岛海尔	2005-7-14	0.30	35894.17
600	200507	上交所	600814	杭州解百	2005-7-14	0.03	712.11
601	200507	上交所	600985	G 雷鸣	2005-7-14	0.08	720.00
602	200507	深交所	000046	泛海建设	2005-7-14	0.03	732.25
603	200507	深交所	000875	吉电股份	2005-7-14	0.10	6300.00
604	200507	深交所	000881	G 国际	2005-7-14	0.10	3089.18
605	200507	上交所	600004	G 穗机场	2005-7-15	0.25	25000.00
606	200507	上交所	600012	皖通高速	2005-7-15	0.10	16586.10

续表 14　Continued 14

序号 No.	年月 Month	交易所 Exchange	公司代码 Code	公司简称 Companies	红利派发日 Data	每股现金红利 Dividend Per Share	现金分配合计(万元) Total Dividend
607	200507	上交所	600030	G中信	2005-7-15	0.05	12407.50
608	200507	上交所	600060	海信电器	2005-7-15	0.10	4937.68
609	200507	上交所	600233	G大杨	2005-7-15	0.10	1650.00
610	200507	上交所	600247	G物华	2005-7-15	0.01	118.80
611	200507	上交所	600257	洞庭水殖	2005-7-15	0.02	292.00
612	200507	上交所	600435	北方天鸟	2005-7-15	0.05	450.00
613	200507	上交所	600513	G联环	2005-7-15	0.05	300.00
614	200507	上交所	600688	上海石化	2005-7-15	0.20	144000.00
615	200507	上交所	600712	南宁百货	2005-7-15	0.02	289.34
616	200507	深交所	000043	深南光A	2005-7-15	0.10	1393.25
617	200507	深交所	000726	鲁泰A	2005-7-15	0.38	9757.22
618	200507	深交所	000759	武汉中百	2005-7-15	0.10	2095.42
619	200507	深交所	000905	厦门港务	2005-7-15	0.15	4425.00
620	200507	深交所	000912	泸天化	2005-7-15	0.32	18720.00
621	200507	深交所	000973	佛塑股份	2005-7-15	0.14	5635.50
622	200507	上交所	600101	明星电力	2005-7-18	0.02	407.53
623	200507	上交所	600166	福田汽车	2005-7-18	0.10	4566.99
624	200507	上交所	600238	G椰岛	2005-7-18	0.05	830.00
625	200507	上交所	600323	南海发展	2005-7-18	0.25	5212.85
626	200507	上交所	600392	G天成	2005-7-18	0.05	360.00
627	200507	上交所	600498	G烽火	2005-7-18	0.12	4920.00
628	200507	上交所	600581	G八一	2005-7-18	0.30	17687.28
629	200507	上交所	600636	三爱富	2005-7-18	0.05	1214.08
630	200507	上交所	600651	飞乐音响	2005-7-18	0.10	4241.65
631	200507	上交所	600809	山西汾酒	2005-7-18	0.15	6493.86
632	200507	上交所	600825	华联超市	2005-7-18	0.15	3282.85
633	200507	深交所	000550	江铃汽车	2005-7-18	0.15	7788.21
634	200507	深交所	000610	西安旅游	2005-7-18	0.08	1340.78
635	200507	深交所	000807	云铝股份	2005-7-18	0.30	16380.00
636	200507	深交所	000910	大亚科技	2005-7-18	0.10	2312.50
637	200507	深交所	000930	G丰原	2005-7-18	0.10	3918.95
638	200507	上交所	600306	G商业城	2005-7-19	0.02	356.28
639	200507	上交所	600332	广州药业	2005-7-19	0.03	2027.25
640	200507	上交所	600462	石岘纸业	2005-7-19	0.04	681.20
641	200507	上交所	600569	安阳钢铁	2005-7-19	0.10	20182.35
642	200507	上交所	600579	黄海股份	2005-7-19	0.02	432.00
643	200507	上交所	600682	南京新百	2005-7-19	0.12	2762.50
644	200507	上交所	600707	彩虹股份	2005-7-19	0.30	12634.46
645	200507	上交所	600871	仪征化纤	2005-7-19	0.03	10000.00
646	200507	深交所	000659	G中富	2005-7-19	0.05	3441.48
647	200507	深交所	000906	南方建材	2005-7-19	0.01	237.50
648	200507	上交所	600067	G冠城	2005-7-20	0.05	1344.15
649	200507	上交所	600289	亿阳信通	2005-7-20	0.10	2117.80
650	200507	上交所	600388	龙净环保	2005-7-20	0.12	2004.00
651	200507	上交所	600483	福建南纺	2005-7-20	0.05	961.61
652	200507	上交所	600619	G海立	2005-7-20	0.20	4826.89

续表 15 Continued 15

序号 No.	年月 Month	交易所 Exchange	公司代码 Code	公司简称 Companies	红利派发日 Data	每股现金红利 Dividend Per Share	现金分配合计(万元) Total Dividend
653	200507	上交所	600963	G 岳纸	2005-7-20	0.10	1798.67
654	200507	上交所	900910	海立 B 股	2005-7-20	0.02	520.22
655	200507	深交所	000515	攀渝钛业	2005-7-20	0.10	1872.07
656	200507	深交所	000548	湖南投资	2005-7-20	0.05	1703.04
657	200507	深交所	000717	G 韶钢	2005-7-20	0.20	16764.00
658	200507	深交所	200726	鲁泰 B	2005-7-20	0.38	6083.99
659	200507	上交所	600741	巴士股份	2005-7-21	0.10	7261.16
660	200507	上交所	600810	神马实业	2005-7-21	0.05	2831.40
661	200507	深交所	000062	深圳华强	2005-7-21	0.10	2704.00
662	200507	深交所	000406	石油大明	2005-7-21	0.30	10920.83
663	200507	深交所	000528	桂柳工 A	2005-7-21	0.20	9449.12
664	200507	深交所	000531	穗恒运 A	2005-7-21	0.25	6663.03
665	200507	深交所	000948	南天信息	2005-7-21	0.06	840.00
666	200507	深交所	200550	江铃 B	2005-7-21	0.15	5159.94
667	200507	上交所	600283	钱江水利	2005-7-22	0.05	1426.65
668	200507	上交所	600731	G 海利	2005-7-22	0.02	512.63
669	200507	上交所	600834	G 申地铁	2005-7-22	0.05	2169.92
670	200507	深交所	000089	G 深机场	2005-7-22	0.15	11997.36
671	200507	深交所	000551	创元科技	2005-7-22	0.10	2417.26
672	200507	深交所	000564	西安民生	2005-7-22	0.10	2020.07
673	200507	深交所	000581	威孚高科	2005-7-22	0.10	3479.66
674	200507	深交所	000636	风华高科	2005-7-22	0.05	2651.65
675	200507	深交所	000701	厦门信达	2005-7-22	0.20	4000.00
676	200507	深交所	000963	华东医药	2005-7-22	0.10	3800.00
677	200507	上交所	600089	特变电工	2005-7-25	0.10	2986.15
678	200507	上交所	600170	G 建工	2005-7-25	0.18	12587.72
679	200507	上交所	600600	青岛啤酒	2005-7-25	0.15	19623.29
680	200507	上交所	600792	马龙产业	2005-7-25	0.20	2295.00
681	200507	上交所	600860	北人股份	2005-7-25	0.08	3376.00
682	200507	上交所	600550	G 天威	2005-7-26	0.20	6600.00
683	200507	上交所	600020	中原高速	2005-7-27	0.10	10500.00
684	200507	上交所	600188	兖州煤业	2005-7-27	0.26	79924.00
685	200507	上交所	600308	G 华泰	2005-7-27	0.20	6005.17
686	200507	深交所	000400	G 许继	2005-7-27	0.12	4539.26
687	200507	深交所	000852	江钻股份	2005-7-27	0.10	3080.00
688	200507	深交所	200581	苏威孚 B	2005-7-27	0.10	884.03
689	200507	上交所	600874	创业环保	2005-7-28	0.10	13300.00
690	200507	深交所	000700	模塑科技	2005-7-28	0.18	5562.78
691	200507	深交所	000713	丰乐种业	2005-7-28	0.05	1125.00
692	200507	深交所	000798	中水渔业	2005-7-28	0.05	1260.00
693	200507	上交所	600088	中视传媒	2005-7-29	0.05	1183.65
694	200507	上交所	600115	东方航空	2005-7-29	0.02	9733.90
695	200507	上交所	600351	G 亚宝	2005-7-29	0.02	345.00
696	200507	上交所	600606	金丰投资	2005-7-29	0.10	2549.43
697	200507	上交所	600638	新黄浦	2005-7-29	0.10	5611.64
698	200507	上交所	600988	东方宝龙	2005-7-29	0.01	90.58
699	200507	深交所	000036	华联控股	2005-7-29	0.05	2247.78
700	200507	深交所	000637	茂化实华	2005-7-29	0.05	1883.61

续表 16 Continued 16

序号 No.	年月 Month	交易所 Exchange	公司代码 Code	公司简称 Companies	红利派发日 Data	每股现金红利 Dividend Per Share	现金分配合计(万元) Total Dividend
701	200507	深交所	000712	锦龙股份	2005-7-29	0.05	761.56
702	200507	深交所	000932	华菱管线	2005-7-29	0.10	17653.85
703	200508	上交所	600747	大显股份	2005-8-1	0.20	14134.43
704	200508	上交所	600859	王府井	2005-8-1	0.05	1964.87
705	200508	上交所	600993	马应龙	2005-8-1	0.40	2046.79
706	200508	深交所	000100	TCL 集团	2005-8-1	0.05	12931.66
707	200508	上交所	600082	海泰发展	2005-8-2	0.03	670.41
708	200508	深交所	000668	武汉石油	2005-8-2	0.07	1027.89
709	200508	上交所	600099	林海股份	2005-8-3	0.05	1095.60
710	200508	上交所	600797	G 网新	2005-8-3	0.02	1626.09
711	200508	深交所	000513	丽珠集团	2005-8-3	0.15	2755.93
712	200508	上交所	600285	G 羚锐	2005-8-4	0.05	501.80
713	200508	上交所	600543	莫高股份	2005-8-4	0.06	830.40
714	200508	上交所	600627	上电股份	2005-8-4	0.08	4143.72
715	200508	上交所	600068	葛洲坝	2005-8-5	0.03	2117.40
716	200508	上交所	600519	贵州茅台	2005-8-5	0.50	19662.50
717	200508	深交所	000727	华东科技	2005-8-5	0.05	1795.79
718	200508	深交所	200513	丽珠 B	2005-8-5	0.15	1834.59
719	200508	上交所	600649	原水股份	2005-8-8	0.10	18843.95
720	200508	深交所	000516	陕解放 A	2005-8-8	0.15	1955.67
721	200508	上交所	600143	G 金发	2005-8-9	0.06	1263.99
722	200508	上交所	600644	乐山电力	2005-8-9	0.10	2493.36
723	200508	上交所	600748	G 实发展	2005-8-9	0.07	4112.79
724	200508	深交所	000890	法尔胜	2005-8-9	0.05	1460.16
725	200508	上交所	600354	敦煌种业	2005-8-10	0.04	743.87
726	200508	上交所	600505	西昌电力	2005-8-10	0.10	2970.00
727	200508	上交所	600841	上柴股份	2005-8-10	0.16	4212.95
728	200508	上交所	900920	上柴 B 股	2005-8-10	0.02	419.50
729	200508	上交所	600316	洪都航空	2005-8-11	0.02	504.00
730	200508	上交所	600495	G 晋西	2005-8-11	0.08	823.28
731	200508	上交所	600641	中远发展	2005-8-11	0.22	9853.05
732	200508	深交所	000549	湘火炬 A	2005-8-11	0.01	936.29
733	200508	深交所	000987	广州友谊	2005-8-11	0.12	2871.66
734	200508	上交所	600001	邯郸钢铁	2005-8-12	0.15	22630.38
735	200508	上交所	600386	北京巴士	2005-8-12	0.06	1512.00
736	200508	上交所	600631	百联股份	2005-8-12	0.10	11010.27
737	200508	上交所	600900	G 长电	2005-8-12	0.17	136694.40
738	200508	深交所	000423	东阿阿胶	2005-8-12	0.20	8174.23
739	200508	上交所	600249	两面针	2005-8-15	0.18	2700.00
740	200508	上交所	600521	G 华海	2005-8-15	0.25	5850.00
741	200508	上交所	600578	京能热电	2005-8-15	0.20	11467.20
742	200508	上交所	600787	G 中储	2005-8-15	0.02	1241.36
743	200508	上交所	600823	世茂股份	2005-8-15	0.05	1773.34
744	200508	深交所	000088	盐田港 A	2005-8-15	0.65	80925.00
745	200508	上交所	600864	岁宝热电	2005-8-16	0.12	1639.13
746	200508	上交所	600281	太化股份	2005-8-17	0.02	717.81
747	200508	上交所	600288	G 大恒	2005-8-17	0.05	1050.00
748	200508	上交所	600812	华北制药	2005-8-17	0.04	3047.64

续表 17 Continued 17

序号 No.	年月 Month	交易所 Exchange	公司代码 Code	公司简称 Companies	红利派发日 Data	每股现金红利 Dividend Per Share	现金分配合计(万元) Total Dividend
749	200508	深交所	000677	山东海龙	2005-8-17	0.03	1234.05
750	200508	深交所	200706	瓦轴 B	2005-8-17	0.03	389.95
751	200508	上交所	600363	联创光电	2005-8-18	0.05	1236.02
752	200508	上交所	600693	东百集团	2005-8-18	0.10	1320.09
753	200508	上交所	600768	宁波富邦	2005-8-18	0.04	390.10
754	200508	上交所	600336	G 澳柯玛	2005-8-19	0.05	1705.18
755	200508	上交所	600373	G 鑫新	2005-8-19	0.01	150.00
756	200508	上交所	600764	G 中广通	2005-8-19	0.03	989.18
757	200508	上交所	600846	G 同科	2005-8-19	0.06	1668.54
758	200508	上交所	600849	上海医药	2005-8-19	0.08	3794.49
759	200508	深交所	000601	韶能股份	2005-8-19	0.10	4418.73
760	200508	深交所	000767	G 漳电	2005-8-19	0.18	14844.38
761	200508	上交所	600315	上海家化	2005-8-22	0.16	4320.00
762	200508	上交所	600716	耀华玻璃	2005-8-22	0.02	1114.56
763	200508	上交所	600832	G 明珠	2005-8-22	0.15	14448.60
764	200508	深交所	000429	粤高速 A	2005-8-22	0.12	10900.41
765	200508	深交所	000543	皖能电力	2005-8-22	0.10	7730.09
766	200508	上交所	600582	天地科技	2005-8-23	0.10	1560.00
767	200508	上交所	600778	友好集团	2005-8-23	0.05	1557.46
768	200508	上交所	600671	天目药业	2005-8-24	0.18	2192.02
769	200508	上交所	600802	福建水泥	2005-8-24	0.04	1054.53
770	200508	深交所	000045	深纺织 A	2005-8-24	0.06	1173.74
771	200508	深交所	200168	雷伊 B	2005-8-24	0.05	772.88
772	200508	深交所	200429	粤高速 B	2005-8-24	0.12	4185.16
773	200508	上交所	600359	新农开发	2005-8-25	0.20	6420.00
774	200508	上交所	600197	伊力特	2005-8-26	0.14	6174.00
775	200508	上交所	600333	长春燃气	2005-8-26	0.15	6097.97
776	200508	深交所	000685	公用科技	2005-8-29	0.02	518.47
777	200508	深交所	200045	深纺织 B	2005-8-29	0.06	296.98
778	200508	上交所	600158	中体产业	2005-8-30	0.01	329.74
779	200508	深交所	000698	沈阳化工	2005-8-31	0.05	2112.03
780	200509	深交所	000933	神火股份	2005-9-9	1.50	37500.00
781	200509	上交所	600577	精达股份	2005-9-19	0.10	1080.00
782	200509	上交所	600028	中国石化	2005-9-21	0.04	346809.76
783	200509	上交所	600301	G 南化	2005-9-23	0.15	2777.22
784	200510	上交所	600428	G 中远	2005-10-10	0.35	22932.00
785	200510	深交所	002040	南京港	2005-10-17	0.40	6146.80
786	200510	上交所	600475	华光股份	2005-10-19	0.22	5600.00
787	200510	上交所	600780	G 通宝	2005-10-28	0.30	26188.23
788	200511	上交所	600845	宝信软件	2005-11-2	0.20	3484.88
789	200511	上交所	900926	宝信 B 股	2005-11-2	0.02	217.47
790	200511	上交所	600886	G 华靖	2005-11-4	0.50	28174.58
791	200511	上交所	600010	G 包钢	2005-11-14	0.20	28564.60
792	200511	深交所	002033	丽江旅游	2005-11-14	0.13	1291.20
793	200511	深交所	002041	登海种业	2005-11-24	0.13	1100.00
794	200512	深交所	002044	江苏三友	2005-12-19	0.20	2500.00

数据来源:上海、深圳证券交易所

Source: Shanghai Shenzhen Stock Exchange

5-26 2005年上市公司增发一览表

Summary for Re-Issuing of Listed Companies in 2005

序号 No.	交易所 Exchage	股票代码 Code	公司简称 Companies	增发公告日 Record Data	流通股上市日 Data of listed	主承销商 Lead Underwriter	增发总股数 Shares Changed	每股增发价格 Price	筹资总额 Rised Capital
1	上交所	600019	G宝钢	2005-4-19	2005-5-9	中国国际金融有限公司	5000000000	5.12	25600000000
2	上交所	600282	南钢股份	2005-1-19	2005-2-4	西南证券有限责任公司	120000000	6.55	786000000
3	上交所	600330	天通股份	2005-1-11	2005-1-27	山西证券有限责任公司	45000000	6.28	282600000
4	上交所	600855	航天长峰	2004-12-30	2005-1-21	金信证券有限责任公司	65000000	4.79	311350000

数据来源:上海、深圳证券交易所
Source: Shanghai Shenzhen Stock Exchange

5-27 2005年底上海证券交易所股改公司一览表

List of G-Share Companies of Shanghai Stock Exchange by the end of 2005

序号 No.	证券代码 Code	名称 Companies	获准公告日 Announcing Date	实施复牌日 G Marking Date	类型 Type	对价方案摘要 Summary of Project	省份 Province	行业 Industries
1	600031	三一重工	2005-5-9	2005-6-17	送股方案	每10股送3.5股和8元现金	湖南	机械、设备、仪表
2	600210	紫江企业	2005-5-9	2005-7-29	送股方案	每10股送3股	上海	其他制造业
3	600352	浙江龙盛	2005-6-20	2005-8-5	送股方案	每10股送4股	浙江	石油、化学、塑胶、塑料
4	600398	凯诺科技	2005-6-20	2005-8-5	送股方案	非流通股向流通股10送3	江苏	纺织、服装、皮毛
5	600832	东方明珠	2005-6-20	2005-8-5	送股方案	每10股送4股	上海	综合类
6	600487	亨通光电	2005-6-20	2005-8-8	送股方案	非流通股向流通股10送4.5	江苏	信息技术业
7	600580	卧龙科技	2005-6-20	2005-8-8	送股方案	10股送3.5股	浙江	机械、设备、仪表
8	600143	金发科技	2005-6-20	2005-8-9	送股方案	10股送3股,向流通股东每10股派现金2元(含税)	广东	石油、化学、塑胶、塑料
9	600570	恒生电子	2005-6-20	2005-8-9	送股方案	10股送4股	浙江	信息技术业
10	600886	国投电力	2005-6-20	2005-8-9	送股方案	每10股送2.6股	甘肃	电力、煤气及水的生产和供应业
11	600973	宝胜股份	2005-6-20	2005-8-11	送股方案	10股送3.5股	江苏	机械、设备、仪表
12	600500	中化国际	2005-6-20	2005-8-12	送股方案	10股送1.75股股票和5.58元现金	上海	批发和零售贸易
13	600030	中信证券	2005-6-20	2005-8-15	送股方案	非流通股向流通股10送3.5	广东	金融、保险业
14	600900	长江电力	2005-6-20	2005-8-15	综合方案	10股送1.67155股加5.8768元现金,每10股无偿派发1.5份欧式认股权证	北京	电力、煤气及水的生产和供应业
15	600469	风神股份	2005-6-20	2005-8-16	送股方案	10股送4.2股	河南	机械、设备、仪表
16	600521	华海药业	2005-6-20	2005-8-16	送股方案	10股送2.5股流通股股东现金所得为每10股7.143元(税前)	浙江	医药、生物制品
17	600247	物华股份	2005-6-20	2005-8-17	送股方案	每10股送5股	吉林	批发和零售贸易
18	600642	申能股份	2005-6-20	2005-8-17	送股方案	10股送3.2股	上海	电力、煤气及水的生产和供应业
19	600817	宏盛科技	2005-6-20	2005-8-17	送股方案	10股送5股	上海	综合类
20	600019	宝钢股份	2005-6-20	2005-8-18	综合方案	每10股送2.2股和1份认购权证	上海	金属、非金属
21	600079	人福科技	2005-6-20	2005-8-19	送股方案	10股送2股	湖北	综合类
22	600507	长力股份	2005-6-20	2005-8-19	送股方案	10股送3.5股	江西	机械、设备、仪表

续表 1 Continued 1

序号 No.	证券代码 Code	名称 Companies	获准公告日 Announcing Date	实施复牌日 G Marking Date	类型 Type	对价方案摘要 Summary of Project	省份 Province	行业 Industries
23	600550	天威保变	2005-6-20	2005-8-19	送股方案	10 股送 4 股	河北	机械、设备、仪表
24	600018	上港集箱	2005-6-20	2005-8-22	送股方案	10 股送 2.2 股加 10 元	上海	交通运输、仓储业
25	600098	广州控股	2005-6-20	2005-8-22	送股方案	10 股送 2.8 股	广东	电力、煤气及水的生产和供应业
26	600121	郑州煤电	2005-6-20	2005-8-22	送股方案	10 股送 3.8 股	河南	电力、煤气及水的生产和供应业
27	600069	银鸽投资	2005-6-20	2005-8-23	送股方案	非流通股向流通股 10 送 4	河南	造纸、印刷
28	600325	华发股份	2005-6-20	2005-8-23	送股方案	10 股送 3 股(向流通股股东)、10 股送 0.7 股(向上市流通的内部职工股)	广东	房地产业
29	600361	华联综超	2005-6-20	2005-8-29	送股方案	每 10 股送 2.3 股	北京	批发和零售贸易
30	600595	中孚实业	2005-6-20	2005-8-29	送股方案	每 10 股送 1 股	河南	金属、非金属
31	600621	上海金陵	2005-9-12	2005-10-21	送股方案	每 10 股送 4 股	上海	信息技术业
32	600104	上海汽车	2005-9-12	2005-10-24	送股方案	每 10 股送 3.4 股	上海	机械、设备、仪表
33	600106	重庆路桥	2005-9-12	2005-10-24	送股方案	每 10 股送 3.8 股	重庆	交通运输、仓储业
34	600488	天药股份	2005-9-12	2005-10-24	送股方案	每 10 股送 3.8 股	天津	医药、生物制品
35	600770	综艺股份	2005-9-12	2005-10-24	送股方案	每 10 股送 3.5 股	江苏	综合类
36	600895	张江高科	2005-9-12	2005-10-24	送股方案	每 10 股送 3.5 股	上海	综合类
37	600301	南化股份	2005-9-12	2005-10-25	送股方案	每 10 股送 4 股	广西	石油、化学、塑胶、塑料
38	600518	康美药业	2005-9-12	2005-10-25	送股方案	每 10 股送 2.5 股	广东	医药、生物制品
39	600590	泰豪科技	2005-9-12	2005-10-25	缩股方案	非流通股股份按 1∶0.65 缩股	江西	机械、设备、仪表
40	600016	民生银行	2005-9-12	2005-10-26	公积金转增	公积金转送，相当于每 10 股送 3 股	北京	金融、保险业
41	600761	安徽合力	2005-9-19	2005-10-28	送股方案	每 10 股送 2.6 股	安徽	机械、设备、仪表
42	600396	金山股份	2005-9-19	2005-10-31	送股方案	每 10 股送 3.8 股	辽宁	电力、煤气及水的生产和供应业
43	600780	通宝能源	2005-9-19	2005-10-31	送股方案	每 10 股送 2.2 股+2.17 元现金	山西	电力、煤气及水的生产和供应业
44	600797	浙大网新	2005-9-19	2005-10-31	送股方案	每 10 股送 2.8 股	浙江	信息技术业
45	600408	安泰集团	2005-9-19	2005-11-1	送股方案	每 10 股送 3 股	山西	石油、化学、塑胶、塑料
46	600460	士兰微	2005-9-19	2005-11-2	送股方案	每 10 股送 3.6 股	浙江	电子
47	600589	广东榕泰	2005-9-19	2005-11-2	送股方案	每 10 股送 3.5 股	广东	金属、非金属
48	600836	界龙实业	2005-9-19	2005-11-2	送股方案	每 10 股送 3 股	上海	造纸、印刷
49	600961	株冶火炬	2005-9-19	2005-11-2	送股方案	每 10 股送 3.5 股	湖南	金属、非金属
50	600357	承德钒钛	2005-9-12	2005-11-3	送股方案	每 10 股送 3 股	河北	金属、非金属
51	600423	柳化股份	2005-9-19	2005-11-3	送股方案	每 10 股送 3 股	广西	石油、化学、塑胶、塑料
52	600527	江南高纤	2005-9-19	2005-11-3	送股方案	每 10 股送 3 股	江苏	石油、化学、塑胶、塑料
53	600966	博汇纸业	2005-9-19	2005-11-7	送股方案	每 10 股送 3 股	山东	造纸、印刷
54	600393	东华实业	2005-9-26	2005-11-7	送股方案	每 10 股送 3 股	广东	房地产业
55	600170	上海建工	2005-9-26	2005-11-8	送股方案	每 10 股送 3.4 股	上海	建筑业
56	600439	瑞贝卡	2005-9-26	2005-11-8	送股方案	每 10 股送 3.5 股	河南	纺织、服装、皮毛
57	600837	都市股份	2005-9-26	2005-11-8	送股方案	每 10 股送 3 股	上海	批发和零售贸易
58	600261	浙江阳光	2005-9-26	2005-11-9	送股方案	每 10 股送 3 股+1.88 现金	浙江	电子
59	600834	申通地铁	2005-9-26	2005-11-9	送股方案	每 10 股送 3 股	上海	电力、煤气及水的生产和供应业
60	600392	太工天成	2005-9-26	2005-11-10	送股方案	每 10 股送 3.5 股	山西	信息技术业
61	600496	长江精工	2005-9-26	2005-11-10	送股方案	每 10 股送 2.3 股	安徽	机械、设备、仪表
62	600308	华泰股份	2005-9-26	2005-11-14	送股方案	每 10 股送 2 股	山东	造纸、印刷
63	600233	大杨创世	2005-9-26	2005-11-15	送股方案	每 10 股送 3.2 股	辽宁	纺织、服装、皮毛
64	600491	龙元建设	2005-9-26	2005-11-15	送股方案	每 10 股送 2.5 股	浙江	建筑业

续表 2 Continued 2

序号 No.	证券代码 Code	名称 Companies	获准公告日 Announcing Date	实施复牌日 G Marking Date	类型 Type	对价方案摘要 Summary of Project	省份 Province	行 业 Industries
65	600557	康缘药业	2005-9-26	2005-11-16	送股方案	每10股送2.6股	江苏	医药、生物制品
66	600172	黄河旋风	2005-9-19	2005-11-18	送股方案	每10股送3股	河南	金属、非金属
67	600005	武钢股份	2005-9-26	2005-11-21	综合方案	每10股送2.5股+2.5份认沽权证+2.5份认购权证	湖北	金属、非金属
68	600105	永鼎光缆	2005-10-10	2005-11-23	送股方案	10送3.5股	江苏	信息技术业
69	600278	东方创业	2005-10-10	2005-11-23	送股方案	10送3.5股	上海	批发和零售贸易
70	600401	江苏申龙	2005-10-10	2005-11-24	送股方案	10送4.5股	江苏	石油、化学、塑胶、塑料
71	600616	第一食品	2005-10-10	2005-11-24	送股方案	10送3.5股	上海	批发和零售贸易
72	600021	上海电力	2005-10-10	2005-11-25	送股方案	10送3.2股	上海	电力、煤气及水的生产和供应业
73	600866	星湖科技	2005-10-10	2005-11-28	送股方案	10送3.5股	广东	医药、生物制品
74	600356	恒丰纸业	2005-10-10	2005-11-29	送股方案	10送3.3股	黑龙江	造纸、印刷
75	600732	上海新梅	2005-10-10	2005-11-29	送股方案	10送2.7股	上海	房地产业
76	600150	沪东重机	2005-10-10	2005-11-30	送股方案	10送3.2股	上海	机械、设备、仪表
77	600571	信 雅 达	2005-10-10	2005-11-30	送股方案	10送3.8股	浙江	信息技术业
78	600085	同 仁 堂	2005-10-17	2005-11-30	送股方案	每10股送2.5股	北京	医药、生物制品
79	600200	江苏吴中	2005-10-17	2005-12-1	送股方案	每10股送5股	江苏	综合类
80	600824	益民百货	2005-10-17	2005-12-1	送股方案	每10股送3.2股	上海	批发和零售贸易
81	600367	红星发展	2005-10-17	2005-12-2	送股方案	每10股送3.9股	贵州	石油、化学、塑胶、塑料
82	600528	中铁二局	2005-10-17	2005-12-5	送股方案	每10股送3.8股	四川	建筑业
83	600594	益佰制药	2005-10-17	2005-12-5	送股方案	每10股送3股	贵州	医药、生物制品
84	600963	岳阳纸业	2005-10-17	2005-12-6	送股方案	每10股送3股	湖南	造纸、印刷
85	600366	宁波韵升	2005-10-24	2005-12-6	送股方案	每10股送3.2股	浙江	机械、设备、仪表
86	600237	铜峰电子	2005-10-17	2005-12-7	送股方案	每10股送3.2股	安徽	机械、设备、仪表
87	600692	亚通股份	2005-10-17	2005-12-7	送股方案	每10股送3.4股	上海	交通运输、仓储业
88	600409	三友化工	2005-10-24	2005-12-7	送股方案	每10股送3.4股	河北	石油、化学、塑胶、塑料
89	600416	湘电股份	2005-10-17	2005-12-8	送股方案	每10股送3.1股	湖南	机械、设备、仪表
90	600468	百利电气	2005-10-24	2005-12-8	送股方案	10送3.8股	天津	机械、设备、仪表
91	600279	重庆港九	2005-10-24	2005-12-9	送股方案	10送3.2股	重庆	交通运输、仓储业
92	600428	中远航运	2005-10-24	2005-12-9	送股方案	10送3股	广东	交通运输、仓储业
93	600336	澳 柯 玛	2005-10-17	2005-12-12	送股方案	每10股送4.2股	山东	机械、设备、仪表
94	600273	华芳纺织	2005-10-24	2005-12-12	送股方案	10送3.3股	江苏	纺织、服装、皮毛
95	600818	上海永久	2005-10-10	2005-12-13	送股方案	10送5股	上海	机械、设备、仪表
96	600303	曙光股份	2005-10-24	2005-12-13	送股方案	每10股送2.5股	辽宁	机械、设备、仪表
97	600654	飞乐股份	2005-10-24	2005-12-13	送股方案	每10股送1.6股	上海	信息技术业
98	600418	江淮汽车	2005-9-12	2005-12-14	公积金转增	公积金转送,相当于每10股送3.1股至3.7股	安徽	机械、设备、仪表
99	600537	海通集团	2005-10-10	2005-12-15	送股方案	10送3股	浙江	食品、饮料
100	600073	上海梅林	2005-10-31	2005-12-15	送股方案	每10股送3.3股	上海	食品、饮料
101	600189	吉林森工	2005-11-7	2005-12-19	送股方案	10送3.8股	吉林	农、林、牧、渔业
102	600675	中华企业	2005-11-7	2005-12-19	送股方案	10送3股	上海	房地产业
103	600004	白云机场	2005-10-24	2005-12-20	综合方案	每10股送1.9股+6份美式认沽权证	广东	交通运输、仓储业

续表 3 Continued 3

序号 No.	证券代码 Code	名称 Companies	获准公告日 Announcing Date	实施复牌日 G Marking Date	类型 Type	对价方案摘要 Summary of Project	省份 Province	行业 Industries
104	600087	南京水运	2005-10-31	2005-12-20	送股方案	每10股送3股	江苏	交通运输、仓储业
105	600619	海立股份	2005-10-17	2005-12-21	送股方案	每10股送3.5股	上海	机械、设备、仪表
106	600978	宜华木业	2005-10-17	2005-12-21	送股方案	每10股送3股	广东	木材、家具
107	600284	浦东建设	2005-10-31	2005-12-21	送股方案	10送3.2股	上海	建筑业
108	600531	豫光金铅	2005-11-7	2005-12-21	送股方案	10送3.5股	河南	金属、非金属
109	600708	海博股份	2005-10-24	2005-12-22	送股方案	10送3.5股	上海	综合类
110	600260	凯乐科技	2005-11-14	2005-12-22	送股方案	10送4股	湖北	石油、化学、塑胶、塑料
111	600525	长园新材	2005-11-7	2005-12-23	送股方案	10送3.3股	广东	其他制造业
112	600444	国通管业	2005-10-31	2005-12-26	送股方案	每10股送3.2股	安徽	石油、化学、塑胶、塑料
113	600240	华业地产	2005-11-7	2005-12-26	送股方案	10送1.5股	内蒙古	纺织、服装、皮毛
114	600748	上实发展	2005-11-7	2005-12-26	送股方案	10送3.2股	上海	金属、非金属
115	600572	康恩贝	2005-10-31	2005-12-27	送股方案	10送3.2股	浙江	医药、生物制品
116	600331	宏达股份	2005-11-7	2005-12-27	送股方案	10送2.5股	四川	石油、化学、塑胶、塑料
117	600676	交运股份	2005-11-14	2005-12-27	送股方案	10送3.5股	上海	机械、设备、仪表
118	600717	天津港	2005-11-14	2005-12-27	送股方案	10送1.85股+8.12元现金	天津	交通运输、仓储业
119	600495	晋西车轴	2005-10-24	2005-12-29	送股方案	10送3.4股	山西	机械、设备、仪表
120	600584	长电科技	2005-10-31	2005-12-29	送股方案	10送3.2股	江苏	电子
121	600801	华新水泥	2005-11-7	2005-12-29	送股方案	10送3股	湖北	金属、非金属
122	600348	国阳新能	2005-11-14	2005-12-29	送股方案	每10股送3股	山西	采掘业
123	600026	中海发展	2005-11-7	2005-12-30	送股方案	10送2.9股	上海	交通运输、仓储业
124	600456	宝钛股份	2005-11-14	2005-12-30	送股方案	10送2.6股	陕西	金属、非金属
125	600535	天士力	2005-11-14	2005-12-30	送股方案	10送2.9股	天津	医药、生物制品

数据来源:上海、深圳证券交易所
Source: Shanghai Shenzhen Stock Exchange

5-28 2005年底深圳证券交易所股改公司一览表
List of G-Share Companies of Shenzhen Stock Exchange by the end of 2005

序号 No.	证券代码 Code	名称 Companies	获准公告日 Announcing Date	实施复牌日 G Marking Date	类型 Type	对价方案摘要 Summary of Project
1	000061	G农产品	2005-6-20	2005-9-12	权利	在实施之日起的第12个月的最后5个交易日内,所有流通股股东有权以4.25元/股(该价格将在公司实施现金分红、送股及公积金转增股本时作相应调整)的价格将持有的农产品流通股股票出售给深圳市国资委。其他法人股股东将其拥有的农产品股份的50%部分,按照不低于公司被批准为股权分置改革试点公司前的交易日收盘价3.4元/股且不高于3.66元/股的价格出售给公司管理层,从而实施管理层股权激励计划。
2	000623	G敖东	2005-6-20	2005-8-4	缩股、送现	非流通股股东按照1:0.6074的比例缩股,使其持股的每股价值与原流通股每股价值相等。同时,公司向全体股东派现,派现比例为每10股2.14元(含税),非流通股股东将所得派现支付给流通股股东,每位流通股股东可获得每10股1.86元对价,合计流通股股东每10股实得4.00元(含税)。

续表 1　Continued 1

序号 No.	证券代码 Code	名称 Companies	获准公告日 Announcing Date	实施复牌日 G Marking Date	类型 Type	对价方案摘要 Summary of Project
3	000717	G韶钢	2005-6-20	2005-8-18	送股	1. 非流通股股东向流通股股东每10股送3.5股 2. 控股股东增持计划:股权分置改革实施完成后两个月内,若韶钢松山股价低于3.95元(以韶钢松山公布股权分置改革试点公告前一交易日股票收盘价5.69元,经2004年度利润分配除权除息后之3.43元的115%),韶钢集团将投入资金2亿元人民币,择机通过深圳证券交易所以集中竞价的交易方式增持韶钢松山的社会公众股,增持规模不超过公司现有总股本的5%。韶钢集团承诺,在其增持韶钢松山社会公众股份计划全部完成后的六个月内不出售增持的股份,并履行相关的信息披露义务。 3. 管理层股权激励计划:韶钢集团将从向流通股东支付对价后所余股票中,以自获得上市流通权之日起十二个月后可减持的总股本的5%的股份,计6705.6万股,作为公司中、高层管理人员股权激励计划的股票来源。行权期为韶钢集团所持股份获得上市流通权之日起12个月后的两年内。行权价格为下列价格(除权除息则相应调整)的较高者:(1)3.77元(公司2004年度利润分配方案实施后,2005年3月31日的每股净资产调整值)。(2)股权激励计划草案摘要公布前一日的公司标的股票收盘价。(3)股权激励计划草案摘要公布前30个交易日公司标的股票平均收盘价。对高管人员的股权激励方案将于非流通股股东获得上市流通权之日起十二个月后实施。
4	000830	G鲁西	2005-6-20	2005-8-23	送股	以方案实施基准日的公司总股本为基础,由非流通股股东向方案实施的股权登记日登记在册的全部流通股股东按比例支付其所持有的公司股票,使流通股股东每10股获得4股的公司股票,非流通股同时获得流通权。
5	000937	G金牛	2005-5-9	2005-6-28	送股	方案实施股权登记日登记在册的流通股股东每持有10股流通股将获得邢矿集团支付的2.5股股份
6	002001	G新和成	2005-6-20	2005-8-19	送股	方案实施股份变更登记日登记在册的流通股股东每持有10股获付3.5股公司股票。
7	002003	G伟星	2005-6-20	2005-9-8	送股	非流通股股东为其持有的非流通股获得流通权向流通股股东支付对价,流通股股东每10股获付4股,支付完成后伟星股份的每股净资产、每股收益、股份总数均维持不变。 "股份追送"条款:1.公司2004至2006年度扣除非经常性损益后净利润的年复合增长率低于25%;2.公司2005年度或2006年度财务报告被出具非标准审计意见。如果发生上述情况之一,公司控股股东伟星集团有限公司将按照现有流通股股份每10股送1股的比例追加支付对价,追加支付对价的股份总数共计210万股。
8	002010	G传化	2005-6-20	2005-8-4	送股	非流通股股东向流通股股东所持的每1股流通股支付0.45股对价股份。
9	002014	G永新	2005-6-20	2005-9-8	送股	公司非流通股股东通过向方案实施的股权登记日登记在册流通股东按每10股流通股支付4股股票对价,共支付936万股股票给全体流通股股东,获得其持有的非流通股的流通权。
10	002019	G鑫富	2005-6-20	2005-8-12	送股	每位流通股股东分别按其在股权登记日所持流通股股票数量的45%获付公司股票(即每持有公司流通股股票10股获付4.5股公司股票)。
11	002021	G中捷	2005-6-20	2005-9-8	送股	非流通股股东为其持有的非流通股获得流通权向流通股股东支付18720000股股票对价,即流通股股东每1股获付0.45股。
12	002023	G海特	2005-6-20	2005-8-9	送股	由非流通股股东向股权分置改革方案实施日登记在册的流通股股东按持股比例共支付总数为13680000股公司股票作为非流通股股东所持公司股份获得流通权的对价,即流通股股东每持有10股流通股将获付对价3.8股股票
13	002024	G苏宁	2005-6-20	2005-8-11	送股	由非流通股股东向流通股股东支付对价,流通股股东每10股获付2.5股,支付完成后苏宁电器的每股净资产、每股收益、股份总数均维持不变。

续表 2 Continued 2

序号 No.	证券代码 Code	名称 Companies	获准公告日 Announcing Date	实施复牌日 G Marking Date	类型 Type	对价方案摘要 Summary of Project
14	002029	G七匹狼	2005-6-20	2005-8-9	送股	1. 非流通股股东向流通股股东每10股送3股。 2. 股价差额现金支付:在公司股东大会通过股权分置改革方案后的2个月内,如果公司A股股票首次出现连续20个交易日中累计有10个交易日的收盘价格低于5元/股情形时,公司控股股东七匹狼集团将按照不受流通限制的流通股份的20%的比例将"市场价格"与5元的差额部分以现金方式支付给公司现有的非流通股股东以外的其他流通股股东。 3. 股份追送条款:若公司2005年度实现的扣除非经常性损益后的净利润较2004年增长低于20%,或2006年度实现的扣除非经常性损益后的净利润较2005年增长低于20%时,现有非流通股股东将按照流通股股份每10股送0.5股的比例无偿送股给流通股股东(限送一次)。
15	002032	G苏泊尔	2005-6-20	2005-8-8	送股	公司非流通股股东向流通股股东支付的股份总数为15470000股,公司流通股股东持有的每10股流通股获付3.5股。
16	000059	G辽通	2005-9-12	2005-10-25	送股	非流通股股东为获得其持有股份的上市流通权而以其所持有的股份向流通股股东做对价安排,股权登记日登记在册的流通股股东每持有10股流通股获付3.8股股份。
17	000060	G中金	2005-9-12	2005-11-18	送股	非流通股股东为获得其持有股份的上市流通权而以其所持有的股份向流通股股东做对价安排。每10股流通股将获得2.8股股份。
18	000600	G建投	2005-9-12	2005-11-28	送股	方案实施股权登记日登记的流通股股东以各自持有的部分股份作为对价,支付给流通股股东,以换取其非流通股份的流通权。即方案实施股权登记日登记在册的流通股股东每持有10股流通股可获得非流通股支付的3.2股股份,非流通股股东需向流通股股东支付22114837股股份的对价总额。
19	000630	G铜都	2005-9-12	2005-10-27	送股	方案实施股权登记日登记在册的流通股股东每持有10股流通股将获得公司非流通股股东支付的2.5股股份,在支付完成后,公司的非流通股份即获得上市流通权。
20	000659	G中富	2005-9-12	2005-10-27	送股、送现	以2005年6月30日总股本68829.56万股为基数,非流通股股东向流通股股东支付股份,非流通股股东所持股份由此获得流通权。流通股股东每10股可获2.5股的股份对价以及0.772元的现金对价。
21	000926	G福星	2005-9-12	2005-11-9	送股	福星科技非流通股股东所持有的非流通股按每1股缩为0.63股的比例缩减,从而获得流通权,缩减股份总数61428510股,流通股股东所持有的流通股保持不变,实施完成后公司的总股本减少。
22	000972	G中基	2005-9-12	2005-10-26	送股	非流通股股东向流通股股东总计支付1485万股股票,于方案实施股份变更登记日登记在册的流通股股东每持有10股流通股将获得非流通股股东支付的3.3股股份对价。
23	000983	G西煤	2005-9-12	2005-10-28	送股	方案实施股权登记日登记在册的流通股股东每持有10股流通股将获得非流通股股东支付的2.8股股份,非流通股股东向流通股股东总计支付12096万股股份;在支付完成后,公司的非流通股股东持有的非流通股份即获得上市流通权。
24	002002	G琼花	2005-9-12	2005-10-24	送股	非流通股股东向股权分置改革方案实施的股份变更登记日在册的流通股股东支付对价,流通股股东每持有10股将获得4.5股股票的对价,非流通股股东向流通股股东支付的对价总额为1350万股。对公司非流通股股东支付给流通股股东的股份划入流通股股东账户之日起,非流通股股东所持股份获得流通权。
25	002005	G德豪	2005-9-12	2005-11-4	送股	流通股股东每持有10股流通股份可以获得现有非流通股股东支付的3.6股对价。全体非流通股股东按各自的持股比例向现有全体流通股股东支付7800000股公司股份;公司控股股东珠海德豪电器有限公司在按其持股比例参加前述对价支付外(即应支付3978000股公司股份),独家向全体流通股股东另行支付1560000股公司股份。
26	002006	G精工	2005-9-12	2005-10-28	送股	非流通股股东向流通股股东支付对价,流通股股东每持有1股流通股将获得0.35股股票对价,非流通股股东向流通股股东支付对价1050万股。
27	002007	G华兰	2005-9-12	2005-11-22	送股	流通股股东每持有10股公司流通股将获付对价3.6股,对价安排总数:1188万股股份。若公司2005年度经审计后的净利润较2004年增长低于20%时或者公司2005年度财务报告被出具非标准无保留意见审计报告时,现有非流通股股东将所持有的存量股份按照流通股股东每10股转送0.5股的比例无偿转送给流通股股东。

续表 3 Continued 3

序号 No.	证券代码 Code	名称 Companies	获准公告日 Announcing Date	实施复牌日 G Marking Date	类型 Type	对价方案摘要 Summary of Project
28	002009	G天奇	2005-9-12	2005-11-2	送股	非流通股股东向流通股股东按每10股支付3.3股的比例支付对价，总计支付825万股股票。
29	002012	G凯恩	2005-9-12	2005-11-1	送股	非流通股股东向流通股股东支付18900000股股份作为本次股权分置改革利益平衡的对价，流通股股东每10股获付3.5股。该等股份支付完成后，非流通股股东持有之股份即获得流通权。
30	002013	G中航	2005-9-12	2005-11-1	送股	非流通股股东向改革方案实施的股份变更登记日在册的流通股股东支付600万股股票作为对价。即每持有公司流通股股票10股获付3股股票，获取其所持非流通股的上市流通权，非流通股股东应支付的股票由非流通股股东按各自持股比例支付，由于向流通股股东支付余股而超过600万股的部分由研究所支付。
31	002015	G霞客	2005-9-12	2005-11-15	送股	非流通股股东向相关股东会议股权登记日登记在册的全体流通股股东支付对价。流通股股东每10股获赠3股，非流通股股东向流通股股东支付600万股股份，支付完成后，非流通股东所持股份取得上市流通权。
32	002016	G威尔	2005-9-12	2005-10-28	送股	以方案实施的股权登记日总股本为基数，以资本公积金向全体股东转增股份，转增比例为每10股转增股本1.49股。以转增后、对价股份支付前流通股股东应持有的股份总数28725000。股为基数计算，流通股股东每持有10股流通股将获得非流通股股东支付的3.3股对价股份。
33	002018	G华星	2005-9-12	2005-10-28	送股	非流通股股东为其持有的非流通股获得流通权向流通股股东支付对价，流通股股东每10股获付4股。
34	002020	G京新	2005-9-12	2005-11-10	送股	股份变更登记日登记在册的全体流通股股东每持有10股流通股将获得非流通股股东支付的3.8股对价股份。
35	002022	G科华	2005-9-12	2005-10-28	送股	非流通股股东向流通股股东总计支付777.6万股股票，于方案实施股份变更登记日登记在册的流通股股东每持有10股流通股将获得非流通股股东支付的3.6股股份对价。
36	002027	G七喜	2005-9-12	2005-11-10	送股	非流通股股东向股改方案实施的股份变更登记日在册的流通股股东支付对价，流通股股东每持有10股将获得3股股份的对价，即流通股股东共获得1740万股。支付对价后，非流通股东所持股份获得上市流通权。
37	002031	G巨轮	2005-9-12	2005-10-26	送股	以2005年9月9日公司总股本18330万股为基数，由非流通股股东按持股比例向流通股股东支付1729万股股票作为非流通股股东获得流通权的对价，即流通股股东持有的每10股流通股将获得非流通股股东支付的3.5股股份。
38	002033	G丽江	2005-9-12	2005-11-3	送股	非流通股股东通过向方案实施的股份变更登记日登记在册流通股东按每10股流通股给付3.5股股票对价，共支付875万股股票给全体流通股股东，获得其所持非流通股的流通权。
39	002035	G华帝	2005-9-12	2005-10-31	送股	非流通股股东向股权分置改革方案实施的股份登记日在册的流通股股东每10股支付3.3股对价，非流通股股东共计向流通股股东支付1155万股股份。
40	002037	G久联	2005-9-12	2005-10-28	送股	流通股股东每持有10股将获得3.3股的对价，全体非流通股股东向全体流通股股东支付的对价总额为1320万股。
41	002040	G南京港	2005-9-12	2005-11-9	送股	流通股股东每持有10股流通股将获得非流通股股东支付的3股股份的对价。
42	002044	G三友	2005-9-12	2005-11-28	送股	以总股本12500万股为基数，由非流通股股东向方案实施股权登记日登记在册的流通股股东支付股份1350万股，流通股股东实际每10股获得3股的股份对价，非流通股东由此获得所持非流通股份的流通权。
43	002048	G华翔	2005-9-12	2005-11-11	送股	非流通股东按每10股流通股获付3.5股的标准支付对价给流通股东，支付对价股份总数为1050万股。对价支付完成后，非流通股股东持本公司股份获得上市流通权。
44	000568	G老窖	2005-9-19	2005-11-3	送股	非流通股股东向方案实施股权登记日登记在册的全部流通股股东按比例支付其所持有的公司股份，使流通股股东每10股获得3股股份对价。
45	000627	G百科	2005-9-19	2005-11-9	送股	以2005年8月26日公司总股本594794933股为基数，全体非流通股股东向方案实施股权登记日的流通股股东每持有10股流通股支付3.2股股票对价。

续表 4　Continued 4

序号 No.	证券代码 Code	名称 Companies	获准公告日 Announcing Date	实施复牌日 G Marking Date	类型 Type	对价方案摘要 Summary of Project
46	000860	G 顺鑫	2005-9-19	2005-10-27	送股	非流通股股东顺鑫集团为获得其持有股份的上市流通权而以其所持有的股份向流通股股东做对价安排，股权登记日登记在册的流通股股东每持有 10 股流通股获付 3.5 股。
47	000897	G 津滨	2005-9-19	2005-11-11	送股	资本公积金转增股本，以总股本 679499548 股为基数，向股权登记日登记在册的全体股东每 10 股转增 2.1 股。天津泰达建设集团有限公司将获得的全部转增总股数 60906413 股支付给流通股股东。天津华泰控股集团股份有限公司将获得的全部转增总股数 37165687 股支付给流通股股东。以转增后股本数来计算，流通股股东每 10 股获得 3.8 股。以转增前流通股股东所持股份数为基数计算，每 10 股流通股在实施本方案后将成为 16.7 股。
48	000930	G 丰原	2005-9-19	2005-11-7	送股	非流通股股东拟向流通股股东安排对价 6600 万股，即每 10 股流通股将获得约 2.2496 股对价安排。
49	002004	G 华邦	2005-9-19	2005-11-4	送股	每 10 股流通股可以获得由非流通股股东支付的 3.3 股的对价，非流通股股东支付给流通股股东的对价总数为 10890000 股。
50	002008	G 大族	2005-9-19	2005-11-28	送股	公司全体非流通股股东按照各自的持股比例为其持有的非流通股股份获得上市流通权向流通股股东支付一定的对价，使流通股股东每持有 10 股流通股获付 3.5 股股票。公司全体非流通股股东向流通股股东执行对价安排的股份总数为 14175000 股。
51	002011	G 盾安	2005-9-19	2005-11-10	送股	公司非流通股股东向流通股股东送出 8400000 股股份作为对价，流通股股东每 10 股获付 3 股。
52	002017	G 东和平	2005-9-19	2005-11-8	送股	公司非流通股股东向流通股股东支付 8750000 股股份作为本次股权分置改革利益平衡的对价，流通股股东每 10 股获付 3.5 股。
53	002025	G 航天	2005-9-19	2005-11-4	送股	公司非流通股股东通过向方案实施股权登记日登记在册的公司流通股东按每 10 股流通股支付 2.5 股股票作为对价安排，共支付 771 万股股票给全体流通股股东，以获得其所持非流通股的流通权。
54	002026	G 威达	2005-9-19	2005-11-14	送股	非流通股股东向股份变更登记日在册的流通股股东 10 股送 2.5 股，共支付 750 万股股票作为对价。
55	002028	G 思源	2005-9-19	2005-11-10	送股	非流通股股东向流通股股东总计支付 804 万股股票，于方案实施股份变更登记日登记在册的流通股股东每持有 10 股流通股将获得非流通股股东支付的 3 股股份对价。
56	002030	G 达安	2005-9-19	2005-11-18	送股	确定改革方案实施的股份变更登记日后，公司全体非流通股股东向改革方案实施股份变更登记日登记在册的流通股股东每 10 股送 3 股。
57	002034	G 美欣达	2005-9-19	2005-10-27	送股	非流通股股东按持股比例将各自持有的部分股份给予全体流通股股东，以获取所持有的原非流通股份的上市流通权。流通股股东每持有 10 股将获得 3.6 股的对价股份，全体非流通股股东向流通股股东给予的股份总数为 9331200 股。
58	002036	G 宜科	2005-9-19	2005-11-15	送股	公司非流通股股东向流通股股东按照每 10 股获付 3.5 股的比例安排对价，对价股份总数为 10500000 股。
59	002038	G 双鹭	2005-9-19	2005-11-9	送股	为了获得流通权，非流通股股东向流通股股东支付的对价为“每 10 股流通股获付 3.2 股股份”，非流通股股东共计向流通股股东支付股份 729.6 万，同时承诺若 2006 年、2007 年、2008 年连续三年实现的净利润复合年均增长率低于 25%时(即 2006 年、2007 年、2008 年三个会计年度实现的净利润合计不低于 2005 年的 4.7656 倍，按会计师出具标准无保留意见审计报告计算)，每 10 股再追送 0.3 股。
60	002039	G 黔源	2005-9-19	2005-11-30	送股	非流通股股东选择以支付股份的方式作为向流通股股东的对价安排。流通股股东每持有 10 股流通股将获得 3.2 股股票对价，对价股份总数为 1600 万股。
61	002041	G 登海	2005-9-19	2005-11-28	送股、送现	公司每 10 股流通股股份获得 2.7 股股票对价，总计 5940000 股；同时公司拟以总股本 8800 万股为基数向全体股东每 10 股派 1.25 元现金(含税)，非流通股股东将其应得的 825 万元现金现金股利全部支付给流通股股东，对应的每 10 股流通股股份获得 3.75 元现金(含税)对价。
62	002042	G 飞亚	2005-9-19	2005-11-7	送股	公司非流通股股东通过向方案实施的股权登记日登记在册的流通股股东按每 10 股流通股支付 3 股作为对价安排，共支付 1200 万股给全体流通股股东，获得其所持非流通股的流通权。

续表 5　Continued 5

序号 No.	证券代码 Code	名称 Companies	获准公告日 Announcing Date	实施复牌日 G Marking Date	类型 Type	对价方案摘要 Summary of Project
63	002043	G兔宝宝	2005-9-19	2005-11-24	送股	非流通股股东向股权分置改革方案实施股份变更登记日的全体流通股股东，按每10股流通股获付3.2股的比例安排对价，对价股数共计1344万股。
64	002045	G国光	2005-9-19	2005-11-25	送股	非流通股股东为其持有的非流通股获得流通权向流通股股东支付对价，流通股股东每10股获付3.3股，合计获付990万股。
65	002046	G轴研	2005-9-19	2005-11-10	送股	向股权分置改革方案实施的股份变更登记日在册的全体流通股股东每10股送3.0股。
66	002047	G成霖	2005-9-19	2005-11-30	送股	非流通股股东将可获得的全部转增股份17033892股，按方案实施股权登记日在册的各流通股股东当日所持流通股份数占流通股份总数的比例支付给流通股股东作为对价，支付完成后其持有的原非流通股份获得上市流通权。流通股股东获得的对价水平可按以下两种等价的方式进行表述： 1. 按转增后、对价支付前的流通股股数56778810股计算，每10股流通股获得非流通股股东支付的3股对价股份；即换算成总股本不变情况下的直接送股形式，流通股股东每10股获得3股对价股份。 2. 按转增前的流通股股数51000000股计算，方案实施后原流通股股东持股数增加到73812702股，即流通股股东每10股获得4.4731股(其中1.1331股为自身转增股数、3.34股为非流通股股东支付的对价)。
67	002049	G晶源	2005-9-19	2005-11-7	送股	非流通股股东为其持有的非流通股股份获得上市流通权，以向流通股股东支付公司股票作为对价安排，对价股份的总数为875万股，即流通股股东每持有10股公司股票获付3.5股公司股票。
68	002050	G三花	2005-9-19	2005-11-21	送股	据方案实施股份变更登记日流通股股东持股数，流通股股东每持有1股流通股将获送0.3股股票，全体非流通股股东总共向流通股股东送股900万股。
69	000065	G北方	2005-9-26	2005-11-11	送股	本公司非流通股股东为其持有的非流通股份获得流通权，以其持有的1497.6万股股份向流通股股东作对价安排，本次股权分置改革方案实施股权登记日登记在册的流通股股东每持有10股流通股将获得3.6股股票。
70	000566	G海药	2005-9-26	2005-11-21	送股	以方案实施股权登记日的公司总股本为基础，由非流通股股东向方案实施股权登记日登记在册的全部流通股股东按比例支付其所持有的公司股份，使流通股股东每10股获得3股股份对价，非流通股同时获得上市流通权。
71	000629	G新钢钒	2005-9-26	2005-11-7	送股、权证	1. 公司以现有总股本1306845288股为基数，向方案实施股权登记日登记在册的全体股东以资本公积金每10股转增3股。 2. 攀钢有限、十九冶两家非流通股股东将所获转增股份中的110138145股、6530884股支付给方案实施股权登记日登记在册的流通股股东，合计转送116669029股，以换取其持有的原非流通股票的上市流通权。流通股股东获得的对价水平可以按以下两种等价的方式进行表述： (1) 以本次股权分置改革前流通股总数583345143股为基数计算，每10股流通股在本方案实施后将变为15股，增加的5股由两部分组成，其中3股为流通股股东因转增因素获得的股份，2股为非流通股股东安排的对价股份； (2) 以转增后、对价股份安排前流通股股东持有的股份总数758348686股为基数计算，流通股股东每持有10股流通股将获得非流通股股东送出的1.5385股对价股份。 3. 非流通股股东攀钢有限向方案实施股权登记日登记在册的流通股股东每10股无偿派发4张存续期18个月、行权价4.85元(以新钢钒2005年中期每股净资产6.01元在实施资本公积金每10股转增3股后的除权值4.62元上浮5%)的欧式认沽权证，即：以本次股权分置改革方案实施股权登记日新钢钒流通股总数583345143股为基数，共向流通股股东无偿派发认沽权证233338057张。

续表 6　Continued 6

序号 No.	证券代码 Code	名称 Companies	获准公告日 Announcing Date	实施复牌日 G Marking Date	类型 Type	对价方案摘要 Summary of Project
72	000662	G索芙特	2005-9-26	2005-11-4	送股、追加对价安排	2006-2-28：追加对价安排：由于公司2005年度与2004年度相比，净利润增长率只有6.74%，触发了追加对价条件，公司董事会向公司《年度报告》公告日后的股权登记日登记在册持有股份的高管人员及所有无限售条件的流通股股东追送股份，送股实施期限为年度报告公告后二十个工作日。 实施方案：参与公司本次股权分置改革的非流通股股东同意，在现有流通股股份总数的基础上，向流通股股东按每10股流通股获得4股的比例执行对价安排，共计25920720股。
73	000695	G滨能	2005-9-26	2005-11-14	送股	控股股东天津灯塔涂料有限公司向方案实施股权登记日登记在册的全体流通股股东支付23174970股股份，即流通股股东每持有10股获得3股股份。在该对价安排执行完成后，公司的控股股东持有的非流通股股份即获得上市流通权。公司募集法人股东既不参与执行对价安排，也不获得对价，其持有的非流通股股份自改革方案实施之日起，在12个月内不上市交易或者转让。
74	000778	G铸管	2005-9-26	2005-11-10	送股	以2005年6月30日总股本621487750股为基数，非流通股股东对流通股股东作出对价安排，流通股股东每10股可获3股的股份对价。
75	000936	G华西村	2005-9-26	2005-11-8	送股	股份变更登记日收盘后登记在册的流通股股东所持华西村股份数每10股获付4.7股股份。
76	000997	G新大陆	2005-9-26	2005-11-10	送股	公司非流通股股东向流通股股东以其持有的29822000股股份作为本次股权分置改革的对价安排，流通股股东每10股获付3.7股。
77	000002	G万科A	2005-10-10	2005-12-2	权证	于万科股权分置改革方案实施股权登记日登记在册的流通A股股东，每持有10股公司流通A股股票将获得华润股份免费派送的8份、存续期为9个月、行权价格为3.73元/份的百慕大式认沽权证。
78	000400	G许继	2005-10-10	2005-11-17	送股	由公司非流通股股东向方案实施股权登记日登记在册的流通股股东共计送出62208000股公司股份作为非流通股股东所持非流通股份获得流通权的对价安排，即流通股股东每持有10股流通股获送3.2股。
79	000599	G双星	2005-10-10	2005-12-5	送股	以股权登记日公司总股本45502.8478万股为基数，方案实施时股权登记日登记在册的流通股股东按照其每持有10股获付3.5股的比例获得双星集团安排的股票对价，非流通股股东胶南公司既不支付对价，也不享受对价。此次，双星集团支付的股票对价合计8729.9956万股。
80	000635	G英力特	2005-10-10	2005-11-22	送股	流通股股东每持有10股公司流通股将获付对价3.5股，非流通股股东执行的对价安排总数为2184万股英力特股份。
81	000917	G电广	2005-10-10	2005-12-12	送股	非流通股股东向流通股股东总计安排42952000股股票，于方案实施股权登记日登记在册的流通股东每持有10股流通股将获得非流通股股东安排的2.8股股份。
82	000959	G首钢	2005-10-10	2005-11-18	送股、送现	公司唯一非流通股股东首钢总公司向本方案实施股份变更登记日登记在册的全体流通股股东支付对价，流通股股东按每10股流通股获送2.4股，并获送现金2.71元。
83	000968	G煤气化	2005-10-10	2005-12-5	送股	方案实施股权登记日登记在册的流通股股东每10股将获送3股公司股份，全体流通股股东共计获送4500万股公司股份。
84	000988	G华工	2005-10-10	2005-11-22	送股	流通股股东每持有10股流通股可获得4.6股的股份对价。股权分置改革方案实施后首个交易日，公司非流通股股东持有的非流通股份即获得上市流通权。
85	000008	G宝利来	2005-10-17	2005-12-13	送股	非流通股股东对价安排的总股数：7058115股；流通股股东获付股份比例：流通股股东持有的每10股流通股获付2.0股。
86	000514	G渝开发	2005-10-17	2005-12-1	送股	全体非流通股股东向公司注入1.0226亿元现金，相应增加公司资本公积金为全体股东共享。每股流通股股东相当于获送0.87元(未考虑渝开发所得税因素)。渝开发以注入现金增加的部分资本公积金向全体股东按每10股转增5股的比例转增股份。

续表 7　Continued 7

序号 No.	证券代码 Code	名称 Companies	获准公告日 Announcing Date	实施复牌日 G Marking Date	类型 Type	对价方案摘要 Summary of Project
87	000572	G 金盘	2005-10-17	2005-12-5	送股	方案实施股权登记日登记在册的流通股股东每 10 股获送 3 股。
88	000586	G 汇源	2005-10-17	2005-12-29	送股	流通股股东每持有 10 股将获得 3.8 股的股份。非流通股股东需向流通股股东共计送出 2311.92 万股股份。
89	000725	G 京东方	2005-10-17	2005-11-30	送股	本次股权分置改革方案实施股权登记日登记在册的流通 A 股股东每持有 10 股流通 A 股将获得非流通股股东支付的 4.2 股股份。
90	000821	G 京山	2005-10-17	2005-12-5	送股	非流通股股东为其持有的非流通股获得流通权向流通股股东支付对价，流通股股东每 10 股获付 3.2 股，合计获付 50498864 股。
91	000898	G 鞍钢	2005-10-17	2005-12-2	送股、权证	作为鞍钢新轧唯一的非流通股股东，鞍钢集团拟向本方案实施时的股权登记日收市后登记在册的流通 A 股股东每 10 股支付 2.5 股股票和 1.5 份行权价为 3.6 元、存续期为 366 天的欧式认购权证。
92	000950	G ST 农化	2005-10-17	2005-12-27	送股	1. 股票对价：公司非流通股股东还向流通股股东支付 8250000 股股份，作为本次股权分置改革对价安排的重要组成部分，流通股股东每 10 股获付 1.5 股。 2. 追加对价安排非流通股股东建峰总厂承诺：如果发生以下四种情况之一时(以先发生的情况为准)，建峰总厂将向追加对价股权登记日收市后登记在册的无限售条件流通股股东追加对价一次，无限售条件流通股股东每 10 股获付 2 股。如追加对价股权登记日之前合川盐化、康达机械向建峰总厂偿还代为垫付的股份，追加对价股份总数为 14269975 股；如追加对价股权登记日之前合川盐化、康达机械未向建峰总厂偿还代为垫付的股份，追加对价股份总数为 13184206 股。(追加对价完毕后，此承诺自动失效)
93	000602	G 金马	2005-10-24	2005-12-20	送股	方案实施股权登记日登记在册的流通股股东每 10 股获送 3 股。
94	000652	G 泰达	2005-10-24	2005-12-12	送股	以公司目前总股本 105398.13 万股为基数，非流通股股东向方案实施股权登记日登记在册的全体流通股股东支付 14485.67 万股股份作为本次股权分置改革利益平衡的对价安排，即流通股股东每持有 10 股股份获得 3 股股份。
95	000718	G★ST 环球	2005-10-24	2005-12-26	资产重组、追加对价安排	1. 通过本次收购★ST 吉纸控股权将成为公司股东的苏宁集团以将经营性资产注入★ST 吉纸的方式，向全体流通股股东做出对价安排，以获得其将持有的★ST 吉纸股份的流通权。本次股权分置改革方案若获准实施，公司净资产由 0 元上升为 40277.90 万元。通过对价安排，流通股股东每 10 股获得 10.08 元净资产。 2. 追加对价安排：苏宁集团承诺，本次股权分置改革方案实施后，未来三年★ST吉纸如果发生下列情况之一时，苏宁集团将向流通股股东追加对价一次，流通股股东每 10 股将获得 2.2 股股份。第一种情况：ST 吉纸实现的净利润在 2006 年度低于 4306 万元；或 2007 年度低于 5500 万元；或 2008 年度低于 7098 万元；第二种情况：★ST 吉纸 2006 年度或 2007 年度或 2008 年度财务报告被出具标准无保留意见以外的审计意见；第三种情况，★ST 吉纸未能按法定披露时间披露 2006 年或 2007 年或 2008 年年度报告。追加对价以上述情况中先发生的情况为准，并只实施一次。
96	000828	G 东控	2005-10-24	2005-12-30	缩股、送现	1. 国有股股东按(1∶0.8)的比例缩股，缩减的股份总数为 125166528 股。 2. 在上述 1 的基础上，国有股股东还向流通股股东送 49536000 股，流通股股东每 10 股获送 2.00 股。 3. 外资股股东向流通股股东送现 107967804 元，流通股股东每 10 股获送现金 4.3592 元。 通过上述对价安排，流通股股东相当于每 10 股获送 3.44147 股和 4.3592 元现金。
97	000969	G 安泰 A	2005-10-24	2005-12-5	送股	股权分置改革方案实施股权登记日登记在册的流通股股东每持有 10 股流通股获付 3.2 股股份，非流通股股东共计支付 3993.6 万股股份。

续表 8　Continued 8

序号 No.	证券代码 Code	名称 Companies	获准公告日 Announcing Date	实施复牌日 G Marking Date	类型 Type	对价方案摘要 Summary of Project
98	000089	G 深机场	2005-10-31	2005-12-16	送股、资产重组	资产置换同时非流通股股东向方案实施股权登记日登记在册的流通股股东每10股流通股支付2.6股股份,合计支付7488万股股份。
99	000523	G 浪奇	2005-10-31	2005-12-30	缩股	公司非流通股股东所持有的非流通股股份按照每1股缩为0.58股的比例单向缩股,缩减的股份总数为56768828股,以换取其非流通股份的流通权。该方案相当于非流通股股东向流通股股东每10股流通股支付3.3股股份的对价。
100	000607	G 华立	2005-10-31	2005-12-22	送股	公司以现有流通股本14239.55万股为基数,流通股股东每持有10股流通股将获得6股的转增股份。相当于流通股股东每10股获得2.917股的对价。
101	000709	G 唐钢	2005-10-31	2005-12-21	送股	本次股权分置改革由唐钢股份以目前流通股总股本566032821股为基数,以资本公积金向方案实施股权登记日登记在册的全体流通股股东转增311318052股,流通股每10股获得5.5股的转增股份,非流通股股东所持非流通股份以此获取上市流通权。上述对价水平若换算为非流通股股东送股方案,相当于每10股流通股获送3.3708股。在转增股份实施完成后,公司的所有非流通股份即获得上市流通权。
102	000049	G 德赛	2005-11-14	2005-12-27	送股	流通股股东持有的每10股股票将获得由非流通股股东支付的2.8股股票,非流通股股东向流通股股东支付的对价股份总数为12522600股。
103	000063	G 中兴	2005-11-14	2005-12-29	送股	股权分置改革方案实施股权登记日登记在册的A股流通股股东每10股获付2.5股股份。
104	000687	G 天鹅	2005-11-14	2005-12-26	送股	非流通股股东——保定天鹅化纤集团有限公司向流通股股东支付3705万股股票作为其所持非流通股股份获取流通权的对价,即对价安排为公司非流通股股东向流通股股东每10股送3.8股。
105	000690	G 宝丽华	2005-11-14	2005-12-27	送股	非流通股股东向方案实施股权登记日登记在册的流通股股东实施每10股流通股送3股股份的对价安排,即非流通股股东向流通股股东共计安排22815000股股份对价。 若本公司发生下列情况之一,则触发追加送股安排条件:①公司2005年度实现的净利润较2004年增长低于75%;②公司2006年度实现的净利润较2005年增长低于100%;③公司2005年度或2006年度财务报告被出具非标准无保留审计意见。当上述追加送股安排条件首次触发时,宝丽华集团将向追加送股股权登记日在册的无限售条件的流通股股东执行追加送股安排,追加送股总数为760.5万股(以本次改革前公司流通股股份总数为基数按照每10股流通股送1股的比例计算得出)。
106	000815	G 美利	2005-11-14	2005-12-29	送股	公司非流通股股东,以其持有的2496万股股份作为对价,支付给流通股股东,以换取其非流通股份的流通权,即:方案实施股权登记日登记在册的流通股股东每持有10股流通股将获得非流通股股东支付的3.20股股份。
107	000881	G 国际	2005-11-14	2005-12-27	送股	非流通股股东选择以送股的方式向流通股股东执行对价安排。流通股股东每持有10股流通股将获得2.80股股票,非流通股股东总共向流通股股东执行对价安排4421.76万股,其中4332.74万股由已明确表示同意执行对价安排的18家非流通股股东按其持股比例共同承担,其余3家未明确表示同意的非流通股股东应送出的89.02万股,由大连国际集团先行代为垫付。
108	000767	G 漳电	2005-11-21	2005-12-30	送股	本公司两家非流通股股东中国电力投资集团公司和山西国际电力集团有限公司按比例以各自持有的部分股权作为对流通股股东的对价安排,即方案实施股权登记日登记在册的流通股股东每持有10股流通股将获得3.2股股份的对价安排。
109	000971	G 迈亚	2005-11-21	2005-12-29	送股	非流通股股东为其持有的非流通股股份获得流通权向流通股股东支付股票对价,流通股股东每10股获付3.6股股票,非流通股股东共需支付29304000股股票。

数据来源:上海、深圳证券交易所
Source: Shanghai Shenzhen Stock Exchange

5-29 上海证券交易所上市公司名录
List of Listed Companies in Shanghai Stock Exchange

代码 Code	股票简称 Shares Abbreviation	公司全称 Companies	行业代码 Industries Code	董事长 Board Chairman	地址 Address	电话 Telephone Number
600000	浦发银行	上海浦东发展银行股份有限公司	I	张广生	上海市中山东一路12号	63611226
600001	邯郸钢铁	邯郸钢铁股份有限公司	C6	刘如军	河北省邯郸市复兴路232号	0310-6075599
600002	齐鲁石化	中国石化齐鲁股份有限公司	C4	张瑞生	山东省淄博高新技术产业开发区	0533-3583728
600003	东北高速	东北高速公路股份有限公司	F	张文盛	吉林省长春市经济开发区浦东路3499号	0431-4622168
600004	G穗机场	广州白云国际机场股份有限公司	F	冼伟雄	广州白云国际机场南工作区机场综合办公楼南楼	020-36063431
600005	G 武 钢	武汉钢铁股份有限公司	C6	邓崎琳	武汉市青山区沿港路3号	027-86891186
600006	东风汽车	东风汽车股份有限公司	C7	徐 平	湖北省武汉市汉阳经济技术开发区创业路136号	027-84287977
600007	中国国贸	中国国际贸易中心股份有限公司	K	洪敬南	北京市建国门外大街1号	010-65052288
600008	首创股份	北京首创股份有限公司	K	刘晓光	北京市朝阳区北三环东路8号静安中心七层	010-64689035
600009	G沪机场	上海国际机场股份有限公司	F	俞吾炎	上海市浦东新区启航路900号	021-68341609
600010	G 包 钢	内蒙古包钢钢联股份有限公司	C6	曹中魁	内蒙古包头市昆区包钢信息大楼东副楼	0472-2189515
600011	华能国际	华能国际电力股份有限公司	D	李小鹏	北京市西城区复兴门南大街丙2号天银大厦C段西区	010-66491009
600012	皖通高速	安徽皖通高速公路股份有限公司	F	王 水	安徽省合肥市长江西路669号	0551-5338681
600015	华夏银行	华夏银行股份有限公司	I	刘海燕	北京市东城区建国门内大街22号	01085238888
600016	G 民 生	中国民生银行股份有限公司	I	经叔平	北京市西城区复兴门内大街2号	010-58560807
600018	G 上 港	上海港集装箱股份有限公司	F	陈戌源	上海市军工路4049号吉发大厦	56441469
600019	G 宝 钢	宝山钢铁股份有限公司	C6	谢企华	上海市宝山区牡丹江路1813号宝山宾馆南楼	68403333
600020	中原高速	河南中原高速公路股份有限公司	F	宋春雷	郑州市中原路93号	0371-67717696
600021	G 上 电	上海电力股份有限公司	D	丁中智	上海市中山南路268号1号楼36层	021-51171078
600022	济南钢铁	济南钢铁股份有限公司	C6	陈启祥	济南市工业北路21号	0531-88865480
600026	G 中 海	中海发展股份有限公司	F	李绍德	东大名路700号海运大楼	65967160
600027	华电国际	华电国际电力股份有限公司	D	贺 恭	山东省济南市经三路14号	0531-82366808
600028	中国石化	中国石油化工股份有限公司	B	陈同海	中国北京市朝阳区惠新东街甲六号	010-64990482
600029	南方航空	中国南方航空股份有限公司	F	刘绍勇	广东省广州市机场路278号	020-86124738; 020-86124736
600030	G 中 信	中信证券股份有限公司	I	王东明	北京市朝阳区新源南路6号京城大厦三层	010-84588581
600031	G 三 一	三一重工股份有限公司	C7	梁稳根	湖南长沙经济技术开发区	0731-4031555
600033	福建高速	福建发展高速公路股份有限公司	F	唐建辉	福州市东水路18号福建交通综合大楼26层	0591-87077366
600035	楚天高速	湖北楚天高速公路股份有限公司	F	祝向军	武汉市汉阳区龙阳大道9号	02784863942
600036	G 招 行	招商银行股份有限公司	I	秦 晓	深圳市福田区深南大道7088号招商银行大厦	0755-83195105
600037	G 歌 华	北京歌华有线电视网络股份有限公司	L	张 淼	北京市海淀区花园北路35号东门	010-62035573
600038	哈飞股份	哈飞航空工业股份有限公司	C7	王 斌	哈尔滨市平房区友协大街15号	0451-86528350
600039	四川路桥	四川路桥建设股份有限公司	E	孙 云	成都市高新区九兴大道12号	028-85126086
600050	中国联通	中国联合通信股份有限公司	G	常小兵	上海市长宁区长宁路1033号联通大厦29楼	021-52733331
600051	宁波联合	宁波联合集团股份有限公司	M	何大元	宁波开发区东海路1号联合大厦	0574-86222320
600052	浙江广厦	浙江广厦股份有限公司	J	楼江跃	浙江省杭州市玉古路166号	0571-87969988-1221
600053	ST 江 纸	江西纸业股份有限公司	C3	万素娟	江西省南昌市董家窑112号	0791-8164127
600054	G 黄 山	黄山旅游发展股份有限公司	K	江 山	安徽黄山市黄山风景区温泉	0559-5561113
600055	万东医疗	北京万东医疗装备股份有限公司	C7	许家驹	北京市朝阳区建国门外郎家园6号	010-85892598
600056	中技贸易	中技贸易股份有限公司	H	韩本毅	1北京市崇文区光明中街18号美康大厦 2.海淀区西三环北路21号久凌大厦公寓楼	010-67121157
600057	G 夏 新	夏新电子股份有限公司	C5	柳学宏	厦门市体育路45号	0592-5058123＊3557

续表 1　Continued 1

代码 Code	股票简称 Shares Abbreviation	公司全称 Companies	行业代码 Industries Code	董事长 Board Chairman	地　址 Address	电话 Telephone Number
600058	五矿发展	五矿发展股份有限公司	H	周中枢	北京市海淀区三里河路5号B座	010-68494208
600059	G 龙 山	浙江古越龙山绍兴酒股份有限公司	C0	傅建伟	浙江省绍兴市北海桥	0575-5158435
600060	海信电器	青岛海信电器股份有限公司	C5	于淑珉	山东青岛经济技术开发区团结路18号	0532-83889556
600061	中纺投资	中纺投资发展股份有限公司	C4	常俊传	上海市延安西路1228号嘉利大厦33层	021-62838888
600062	双鹤药业	北京双鹤药业股份有限公司	C8	卫华诚	北京市朝阳区望京利泽东二路1号	010-64742227＊681
600063	皖维高新	安徽皖维高新材料股份有限公司	C4	杨克中	安徽省巢湖市皖维路56号	0565-2317280
600064	南京高科	南京新港高科技股份有限公司	J	徐益民	南京经济技术开发区新港大道100号	025-85800728
600065	★ST联谊	大庆联谊石化股份有限公司	C4	李秀军	黑龙江省大庆市大同区林源南街5号	0459-6717944
600066	G 宇 通	郑州宇通客车股份有限公司	C7	汤玉祥	郑州市宇通工业园	0371-66899008
600067	G 冠 城	冠城大通股份有限公司	C7	韩国龙	福建省福州市鼓楼区五一中路32号元洪大厦26层	0591-83350029
600068	葛 洲 坝	葛洲坝股份有限公司	E	杨继学	湖北省武汉市解放大道558号葛洲坝大酒店15层	027-83777626-1517
600069	G 银 鸽	河南银鸽实业投资股份有限公司	C3	杨松贺	河南省漯河市人民东路95号	0395-2355611
600070	浙江富润	浙江富润股份有限公司	C1	赵林中	浙江省诸暨市陶朱南路12号	0575-7016551
600071	凤凰光学	凤凰光学股份有限公司	C7	王熙晏	江西省上饶市光学路1号	0793-8259547
600072	江南重工	江南重工股份有限公司	C7	陈金海	上海市鲁班路600号江南造船大厦11-13楼	021-53023456＊672
600073	G 梅 林	上海梅林正广和股份有限公司	C0	周海鸣	上海市通北路400号	021-65411993
600074	中达股份	江苏中达新材料集团股份有限公司	C4	石纪闵	江苏省江阴市申港镇镇澄路999号	0510-6684039
600075	新疆天业	新疆天业股份有限公司	A	郭庆人	新疆石河子市经济技术开发区北三东路36号	0993-2623118
600076	青鸟华光	潍坊北大青鸟华光科技股份有限公司	G	周燕军	山东省潍坊市高新技术产业开发区北宫东街6号	0536-2991601
600077	国能集团	辽宁国能集团(控股)股份有限公司	G	刘树元	辽宁省沈阳市沈河区青年大街108号	024-83601013
600078	澄星股份	江苏澄星磷化工股份有限公司	C4	周忠明	江苏省江阴市花山路208号	0510-86281316＊431
600079	G 人 福	武汉人福高科技产业股份有限公司	M	艾路明	武汉市洪山区关山街鲁磨路369号	027-87597232
600080	金花股份	金花企业(集团)股份有限公司	C8	吴一坚	西安市振兴路1号	029-88404118
600081	东风科技	东风电子科技股份有限公司	C7	欧阳洁	上海市中山北路2000号22楼	021-62033003＊52
600082	海泰发展	天津海泰科技发展股份有限公司	J	王卫东	天津市华苑产业区海泰发展六道6号海泰绿色产业基地G座11层	022-85689897
600083	ST 博 讯	成都博讯数码技术股份有限公司	C5	刘国真	广东省东莞市南城区莞太大道255号彩管厂5号楼	0769-22906116
600084	新天国际	新天国际经贸股份有限公司	H	贾伯炜	新疆维吾尔自治区乌鲁木齐市红山路40号	0991-8871867
600085	G同仁堂	北京同仁堂股份有限公司	C8	殷顺海	北京市崇文区崇外大街42号，北京市崇文区东兴隆街52号	010-67054601
600086	★ST多佳	湖北多佳股份有限公司	C1	赵兴龙	武汉市关东科技园高科大厦18楼	027-87592157
600087	G 水 运	南京水运实业股份有限公司	F	刘锡汉	南京市进香河路33号时代华府4楼	025-83283904
600088	中视传媒	中视传媒股份有限公司	L	高建民	上海浦东新区福山路450号新国际大厦17层A座	021-68765168
600089	特变电工	特变电工股份有限公司	C7	张　新	新疆昌吉市延安南路52号	0994-2724766
600090	G★ST酒花	新疆啤酒花股份有限公司	C0	黄开华	新疆乌鲁木齐市北京南路钻石城36号新捷大厦10楼	0991-3687326
600091	明天科技	包头明天科技股份有限公司	C4	程东胜	包头稀土高新技术产业开发区曙光路22号	0472-2207068
600092	★ST精密	陕西精密合金股份有限公司	C6	赵　岗	西安市莲湖区枣园东路2号	029-84610536
600093	禾嘉股份	四川禾嘉股份有限公司	A	宋　浩	四川省成都市高新技术开发区九兴大道3号	028-85150688
600094	华源股份	上海华源股份有限公司	C4	吴云生	上海市浦东陆家嘴东路161号招商局大厦31楼	021-58787570/58799888＊262
600095	哈 高 科	哈尔滨高科技(集团)股份有限公司	C0	黄卫峰	哈尔滨开发区迎宾路集中区天平路2号	0451-84348141
600096	云 天 化	云南云天化股份有限公司	C4	张嘉庆	云南省水富县云富镇	0870-8662000
600097	华立科技	浙江华立科技股份有限公司	C7	汪力成	浙江省杭州市西斗门路18号	0571-88471777
600098	G 广 控	广州发展实业控股集团股份有限公司	D	杨丹地	广州市东风中路509号建银大厦27、29楼	020-83606539
600099	林海股份	林海股份有限公司	C7	陆海民	江苏省泰州市泰九路14号	0523-6551888
600100	G 同 方	清华同方股份有限公司	G	荣泳霖	北京市海淀区五道口清华同方科技广场	010-82399888

续表 2　Continued 2

代码 Code	股票简称 Shares Abbreviation	公司全称 Companies	行业代码 Industries Code	董事长 Board Chairman	地　址 Address	电话 Telephone Number
600101	明星电力	四川明星电力股份有限公司	D	周益明	四川省遂宁市明月路88号	0825-2210076
600102	莱钢股份	莱芜钢铁股份有限公司	C6	李名岷	山东省莱芜市钢城区	0634-6820601
600103	青山纸业	福建省青山纸业股份有限公司	C3	刘天金	福建省福州市五一北路171号新都会花园广场16层	0598-5658918
600104	G 上 汽	上海汽车股份有限公司	C7	胡茂元	上海张江高科技园区松涛路563号A幢5层	(021)50803808-207
600105	G 永 鼎	江苏永鼎股份有限公司	G	莫林弟	江苏省吴江市芦墟镇汾湖经济技术开发区	0512-63272395
600106	G渝路桥	重庆路桥股份有限公司	F	江 津	重庆南坪经济技术开发区丹龙路11号	023-62803632
600107	美 尔 雅	湖北美尔雅股份有限公司	C1	杨闻孙	湖北省黄石市团城山开发区美尔雅工业园	0714-6360299
600108	亚盛集团	甘肃亚盛实业(集团)股份有限公司	A	周长生	甘肃省兰州市秦安路81号	0931-8856389
600109	成都建投	成都城建投资发展股份有限公司	M	张思冰	成都市青羊区小河街12号天纬商务楼八楼	028-86139010
600110	中科英华	中科英华高技术股份有限公司	C9	陈 远	吉林省长春市高新技术开发区火炬路286号	0431-5161088
600111	稀土高科	内蒙古包钢稀土高科技股份有限公司	C6	崔 臣	内蒙古包头市稀土高新技术产业开发区青工南路	0472-2207525
600112	G 长 征	贵州长征电器股份有限公司	C7	姚国平	贵州省遵义市上海路100号	0852-8634986
600113	G 东 日	浙江东日股份有限公司	C9	郑念鸿	浙江省温州市矮凳桥92号	0577-88852188
600114	G 东 睦	宁波东睦新材料集团股份有限公司	C6	芦德宝	宁波市江东区江东南路147号	0574-87841061
600115	东方航空	中国东方航空股份有限公司	F	李丰华	上海市虹桥路2550号	62686268-30920
600116	三峡水利	重庆三峡水利电力(集团)股份有限公司	D	胡成培	重庆市渝中区八一路183号谊德大厦十二层	023-63801161
600117	G 西 钢	西宁特殊钢股份有限公司	C6	李 全	青海省西宁市柴达木西路52号	0971-5299089
600118	中国卫星	中国天地卫星股份有限公司	C9	袁家军	北京市海淀区阜成路16号航天科技大厦15楼	010-68768897; 68371188-890
600119	G 长 投	长发集团长江投资实业股份有限公司	M	居 亮	上海浦东新区世纪大道1500号9楼	68407009
600120	G浙东方	浙江东方集团股份有限公司	H	何志亮	杭州西湖大道12号	0571-87600383
600121	G郑煤电	郑州煤电股份有限公司	D	牛森营	郑州市二七区大学路30号	0371-66591159
600122	宏图高科	江苏宏图高科技股份有限公司	G	张 琉	南京市中山北路219号20/21层	025-83274691
600123	G 兰 花	山西兰花科技创业股份有限公司	B	贺贵元	山西省晋城市凤台东街2288号	0356-2189698
600125	G 铁 龙	中铁铁龙集装箱物流股份有限公司	F	郭敏杰	辽宁省大连市中山区新安街1号	0411-82810881
600126	G 杭 钢	杭州钢铁股份有限公司	C6	童云芳	浙江省杭州市半山路178号	0571-88132917
600127	金健米业	湖南金健米业股份有限公司	C0	梁宋模	湖南省常德市德山经济开发区金健米业总部办公大楼	0736-7308643
600128	G 弘 业	江苏弘业股份有限公司	H	刘绥芝	江苏省南京市中华路50号弘业大厦	025-52308738
600129	G 太 极	重庆太极实业(集团)股份有限公司	C8	白礼西	重庆市涪陵区太极大道1号	023-89886719
600130	波导股份	宁波波导股份有限公司	G	徐立华	浙江省奉化市金钟路588号	0574-88918855
600131	岷江水电	四川岷江水利电力股份有限公司	D	胡柏初	四川省都江堰市奎光路301号	028-87292621
600132	重庆啤酒	重庆啤酒股份有限公司	C0	华正兴	重庆市九龙坡区石桥铺石杨路16号	023-89069086
600133	东湖高新	武汉东湖高新集团股份有限公司	M	何世虎	武汉市洪山区华光大道1号东湖高新大楼	027-87172003
600135	乐凯胶片	乐凯胶片股份有限公司	C4	张建恒	河北省保定市乐凯南大街6号	0312-3302661
600136	道博股份	武汉道博股份有限公司	M	刘家清	武汉市洪山区东湖钓鱼台	027-81732221
600137	★ST长控	四川长江包装控股股份有限公司	C3	杨盛奎	四川省宜宾市马鞍石	0831-7115019
600138	G中青旅	中青旅控股股份有限公司	K	张 骏	北京市东城区东直门南大街5号中青旅大厦证券部	010-58158777
600139	绵阳高新	绵阳高新发展(集团)股份有限公司	G	王 勇	四川省绵阳高新区火炬大厦B区5楼	0816-8090030
600141	兴发集团	湖北兴发化工集团股份有限公司	C4	牛 涛	湖北省宜昌市兴山县古夫镇昭君路昭君山庄	0717-2587999
600143	G 金 发	广州金发科技股份有限公司	C4	袁志敏	广州市天河区柯木塱高唐工业区	020-87011288
600145	四维瓷业	重庆四维瓷业(集团)股份有限公司	E	王兴国	重庆市江津油溪镇	023-61088555
600146	G★ST大元	宁夏大元化工股份有限公司	C4	徐 斌	北京市海淀区知春路13号2楼	010-82332716
600148	长春一东	长春一东离合器股份有限公司	C7	姜成颜	吉林省长春市繁荣路17-1号	0431-5173591*6224
600149	华夏建通	华夏建通科技开发股份有限公司	C7	何 强	河北省邢台市新兴西路1号	010-85910660
600150	G 重 机	沪东重机股份有限公司	C7	杨家丰	上海市浦东大道2851号	021-58461891
600151	航天机电	上海航天汽车机电股份有限公司	C7	曲 雁	上海市漕溪路222号航天大厦南楼八楼	64827176

续表 3　Continued 3

代码 Code	股票简称 Shares Abbreviation	公司全称 Companies	行业代码 Industries Code	董事长 Board Chairman	地　址 Address	电话 Telephone Number
600152	维科精华	宁波维科精华集团股份有限公司	C1	周正一	宁波市体育场路 2 号	0574-87341480
600153	建发股份	厦门建发股份有限公司	H	王宪榕	厦门市鹭江道 52 号海滨大厦七楼	0592-2132319
600155	宝硕股份	河北宝硕股份有限公司	C4	周　山	河北省保定国家高新技术产业开发区朝阳北路 175 号	0312-3109607
600156	华升股份	湖南华升益鑫泰股份有限公司	C1	徐春生	湖南省长沙市芙蓉中路三段 420 号	0731-5237877
600157	鲁润股份	泰安鲁润股份有限公司	M	郭忠文	山东省泰安市环山路 36 号	0538-6265679
600158	中体产业	中体产业集团股份有限公司	K	王俊生	北京市朝阳区朝外大街 225 号	010-65536158-121
600159	GST宁窖	北京市大龙伟业房地产开发股份有限公司	C0	赵　川	北京市顺义区仓上街 11 号	010-69446339
600160	G 巨 化	浙江巨化股份有限公司	C4	叶志翔	浙江省衢州市柯城区	0570-3091704
600161	天坛生物	北京天坛生物制品股份有限公司	C8	姚桐利	北京市朝阳区三间房南里四号	010-65762911
600162	香江控股	山东香江控股股份有限公司	C7	翟美卿	山东省临沂市临沂经济开发区北横路	0539-8785596
600163	福建南纸	福建省南纸股份有限公司	C3	黄国英	福建省南平市滨江北路 177 号	0599-8808806
600165	G宁恒力	宁夏恒力钢丝绳股份有限公司	C6	苑尔卓	宁夏自治区石嘴山市区河滨街	0952-3671240
600166	福田汽车	北汽福田汽车股份有限公司	C7	安庆衡	北京市昌平区沙河镇沙阳路	010-80716459
600167	沈阳新开	沈阳新区开发建设股份有限公司	J	肇广才	沈阳市高新区浑南产业区新竹路 50 号	024-83782067
600168	武汉控股	武汉三镇实业控股股份有限公司	D	陈莉茜	武汉市江汉区天门墩路 68 号	027-85725739
600169	太原重工	太原重工股份有限公司	C7	岳普煜	太原市万柏林区玉河街 53 号	0351-6361155
600170	G 建 工	上海建工股份有限公司	E	徐　征	上海市浦东新区福山路 33 号	021-68872178
600171	G 贝 岭	上海贝岭股份有限公司	C5	方培琦	上海市漕河泾开发区宜山路 810 号	64853333
600172	G 旋 风	河南黄河旋风股份有限公司	C6	乔秋生	河南省长葛市人民路 200 号	0374-6108532
600173	牡 丹 江	黑龙江省牡丹江新材料科技股份有限公司	C6	张君起	黑龙江省牡丹江市温春镇公司大楼	0453-6497427
600175	G 美 都	美都控股股份有限公司	K	闻掌华	杭州市拱墅区密渡桥路 70 号美都恒升名楼 4F	0571-88301608
600176	中国玻纤	中国玻纤股份有限公司	C4	曹江林	北京市海淀区紫竹院南路 2 号	010-88412266
600177	雅 戈 尔	雅戈尔集团股份有限公司	C1	李如成	浙江宁波鄞县大道西段 2 号	0574-87425136
600178	东安动力	哈尔滨东安汽车动力股份有限公司	C7	刘　涛	哈尔滨市平房区保国街 51 号	0451-86528173
600179	黑化股份	黑龙江黑化股份有限公司	C4	阎树忠	黑龙江省齐齐哈尔市富拉基尔区向阳大街 2 号	0452-8927411
600180	G 九 发	山东九发食用菌股份有限公司	A	蒋绍庆	山东省烟台市南大街 9 号金都大厦 28 楼	0535-6623880
600181	★ST云大	云大科技股份有限公司	C4	方瑞斌	昆明市国家高新技术产业开发区科医路 59 号	0871-8350069
600182	佳通轮胎	佳通轮胎股份有限公司	C4	吴庆荣	上海市淮海中路 300 号香港新世界大厦 21 楼	021-51535308
600183	G 生 益	广东生益科技股份有限公司	C7	李　锦	广东省东莞市万江区莞穗大道 411 号	0769-22271828＊8183
600184	新 华 光	湖北新华光信息材料股份有限公司	C6	詹祖盛	湖北省襄樊市长虹北路 67 号	0710-3349838
600185	G 海 星	西安海星现代科技股份有限公司	K	荣　海	西安高新技术产业开发区科技二路 62 号	029-82307605
600186	莲花味精	河南莲花味精股份有限公司	C0	郑献锋	河南省项城市莲花大道 18 号	0394-4298666
600187	★ST黑龙	黑龙江黑龙股份有限公司	C3	张伟东	黑龙江省齐齐哈尔市龙沙区长青路 27 号	0452-5982436
600188	兖州煤业	兖州煤业股份有限公司	B	王　信	山东省邹城市凫山南路 298 号	0537-5382319
600189	G 森 工	吉林森林工业股份有限公司	A	田树华	吉林省长春市人民大街 4036 号	0431-8912969
600190	锦 州 港	锦州港股份有限公司	F	关国亮	锦州经济技术开发区锦港大街一段 1 号	0416-3586462
600191	G 华 资	包头华资实业股份有限公司	C0	张洪新	包头市东河区	0472-6957544
600192	长城电工	兰州长城电工股份有限公司	C7	张晓喜	兰州市城关区农民巷 125 号	0931-8415912
600193	G 创 兴	厦门创兴科技股份有限公司	M	陈榕生	厦门市建业路 18 号阳明楼 9 楼	0592-5311857
600195	G 中 牧	中牧实业股份有限公司	C0	区仲生	北京市丰台区南四环西路 188 号总部基地八区 16 号楼	010-63702799
600196	复星医药	上海复星医药(集团)股份有限公司	C8	郭广昌	上海市复兴东路 2 号	021-63325070
600197	伊 力 特	新疆伊力特实业股份有限公司	C0	徐勇辉	新疆新源县肖尔布拉克	0991-3667490
600198	大唐电信	大唐电信科技股份有限公司	G	周　寰	北京市海淀区学院路 40 号	010-62302130

续表4 Continued 4

代码 Code	股票简称 Shares Abbreviation	公司全称 Companies	行业代码 Industries Code	董事长 Board Chairman	地 址 Address	电话 Telephone Number
600199	★ST金牛	安徽金牛实业股份有限公司	C0	锁炳勋	安徽省阜阳市莲花路259号	0558-2210568
600200	G 吴 中	江苏吴中实业股份有限公司	M	赵唯一	江苏省苏州市吴中区宝带东路388号	0512-65626898
600201	金宇集团	内蒙古金宇集团股份有限公司	C8	张翀宇	内蒙古呼和浩特市鄂尔多斯大街26号	0471-3336211
600202	哈 空 调	哈尔滨空调股份有限公司	C7	贾剑涛	哈尔滨市道里区买卖街25号	0451-84682337
600203	福日股份	福建福日电子股份有限公司	C5	刘捷明	福州市五一北路169号福日大厦	0591-83315984
600205	山东铝业	山东铝业股份有限公司	C6	刘兴亮	山东省淄博市淄博高新技术产业开发区柳泉路北首	0533-2930136
600206	有研硅股	有研半导体材料股份有限公司	C9	敖 宏	北京市新街口外大街2号	010-62355380
600207	安彩高科	河南安彩高科股份有限公司	C5	李留恩	河南省安阳市中州路南段	0372-3932916*2533
600208	G 中 宝	中宝科控投资股份有限公司	C9	吴建元	上海浦东东方路818号众城大厦22层	021-68765150
600209	罗顿发展	罗顿发展股份有限公司	M	李 维	海南省海口市人民大道68号	0898-66266364
600210	G 紫 江	上海紫江企业集团股份有限公司	C9	李 彧	上海市虹桥路2272号上海虹桥商务大厦7楼C座	62377118-810
600211	西藏药业	西藏诺迪康药业股份有限公司	C8	陈达彬	拉萨市北京中路93号(成都市中新街49号锦贸大厦18楼)	028-86653915
600212	江泉实业	山东江泉实业股份有限公司	C6	田英智	山东省临沂市罗庄双月门北江泉商务楼	0539-7100683
600213	★ST亚星	扬州亚星客车股份有限公司	C7	顾雏军	扬州市经济开发区扬子江中路188号	0514-5118880
600215	长春经开	长春经开(集团)股份有限公司	J	张树森	吉林省长春市昆山路1451号	0431-4644225
600216	G浙医药	浙江医药股份有限公司	C8	李春波	浙江省杭州市中河路司马渡巷60号	0571-87213883
600217	秦岭水泥	陕西秦岭水泥(集团)股份有限公司	C6	兰建文	陕西省耀县县城东郊	0919-6233649
600218	G 全 柴	安徽全柴动力股份有限公司	C7	谢 力	安徽省全椒县襄河镇建设东路70号	0550-5011156
600219	南山实业	山东南山实业股份有限公司	C6	宋建波	山东省龙口市东江镇南山村	0535-8616188
600220	G苏阳光	江苏阳光股份有限公司	C1	陈丽芬	江苏省江阴市新桥镇马嘶桥	0510-86121688
600221	海南航空	海南航空股份有限公司	F	陈 峰	海南省海口市海秀路29号海航发展大厦	0898-66739996
600222	竹林众生	河南竹林众生制药股份有限公司	C8	赵庆新	郑州市高新技术产业开发区金梭路8号	0371-67982194
600223	G 万 杰	山东万杰高科技股份有限公司	M	孙 峰	山东省淄博市高新技术产业开发区	0533-3585809
600225	天香集团	华通天香集团股份有限公司	A	薛仕成	上海市黄浦区宁波路1号申华金融大厦17楼	021-63372066
600226	G 拜 克	浙江升华拜克生物股份有限公司	C4	吴梦根	浙江省德清县钟管工业区	0572-8402738
600227	G赤天化	贵州赤天化股份有限公司	C4	郑才友	贵州省赤水市化工路	0852-2878518
600228	昌九生化	江西昌九生物化工股份有限公司	C4	肖建国	南昌市洪都北大道516号四楼	0791-8504560
600229	青岛碱业	青岛碱业股份有限公司	C4	罗方辉	青岛市四流北路78号	0532-4822574
600230	沧州大化	河北沧州大化股份有限公司	C4	平海军	河北省沧州市北环中路66号沧州大化办公楼	0317-3556808
600231	G 凌 钢	凌源钢铁股份有限公司	C6	高益荣	辽宁省凌源市钢铁路3号	0421-6838259
600232	G 金 鹰	浙江金鹰股份有限公司	C1	傅国定	浙江省舟山市定海区小沙镇	0580-8021228
600233	G 大 杨	大连大杨创世股份有限公司	C1	李桂莲	大连经济技术开发区哈尔滨路23号	0411-87610778
600234	ST 天 龙	太原天龙集团股份有限公司	H	田家俊	太原市迎泽大街291号	0351-4040922
600235	民丰特纸	民丰特种纸股份有限公司	C3	吕士林	浙江省嘉兴市甪里街70号	0573-2812992
600236	桂冠电力	广西桂冠电力股份有限公司	K	杨 庆	中国广西南宁市民主北四里6号	0771-5697128
600237	G 铜 峰	安徽铜峰电子股份有限公司	C7	陈升斌	安徽省铜陵市石城路168号	0562-2819178
600238	G 椰 岛	海南椰岛股份有限公司	C0	张春昌	海南省海口市龙昆北路东12号椰岛办公大楼	0898-66532989
600239	红河光明	云南红河光明股份有限公司	C0	王劲松	云南省开远市市西南路120号	0873-7123420
600240	G 华 业	内蒙古华业地产股份有限公司	C1	徐 红	呼和浩特市鄂尔多斯大街54号	0471-5920636
600241	辽宁时代	辽宁时代服装进出口股份有限公司	C1	范晓远	大连市中山区港湾街7号时代大厦	0411-82798317
600242	华龙集团	广东华龙集团股份有限公司	A	李 飞	广州市永福路35号之2广州南方永福国际汽车用品广场302室	020-85170736
600243	青海华鼎	青海华鼎实业股份有限公司	C7	于世光	青海省西宁市昆仑路1号昆仑壹号大厦A楼八层	0971-6249618
600246	先锋股份	北京万通先锋置业股份有限公司	J	李 禾	北京市朝阳区辛店路162号亚运新新家园院内	010-51737536
600247	G 物 华	吉林物华集团股份有限公司	H	成卫文	吉林省吉林市怀德街29号	0432-2491247

续表 5 Continued 5

代码 Code	股票简称 Shares Abbreviation	公司全称 Companies	行业代码 Industries Code	董事长 Board Chairman	地址 Address	电话 Telephone Number
600248	秦丰农业	杨凌秦丰农业科技股份有限公司	A	庄 峰	西安市经济技术开发区凤城二路6号	029-86522223＊8607
600249	两面针	柳州两面针股份有限公司	C4	梁英奇	广西柳州市柳北区长风路2号	0772-2506005
600250	南纺股份	南京纺织品进出口股份有限公司	H	单晓钟	南京市鼓楼区云南北路77号	025-83331629
600251	冠农股份	新疆冠农果茸股份有限公司	A	王 平	新疆库尔勒市团结南路48号小区	0996-2113816
600252	中恒集团	广西梧州中恒集团股份有限公司	M	黄葆源	广西梧州市蝶山一路3号	0774-5830828
600253	天方药业	河南天方药业股份有限公司	C8	崔晓峰	河南省驻马店市光明路2号	0396-3823517
600255	鑫科材料	安徽鑫科新材料股份有限公司	C9	李非文	安徽省芜湖市经济技术开发区珠江路23号	0553-5847323
600256	广汇股份	新疆广汇实业股份有限公司	J	孙风元	新疆维吾尔自治区乌鲁木齐经济技术开发区上海路6号	0991-3762327
600257	洞庭水殖	湖南洞庭水殖股份有限公司	A	罗祖亮	湖南省常德市建设东路348号桃林酒店三号楼	0736-7252796
600258	首旅股份	北京首都旅游股份有限公司	K	杨 华	北京市西城区复兴门内大街51号(民族饭店四层)	010-66014466＊446
600259	兴业聚酯	海南兴业聚酯股份有限公司	C1	刘明贵	海南省海口市港澳工业区兴业路19号	0898-68669470
600260	G 凯 乐	湖北凯乐新材料科技股份有限公司	C4	朱弟雄	湖北省武汉市武昌紫阳东路77号伟鹏大厦1702室	027-87312527
600261	G浙阳光	浙江阳光集团股份有限公司	C5	陈森洁	浙江省上虞市凤山路485号阳光大厦	0575-2027721
600262	北方股份	内蒙古北方重型汽车股份有限公司	C7	陈树清	包头稀土高新技术产业开发区	0472-2207888
600263	G 路 桥	路桥集团国际建设股份有限公司	E	周纪昌	北京东城区东中街9号东环广场A座写字楼八层	010-64181166
600265	景谷林业	云南景谷林业股份有限公司	A	马春华	云南省景谷傣族彝族自治县威远路47号	0879-5224784
600266	G 城 建	北京城建投资发展股份有限公司	E	刘龙华	北京市朝阳区北土城西路11号城建开发大厦	010-82275516
600267	G 海 正	浙江海正药业股份有限公司	C8	白 骅	浙江省台州市椒江区外沙路46号	0571-85278141\ 05768827809
600268	国电南自	国电南京自动化股份有限公司	C7	杨 勇	江苏省南京市新模范马路38号	025-83410173
600269	赣粤高速	江西赣粤高速公路股份有限公司	F	吴绍明	南昌市洪城路508号方兴大厦	0791-6504265
600270	外运发展	中外运空运发展股份有限公司	F	张 斌	北京市顺义区天竺空港工业区A区天柱路20号,天竺物流园办公楼5层	010-80418885
600271	航天信息	航天信息股份有限公司	G	夏国洪	北京市海淀区中关村南大街二号北京科技会展中心写字楼30层	82513232-421
600272	开开实业	上海开开实业股份有限公司	C1	何才彪	南京西路819号7楼	86-21-52138586
600273	G 华 芳	华芳纺织股份有限公司	C1	黄兴如	张家港市塘桥镇人民南路1号	0512-58438202
600275	武 昌 鱼	湖北武昌鱼股份有限公司	A	傅小安	湖北省鄂州市鄂城区南浦南路特一号	0711-3200330
600276	恒瑞医药	江苏恒瑞医药股份有限公司	C8	孙飘扬	连云港市新浦区人民东路145号	0518-5465745
600277	G 亿 利	内蒙古亿利科技实业股份有限公司	C4	王瑞丰	内蒙古鄂尔多斯市东胜区鄂尔多斯西街亿利科技大厦	0477-8372708
600278	G 东 创	东方国际创业股份有限公司	H	蔡鸿生	上海市娄山关路85号A座	021-62785489
600279	G重庆港	重庆港九股份有限公司	F	梁从友	重庆市渝中区信义街18号重庆朝天门大酒店1504	023-63100830
600280	南京中商	南京中央商场股份有限公司	H	胡晓军	江苏省南京市中山南路79号	025-84728470
600281	太化股份	太原化工股份有限公司	C4	邢亚东	山西省太原市晋源区义井街20号主楼五层	0351-5638038
600282	南钢股份	南京钢铁股份有限公司	C6	肖同友	江苏省南京市六合区卸甲甸	025-57052160, 025-7072486
600283	钱江水利	钱江水利开发股份有限公司	D	何中辉	浙江省杭州市赤山埠路47号(更名三台山路3号)	0571-87974399
600284	G 浦 建	上海浦东路桥建设股份有限公司	E	葛培健	上海市浦东新区东方路971号钱江大厦24楼	021-58206677-208
600285	G 羚 锐	河南羚锐制药股份有限公司	C8	熊维政	河南省新县向阳路232号	0376-2973569
600286	★ST国瓷	湖南国光瓷业集团股份有限公司	C6	李建平	长沙市芙蓉中路松桂园海东青大厦B座八楼	0731-4331325
600287	江苏舜天	江苏舜天股份有限公司	H	董启彬	南京市建邺路98号舜天大厦	025-84208688＊81424
600288	G 大 恒	大恒新纪元科技股份有限公司	G	张家林	北京市海淀区苏州街3号大恒科技大厦十五层	010-82827855
600289	亿阳信通	亿阳信通股份有限公司	G	张小红	北京市海淀区亮甲店130号亿阳大厦、哈尔滨南岗区高新技术产业开发区1号楼	010-88157899
600290	苏 福 马	苏福马股份有限公司	C7	刘 群	江苏省苏州市新区何山路378号	0512-66627610

续表 6 Continued 6

代码 Code	股票简称 Shares Abbreviation	公司全称 Companies	行业代码 Industries Code	董事长 Board Chairman	地址 Address	电话 Telephone Number
600291	G 西 水	内蒙古西水创业股份有限公司	C6	胡佃平	内蒙古乌海市海南区	0473-4661666
600292	G 九 电	重庆九龙电力股份有限公司	D	田 勇	重庆市九龙坡区杨家坪前进支路 8 号	023-68787928
600293	三峡新材	湖北三峡新型建材股份有限公司	C9	徐 麟	湖北省当阳市经济技术开发区	0717-3280108
600295	G 鄂 绒	内蒙古鄂尔多斯羊绒制品股份有限公司	C1	王林祥	内蒙古鄂尔多斯市东胜区达拉特南路 102 号	0477-8543509
600296	兰州铝业	兰州铝业股份有限公司	C6	冯诗伟	兰州市西固区山丹街 981 号	0931-7549414
600297	美罗药业	大连美罗药业股份有限公司	C8	张成海	大连高新技术产业园区七贤岭敬贤街 18 号	0411-84821377
600298	安琪酵母	安琪酵母股份有限公司	C0	俞学锋	湖北省宜昌市中南路 24 号	0717-6369865
600299	星新材料	蓝星化工新材料股份有限公司	C4	任建明	北京市朝阳区北三环东路 19 号	010-64421553
600300	G 维 维	维维食品饮料股份有限公司	C0	胡云峰	江苏省徐州市维维大道 300 号	0516-83290169
600301	G 南 化	南宁化工股份有限公司	C4	陈载华	广西南宁市亭洪路 80 号	0771-4835135
600302	G 标 准	西安标准工业股份有限公司	C7	赵新庆	西安市太白南路 335 号	029-88279352
600303	G 曙 光	辽宁曙光汽车集团股份有限公司	C7	李进巅	丹东市振安区曙光路 50 号	0415-4146825
600305	恒顺醋业	江苏恒顺醋业股份有限公司	C0	叶有伟	镇江市中山西路 84 号	0511-5233758
600306	G商业城	沈阳商业城股份有限公司	H	张殿华	沈阳市沈河区中街路 212 号	024-24865838
600307	酒钢宏兴	甘肃酒钢集团宏兴钢铁股份有限公司	C6	秦治庚	甘肃省嘉峪关市雄关东路 12 号	0937-6715370
600308	G 华 泰	山东华泰纸业股份有限公司	C3	李建华	山东省东营市广饶县大王镇	0546-6871957
600309	烟台万华	烟台万华聚氨酯股份有限公司	C4	丁建生	烟台市幸福南路 7 号	0535-6837888＊8537
600310	桂东电力	广西桂东电力股份有限公司	D	温昌伟	广西贺州市平安西路 12 号	0774-5297796
600311	荣华实业	甘肃荣华实业(集团)股份有限公司	C0	张严德	甘肃省武威市东关街荣华路 1 号	0935-6151222
600312	平高电气	河南平高电气股份有限公司	C7	韩海林	河南省平顶山市南环东路 22 号	0375-3804031
600313	ST 中 农	中垦农业资源开发股份有限公司	A	李小平	北京市丰台区桥南科学城星火路 1 号昌宁大厦 11 层 A 室	010-83607371
600315	上海家化	上海家化联合股份有限公司	C4	葛文耀	上海市保定路 527 号	65123206
600316	洪都航空	江西洪都航空工业股份有限公司	C7	田 民	南昌市新溪桥	0791-8467456
600317	G营口港	营口港务股份有限公司	F	高宝玉	辽宁省营口市鲅鱼圈区新港大路一号	0417-6268507
600318	巢东股份	安徽巢东水泥股份有限公司	C6	钱万荣	巢湖市长江西路 269 号	0565-2389232
600319	亚星化学	潍坊亚星化学股份有限公司	C4	董顺兴	山东省潍坊市奎文区鸢飞路 899 号	0536-8677319
600320	G 振 华	上海振华港口机械(集团)股份有限公司	C7	刘怀远	上海市浦东南路 3470 号	58395000
600321	国栋建设	四川国栋建设股份有限公司	C6	王春鸣	四川省成都市双流板桥	028-85805811
600322	G 天 房	天津市房地产发展(集团)股份有限公司	J	张连选	天津市和平区常德道 80 号	022-23317192
600323	南海发展	南海发展股份有限公司	D	何向明	广东省佛山市南海区桂城南海大道建行大厦 22 楼	0757-86324868
600325	G 华 发	珠海华发实业股份有限公司	J	袁小波	广东省珠海市拱北丽景花园华发楼	0756-8282111
600326	西藏天路	西藏天路交通股份有限公司	F	扎西江措	西藏拉萨市夺底路 14 号	0891-6902700
600327	大厦股份	无锡商业大厦股份有限公司	H	潘霄燕	江苏省无锡市中山路 343 号	0510-2702093
600328	兰太实业	内蒙古兰太实业股份有限公司	C4	王 刚	内蒙古阿拉善左旗乌斯太开发区	0473-3443696
600329	中新药业	天津中新药业集团股份有限公司	C8	詹原竞	天津市南开区白堤路 17 号	022-27020892
600330	天通股份	天通控股股份有限公司	C5	潘广通	浙江省海宁市龙祥写字楼 18 层	0573-7230878
600331	G 宏 达	四川宏达股份有限公司	C4	刘沧龙	成都市锦里东路 2 号宏大大厦	028-86141081
600332	广州药业	广州药业股份有限公司	C8	杨荣明	中国广东省广州市沙面北街 45 号二号	020-81218084
600333	长春燃气	长春燃气股份有限公司	D	王 振	长春市朝阳区延安大街 421 号	0431-5954615
600335	ST 盛 工	鼎盛天工工程机械股份有限公司	C7	李鹤鹏	天津河东区津塘路 156 号	022-24935580
600336	G澳柯玛	青岛澳柯玛股份有限公司	C7	鲁群生	青岛经济技术开发区前湾港路 315 号	0532-86765129
600337	G 美 克	美克国际家具股份有限公司	C2	寇卫平	新疆乌鲁木齐经济技术开发区迎宾南路 15 号	0991-3836028
600338	ST 珠 峰	西藏珠峰工业股份有限公司	C7	陈汛桥	四川省成都市西南航空港锦华路一段 2 号	028-85885216
600339	天利高新	新疆独山子天利高新技术股份有限公司	C4	付德新	新疆独山子区大庆东路 2 号	0992-3655959
600340	国祥股份	浙江国祥制冷工业股份有限公司	C5	陈天麟	浙江省上虞市百官镇中塘	0575-2158191

续表 7 Continued 7

代码 Code	股票简称 Shares Abbreviation	公司全称 Companies	行业代码 Industries Code	董事长 Board Chairman	地址 Address	电话 Telephone Number
600343	航天动力	陕西航天动力高科技股份有限公司	C7	王新敏	西安高新技术产业开发区高新一路 17 号	029-85208628
600345	长江通信	武汉长江通信产业集团股份有限公司	G	熊瑞忠	武汉市东湖开发区关东工业园东信路 18 号	027-67840308
600346	冰山橡塑	大连冰山橡塑股份有限公司	C7	穆传江	辽宁省大连市甘井子区周水子广场 1 号	0411-86641378
600348	G 国 阳	山西国阳新能股份有限公司	B	石盛奎	山西省阳泉市北大街 5 号	03537078728
600350	山东基建	山东基建股份有限公司	K	孙 亮	济南市文化东路 29 号	0531-89260022
600351	G 亚 宝	山西亚宝药业集团股份有限公司	C8	任武贤	山西省芮城县富民路 43 号	0359-3088178
600352	G 龙 盛	浙江龙盛集团股份有限公司	C4	阮水龙	浙江省上虞市道墟镇	0575-2040698
600353	旭光股份	成都旭光电子股份有限公司	C5	陈大江	成都市新都区电子路 172 号	028-83967182
600354	敦煌种业	甘肃省敦煌种业股份有限公司	A	王大和	甘肃省酒泉市盘旋东路 16 号	0937-2663938
600355	精伦电子	武汉精伦电子股份有限公司	C5	张学阳	湖北省武汉市东湖新技术开发区	027-87921111-3226
600356	G 恒 丰	牡丹江恒丰纸业股份有限公司	C3	徐 祥	黑龙江省牡丹江市阳明区恒丰路 11 号	0453-6331111-6280
600357	G承钒钛	承德新新钒钛股份有限公司	C6	晋心翠	承德市双滦区	0314-4073574
600358	国旅联合	国旅联合股份有限公司	K	张建华	南京汉中路 89 号金鹰国际商城 18 层 A 座	025-84700026
600359	新农开发	新疆塔里木农业综合开发股份有限公司	A	李 兵	新疆阿克苏市南大街新农大厦 19 楼	0997-2134018
600360	华微电子	吉林华微电子股份有限公司	C5	夏增文	吉林省吉林市高新区深圳街 99 号	0432-4678411
600361	G 综 超	北京华联综合超市股份有限公司	H	陈耀东	北京西城区阜外大街 1 号	010-88363718
600362	江西铜业	江西铜业股份有限公司	C6	何昌明	江西省贵溪市冶金大道 15 号	0701-3777735
600363	联创光电	江西联创光电科技股份有限公司	C5	程德保	南昌国家高新京东大道 168 号	0791-8161878
600365	G通葡酒	通化葡萄酒股份有限公司	C0	王 鹏	通化市前兴路 28 号	0435-3530506
600366	G 韵 升	宁波韵升股份有限公司	C7	竺韵德	浙江省宁波市江东民安路 348 号	0574-87776804
600367	G 红 星	贵州红星发展股份有限公司	C4	姜志光	贵州省安顺市镇宁县丁旗镇	0853-6780066
600368	五洲交通	广西五洲交通股份有限公司	F	饶东平	广西南宁市金湖路 53 号	0771-5522858
600369	★ST长运	重庆长江水运股份有限公司	F	许少才	重庆市渝中区陕西路 1 号三峡宾馆 18 楼	023-63819926
600370	三 房 巷	江苏三房巷实业股份有限公司	C1	卞平刚	江苏江阴周庄镇三房巷	0510-86229867
600371	华冠科技	黑龙江华冠科技股份有限公司	C0	管大源	哈尔滨市南岗区玉山路 18 号	0451-82368408 转 8807
600372	昌河股份	江西昌河汽车股份有限公司	C7	刘洪德	江西省景德镇市东郊	0798-8462778，8448974
600373	G 鑫 新	江西鑫新实业股份有限公司	C6	温显来	江西省上饶市南环路 2 号	0793-8461271
600375	G 星 马	安徽星马汽车股份有限公司	C7	沈伟良	安徽马鞍山经济技术开发区	0555-8323012
600376	G天鸿宝	北京天鸿宝业房地产股份有限公司	J	潘刚升	北京市东城区安定门外大街 183 号京宝花园二层	010-64401653
600377	宁沪高速	江苏宁沪高速公路股份有限公司	F	沈长全	中华人民共和国江苏省南京市石鼓路 69 号江苏交通大厦	8625-84469332
600378	天科股份	四川天一科技股份有限公司	C4	陈 健	四川省成都市机场路 445 信箱	028-85963417
600379	宝光股份	陕西宝光真空电器股份有限公司	C7	张荣华	陕西省宝鸡市高新技术开发区英达路五号	0917-3561507
600380	健 康 元	健康元药业集团股份有限公司	C8	朱保国	深圳市罗湖区深南东路 5002 号地王商业大厦 23 层	0755-82478586
600381	贤成实业	青海贤成实业股份有限公司	C1	黄贤优	青海省西宁市团结桥路 53 号	0971-8018897
600382	广东明珠	广东明珠集团股份有限公司	C7	张坚力	广东省兴宁市兴城镇赤巷口	0753-3338549
600383	金地集团	金地(集团)股份有限公司	J	凌 克	深圳市福田区福强路金地商业大楼 5-6 楼	0755-83844359
600385	ST 金 泰	山东金泰集团股份有限公司	C8	黄俊钦	山东省济南市洪楼西路 29 号	0531-8902341
600386	北京巴士	北京巴士股份有限公司	F	张国光	北京市海淀区紫竹院路 32 号	010-68477383
600387	海越股份	浙江海越股份有限公司	F	吕小奎	浙江省诸暨市西施大街 59 号	05757016161
600388	龙净环保	福建龙净环保股份有限公司	C7	周苏华	福建省龙岩市新罗区陵园路 81 号	0597-2210288
600389	江山股份	南通江山农药化工股份有限公司	C4	蔡建国	江苏省南通市姚港路 35 号	0513-83517961
600390	金瑞科技	金瑞新材料科技股份有限公司	C9	王晓梅	湖南省长沙市岳麓区麓山南路 966 号	0731-8657400
600391	成发科技	四川成发航空科技股份有限公司	C7	赵桂斌	成都高新区高朋大道 11 号科技工业园区	028-84509005

续表 8 Continued 8

代码 Code	股票简称 Shares Abbreviation	公司全称 Companies	行业代码 Industries Code	董事长 Board Chairman	地址 Address	电话 Telephone Number
600392	G 天 成	太原理工天成科技股份有限公司	G	杜文广	山西省太原市平民路5(北)号	0351-3182809
600393	G 东 华	广州东华实业股份有限公司	J	杨树坪	广州市东山区寺右新马路170号第四层	020-87393488
600395	盘江股份	贵州盘江精煤股份有限公司	B	郑 华	贵州省六盘水市红果经济开发区干沟桥	0858-3703046
600396	G 金 山	沈阳金山热电股份有限公司	D	肖 文	沈阳市和平区南五马路185巷1号	024-23229022
600397	安源股份	安源实业股份有限公司	C7	徐绍芳	江西省萍乡市跃进北路165号	0799-6776665
600398	G 凯 诺	凯诺科技股份有限公司	C1	叶惠丽	江苏省江阴市新桥镇	0510-6121388
600399	G 抚 钢	抚顺特殊钢股份有限公司	C6	赵明远	辽宁省抚顺市望花区鞍山路东段8号	0413-6678441
600400	G 红 豆	江苏红豆实业股份有限公司	C1	周海江	江苏省无锡市锡山区港下镇	0510-88358422
600401	G 申 龙	江苏申龙高科集团股份有限公司	C4	陆建平	江苏省江阴市申港镇申圩路	0510-6620263
600403	欣网视讯	南京欣网视讯科技股份有限公司	G	张 良	南京市龙蟠中路168号江苏软件园53号楼1楼	025-84669999
600405	G动力源	北京动力源科技股份有限公司	C5	何振亚	北京丰台科学城星火路8号	010-83681321
600406	国电南瑞	国电南瑞科技股份有限公司	G	闵 涛	南京市南瑞路8号	025-83092089
600408	G 安 泰	山西安泰集团股份有限公司	C4	李安民	山西省介休市安泰工业区安泰集团公司	0354-7531034
600409	G唐三友	唐山三友化工股份有限公司	C4	么志义	河北省唐山市南堡开发区	03158517040
600410	华胜天成	北京华胜天成科技股份有限公司	G	胡联奎	北京市海淀区学清路8号科技财富中心A座10-11层	82733615
600415	小商品城	浙江中国小商品城集团股份有限公司	H	傅日高	浙江省义乌市福田路105号海洋商务写字楼	0579-5198800
600416	G 湘 电	湘潭电机股份有限公司	C7	周建雄	湖南省湘潭市下摄司街302号	0732-8595089
600418	G 江 汽	安徽江淮汽车股份有限公司	C7	左延安	安徽合肥市东流路176号	0551-2296835
600419	新疆天宏	新疆天宏纸业股份有限公司	C3	王世超	新疆石河子市西三路	0993-7526008
600420	现代制药	上海现代制药股份有限公司	C8	朱宝泉	上海市北京西路1316号	62899111
600421	春天股份	武汉春天生物工程股份有限公司	C8	闫作利	武汉市武昌武珞路628号亚洲贸易广场B座	027-87654767
600422	G 昆 药	昆明制药集团股份有限公司	C8	汪 诚	云南省昆明市国家高新技术开发区科医路166号	0871-8321828
600423	G 柳 化	柳州化工股份有限公司	C4	廖能成	广西壮族自治区柳州市北雀路67号	0772-2516580
600425	G 青 松	新疆青松建材化工(集团)股份有限公司	C6	甘 军	新疆维吾尔自治区阿克苏市林园	0997-2811282
600426	G 恒 升	山东华鲁恒升化工股份有限公司	C4	王春涛	山东德州市德城区天衢西路24号	0534-2465426
600428	G 中 远	中远航运股份有限公司	F	马泽华	广州市五羊新城江月路颐景轩2-3楼	020-62621007
600429	三元股份	北京三元食品股份有限公司	C0	包宗业	北京市海淀区西二旗中路29号	82410501
600432	G 吉 恩	吉林吉恩镍业股份有限公司	C6	柴连志	吉林省磐石市红旗岭镇	0432-5610629
600433	冠豪高新	广东冠豪高新技术股份有限公司	C3	韩晓进	广东省湛江市经济技术开发区高新技术区昌平路	0759-3632168
600435	北方天鸟	北京北方天鸟智能科技股份有限公司	C7	戈德伟	北京市丰台区科学城星火路7号	010-83682722
600436	片 仔 癀	漳州片仔癀药业股份有限公司	C8	何建文	福建省漳州市芗城区上街	0596-2305239
600438	G 通 威	通威股份有限公司	A	刘汉元	四川省成都市高新区创业路2号奇力新峰大楼10楼	028-85171943
600439	G瑞贝卡	河南瑞贝卡发制品股份有限公司	C1	郑有全	河南许昌市文峰南路288号	0374-5136699
600444	G 国 通	安徽国通高新管业股份有限公司	C4	肖 衡	中国安徽合肥市经济技术开发区繁华大道国通工业园	0551-3817860
600446	金证科技	深圳市金证科技股份有限公司	G	杜 宣	深圳市福田区福华路322号文蔚大厦20-22楼	0755-82955524
600448	华纺股份	华纺股份有限公司	C1	邹鹏宏	山东省滨州市黄河二路819号	0543-3288255
600449	赛马实业	宁夏赛马实业股份有限公司	C6	李永进	宁夏银川市西夏区新小线二公里处	0951-2085256
600452	G涪电力	重庆涪陵电力实业股份有限公司	D	何福俊	重庆市涪陵区望州路20号	023-72286349
600455	交大博通	西安交大博通资讯股份有限公司	G	雷锦录	西安市兴庆南路6号	029-82666819
600456	G 宝 钛	宝鸡钛业股份有限公司	C6	汪汉臣	宝鸡市钛城路1号	0917-3382636
600458	G 时 代	株洲时代新材料科技股份有限公司	C4	宋亚立	株洲市天元区珠江南路21号	0733-2837718
600459	贵研铂业	贵研铂业股份有限公司	C6	汪云曙	昆明二环北路核桃箐	0871-5133611
600460	G士兰微	杭州士兰微电子股份有限公司	C5	陈向东	浙江省杭州市黄姑山路4号	0571-88212980
600461	洪城水业	江西洪城水业股份有限公司	D	毛木金	江西省南昌市沿江南路292号	0791-5210336
600462	石岘纸业	延边石岘白麓纸业股份有限公司	C3	南顺姬	吉林省图们市石岘镇	04333810015
600463	G 空 港	北京空港科技园区股份有限公司	J	刘进奎	北京天竺空港工业区B区裕民大街甲6号5层	010-80489306

续表 9 Continued 9

代码 Code	股票简称 Shares Abbreviation	公司全称 Companies	行业代码 Industries Code	董事长 Board Chairman	地 址 Address	电话 Telephone Number
600466	迪康药业	四川迪康科技药业股份有限公司	C8	孙继林	成都市二环路南四段十一号	028-85123856
600467	好 当 家	山东好当家海洋发展股份有限公司	A	李鹏程	荣成市虎山镇沙咀子	0631-7438073
600468	G 百 利	天津百利特精电气股份有限公司	C7	张文利	天津市西青经济开发区民和道 12 号	022-83962538
600469	G 风 神	风神轮胎股份有限公司	C7	曹朝阳	河南省焦作市焦东南路 48 号	0391-3999006
600470	六国化工	安徽六国化工股份有限公司	C4	袁菊兴	安徽省铜陵市铜港路	0562-3801728
600472	G 包 铝	包头铝业股份有限公司	B	芦 林	内蒙古自治区包头市东河区毛其来	0472-6935506
600475	华光股份	无锡华光锅炉股份有限公司	C7	万冠清	无锡市城南路 3 号	0510-85215556
600476	湘邮科技	湖南湘邮科技股份有限公司	G	阎洪生	长沙国家高新区麓谷基地玉兰路 2 号湘邮科技园	0731-8998688
600477	G 杭 萧	浙江杭萧钢构股份有限公司	E	单银木	杭州市中河中路 258 号瑞丰国际商务大厦三楼	0571-87246788-8013
600478	力元新材	长沙力元新材料股份有限公司	C5	张世明	长沙市经济技术开发区星沙南路 6 号	0731-4019421
600479	G 千 金	株洲千金药业股份有限公司	C8	朱飞锦	株洲市荷塘区金钩山路 15 号	0733-2493417
600480	G 凌 云	凌云工业股份有限公司	C4	李喜增	河北省涿州市松林店镇	0312-3951002
600481	G 双 良	江苏双良空调设备股份有限公司	C7	缪志强	江苏江阴利港双良工业区	0510-6632358
600482	G 风 帆	风帆股份有限公司	C7	陈孟礼	河北省保定市富昌路 8 号	0312-3208588
600483	福建南纺	福建南纺股份有限公司	C1	陈军华	福建省南平市安丰路 63 号	0599-8813015
600485	G 中 创	北京中创信测科技股份有限公司	G	贾 林	北京市海淀区学院南路四道口一号中创信测大厦	62125566-8364
600486	扬农化工	江苏扬农化工股份有限公司	C4	戚明珠	江苏省扬州市文峰路 39 号	0514-5870486
600487	G 亨 通	江苏亨通光电股份有限公司	G	崔根良	江苏省吴江市七都镇	0512-63802858
600488	G 天 药	天津天药药业股份有限公司	C8	刘永和	天津市河东区八纬路 109 号	022-24160861
600489	中金黄金	中金黄金股份有限公司	B	宋 鑫	天津开发区洞庭路 27 号九州大厦 13 楼	022-66293576
600490	中科合臣	上海中科合臣股份有限公司	C4	黄 山	上海市法华镇路 455-3 号	021-52587776
600491	G 龙 元	龙元建设集团股份有限公司	E	赖振元	上海市逸仙路 768 号	021-65615689
600493	G 凤 竹	福建凤竹纺织科技股份有限公司	C1	陈澄清	福建省晋江市青阳凤竹工业区	0595-85656506
600495	G 晋 西	晋西车轴股份有限公司	C7	牛建国	山西省太原市和平北路北巷 5 号	0351-6629027
600496	G精工钢	长江精工钢结构(集团)股份有限公司	E	方朝阳	安徽省六安市经济技术开发区长江精工工业园	0564-3630909
600497	驰宏锌锗	云南驰宏锌锗股份有限公司	B	朱崇仁	云南省曲靖市经济技术开发区翠峰路延长线	0874-8966699
600498	G 烽 火	烽火通信科技股份有限公司	G	江廷林	武汉市洪山区邮科院路 88 号	027-87693931
600499	科达机电	广东科达机电股份有限公司	C7	卢 勤	广东省佛山市顺德区陈村镇广隆工业园环镇西路 1 号	0757-23833869
600500	G 中 化	中化国际(控股)股份有限公司	H	罗东江	上海市浦东新区世纪大道 88 号金茂大厦三区 18 层	021-50495988
600501	G 晨 光	航天晨光股份有限公司	C7	杜 尧	南京市秦淮区正学路一号	025-52441167
600502	安徽水利	安徽水利开发股份有限公司	E	王世才	安徽省蚌埠市东海大道张公山南侧	0552-3950270
600503	★ST新智	新智科技股份有限公司	G	洪和良	福州市铜盘路软件大道 89 号福州软件园 A 区 22 号楼新智科技大厦	0591-83335855
600505	西昌电力	四川西昌电力股份有限公司	D	杨坤平	四川省西昌市老西门街 13 号	0834-3830505
600506	香梨股份	新疆库尔勒香梨股份有限公司	A	冯国胜	新疆库尔勒市圣果路圣果名苑	0996-8851716
600507	G 长 力	江西长力汽车弹簧股份有限公司	C7	李其祥	南昌市青山湖区南钢路	0791-8394025
600508	G 上 能	上海大屯能源股份有限公司	B	刘雨忠	上海市浦东新区浦东南路 256 华夏银行大厦 12 层	021-68865597
600509	天富热电	新疆天富热电股份有限公司	D	成 锋	新疆石河子市红星路 54 号	0993-2902860
600510	黑 牡 丹	黑牡丹(集团)股份有限公司	C1	曹德法	江苏省常州市和平南路 47 号	0519-8166510
600511	国药股份	国药集团药业股份有限公司	H	付明仲	北京市崇文区永外三元西巷甲 12 号	010-67262920
600512	腾达建设	腾达建设集团股份有限公司	E	叶洋友	浙江省台州市路桥区路桥大道东 1 号	021-68406906
600513	G 联 环	江苏联环药业股份有限公司	C8	姚兴田	江苏省扬州市文峰路 21 号	0514-7813082
600515	ST 一 投	第一投资招商股份有限公司	H	蒋会成	海南省海口市滨海大道南洋大厦 15 层	0898-68530096
600516	海龙科技	兰州海龙新材料科技股份有限公司	C6	任银光	兰州红古区海石湾 2 号街坊 354 号	0931-6239218
600517	置信电气	上海置信电气股份有限公司	C7	徐锦鑫	上海虹桥路 2239 号	021-62623388
600518	G 康 美	广东康美药业股份有限公司	C8	马兴田	广东省普宁市长春路中段	0663-2913819

续表 10 Continued 10

代码 Code	股票简称 Shares Abbreviation	公司全称 Companies	行业代码 Industries Code	董事长 Board Chairman	地址 Address	电话 Telephone Number
600519	贵州茅台	贵州茅台酒股份有限公司	C0	袁仁国	贵州省仁怀市茅台镇	0852-2386002
600520	三佳科技	铜陵三佳科技股份有限公司	C7	黄明玖	安徽省铜陵市石城路电子工业区	0562-2627520
600521	G 华 海	浙江华海药业股份有限公司	C8	陈保华	浙江省临海市汛桥镇利庄	0576-5016009
600522	中天科技	江苏中天科技股份有限公司	G	薛济萍	江苏省南通市经济技术开发区中天路西	0513-83599505
600523	贵航股份	贵州贵航汽车零部件股份有限公司	C7	迟耀勇	贵阳市小河经济技术开发区锦江路 110 号	0851-8317556
600525	G 长 园	深圳市长园新材料股份有限公司	C9	许晓文	深圳市南山区高新区科苑中路长园新材料港 F 栋 5 楼	0755-26717828
600526	G 菲 达	浙江菲达环保科技股份有限公司	C7	舒英钢	浙江诸暨市	0575-7385602
600527	G 高 纤	江苏江南高纤股份有限公司	C4	陶国平	江苏省苏州市相城区黄埭镇	0512-65481181
600528	G 中 铁	中铁二局股份有限公司	E	唐志成	成都市通锦路 16 号中铁二局大厦	028-87684612
600529	G 药 玻	山东省药用玻璃股份有限公司	C6	柴 文	山东省淄博市沂源县城药玻路	0533-3242312＊2028
600530	G 昂 立	上海交大昂立股份有限公司	C8	王宗光	上海市虹桥路 811 号	62810808-111
600531	G 豫 光	河南豫光金铅股份有限公司	C6	杨安国	河南省济源市济水大街中段 525 号	0391-6665836
600532	华阳科技	山东华阳科技股份有限公司	C4	封照波	山东省宁阳县磁窑镇	0538-5826209
600533	G 栖 霞	南京栖霞建设股份有限公司	J	陈兴汉	南京市龙蟠路 9 号兴隆大厦	025-85633668-2101
600535	G天士力	天津天士力制药股份有限公司	C8	闫希军	天津市北辰科技园区	022-26736699
600536	中国软件	中国软件与技术服务股份有限公司	G	唐 敏	北京市昌平区昌盛路 18 号	010-51508699
600537	G 海 通	海通食品集团股份有限公司	C0	陈龙海	浙江慈溪市海通路 528 号	0574-63039922
600538	G 国 发	北海国发海洋生物产业股份有限公司	C8	王世全	广西壮族自治区北海市北京路西侧 9 号	0779-3200619
600539	狮头股份	太原狮头水泥股份有限公司	C6	邓守信	山西省太原市万柏林区开城街一号	0351-2857002
600540	新赛股份	新疆赛里木现代农业股份有限公司	A	王成耀	新疆博乐市红星路 158 号	0909-2268156
600543	莫高股份	甘肃莫高实业发展股份有限公司	C0	王哲生	兰州市城关区庆阳路 169 号陇鑫大厦 15-16 层	(0931)8433356
600545	G新城建	新疆城建股份有限公司	E	刘 军	新疆维吾尔自治区乌鲁木齐市红山路 51 号	0991-4889803
600546	中油化建	中油吉林化建工程股份有限公司	E	范喜哲	吉林省吉林市龙潭区遵义东路 31 号	0432-3993300
600547	山东黄金	山东黄金矿业股份有限公司	B	张万青	山东济南市解放路 16 号	0531-88562816
600548	G深高速	深圳高速公路股份有限公司	F	杨 海	深圳市滨河路北 5022 号联合广场 A 座 19 楼	0755-82945889
600549	G 厦 钨	厦门钨业股份有限公司	C6	陈维铉	厦门市湖滨南路 619 号 16 层	0592-5363891
600550	G 天 威	保定天威保变电气股份有限公司	C7	丁 强	河北省保定市天威西路 318 号	0312-3308501
600551	科大创新	科大创新股份有限公司	C5	王东进	安徽省合肥市长江西路 669 号	0551-5321668
600552	方兴科技	安徽方兴科技股份有限公司	C6	孙东兴	安徽省蚌埠市涂山路 767 号	0552-4077780
600553	G 太 行	河北太行水泥股份有限公司	C6	王里顺	河北省邯郸市峰峰矿区建国路 2 号	0310-5062986
600555	G茉织华	上海茉织华股份有限公司	C1	李勤夫	上海静安区南京西路 1266 号恒隆广场 65-66 层	0086-21-62883080
600556	G 北 生	广西北生药业股份有限公司	C8	何玉良	广西北海市北海大道 168 号	0779-3226233
600557	G 康 缘	江苏康缘药业股份有限公司	C8	肖 伟	连云港市海昌南路 58 号	0518-5521990
600558	大 西 洋	四川大西洋焊接材料股份有限公司	C6	余大全	四川省自贡市大安区马冲口街 2 号	0813-5100549
600559	裕丰股份	河北裕丰实业股份有限公司	C0	张新广	河北省衡水市人民东路 39 号	0318-2122755
600560	金自天正	北京金自天正智能控制股份有限公司	C7	张剑武	北京市丰台区科学城富丰路 6 号	010-83671666-6104
600561	江西长运	江西长运股份有限公司	F	张 平	江西南昌广场南路 118 号	0791-6298107
600562	高淳陶瓷	江苏高淳陶瓷股份有限公司	C6	孔德双	江苏南京高淳县固城镇	025-57377918
600563	法拉电子	厦门法拉电子股份有限公司	C5	曾福生	福建省厦门市金桥路 101 号	0592-5114116
600565	G 迪 马	重庆市迪马实业股份有限公司	C7	陈鸿增	重庆市南岸区南城大道 199 号正联大厦 22 楼	023-89021877，89021876
600566	洪城股份	湖北洪城通用机械股份有限公司	C7	王洪运	湖北省荆州市红门路 3 号	0716-8221198
600567	山鹰纸业	安徽山鹰纸业股份有限公司	C3	王德贤	安徽省马鞍山市勤俭路 3 号	0555-2826275
600568	潜江制药	湖北潜江制药股份有限公司	C8	叶继革	湖北省武汉经济技术开发区高科技产业园 28 号	027-59409632
600569	安阳钢铁	安阳钢铁股份有限公司	C6	王子亮	河南省安阳市殷都区梅元庄	0372-3120175
600570	G 恒 生	恒生电子股份有限公司	G	黄大成	杭州滨江区江南大道 3588 号恒生大厦	0571-28829702

续表 11 Continued 11

代码 Code	股票简称 Shares Abbreviation	公司全称 Companies	行业代码 Industries Code	董事长 Board Chairman	地 址 Address	电话 Telephone Number
600571	G信雅达	杭州信雅达系统工程股份有限公司	G	郭华强	杭州市高新技术产业开发区(滨江)高新软件园二期信雅达科技大厦	0571-56686501
600572	G康恩贝	浙江康恩贝制药股份有限公司	C8	胡季强	浙江省杭州市高新技术开发区滨江科技经济园滨康路568号	0571-87774710
600573	惠泉啤酒	福建省燕京惠泉啤酒股份有限公司	C0	李秉骧	福建省惠安县螺城镇建设大街157号	0595-87389018
600575	芜湖港	芜湖港储运股份有限公司	F	孙新华	安徽省芜湖市芜湖经济开发区内	0553-5840528
600576	★ST庆丰	无锡庆丰股份有限公司	C1	许鲁平	江苏无锡市锡沪西路203号	0510-82353065
600577	精达股份	铜陵精达特种电磁线股份有限公司	C7	王世根	安徽铜陵经济技术开发区	0562-2809086
600578	京能热电	北京京能热电股份有限公司	D	刘海峡	北京石景山区广宁路10号	010-88992758
600579	黄海股份	青岛黄海橡胶股份有限公司	C4	孙振华	山东省青岛市沧安路1号	0532-84678085
600580	G卧龙	卧龙电气集团股份有限公司	C7	王建乔	浙江上虞舜江西路378号	0575-2129895
600581	G八一	新疆八一钢铁股份有限公司	C6	沈东新	新疆乌鲁木齐市头屯河区新钢路	0991-3890166
600582	天地科技	天地科技股份有限公司	C7	王金华	北京和平里青年沟东路5号天地大厦	010-84262803
600583	G海工	海洋石油工程股份有限公司	B	周守为	天津市塘沽区河北路4-396号	022-25215068
600584	G苏长电	江苏长电科技股份有限公司	C5	王新潮	江苏省江阴市滨江中路275号	0510-6851811
600585	G海螺	安徽海螺水泥股份有限公司	C6	郭文叁	安徽芜湖人民路209号	0553-3118668＊8903
600586	G金晶	山东金晶科技股份有限公司	C6	朱永强	淄博市高新技术开发区宝石镇王庄	0533-3586666
600587	新华医疗	山东新华医疗股份有限公司	C7	赵毅新	山东省淄博高新技术产业开发区新华医疗科技园	0533-3587735
600588	G用友	用友软件股份有限公司	G	王文京	北京市海淀区上地信息产业基地开拓路15号	010-62986688
600589	G榕泰	广东榕泰实业股份有限公司	C6	杨启昭	广东省揭阳市榕城区新兴东二路1号	0663-8676616
600590	G泰豪	泰豪科技股份有限公司	C7	陆致成	江西省南昌高新开发区泰豪大厦	0791-8110590
600591	G上航	上海航空股份有限公司	F	周 赤	上海市江宁路212号	62552072，62558888-6700
600592	G龙溪	福建龙溪轴承(集团)股份有限公司	C7	陈福胜	福建省漳州市延安北路	0596-2072091
600593	大连圣亚	大连圣亚海洋世界股份有限公司		赵 伟	大连市沙河区中山路608-6号	0411-84685225
600594	G益佰	贵州益佰制药股份有限公司	C8	窦启玲	贵州省贵阳市白云大道220-1号	0851 4705590-8223
600595	G中孚	河南中孚实业股份有限公司	C6	张洪恩	河南省巩义市新华路31号	0371-64569088
600596	新安股份	浙江新安化工集团股份有限公司	C4	王 伟	浙江省建德市新安江新安东路555号	0571-64715693
600597	光明乳业	光明乳业股份有限公司	C0	王佳芬	上海市吴中路578号	64658100
600598	G北大荒	黑龙江北大荒农业股份有限公司	A	孙勇才	黑龙江省哈尔滨市南岗区汉水路163号	0451-55195980
600599	浏阳花炮	湖南浏阳花炮股份有限公司	C4	李 民	湖南浏阳市金沙北路369号	0731-3620966
600600	青岛啤酒	青岛啤酒股份有限公司	C0	李桂荣	青岛市香港中路五四广场青啤大厦	0532-85776071
600601	方正科技	方正科技集团股份有限公司	G	方中华	上海市浦东南路360号新上海国际大厦36楼	021-58407668＊650
600602	G电子	上海广电电子股份有限公司	C5	顾培柱	上海市长寿路97号世纪商务大厦26楼	021-62980202＊645
600603	ST兴业	上海兴业房产股份有限公司	J	唐相道	上海市中山南路1088号(南浦大厦)18楼	021-63187549
600604	G二纺机	上海二纺机股份有限公司	C7	郑元湖	上海场中路687号	021-65318888＊2673
600605	轻工机械	上海轻工机械股份有限公司	C7	郑树昌	上海南京西路1576号	62566022
600606	金丰投资	上海金丰投资股份有限公司	M	阮人旦	上海市延安西路129号华侨大厦5楼	021-62496858
600607	上实联合	上海实业联合集团股份有限公司	M	吕明方	上海市桃江路8号宝轻大厦五楼	64331098＊22，64379933
600608	上海科技	上海宽频科技股份有限公司	G	张 杰	上海市银城东路139号华能大厦4楼	021-68865313
600609	金杯汽车	金杯汽车股份有限公司	C7	何国华	中国沈阳高新技术产业开发区浑南产业区世纪路1号	024-23745246
600610	中国纺机	中国纺织机械股份有限公司	C7	钱建忠	上海市长阳路1687号	021-65432970-512
600611	大众交通	大众交通(集团)股份有限公司	K	杨国平	上海市中山西路1515号大众大厦11楼	021-64289129
600612	G中铅	中国第一铅笔股份有限公司	C9	胡书刚	上海浦东金桥出口加工区川桥路1295号	58543307
600613	永生数据	上海永生数据科技股份有限公司	L	卡先加	上海浦东大道1085号C座407室	021-68552575

续表 12 Continued 12

代码 Code	股票简称 Shares Abbreviation	公司全称 Companies	行业代码 Industries Code	董事长 Board Chairman	地 址 Address	电话 Telephone Number
600614	三九发展	上海三九科技发展股份有限公司	C4	于继武	上海浦东新金桥路28号新金桥大厦27楼	021-50303988*201
600615	ST丰华	上海丰华(集团)股份有限公司	C0	李 杰	上海浦东东方路3601号	58736840
600616	G食品	上海市第一食品商店股份有限公司	H	吴顺宝	上海市浦东新区张杨路579号(三鑫大厦内)	58352625
600617	★ST联华	上海联华合纤股份有限公司	C4	李建华	上海嘉定区沪宜公路4290号	021-63674481
600618	G氯碱	上海氯碱化工股份有限公司	C4	王 强	上海市龙吴路4747号	021-64340601
600619	G海立	上海海立(集团)股份有限公司	C7	俞友涌	上海市浦东新区金桥出口加工区宁桥路888号	021-58547777
600620	G天宸	上海市天宸股份有限公司	M	叶茂菁	上海市长宁区古北路507号申菱大厦8楼	52069061
600621	G金陵	上海金陵股份有限公司	G	佘宝庆	上海福州路666号26楼	021-63222658
600622	G嘉宝	上海嘉宝实业(集团)股份有限公司	M	钱 明	上海市嘉定区清河路55号嘉宝商厦6-7F	021-59529711
600623	轮胎橡胶	上海轮胎橡胶(集团)股份有限公司	C4	范 宪	上海市四川中路63号	021-63390372
600624	复旦复华	上海复旦复华科技股份有限公司	M	王生洪	上海国权路525号	021-63872288
600626	G申达	上海申达股份有限公司	C1	席时平	上海市武宁南路448号申达大厦	021-62319898
600627	上电股份	上海输配电股份有限公司	C7	黄迪南	上海市愚园路1395号五楼	021-62102651
600628	新世界	上海新世界股份有限公司	H	顾振奋	上海市南京西路2号-88号	021-63587734
600629	★ST棱光	上海棱光实业股份有限公司	C6	文德芳	上海市龙吴路4900号	51161618
600630	G龙头	上海龙头(集团)股份有限公司	C1	朱 勇	上海市肇嘉浜路736号	021-34061116
600631	百联股份	上海百联集团股份有限公司	H	张新生	上海南京东路800号新一百大厦18楼	63229537
600633	白猫股份	上海白猫股份有限公司	C4	马立行	上海市金沙江路1829号	021-32023251
600634	海鸟发展	上海海鸟企业发展股份有限公司	J	黄 政	上海市虹桥路2451号2楼	021-62696296
600635	大众公用	上海大众公用事业(集团)股份有限公司	M	杨国平	上海中山西路1515号大众大厦8楼	64288888*5609
600636	三爱富	上海三爱富新材料股份有限公司	C4	周云鹤	上海市漕溪路250号银海大楼A805室	64823552
600637	G上广电	上海广电信息产业股份有限公司	C5	蒋松涛	上海市金都路3800号	54424453
600638	新黄浦	上海新黄浦置业股份有限公司	J	吴明烈	上海北京东路668号西楼32、33层	63238888
600639	G金桥	上海金桥出口加工区开发股份有限公司	J	俞 标	上海浦东新金桥路27号1号楼	021-50307702
600640	中卫国脉	中卫国脉通信股份有限公司	L	倪冀丰	上海市江宁路1207号国脉大厦	62762171
600641	中远发展	中远发展股份有限公司	J	林逢生	上海市浦东大道720号	50367703
600642	G申能	申能股份有限公司	D	吴家骅	上海市复兴中路1号22楼	021-63900888
600643	爱建股份	上海爱建股份有限公司	I	顾 青	上海市零陵路599号(爱建城内)	021-64396600
600644	乐山电力	乐山电力股份有限公司	D	刘虎廷	四川省乐山市市中区嘉定北路46号	0833-2445887
600645	望春花	上海望春花(集团)股份有限公司	C1	韩旭东	上海市北翟路1168号	021-52171679
600647	同达创业	上海同达创业投资股份有限公司	M	陈玉华	上海市浦东新区金新路58号银桥大厦24楼	021-58545898
600648	G外高桥	上海外高桥保税区开发股份有限公司	J	舒榕斌	上海浦东东方路873弄49-51号	50580611
600649	原水股份	上海市原水股份有限公司	D	刘 强	上海市四川北路818号五楼	021-63566855
600650	G锦投	上海锦江国际实业投资股份有限公司	K	沈懋兴	上海市延安东路100号28楼	021-63218800*705
600651	飞乐音响	上海飞乐音响股份有限公司	M	唐 岷	上海市丽园路478号	021-53020606*5188
600652	爱使股份	上海爱使股份有限公司	M	韩 飞	上海市肇嘉浜路666号	021-64710022
600653	申华控股	上海申华控股股份有限公司	M	吴小安	上海市宁波路1号申华金融大厦上海申华控股股份有限公司	021-63372010，63372011
600654	G飞乐	上海飞乐股份有限公司	G	郁建福	上海市昭化路68号	62512629
600655	豫园商城	上海豫园旅游商城股份有限公司	H	吴 平	中国上海市方浜中路269号	63559999
600656	华源制药	上海华源制药股份有限公司	C4	陆云良	上海市中山北路1958号华源世界广场25层	021-52914931
600657	青鸟天桥	北京天桥北大青鸟科技股份有限公司	G	徐祗祥	北京市海淀区成府路207号(北大青鸟楼)	010-82615888-3357
600658	兆维科技	北京兆维科技股份有限公司	G	赵炳弟	北京市朝阳区酒仙桥路14号	010-84567922
600659	★ST花雕	福建闽越花雕股份有限公司	M	纪金华	福州市工业路512号	0591-83739283
600660	G福耀	福耀玻璃工业集团股份有限公司	C6	曹德旺	福建省福清市福耀工业村	0591-85381042
600661	G南洋	上海交大南洋股份有限公司	M	许晓鸣	上海番禺路667号六楼	62800217

续表 13 Continued 13

代码 Code	股票简称 Shares Abbreviation	公司全称 Companies	行业代码 Industries Code	董事长 Board Chairman	地 址 Address	电话 Telephone Number
600662	强生控股	上海强生控股股份有限公司	K	张同恩	上海南京西路920号18楼	021-62151181
600663	G陆家嘴	上海陆家嘴金融贸易区开发股份有限公司	J	杨小明	上海浦东大道981号	021-58878888＊650
600664	哈药集团	哈药集团股份有限公司	C8	郝伟哲	哈尔滨市道里区友谊路431号	0451-84856695
600665	天 地 源	天地源股份有限公司	C6	柳 政	上海浦东张扬路500号华润时代广场十楼	021-58367718
600666	西南药业	西南药业股份有限公司	C8	陈吉庆	重庆市沙坪坝区天星桥21号	023-89855125
600667	太极实业	无锡市太极实业股份有限公司	C4	吴惠明	无锡市下甸桥南堍	0510-85419120
600668	尖峰集团	浙江尖峰集团股份有限公司	C6	杜自弘	浙江金华市婺江东路88号	0579-2320582
600671	天目药业	杭州天目山药业股份有限公司	C8	钱永涛	浙江临安锦城镇安阁弄3号	0571-63722229
600673	G阳之光	成都阳之光实业股份有限公司	C7	郭京平	广东东莞市长安镇上沙村第五工业区内;四川成都上东大街53号新良大厦2410房	0769-5370219
600674	川投能源	四川川投能源股份有限公司	D	黄顺福	四川省成都市小南街23号	028-86098648
600675	G 中 企	中华企业股份有限公司	J	朱胜杰	上海市华山路2号中华企业大厦	(021)62170088
600676	G 交 运	上海交运股份有限公司	C7	刘世才	平武路38号仁达商务楼三楼	021-62116002
600677	航天通信	航天通信控股集团股份有限公司	C1	陈鹏飞	浙江省杭州市解放路138号	0571-87079526
600678	四川金顶	四川金顶(集团)股份有限公司	C6	陈建龙	四川省峨眉山市乐都镇	0833-5578055/5578117
600679	G 凤 凰	凤凰股份有限公司	C7	陈国强	上海市控江路1690号	021-65021787
600680	上海邮通	上海邮电通信设备股份有限公司	G	鲍康荣	上海宜山路700号	021-64832699
600681	ST 万 鸿	万鸿集团股份有限公司	L	张海生	武汉市武昌武珞路28号长信大厦	027-88066666
600682	南京新百	南京新街口百货商店股份有限公司	H	王 恒	南京市中山南路3号	025-84717494,84761610
600683	银泰股份	银泰控股股份有限公司	H	赵 庆	宁波市东渡路55号华联大厦7楼	0574-87092004
600684	珠江实业	广州珠江实业开发股份有限公司	J	郑暑平	广州市环市东路362-366号好世界广场30楼	020-83752632
600685	广船国际	广州广船国际股份有限公司	C7	胡国良	广州芳村大道南40号	020-81807839
600686	金龙汽车	厦门金龙汽车股份有限公司	C7	叶天捷	厦门市厦禾路820号帝豪大厦27-28层	0592-2962988
600687	华 盛 达	浙江华盛达实业集团股份有限公司	G	袁建华	浙江省德清县武康镇英溪北路2号	0572-8080820
600688	上海石化	中国石化上海石油化工股份有限公司	C4	陆益平	上海市金山区金一路48号	8621-57943143
600689	上海三毛	上海三毛企业(集团)股份有限公司	C1	倪志华	上海斜土路791号B幢	021-63059496
600690	青岛海尔	青岛海尔股份有限公司	C7	杨绵绵	青岛市经济技术开发区前湾港路海尔工业园内	0532-88938138
600691	ST 东 碳	东新电碳股份有限公司	C6	蒋孟衡	四川自贡自井区东光路桌子山22号	0813-2600887
600692	G 亚 通	上海亚通股份有限公司	F	黄 胜	上海市崇明县南门路93号	021-69692714
600693	东百集团	福建东百集团股份有限公司	H	毕德才	福建省福州市八一七北路84号东百大厦18层	0591-87531724
600694	大商股份	大商集团股份有限公司	H	牛 钢	辽宁省大连市中山区青三街1号	0411-83643215
600695	ST 大 江	上海大江(集团)股份有限公司	C0	雷黎光	上海莲花路1555号华一大厦7楼	021-34225027
600696	利嘉股份	利嘉(上海)股份有限公司	C6	柯法诚	上海市虹口区溧阳路1300号	021-56715833
600697	欧亚集团	长春欧亚集团股份有限公司	H	曹和平	长春市工农大路1128号	0431-5620053
600698	ST 轻 骑	济南轻骑摩托车股份有限公司	C7	王利民	济南市和平路34号	0531-86599896
600699	辽源得亨	辽源得亨股份有限公司	C4	赵 利	吉林省辽源市福兴路3号	0437-3512077
600701	工大高新	哈尔滨工大高新技术产业开发股份有限公司	M	张大成	哈尔滨市南岗区西大直街118号	0451-86269031
600702	沱牌曲酒	四川沱牌曲酒股份有限公司	C0	李家顺	四川省射洪县柳树镇中街149号	0825-6618268
600703	天颐科技	天颐科技股份有限公司	C4	熊自强	湖北省荆州市沙市区高新技术开发区三湾路1号	0716-8328443
600704	G 中 大	浙江中大集团股份有限公司	H	陈继达	杭州市中大广场A座	0571-85777029
600705	北亚集团	北亚实业(集团)股份有限公司	M	刘贵亭	哈尔滨市南岗区红军街16号	0451-53600764
600706	长安信息	长安信息产业(集团)股份有限公司	G	蔡世杰	陕西省西安市友谊东路41号	029-82214266
600707	彩虹股份	彩虹显示器件股份有限公司	C5	王西民	西安高新技术开发区西区高新一路16号	029-88311073
600708	G 海 博	上海海博股份有限公司	M	庄国蔚	上海市宜山路829号	61132700

续表 14 Continued 14

代码 Code	股票简称 Shares Abbreviation	公司全称 Companies	行业代码 Industries Code	董事长 Board Chairman	地址 Address	电话 Telephone Number
600710	常林股份	常林股份有限公司	C7	尚德鑫	常州市芦墅常林路10号	0519-6752853
600711	雄震集团	厦门雄震集团股份有限公司	M	姚彬捷	厦门市湖滨南路国贸大厦29层B座	0592-5891697
600712	南宁百货	南宁百货大楼股份有限公司	H	陈民群	广西南宁市朝阳路39-41，45号	0771-2610906，2098826
600713	南京医药	南京医药股份有限公司	C8	周耀平	江苏省南京市中山东路486号南京医药大厦	025-84552628
600714	金瑞矿业	青海金瑞矿业发展股份有限公司	C6	王启民	青海省西宁市朝阳西路112号	0971-5509464，7720083
600715	ST 松 辽	松辽汽车股份有限公司	C7	刘兴堂	辽宁省沈阳市苏家屯区白松路22号(110101)	024-31489863
600716	耀华玻璃	秦皇岛耀华玻璃股份有限公司	C6	曹田平	河北省秦皇岛市西港路	0335-3028173
600717	G天津港	天津港股份有限公司	F	于汝民	天津市塘沽区新港二号路35号	022-25702708
600718	东软股份	沈阳东软软件股份有限公司	G	刘积仁	沈阳高新技术产业开发区浑南产业区东软软件园	024-83665712
600719	大连热电	大连热电股份有限公司	D	于长敏	大连市西岗区沿海街90号	0411-84438755
600720	祁 连 山	甘肃祁连山水泥集团股份有限公司	C6	杨 皓	兰州市城关区酒泉路力行新村3号祁连山大厦	0931-4900606
600721	百 花 村	新疆百花村股份有限公司	H	林 敏	乌鲁木齐市中山路141号	0991-7792626
600722	沧州化工	沧州化学工业股份有限公司	C4	周振德	河北省沧州市南环中路18号	0317-3030719
600723	西单商场	北京市西单商场股份有限公司	H	刘秀玲	北京市西城区西单北大街120号	010-66024984
600724	宁波富达	宁波富达股份有限公司	C7	白小易	浙江省余姚市阳明西路355号	0574-62814275
600725	G 云 维	云南云维股份有限公司	C4	张跃龙	云南省曲靖市沾益县花山镇云维股份有限公司	0874-3068588
600726	华电能源	华电能源股份有限公司	D	程念高	哈尔滨市南岗区大成街209号	0451-82525998
600727	鲁北化工	山东鲁北化工股份有限公司	C4	冯久田	山东省无棣县埕口镇	0543-6451265
600728	新太科技	新太科技股份有限公司	G	张 毅	广州市天河高新技术产业开发区工业园建中路51-53号	020-85550260
600729	重庆百货	重庆百货大楼股份有限公司	H	肖诗新	重庆市渝中区民权路2号	023-63845001
600730	中国高科	中国高科集团股份有限公司	M	冉茂平	上海市成都北路333号上海招商局广场南栋第16、17层	021-52980809
600731	G 海 利	湖南海利化工股份有限公司	C4	王晓光	湖南长沙市芙蓉中路二段251号	0731-5357829
600732	G 新 梅	上海新梅置业股份有限公司	C7	张静静	上海天目中路585号20楼	021-51005380
600733	前锋股份	成都前锋电子股份有限公司	G	杨晓斌	四川省成都市人民南路四段1号	028-86316723
600734	实达集团	福建实达电脑集团股份有限公司	G	明德平	福州市福二工业区实达科技城	0591-83725878
600735	ST 陈 香	山东兰陵陈香酒业股份有限公司	C0	张兴华	山东省临沂市郯城县郯东路219号	0539-6107519
600736	G苏高新	苏州新区高新技术产业股份有限公司	J	纪向群	苏州市高新区狮山路35号金河大厦25层	0512-68096283
600737	ST 屯 河	新疆屯河投资股份有限公司	C0	郑弘波	新疆乌市黄河路1号招商银行大厦20楼	0991-5571699
600738	兰州民百	兰州民百(集团)股份有限公司	H	张 宏	兰州市中山路368号亚欧商厦9-10层	0931-8435839
600739	G 成 大	辽宁成大股份有限公司	H	尚书志	辽宁省大连市中山区人民路71号	0411-82512731
600740	山西焦化	山西焦化股份有限公司	C4	潘得国	山西洪洞广胜寺镇	0357-6626012，6625471
600741	巴士股份	上海巴士实业(集团)股份有限公司	K	洪任初	上海市淮海中路398号世纪巴士大厦第25-27楼	021-63848484
600742	一汽四环	长春一汽四环汽车股份有限公司	C7	滕铁骑	吉林省长春市普阳街3505号	0431-7629105
600743	ST 幸 福	湖北幸福实业股份有限公司	M	时 钢	湖北省潜江市张金镇幸福北路1号	0728-6641566
600744	华银电力	湖南华银电力股份有限公司	D	陈学军	湖南省长沙市芙蓉中路3段255号	0731-5388088
600745	天华股份	湖北天华股份有限公司	C1	祁英杰	湖北省黄石市团城山6号小区	0714-6366161
600746	江苏索普	江苏索普化工股份有限公司	C4	宋勤华	江苏省镇江市谏壁越河街50号	0511-3366244
600747	大显股份	大连大显股份有限公司	C5	刘秉强	大连市甘井子区革镇堡	0411-86459612
600748	G实发展	上海实业发展股份有限公司	C6	陈伟恕	淮海中路98号33楼	53858859
600749	G 圣 地	西藏圣地股份有限公司	K	欧阳旭	拉萨市林廓东路6号喜马拉雅饭店三层	0891-6339150
600750	江中药业	江中药业股份有限公司	C8	董全臣	江西省南昌市火炬大道788号	0791-8169323
600751	★ST天海	天津市海运股份有限公司	F	宋兴庭	天津河西区马场道207号	022-23281780
600753	ST 冰 熊	河南冰熊保鲜设备股份有限公司	C7	马 军	河南省民权县府后街22号	0370-8585698

续表 15 Continued 15

代码 Code	股票简称 Shares Abbreviation	公司全称 Companies	行业代码 Industries Code	董事长 Board Chairman	地 址 Address	电话 Telephone Number
600754	G 锦 江	上海锦江国际酒店发展股份有限公司	K	俞敏亮	上海市广东路 51 号 5 楼	63217132
600755	厦门国贸	厦门国贸集团股份有限公司	H	何福龙	厦门市湖滨南路国贸大厦 8-18 层	0592-5898578
600756	浪潮软件	山东浪潮齐鲁软件产业股份有限公司	G	王茂昌	山东省济南市山大路 224 号	0531-85105606
600757	华源发展	上海华源企业发展股份有限公司	C1	倪学明	上海浦东新区商城路 660 号乐凯大厦 20-21 层	021-58796556
600758	ST 金 帝	辽宁金帝建设集团股份有限公司	E	林守信	沈阳市沈河区青年大街 118 号	024-22870330
600759	ST琼华侨	海南华侨投资股份有限公司	M	王跃仁	海南省海口市南航东路 28 号侨企大楼 B 座 8 楼	0898-66787220
600760	GST黑豹	东安黑豹股份有限公司	C7	王 军	山东省文登市龙山路 107 号	0631-8087751
600761	G 合 力	安徽合力股份有限公司	C7	张德进	安徽省合肥市望江西路 15 号	0551-3648005 * 6902
600762	★ST金荔	衡阳市金荔科技农业股份有限公司	A	刘作超	衡阳市沿江北路 168 号	0734-8709868
600763	ST 中 燕	中燕纺织股份有限公司	C1	晏子牛	北京市朝区安立路 8 号汇园公寓 Q 座 618 室	010-64992893
600764	G中广通	中电广通股份有限公司	G	单 昶	北京市海淀区中关村南大街 17 号 3 号楼(韦伯时代中心 C 座)21 层 2104-2108 室	010-88578820
600765	力源液压	贵州力源液压股份有限公司	C7	李 利	贵阳市九十九号信箱	0851-6321009
600766	★ST烟发	烟台华联发展集团股份有限公司	H	陈伟东	山东省烟台市海关大厦 13 层	0535-6626431
600767	ST 运 盛	运盛(上海)实业股份有限公司	J	李寿平	上海市延安西路 376 弄 44 号 3 楼	021-62719804，62870245
600768	宁波富邦	宁波富邦精业集团股份有限公司	F	郑锦浩	宁波市药行街 139 号中国银行大厦 20 层	0574-87300929
600769	祥龙电业	武汉祥龙电业股份有限公司	D	江涤清	武汉市洪山区葛化街化工路 31 号	027-87602482
600770	G 综 艺	江苏综艺股份有限公司	M	昝圣达	江苏省通州市兴东镇综艺数码城	0513-86639987
600771	东盛科技	东盛科技股份有限公司	C8	郭家学	陕西省西安市高新技术开发区唐延路 23 号东盛大厦	029-88330836
600772	ST 龙 昌	中油龙昌(集团)股份有限公司	F	邱忠保	上海市乍浦路 307-309 号 3 楼	021-63561197
600773	西藏金珠	西藏金珠股份有限公司	H	贾晓新	西藏自治区拉萨市北京中路 182 号	028-85128863
600774	汉商集团	武汉市汉商集团股份有限公司	H	张宪华	湖北省武汉市汉阳大道 134 号	027-84843197
600775	南京熊猫	南京熊猫电子股份有限公司	G	李安建	中国南京市中山东路 301 号	8625-84801442
600776	东方通信	东方通信股份有限公司	G	郑国民	中国浙江省杭州市滨江高新技术开发区东信大道 66 号	0571-86676198
600777	新潮实业	烟台新潮实业股份有限公司	C5	姜学荣	山东省烟台市牟平区牟山路 98 号	0535-4259777
600778	友好集团	新疆友好(集团)股份有限公司	H	马雍全	乌鲁木齐市友好南路 30 号	0991-4541008
600779	G 全 兴	四川全兴股份有限公司	C0	杨肇基	四川省成都市金牛区全兴路 9 号	028-86252847
600780	G 通 宝	山西通宝能源股份有限公司	D	常小刚	太原市高新技术产业开发区学府工业园区 V-6 区	0351-7032515
600781	★ST民丰	上海民丰实业(集团)股份有限公司	C1	关永进	上海市延安西路 300 号(静安大厦)12 楼	021-62499718
600782	新华股份	新华金属制品股份有限公司	C6	熊小星	江西省新余市高新技术经济开发区	0790-6460888
600783	鲁信高新	山东鲁信高新技术产业股份有限公司	C6	李功臣	山东省淄博市张店区南定车站街 69 号	0533-2980151 * 8300
600784	鲁银投资	鲁银投资集团股份有限公司	M	李 玮	山东省济南市经十路 128 号	0531-82024156
600785	新华百货	银川新华百货商店股份有限公司	H	徐鸣凤	宁夏银川市新华东街 29 号	0951-4010058
600786	东方锅炉	东方锅炉(集团)股份有限公司	C7	易兴旺	四川自贡市五星街黄桷坪路 150 号	0813-4735000
600787	G 中 储	中储发展股份有限公司	F	韩铁林	北京市丰台区南四环西路 188 号 6 区 18 号楼	010-83673209
600789	鲁抗医药	山东鲁抗医药股份有限公司	C8	章建辉	山东省济宁市太白楼西路 173 号	0537-2983174
600790	轻 纺 城	浙江中国轻纺城集团股份有限公司	M	茹关筠	浙江省绍兴县柯桥街道鉴湖路 1 号中轻大厦	0575-4116158
600791	G 天 创	天创置业股份有限公司	J	徐京付	北京市西城区德胜门外新风街 2 号天成科技大厦 B 座九层	010-82273391
600792	马龙产业	云南马龙产业集团股份有限公司	C6	刘文章	云南省昆明市人民中路 35 号阳光 A 版大厦三楼	0871-3018339
600793	宜宾纸业	宜宾纸业股份有限公司	C3	罗 云	四川省宜宾市岷江西路 54 号	0831-3560668
600794	保税科技	云南新概念保税科技股份有限公司	C3	叶效良	云南省昆明市春城路 62 号证券大厦 15 楼 A1506	0871-3186316
600795	国电电力	国电电力发展股份有限公司	D	周大兵	北京市西城区阜成门北大街 6 号国际投资大厦 B 座	010-58682200
600796	钱江生化	浙江钱江生物化学股份有限公司	C8	马 炎	浙江省海宁市硖石镇西山路 598 号	0573-7042800
600797	G 网 新	浙江浙大网新科技股份有限公司	G	陈 纯	杭州市曙光路 15 号世贸中心写字楼 C 座 12 楼	0571-87950500
600798	宁波海运	宁波海运股份有限公司	F	徐炳祥	宁波市中马路 568 号	0574-87352405
600799	★ST龙科	黑龙江省科利华网络股份有限公司	G	宋朝弟	北京市海淀区上地信息产业基地创业东路 33 号科利华网络大厦	010-82899729/62988800-2005

续表 16 Continued 16

代码 Code	股票简称 Shares Abbreviation	公司全称 Companies	行业代码 Industries Code	董事长 Board Chairman	地址 Address	电话 Telephone Number
600800	天津磁卡	天津环球磁卡股份有限公司	C9	姜肃敌	天津市河西区解放南路325号	022-23264012
600801	G华新	华新水泥股份有限公司	C6	陈木森	湖北黄石市黄石大道897号	0714-6328280
600802	福建水泥	福建水泥股份有限公司	C6	黄建民	福州市杨桥东路118号宏杨新城建福大厦	0591-87617751
600803	威远生化	河北威远生物化工股份有限公司	C4	杨宇	石家庄市和平东路393号	0311-85915898
600804	鹏博士	成都鹏博士科技股份有限公司	C6	杨学平	四川省成都市顺城大街229号顺城大厦5楼	028-86755190
600805	悦达投资	江苏悦达投资股份有限公司	M	胡友林	江苏盐城市开放大道78号	0515-8202863
600806	交大科技	交大昆机科技股份有限公司	C7	雷锦录	云南省昆明市茨坝路23号	0871-6166612
600807	ST济百	山东济南百货大楼(集团)股份有限公司	H	邢乐成	山东省济南市泉城路180号齐鲁国际大厦A区三楼	0531-6030094
600808	马钢股份	马鞍山钢铁股份有限公司	C6	顾建国	安徽省马鞍山市红旗中路8号	86-555-2888158
600809	山西汾酒	山西杏花村汾酒厂股份有限公司	C0	郭双威	山西汾阳市杏花村	0358-7229381
600810	神马实业	神马实业股份有限公司	C4	张健	河南平顶山建设路中段63号	0375-3921231
600811	东方集团	东方集团股份有限公司	M	张宏伟	哈尔滨市南岗区红旗大街240号	0451-53666028
600812	华北制药	华北制药股份有限公司	C8	张千兵	河北省石家庄市和平东路388号	0311-86219063
600814	杭州解百	杭州解百集团股份有限公司	H	周自力	杭州市上城区解放路251号	0571-87016888-5015
600815	G厦工	厦门工程机械股份有限公司	C7	王昆东	厦门市灌口南路668号之八	0592-6389300
600816	★ST安信	安信信托投资股份有限公司	I	曲玉春	上海广东路689号海通证券大厦29层	021-63410710
600817	G宏盛	上海宏盛科技发展股份有限公司	M	龙长生	上海市浦东新区商城路618号	021-58765800
600818	G永久	上海永久股份有限公司	C7	顾觉新	上海市辽源西路209号	021-65136974
600819	G耀皮	上海耀华皮尔金顿股份有限公司	C6	朱伯安	上海市浦东新区济阳路100号	58801177
600820	G隧道	上海隧道工程股份有限公司	E	陈彬	上海市大连路118号	021-65869999-5072
600821	津劝业	天津劝业场(集团)股份有限公司	H	刘树明	天津市和平区和平路290号	022-27304989
600822	G物贸	上海物资贸易股份有限公司	H	吕勇明	上海市南苏州路325号	63231818-4021
600823	世茂股份	上海世茂股份有限公司	H	许荣茂	上海市九江路619号中福大厦23层A001室	63526600-160
600824	G益民	上海益民百货股份有限公司	H	陈圣	上海市淮海中路809号甲	021-64339888
600825	华联超市	华联超市股份有限公司	H	汤琪	上海市隆昌路609号	021-65431486
600826	G兰生	上海兰生股份有限公司	H	张黎明	上海市中山北一路1230号	021-65446061
600827	友谊股份	上海友谊集团股份有限公司	H	王宗南	上海市商城路518号10楼	021-58792123
600828	成商集团	成都人民商场(集团)股份有限公司	H	黄茂如	成都市东御街19号	028-86665088
600829	三精制药	哈药集团三精制药股份有限公司	C6	姜林奎	哈尔滨市道里区霁虹街24号	0451-84683877
600830	大红鹰	宁波大红鹰实业投资股份有限公司	H	楼炯友	宁波市开明街130弄48号	0574-87315310
600831	G广电	陕西广电网络传媒股份有限公司	L	韩本毅	西安市高新区高新一路15号	029-87991255
600832	G明珠	上海东方明珠(集团)股份有限公司	M	朱咏雷	上海浦东世纪大道1号	58799306
600833	第一医药	上海第一医药股份有限公司	H	盛小洪	上海市南京东路616号5楼	021-63617711*158, 63514171
600834	G申地铁	上海申通地铁股份有限公司	D	宋孝鎏	上海市中山南路28号久事大厦31楼	58308595
600835	上海机电	上海机电股份有限公司	C7	王成明	上海市浦东新区民生路1286号9楼	68547507
600836	G界龙	上海界龙实业股份有限公司	C3	费钧德	上海市浦东新区川周公路7111号	021-63746888
600837	G都市	上海市都市农商社股份有限公司	H	曹晓风	上海市西藏南路765号永惠大厦8楼	021-63457858
600838	G九百	上海九百股份有限公司	H	黄跃	上海市常德路940号	021-62569867
600839	四川长虹	四川长虹电器股份有限公司	C5	赵勇	四川绵阳市高新区绵兴东路35号	0816-2418132
600840	新湖创业	浙江新湖创业投资股份有限公司	H	陈坚	杭州市体育场路479号7楼	0571-87055977
600841	上柴股份	上海柴油机股份有限公司	C7	陈龙兴	上海市军工路2636号	021-65745656-2207
600842	GST中西	上海中西药业股份有限公司	C8	周德孚	上海市交通路1515号	021-56087135
600843	上工申贝	上工申贝(集团)股份有限公司	C7	张敏	上海市浦东新区世纪大道1500号东方大厦12楼	021-68407700*617
600844	★ST大盈	大盈现代农业股份有限公司	C3	廖德荣	上海市中山南路1088号9楼	63185575
600845	宝信软件	上海宝信软件股份有限公司	G	王文海	上海浦东新区张江高科技园区郭守敬路515号	021-50801155*1462
600846	G同科	上海同济科技实业股份有限公司	M	钱刚	上海市中山北二路1121号同济科技大厦17楼	65985432
600847	ST渝万里	重庆万里蓄电池股份有限公司	C7	诸一军	重庆市巴南区土桥苦竹坝31号	023-62597905
600848	ST自仪	上海自动化仪表股份有限公司	C7	肖宗义	上海市虹漕路41号	54260980

续表 17 Continued 17

代码 Code	股票简称 Shares Abbreviation	公司全称 Companies	行业代码 Industries Code	董事长 Board Chairman	地　址 Address	电话 Telephone Number
600849	上海医药	上海市医药股份有限公司	C8	钱　琎	上海浦东新区金桥路 1399 号	021-52586559
600850	G华电脑	上海华东电脑股份有限公司	G	孙德炜	上海市桂林路 418 号	021-64362789
600851	G 海 欣	上海海欣集团股份有限公司	C1	严镇博	上海市福州路 666 号金陵海欣大厦 18 楼	63917000-1832
600853	龙建股份	龙建路桥股份有限公司	E	李吉胜	黑龙江省哈尔滨市南岗区嵩山路 109-1 号	0451-82281860
600854	春兰股份	江苏春兰制冷设备股份有限公司	C7	张鸿志	江苏省泰州市春兰工业园区春兰路 1 号	0523-6217958, 6663663
600855	航天长峰	北京航天长峰股份有限公司	C7	谢良贵	北京市海淀区永定路 51 号航天数控大楼	010-88219815
600856	长百集团	长春百货大楼集团股份有限公司	H	林大湑	长春市人民大街 1881 号	0431-8965414
600857	工大首创	哈工大首创科技股份有限公司	G	孙世强	宁波市海曙区中山东路 81 号明都大厦 8 层	0574-87367060
600858	银座股份	银座集团股份有限公司	M	张文生	山东省济南市泺源大街 22 号中银大厦 20F	0531-86988888, 86961088
600859	王 府 井	北京王府井百货(集团)股份有限公司	H	郑万河	中国北京王府井大街 255 号	010-65125960
600860	北人股份	北人印刷机械股份有限公司	C7	朱武安	北京经济技术开发区荣昌东街 6 号	010-67802565
600861	北京城乡	北京城乡贸易中心股份有限公司	H	周和平	北京市海淀区复兴路甲 23 号	010-68296595
600862	ST 纵 横	南通纵横国际股份有限公司	C7	凌卫国	江苏南通市任港路 23 号	0513-85529362
600863	内蒙华电	内蒙古蒙电华能热电股份有限公司	D	乌若思	内蒙古呼和浩特市锡林南路 218 号	0471-6228403
600864	岁宝热电	哈尔滨岁宝热电股份有限公司	D	邢继军	哈尔滨市南岗区昆仑商城隆顺街 27 号	0451-82332828
600865	百大集团	百大集团股份有限公司	H	董伟平	杭州市延安路 546 号	0571-85064581
600866	G 星 湖	广东肇庆星湖生物科技股份有限公司	C8	钟自荣	广东省肇庆市工农北路 67 号	0758-2291130
600867	通化东宝	通化东宝药业股份有限公司	C8	李一奎	吉林省通化东宝新村	0435-5088025
600868	梅雁股份	广东梅雁企业(集团)股份有限公司	M	杨钦欢	广东梅州市湾水塘	0753-2218286
600869	G 三 普	三普药业股份有限公司	C8	蒋锡培	江苏省宜兴市高塍远东路 6 号	0971-8166017
600870	厦华电子	厦门华侨电子股份有限公司	C5	郭则理	厦门市湖里大道 22 号	0592-5687203
600871	仪征化纤	中国石化仪征化纤股份有限公司	C4	徐正宁	江苏省仪征市	86-514-3232997
600872	中炬高新	中炬高新技术实业(集团)股份有限公司	M	谢力健	广东省中山市中山火炬高技术产业开发区火炬大厦	0760-5599947
600873	五洲明珠	五洲明珠股份有限公司	K	庞培德	成都市青羊区长顺中街 88 号	0536-8363802
600874	创业环保	天津创业环保股份有限公司	K	马白玉	天津市南开区卫津南路 76 号创业环保大厦	86-22-23930128
600875	东方电机	东方电机股份有限公司	C7	朱元巢	四川省德阳市黄河西路 188 号	86-0838-2409358
600876	洛阳玻璃	洛阳玻璃股份有限公司	C6	刘宝瑛	中华人民共和国河南省洛阳市西工区唐宫中路 9 号	86-379-63908560
600877	中国嘉陵	中国嘉陵工业股份有限公司(集团)	C7	靖　波	重庆市沙坪坝区双碑	023-65192256
600879	G 火 箭	长征火箭技术股份有限公司	C7	王宗银	武汉市建设大道 847 号瑞通广场 B 座 21 层	027-85487719
600880	G 博 瑞	成都博瑞传播股份有限公司	L	孙旭军	成都市花牌坊街 185 号	028-87651183
600881	亚泰集团	吉林亚泰(集团)股份有限公司	M	宋尚龙	长春市吉林大路 1801 号	0431-4956688
600882	大成股份	山东大成农药股份有限公司	C4	耿佃杰	山东省淄博市张店区洪沟路 25 号	0533-2111919
600883	博闻科技	云南博闻科技实业股份有限公司	M	刘志波	云南省保山市隆阳区人民路 78 号	0871-7197370
600884	杉杉股份	宁波杉杉股份有限公司	C1	郑永刚	宁波市天童北路 1133 号杉杉工业城	0574-88208337
600885	力诺太阳	武汉力诺太阳能集团股份有限公司	C4	申英明	武汉市建设大道 568 号新世界国贸大厦 I 座 16 楼	027-68850733
600886	G 华 靖	国投华靖电力控股股份有限公司	D	邓　华	北京市西城区阜成门外大街 7 号国投大厦 10 层	010-68096858
600887	伊利股份	内蒙古伊利实业集团股份有限公司	C0	潘　刚	内蒙古呼和浩特市金川开发区金四路 8 号	0471-3601621, 3388888-0149
600888	新疆众和	新疆众和股份有限公司	C6	刘　杰	新疆维吾尔自治区乌鲁木齐市喀什东路 18 号	0991-6689885
600889	南京化纤	南京化纤股份有限公司	C4	沈光宇	南京市中央门外燕子矶伏家场 120 号	025-85561011＊3685
600890	中房股份	中房置业股份有限公司	C7	韩旭升	北京市海淀区苏州街 18 号院长远天地大厦 2 号楼 2201 号	010-82608987
600891	ST 秋 林	哈尔滨秋林集团股份有限公司	H	蒋贤云	哈尔滨市南岗区东大直街 319 号	0451-53644632
600892	ST 湖 科	河北湖大科技教育发展股份有限公司	C7	冷清桂	石家庄市建设北大街 228 号东海国际 16B3 室	0311-86052380
600893	华润生化	吉林华润生化股份有限公司	C0	乔世波	长春经济技术开发区仙台大街 1717 号	0431-5883022
600894	广钢股份	广州钢铁股份有限公司	C6	陈嘉陵	广州市芳村区白鹤洞	020-81891212-3122
600895	G 张 江	上海张江高科技园区开发股份有限公司	M	刘小龙	上海浦东松涛路 560 号 A 座 9-10 楼	50800018

续表 18 Continued 18

代码 Code	股票简称 Shares Abbreviation	公司全称 Companies	行业代码 Industries Code	董事长 Board Chairman	地 址 Address	电话 Telephone Number
600896	中海海盛	中海(海南)海盛船务股份有限公司	F	王大雄	海南省海口市龙昆北路2号珠江广场帝豪大厦25层	0898-68583985
600897	厦门空港	厦门国际航空港股份有限公司	F	王倜傥	厦门高崎国际机场3号候机楼西侧	0592-5706005
600898	三联商社	三联商社股份有限公司	H	张继升	济南市北园大街409号三联家电商务中心五层	0531-83538506
600900	G长电	中国长江电力股份有限公司	D	李永安	北京市西城区金融大街19号富凯大厦B座	(010)58688890
600960	G活塞	山东滨州渤海活塞股份有限公司	C7	李俊杰	山东省滨州市渤海二十路999号	0543-3288868
600961	G株冶	湖南株冶火炬金属股份有限公司	C6	傅少武	湖南省株洲市石峰区清水塘	0733-8392172
600962	G中鲁	国投中鲁果汁股份有限公司	A	刘学义	北京市西城区阜成门外大街7号国投大厦13层	010-68095003
600963	G岳纸	岳阳纸业股份有限公司	C3	王祥	湖南省岳阳市城陵矶洪家洲	0730-8590330
600965	福成五丰	河北福成五丰食品股份有限公司	A	李福成	河北省三河市燕郊经济技术开发区	010-61595607
600966	G博汇	山东博汇纸业股份有限公司	C3	杨延良	山东省桓台县马桥镇工业路北首	0533-8538020
600967	北方创业	包头北方创业股份有限公司	C7	陈学军	包头市青山区民主路	0472-3117903
600969	郴电国际	湖南郴电国际发展股份有限公司	D	邓中华	湖南省郴州市青年大道民生路口万国大厦	0735-2339232
600970	中材国际	中材国际工程股份有限公司	E	司国晨	北京西直门内北顺城街11号	010-82228889
600971	G恒源	安徽恒源煤电股份有限公司	B	汪永茂	安徽省淮北市濉溪县刘桥镇	0557-3986204
600973	G宝胜	宝胜科技创新股份有限公司	G	徐伟强	江苏省宝应县安宜镇苏中路1号	0514-8248877
600975	新五丰	湖南新五丰股份有限公司	A	张跃文	长沙市芙蓉区五一西路二号第一大道十九、二十楼	0731-4449590
600976	武汉健民	武汉健民药业集团股份有限公司	C8	鲍俊华	武汉市东湖高新技术开发区庙山小区特1号武汉医药产业园	027-50537954
600978	G宜华	广东省宜华木业股份有限公司	C2	刘绍喜	广东省汕头市澄海区莲下槐东工业区	0754-5745020
600979	广安爱众	四川广安爱众股份有限公司	D	罗庆红	四川省广安市广安区渠江北路86号	0826-2983059
600980	北矿磁材	北矿磁材科技股份有限公司	C5	孙传尧	北京市丰台区右安门外草桥28号	010-67537184
600981	江苏纺织	江苏省纺织品进出口集团股份有限公司	H	蒋金华	南京市户部街15号	025-86648112
600982	G宁热电	宁波热电股份有限公司	D	丁凯	宁波经济技术开发区大港工业城凤洋一路66号	0574-86897102
600983	合肥三洋	合肥荣事达三洋电器股份有限公司	C5	季学智	合肥高新技术产业开发区北区L-2号	0551-5310502
600984	建设机械	陕西建设机械股份有限公司	C7	高峰	西安市金花北路48号	029-82592297
600985	G雷鸣	安徽雷鸣科化股份有限公司	C4	张海龙	安徽省淮北市东山路	0561-4948135
600986	科达股份	科达集团股份有限公司	E	刘双珉	山东省广饶县大王经济技术开发区	0546-8301886
600987	航民股份	浙江航民股份有限公司	C1	朱重庆	浙江省杭州市萧山区瓜沥镇航民村	0571-82575698
600988	东方宝龙	广州东方宝龙汽车工业股份有限公司	C7	杨龙江	广州增城市新塘镇宝龙路1号	020-82696008
600990	四创电子	安徽四创电子股份有限公司	G	吴曼青	安徽省合肥市高新技术产业开发区香樟大道199号	0551-5391323
600991	长丰汽车	湖南长丰汽车制造股份有限公司	C7	李建新	湖南省长沙市芙蓉中路2段111号华菱大厦8层	0731-2881959
600992	贵绳股份	贵州钢绳股份有限公司	C6	黄忠渠	贵州省遵义市桃溪路47号	0852-8419247
600993	马应龙	武汉马应龙药业集团股份有限公司	C8	陈平	湖北省武汉市武昌南湖周家湾100号	027-87389583
600995	文山电力	云南文山电力股份有限公司	D	冯崇武	云南省文山县建禾东路71号	08762123422
600997	G开滦	开滦精煤股份有限公司	B	裴华	河北省唐山市新华东道70号东楼	03153026757
900929	锦旅B股	上海锦江国际旅游股份有限公司	K	宋超麒	上海市延安东路100号联谊大厦28楼	021-63299090转
900935	阳晨B股	上海阳晨投资股份有限公司	C7	祝世寅	上海市徐家汇路555号10楼C座	63901001,63901800-118
900939	汇丽B股	上海汇丽建材股份有限公司	E	金永良	上海浦东南路2161号	58705858-2525/68731437
900948	伊泰B股	内蒙古伊泰煤炭股份有限公司	B	张东海	内蒙古鄂尔多斯市东胜区天骄北路伊泰大厦	0477-8565735
900949	东电B股	浙江东南发电股份有限公司	D	孙永森	杭州市延安路528号标力大厦	0571-85774569
900950	新城B股	江苏新城房产股份有限公司	J	王振华	江苏省常州市和平南路150号国际金融大厦6楼	0519-8127288
900951	大化B股	大化集团大连化工股份有限公司	C4	刘平芹	大连市甘井子区工兴路10号	0411-86893436
900953	凯马B股	华源凯马股份有限公司	C7	傅伟民	上海市中山北路1958号华源世界广场6楼	62034925
900956	东贝B股	黄石东贝电器股份有限公司	C7	杨百昌	湖北省黄石市铁山区武黄路5号	0714-5415858
900957	凌云B股	上海凌云实业发展股份有限公司	E	郑介甫	上海浦东新区松林路300号期货大厦14楼	021-68402166

数据来源:上海、深圳证券交易所

Source: Shanghai Shenzhen Stock Exchange

5-30 深圳证券交易所上市公司名录
List of Listed Companies in Shenzhen Stock Exchange

代码 Code	股票简称 Shares Abbreviation	公司全称 Companies	行业代码 Industries Code	董事长 Board Chairman	总经理 General Manager	地址 Address	电话 Telephone Number
000001	深发展A	深圳发展银行股份有限公司	I01	法兰克·纽曼	韦杰夫	广东省深圳市深南东路5047号	
000002	G万科A	万科企业股份有限公司	J01	王石	郁亮	广东省深圳市福田区梅林路63号	25606666-246
000004	国农科技	深圳中国农大科技股份有限公司	F03	傅泽田	王克昕	广东省深圳市高新技术园北区	26826724
000005	ST星源	深圳世纪星源股份有限公司	M	丁梵	丁梵	广东省深圳市人民南路发展中心大厦13层	82207180
000006	深振业A	深圳市振业(集团)股份有限公司	J01	李永明	李永明(代)	广东省深圳市宝安南路振业大厦29层	25863061
000007	深达声A	深圳市赛格达声股份有限公司	J01	李成碧	蔡国麟	深圳市华强北路现代之窗大厦20层	83239242
000008	G宝利来	广东宝利来投资股份有限公司	G87	周瑞堂	殷钢	广东省深圳市南山区内环路5号	26433484
000009	深宝安A	中国宝安集团股份有限公司	M	陈政立	陈政立	广东省深圳市笋岗东路1022号	25170296
000010	深华新	深圳市华新股份有限公司	H21	严立虎		深圳市福田区振兴路华美大厦西座	83276308
000011	深物业A	深圳市物业发展(集团)股份有限公司	M	田承刚	罗汝荣	广东省深圳市人民南路国贸大厦	82211020
000012	南玻A	中国南玻集团股份有限公司	C6120	陈潮	曾南	广东省深圳蛇口工业六路一号	26860679
000014	沙河股份	沙河实业股份有限公司	J01	吴功成	吕华	广东省深圳市南山区沙河商城七楼	26900498
000016	深康佳A	康佳集团股份有限公司	C55	侯松容	侯松容	广东省深圳特区华侨城康佳公司	26908667
000017	★ST中华A	深圳中华自行车(集团)股份有限公司	C75	章晓峰	叶晴	广东省深圳市布新路3008号	25516998-301
000018	深中冠A	深圳中冠纺织印染股份有限公司	C11	胡永峰	孙志平	深圳市福田区深南中路2008号	82325084
000019	深深宝A	深圳市深宝实业股份有限公司	C05	曾湃	宗海燕	广东省深圳市笋岗东路1002号	25507480
000020	★ST华发A	深圳华发电子股份有限公司	C5	吴德华	胡建平	广东省深圳市福田区华发北路411号	83352207
000021	深科技A	深圳长城开发科技股份有限公司	G83	陈肇雄	谭文	深圳市福田区彩田路7006号开发大厦	83275073, 83032759
000022	深赤湾A	深圳赤湾港航股份有限公司	F11	王芬	郑少平	深圳市赤湾港石油大厦11-13楼	26694620
000023	深天地A	深圳市天地(集团)股份有限公司	E01	杨玉科	刘满堂	广东省深圳市宝安南路天地大厦二楼	0755-25581218
000024	招商地产	招商局地产控股股份有限公司	J01	孙承铭	林少斌	深圳南山区蛇口工业区新时代广场	26819616
000025	ST特力A	深圳市特力(集团)股份有限公司	M	张瑞理	张瑞理(代)	广东省深圳市深南中路中核大厦	25536888-360
000026	飞亚达A	深圳市飞亚达(集团)股份有限公司	C78	吴光权	徐东升	广东省深圳市南山区高新南一道	86013669
000027	深能源A	深圳能源投资股份有限公司	D01	杨海贤	毕建新	福田中心区深南中路4001号	0755-83025119
000028	一致药业	深圳一致药业股份有限公司	C8101	陈为钢	施金明	深圳市福田区八卦四路15号	25875195
000029	深深房A	深圳经济特区房地产(集团)股份有限公司	J01	邵志和		广东省深圳市人民南路深房广场	82184788, 2293000-47
000030	ST盛润A	广东盛润集团股份有限公司	C99	杨奋勃	王建宇	深圳市车公庙泰然工业区203栋	83617716
000031	深宝恒A	深圳市宝恒(集团)股份有限公司	J01	古焕坤	朱海彬	广东省深圳市宝安区湖滨路宝恒大厦	27754517
000032	深桑达A	深圳市桑达实业股份有限公司	G81	佟保安	娄春明	广东省深圳市福田区振华路78号西	83268190
000033	新都酒店	深圳新都酒店股份有限公司	K32	李聚全	李聚全	广东省深圳春风路1号新都酒店316	82326536
000034	ST深泰	深圳市深信泰丰(集团)股份有限公司	M	王迎	王迎	深圳市宝安区新安23区	27849181
000035	ST科健	中国科健股份有限公司	G81	郝建学	王栋	深圳蛇口工业六路	82940269
000036	华联控股	华联控股股份有限公司	C11	董炳根	徐笑东	广东省深圳市深南中路深南中路20	021-62820000
000037	深南电A	深圳南山热电股份有限公司	D01	魏文德	傅博	广东省深圳市华侨城汉唐大厦16-1	
000038	深大通A	深圳大通实业股份有限公司	G8701	雷啸峰	吴亚强	深圳市南山区华侨城东部工业区东	83793793
000039	中集集团	中国国际海运集装箱(集团)股份有限公司	C69	李建红	麦伯良	广东省深圳市蛇口工业区金融中心	26802706
000040	深鸿基A	深圳市鸿基(集团)股份有限公司	M	邱瑞亨	邱瑞亨	深圳市罗湖区东门中路1011号	82367726/7540
000041	★ST本实B	深圳本鲁克斯实业股份有限公司	C8501	徐敏	王长生	深圳市南山区南油中兴工业城	26068614, 6068025
000042	深长城A	深圳市长城投资控股股份有限公司	J01	马兴文	刘勇	广东省深圳市福田区红荔路2010号	83789811

续表 1　Continued 1

代码 Code	股票简称 Shares Abbreviation	公司全称 Companies	行业代码 Industries Code	董事长 Board Chairman	总经理 General Manager	地　址 Address	电话 Telephone Number
000043	深南光 A	深圳市南光(集团)股份有限公司	M	吴光权	仇慎谦	广东省深圳市福田区深南中路 68 号	83689333
000045	深纺织 A	深圳市纺织(集团)股份有限公司	C1	管同科	王　滨	广东省深圳市福田区华强北路 3 号	83776043，83776342
000046	泛海建设	泛海建设集团股份有限公司	J01	卢志强	李明海	广东省深圳市中心区福华一路商会	82985866，82985859
000048	康达尔 A	深圳市康达尔(集团)股份有限公司	C01	罗爱华	罗爱华	广东省深圳市深南东路 1086 号	25425020-288，359
000049	G 德 赛	深圳市德赛电池科技股份有限公司	C76	刘　其	冯大明	广东省深圳市红荔西路 7002 号	82968282
000050	深天马 A	深圳天马微电子股份有限公司	C51	吴光权	刘瑞林	广东省深圳市深南中路中航苑	83790775
000053	深基地 B	深圳赤湾石油基地股份有限公司	B50	傅育宁		广东省深圳市赤湾石油基地	26694211-171
000054	建 摩 B	重庆建设摩托车股份有限公司	C75	陈永强	邱林(代)	重庆市谢家湾正街 47 号	83780774
000055	方 大 A	方大集团股份有限公司	C69	熊建明	熊建明	广东省深圳市南山区西丽龙井方大厦	26788571-6622
000056	深 国 商	深圳市国际企业股份有限公司	H11	李锦全	宋胜军	广东省深圳市人民南路发展中心大厦	82285565
000058	深 赛 格	深圳赛格股份有限公司	C51	张为民	王　楚	广东省深圳市福田区红荔路群星广场	83675017
000059	G 辽 通	辽宁华锦通达化工股份有限公司	C43	冯恩良	李万忠	广东省深圳市深南中路 13 号新城大厦	0427-5855742
000060	G 中 金	深圳市中金岭南有色金属股份有限公司	C67	李进明	张水鉴	广东省深圳市福田区深南大道 6013 号	83474800-236
000061	G 农产品	深圳市农产品股份有限公司	H01	陈少群	祝俊明	广东省深圳市布吉路 1021 号天乐大厦	25850936
000062	深圳华强	深圳华强实业股份有限公司	M	梁光伟	方德厚	广东省深圳市深南中路华强路口	83030181
000063	G 中 兴	中兴通讯股份有限公司	G81	侯为贵	殷一民	深圳市高新技术产业园科技南路	26770282
000065	G 北 方	北方国际合作股份有限公司	E0115	何晓东	李建民	深圳市福田区天安数码城创新科技园区	83433922/3433389-661
000066	长城电脑	中国长城计算机深圳股份有限公司	G83	陈肇雄	周庚申	深圳市南山区科技园长城计算机大厦	26634759
000068	赛格三星	深圳市赛格三星股份有限公司	C51	张为民	李　炳	深圳市大工业区兰竹东路 23 号	89938888-1862
000069	华侨城 A	深圳华侨城控股股份有限公司	K34	张整魁	刘平春	广东省深圳南山区华侨城办公大楼	26907666-351
000070	特发信息	深圳市特发信息股份有限公司	C51	张俊林	张俊林	中国深圳市南山区科技工业园	26506649
000078	海王生物	深圳市海王生物工程股份有限公司	C81	张思民	刘占军	深圳市南山区南油大道海王大厦	26416065
000088	盐田港 A	深圳市盐田港股份有限公司	F11	陈钦硕	徐晓阳	深圳市盐田港海港大厦十九层	25290923
000089	G 深机场	深圳市机场股份有限公司	F11	杨进军	陈金祖	深圳市宝安区黄田国际机场	27776331
000090	深 天 健	深圳市天健(集团)股份有限公司	E01	高振怀	姜永贵	广东省深圳市福田区红荔西路 7058 号	0755-83928130
000096	广聚能源	深圳市广聚能源股份有限公司	H03	王建彬	仲澄澋	深圳市蛇口新街蛇口大厦 6 楼	26690988，6820615
000099	中信海直	中信海洋直升机股份有限公司	F09	李士林	李建一	深圳市南山区麒麟路 21 号	26971630，6971945
000100	TCL 集团	TCL 集团股份有限公司	C55	李东生	李东生	广东省深圳市高新技术开发区	0755-26894118
000150	光电股份	麦科特光电股份有限公司	C78	许振东	李立新	深圳市南山区高新技术工业园南区	0755-26972877
000151	中成股份	中成进出口股份有限公司	K99	邹宝中	陈龙波	北京市安定门西滨河路 9 号	010-64218520
000152	山 航 B	山东航空股份有限公司	F09	贾复文	曾国强	济南市历下区二环路 18 号	86-531-5698678
000153	丰原药业	安徽丰原药业股份有限公司	C81	张　成	朱　云	安徽省合肥市屯溪路 168 号	0565-6350985
000155	川化股份	川化股份有限公司	C43	苏重光	邹仲平	四川省成都市青白江区大弯镇	028-89301891
000156	★ST 嘉瑞	湖南嘉瑞新材料集团股份有限公司	C49	李　健	胡高洁	湖南省长沙市芙蓉中路海东青大厦	0731-4318808-776
000157	中联重科	长沙中联重工科技发展股份有限公司	C7	詹纯新	殷正富	长沙市银盆南路 307 号	0731-8928188
000158	常山股份	石家庄常山纺织股份有限公司	C11	汤彰明	肖荣智	河北省石家庄市和平东路 183 号	0311-6674136
000159	国际实业	新疆国际实业股份有限公司	H	丁治平	丁治平	新疆维吾尔自治区乌鲁木齐市黄河路 1 号恒昌大厦	0991-5854232
000160	帝贤 B	承德帝贤针纺股份有限公司	C11	王淑贤	石百年	河北省承德县下板城镇	0314-3115049
000168	雷伊 B	广东雷伊(集团)股份有限公司	C1301	陈鸿成	陈鸿成	广东省深圳市福田区中心福华一路	0755-82960823
000301	丝绸股份	吴江丝绸股份有限公司	C11	董东立	钱元新	江苏省吴江市盛泽镇舜新中路 39 号	0512-63558328
000400	G 许继	许继电气股份有限公司	C76	王纪年	李富生	河南省许昌市建设路 178 号	0374-3212348
000401	冀东水泥	唐山冀东水泥股份有限公司	C61	张增光	于九洲	唐山市丰润区林荫路	0315-3083349/3244005
000402	金 融 街	金融街控股股份有限公司	J01	王功伟	刘世春	北京市西城区金融大街 19 号	010-66573068

续表 2 Continued 2

代码 Code	股票简称 Shares Abbreviation	公司全称 Companies	行业代码 Industries Code	董事长 Board Chairman	总经理 General Manager	地址 Address	电话 Telephone Number
000403	三九生化	三九宜工生化股份有限公司	C43	史跃武	史跃武	深圳市福田区滨河路北联合广场 A 座	82910777
000404	华意压缩	华意压缩机股份有限公司	C73	余笑兵	熊文华	江西省景德镇市新厂东路 28 号	0798-8441770-2215
000406	石油大明	中国石化胜利油田大明(集团)股份有限公司	B03	薛万东	周长江	山东省东营市济南路 228 号	0546-8556533
000407	胜利股份	山东胜利股份有限公司	C49	王 鹏	雷宪军	山东省济南市黑虎泉西路 139 号	0531-6930581
000408	玉源控股	玉源控股股份有限公司	C61	路 联	戴灌华	北京市西城区德外黄寺大街 24 号甲	010-82284572
000409	★ST 四通	四通集团高科技股份有限公司	C73	范敬孝	杨 磊	深圳市福田福华一路国际商会大厦	
000410	沈阳机床	沈阳机床股份有限公司	C71	陈惠仁	耿洪臣	沈阳市铁西区北二东路 10-1 号	024-25876185
000411	英特集团	浙江英特集团股份有限公司	H1130	王先龙	姜巨舫	杭州市延安路 508 号	057185028752
000413	宝石 A	石家庄宝石电子玻璃股份有限公司	C51	董庆祥	宋洪波	河北省石家庄市中山东路华清街 2 号	0311-6044705
000415	汇通水利	新疆汇通(集团)股份有限公司	E01	钟碧城	杨天明	新疆乌鲁木齐市黄河路 22 号汇通大厦	0991-5852082
000416	健特生物	青岛健特生物投资股份有限公司	C0399	陈 青	丁斌业	山东省青岛市太平角六路十二号	0532-2857899
000417	合肥百货	合肥百货大楼集团股份有限公司	H11	郑晓燕	郑晓燕	安徽省合肥市长江中路 150 号	0551-2686017
000418	小天鹅 A	无锡小天鹅股份有限公司	C76	李石生	柴新建	中国江苏无锡惠钱路 67 号	0510-3704003-2022
000419	通程控股	长沙通程控股股份有限公司	H11	周兆达	周兆达	长沙市枫林 1 路 19 号	0731-5534994
000420	吉林化纤	吉林化纤股份有限公司	C47	王进军	刘树甫	吉林省吉林市九站街 516-1 号	0432-3502331
000421	南京中北	南京中北(集团)股份有限公司	K01	薛乐群	郭试平	江苏省南京市通江路 16 号	025-86383614
000422	湖北宜化	湖北宜化化工股份有限公司	C43	蒋远华	王华雄	湖北省宜昌市东山大道 102 号	0717-6442268
000423	东阿阿胶	山东东阿阿胶股份有限公司	C81	刘维志	章 安	山东省东阿县阿胶街 78 号	0635-3264128
000425	徐工科技	徐州工程机械科技股份有限公司	C73	王 民	杨 勇	江苏省徐州市苏堤北路 5 号	0516-5753151
000426	大地基础	赤峰大地基础产业股份有限公司	D01	景树森	景树森	内蒙古自治区赤峰市松山区西站大厦	0476-2216622
000428	华天酒店	湖南华天大酒店股份有限公司	K34	陈纪明	丁文国	长沙市解放东路 300 号	0731-4442888-80842
000429	粤高速 A	广东省高速公路发展股份有限公司	F11	曹晓峰	霍燕滨	广东省广州市白云路 85 号	020-83731365
000430	张家界	张家界旅游开发股份有限公司	K34	于立群	胡尼勇	长沙市芙蓉中路松桂园海东青大厦	0731-4312122-817
000468	宁通信 B	南京普天通信股份有限公司	G81	励伟德	孙 良	南京市秦淮区普天路 1 号	025-52409954
000488	晨鸣纸业	山东晨鸣纸业集团股份有限公司	C31	陈洪国	李源洙	山东省寿光市圣城街 595 号	0536-2156488
000498	丹东化纤	丹东化学纤维股份有限公司	C47	梁 健	王福成	辽宁省丹东市振兴区纤维街 58 号	0415-6193718
000501	鄂武商 A	武汉武商集团股份有限公司	H11	王冬生	刘江超	湖北省武汉市汉口解放大道 688 号	027-85714295
000502	恒大地产	恒大地产股份有限公司	J01	李 钢	谈朝晖	广州市天河区体育西路 109 号	020-38791075
000503	海虹控股	海虹企业(控股)股份有限公司	M	曾塞外	康 健	海南省海口市滨海大道文华酒店	0898-68510496
000504	赛迪传媒	北京赛迪传媒投资股份有限公司	L01	李 颖	赵明生	北京市海淀区中关村南大街 1 号	010-68710712-806
000505	ST 珠江	海南珠江控股股份有限公司	J01	郑 清	郑 清	海南省海口市滨海大道珠江广场	0898-68581972
000506	东泰控股	四川东泰产业(控股)股份有限公司	C31	史文涛	徐 晖	上海市中山南一路 1065 号 2801 室	021-63034198
000507	粤富华	珠海经济特区富华集团股份有限公司	M	阎 前	盛建良	广东省珠海市拱北北岭工业区	0756-8286336
000509	同人华塑	同人华塑股份有限公司	A07	刘壮成	刘壮成	四川省成都市大业路 39 号大业大厦	028-86658666-1301
000510	金路集团	四川金路集团股份有限公司	C43	何光昶	孙万章	四川省德阳市岷江西路二段 57 号	0838-2207936
000511	银基发展	沈阳银基发展股份有限公司	J01	沈志奇	郑若轻	辽宁省沈阳市和平区十一纬路 82 号	024-22958933
000512	闽灿坤 B	厦门灿坤实业股份有限公司	C76	蔡渊松	杨文芳	厦门市湖里工业区兴隆路 88 号	0592-5681819
000513	丽珠集团	丽珠医药集团股份有限公司	C81	朱保国	萧思阳	广东省珠海市拱北桂花北路丽珠大厦	0756-8135993
000514	G 渝开发	重庆渝开发股份有限公司	J	粟志光	罗宇星	重庆市渝中区曾家岩 1 号附 1 号	023-63856995
000515	攀渝钛业	攀钢集团重庆钛业股份有限公司	C43	吴家成	陈新桂	重庆市巴南区走马二村 51 号	023-62551279
000516	陕解放 A	西安解放集团股份有限公司	H11	刘文胜	王爱萍	西安解放市场 6 号	029-87217131
000517	甬成功	成功信息产业(集团)股份有限公司	G81	陈 新	刘铁华	宁波市科技园区	0574-27877369
000518	四环生物	江苏四环生物股份有限公司	C8501	孙国建	颜祖荫	江苏省江阴市滨江开发区定山路 10 号	0510-6408558
000519	银河动力	成都银河动力股份有限公司	C71	郑永龙	高 麟	四川省成都市新都区龙桥镇	028-83068899
000520	中国凤凰	中国石化武汉凤凰股份有限公司	C41	邬昆华	邬昆华	湖北省武汉市青山区长青路	027-86516722

续表 3 Continued 3

代码 Code	股票简称 Shares Abbreviation	公司全称 Companies	行业代码 Industries Code	董事长 Board Chairman	总经理 General Manager	地 址 Address	电话 Telephone Number
000521	美菱电器	合肥美菱股份有限公司	C76	顾维军	李士军	安徽省合肥市芜湖路48号	0551-2883122
000522	白云山A	广州白云山制药股份有限公司	C81	夏泽民	齐兆基	广东省广州市白云区同和街云祥路	020-87063455
000523	G浪奇	广州市浪奇实业股份有限公司	C43	陈翔志	傅勇国	广州市天河区黄埔大道东128号	020-82162933
000524	东方宾馆	广州市东方宾馆股份有限公司	K32	翁亚绪		广东省广州市流花路120号	020-86662791
000525	红太阳	南京红太阳股份有限公司	C43	杨寿海	芮中南	南京市汉中路89号金鹰国际商城	025-84785833
000526	旭飞投资	厦门旭飞投资股份有限公司	M	田 峰	郭俊东	深圳市罗湖区经二路38号华清园	82496129
000527	美的电器	广东美的电器股份有限公司	C76	何享健	方洪波	广东省顺德市北窖镇蓬莱路	0757-26338804
000528	桂柳工A	广西柳工机械股份有限公司	C73	王晓华	曾光安	广西柳州市柳太路1号	0772-3886509
000529	★ST美雅	广东美雅集团股份有限公司	C11	陈柏森	曹 杰	广东鹤山市人民西路40号	0750-8888888-2081
000530	大冷股份	大连冷冻机股份有限公司	C71	张 和	张 和	大连市沙河口区西南路888号	0411-6538130
000531	穗恒运A	广州恒运企业集团股份有限公司	D01	夏藩高	肖晨生	广州经济技术开发区开发大道728号	020-82099511
000532	力合股份	力合股份有限公司	D01	冯冠平	许楚镇	广东省珠海市唐家大学路101号	0756-3612810
000533	万家乐A	广东万家乐股份有限公司	C76	张少松	李 智	广东省顺德顺峰工业区	0757-22321232
000534	汕电力A	汕头电力发展股份有限公司	D01	黄振光	赵亚江	广东汕头市珠池路23号光明大厦B座	0754-8857382，885738
000536	ST闽闽东	闽东电机(集团)股份有限公司	C76	刘捷明	戴 露	福建省福州市五一中路88号平安大厦	0591-83364248
000537	广宇发展	天津广宇发展股份有限公司	M	赵 健	孟祥科	天津市南开区白堤路学府花园别墅	022-28010550
000538	云南白药	云南白药集团股份有限公司	C81	王明辉	王明辉	云南省昆明市二环西路222号	0871-8350538
000539	粤电力A	广东电力发展股份有限公司	D01	潘 力	刘罗寿	广州市天河东路粤电广场26楼	020-85138082
000540	世纪中天	世纪中天投资股份有限公司	M	鲁 石	田 茂	贵州省贵阳市云岩区吉祥路1号	010-68943811
000541	佛山照明	佛山电器照明股份有限公司	C76	钟信才	刘醒明	广东省佛山市汾江北路15号	0757-82810239
000543	皖能电力	安徽省皖能股份有限公司	D01	张绍仓	张绍仓	安徽省合肥市马鞍山路99号	0551-4672679
000544	白鸽股份	白鸽(集团)股份有限公司	C61	刘先超	周林森	河南省郑州市华山路78号	0371-7198530
000545	吉林制药	吉林制药股份有限公司	C81	张守斌	兰守庆	吉林省吉林市长春路99号	0432-5079887
000546	ST吉光华	吉林光华控股集团股份有限公司	J01	许 华	张 虹	长春市建设街81号	0431-8523476
000547	闽福发A	神州学人集团股份有限公司	G8101	张荣刚	王 勇	福州市五一南路67号	0591-83260868
000548	湖南投资	湖南投资集团股份有限公司	K01	谭应求		长沙市芙蓉中路508号	0731-2327666
000549	湘火炬A	湘火炬汽车集团股份有限公司	C75	谭旭光	聂新勇	湖南省株洲市红旗北路3号	0733-8450105
000550	江铃汽车	江铃汽车股份有限公司	C75	王锡高	陈远清	江西省南昌市迎宾北大道509号	0791-5231889
000551	创元科技	创元科技股份有限公司	C7	张志忠	曹 进	江苏省苏州市南门东二路4号	0512-68241551
000552	★ST长风	甘肃靖远煤电股份有限公司	C76	罗福乾	陈 虎	甘肃省兰州市城关区雁滩路3501号	0931-7993712
000553	沙隆达A	湖北沙隆达股份有限公司	C43	李作荣	郑先海	湖北省荆州市北京东路93号	0716-8114595
000554	泰山石油	中国石化山东泰山石油股份有限公司	H03	冯东青		山东省泰安市东岳大街104号	0538-8265105
000555	ST太光	深圳市太光电信股份有限公司	G8101	王宜明	俞 翔	深圳市福田区泰然工业区201栋2楼	0755-26037327
000557	★ST广夏	广夏(银川)实业股份有限公司	C85	周敏敏	金爱军	宁夏银川市高新技术产业开发区15号	0951-5054984
000558	莱茵置业	莱茵达置业股份有限公司	J01	高继胜	姚景芳	辽宁省沈阳市苏家屯区红椿路88号	024-89191116
000559	万向钱潮	万向钱潮股份有限公司	C75	鲁冠球	周建群	浙江省萧山市宁围镇	0571-82832999-5106
000560	ST昆百大	昆明百货大楼(集团)股份有限公司	H11	何道峰	袁永忠	昆明市东风西路99号	0871-3621681
000561	★ST长岭	长岭(集团)股份有限公司	C76	杨修福	卫阿唐	陕西宝鸡市清姜路75号	0917-3622253
000562	宏源证券	宏源证券股份有限公司	I21	高冠江	张志刚	新疆乌鲁木齐市建设路2号宏源大厦	0991-2301773
000563	陕国投A	陕西省国际信托投资股份有限公司	I31	孙志诚	刘承运	陕西省西安市环城东路南段8号	029-83239354
000564	西安民生	西安民生集团股份有限公司	H11	詹军道	高建平	陕西省西安市解放路103号	029-87481961
000565	渝三峡A	重庆三峡油漆股份有限公司	C43	苏中俊	苏中俊	重庆九龙坡区石坪桥正街121号	023-68825420-3121
000566	G海药	海南海药股份有限公司	C81	刘悉承	许力宏	海南省海口市龙昆北路30号	0232-66785861
000567	海德股份	海南海德实业股份有限公司	M	纪道林	纪道林	海南省海口市滨海大道67号	0898-68535942
000568	G老窖	泸州老窖股份有限公司	C05	谢 明	张 良	四川省泸州市泸州老窖大道	0830-2292023

续表 4　Continued 4

代码 Code	股票简称 Shares Abbreviation	公司全称 Companies	行业代码 Industries Code	董事长 Board Chairman	总经理 General Manager	地　址 Address	电话 Telephone Number
000569	长城股份	攀钢集团四川长城特殊钢股份有限公司	C65	苗长江	王　政	四川省江油市江东路 195 号	0816-3645071
000570	苏常柴 A	常柴股份有限公司	C71	张骏原	薛国俊	中国江苏常州市怀德中路 123 号	0519-6610041
000571	新大洲 A	新大洲控股股份有限公司	C75	赵序宏	赵序宏	海南省海口市珠江广场帝豪大厦 19 楼	0898-68583588
000572	G 金 盘	海南金盘实业股份有限公司	M	景　柱	胡　群	海南省海口市金盘工业金盘路 21 号	0898-66822672
000573	粤宏远 A	东莞宏远工业区股份有限公司	M	陈　林	周明轩	广东省东莞市宏远工业区宏远大厦	0769-2412655
000576	广东甘化	江门甘蔗化工厂(集团)股份有限公司	C01	周　润	邹敦华	广东省江门市甘化路 1 号	0750-3277650
000578	数码网络	青海数码网络投资(集团)股份有限公司	H21	钟小剑	张德雷	青海省西宁市五四大街 39 号	0971-6138725
000581	威孚高科	无锡威孚高科技股份有限公司	C71	许良飞	韩江明	无锡市人民西路 107 号	0510-2719579
000582	北 海 港	北海市北海港股份有限公司	F	徐文元	徐文元	广西北海市海角路 145 号	0779-3922254
000583	★ST 托普	四川托普软件投资股份有限公司	G87	夏育新	夏育新	四川省成都市金牛区土桥工业开发区	028-7675467
000584	舒卡股份	四川舒卡特种纤维股份有限公司	M	李峰林	程高潮	四川省成都市蜀都大道暑袜北三街	028-86757539
000585	ST 东北电	东北电气发展股份有限公司	C7610	瞿　林	张　斌	中国辽宁省沈阳市和平区太原南街	024-23527080
000586	G 汇 源	四川汇源光通信股份有限公司	H21	朱开友	刘中一	四川省成都国家高新技术产业开发区	028-87826078
000587	ST 光 明	光明集团家具股份有限公司	C25	马中文	周英年	黑龙江省伊春市伊春区青山西路 11 号	0458-3667082
000589	黔轮胎 A	贵州轮胎股份有限公司	C48	马世春	马世春	贵州省贵阳市百花大道 41 号	0851-4767826
000590	紫光古汉	清华紫光古汉生物制药股份有限公司	C81	郭元林	刘　箭	湖南省衡阳市先锋路 54 号	0734-8239335
000591	桐 君 阁	重庆桐君阁股份有限公司	C81	雷　励	田　平	重庆市渝中区解放西路 1 号	023-89885208
000592	★ST 昌源	福建省昌源投资股份有限公司	J01	何尔涛	王小宁	福建省福州市东街 123 号航空大厦	0591-87621012
000593	宝光药业	四川宝光药业科技开发股份有限公司	H11	李占通	刘　强	四川省成都市八宝街 88 号国信广场	028-84312393
000594	内蒙宏峰	内蒙古宏峰实业股份有限公司	B07	张亚光	李晓明	内蒙古赤峰市红山区六西街	010-62795078
000595	西北轴承	西北轴承股份有限公司	C71	李树明	索战海	银川市新市区北京西路	0951-2024242
000596	★ST 古井 A	安徽古井贡酒股份有限公司	C0399	王　锋	王德杰	安徽省亳州市古井镇	0558-5710057
000597	东 北 药	东北制药集团股份有限公司	C81	董增贺	刘　琰	沈阳市铁西区重工北街 37 号	024-25806963
000598	蓝星清洗	蓝星清洗股份有限公司	C43	陆韶华	庞树启	北京市朝阳区北三环东路 19 号	010-64448671
000599	G 双 星	青岛双星股份有限公司	C4801	汪　海	宋　新	青岛市贵州路 5 号海富楼三楼	0532-2657986
000600	G 建 投	河北建投能源投资股份有限公司	D01	王永忠	王廷良	河北省石家庄市广安大街 1 号	0311-6672224
000601	韶能股份	广东韶能集团股份有限公司	D01	徐　兵	陈来泉	广东省韶关市惠民南路 148 号	0751-8153162
000602	G 金 马	广东金马旅游集团股份有限公司	G8501	高洪德	吕　强	广东潮州市潮枫路旅游大厦四层	0768-2356005
000603	ST 威 达	威达医用科技股份有限公司	C73	吕建中	文民生	深圳市福田区北环大道 7043 号	0755-25987821
000605	四环药业	四环药业股份有限公司	C8501	陈　军	姚丽萍	北京市西城区阜外大街 3 号	010-68003377-8808
000606	青海明胶	青海明胶股份有限公司	C43	赵　华	杨　公	青海省西宁市付东路 13 号	0971-8013495
000607	G 华 立	重庆华立控股股份有限公司	C78	汪　诚	赵晓光	重庆市江北区建新北路 76 号	023-67752652
000608	阳光股份	广西阳光股份有限公司	J01	唐　军	侯国民	北京市西城区西直门南大街成铭大厦	010-66185187
000609	燕化高新	北京燕化高新技术股份有限公司	C43	郑　宽	郑　宽	北京市丰台区丰台科技城海鹰路	010-69346820
000610	西安旅游	西安旅游(集团)股份有限公司	K34	蔡建新	王西定	陕西省西安市南二环西段 27 号	029-82065555
000611	时代科技	内蒙古时代科技股份有限公司	C7805	王小兰	潘燕明	北京市海淀区上地西路 28 号	010-82684310
000612	焦作万方	焦作万方铝业股份有限公司	C67	金保庆	乔桂玲	河南省焦作市塔南路 160 号	0391-3903793
000613	★ST 东海 A	海南大东海旅游中心股份有限公司	K32	黎愿斌	吴元元	海南三亚市大东海滨海度假村	0898-88219921
000615	湖北金环	湖北金环股份有限公司	C47	王凤岐	王卫民	湖北省襄樊市樊城区陈家湖	0710-2108234
000616	亿城股份	亿城集团股份有限公司	J01	李　强	李　强	北京市海淀区长春桥路 11 号	010-58816885
000617	石油济柴	济南柴油机股份有限公司	C71	马广悦	姜小兴	山东省济南市文化西路 14 号	0531-2965971
000618	吉林化工	吉林化学工业股份有限公司	C43	于　力	张兴福	吉林省吉林市龙潭区龙潭大街 9 号	0432-3903651
000619	海螺型材	芜湖海螺型材科技股份有限公司	C4905	李顺安	纪勤应	安徽芜湖市经济技术开发区港湾路	0553-5840151
000620	★ST 圣方	黑龙江圣方科技股份有限公司	C41	李红旗	李红旗	西安市和平路 22 号盛唐国际大厦	029-87516002

续表 5　Continued 5

代码 Code	股票简称 Shares Abbreviation	公司全称 Companies	行业代码 Industries Code	董事长 Board Chairman	总经理 General Manager	地　址 Address	电话 Telephone Number
000622	★ST 恒立	岳阳恒立冷气设备股份有限公司	C73	殷明坤	刘　丹	湖南省岳阳市青年中路	0730-8245282
000623	G 敖 东	吉林敖东药业集团股份有限公司	C81	李秀林	朱　雁	吉林省敦化市胜利南大街 88 号	0433-6224462
000625	长安汽车	重庆长安汽车股份有限公司	C75	尹家绪	赵鲁川	重庆市江北区建新东路 260 号	023-67591049
000626	如意集团	连云港如意集团股份有限公司	M	李炳源	刘士君	连云港市新浦北郊路 6 号	0518-5153595
000627	G 百 科	湖北百科药业股份有限公司	C43	刘益谦	付永进	湖北省荆门市杨湾路 132 号	0724-2223218
000628	倍特高新	成都倍特发展集团股份有限公司	J01	方　兆	方　兆	四川省成都市成都高新技术产业开发区	028-85199519
000629	G 新钢钒	攀枝花新钢钒股份有限公司	C65	洪及鄙	孙仁孝	四川省攀枝花市东区大渡口街 55 号	0812-3393698，339288
000630	G 铜 都	安徽铜都铜业股份有限公司	C67	韦江宏	汪仁发	安徽省铜陵市长江西路有色大院	0562-2825029
000631	★ST 兰宝	兰宝科技信息股份有限公司	C7540	刘铁杲	赵炜邑	吉林省长春高新产业技术产业开发区	04315528289
000632	三木集团	福建三木集团股份有限公司	M	兰　隽	陈维辉	福建省福州市群众东路 93 号三木大厦	0591-83355146
000633	合金投资	沈阳合金投资股份有限公司	M	吴　岩	李成豪	沈阳市沈河区二纬路 23 号沈阳军区	024-31309633
000635	G 英力特	宁夏英力特化工股份有限公司	C43	秦江玉	任育杰	宁夏石嘴山市惠农区河滨工业园	0952-3312333
000636	风华高科	广东风华高新科技股份有限公司	C51	梁力平	曹伟建	广东省肇庆市西江北路风华电子工业区	0758-2850984
000637	茂化实华	茂名石化实华股份有限公司	C41	郭劲松	成家炯	广东省茂名市官渡路 162 号	0668-2276176
000638	★ST 中辽	中国辽宁国际合作(集团)股份有限公司	M	董荣生	熊政平	辽宁省沈阳市和平区中华路 126 号	024-23271740
000639	金德发展	湖南金德发展股份有限公司	C6905	张　澎	段振宇	株洲市天元区长江北路 333 号	0733-2867187
000650	★ST 九化	九江化纤股份有限公司	C47	余小华	邓新贵	江西省九江市纤维厂厂区	0792-8315675
000651	格力电器	珠海格力电器股份有限公司	C76	朱江洪	董明珠	珠海市前山金鸡西路 6 号	(0756)8614883-2416
000652	G 泰 达	天津泰达股份有限公司	F11	刘惠文	吴树桐	天津市河东区十一经路 81 号	022-24138617-536
000655	华光陶瓷	山东淄博华光陶瓷股份有限公司	C61	苏同强	徐鹏程	山东省淄博市张店区湖田镇湖光路	0533-2064314
000656	ST 东 源	重庆东源产业发展股份有限公司	C6515	屈　波	屈　波	重庆市江北区建新南路 16 号	023-89072381
000657	中钨高新	中钨高新材料股份有限公司	C67	徐　兵	徐兵(代)	海南省海口市龙昆北路 2 号	0898-68581224
000659	G 中 富	珠海中富实业股份有限公司	C49	黄乐夫	卢焕成	广东省珠海市湾仔镇第一工业区	0756-8821350-3503
000661	长春高新	长春高新技术产业(集团)股份有限公司	C8	杨占民	杨占民	长春市同志街 64 号火炬大厦	0431-5666367
000662	G 索芙特	索芙特股份有限公司	M	梁国坚	邝健雄	广西梧州市新兴二路 137 号	0774-3863582
000663	永安林业	福建省永安林业(集团)股份有限公司	A03	吴景贤	黄总河	福建省永安市燕江东路 12 号	0598-3614875
000665	武汉塑料	武汉塑料工业集团股份有限公司	C49	赵邵安	肖光华	武汉市经济技术开发区沌阳大道 15 号	027-59405215
000666	经纬纺机	经纬纺织机械股份有限公司	C73	张　杰	叶茂新	北京市朝阳区亮马桥路 39 号	010-84534132
000667	名流置业	名流置业集团股份有限公司	J01	刘道明	杨孝玉	云南昆明市国防路 129 号恒安写字楼	0871-3610134
000668	武汉石油	中国石化武汉石油(集团)股份有限公司	H11	陈火军	刘　强	湖北省武汉市江汉区万松小区 18 栋	027-85757897
000669	领先科技	吉林领先科技发展股份有限公司	G81	李建新	高　蓦	吉林市吉林市高新区恒山西路 104 号	0432-4664051
000670	天发石油	天发石油股份有限公司	H11	苗泽春	武　杰	湖北省荆州市江汉北路 106 号	0716-8560320
000671	阳光发展	福建阳光实业发展股份有限公司	M	林腾蛟	王龙荣	福州市高桥路 26 号福建阳光假日大厦	0591-83314119
000672	铜城集团	白银铜城商厦(集团)股份有限公司	H11	张永宏	赵京龙	甘肃省白银市白银区五一街 8 号	0943-8223409
000673	大同水泥	大同水泥股份有限公司	C61	葛晋生	郑建成	山西省大同市矿区口泉五法路一号	0352-4062400
000676	思达高科	河南思达高科技股份有限公司	C78	刘双河	邱求元	河南省郑州市经三路北段 24 号	0371-5793220
000677	山东海龙	山东海龙股份有限公司	C47	逄奉建	逄奉建	山东省潍坊市寒亭区潍县北路 555 号	0536-7275007
000678	襄阳轴承	襄阳汽车轴承股份有限公司	C75	高少兵	殷敬民	湖北省襄樊市襄城区轴承路 1 号	0710-3577215
000679	大连友谊	大连友谊(集团)股份有限公司	H11	田益群	杜善津	辽宁省大连市中山区七一街 1 号	0411-82802712
000680	山推股份	山推工程机械股份有限公司	C73	周庆庭	张秀文	山东省济宁市太白楼东路 58 号	0537-2909532

续表 6 Continued 6

代码 Code	股票简称 Shares Abbreviation	公司全称 Companies	行业代码 Industries Code	董事长 Board Chairman	总经理 General Manager	地 址 Address	电话 Telephone Number
000681	远东股份	远东实业股份有限公司	C13	李晓卫	林晓滨	江苏省常州市新北区岷江路1号	0519-5131666
000682	东方电子	烟台东方电子信息产业股份有限公司	G87	梁贤久	丁振华	山东省烟台市世回尧路228号	0535-6582228
000683	★ST天然	内蒙古远兴天然碱股份有限公司	C43	戴连荣	贺占海	内蒙古鄂尔多斯市东胜区	0477-8539874
000685	公用科技	中山公用科技股份有限公司	K01	郑钟强	黄焕明	广东省中山市兴中道18号财兴大厦	0760-8380023
000686	锦州六陆	锦州经济技术开发区六陆实业股份	M	陈青松	杨晋平	辽宁省锦州市古塔区红星里9号	0416-4561247
000687	G天鹅	保定天鹅股份有限公司	C47	王东兴	宋学明	河北省保定市纸厂路1号	0312-3322262
000688	朝华集团	朝华科技(集团)股份有限公司	G8701	赵晓轮	黄小石	成都市二环路西一段90号	023-68886881-8006
000690	G宝丽华	广东宝丽华实业股份有限公司	M	宁远喜	林锦平	梅州市梅县华侨城香港花园	0753-2511298
000691	★ST寰岛	海南寰岛实业股份有限公司	M	张燕瑾	刘小波	海南省海口市人民大道25号	0898-66255909
000692	惠天热电	沈阳惠天热电股份有限公司	D01	孙 杰	杨兆生	沈阳市沈河区热闹路47号	024-22928062
000693	聚友网络	成都聚友网络股份有限公司	L2099	陈 健	许 柯	四川省成都市人民南路四段50号	028-86480069
000695	G滨能	天津滨海能源发展股份有限公司	C43	张继光	范 勇	天津市开发区第十一大街27号	022-66203189
000697	咸阳偏转	咸阳偏转股份有限公司	C51	池维怀	池维怀	陕西省咸阳市渭阳西路70号	0910-3628567
000698	沈阳化工	沈阳化工股份有限公司	C43	王大壮	梁会山	辽宁省沈阳市铁西区卫工北街46号	024-25553506
000699	★ST佳纸	佳木斯金地造纸股份有限公司	C31	帅建伦	付 平	黑龙江省佳木斯市光复路306号	0454-8375070
000700	模塑科技	江南模塑科技股份有限公司	C7505	陶 炜	曹克波	江苏省江阴市周庄镇长青路8号	0510-6242802
000701	厦门信达	厦门信达股份有限公司	M	周昆山	陈淑照	福建省厦门市湖里信宏大厦二楼	0592-6021666-1718
000702	正虹科技	湖南正虹科技发展股份有限公司	C01	吴明夏	戴耀先	湖南省岳阳市屈原管理区营田镇	
000703	世纪光华	世纪光华科技股份有限公司	G81	乔向明	赵育民	河南省郑州市建设西路187号	0371-7422266
000705	浙江震元	浙江震元股份有限公司	H01	宋逸婷	陈利民	浙江省绍兴市解放北路289号	0575-5144161
000706	瓦轴B	瓦房店轴承股份有限公司	C71	王路顺	邵 阳	辽宁省瓦房店市北共济街一段	0411-5509888-3373
000707	双环科技	湖北双环科技股份有限公司	C43	吴党生	万年春	湖北省应城市东马坊团结大道26号	0712-3591099
000708	大冶特钢	大冶特殊钢股份有限公司	C65	曾重清	钱 刚	湖北省黄石市黄石大道316号	0714-6293836，629467
000709	G唐钢	唐山钢铁股份有限公司	C65	王天义	张永昌	河北省唐山市滨河路9号	0315-2702825
000710	ST天仪	成都天兴仪表股份有限公司	C75	文 武	李道友	四川省成都市外东十陵镇	028-84613721
000711	天伦置业	黑龙江天伦置业股份有限公司	K34	张 雄	张伟胜	黑龙江省哈尔滨市经济技术开发区	0451-82335442
000712	锦龙股份	广东锦龙发展股份有限公司	C11	杨志茂	朱颂东	广东省清远市新城八号区方正二街	0763-3369393
000713	丰乐种业	合肥丰乐种业股份有限公司	A01	吴大香	王春生	安徽省合肥市长江西路501号	0551-5326603
000715	中兴商业	中兴-沈阳商业大厦(集团)股份有限公司	H11	刘芝旭	刘芝旭(代)	辽宁省沈阳市和平区太原北街86号	024-23836008
000716	南方控股	广西南方控股股份有限公司	M	韦清文	韦清文	广西南宁市双拥路36号	0771-5306588
000717	G韶钢	广东韶钢松山股份有限公司	C65	曾德新	黄旭明	广东省韶关市曲江县马坝	0751-8787265
000718	G★ST环球	苏宁环球股份有限公司	C3105	张桂平	张桂平	吉林省吉林市松江西路37号	0432-2702983，270322
000719	ST鑫安	焦作鑫安科技股份有限公司	C43	谢国胜	柴志平	河南省焦作市解放区环城北路28号	0391-2925951-256
000720	鲁能泰山	山东鲁能泰山电缆股份有限公司	D0101	路寿山	赵启昌	山东省泰安市普照寺路5号	0538-8539812
000721	西安饮食	西安饮食服务(集团)股份有限公司	K30	刘龙宇	王一萌	陕西省西安市东大街298号	029-87232416
000722	金果实业	湖南金果实业股份有限公司	M	邓军民	水佑明	湖南长沙市高新技术开发区麓枫路	0734-8211188
000723	天宇电气	福州天宇电气股份有限公司	C76	尚衍国	谢世坤	福建省福州市新店南平路	0591-87916470
000725	G京东方	京东方科技集团股份有限公司	C51	王东升	梁新清	北京市朝阳区酒仙桥路10号	010-64366264
000726	鲁泰A	鲁泰纺织股份有限公司	C11	刘石祯	刘石祯	山东省淄博市淄川区松龄东路81号	0533-5285166
000727	华东科技	南京华东电子信息科技股份有限公司	C76	赵竟成	司云聪	南京市汉中路89号金鹰国际商城26楼	025-84700090-568
000728	北京化二	北京化二股份有限公司	C43	吕常钦	张玉秋	北京市朝阳区大郊亭	010-67758106
000729	燕京啤酒	北京燕京啤酒股份有限公司	C05	李福成	李福成	北京市顺义区双河路9号	010-89490729
000731	四川美丰	四川美丰化工股份有限公司	C43	张晓彬	曾昌耀	四川省德阳市蓥华南路10号	0838-2304235
000732	福建三农	福建三农集团股份有限公司	C43	季年谊	刘永和	福建省福州市湖东路298号	0591-87800884

续表 7 Continued 7

代码 Code	股票简称 Shares Abbreviation	公司全称 Companies	行业代码 Industries Code	董事长 Board Chairman	总经理 General Manager	地　址 Address	电话 Telephone Number
000733	振华科技	中国振华(集团)科技股份有限公司	C51	陈清洁	刘一凡	贵州省贵阳市新天大道150号	0851-6304901
000735	罗 牛 山	海口农工贸(罗牛山)股份有限公司	A05	邓传明	谢　京	海南省海口市珠江广场帝豪大厦9楼	0898-68581213
000736	ST 重 实	重庆国际实业投资股份有限公司	C7	顾　玫	罗　敏	重庆市渝北区紫荆路4号6栋2-1-B	023-67530016
000737	南风化工	南风化工集团股份有限公司	C43	王跃宣	王跃宣	山西省运城市解放路294号	0359-8967035
000738	南方摩托	南方摩托股份有限公司	C75	王英杰	彭建武	湖南省株洲市董家(土段)	07338559515
000739	普洛康裕	普洛康裕股份有限公司	C8101	徐文财	葛萌芽	青岛市市南区湛山一路16号	
000748	长城信息	长城信息产业股份有限公司	G83	杨　军	高　雷	湖南省长沙市雨花路161号	0731-5559794
000750	桂林集琦	桂林集琦药业股份有限公司	C81	刘及响	胡建平	广西壮族自治区桂林市育才路55号	0773-5876610
000751	锌业股份	葫芦岛锌业股份有限公司	C67	高良宾	吴明观	辽宁省葫芦岛市龙港区锌厂路24号	2104084
000752	西藏发展	西藏银河科技发展股份有限公司	C05	闫清江	于宏伟	成都市一环路南四段(高升桥东路)	028-85198132
000753	漳州发展	福建闽南(漳州)经济发展股份有限公司	F1101	庄道火	洪火木	漳州市芗城区工行大厦8楼	0596-2671753
000755	山西三维	山西三维集团股份有限公司	C43	仝立祥	杨学英	山西省洪洞县赵城	0357-6663123
000756	新华制药	山东新华制药股份有限公司	C81	贺　端	郭　琴	山东省淄博市高新技术产业开发区	0533-2287508
000757	方向光电	四川方向光电股份有限公司	C71	刘汝泉	刘汝泉	四川省内江市甜城大道	0832-2202757
000758	中色股份	中国有色金属建设股份有限公司	E01	罗　涛	王宏前	北京市海淀区复兴路戊12号	010-63955911
000759	武汉中百	武汉中百集团股份有限公司	H11	汪爱群	张锦松	湖北省武汉市江汉区江汉路129号	027-82777083
000760	★ST 博盈	湖北博盈投资股份有限公司	C75	管　琪	彭东阳	湖北省荆州市江津西路288号	0716-8270288
000761	本钢板材	本钢板材股份有限公司	C65	李墨华	李墨华	辽宁省本溪市平山区人民路16号	0414-7827004
000762	西藏矿业	西藏矿业发展股份有限公司	B05	肖永恩	拉巴次仁	西藏自治区拉萨市中和国际城	028-84443517
000763	锦州石化	锦州石化股份有限公司	C41	吕文君	李　波	辽宁省锦州市古塔区重庆路2号	0416-4159024
000766	★ST 通金	通化金马药业集团股份有限公司	C81	刘立成	刘立成	吉林省通化市东昌区江南路100-1号	0435-3907298
000767	G 漳 电	山西漳泽电力股份有限公司	D01	孟振平	王清文	山西省太原市五一路279号	0351-3115120
000768	西飞国际	西安飞机国际航空制造股份有限公司	C75	高大成	梁超军	陕西省西安市阎良区红安路一号	029-86846976
000770	武 锅 B	武汉锅炉股份有限公司	C71	陈伯虎	向荣伟	湖北省武汉市武昌区武路路586号	027-87652719
000771	杭汽轮 B	杭州汽轮机股份有限公司	C71	聂忠海	严建华	浙江省杭州市石桥路357号	0571-85780198
000776	延边公路	延边公路建设股份有限公司	F11	郭仁堂	郭仁堂	吉林省延吉市河南街1号	04332810612
000777	中核科技	中核苏阀科技实业股份有限公司	C71	邱建刚	陈鉴平	苏州市人民路2114号	010-68533037
000778	G 铸 管	新兴铸管股份有限公司	C69	刘明忠	郭士进	河北省武安市上洛阳村北	0310-5792011
000779	三毛派神	兰州三毛实业股份有限公司	C11	江玉森	蒋卫东	甘肃省兰州市西固区玉门街82号	0931-7551627
000780	草原兴发	内蒙古草原兴发股份有限公司	C01	张振武	金现龙	内蒙古自治区赤峰市平庄镇	0476-3514285
000782	美达股份	广东新会美达锦纶股份有限公司	C47	梁广义	梁湛潮(代)	广东省新会市会城镇江会路上浅口	0750-6107981
000783	石 炼 化	石家庄炼油化工股份有限公司	C41	毕建国	毕建国	石家庄炼油化工股份有限公司办公室	0311-5161160
000785	武汉中商	武汉中商集团股份有限公司	H11	严规方	熊佑良	湖北省武汉市武昌区中南路9号	027-87362507
000786	北新建材	北新集团建材股份有限公司	C61	曹江林	王　兵	北京市海淀区三里河路甲11号	010-88082395
000787	创智科技	创智信息科技股份有限公司	G87	丁　亮	丁　亮	湖南省长沙市高新技术产业开发区	0731-8909357
000788	西南合成	西南合成制药股份有限公司	C81	戴泽宇	戴泽宇	重庆市渝北区龙溪镇红金路34号	023-67505500
000789	江西水泥	江西万年青水泥股份有限公司	C61	刘明寿	刘明寿	江西省南昌市高新开发区	0793-3839868
000790	华神集团	成都华神集团股份有限公司	C81	赵卫青	王天祥	成都市高新技术开发区天府大道	028-87739541
000791	★ST 化工	西北永新化工股份有限公司	C43	魏其新	罗志河	甘肃省兰州市东岗东路1205号	0931-4862482
000792	盐湖钾肥	青海盐湖钾肥股份有限公司	C43	郑长山	方勤升	青海省格尔木市察尔汗	0979-8448121
000793	燃气股份	海南民生燃气(集团)股份有限公司	M	朱德华	汪方怀	海南省海口市海甸四东路民生大厦	0898-66196060
000795	太原刚玉	太原双塔刚玉股份有限公司	C61	杜建奎	董　良	太原市并州北路168号	0351-4935313
000796	宝商集团	宝鸡商场(集团)股份有限公司	H11	魏存功	蔺　茂	陕西省宝鸡市经二路114号	0917-3249328
000797	中国武夷	中国武夷实业股份有限公司	E01	郑建国	丘亮新	福建省福州市五四路89号置地广场	0591-87550798
000798	中水渔业	中水集团远洋股份有限公司	A07	刘身利	王鄂生	北京市西单民丰胡同31号	010-88067461

续表 8　Continued 8

代码 Code	股票简称 Shares Abbreviation	公司全称 Companies	行业代码 Industries Code	董事长 Board Chairman	总经理 General Manager	地　址 Address	电话 Telephone Number
000799	酒 鬼 酒	酒鬼酒股份有限公司	C05	杨　波	樊耀传	湖南省吉首市振武营酒鬼工业园	0743-8312079
000800	一汽轿车	一汽轿车股份有限公司	C75	竺延风	张丕杰	吉林省长春市高新技术产业开发区	0431-5781108
000801	ST 湖 山	四川湖山电子股份有限公司	C55	廖建明	廖建明	四川省绵阳市长虹大道中段 53 号	0816-2312421
000802	ST 京 西	北京京西风光旅游开发股份有限公司	K34	李　伟	王绍凯	北京市门头沟区石龙工业开发区	010-69805568
000803	金宇车城	四川金宇汽车城(集团)股份有限公司	C11	陈虹宇	陈密勇	四川省南充市顺庆区延安路 380 号	0817-2600868
000805	★ST 炎黄	江苏炎黄在线物流股份有限公司	G87	陆兆祥	陈　犀	江苏省常州市新北区科技园	0519-5130805
000806	银河科技	北海银河高科技产业股份有限公司	C7610	潘　琦	王国生	广西北海市广东南路银河科技大厦	0779-3202636
000807	云铝股份	云南铝业股份有限公司	C67	陈　智	田　永	云南省昆明市呈贡县	0871-7455858
000809	中汇医药	四川中汇医药(集团)股份有限公司	C11	封　玮	张　沛	四川省成都市蜀西路 30 号	028-87511899
000810	华润锦华	华润锦华股份有限公司	C11	傅春意	刘宏涛	四川遂宁市遂州中路 309 号	0825-2287329
000811	烟台冰轮	烟台冰轮股份有限公司	C71	刘立新	杨恒坤	山东省烟台市芝罘区西山路 80 号	0535-6243558
000812	陕西金叶	陕西金叶科教集团股份有限公司	C35	田晓康	荀继峰	陕西省西安市朱宏路 1 号	029-86246723
000813	★ST 天纺	新疆天山毛纺织股份有限公司	C11	张自强	张自强	新疆乌鲁木齐市银川路 1 号	0991-4336069
000815	G 美 利	宁夏美利纸业股份有限公司	C31	刘崇喜	刘　义	宁夏中卫县柔远地区	0953-7679334
000816	江淮动力	江苏江淮动力股份有限公司	C71	朱瑞龙	胡尔广	江苏省盐城市环城西路 213 号	0515-8222889
000817	辽河油田	辽河金马油田股份有限公司	B03	谢文彦	张庆昌	辽宁省盘锦市兴隆台区振兴街	0427-7298799\95
000818	锦化氯碱	锦化化工集团氯碱股份有限公司	C43	陈世杰	霍学东	辽宁省葫芦岛市连山区化工街	0429-2709065
000819	岳阳兴长	岳阳兴长石化股份有限公司	C41	侯　勇	彭东升	湖南省岳阳市金鹗中路康特大厦	0730-8452837
000820	金城股份	金城造纸股份有限公司	C31	廖卫东	高成军	辽宁省凌海市金城街	0416-2735084
000821	G 京 山	湖北京山轻工机械股份有限公司	C73	孙友元	李　健	湖北省京山县八里途开发区轻机园	0724-7221560
000822	山东海化	山东海化股份有限公司	C43	刘景孟	曹希波	山东省潍坊海洋化工高新技术产业开发区	0536-5329931
000823	超声电子	广东汕头超声电子股份有限公司	C51	李大淳	莫少山	广东省汕头市兴业路 21 号	0754-8627686
000825	太钢不锈	山西太钢不锈钢股份有限公司	C65	陈川平	柴志勇	太原市尖草坪街 2 号	0351-3017702
000826	合加资源	合加资源发展股份有限公司	C43	文一波	杨建宇	湖北省宜昌市东山大道 95 号	0717-6319012
000828	G 东 控	东莞发展控股股份有限公司	F11	钟旭堆	陈桂芳	广东省东莞市东城区莞樟大道 55 号	0769-2903319
000829	赣南果业	江西赣南果业股份有限公司	A01	吴继光	黄绍文	江西省赣州市红旗大道 20 号	0797-8117002
000830	G 鲁 西	山东鲁西化工股份有限公司	C43	张金成	焦延滨	山东省聊城市鲁化路 68 号	0635-8332286
000831	关铝股份	山西关铝股份有限公司	C67	许复活	王长科	山西省运城市解州镇新建路 36 号	0359-2825232
000832	★ST 龙涤	黑龙江龙涤股份有限公司	C47	赵瑞民	高旭光	黑龙江省阿城市和平街	0451-53715276
000833	贵糖股份	广西贵糖(集团)股份有限公司	C01	黄振标	黄家驹	广西贵港市幸福路 100 号	0775-4201833
000835	隆源双登	上海隆源双登实业股份有限公司	M	王光友	魏　威	上海浦东新区浦东南路 885 号	021-58820181-102
000836	天大天财	天津天大天财股份有限公司	G87	杜克荣	胡　辉	天津新技术产业园区华苑产业区	022-23080166
000837	秦川发展	陕西秦川机械发展股份有限公司	C71	龙兴元	胡　弘	陕西省宝鸡市姜谭路 22 号	0917-3670606
000838	蓝星石化	蓝星石化科技股份有限公司	C73	蔡　挺	张　皓	四川省德阳市泰山南路 230 号	0838-2300511 230051
000839	中信国安	中信国安信息产业股份有限公司	G	李士林	孙　璐	北京市朝阳区关东店北街 1 号	010-65008037
000848	承德露露	河北承德露露股份有限公司	C05	王宝林	王秋敏	河北省承德市高新技术产业开发区	0314-2061585
000850	华茂股份	安徽华茂纺织股份有限公司	C11	华冠雄	詹灵芝	安徽省安庆市纺织南路 80 号	0556-5516615
000851	高鸿股份	大唐高鸿数据网络技术股份有限公司	C61	付景林	付景林	北京海淀区学院路 40 号研 6 楼	010-82029859
000852	江钻股份	江汉石油钻头股份有限公司	C73	张召平	梅敬民	湖北省武汉市东湖新技术开发区	027-87925236
000856	★ST 唐陶	唐山陶瓷股份有限公司	C61	陈　思	孙　靖	河北省唐山市路北区缸窖路 110 号	0315-3291354
000858	五 粮 液	宜宾五粮液股份有限公司	C0399	王国春	陈　林	四川省宜宾市翠屏区岷江西路 150 号	0831-3553988-6858

续表 9 Continued 9

代码 Code	股票简称 Shares Abbreviation	公司全称 Companies	行业代码 Industries Code	董事长 Board Chairman	总经理 General Manager	地址 Address	电话 Telephone Number
000859	国风塑业	安徽国风塑业股份有限公司	C49	郑忠勋	黄言勇	安徽省合肥市国家高新技术开发区	0551-5336168
000860	G 顺鑫	北京顺鑫农业股份有限公司	A01	李维昌	李维昌	北京市顺义区站前街 2 号	010-69420860
000861	海印股份	广东海印永业(集团)股份有限公司	C61	邵建明	邵建聪	广东省茂名市环市西路 61 号	0668-2111000
000862	★ST 仪表	吴忠仪表股份有限公司	C78	冯奇峰	冯奇峰	宁夏吴忠市利通区朝阳街 67 号	0953-3929057
000863	ST 商务	深圳和光现代商务股份有限公司	G8705	郑洋	毕春斌	深圳市福田区滨河路北 5022 号	82900028
000866	扬子石化	中国石化扬子石油化工股份有限公司	C41	张大本	马秋林	南京市沿江工业开发区新华路 777 号	025-57787739
000868	安凯客车	安徽安凯汽车股份有限公司	C75	王江安	童永	安徽省合肥市葛淝路 1 号	0551-4844712
000869	张裕 A	烟台张裕葡萄酿酒股份有限公司	C05	孙利强	周洪江	山东省烟台市世回尧路 174 号	0535-6633656
000875	吉电股份	吉林电力股份有限公司	D01	王风学	程志光	吉林省长春市人民大街 5688 号	0431-5601991
000876	新希望	四川新希望农业股份有限公司	C01	刘永好	黄代云	四川省成都市新开街 1 号金竹大厦	028-82870899
000877	天山股份	新疆天山水泥股份有限公司	C61	李建伦	张丽荣	新疆乌鲁木齐市河北东路	0991-3660950/8011
000878	云南铜业	云南铜业股份有限公司	C67	邹韶禄	何云辉	云南省昆明市人民东路 111 号	0871-3125348
000880	★ST 巨力	山东巨力股份有限公司	C75	崔英智	胡金胜	山东潍坊市长松路 69 号	0536-8185987
000881	G 国际	中国大连国际合作(集团)股份有限公司	M	朱明义	王新民	辽宁省大连市黄河路 219 号	0411-83780066
000882	华联股份	北京华联商厦股份有限公司	H	徐勇	马婕	北京市西城区阜成门外大街 1 号	010-68341188 转 6301
000883	三环股份	湖北三环股份有限公司	C75	舒健	万家嗣	湖北省武汉市武路路 356 号	027-87273368
000885	ST 春都	洛阳春都食品股份有限公司	C01	闫万鹏	胡愈兴	河南省洛阳市西工区春都路 126 号	0379-2312922
000886	海南高速	海南高速公路股份有限公司	F11	邢福煌	陈波	海口市机场路 16 号高速公路大楼	0898-66768394
000887	★ST 飞彩	安徽飞彩车辆股份有限公司	C75	张千水	戴俭荣	安徽省宣州市宣南公路口	0563-2612568
000888	峨眉山 A	峨眉山旅游股份有限公司	K34	马元祝	邹志明	四川省峨眉山市名山南路 41 号	0833-5528075
000889	渤海物流	秦皇岛渤海物流控股股份有限公司	J01	魏超	刘宏	河北省秦皇岛市海港区河北大街 14 号	0335-3023349
000890	法尔胜	江苏法尔胜股份有限公司	C69	周建松	刘礼华	江苏省江阴市通江北路 203 号	0510-6119890
000892	星美联合	星美联合股份有限公司	G85	覃宏	郝彬	重庆市渝中区五四路 39 号都市广场	
000893	广州冷机	广州冷机股份有限公司	C76	周千定	冯小伟	广州市白云区人和镇人和天街 12 号	020-86453838
000895	双汇发展	河南双汇投资发展股份有限公司	C01	张俊杰	李冠军	河南省漯河市双汇路 1 号双汇大厦	0395-2676158
000897	G 津滨	天津津滨发展股份有限公司	K01	唐建宇	江连国	天津经济技术开发区第一大街二号	022-66201301
000898	G 鞍钢	鞍钢新轧钢股份有限公司	C65	刘玠	唐复平	辽宁省鞍山市铁东区南中华路 396 号	0412-6334293，672134
000899	赣能股份	江西赣能股份有限公司	D01	姚迪明	张惠良	南昌高新技术产业开发区火炬大街	0791-8109899
000900	现代投资	现代投资股份有限公司	F11	宋伟杰	傅安辉	湖南省长沙市芙蓉中路 465-467 号	0731-5558888-1113
000901	航天科技	航天科技控股集团股份有限公司	C78	殷兴良	董贵滨	哈尔滨市平房区哈平西路 45 号	0451-86781288
000902	中国服装	中国服装股份有限公司	C13	方玉根	杨峻	北京市建国路 99 号中服大厦 20 层	010-65816688-8234
000903	云内动力	昆明云内动力股份有限公司	C71	段华生	肖豪恩	云南省昆明市穿金路 715 号	0871-5625802
000905	厦门港务	厦门港务发展股份有限公司	F11	吴来传	柯东	福建省厦门市湖里区长岸路海天港	0592-5829955/89
000906	南方建材	南方建材股份有限公司	H03	刘平	李孟辉	湖南省长沙市五一大道 341 号	0731-4452516
000908	★ST 天一	湖南天一科技股份有限公司	C71	周达苏	朱错良	湖南省长沙国家高新技术产业开发区	0731-8902528
000909	数源科技	数源科技股份有限公司	G81	章国经	章国经	浙江省杭州市西湖区教工路一号	0571-88271006
000910	大亚科技	大亚科技股份有限公司	C31	陈兴康	赵丹辰	江苏省丹阳经济技术开发区	0511-6882222-2143
000911	南宁糖业	南宁糖业股份有限公司	C01	熊可模	蒙广全	广西壮族自治区南宁市亭洪路 48 号	0771-4914317 4911576
000912	泸天化	四川泸天化股份有限公司	C43	任晓善	杜德善	四川省泸州市纳溪区	0830-4122370
000913	钱江摩托	浙江钱江摩托股份有限公司	C75	林华中	王由法	浙江省温岭市太平街道万昌路	0576-6139218

续表 10 Continued 10

代码 Code	股票简称 Shares Abbreviation	公司全称 Companies	行业代码 Industries Code	董事长 Board Chairman	总经理 General Manager	地址 Address	电话 Telephone Number
000915	山大华特	山东山大华特科技股份有限公司	M	张兆亮	朱海群	山东省济南市经十路71号山东大学内	0531-5198006
000916	华北高速	华北高速公路股份有限公司	F11	刘长宽	董平如	北京经济技术开发区东环北路9号	010-58021999
000917	G电广	湖南电广传媒股份有限公司	L10	龙秋云	彭 益	湖南省长沙市浏阳河大桥东	0731-4252080
000918	亚华种业	湖南亚华种业股份有限公司	A09	熊再辉	熊再辉	湖南省长沙市八一路539号	0731-2566572
000919	金陵药业	金陵药业股份有限公司	C81	倪忠翔	沈志龙	南京市中央路238号金陵药业大厦	025-83112711
000920	南方汇通	南方汇通股份有限公司	C75	黄纪湘	黄纪湘	贵州省贵阳市都拉营	0851-44733396
000921	科龙电器	广东科龙电器股份有限公司	C76	刘从梦(代)	汤业国	广东省顺德市容桂镇容港路8号	0757-28362570
000922	阿继电器	阿城继电器股份有限公司	C76	朱大萌	程 力	黑龙江省哈尔滨市南岗区赣水路19号	0451-87005508
000923	河北宣工	河北宣化工程机械股份有限公司	C73	王建军	周之胜	河北省张家口市宣化区东升路21号	0313-3186012
000925	浙大海纳	浙江浙大海纳科技股份有限公司	C99	王成剑	王成剑	浙江省杭州市滨江区创业路高新技术开发区	0571-87658066
000926	G福星	湖北福星科技股份有限公司	C69	谭功炎	张守才	湖北省汉川市沉湖镇福星街1号	0712-8740018
000927	一汽夏利	天津一汽夏利汽车股份有限公司	C75	竺延风	许宪平	天津市西青区国防公路马庄南	022-23056032
000928	吉林碳素	吉林碳素股份有限公司	C61	李勇智	姜伯涛	吉林省吉林市和平街九号	0432-2749375
000929	兰州黄河	兰州黄河企业股份有限公司	C05	杨世江	牛东继	甘肃省兰州市庆阳路金运大厦22层	0931-8449039
000930	G丰原	安徽丰原生物化学股份有限公司	C03	李荣杰	徐桦木	安徽省蚌埠市大庆路73号	0552-4926486
000931	中关村	北京中关村科技发展(控股)股份有限公司	K01	张贵林	段永基	北京市海淀区中关村南大街32号	010-62140037
000932	华菱管线	湖南华菱管线股份有限公司	C6510	李效伟	曹慧泉	湖南省长沙市芙蓉中路二段111号	0731-2565960
000933	神火股份	河南神火煤电股份有限公司	B01	李孟臻	程乐团	河南省永城市新城区光明路	0370-5982722
000935	四川双马	四川双马水泥股份有限公司	C61	唐月明	邵柯夫	四川省江油市二郎庙镇	0816-3721405
000936	G华西村	江苏华西村股份有限公司	C4705	孙云丰	李满良	江苏省江阴市华西塔群2号四楼	0510-6217149
000937	G金牛	河北金牛能源股份有限公司	B01	王社平	祁泽民	河北省邢台市中兴西大街191号	0319-2068312
000938	清华紫光	清华紫光股份有限公司	G87	徐井宏	李志强	北京市海淀区清华大学紫光大楼	010-62770008
000939	凯迪电力	武汉凯迪电力股份有限公司	D01	江 海	江 海	湖北省武汉市东湖新技术开发区	027-67869010
000948	南天信息	云南南天电子信息产业股份有限公司	G87	郑南南	雷 坚	昆明市环城东路455号	0871-3366327
000949	新乡化纤	新乡化纤股份有限公司	C47	陈玉林	邵长金	河南省新乡市北站区锦园路1号	0373-3978813
000950	G ST农化	重庆民丰农化股份有限公司	C43	袁代建	袁代建	重庆市沙坪坝区井口镇经济桥30号	023-65180666
000951	中国重汽	中国重型汽车集团济南卡车股份有限公司	C75	王浩涛	于有德	山东省济南市市中区党家庄镇南首	0531-5587586
000952	广济药业	湖北广济药业股份有限公司	C81	何 谧	胡电铃	湖北省武穴市江堤路1号	0713-6216068
000953	河池化工	广西河池化工股份有限公司	C43	何元军	姜健生	广西壮族自治区河池市六甲镇	0778-2266195
000955	欣龙控股	欣龙控股(集团)股份有限公司	C99	郭开铸	郭开铸	海南省海口市龙昆北路2号	0898-68585274
000956	中原油气	中国石化中原油气高新股份有限公司	B03	孔凡群	李洪海	河南省郑州市高新技术产业开发区	0393-4893830
000957	中通客车	中通客车控股股份有限公司	C75	王庆福	李海平	山东省聊城市建设东路10号	0635-8322340
000958	东方热电	石家庄东方热电股份有限公司	D01	王凯宏	李向东	河北省石家庄市建华南大街161号	03115053913
000959	G首钢	北京首钢股份有限公司	C65	朱继民	钱 凯	北京市石景山区石景山路	68875155
000960	锡业股份	云南锡业股份有限公司	C67	肖建明	皇甫智伟	昆明高新技术产业开发区	0873-83118622
000961	大连金牛	大连金牛股份有限公司	C65	赵明远		辽宁省大连市甘井子区工兴路4号	0411-86672112-2198
000962	东方钽业	宁夏东方钽业股份有限公司	C67	钟景明	李 彬	宁夏石嘴山市大武口区冶金路119号	0952-2098561
000963	华东医药	华东医药股份有限公司	C81	李邦良	李邦良	杭州市莫干山路866号	0571-88172165
000965	天水股份	天津水泥股份有限公司	C6101	周宝泉	王利民	天津市和平区贵州路4号龙通大厦9楼	022-23046661
000966	长源电力	国电长源电力股份有限公司	D01	刘彭龄	刘兴华	武汉市武昌区徐东大街351号	027-86778357

续表 11 Continued 11

代码 Code	股票简称 Shares Abbreviation	公司全称 Companies	行业代码 Industries Code	董事长 Board Chairman	总经理 General Manager	地址 Address	电话 Telephone Number
000967	上风高科	浙江上风实业股份有限公司	C71	徐鑫祥	吴裕庆	浙江省上虞市上浦镇	0575-2360869
000968	G煤气化	太原煤气化股份有限公司	B01	王良彦	谷 泉	山西省太原市和平南路83号	0351-6040050
000969	G安泰A	安泰科技股份有限公司	C99	干 勇	才 让	北京海淀区学院南路76号	010-62188178
000970	中科三环	北京中科三环高技术股份有限公司	C67	王震西	王震西	北京市海淀区白石桥路3号友谊宾馆	01068945729
000971	G迈亚	湖北迈亚股份有限公司	C11	叶金堂	叶金堂	湖北省仙桃市勉阳大道131号	0728-3275828
000972	G中基	新疆中基实业股份有限公司	A01	刘 一	文 勇	新疆乌鲁木齐市五星路17号	0991-8852972
000973	佛塑股份	佛山塑料集团股份有限公司	C49	冯兆征	吴跃明	广东省佛山市汾江中路八十二号	0757-83988189
000975	科学城	南方科学城发展股份有限公司	K0199	辛向东	陈晓东	广州市开发区科学城彩频路11号	020-61397318
000976	春晖股份	广东开平春晖股份有限公司	C11	罗 伟	关海云	广东省开平市长沙港口路10号	0750-2276949
000977	浪潮信息	浪潮电子信息产业股份有限公司	G83	孙丕恕	辛卫华	山东省济南市山大路224号	0531-5106242
000978	桂林旅游	桂林旅游股份有限公司	K34	陈青光	钟新民	广西桂林市榕湖北路17号	0773-2863852
000979	科苑集团	安徽省科苑(集团)股份有限公司	C4360	吴立平	郭林清	安徽省宿州市浍水路271号	0557-3920707
000980	金马股份	黄山金马股份有限公司	C78	应建仁	沈义强	安徽省黄山市歙县经济技术开发区	0559-6537831
000981	兰光科技	甘肃兰光科技股份有限公司	G	路有志	周耀良	深圳市福田区振华路56号兰光大厦	0755-83321515
000982	圣雪绒	宁夏圣雪绒股份有限公司	C11	侯羽乾	侯羽乾	宁夏银川市解放西街119号	0951-5046307
000983	G西煤	山西西山煤电股份有限公司	B01	李 仪	车树春	山西省太原市西矿街319号	03516127434
000985	大庆华科	大庆华科股份有限公司	C43	万志强	张好宽	黑龙江省大庆高新技术产业开发区	0459-6291061
000986	粤华包B	佛山华新包装股份有限公司	C3110	王 奇	谭尚辉	广东省佛山市季华路经华大厦20楼	0757-83981729
000987	广州友谊	广州友谊商店股份有限公司	H11	房向前	王银喜	广东省广州市环市东路369号	020-83483216
000988	G华工	华工科技产业股份有限公司	C57	马新强	王 中	武汉市东湖高新技术开发区	027-87180181
000989	九芝堂	九芝堂股份有限公司	C81	余克建	关继峰	长沙市芙蓉中路一段129号	0731-4499759
000990	诚志股份	诚志股份有限公司	C8501	荣泳霖	龙大伟	江西省南昌市经济技术开发区	0791-3826898
000992	ST中鲁B	山东省中鲁远洋渔业股份有限公司	A07	刘长锁	王兆安	山东省济南市和平路43号	0531-6553276
000993	★ST闽电	福建闽东电力股份有限公司	D01	周敦彬	刘宗廷	福建省宁德市环城路143号	0593-2096666
000995	皇台酒业	甘肃皇台酒业股份有限公司	C05	张景发	张力鑫	甘肃省武威市新建路55号	0935-6139893
000996	捷利股份	捷利实业股份有限公司	F	刘润红	费滨海	哈尔滨市南岗区学府路402号	0451-53608158
000997	G新大陆	福建新大陆电脑股份有限公司	G8701	胡 钢	林学杰	福建省福州市马尾儒江大道1号	0591-83338178
000998	隆平高科	袁隆平农业高科技股份有限公司	A01	伍跃时	颜卫彬	长沙市车站北路459号证券大厦	0731-2183880
000999	三九医药	三九医药股份有限公司	C81	孙晓民	宋 清	广东省深圳市北环大道1028号	83360999-3692
001696	宗申动力	重庆宗申动力机械股份有限公司	C7510	左宗申	胡显源	重庆市巴南区炒油场宗申工业园	023-66372632
001896	豫能控股	河南豫能控股股份有限公司	D01	李兴佳	郑 健	郑州高新技术产业开发区合欢街6号	0371-7984649
002001	新和成	浙江新和成股份有限公司	C4330	胡柏藩	胡柏剡	浙江省新昌县城关镇江北路4号	0571-87178965
002002	江苏琼花	江苏琼花高科技股份有限公司	C4905	于在青	于在青	江苏省扬州市邗江区杭集镇曙光路	0514-7271301-8210
002003	伟星股份	浙江伟星实业发展股份有限公司	C99	章卡鹏	张三云	浙江省临海市花园工业区	0576-5125002
002004	华邦制药	重庆华邦制药股份有限公司	C8105	张松山	潘明欣	重庆市歇台子南方花园科园四街55号	023-68600738
002005	德豪润达	广东德豪润达电气股份有限公司	C7620	王冬雷	王冬雷	广东省珠海市香洲区唐家湾镇	0756-3390237
002006	精工科技	浙江精工科技股份有限公司	C7350	孙建江	邵志明	浙江省绍兴县柯桥镇柯西工业区	0575-4138692
002007	华兰生物	华兰生物工程股份有限公司	C8501	安 康	林小军	新乡市华兰大道甲2号	0373-5056905
002008	大族激光	深圳市大族激光科技股份有限公司	C57	高云峰	高云峰	深圳市南山区高新科技园北区	0755-83266282
002009	天奇股份	江苏天奇物流系统工程股份有限公司	C7350	白开军	杨 雷	江苏省无锡市中山路343号	0510-2720289
002010	传化股份	浙江传化股份有限公司	C4330	徐冠巨	应天根	杭州市萧山经济技术开发区	0571-82872991
002011	盾安环境	浙江盾安人工环境设备股份有限公司	C7110	姚新义	曹 俊	浙江诸暨市店口工业区	0575-7653678
002012	凯恩股份	浙江凯恩特种材料股份有限公司	C3105	赵 键	朱春树	浙江省遂昌县凯恩路108号	0578-8128682

续表 12 Continued 12

代码 Code	股票简称 Shares Abbreviation	公司全称 Companies	行业代码 Industries Code	董事长 Board Chairman	总经理 General Manager	地　址 Address	电话 Telephone Number
002013	中航精机	湖北中航精机科技股份有限公司	C7505	王承海	邵光兴	湖北省襄樊市高新区江山南路	0710-3345045
002014	永新股份	黄山永新股份有限公司	C4901	江继忠	鲍祖本	安徽省黄山市徽州区徽州东路188号	13705595888
002015	霞客环保	江苏霞客环保色纺股份有限公司	C1101	陈建忠	陈建忠	江阴市马镇镇东街39号	0510-6520126
002016	威尔科技	广东威尔医学科技股份有限公司	C7340	周曙光	周曙光	广东省珠海市南屏南湾大道西侧	0756-8681601
002017	东信和平	东信和平智能卡股份有限公司	C99	周忠国	周忠国	珠海市南屏科技工业园屏工中路8号	13702336957
002018	华星化工	安徽华星化工股份有限公司	C4320	庆祖森	谢　平	安徽和县乌江镇	0565-5393908
002019	鑫富药业	浙江杭州鑫富药业股份有限公司	C4301	过鑫富	林关羽	浙江省临安市锦城	0571-63759205
002020	京新药业	浙江京新药业股份有限公司	C8105	吕　钢	吕　钢	浙江省新昌县青山工业区	0575-6176531
002021	中捷股份	中捷缝纫机股份有限公司	C7320	蔡开坚	李瑞元	浙江省玉环县珠港镇陈屿北山村	0576-7378885
002022	科华生物	上海科华生物工程股份有限公司	C8501	唐伟国	沙立武	上海市钦州北路1189号	021-64850088-186
002023	海特高新	四川海特高新技术股份有限公司	F1115	李再春	李　刚	成都市高新区高朋大道21号	028-85154513
002024	苏宁电器	苏宁电器股份有限公司	H1150	张近东	孙为民	南京市淮海路68号苏宁电器大厦	025-84418888-88122
002025	航天电器	贵州航天电器股份有限公司	C5110	曹　军	原维亮	贵州省遵义市新蒲镇	0852-8616273
002026	山东威达	山东威达机械股份有限公司	C6910	杨桂模	刘友财	山东省文登市蔄山镇中韩路2号	(0631)8548288
002027	七喜控股	七喜控股股份有限公司	G83	易贤忠	李　迅	广州市黄埔区云埔工业区埔南路63号	020-33376280
002028	思源电气	上海思源电气股份有限公司	C7610	董增平	杨小强	上海市闵行区金都路4399号	021-64890467
002029	七 匹 狼	福建七匹狼实业股份有限公司	C1301	周连期	周少雄	福建省晋江市金井镇南工业区	0595-85397777 13950
002030	达安基因	中山大学达安基因股份有限公司	C8501	何蕴韶	周新宇	广州高新区香山路19号	020-32290420
002031	巨轮股份	广东巨轮模具股份有限公司	C7350	吴潮忠	洪惠平	广东省揭东经济开发试验区5号路	0663-3271838
002032	苏 泊 尔	浙江苏泊尔炊具股份有限公司	C6999	苏显泽	苏显泽	浙江省玉环县大麦屿经济开发区	0571-86858778
002033	丽江旅游	丽江玉龙旅游股份有限公司	K34	王　云	刘晓华	丽江市福慧路丽江宾馆民族院	0888-5105981、13987
002034	美 欣 达	浙江美欣达印染集团股份有限公司	C1105	单建明	沈建军	浙江省湖州市凤凰路888号	0572-2125388
002035	华帝股份	中山华帝燃具股份有限公司	C6999	黄文枝	黄启均	广东省中山市小榄镇九洲工业开发区	0760-2139192
002036	宜科科技	宁波宜科科技实业股份有限公司	C1199	石东明	张国君	宁波市鄞州区雅源南路501号	0574-88263738
002037	久联发展	贵州久联民爆器材发展股份有限公司	C43	杨胜利	吴成滨	贵州省贵阳市宝山北路213号	0851-6751504
002038	双鹭药业	北京双鹭药业股份有限公司	C8501	徐明波	徐明波	北京市八大处高科技园中园路9号	010-88799370
002039	黔源电力	贵州黔源电力股份有限公司	D0101	陈　实	丁兆贵	贵阳市新华路126号	0851-5592199
002040	南 京 港	南京港股份有限公司	F1105	连维新	章　俊	江苏省南京市下关区江边路19号	025-58582719
002041	登海种业	山东登海种业股份有限公司	A0101	李登海	周天强	山东省莱州市城山路农科院南邻	13583595808
002042	飞亚股份	安徽飞亚纺织发展股份有限公司	C11	张国龙	孙松林	安徽省淮北市濉溪路庆相桥	0561-3011923-3054
002043	兔 宝 宝	德华兔宝宝装饰新材股份有限公司	C2105	丁鸿敏	郑兴龙	浙江省德清县洛舍镇工业区	0572-8405635
002044	江苏三友	江苏三友集团股份有限公司	C13	张　璞	常晓钢	江苏省南通市新桥路5号	(0513)83577415
002045	广州国光	国光电器股份有限公司	C5115	周海昌	周海昌	广州市花都区新华镇镜湖大道8号	020-86609988
002046	轴研科技	洛阳轴研科技股份有限公司	C7115	罗继伟	王宏强	洛阳市涧西区吉林路	0379-64880216
002047	成霖股份	深圳成霖洁具股份有限公司	C6999	戴元鉴	庄贤裕	深圳市南山区科技南十路	0755-86022812
002048	宁波华翔	宁波华翔电子股份有限公司	C75	周晓峰	林福青	浙江省象山县西周镇象西开发区	021-68948127
002049	晶源电子	唐山晶源裕丰电子股份有限公司	C51	阎永江	刘光耀	河北省玉田县无终西街3129号	0315-6198161
002050	三花股份	浙江三花股份有限公司	C7115	张亚波	任金土	浙江省新昌县城关镇下礼泉	0575-6226128

数据来源：上海、深圳证券交易所
Source：Shanghai Shenzhen Stock Exchange

六、登 记 结 算

Securities Depository and Clearing

2005 年证券登记结算综述

Summary for Securities Depository and Clearing 2005

2005 年,中国证券登记结算公司(以下简称中国结算)证券登记结算体系安全高效运行,业务稳步发展,为市场提供了良好的登记结算服务。

一、开户代办点增多,为投资者管理的账户数增加,新开账户数减少

截止到 2005 年底,沪市 A 股账户开户代办点 2917 个,比上年增加 52 个;深市 A 股账户开户代办点 3519 个,比上年增加 79 个。

截止到 2005 年底,中国结算共管理账户约 7336.07 万户,比上年增加约 120.33 万户,增长约 1.67%。其中,A 股账户 7028.13 万户,比上年增加 82.26 万户,增长 1.18%; B 股账户 161.31 万户,比上年增加 1.07 万户,增长 0.67%;封闭式基金账户 146.65 万户,比上年增加 37.04 万户,增长了 33.79%。

2005 年为投资者新开立账户约 124.05 万户,较上年减少约 124.05 万户,同比下降约 50%。其中,新开 A 股账户 85.78 万户,较上年减少 82.14 万户、下降 48.92%;新开 B 股账户 1.24 万户,较上年减少 1.49 万户、下降 54.58%;新开封闭式基金账户 37.03 万户,较上年减少 40.42 万户、下降 52.19%。

沪深A股账户开户代办点数量
(单位:个)

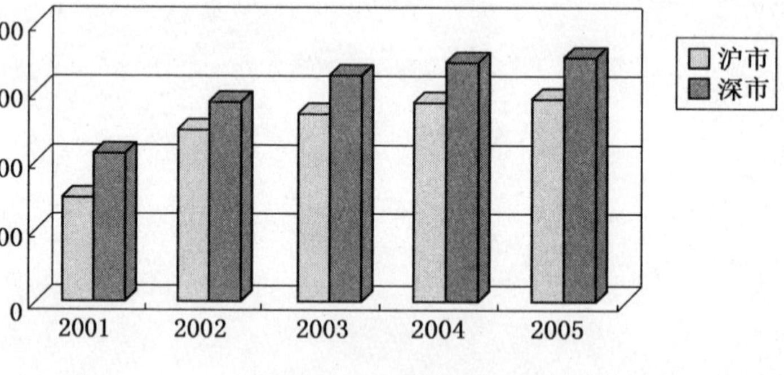

沪深两市期末账户数
(单位:万户)

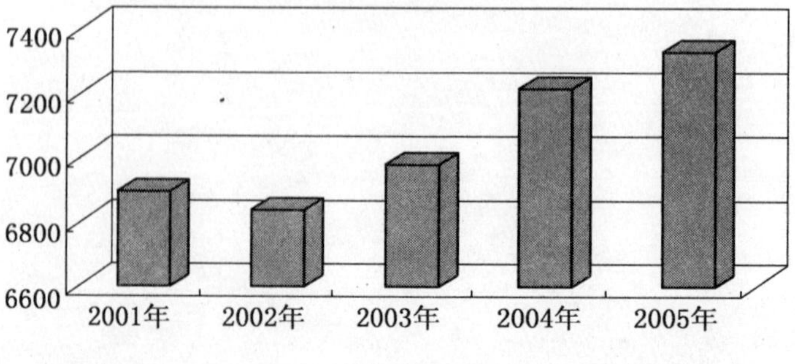

二、登记存管的证券品种日益丰富，存管的流通市值增加

截止到2005年末中国结算共登记存管了1684只证券，比上年增加了44只。其中，A股1359只，比上年增加5只；B股109只，比上年减少1只；国债75只，比上年增加19只；企业债58只，比上年增加25只；可转债29只，比上年减少3只；封闭式基金54只，比上年减少1只。

2005年中国结算登记存管的所有证券面值为1.21万亿元，比上年减少1.02%。其中，流通A股面值3119.06亿元，比上年增加55.69%；流通B股面值218.08亿元，比上年增加10.41%；非流通股面值3830.91亿元，比上年减少15.26%；国债面值3484.34亿元，比上年减少12.17%；企业债394.81亿元，比上年减少0.42%；可转债248.81亿元，比上年减少25.71%；封闭式基金817.00亿元，比上年减少0.13%。

2005年末登记存管证券流通市值为1.94万亿元，比上年增加16.78%。其中，A股流通市值1.41万亿元，比上年增加27.39%；B股流通市值602.85亿元，比上年减少12.59%；国债流通市值3517.06亿元，比上年减少3.00%；企业债市值424.18亿元，比上年增加15.90%；可转债265.09亿元，比上年减少23.48%；封闭式基金市值527.31亿元，比上年减少3.63%。

登记存管证券面值构成

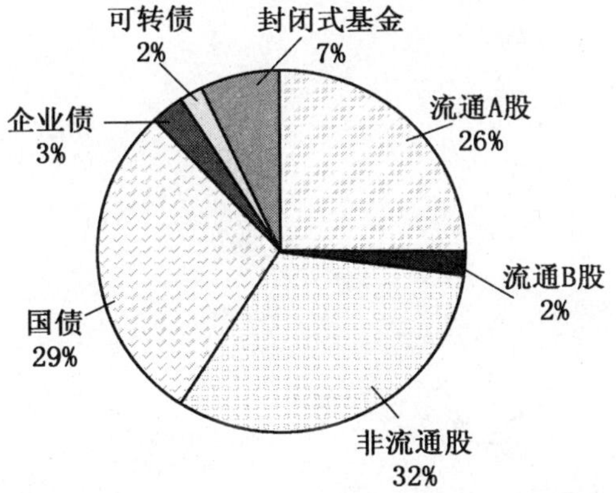

登记存管证券流通市值构成

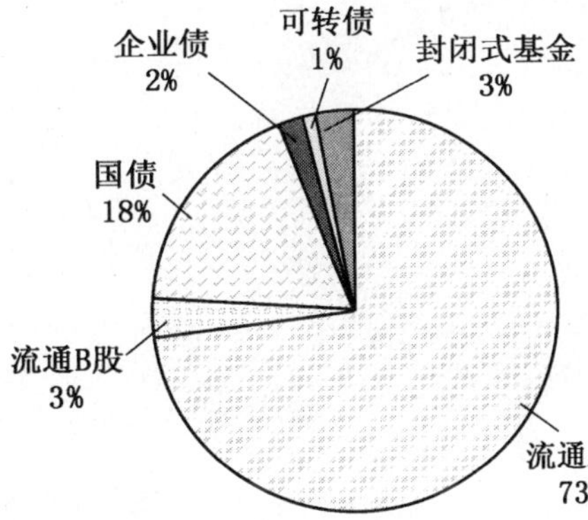

三、处理的证券交易过户数量、结算金额比2004年减少

2005年中国结算处理的证券交易过户总笔数约为7.34亿笔，比上年减少16.45%；过户总金额约17.45万亿元，比去年减少38.46%；结算总额约为18.37万亿元，较去年减少37.70%；结算净额约为2.29万亿元，较上年减少38.30%；结算效率约为88%。

四、开放式基金登记结算业务有较大发展

2005年，中国结算开放式基金登记结算系统代理发行11只基金，与3家银行类代销机构和20家券商类代销机构实现联网。截止到2005年底，委托中国结算办理开放式基金业务的基金管理公司共22家，比上年增加11家；中国结算代理登记结算业务的开放式基金有36只，比去年增加18只；与中国结算开放式基金系统联网的销售代理人90家，比去年增加36家；中国结算为投资者管理的开放式基金账户数已达113.30万户，比去年增加30.66多万户。

2005年证券登记结算业务量变化主要受以下因素影响：

第一,证券市场波动。中国结算登记存管的证券市值、处理的过户金额、结算总额等业务量受证券市场行情波动影响较大。由于受证券市场价格、交易量变化的影响,2005 年登记存管证券的流通市值增加、结算总量呈现减少。

第二,股权分置改革。随着股权分置改革的逐步推进,中国结算目前已配合 190 家公司完成送股、跨市场转登记等业务,圆满完成了股改公司的登记结算工作。股改后流通股面值有较大增加。

第三,交易所市场证券品种变化。中国结算主要为沪、深交易所市场提供证券登记结算服务。随着交易所市场新股的发行、债券上市品种的变化,2005 年中国结算登记存管的证券数量总体上增加。

第四,新业务开展。随着权证、ETFs、LOF、中国联通 CDMA 网络租赁收益计划、“莞深收益计划”等新交易品种的上市,登记结算业务稳步增长。

第五,业务系统优化、服务质量提高也是中国结算业务量发展的原因之一。例如,开放式基金系统功能优化、服务质量提高、对外宣传力度增大,带来了开放式基金业务量增加。

(中国证券登记结算公司)

6-1 1993—2005 年投资者账户情况

Summary of Investors Accounts (1993—2005)

单位:万户 Unit: 10000

	1993 年	1994 年	1995 年	1996 年	1997 年	1998 年	1999 年	2000 年	2001 年	2002 年	2003 年	2004 年	2005 年
全国 Total													
开户总数 Accounts Opening	835.17	1107.76	1294.19	2422.08	3480.26	4259.88	4810.63	6154.53	6965.90	7202.16	7344.41	7588.29	7712.33
新增开户数 Newly Opening Accounts	561.40	272.59	186.43	1127.89	1058.18	779.62	550.74	1343.93	811.35	236.25	142.27	248.10	124.05
比例 Rate	67.22	24.61	14.41	46.57	30.41	18.30	11.45	21.84	11.65	3.28	1.94	3.27	1.61
账户总数 Accounts								6123.24	6898.68	6841.84	6981.24	7215.74	7336.07
新增账户数 Newly Opening Accounts									775.44	−56.84	139.40	240.04	120.33
上海 Shanghai													
开户总数 Accounts Opening	423.51	574.89	685.20	1207.87	1713.31	2006.57	2288.54	2966.99	3429.61	3566.61	3643.93	3787.22	3856.24
新增开户数 Newly Opening Accounts	312.28	151.38	110.31	522.67	505.44	293.26	281.96	678.47	462.60	137.00	77.33	147.54	69.02
比例 Rate	73.74	26.33	16.10	43.27	29.50	14.61	12.32	22.87	13.49	3.84	2.12	3.90	1.79
账户总数 Accounts								2958.47	3388.71	3513.51	3589.25	3731.22	3799.00
新增账户数 Newly Opening Accounts									430.24	124.80	75.74	147.51	67.78
深圳 Shenzhen													
开户总数 Accounts Opening	411.66	532.87	608.99	1214.21	1766.95	2253.31	2522.09	3187.54	3536.29	3635.55	3700.48	3801.07	3856.09
新增开户数 Newly Opening Accounts	249.12	121.21	76.12	605.22	552.74	486.36	268.78	665.46	348.75	99.25	64.94	100.56	55.03
比例 Rate	60.52	22.75	12.50	49.84	31.28	21.58	10.66	20.88	9.86	2.73	1.75	2.65	1.43
账户总数 Accounts								3164.77	3509.97	3328.33	3391.99	3484.52	3537.07
新增账户数 Newly Opening Accounts									345.20	−181.64	63.66	92.53	52.55

注:1. 账户总数=开户总数—销户总数(包括注销账户和被清理账户)。开户总数、账户总数和新增开户数包括 A 股账户、B 股账户和封闭式基金账户。

2. 比例指新增开户数(新增账户数)占开户总数(账户总数)的比率。

3. 2002 年由于对不规范账户进行了集中清理,致使账户总数比上年出现了减少

4. 2004 年对账户统计口径和方法进行了调整。

数据来源:中国证券登记结算公司

Source: China Securities Depository and Clearing Corporation Limited

6-2 2005 年 A 股投资者账户情况

A-Share Investors Accounts Summary in 2005

单位:万户 Unit: 10000

	全国 Total	上海 Shanghai	深圳 Shenzhen
账户总数 Total Accounts	7174.75	3699.61	3475.14
机　构 Legal	35.03	19.89	15.14
个　人 Person	7139.72	3679.72	3460.00
新增开户数 Newly Opening Accounts	122.81	68.52	54.29
机　构 Legal	1.30	0.80	0.50
个　人 Person	121.51	67.72	53.79

注:本表 A 股投资者账户包括 A 股账户和封闭式基金账户

数据来源:中国证券登记结算公司

Source: China Securities Depository and Clearing Corporation Limited

6-3 2005年B股投资者账户情况

B-Share Investors Accounts Summary in 2005

单位:万户 Unit: 10000

	全国 Total	上海 Shanghai	深圳 Shenzhen
账户总数 Total Accounts	161.31	99.38	61.93
机　构 Legal	1.71	0.87	0.84
境内	0.02	0.00	0.02
境外	1.69	0.87	0.82
个　人 Person	159.60	98.51	61.09
境内	133.77	81.84	51.93
境外	25.82	16.67	9.15
新增开户数 Newly Opening Accounts	1.24	0.50	0.74
机　构 Legal	0.18	0.09	0.09
境内	0.00	0.00	0.00
境外	0.18	0.09	0.09
个　人 Person	1.06	0.41	0.65
境内	0.97	0.37	0.59
境外	0.10	0.04	0.06

数据来源:中国证券登记结算公司

Source: China Securities Depository and Clearing Corporation Limited

6-4 2005年上海证券交易所A股账户地区分布统计表

Regional Statistics of A-Share Investors Accounts in Shanghai Stock Exchange in 2005

单位:万户 Unit: 10000

地区 Area	本年末账户总数 Total in 2003	所占比例 Percent	本年新增开户数 Newly Opening Accounts	所占比例(%) Percent
安　徽	87.09	2.43	1.03	1.50
北　京	160.21	4.46	4.18	6.11
福　建	137.26	3.82	2.20	3.21
甘　肃	28.57	0.80	0.36	0.53
广　东	256.50	7.14	5.83	8.50
广　西	49.40	1.38	1.55	2.26
贵　州	16.45	0.46	0.31	0.45
海　南	41.77	1.16	0.17	0.25
河　北	85.39	2.38	1.29	1.88
河　南	111.72	3.11	2.34	3.41
黑龙江	100.29	2.79	1.11	1.63
湖　北	121.33	3.38	1.41	2.06
湖　南	95.68	2.66	1.27	1.85
吉　林	68.06	1.90	0.88	1.29
江　苏	335.77	9.35	3.66	5.34

续表 Continued

地区 Area	本年末账户总数 Total in 2003	所占比例 Percent	本年新增开户数 Newly Opening Accounts	所占比例(%) Percent
江 西	63.29	1.76	0.92	1.34
辽 宁	204.90	5.71	4.46	6.51
内蒙古	25.64	0.71	0.38	0.56
宁 夏	9.83	0.27	0.12	0.17
青 海	18.96	0.53	0.04	0.05
山 东	227.61	6.34	2.48	3.61
山 西	58.46	1.63	0.65	0.95
陕 西	85.16	2.37	0.71	1.04
上 海	463.68	12.91	8.15	11.89
深 圳	129.93	3.62	6.22	9.08
四 川	195.78	5.45	2.91	4.25
天 津	79.63	2.22	1.13	1.65
西 藏	2.02	0.06	0.02	0.02
新 疆	48.21	1.34	0.43	0.62
云 南	29.73	0.83	0.43	0.63
浙 江	187.21	5.21	3.15	4.59
重 庆	65.90	1.83	0.66	0.96
其 他	0.00	0.00	8.09	11.80
合 计	3591.45	100.00	68.53	100.00

注:本表A股投资者账户包括A股账户和封闭式基金账户

数据来源:中国证券登记结算公司

Source: China Securities Depository and Clearing Corporation Limited

6-5 2005年上海证券交易所B股账户地区分布统计表

Regional Statistics of B-Share Investors Accounts in Shanghai Stock Exchange in 2005

单位:户

国家或地区 Area	账户总数 Total	比例(%)Percent
一、境内合计 Total of Local	943069	94.89
二、境外合计 Total of Overseas	49101	4.94
中国香港 Hongkong	14576	1.47
中国台湾 Taiwan	5955	0.60
中国澳门 Macao	711	0.07
新加坡 Singapore	1464	0.15
韩国 Korea	544	0.05
美国 USA	9061	0.91
英国 U.K	1388	0.14
日本 Japan	3568	0.36
马来西亚 Malaysia	348	0.04
印尼 Indonesia	82	0.01
其他国家或地区 Others	11404	1.15
三、其他 Others	1646	0.17

数据来源:中国证券登记结算公司

Source: China Securities Depository and Clearing Corporation Limited

6-6　2005 年深圳证券交易所 A 股账户地区分布统计表

Regional Statistics of A-Share Investors in Shenzhen Stock Exchange in 2005

单位:万户　Unit: 10000

地区 Area	本年末账户总数 Total in 2004	所占比例 Percent	本年新增开户数 Newly Opening Accounts	所占比例(%) Percent
安　徽	59.8154	1.74	0.84	1.55
北　京	152.18	4.43	14.81	27.28
福　建	110.77	3.22	1.74	3.21
甘　肃	28.57	0.83	0.25	0.46
广　东	365.85	10.65	4.32	7.96
广　西	49.48	1.44	0.78	1.44
贵　州	17.70	0.52	0.83	1.53
海　南	51.21	1.49	0.23	0.42
河　北	76.70	2.23	0.91	1.68
河　南	103.64	3.02	2.15	3.96
黑龙江	85.35	2.48	0.76	1.40
湖　北	140.51	4.09	1.24	2.28
湖　南	113.07	3.29	1.11	2.04
吉　林	61.67	1.79	0.53	0.98
江　苏	293.93	8.55	2.88	5.31
江　西	50.01	1.46	0.57	1.05
辽　宁	166.69	4.85	1.61	2.97
内蒙古	23.77	0.69	0.31	0.57
宁　夏	9.90	0.29	0.10	0.18
青　海	15.07	0.44	0.05	0.09
山　东	177.29	5.16	1.98	3.65
山　西	55.83	1.62	0.51	0.94
陕　西	80.72	2.35	0.72	1.33
上　海	295.18	8.59	3.65	6.72
深　圳	296.90	8.64	4.73	8.71
四　川	183.82	5.35	1.95	3.59
天　津	67.10	1.95	0.62	1.14
西　藏	2.18	0.06	0.01	0.02
新　疆	46.38	1.35	0.32	0.59
云　南	27.57	0.80	0.49	0.90
浙　江	156.33	4.55	2.49	4.59
重　庆	71.10	2.07	0.48	0.88
其　他	0.40	0.01	0.31	0.57
总　计	3436.67	100.00	54.28	100.00

注:本表 A 股投资者账户包括 A 股账户和封闭式基金账户

数据来源:中国证券登记结算公司

Source: China Securities Depository and Clearing Corporation Limited

6-7 2005年深圳证券交易所B股账户地区分布统计表

Regional Statistics of B-Share Investors Accounts in Shenzhen Stock Exchange in 2005

单位:户

国家或地区 Area	账户总数 Total	比例(%)Percent
一、境内合计 Total of Local	519514	83.90
二、境外合计 Total of Overseas	99692	16.10
中国香港 Hongkong	75471	12.19
中国台湾 Taiwan	3368	0.54
中国澳门 Macao	3639	0.59
新加坡 Singapore	943	0.15
韩国 Korea	239	0.04
美国 USA	5247	0.85
英国 U.K	1178	0.19
日本 Japan	917	0.15
马来西亚 Malaysia	334	0.05
印尼 Indonesia	80	0.01
其他国家或地区 Others	8276	1.34
三、其他 Others	16	0.00

数据来源:中国证券登记结算公司

Source: China Securities Depository and Clearing Corporation Limited

6-8 2005年A股流通股托管市值地区分布

Regional Statistics of A-Share Negotiable Custodied Capitalization in 2005

地区 Area	A股托管市值 A-share Negotiable Custodied Capitalization(100000000)			比例(%)Percent
	合计 Total	上海 Shanghai	深圳 Shenzhen	
安徽	175.89	94.94	80.95	1.25
北京	2405.05	1875.56	529.49	17.06
福建	301.46	181.22	120.24	2.14
甘肃	38.76	24.58	14.18	0.27
广东	997.30	575.99	421.31	7.07
广西	114.97	47.70	67.27	0.82
贵州	43.60	11.08	32.52	0.31
海南	24.82	8.65	16.17	0.18
河北	218.56	148.20	70.36	1.55
河南	222.61	128.21	94.40	1.58
黑龙江	132.97	90.32	42.65	0.94
湖北	211.87	117.85	94.02	1.50
湖南	203.92	120.60	83.32	1.45
吉林	98.00	56.64	41.36	0.70
江苏	537.58	364.29	173.29	3.81
江西	71.98	44.11	27.87	0.51
辽宁	257.51	149.30	108.21	1.83
内蒙古	47.67	26.55	21.12	0.34

续表 Continued

地区 Area	A股托管市值 A-share Negotiable Custodied Capitalization(100000000)			比例(%)Percent
	合计 Total	上海 Shanghai	深圳 Shenzhen	
宁 夏	21.46	6.04	15.42	0.15
青 海	17.04	7.99	9.05	0.12
山 东	309.84	175.47	134.37	2.20
山 西	203.12	103.17	99.95	1.44
陕 西	130.25	77.82	52.43	0.92
上 海	3121.12	2498.07	623.05	22.14
深 圳	2028.46	971.65	1056.81	14.39
四 川	230.93	127.38	103.55	1.64
天 津	170.64	112.28	58.36	1.21
西 藏	1.83	0.93	0.90	0.01
新 疆	72.06	38.49	33.57	0.51
云 南	63.63	37.54	26.09	0.45
浙 江	505.10	324.30	180.80	3.58
重 庆	95.15	49.42	45.73	0.67
其 他	1024.46	913.81	110.65	7.27
总 计	14099.61	9510.15	4589.46	100.00

注:沪市未办理指定交易的、深市暂不能识别地区的,归入其他。

数据来源:中国证券登记结算公司

Source: China Securities Depository and Clearing Corporation Limited

6-9 2005年B股流通股托管市值地区分布

Regional Statistics of B-share Negotiable Custodied Capitalization in 2005

单位:万 Unit: 10000

	B股托管市值(万元)	B股托管市值(万美元)	B股托管市值(万港币元)	比例(%)
一、境内合计 Total of Local	5037360.63	249464.16	2903383.94	83.56
二、境外合计 Total of Overseas	886741.83	35595.37	575619.23	14.71
中国香港 Hongkong	788470.38	29996.32	524659.59	13.08
中国台湾 Taiwan	0.00	0.00	0.00	0.00
新加坡 Singapore	3387.84	419.50	0.00	0.06
韩国 Korea	91.83	0.00	88.20	0.00
美国 USA	0.00	0.00	0.00	0.00
英国 U.K	0.00	0.00	0.00	0.00
日本 Japan	94791.78	5179.55	50871.44	1.57
马来西亚 Malaysia	0.00	0.00	0.00	0.00
印尼 Indonesia	0.00	0.00	0.00	0.00
其他国家或地区 Others	0.00	0.00	0.00	0.00
三、其他 Others	104216.52	12835.27	538.05	1.73
合计 Total	6028318.98	297894.80	3479541.22	100.00

注:"其他"指没有指定结算会员所在地的

数据来源:中国证券登记结算公司

Source: China Securities Depository and Clearing Corporation Limited

七、期　　货

Futures

2005年期货市场监管综述

Summary for Futures Market Supervising in 2005

2005年我国期货市场继续保持平稳发展的态势,交易规模略有扩大,制度建设逐步完善,与国际市场的相互联动日益加深。期货市场进入积极稳妥发展阶段。

一、2005年度期货市场的交易情况

2005年全国期货市场总交易量为3.23亿手,总交易金额为13.45万亿元,同比分别增长5.6%和减少8.5%,市场规模总体变化不大。从市场成交手数看,2005年期货市场的交易主要集中在大豆、豆粕和玉米三个品种上。三个品种共成交19835万手,占全年期货市场总成交量的61.4%;从资金流向情况统计,铜、大豆、豆粕三个品种的总交易金额为8.2万亿元,占全年期货市场总交易金额的61.3%;从交易所情况看,期货市场结构逐步发生转变,大连商品交易所和郑州商品交易所所占的份额与2004年相比分别增加1.7%和103.3%,达到35.3%和16.1%,上海期货交易所则从2004年的57.4%下降到48.6%。

2005年末期货经纪公司共有183家,期货经纪公司营业部367家。期货经营机构资产总额200亿元,净资产总额64.9亿元,客户保证金余额128亿元,与2004年相比分别减少8.7%、12.2%和3.9%。2005年度期货公司亏损总额2540万元,44%的公司盈利(以上经营数据是根据期货经营机构上报的未经审计的数据汇总,特此说明)。投资者(按交易所客户编码数统计)数量达51万余户,比2004年的37万余户增长了38.5%。

二、2005年度期货市场监管情况

2005年,期货市场监管工作仍以开展基础制度建设和加强监管为重点,市场功能进一步体现,经营环境不断改善,在推进法规制度建设、推动品种创新、加强期货公司及境外期货业务监管等方面取得了成绩。

(一)加强制度建设,夯实市场发展基础

1. 保证金安全存管系统已初步建立,并进行了两次系统测试,正在根据测试情况对系统进一步修改完善。成立了中国期货保证金监控中心有限责任公司,准备从明年起在期货市场开始实施。

2. 在广泛征求市场各方意见,与财政部沟通和实地调研的基础上,研究建立期货投资者保障基金。

3. 财务安全监控报表体系和指标体系的电子化报送和分析软件设计已经完成。组织六个辖区派出机构人员进行系统上线培训,并为期货公司编写了系统操作手册,开发了数据报送、汇总、分析的软件并进行了培训,草拟了相应的管理办法并征求意见。准备从明年起进行全国范围的推广。

4. 通过细致的调研工作,多次征求期货公司和派出机构的意见,密切结合期货业务特点,提出

了比较系统全面的期货经纪公司会计制度设计方案。

(二) 适应市场发展需要,推进市场法制建设

1. 《期货交易管理暂行条例》修订工作取得重要进展。经过多次研究论证,条例修订草案的起草工作已经完成。目前,条例修订建议已报送国务院法制办。

2. 制定《期货保证金安全存管暂行办法》及配套规定。配合保证金安全存管系统,草拟了《期货保证金安全存管暂行办法(草案)》、《期货保证金安全存管实施细则》、《保证金安全存管系统相关配套法规的修改意见》等文件,将在征求市场各方意见与建议的基础上发布实施。

3. 研究协调《证券法》修改。经充分沟通和解释,建议将原《证券法》修改稿提出的"证券衍生产品在证券交易所上市"修改为"证券衍生品的发行和交易由国务院另行规定"并最终定稿,从而科学划分了证券类期货和现货的法律和制度框架,协调了《证券法》与《期货条例》的调整范围。

4. 组织各期货交易所研究修改期货交易所业务规则、研究制定期权业务规则等。

(三) 积极推动品种创新,为市场发展提供动力

1. 对推出白糖期货交易进行了充分研究论证,与期货交易所共同研究合约设计和交易规则,向发改委、商务部和农业部正式征求意见,在得到各部委的意见后,已经向国务院请示推出白糖期货交易,并得到批准。

2. 与发改委和商务部共同在广东、上海、河北、天津、北京等主要的钢材生产和消费地区进行了调研,组织期货交易所对国际钢材期货市场情况进行了研究,并向发改委和商务部正式征求意见。

3. 已经完成大连商品交易所上市豆油期货的论证审核工作,向国务院请示推出豆油期货交易,并已获批准。

4. 完成大连商品交易所黄大豆 2 号合约的修改审核工作,修改后的合约已经实施。

5. 组织期货交易所对开展商品期货期权交易进行了系统研究论证,开展多层次的市场培训。

6. 继续开展跟踪和研究石油期货,召开相关部委和产业部门参加的石油期货市场建设座谈会,推动能源期货产品创新。

7. 加强期货市场的整体规划和研究,加大了对金融期货的研究和开发力度。收集、整理和分析国外市场情况,对主要国际市场金融期货的品种体系、市场结构、监管体制等进行了全面研究。针对我国金融市场和期货市场所处发展阶段的实际情况,对各种方案利弊进行充分比较论证的基础上,提出股指期货上市场所的意见,并征求了有关部门意见。

8. 国债期货世界银行资助项目获得立项。

(四) 加强期货公司监管,提高公司防范化解风险的能力

1. 落实辖区监管责任制。要求派出机构按监管责任制要求将期货经营机构监管责任逐级落实到人,理顺和调整各项监管工作。将期货公司股东资格审核工作移交派出机构进行。进一步完善年检工作,确保派出机构权责一致。明确工作要求,细化年检和现场检查的工作指引。研究建立派出机构工作评估办法。

2. 开展年检和现场检查保"两金"安全。2004 年度现场检查扩大了检查机构的数量,增加了检查的深度。对期货公司进行直接抽检,累计抽查公司 55 家,覆盖了有期货公司的 31 个辖区,占营业期货公司总数的 32%。统一部署各派出机构自 9 月开始对期货公司保证金进行专项现场检查。

3. 提高期货公司的治理水平。发布了《关于进一步加强期货公司内部管理制度建设,完善法人治理结构的通知》和《关于强化监管,促进期货公司加强内部管理、完善法人治理结构等有关问题的通知》,要求期货公司逐步适度分散股权,强化制衡机制,要求派出机构对期货公司进行摸底、指导、检查验收和加强监管,确保各项制度落到实处。

4. 加大期货公司高管人员责任追究力度。向存在风险公司的派出机构下发监管提示函,要求加大责任追究力度,出台了《关于落实对涉嫌违法违规期货公司高管人员及相关责任追究的通知》。结合2004年度公司年检和高管年检,督促有关派出机构对涉嫌违法违规拟撤销其任职资格的高管人员及时作出处罚建议。升级改造高管人员监管数据库,加强高管人员培训。

5. 防范化解期货公司风险。为提高期货公司抗风险能力,经过充分论证,将期货公司最低结算准备金从50万元提高到200万元。对期货公司出现的风险进行清理化解。对于存在风险的期货公司,责令其进行整顿并督促派出机构加强监管,及时化解风险。对于不能通过年检的期货公司,要求派出机构督促整改,防止风险的扩大。对于因违规而存在潜在风险的期货公司,坚决依法注销许可证。

(五)做好境外期货业务监管,稳步推进市场对外开放

1. 扩大境外期货业务资格范围,推进市场对外开放。审核批准第四批五家企业的境外期货业务资格,并督促企业落实境外期货业务风险管理制度和业务机构与人员。落实CEPA协议,发布实施港澳服务提供者参股期货公司的实施细则。研究允许国内期货公司代理境外大豆期货交易。

2. 授权派出机构承担部分监管职责。联合派出机构进行现场检查。下发了境外期货监管具体职责分工和工作流程指引,并通过举办培训班向派出机构详细介绍境外期货业务监管思路、监管方式、具体做法。通过检查及时发现问题并要求整改,对有代表性的企业进行调研,了解其境外期货业务的实际状况及存在的问题,并不断对境外期货监管的思路、方式和重点进行反思和调整。

3. 研究修改《境外期货业务管理办法》。根据境外期货业务监管中出现的新问题,及时总结经验,初步完成了《国有企业境外期货套期保值业务管理办法》的修订工作。

4. 跟踪国际市场动态,掌握潜在风险或重大事件。中航油集团因境外控股子公司违规投机场外期权交易造成巨额亏损,积极配合有关部门调查处理,并暂停该公司境外期货业务;因国际金属市场剧烈波动,使部分持证企业境外期货交易中的潜在风险增大,及时予以提醒,并根据情况核准部分企业增加敞口;对国储铜有关情况进行了了解和分析;因境外经纪机构REFCO破产可能危及部分持证企业境外期货利益,及时督促企业妥善处理,防患于未然。

5. 完成中国期货市场对外开放的专题研究。

(六)加强市场研究,做好信息沟通和交流

1. 加强期货与现货市场和宏观经济形势关系的研究。密切关注国际国内政治经济对期货市场的影响,深入分析期、现货市场的联动关系。

2. 加强信息收集整理。

3. 研究总结期货市场功能发挥和服务实体经济的情况。

(七)加强市场宣传和舆论引导,营造市场发展的良好环境

1. 通过积极参与和组织召开"中国金融衍生品论坛"、"FIA亚洲衍生品论坛"、"中国(深圳)国际期货大会"国际会议,扩大我国市场的国际影响力。

2. 和上海期货交易所、郑州商品交易所共同召开燃料油、棉花品种上市一周年的研讨会,听取各方面意见,根据运行情况加以总结和完善。

3. 支持大连商品交易所召开“千村万户市场服务工程”汇报会，总结和宣传期货市场发挥功能、服务产业的情况。

我国期货市场在经历了连续四年的快速增长后，2005 年交易规模基本与去年持平，与国家宏观调控和经济结构性调整的总体走势相吻合。2006 年我会将贯彻落实《中共中央关于制定国民经济和社会发展第十一个五年规划的建议》精神，坚持稳步发展期货市场的指导思想，以继续加强市场监管、维护市场平稳运行为基础，全面推开基础制度建设工作，强化法制建设，力争期货市场的对外开放有所突破。

（中国证监会）

2005年上海期货市场综述

Summary for Shanghai Futures Market in 2005

2005年是我国期货市场保持规范发展的一年。在中国证监会的集中统一监管下，上海期货交易所坚持以科学发展观为统领，深入贯彻《国务院关于推进资本市场改革开放和稳定发展的若干意见》等有关精神，全面落实年初全国证券期货监管工作会议的部署，以"推动期货市场健康发展，提高市场运行质量"为主导，以加强基础性建设和深化创新为着力点，扎实开展各项工作，取得了积极的成效。

一、风险控制和市场培育并重，有力保障市场持续健康发展

2005年，在国家宏观调控政策进一步得到有效落实的形势下，上海期货交易所在推进市场发展上着力围绕"健康"下功夫，结合市场实际和品种特点，采取针对性措施，重点加强风险控制和市场培育，保持了交易的持续活跃和市场的平稳运行，全年累计成交金额达到65402亿元，占全国份额49%；铜、铝、天然橡胶和燃料油期货交易不断完善，功能逐步发挥，行情与国际市场互动，期货定价、保值对国民经济发展的积极作用进一步加强。

(一)完善风险控制机制

上海期货交易所始终把切实控制住风险摆在突出位置，进一步健全分析预测、教育警示、防范调控有机结合的风险控制机制，驾驭复杂局面的能力不断提高。在国际市场行情剧烈波动、国家加强对房地产业调控、人民币汇率调整等背景下，以及出现全国关注的铜交易事件的情况下，本所早有预见，工作做在前面，掌握了主动，把风险化解在萌芽状态，风险基本处于可控范围。

(二)创新市场培育方式

加深各方对期货市场的理解，改善市场舆论环境，引导有关企业、投资者正确认识、有效利用期货市场功能，是保障市场健康发展的基础性工作之一。上海期货交易所高度重视并切实加强市场的培育工作，改进和创新市场宣传推介方式方法，促进了市场的健康发育。一年来，重点开展了四个方面工作。一是结合市场阶段性特点举办报告会、座谈会；二是加大新闻报道宣传力度，强化正确舆论导向；三是推出"期货大讲堂"新形式，加强市场主体的教育培训；四是搞好来访考察的宣传活动。

二、产品创新和技术创新并举，着力增强市场发展后劲

2005年，上海期货交易所从挖掘现有交易品种利用价值和新产品研究开发两个方面开展工作，在产品创新上取得了阶段性成效。对现有交易品种，在深入开展期货市场与现货市场的联动关系、期货市场与宏观经济发展相关性分析研究的基础上，根据品种特点，开展有针对性的工作。在新产品开发方面，按照中国证监会关于完善金属、能源系列商品期货市场和抓紧做好金融衍生产品研究开发工作的部署，组织力量有重点地推进新产品的研究开发。

为交易安全、稳定、高效进行提供先进的技术支持，是提高市场运行质量的基本保证。一年来，

上海期货交易所在结合新产品开发同步推进技术系统建设的同时，主要从三个方面入手推进技术系统的不断更新完善。一是对正在使用的业务系统继续实施升级改造项目。通过主机扩容和优化软件性能，大幅度提升了交易系统的运行效率，处理报单的能力由原来的200笔/秒提高到了1000笔/秒，并实现顺利切换上线，保持平稳运行；二是实施网络隔离。在前期已实现办公网与交易网隔离的基础上，采取进一步措施，完成了办公网与包括交易、结算、风险监控在内的整个业务网的隔离，为加强网络管理、维护网络系统安全运行提供了技术保证。为提高数据信息的利用效率，实施并完成了统计信息共享平台项目；三是构建新一代业务系统。经过充分的调研论证等准备，正式启动了新一代业务系统建设项目，并完成电子仓单系统的开发项目。

三、加强监管和改进服务两手抓，牢固坚持正确的市场导向

按照“要切实增强监管工作的主动性”的要求，针对市场交易规模扩大和主体构成、运作方式发生的变化，上海期货交易所坚持监管和服务两手抓，严格执行“三公”原则，着眼建立长效机制，不断完善行之有效的办法，积极探索新路子，促进了市场的健康发展和公信力的进一步增强。

在加强市场一线监管方面，坚持标本兼治，重在治本的原则，注重制度和机制建设，保证了交易的规范运作和市场的平稳运行。一是加强市场动态的跟踪监视和应对，实行并落实了按职能分工负责盯盘的制度；二是加强了市场稽查和对违规行为的查处；三是加强同有关监管机构的协调合作，积极配合市场监管辖区责任制的落实；四是加强了突发事件的防范和处置工作。

在做好市场服务工作方面，树立监管是最核心服务的理念，把工作的重点放在提升会员素质、营造良好市场环境上，取得了明显的成效。一是坚持正确导向，把开展对会员的教育和对投资者引导作为搞好服务基本事项，结合走访调研，主动做好市场热点问题释疑工作。通过提高规则修订的透明度、加大业务推介中法规内容的比重、严格执行查处及整改规定等办法，强化法制教育，增强了规范运作、理性投资的自觉性，促进了会员、交割仓库自律和内控管理的进步；二是实行激励办法。在服务市场、培育市场上，以推动市场健康发展为导向，根据会员的表现，有重点地采取倾斜措施，扶持和激励会员发展业务、改善经营；三是着力办好实事，在结算银行推广期货资金管理系统，提高了会员资金划转的效率；通过网站升级、推出电子版信息刊物、实行信息转发授权认证等，为满足会员及客户的信息需求提供了便利；结合技术系统升级改造，投入大量资金构建无偿为会员服务的网上交易灾备共享系统，并已安排会员进行接入测试，同时，还开通了会员报单及成交回报系统，解决了会员查询有关信息难的问题；设立会员服务热线电话，安排专人值班应接，畅通了会员与交易所的联系渠道。

四、深化对外交流开放，扩大并增强市场影响力

在打造国际交流平台方面，上海期货交易所在总结前些年经验的基础上，精心筹划，于2005年5月28日和9月26、27日分别成功地举办了“第二届上海衍生品市场论坛”及“中国金融衍生品论坛”。两次论坛以规格高、范围广、质量好赢得了国内外有关方面的瞩目和赞誉，巩固并提升了“中国因素”在世界衍生品领域的地位和影响，在促进以我为主的国际交流方面起到了积极的作用。

在国际交往合作方面，一年来先后接待了99批800余人次境外同行的到访，其中包括美国期管会、芝加哥商业交易所、伦敦金属交易所的首席执行官、东京工业品交易所理事长、摩根斯坦利固定收益部全球主管等有影响机构的高层人士。应邀出席了美国期货协会、全球衍生品协会、瑞士期货期权协会等国际行业组织分别举办的年会和有关方面举办的国际铜工业大会、铝业大会、石油大

会及剑桥能源大会等专业性高层会议。继芝加哥商业交易所等7家交易所之后,又先后与芝加哥期权交易所、芝加哥期货交易所、东京国际金融期货交易所签订了合作谅解备忘录。还应韩国政府调拨厅请求,为其选派的人员专门举办了期货培训班,受到高度评价。通过一系列活动,扩大了信息交流,增进了相互了解,拓宽了联系渠道,深化了业务合作,为稳步推进市场国际化创造了有利条件。

此外,上海期货交易所从市场发展和开放条件的实际状况出发,就期货市场引进 QFII 的问题进行探索,并积极参与期货部牵头组织的相关课题研究,在此基础上,综合风险控制水平、运行成熟程度、品种的国际影响等多种因素,拟定了以铜期货为突破口,逐步推进期货市场对外开放的基本思路。

五、加强思想政治工作和内部管理,不断促进自我完善

在推进市场健康发展的过程中,上海期货交易所坚持"两手抓,两手都要硬"的精神,通过扎实开展"保持共产党员先进性教育活动",进一步加强思想政治工作,不断深化改革,内部管理和员工素质水平显著提高。

(上海期货交易所)

2005 年大连期货市场综述

Summary for Dalian Futures Market in 2005

2005 年，是中国期货市场进一步打实基础、健康发展的一年。一年来，在中国证监会的正确领导下，大连商品交易所以邓小平理论、“三个代表”重要思想和科学发展观为指导，贯彻落实《国务院关于推进资本市场改革开放和稳定发展的若干意见》，按照全国证券期货市场监管工作会议部署，以“规范运行，创新发展”、“发挥功能，服务产业”为全年工作思路，积极推动大连期货市场的全面发展。一年来，交易所坚持依法治市，严格履行一线监管职责，维护市场稳定安全运行，稳步拓展市场规模，开展“千村万户市场服务工程”深化市场功能，推动品种、制度和技术创新，提高业务服务水平，使大连期货市场在持续健康发展的道路上稳步前进。

一、扎实开展先进性教育活动，全面促进交易所工作的顺利开展

先进性教育活动取得明显成效。按照会党委关于开展保持共产党员先进性教育活动的总体部署，在证监会督导组的指导帮助下，去年 7 月 25 日始交易所在全体党员中认真开展了保持共产党员先进性教育活动。全所 84 名党员参与了先进性教育活动，群众对所先进性教育活动给予了充分肯定，测评整体满意度达到 99.17%。交易所先进性教育活动效果显著：坚定了全体员工政治信念，员工政治觉悟和大局意识不断增强，使服务产业和经济发展、完善社会主义市场体系的市场建设理念深入人心；员工综合素质明显提高，党员党性党风得到了提升，党员干部先锋模范作用进一步得到发挥，进一步增强了交易所队伍凝聚力和战斗力；推动了组织建设，完善了保持党员先进性的长效机制；“千村万户市场服务工程”主题实践活动受到社会各界的好评，证监会先进办和中央先进办将其作为先进典型编发了简报，中宣部发文要求重点媒体对其进行集中宣传，为交易所和期货行业争得了荣誉。以先进性教育为契机，所党委加强廉政责任制的落实，使交易所党风廉政建设提升到一个新的水平。

·以先进性教育活动为带动，加强了交易所内部综合管理工作。以先进性教育活动为契机，交易所制定完善了突发事件应急预案、交易所培训管理暂行办法等 17 项管理制度，使内部管理制度化、规范化水平进一步提高；交易所创新用人机制，强化绩效考核，极大地调动了员工的积极性，形成了一支重实干、讲实效、精干有为的员工队伍；推动交易所企业文化建设，坚持、完善了“早礼”制度，深入开展创建学习型班组活动。2005 年，交易所被评为大连市学习型组织标兵单位，并被推荐为辽宁省学习型组织标兵单位；交割部被证监会工会推荐为全国金融系统学习型标兵班组；技术部张国元同志先后获得了“中国证券监管系统职工岗位创新能手”、“全国金融系统职工岗位创新能手”和“全国职工岗位创新能手”荣誉称号。

二、市场规模稳步拓展，实现了质和量的全面提升

市场呈现多品种共同活跃的局面。2005 年，交易所共成交期货合约 19835 万手，较上年增长 13%；成交金额 47417 亿元，较上年下降 7%。成交量和成交金额占全国期货市场份额分别为 61% 和 35%，较上年进一步提升。全年日均成交量 82 万手，其中豆一 33 万手、豆粕 30 万手、玉米 18 万

手。继大豆品种之后,豆粕期货开始成为市场主力品种,不断走向成熟;玉米期货成长起来,成为2005年期货新品种中成长最快的品种,市场整体呈现大豆、豆粕、玉米共同活跃的格局。

实物交割顺利通畅。2005年交易所共完成实物交割162.72万吨,交割金额35.95亿元。其中,交割大豆76.79万吨、金额21.68亿元;交割豆粕27.79万吨、金额6.93亿元;交割玉米58.15万吨、金额7.33亿元。进口大豆期货交割试点工作进展顺利。在市场流动性不断提高的同时,期货交割的顺利通畅,有力地保障了市场安全平稳运行。

投资者开户数显著增长,投资者结构进一步改善。截至2005年底,大商所投资者开户总数达到163837个,新增开户数44385个,增幅37%;其中法人户增加2699个,增幅为50%;自然人户增加41686个,增幅36%。法人、自然人户均保持了较快增长,法人户增幅高于自然人户,投资者结构进一步得到优化。

市场机制进一步完善。在市场流动性不断提高的同时,市场保持了安全稳定运行态势,全年无风险事故。市场保持了较好的自我平衡能力,投资者持仓结构合理,期现沟通顺畅,投资者日益理性和成熟,市场价格发现功能和避险功能发挥明显,期货市场机制进一步得到完善。

三、以“千村万户市场服务工程”开展深化市场服务功能,并进一步夯实市场发展基础

三管齐下开展“千村万户市场服务工程”。2005年初,为深化市场功能,进一步夯实市场发展基础,交易所在总结近年来以市场机制作用服务农民增收和促进农业产业发展经验基础上,开展了以免费培训农民市场知识、信息下乡和推广“公司+农户、期货+订单”为内容的“千村万户市场服务工程”。在广大会员单位的积极配合下,2005年交易所在大连和东北粮食产区举办市场知识培训班103期,培训种粮大户、现货企业负责人和农村基层干部11271人,学员遍布东北三省一区的150个县、市、乡;建立了信息采集和发布体系,为学员编辑和发放《信息周报》,通过相关专业网站、电视等媒体播报市场信息,委托相关机构定期向学员发送手机短信,并设立专家热线电话为农民和企业提供信息服务;目前黑龙江省望奎县、黑河市、吉林省四平市、辽宁省通辽市等15家单位开展了期货订单试点,效果良好。

工程推动了传统农业生产经营方式的根本改变。市场知识培训使学员们的观念发生了很大变化,种粮大户切身感到只有抓住市场才能抓住增收的机会,种好两亩不如卖好一亩;信息下乡服务提高了农民与小商小贩讨价还价能力,农民争取到了市场的主动,切实提高了农民的市场地位和市场增收能力;期货订单经营新模式使分散的农民组织起来,推动了农村合作经济组织和农业产业化发展,探索出了一条以市场化机制促进“三农”工作、服务社会主义新农村建设的新路。

树立了期货市场服务产业的新形象,并促进了会员业务活动的开展。工程很好地宣传了期货市场功能作用,使期货市场更深地扎根于产业,进一步夯实了期货市场持续发展的基础,树立了期货市场服务产业发展和市场经济体系完善的新形象。同时,工程引导了一批现货企业积极参与到市场避险中来,扩大了会员业务量,使期货市场的投资者结构得到了进一步改善,对期货行业夯实发展基础、转变增长方式、拓宽发展空间起到了明显的推动作用。社会各界对千村万户工程给予了高度评价和充分肯定,回良玉副总理、曾培炎副总理、蒋正华副委员长在视察大商所或听取工程汇报会后充分肯定其反哺农业、服务农民的积极意义,希望交易所将这一工作深入持久地开展下去。

四、严格市场一线监管,确保市场规范稳健运行

加强监管、依法治市,确保全年市场安全稳定运行。从中国资本市场发展大局出发,年初交易

所即提出了“规范管理不添乱”的监管工作要求，进一步加强了市场监管工作。交易所继续严格坚持依法治市，维护市场“三公”原则，以规则制度的严格执行来维护市场良好运行秩序、保护投资者利益，确保全年市场运行安全无事故，为资本市场改革和发展创造良好的市场氛围。

继续加强市场监控和稽查工作，防范市场风险。过去的一年，交易所继续加强对交易的实时监控，并加强盘后市场数据和信息的整理、分析工作，对市场潜在的风险源头进行持续跟踪，提前防范，采取措施加强对违规交易行为进行防范；继续加强市场稽查工作，对部分地区会员进行了现场检查，加强了对大户报告的审核及调查；加强监管协作，配合证监会以及各地证监局办理了10件期货公司风险处置事项，积极做好协助司法执行等其他各项相关工作。

进一步完善规则制度，加强业务流程管理防范风险。从市场发展新形势出发，交易所组建了跨部门的规则小组，进一步研究和修订现行规则体系架构，修订完善了风险管理办法、结算细则、交割细则等现行交易细则，同时配合有关部门积极推动《条例》修改工作。在规则制度完善的基础上，交易所进一步加强了交易、结算、交割等业务环节的管理和各业务环节的沟通协调，服务于市场监管和风险防范：加强了对做市商的管理，以发挥其促进市场发育的积极作用；进一步规范完善了交易、结算、交割流程管理；积极配合证监会开展保证金封闭运行管理工作；多方协调，做好进口大豆交割管理工作；针对玉米期货交割量较大的状况，交易所采取相关举措，进一步加强对实物交割的管理，及时化解消除其中潜在的风险隐患。

在市场有效监管和广大会员的努力配合下，2005年大连期货市场经受了禽流感带来的冲击和豆粕、玉米等品种交易量屡创新高的考验，保持了平稳运行态势，实现了年初定下“不出现任何风险事故”的目标。

五、积极推动品种创新，为市场可持续发展增添新动力

2005年，交易所积极推动品种创新工作，为市场的持续稳定发展奠定了坚实的基础，打开了市场新的发展空间。

推动豆油期货上市交易。从1999年始，交易所开始将豆油作为完善大豆品种系列的重要派生子品种进行研究设计。2005年交易所对豆油市场又一次进行了大规模、集中的市场调研考察及市场意见征询，完成了合约、规则及技术准备工作，推动豆油期货的上市交易。豆油期货的上市对于完善大豆期货系列品种体系，使油脂企业有了一个稳定的、全封闭的、成系统的避险场所，并提供一个较为完善的套利市场，推动大豆期货市场发展具有重要的意义。

积极推进期权交易的研究设计工作。交易所加快了大豆期权研究设计工作步伐，组建了跨部门的期权研究小组，积极开展期权上市前的各项准备工作。目前交易所已研究制定了期权交易规则制度，期权交易软件系统年底已进入测试阶段，2006年下半年可上线使用。

进一步完善了品种储备体系。与社会各界广泛合作，推动品种研究与开发工作，开展了钢材、塑料、水泥、尿素、生猪、铁矿石等品种市场调研，对天气指数、大豆指数进行了深入研究，使储备品种体系更加完善，为市场可持续发展提供动力。

六、推动制度和技术完善创新，提高市场运行质量与效率

2005年，适应市场发展新形势和品种创新工作，交易所不断推动市场制度和技术的完善创新，有力促进了市场内在质量和运行效率的提高。

加强基础制度建设，提升市场效率。交易所以进口大豆为主体、依照商检体系修改了黄大豆2

号合约,使之更利于企业回避大豆原料采购和国际贸易的价格风险;为保障豆油期货成功运作,交易所借鉴豆粕期货经验,设计了豆油期货的厂库交割和仓库交割相结合的仓单流转形式;完善了豆粕厂库交割,调整豆粕厂库仓单保函额度和担保方式,进一步降低了交割成本;推行入、出库和杂项作业收费市场化管理举措,对交割仓库入库、出库费用和杂项费用作业服务收费实行最高限价,对玉米非港口库实行贴水交割管理;推动了在南通、日照、深圳设立进口大豆期货交割仓库,为进口大豆交割地向南扩展迈出了关键一步。这些举措有效降低了市场成本,提高了市场效率,便利了投资者对市场的参与,直接推动了市场流动性的提高。交易所还加强了对灵活多样的交易指令及套利交易保证金制度的研究,为市场未来创新发展打下了基础。

保障交易系统稳定安全运行,全面升级信息系统。2005 年是交易所在技术创新方面取得重要进展的一年。交易所进行了信息系统安全体系、监控体系和技术部门 ISO9001 质量管理体系的建设工作,进一步提高系统运行质量,使我所电子化交易技术水平上了一个新的台阶。在新品种上市、交易规模稳步增长的情况下,交易所全年实现了关键业务的无故障运行。为适应市场不断发展的需要,交易所完成了新一代信息系统(V60,简称六期系统)建设工作。新系统采用架构设计方法,通过对业务、质量、上线、运行、维护等多种因素的综合考虑与规划,在整体上达到最优组合;新系统新增了多种交易指令,融入了套利交易、期权交易等功能,为市场的发展留下了空间;通过在安全管理、系统运行监控等方面的创新,提高了系统的技术运行管理能力。

七、深化、创新市场开发与服务方式,与会员共享市场发展成果

2005 年,在会员经营困难形势下,交易所坚持“服务会员、共同发展”的工作思路,努力探索市场开发和会员服务的新途径,使会员能享受到市场发展的成果。

携手会员和相关机构深度开发市场。交易所市场开发在深度上下功夫,突出重点,提升市场开发工作层次。年初,交易所与会员单位携手在全国范围内选取 150 多家产业核心企业,同会员单位一起深入产业核心企业,向核心企业推介市场,倾听企业意见,为企业参与市场提供个性化服务,进一步培育壮大了市场核心客户群体;加强了与政府部门和相关产业机构的合作,与农业部、中国饲料工业协会、中国植物油行业协会及地方有关部门和机构合作举办相关产业发展与期货市场专题研讨会,借力扩大市场的影响力,有针对性地服务于不同产业企业群;针对不同层次的投资者需求,继续办好投资报告会和期货沙龙;进一步加大了分析师的培训力度,与农业大学探讨合作举办期货期权分析师高级研修班,并开始筹备期货学院;组织编写期货基础知识和市场分析研究深度报告 20 余种;组织会员开展了 5 次大豆玉米产区调研活动;进一步加大对华北、华东、华南地区的服务力度,完善以北京、上海、广州为核心的区域服务。据统计,去年全年交易所共举办各类市场推介活动 150 余场次,其中大型专题会议 7 场次,投资报告会 90 余场次,分析师培训班 12 期,期货沙龙 30 余次,培训投资者 1.5 万余人次。

降低会员经营成本,提高对会员的业务服务水平。为进一步减轻会员负担,为会员创造良好经营环境,过去的一年交易所调整了玉米、豆油等品种手续费收取结构,降低部分交易的收费标准;继续免收远程交易席位使用费和会员信息费,大大降低了会员成本支出,减轻了会员负担。在业务服务方面,交易所加强了交割业务服务,为会员和投资者提供贴身交割服务;提高业务自动化水平,推动业务上网工程,推出了新的会员服务系统等,大大便利了会员和投资者业务办理效率。

整合行业研究、信息资源,力促行业研究、信息服务工作上台阶。为合理配置行业研究、信息服务资源,推动行业相关服务工作纵深发展,交易所通过公开招标与会员单位合作,资助部分会员单

位开展市场基础信息服务工作，通过交易所网站，及时提供给交易所全体会员使用。如先期推出的海外市场信息翻译有近90%的被调查者认为能够在不同程度上替代本公司对同类信息的翻译整理工作。交易所还支持会员对市场相关课题进行联合研究，联合会员单位进行《每周研究》的编辑工作。交易所加强了互联网站建设，推出了新版网站，丰富了网站栏目和内容设置，扩充了信息服务内容，提升了交易所信息服务水平。交易所对互联网行情系统进行了全新改版，针对海外用户推出了英文版的行情系统。

八、加强国际交流与合作，进一步扩大国际影响力

2005年，我所从业务发展的实际需要出发，进一步加强国际交流与合作并取得重大进展，使我所的国际影响力得到明显增强。

与众多国际同业机构建立了战略合作关系。2005年以来，我所与国际同业机构的交流与合作取得重大进展，分别与芝加哥商业交易所(CME)、芝加哥期权交易所(CBOE)、东京谷物商品交易所(TGE)和日本中部商品交易所(C-COM)正式签署了《合作谅解备忘录》(MOU)，并加入了总部设在英国伦敦的期货与期权协会(FOA)。完成了与印度国家商品与衍生品交易所有限公司(NCDEX)、印度孟买多种商品交易所(MCX)、大马交易所MOU文本起草工作，为正式签署文本奠定了基础。至目前，同我所正式建立合作关系的国际期货交易所达到8家。与国际期货机构的战略合作，利于我们借鉴国际经验，推动交易所在新产品开发、相关市场信息、市场推广和投资者教育等工作的开展。

加强与国际同业机构的业务交流和往来。2005年，交易所共接待重要国际来访11批次，并有针对性地组织员工出外培训、考察活动。交易所与20余个国家和地区的重要期货机构保持长期、稳定的日常联系，并与相关国际机构合作，在国内举办各种类型国际性会议，以加强信息交流，共同开展对投资者的培训与市场开发工作。

(大连商品交易所)

2005 年郑州期货市场综述

Summary for Zhengzhou Futures Market in 2005

2005 年,郑州期货市场稳步发展。小麦、棉花期货市场运行平稳,全年共成交标准化期货合约 5695 万张,成交金额 21645 亿元,分别比上年增长 17.47%和 85.94%,仓单注册 22328 张,实物交割(单边)42374 张,其中期转现(双边)26554 张,分别比上年增长−7.3%、−54%、−3.7%。

一、2005 年主要工作回顾

在中国证监会党委领导下,郑商所开展了保持共产党员先进性教育活动。通过先进性教育活动,广大党员、职工学习邓小平理论和"三个代表"重要思想的自觉性进一步提高,实现了先进性教育和业务工作"两不误、两促进"。2005 年小麦、棉花期货市场功能进一步发挥;品种创新取得新的成效,顺利完成了白糖期货上市准备工作,期权、菜油和菜籽等新品种上市准备工作也取得重大进展;技术创新实现了新突破,四期交易系统顺利切换,运行快速稳定、安全可靠,达到了国际先进水平;制度创新迈上了新台阶,组合交易方式跨期套利制度发布实施,实现了与国际期货市场运行机制接轨。郑州期货市场奠定了可持续发展的坚实基础。

开展了保持共产党员先进性教育活动。按照中国证监会党委第二批保持共产党员先进性教育活动总体安排与部署,2005 年 7 月开始,交易所结合实际、精心组织开展了保持共产党员先进性教育活动。经过近 5 个月的先进性教育活动,扎实完成了各阶段的任务,做到了理论学习有新认识、分析整改有新举措、党建工作有新进展、市场开发有新成绩,实现了先进性教育活动和业务工作"两不误、两促进",为郑州期货市场发展夯实了思想基础、政治基础和组织基础。

小麦期货市场促进农业经济发展的积极作用逐步得到社会各界的认同。积极探索新的市场环境下活跃小麦期货的有效途径,加强了市场培育和开发工作,做好期货信息下乡、服务"三农"工作,小麦期货市场有效地促进了农业种植结构调整,保护了农民利益。11 月 23 日中央电视台《新闻联播》、11 月 27 日河南电视台《河南新闻联播》头条报道了郑商所小麦期货市场在转变经济增长方式中发挥的重要作用。

棉花期货市场运行平稳,郑棉期货价格在全球影响力日益增强。全年举办棉花期货投资报告会、研讨会、培训班 58 场,召开小型座谈会 48 次;与中国棉花网合作举办"首期棉花期货多空看盘擂台赛",累计参赛 22190 人次;四次组织会员和投资者深入棉花产区调研;成功举办《棉花期货上市一周年暨 2005 年棉花市场高峰论坛》;发放棉花期货宣传资料 10 多万册。9 月 21 日中央电视台《新闻联播》以头条报道了反映棉花期货功能发挥情况的信息。棉花期货健康发展,增强了我国在全球棉花定价过程中的影响力。郑州和纽约两个棉花期货市场互相影响,郑棉期货价格的主导作用越来越明显。美国《华尔街日报》2005 年 12 月 21 日发表文章,称中国郑州棉花期货市场是又一个全球棉花定价的场所。

完成了白糖期货上市准备工作。全年对白糖期货有关规则和制度进行了大量、反复的调研论证,同时积极向国家有关部委、白糖主产区省份做工作,终于得到了国务院和中国证监会的批准,于今年1月上市交易。

加强了新品种开发和上市准备工作。为早日上市期权交易，举办“期权模拟交易大赛”，结合模拟过程中发现的问题，进一步修改完善期权规则。发展20家“期权研发合作会员”，编写系列培训教材共5万字；与中国期货业协会共同举办5场大规模商品期权培训班；组织会员考察香港、新加坡、台湾期权市场，并邀请台湾等地专家团到郑进行期权培训；在期权模拟交易网页的基础上创建了中国期权网，强化了对外宣传交流平台。通过对菜籽油及油菜籽期货进行重点调研论证，初步制定了油菜籽和菜籽油相关《交割细则》、《风险控制管理办法》、《指定交割仓库管理办法》、《标准仓单管理办法》，并设计完成了油菜籽和菜籽油期货合约及说明。针对混合小麦非定点交割仓库交割问题，组织有关部门和单位进行座谈，完善了混合小麦交易相关制度。加强了对粳米现货市场状况的调研分析，同时，开展了纸浆、煤炭、商品指数期货的可行性调研工作。

制度及技术创新方面取得突破性进展。2005年5月，经过计算机工程部和有关部门两年左右时间艰苦奋战，成功启用郑商所第四期计算机交易系统。该系统快速稳定、安全可靠，具有超前性和兼容性，从商品期货、期权到金融期货、期权都可以利用该系统进行交易。经过国内同行鉴定，专家们一致认为达到了国际先进水平。该项目已通过证监会申报国家科技进步奖。为实现四期系统部分新增功能，结合四期交易系统功能设计，郑商所对部分细则和办法进行了相应修改完善。重点修改了《郑州商品交易所跨期套利管理办法》、《郑州商品交易所权利凭证质押保证金业务管理办法》和《郑州商品交易所结算细则》。此外，郑商所还陆续修改了小麦、棉花的风险控制管理办法等相关细则，制定了《郑州商品交易所特别席位管理办法（草案）》，为开展银行仓单质押贷款业务做准备。

探索服务创新模式，提高服务水平。牢固树立服务理念，不断探索服务创新的方法、手段，提高为广大会员和投资者服务的水平。如取消结算准备金受理单，合并交割结算中的有关表格，允许会员在办理仓单转让、质押、抵押、期转现等业务时进行印鉴授权等简化业务办理手续。主动与税务部门沟通、协调，最终解决了仓单注册、注销升贴水增值税问题及会员手续费发票核算不健全、违反税务规定等问题。

加强国际交流与合作，扩大郑州市场在国际上的影响。2005年郑商所先后与芝加哥期权交易所（CBOE）、纽约期货交易所（NYBOT）、巴西期货交易所（BFE）、芝加哥商业交易所（CME），以及SunGard期货系统公司等签署了《合作谅解备忘录》。与芝加哥期货交易所（CBOT）达成了建立公开对话机制、互换信息等有关方面进行合作的意向。与伦敦国际金融期货与期权交易所（Eurex Liffe）建立了友好合作关系。先后组团考察了纽约期货交易所、芝加哥期货交易所、芝加哥期权交易所、瑞福期货经纪公司、欧洲交易所、伦敦国际金融期货与期权交易所及日韩期货市场。先后接待了来自美国、澳大利亚、法国、日本、印度、尼日利亚、塞舌尔共和国、香港等国家和地区的政府部门、同业等18个团次。应邀参加了FIA第30届年会、世界期权年会、FIA亚洲衍生品大会等国际性会议。

2005年是郑商所发展历史上的重要一年，其重要性在于奠定了郑州期货市场可持续发展的坚实基础。一是涉及粮、棉、糖三个重要的关系国计民生的大宗商品期货品种，覆盖了国民经济的三大主要产业。二是四期计算机系统的先进性解决了市场发展的技术基础。三是后续品种上市准备工作基本完成。四是明确了交易所存在的主要问题并制定了整改措施。五是扩大了国际影响。但是要清醒地认识到，我们的市场和工作与国内同行业相比，差距较大，存在一些不容忽视的问题与不足，主要表现在思想观念与市场发展的要求不相适应，市场开发能力与监管水平低于同行交易所，工作不协调的现象仍然存在。这些问题需要在今后的工作中加以解决。

2006年是我们迎接挑战和经受考验的一年。现有三个品种能否活跃起来,新上市期权等品种有无能力做起来,是摆在郑商所面前的艰巨任务。要抓住机遇,加快发展,需要总结经验,吸取教训,继续发挥拼搏精神和奉献精神,这是新一年市场发展的关键。发扬两种精神,就要把郑州市场建设为诚信、公正的投资场所。在这里,我强调必须解决好几个问题。一是我们要树立诚信、公正理念;二是熟悉法律法规和交易规则相关制度;三是尊重市场规律,研究市场规律,掌握市场规律,按市场规律办事;四是增强预见性,把可能出现的问题消灭在萌芽状态;五是提高服务水平,为会员投资者提供优质服务;六是要团结协调,步调一致。这些问题解决好了,我们郑州市场一定能实现快速发展。

二、2006年工作安排

新的一年是我国"十一五"规划正式实施的第一年。"十一五"规划明确指出要"稳步发展期货市场"。2006年是郑州市场实现可持续发展的关键一年。能否抓住机遇,迎接挑战,关系到郑州市场发展前景。2006年的基本工作思路是:认真贯彻落实十六届五中全会和全国证券期货监管工作会议精神,树立科学发展观,坚持依法监管、诚信公正理念,抓住机遇,加快创新,做大做强。这就要求我们把市场发展作为第一要务,加大市场开发力度;加快品种、制度和技术创新步伐,以创新促发展;加强人才队伍建设,提高管理水平,完善内部管理机制,打造一支适应期货市场发展要求的干部职工队伍;以降低交易成本、提高市场效率为重点,全方位提升为会员和投资者服务的水平,吸引广大投资者尤其是机构投资者进场交易,把郑州期货市场建设成为投资者最放心的投资场所。根据全国期货市场发展要求,结合郑商所实际,我们要重点做好以下六项工作:

1. 加大小麦、棉花市场开发力度,精心培育好白糖期货市场

小麦和棉花两个品种,已经具备了加快发展的基础,但仍存在着制约快速发展的问题。要认真分析两个品种的有利条件和不利因素,切实解决影响发展的主要矛盾,这样才能实现快速发展。小麦、棉花存在的主要问题,一是市场运行质量有待提高,二是缺乏机构投资者的积极参与,三是交易所内部工作不够协调。这三个方面的问题归结到一点就是我们的市场开发能力不能适应市场发展的要求,导致市场信心不足。因此,要解决好主要矛盾,采取有效措施吸引机构投资者入市交易,特别是吸引相关套期保值企业开展套期保值业务,提高小麦、棉花期货市场运行质量,扩大市场交易规模。小麦品种中的硬麦尽快改造为混麦,并进行交割制度改革。经过努力,小麦、棉花两个品种的市场增长幅度要达到20%,力争实现30%。

白糖期货品种今年刚上市,要精心培育,控制好风险,实现稳步发展。白糖要解决好第一个合约的交割问题。要多管齐下,吸引套保企业入市;要密切关注国际市场价格波动对白糖期价的影响,控制好市场风险;要研究白糖交易、交割、结算过程中出现的各种问题,及时加以解决;要处理好与其他市场的关系,建立多层次的白糖市场体系;要抓好白糖产区企业套保试点,取得产区政府支持;要研究白糖期货市场的作用,及时向国家领导机关提出建议。通过今年的努力工作实现白糖期货市场稳步发展。

2. 争取上市商品期权和菜油(菜籽)期货交易

期权交易规则及制度要进一步完善,配合中国证监会期货部搞好期权知识培训,力争年内上市交易。菜油和菜籽期货交易规则、制度,要广泛征求行业意见,交易所内部各部门认真讨论修改完善,同样力争年内上市交易。积极做好粳稻、煤炭、纸浆等品种研究开发工作,加快推进农产品指数

期货开发工作,形成小麦、棉花、白糖等农产品指数期货品种系列。

3. 加快创新步伐,以创新促发展

坚持以创新促发展,处理好创新与防范市场风险、维护市场稳定、促进市场健康发展之间的关系。今年重点开展四项创新工作:一是开展仓单质押贷款业务。中国建设银行已经通过了相应的管理办法,要尽快创造条件实施;二是探索结算会员制度。在我们原来开展的信誉会员制度基础上,进行完善,制定结算会员制度;三是实行网上交易,同时开展全天交易;四是实行现有品种小合约交易,增强期货市场的影响力。这些创新涉及面广,情况复杂,要进行广泛深入研究,反复论证,成熟一项,实施一项。

4. 完善竞争机制和激励机制,探索建立淘汰机制,提高内部管理水平

结合落实保持共产党员先进性教育整改方案,强化内部管理。从推行量化管理入手,实行业绩、风险、责任与酬薪挂钩,激发广大员工的积极性和主动性。根据各项工作量化指标,搞好竞争上岗工作;在量化指标考核的基础上确定收入分配,做到干好干坏不一样,激励先进,鞭策落后,从机制上调动工作热情和积极性。要探索建立淘汰机制,对于不能适应工作的又不能改正的人员实行淘汰。内部管理是一项复杂的系统工程,各部门应主动协调配合,团结协作,切实提高科学管理水平。

5. 加强思想政治工作和党的建设

紧紧围绕学习邓小平理论和"三个代表"重要思想,深入做好干部职工思想政治工作。党委成员要做学习实践"三个代表"重要思想的表率,党支部要发挥战斗堡垒作用,进一步加强党的思想作风和组织建设。大力倡导以"诚信、公正、效率"为核心内容的企业文化,充分调动员工能动性和创造性,打造一支适应新形势要求的干部职工队伍。

6. 做好郑东新区搬迁调研、论证工作

做好交易所搬迁郑东新区的前期调研工作。搬迁工作要着眼于郑商所长远发展,同时确保会员、投资者的利益,为会员、职工创造较好的工作和生活环境,促进郑商所可持续发展,为地方经济发展做出积极贡献。

展望未来,郑州市场面临难得的发展机遇,要求我们认清形势,坚定信心,真抓实干。同时也应清醒地认识到挑战大于机遇,将要面临的任务更为艰巨、复杂,这就要求我们在日常工作中时刻保持清醒的头脑,严格防范和化解风险,确保期货市场平稳运行。我们相信,在中国证监会的正确领导下,有了广大会员单位的大力支持,郑商所各项工作一定会迈上一个新的更高台阶,郑州期货市场必将迎来一个更加光辉灿烂的明天!

(郑州商品交易所)

7-1 2005年全国期货交易所交易品种一览表

交易所(Exchanges)	简称(Abbreviation)
大连商品交易所	大连商品(DCE)
上海期货交易所	上海期货
郑州商品交易所	郑商所(ZCE)

数据来源:上海期货交易所、大连商品交易所、郑州商品交易所
Source: SHFE、DCE、ZCE

7-2 2005年农产品期货合约汇总

品种 Items	硬 麦	强 麦	一号棉花	绿 豆
交易单位 Trading Unit	10吨/手	10吨/手	5吨/手	10吨/手
报价单位 Exchange	元(人民币)/吨	元(人民币)/吨	元(人民币)/吨	元(人民币)/吨
最小变动价位 Tick	1元/吨	1元/吨	5元/吨	2元/吨
每日价格最大波动限制 Daily Price Limit	不超过上一交易日结算价±3%	不超过上一交易日结算价±3%	不超过上一交易日结算价±4%	每吨不高于或低于上一交易日结算价格的±120元
合约交割月份 Contract Delivery Months	1、3、5、7、9、11	1、3、5、7、9、11	1、3、4、5、6、7、8、9、10、11、12	1、3、5、7、9、11
交易时间 Trading Time	每周一至五 Am 9:00—11:30 Pm 1:30—3:00	每周一至五 Am 9:00—11:30 Pm 1:30-3:00	每周一至五 Am 9:00—11:30 Pm 1:30—3:00	每周一至五 Am 9:00—11:30 Pm 1:30—3:00
最后交易日 Last Day of Trading	合约交割月份的倒数第七个交易日	合约交割月份的倒数第七个交易日	合约交割月份的第十个交易日	合约交割月份的倒数第七个交易日
交割日期 Delivery Date	合约交割月份的第一交易日至最后交易日	合约交割月份的第一交易日至最后交易日	合约交割月份的第十二交易日	合约交割月份的第一交易日至最后交易日
交割等级 Delivery Grade	符合GB1351-1999的二等硬冬白小麦及其替代品	符合Q/ZSJ 001-2003的二等优质强筋小麦及其替代品	符合GB1103-1999规定的228B级国产锯齿细绒白棉及其替代品	符合GB10462-89的二等杂绿豆及其替代品
交割地点 Delivery Local	交易所指定交割仓库	交易所指定交割仓库	交易所指定交割仓库	交易所指定交割仓库
保证金 Margin Requirements	合约价值的5%	合约价值的5%	合约价值的7%	合约价值的20%
交易手续费 Trading Fee	2元/手(含风险准备金)	2元/手(含风险准备金)	8元/手(含风险准备金)	6元/手(含风险准备金)
交割方式 Trading Form	实物分散交割	实物分散交割	实物集中交割	实物分散交割
交易代码 Trading Code	WT	WS	CF	GN
上市交易所 Listed Exchange	郑州商品交易所(ZCE)	郑州商品交易所(ZCE)	郑州商品交易所(ZCE)	郑州商品交易所(ZCE)

Items of Futures Exchanges in 2005

品种(Formal Items)
黄大豆一号、黄大豆二号、豆粕、玉米、啤酒大麦 铜、铝、天然橡胶、燃料油 强麦　硬麦　一号棉花　绿豆

Summary for Agricultural Product Contracts in 2005

黄大豆1号	豆　粕	玉　米	黄大豆2号	天然橡胶
10吨/手	10吨/手	10吨/手	10吨/手	5吨/手
元(人民币)/吨	元(人民币)/吨	元(人民币)/吨	元(人民币)/吨	元(人民币)/吨
1元/吨	1元/吨	1元/吨	1元/吨	5元/吨
上一交易日结算价的3%	上一交易日结算价的3%	上一交易日结算价的4%	上一交易日结算价的4%	不超过上一交易日结算价±3%
1、3、5、7、9、11	1、3、5、7、8、9、11、12	1、3、5、7、9、11	1、3、5、7、9、11	1、3、4、5、6、7、8、9、10、11月
每周一至周五9:00～11:30，13:30～15:00	每周一至周五9:00～11:30，13:30～15:00	每周一至周五上午9:00～11:30,下午13:30～15:00	每周一至周五上午9:00～11:30,下午13:30～15:00	上午9:00～11:30　下午1:30～3:00
合约月份第十个交易日	合约月份第十个交易日	合约月份第十个交易日	合约月份第10个交易日	合约交割月份的15日(遇法定假日顺延)
最后交易日后七日(遇法定节假日顺延)	最后交易日后第4个交易日，遇法定节假日顺延	最后交易日后第二个交易日	最后交易日后第3个交易日	合约交割月份的16日至20日(遇法定假日顺延)
具体内容见附表	标准品符合《大连商品交易所豆粕交割质量标准(F/DCE D001-2002)》中规定的标准品	符合《大连商品交易所玉米交割质量标准(FC/DCE D001-2004)》	符合《大连商品交易所黄大豆2号交割质量标准(FB/DCE D001-2004)》	标准品:1. 国产一级标准橡胶(SCR5),质量符合国标GB/T8081～1999 2. 进口3号烟胶片(RSS3),质量符合《天然橡胶等级的品质与包装国际标准(绿皮书)》(1979年版)。
大连商品交易所指定交割仓库	大连商品交易所指定交割仓库	大连商品交易所玉米指定交割仓库	大连商品交易所指定交割仓库	交易所指定交割仓库
合约价值的5%	合约价值的5%	合约价值的5%	合约价值的5%	合约价值的5%
4元/手	3元/手	不超过3元/手	不超过4元/手	不高于成交金额的万分之一点五(含风险准备金)
集中交割	实物交割	实物交割	实物交割	实物交割
A	M	C	B	RU
大连商品交易所	大连商品交易所	大连商品交易所	大连商品交易所	上海期货交易所

附表:黄大豆1号品质技术要求

交割等级		纯粮率最低指标%	种　皮	杂质%	水分%	气味色泽	升水(元/吨)	贴水(元/吨)
标准品	三等黄大豆	91.0		1.0	13.0	正常	—	—
替代品	一等黄大豆	96.0					30	—
	二等黄大豆	93.5					10	—
	四等黄大豆	88.5	黄色混有异色粒限度为5.0%				—	100

[注]

1. 黄大豆:种皮为黄色,脐色为黄褐、淡褐、深褐、黑色或其他颜色,粒形一般为圆形、椭圆形或扁圆形;
2. 转基因大豆不得以标准品或替代品交割;
3. 标准品交割价=交割结算价;
4. 替代品交割价=交割结算价+替代品升贴水+质量差异升扣价;
5. 质量检验标准及方法按照GB5490～5539-85《粮食、油料及植物油脂检验》执行;
6. 卫生标准和动植物检疫项目按国家有关规定执行;
7. 水分、杂质允许范围见附表2;
8. 包装物具体要求详见大商所交割的有关规定;
9. 入库指标:粗脂肪酸价≤3.5、蛋白质溶解比率≥75;出库指标:粗脂肪酸价≤5、蛋白质溶解比率≥60。

数据来源:上海期货交易所、大连商品交易所、郑州商品交易所

Source: SHFE、DCE、ZCE

7-3　2005年金属期货合约汇总

Summary for Metal Product Contracts in 2005

品种 Items	阴极铜	铝
交易单位 Trading Unit	5吨/手	5吨/手
报价单位 Unit	元(人民币)/吨	元(人民币)/吨
最小变动价位 Tick	10元/吨	10元/吨
每日价格最大波动限制 Daily Price Limit	不超过上一交易日结算价±3%	不超过上一交易日结算价±3%
合约交割月份 Contract Delivery Months	1～12月	1～12月
交易时间 Trading Time	上午 9:00～11:30　下午 1:30～3:00	上午 9:00～11:30　下午 1:30～3:00
最后交易日 Last Day of Trading	合约交割月份的15日(遇法定假日顺延)	合约交割月份的15日(遇法定假日顺延)
交割日期 Delivery Date	合约交割月份的16日至20日(遇法定假日顺延)	合约交割月份的16日至20日(遇法定假日顺延)

续表　Continued

品种 Items	阴 极 铜	铝
交割品级 Delivery Grade	标准品：标准阴极铜，符合国标 GB/T467-1997 标准阴极铜规定，其中主成分铜加银含量不小于 99.95% 替代品：1. 高纯阴极铜，符合国标 GB/T467-1997 高纯阴极铜规定； 2. LME 注册阴极铜，符合 BSEN 1978：1998 标准（阴极铜等级牌号 Cu-CATH-1）。	标准品：铝锭，符合国标 GB/T1196-2002 标准中 AL99.70 规定，其中铝含量不低于 99.70% 替代品：LME 注册铝锭，符合 P1020A 标准
交割地点 Delivery Local	交易所指定交割仓库	交易所指定交割仓库
最低交易保证金 Margin Requirements	合约价值的 5%	合约价值的 5%
交易手续费 Trading Fee	不高于成交金额的万分之二（含风险准备金）	不高于成交金额的万分之二（含风险准备金）
交割方式 Trading Form	实物交割	实物交割
交易代码 Trading Code	CU	AL
上市交易所 Listed Exchange	上海期货交易所	上海期货交易所

数据来源：上海期货交易所、大连商品交易所、郑州商品交易所
Source：SHFE、DCE、ZCE

7-4　2005 年能源期货合约汇总
Summary for Energy Products Contracts in 2005

品种 Items	燃 料 油
交易单位 Trading Unit	10 吨/手
报价单位 Unit	元(人民币)/吨
最小变动价位 Tick	1 元/吨
每日价格最大波动限制 Daily Price Limit	上一交易日结算价±5%
合约交割月份 Contract Delivery Months	1—12 月(春节月份除外)
交易时间 Trading Time	上午 9:00—11:30 下午 1:30—3:00
最后交易日 Last Day of Trading	合约交割月份前一月份的最后一个交易日
交割日期 Delivery Date	最后交易日后连续五个工作日
交割品级 Delivery Grade	180CST 燃料油(具体质量规定见附件)或质量优于该标准的其他燃料油。
交割地点 Delivery Local	交易所指定交割地点
最低交易保证金 Margin Requirements	合约价值的 8%
交易手续费 Trading Fee	不高于成交金额的万分之二(含风险准备金)
交割方式 Trading Form	实物交割
交易代码 Trading Code	FU
上市交易所 Listed Exchange	上海期货交易所

数据来源：上海、大连、郑州期货交易所
Source：SHFE、CZCE、DCE

7-5　1993—2005 年全国期货市场概况

Futures Market Reviews (1993—2005)

金额单位:亿元

项目 Items	1993	1994	1995	1996	1997	1998	1999	2000	2001	2002	2003	2004	2005
全年总成交额 Total Trading Turnover	5521.99	31601.41	100565.30	84119.16	61170.66	36967.24	22343.01	16082.29	30144.98	39490.28	108396.59	146935.32	134463.38
全年总成交量(万手) Total Trading Volume	890.69	12110.72	63612.07	34256.77	15876.32	10445.57	7363.91	5461.07	12046.35	13943.37	27992.43	30569.76	32287.41
全年总实物交割额 Physical Delivery Amount			181.52	174.13	93.75	48.04	109.41	65.11	57.54	101.44	127.34	181.68	141.87
全年总实物交割量(万手) Physical Delivery Volume			83.09	78.33	38.18	20.56	16.12	8.40	64.85	141.16	129.54	31.32	29.23

数据来源:上海期货交易所、郑州商品交易所、大连商品交易所
Source: SHFE、ZCE、DCE

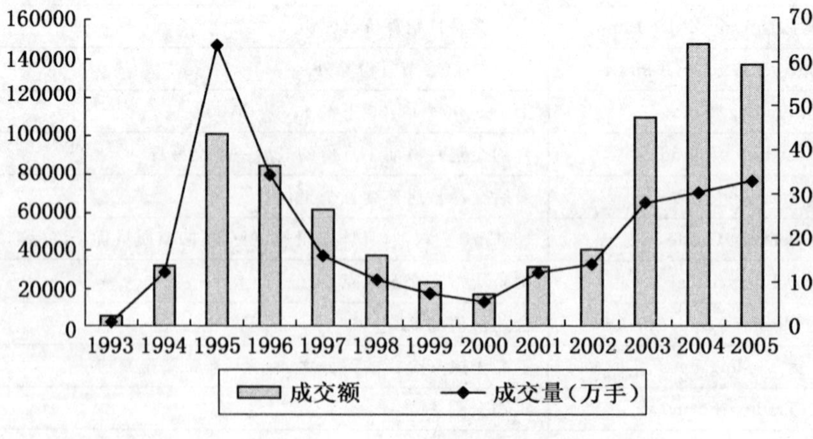

7-6　2005年全国期货交易分布概况

Futures Transaction Distribution of 2005

金额单位：亿元

	成交金额 Turnover	比重(%) % of Total	成交量 Trading Volume	比重(%) % of Total
农产品 Agricultural Products	84663.14	62.96	27430.09	84.96
金属 Metal products	44177.69	32.85	2895.41	8.97
能源 Energy Products	5622.55	4.18	1961.91	6.08
总计 Total	134463.38	100.00	32287.41	100.00

数据来源：上海期货交易所、大连商品交易所、郑州商品交易所
Source：SHFE、DCE、ZCE

7-7　2005年全国期货交易所会员情况

Statistics of Membership in 2005

交易所 Exchanges	会员总数 No. Of Members	经纪公司会员 Broker Members	非经纪公司会员 Nonbroker Members
大连商品交易所	194	180	14
上海期货交易所	215	175	40
郑州商品交易所	222	179	43

数据来源：上海期货交易所、大连商品交易所、郑州商品交易所
Source：SHFE、DCE、ZCE

7-8　2005年全国期货交易所市场概况

Futures Market Review in 2005

金额单位：万元

交易所 Exchanges	期货品种 Trading Items	会员总数 No. Of Members	总成交额 Total Trading Turnover	总成交量 Total Trading Volume	总实物交割额 Physical Delivery Amount	总实物交割量 Physical Delivery Volume
大连商品交易所	5	194	474167534.08	198349428	359499.85	162716
上海期货交易所	4	215	654020293.95	67579508	883245.06	87305
郑州商品交易所	4	222	216445938.10	56945140	175946.33	42277
合　　计	13	631	1344633766.13	322874076	1418690.23	292298

数据来源：上海期货交易所、大连商品交易所、郑州商品交易所
Source：SHFE、DCE、ZCE

7-9 2005年农产品期货交易分布概况

Agricultural Products Transaction Distribution in 2005

金额单位:万元

品种 Items	成交金额 Turnover	比重(%)% of Total	成交量 Trading Volume	比重(%) % of Total
黄大豆1号	231306299.03	27.32%	80071414	29.19%
黄大豆2号	2916109.52	0.34%	1082186	0.39%
玉　米	55064595.83	6.50%	43719464	15.94%
豆　粕	184880529.70	21.84%	73476364	26.79%
天然橡胶	156017918.90	18.43%	19006316	6.93%
一号棉花	156851897.44	18.53%	21741650	7.93%
强　麦	56542460.55	6.68%	33240192	12.12%
硬　麦	3051580.11	0.36%	1963298	0.72%
合　计	846631391.08	100.00%	274300884	100.00%

数据来源:上海期货交易所、大连商品交易所、郑州商品交易所

Source: SHFE、DCE、ZCE

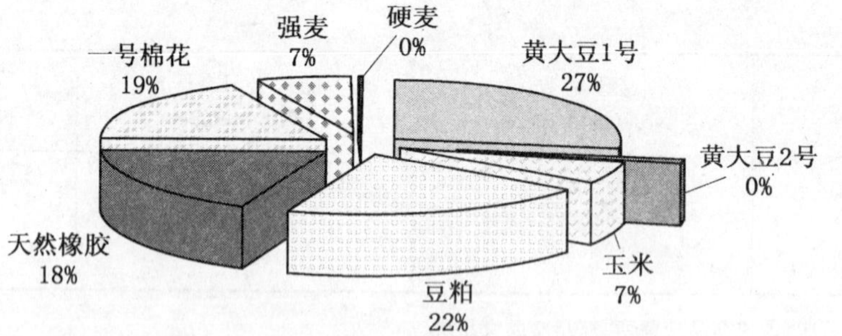

7-10 2005年金属期货交易分布概况

Metal Products Transaction Distribution in 2005

金额单位:万元

品种 Items	成交金额 Turnover	比重(%)% of Total	成交量 Trading Volume	比重(%) % of Total
铜	404632286.29	91.59	24704052	85.32
铝	37144589.00	8.41	4250040	14.68
总　计	441776875.29	100.00	28954092	100.00

数据来源:上海期货交易所、大连商品交易所、郑州商品交易所

Source: SHFE、DCE、ZCE

7-11　2005年能源期货交易分布概况

Energy Products Transaction Distribution in 2005

金额单位:万元

品种 Items	成交金额 Turnover	比重(%) % of Total	成交量 Trading Volume	比重(%) % of Total
燃料油	56225499.76	100.00	19619100	100.00
总　计	56225499.76	100.00	19619100	100.00

数据来源:上海、大连、郑州期货交易所

Source: SHFE、CZCE、DCE

7-12　2005年农产品期货交易情况

Transaction of Agricultural Product Futures in 2005

金额单位:万元

品种 Items	交易所 Exchange	合约 Contracts	年开盘价 Open Price	年最高价 High Price	最高价日 High Date	年最低价 Low Price	最低价日 Low Date	成交金额 Turnover	交易日数 Trading Days	日均成交金额 Daily Turnover
黄大豆1号	DCE	a0501	2890	3039	20050113	2850	20050104	170528.25	10	17052.83
		a0503	2622	2880	20050314	2581	20050202	81358.53	43	1892.06
		a0505	2585	3128	20050316	2513	20050202	21357817.02	87	245492.15
		a0507	2582	3190	20050316	2493	20050202	789561.54	126	6266.36
		a0509	2601	3255	20050620	2516	20050202	81403463.08	170	478843.90
		a0511	2517	3303	20050620	2445	20050203	26021153.08	208	125101.70
		a0601	2507	3307	20050620	2447	20050202	58007834.75	242	239701.80
		a0603	2501	3278	20050620	2441	20050128	142478.51	242	588.75
		a0605	2531	3302	20050620	2468	20050202	41513813.09	242	171544.68
		a0607	2412	3319	20050621	2412	20050125	34172.76	232	147.30
		a0609	3010	3299	20050620	2554	20051128	1697968.99	199	8532.51
		a0611	2977	3238	20050622	2518	20051128	60160.04	155	388.13
		a0701	3243	3243	20050722	2515	20051128	15854.18	116	136.67
		a0703	2800	2888	20051013	2537	20051129	3344.59	72	46.45
		a0705	2600	2820	20051227	2550	20051202	6790.61	34	199.72
黄大豆2号	DCE	b0503	2649	3058	20050314	2520	20050218	6495.32	43	151.05
		b0505	2570	3143	20050318	2470	20050202	1011447.29	87	11625.83
		b0507	2540	3188	20050318	2460	20050202	275604.01	126	2187.33
		b0509	2585	3190	20050316	2415	20050831	152140.15	170	894.94
		b0511	2508	3171	20050620	2390	20050202	16161.18	208	77.70
		b0601	2469	3195	20050623	2400	20051205	38891.53	242	160.71
		b0603	2590	3218	20050623	2415	20051201	40279.71	199	202.41
		b0605	2714	3326	20050607	2500	20051128	279459.67	155	1802.97
		b0607		3300	20050808	2412	20051206	5897.91	116	50.84
		b0609	2790	2970	20051017	2520	20051128	1086745.57	60	18112.43
		b0611	3013	3013	20051118	2401	20051206	2987.19	34	87.86
玉米	DCE	c0501	1150	1200	20050114	1090	20050104	1826.82	10	182.68
		c0503	1139	1200	20050311	1130	20050216	109785.05	43	2553.14

续表 1　Continued 1

品种 Items	交易所 Exchange	合约 Contracts	年开盘价 Open Price	年最高价 High Price	最高价日 High Date	年最低价 Low Price	最低价日 Low Date	成交金额 Turnover	交易日数 Trading Days	日均成交金额 Daily Turnover
玉米		c0505	1150	1289	20050322	1141	20050105	7642028.67	87	87839.41
		c0507	1171	1331	20050328	1147	20050202	5004518.40	126	39718.40
		c0509	1182	1359	20050325	1175	20050105	8137528.67	170	47867.82
		c0511	1188	1349	20050329	1157	20051114	6878552.58	208	33069.96
		c0601	1152	1344	20050412	1139	20050203	7973552.18	232	34368.76
		c0603	1200	1340	20050420	1184	20050826	431639.68	199	2169.04
		c0605	1298	1338	20050620	1202	20050817	8610478.66	155	55551.48
		c0607	1339	1371	20050720	1206	20050816	4266766.31	116	36782.47
		c0609	1234	1393	20051227	1234	20050915	5950445.83	72	82645.08
		c0611	1250	1410	20051227	1250	20051128	57472.99	34	1690.38
豆粕	DCE	m0501	2295	2335	20050112	2274	20050105	13322.41	10	1332.24
		m0503	2187	2780	20050314	2151	20050117	25772.10	43	599.35
		m0505	2150	2926	20050317	2073	20050202	20677174.93	87	237668.68
		m0508	2180	2903	20050317	2095	20050202	64166426.81	147	436506.30
		m0509	2199	2899	20050317	2091	20050204	20810259.33	170	122413.29
		m0511	2139	2924	20050620	2020	20050203	13621644.46	208	65488.68
		m0512	2452	2634	20051116	2280	20051027	2152.29	83	25.93
		m0601	2020	2926	20050620	2020	20050118	12315874.59	232	53085.67
		m0603	2600	2910	20050620	2125	20051128	65414.08	199	328.71
		m0605		2900	20050620	2117	20051129	53045475.84	155	342228.88
		m0607	2400	2599	20050905	2158	20051128	22602.72	95	237.92
		m0608	2370	2612	20050822	2176	20051129	27999.45	95	294.73
		m0609	2525	2615	20051014	2170	20051130	80781.28	72	1121.96
		m0611	2385	2433	20051227	2135	20051128	5160.80	34	151.79
		m0612	2140	2390	20051226	2140	20051226	468.61	12	39.05
强麦	ZCE	WS501	1570	1669	20050119	1568	20050104	11630.96	15	775.40
		WS503	1591	1650	20050119	1551	20050301	9740.10	51	190.98
		WS505	1633	1686	20050114	1465	20050510	3236161.23	89	36361.36
		WS507	1600	1671	20050316	1459	20050608	92792.44	132	702.97
		WS509	1665	1773	20050316	1519	20050912	10064586.93	177	56862.07
		WS511	1648	1817	20050318	1550	20050323	9794035.63	215	45553.65
		WS601	1680	1825	20050318	1622	20050804	16324959.74	222	73535.85
		WS603	1780	1780	20050404	1615	20050805	87145.20	186	468.52
		WS605	1706	1814	20050627	1626	20050729	10392743.24	148	70221.24
		WS607	1680	1764	20051024	1553	20051128	2501637.78	105	23825.12
		WS609	1740	1815	20051024	1664	20051201	3904785.23	60	65079.75
		WS611	1685	1750	20051214	1603	20051201	122242.46	22	5556.48
硬麦	ZCE	WT501	1520	1566	20050106	1520	20050104	3894.06	15	259.60
		WT503	1549	1575	20050107	1497	20050310	10134.36	51	198.71
		WT505	1560	1593	20050107	1430	20050512	836411.07	89	9397.88
		WT507	1540	1610	20050203	1339	20050607	24920.08	132	188.79
		WT509	1574	1648	20050318	1380	20050920	1594971.63	177	9011.14
		WT511	1575	1643	20050318	1387	20051118	454874.58	215	2115.70
		WT601	1612	1646	20050318	1340	20051230	61981.36	222	279.20
		WT603	1640	1650	20050608	1396	20051129	15062.03	186	80.98
		WT605	1502	1635	20050609	1412	20051222	31708.50	148	214.25
		WT607	1481	1582	20051026	1397	20051128	14345.17	105	136.62

续表 2　Continued 2

品种 Items	交易所 Exchange	合约 Contracts	年开盘价 Open Price	年最高价 High Price	最高价日 High Date	年最低价 Low Price	最低价日 Low Date	成交金额 Turnover	交易日数 Trading Days	日均成交金额 Daily Turnover
硬麦		WT609	1574	1600	20051020	1448	20051201	2150.60	60	35.84
		WT611	1388	1520	20051228	1388	20051201	1126.45	22	51.20
一号棉花	ZCE	CF501	12005	12665	20050107	12005	20050104	6088.06	10	608.81
		CF503	12325	14140	20050310	12245	20050105	1862419.05	44	42327.71
		CF504	12445	14370	20050414	12360	20050105	6095174.59	67	90972.76
		CF505	12585	14450	20050316	12510	20050105	8878077.29	88	100887.24
		CF506	12700	14620	20050426	12635	20050105	11620240.38	105	110668.96
		CF507	12810	14850	20050426	12630	20050105	10731451.36	127	84499.62
		CF508	13170	15340	20050412	12805	20050107	8838066.69	148	59716.67
		CF509	13080	15515	20050426	12830	20050811	13457614.23	171	78699.50
		CF510	13000	15900	20050426	12870	20050106	15168497.89	193	78593.25
		CF511	13000	15290	20050510	13000	20050105	9715637.27	209	46486.30
		CF512	12700	15220	20050429	12600	20050204	6407442.81	231	27737.85
		CF601	14240	15680	20051013	13570	20050816	11787726.95	222	53097.87
		CF603	15500	15795	20050510	13390	20050819	16289620.27	186	87578.60
		CF604	16000	16000	20050512	13900	20050602	11373882.52	165	68932.62
		CF605	14700	15885	20051013	13985	20050901	10527526.66	148	71131.94
		CF606	14500	15955	20051026	14100	20050816	9338343.91	126	74113.84
		CF607	15000	16000	20051026	14520	20050915	3898306.60	105	37126.73
		CF608	14680	16100	20051011	14630	20050906	649104.71	82	7915.91
		CF609	16310	16310	20051010	15200	20051202	165740.12	60	2762.34
		CF610	15560	16100	20051011	14800	20051101	27511.54	44	625.26
		CF611	16180	16180	20051201	15250	20051201	13424.98	22	610.23
天然橡胶	SHFE	ru0501	11855	12080	20050106	11705	20050117	6221.65	10	622.16
		ru0503	12040	12980	20050315	11890	20050112	800903.57	44	18202.35
		ru0504	12030	13890	20050317	11850	20050105	482163.39	67	7196.47
		ru0505	11925	14160	20050317	11720	20050111	2240930.75	83	26999.17
		ru0506	11775	14470	20050317	11670	20050111	5310722.99	105	50578.31
		ru0507	11755	16100	20050711	11480	20050112	5357511.69	124	43205.74
		ru0508	11320	16995	20050726	11320	20050118	3436746.41	138	24903.96
		ru0509	12410	17240	20050726	11550	20050120	5988756.09	150	39925.04
		ru0510	12880	18000	20051014	12120	20050121	22839509.52	143	159716.85
		ru0511	13600	18080	20051018	12600	20050429	28109480.31	137	205178.69
		ru0601	12740	18420	20051011	12740	20050623	21982408.91	122	180183.68
		ru0603	16570	18735	20051018	15755	20050810	55095012.13	112	491919.75
		ru0604	14695	18710	20051018	14695	20050713	3531020.87	93	37967.97
		ru0605	16570	18700	20051229	15650	20050713	579007.47	81	7148.24
		ru0606	16570	18590	20051229	16000	20050805	158827.11	82	1936.92
		ru0607	16570	18470	20051229	16340	20050802	47961.42	78	614.89
		ru0608	17200	18390	20051229	16200	20050914	43848.99	77	569.47
		ru0609	17000	17780	20051026	16700	20051108	2817.32	28	100.62
		ru0610	17600	18215	20051229	16505	20051206	2085.46	7	297.92
		ru0611	18465	18465	20051221	16400	20051221	1982.89	4	495.72

数据来源：上海、大连、郑州期货交易所

Source：SHFE、CZCE、DCE

7-13 2005年能源期货交易情况

Energy Product Futures in 2005

金额单位:万元

品种 Items	交易所 Exchange	合约 Contracts	年开盘价 Open Price	年最高价 High Price	最高价日 High Date	年最低价 Low Price	最低价日 Low Date	成交金额 Turnover	交易日数 Trading Days	日均成交金额 Daily Turnover
燃料油	SHFE	fu0503	2000	2099	20050228	1950	20050228	459677.26	33	13929.61
		fu0504	2000	2680	20050329	1979	20050105	341019.32	54	6315.17
		fu0505	2080	3000	20050428	1986	20050104	503065.01	77	6533.31
		fu0506	2005	2816	20050531	1985	20050104	4015419.52	87	46154.25
		fu0507	2025	2966	20050606	1958	20050104	6166747.82	99	62290.38
		fu0508	1998	3077	20050708	1975	20050107	3289047.42	119	27639.05
		fu0509	1971	3204	20050831	1971	20050106	4589968.29	143	32097.68
		fu0510	1980	3360	20050930	1960	20050126	5771187.22	161	35845.88
		fu0511	1961	3414	20050926	1961	20050106	6900595.12	166	41569.85
		fu0512	1890	3270	20051017	1890	20050107	7274769.53	170	42792.76
		fu0602	2123	3298	20051012	1737	20050228	9092798.14	156	58287.17
		fu0603	2503	3316	20051017	2304	20050329	7593565.60	145	52369.42
		fu0604	2500	3324	20051017	2463	20050513	156750.34	130	1205.77
		fu0605	2400	3319	20051013	2400	20050614	53415.10	124	430.77
		fu0606	2381	3385	20051018	2381	20050701	5111.29	104	49.15
		fu0607	2808	3298	20051011	2775	20050719	2040.18	60	34.00
		fu0608	2684	3302	20051012	2684	20050803	1611.08	58	27.78
		fu0609	2790	3316	20050929	2790	20050909	2841.34	33	86.10
		fu0610	3100	3279	20051014	2803	20051014	1487.30	19	78.28
		fu0611	2740	3295	20051117	2738	20051117	4299.32	13	330.72
		fu0612	2782	3080	20051229	2782	20051220	83.57	5	16.71

数据来源:上海期货交易所、大连商品交易所、郑州商品交易所

Source: SHFE、DCE、ZCE

7-14 2005年金属期货交易情况

Transaction of Metal Procuct Futures in 2005

金额单位:万元

品种 Items	交易所 Exchange	合约 Contracts	年开盘价 Open Price	年最高价 High Price	最高价日 High Date	年最低价 Low Price	最低价日 Low Date	成交金额 Turnover	交易日数 Trading Days	日均成交金额 Daily Turnover
铜	SHFE	cu0501	30600	31560	20050117	29400	20050105	971014.62	10	97101.46
		cu0502	29880	31750	20050131	28690	20050105	5700941.13	24	237539.21
		cu0503	29110	32970	20050314	27930	20050110	24756292.88	44	562643.02
		cu0504	28520	36700	20050412	27120	20050110	28763753.95	67	429309.76
		cu0505	28130	36380	20050511	26880	20050105	33788999.62	83	407096.38
		cu0506	27600	34900	20050606	26560	20050110	49635911.07	105	472722.96
		cu0507	27010	35490	20050620	26280	20050105	46090036.72	127	362913.67
		cu0508	26600	36090	20050728	25800	20050105	40167255.73	148	271400.38
		cu0509	26750	35900	20050905	25780	20050105	39175116.36	171	229094.25
		cu0510	25780	38250	20051012	25290	20050105	27841960.74	187	148887.49
		cu0511	25270	39400	20051115	25270	20050105	24311967.00	199	122170.69
		cu0512	25600	40600	20051214	24730	20050105	19583631.40	220	89016.51
		cu0601	26500	42800	20051227	25580	20050203	32726368.20	206	158865.87
		cu0602	25000	42730	20051227	25000	20050216	19717206.08	185	106579.49

续表　Continued

品种 Items	交易所 Exchange	合约 Contracts	年开盘价 Open Price	年最高价 High Price	最高价日 High Date	年最低价 Low Price	最低价日 Low Date	成交金额 Turnover	交易日数 Trading Days	日均成交金额 Daily Turnover
铜		cu0603	28500	42260	20051227	26350	20050531	9815989.91	166	59132.47
		cu0604	27150	41880	20051230	26150	20050531	868810.44	164	5297.62
		cu0605	25060	41260	20051227	25060	20050524	199725.10	148	1349.49
		cu0606	27280	40690	20051228	26330	20050701	115096.55	130	885.36
		cu0607	28000	40780	20051228	27600	20050722	127149.81	113	1125.22
		cu0608	31890	40160	20051227	29670	20050919	187887.86	94	1998.81
		cu0609	29960	39000	20051229	29470	20050919	40964.82	56	731.51
		cu0610	33000	38530	20051227	31580	20051019	31697.44	51	621.52
		cu0611	32200	37890	20051229	32200	20051129	11743.92	24	489.33
		cu0612	37500	38000	20051228	36540	20051229	2764.94	4	691.24
铝	SHFE	al0501	16120	16160	20050104	15500	20050105	99472.87	10	9947.29
		al0502	16360	16370	20050104	15480	20050105	325014.96	24	13542.29
		al0503	16540	16870	20050310	15600	20050105	2893671.86	44	65765.27
		al0504	16610	17040	20050310	15620	20050105	2096856.06	67	31296.36
		al0505	16640	17170	20050310	15610	20050105	3275442.90	83	39463.17
		al0506	15420	17400	20050615	15420	20050104	3247877.75	103	31532.79
		al0507	16500	17300	20050317	15950	20050110	1774441.88	117	15166.17
		al0508	16280	17390	20050317	15920	20050117	1753600.49	122	14373.77
		al0509	17200	17200	20050318	16240	20050706	1370729.36	119	11518.73
		al0510	16610	17280	20051017	16240	20050705	1278623.42	109	11730.49
		al0511	15300	17490	20050317	15300	20050217	1286289.88	128	10049.14
		al0512	17280	19980	20051215	15610	20050422	1108782.10	129	8595.21
		al0601	16950	19800	20051214	15810	20050311	2125445.25	123	17280.04
		al0602	15610	19820	20051214	15610	20050429	1654368.62	86	19236.84
		al0603	16520	19870	20051214	16150	20050819	9540816.22	69	138272.70
		al0604	16280	19860	20051214	15700	20050829	1951915.90	63	30982.79
		al0605	16200	19860	20051214	16200	20050913	1078245.20	49	22005.00
		al0606	15630	19850	20051214	15630	20050928	226759.15	39	5814.34
		al0607	15800	19900	20051212	15800	20050928	21791.88	28	778.28
		al0608	15800	20000	20051214	15800	20050928	18854.86	33	571.36
		al0609	16710	19950	20051214	16710	20051024	12135.56	25	485.42
		al0610	17700	19760	20051228	16910	20051104	2436.01	4	609.00
		al0611	17220	19690	20051228	17220	20051124	1016.82	8	127.10

数据来源：上海期货交易所、大连商品交易所、郑州商品交易所
Source：SHFE、DCE、ZCE

7-15　2005 年农产品期货持仓情况
Open Positions of Agricultural Products in 2005

品种 Items	交易所 Exchange	合约 Contracts	最高持仓量 High Open Positions	最高持仓日期 Date of High Open Positions	最后持仓 Open Positions at the End	最后持仓日期 Date of Open Positions at the End	年末持仓 Open Position at the End of year
黄大豆1号	DCE	a0501	82760	20050104	61470	20050117	—
		a0503	4426	20050104	3582	20050314	—
		a0505	386786	20050118	7550	20050520	—
		a0507	33106	20050606	11288	20050714	—
		a0509	401368	20050523	57576	20050914	—
		a0511	263898	20050718	7650	20051114	—
		a0601	364268	20050919	—	—	77266
		a0603	906	20051117	—	—	518

续表 1　Continued 1

品种 Items	交易所 Exchange	合约 Contracts	最高持仓量 High Open Positions	最高持仓日期 Date of High Open Positions	最后持仓 Open Positions at the End	最后持仓日期 Date of Open Positions at the End	年末持仓 Open Position at the End of year
黄大豆1号		a0605	360132	20051221	—	—	262960
		a0607	236	20051229	—	—	232
		a0609	48326	20051230	—	—	48326
		a0611	1080	20051213	—	—	786
		a0701	444	20051128	—	—	430
		a0703	84	20051208	—	—	74
		a0705	82	20051229	—	—	80
黄大豆2号	DCE	b0503	588	20050104	68	20050314	—
		b0505	32302	20050223	1418	20050520	—
		b0507	8120	20050310	350	20050714	—
		b0509	4224	20050401	0	20050914	—
		b0511	54	20050120	0	20051114	—
		b0601	680	20050916	—	—	—
		b0603	1006	20050915	—	—	28
		b0605	7572	20051205	—	—	130
		b0607	528	20051227	—	—	518
		b0609	28376	20051226	—	—	24492
		b0611	22	20051129	—	—	6
玉米	DCE	c0501	1532	20050104	60	20050117	—
		c0503	18804	20050106	1022	20050314	—
		c0505	149290	20050106	5496	20050520	—
		c0507	196732	20050325	37130	20050714	—
		c0509	141894	20050516	1362	20050914	—
		c0511	91690	20050810	0	20051114	—
		c0601	94452	20050916	—	—	6016
		c0603	14818	20051018	—	—	3510
		c0605	109092	20051018	—	—	53976
		c0607	86596	20051226	—	—	62994
		c0609	179498	20051229	—	—	165828
		c0611	4576	20051228	—	—	3018
豆粕	DCE	m0501	11590	20050104	10064	20050117	—
		m0503	3694	20050121	1776	20050314	—
		m0505	127314	20050307	1274	20050520	—
		m0508	248890	20050609	4334	20050812	—
		m0509	190278	20050624	17224	20050914	—
		m0511	102856	20050830	1468	20051114	—
		m0512	20	20050902	0	20051214	—
		m0601	133308	20050919	—	—	684
		m0603	678	20051026	—	—	476
		m0605	301602	20051227	—	—	248958
		m0607	348	20051229	—	—	348
		m0608	628	20051230	—	—	628
		m0609	3598	20051230	—	—	3598
		m0611	90	20051221	—	—	78
		m0612	6	20051226	—	—	0
橡胶	SHFE	ru0501	1286	20050104	1094	20050117	
		ru0503	14380	20050112	5074	20050315	
		ru0504	5172	20050203	1942	20050415	
		ru0505	15802	20050310	1692	20050516	
		ru0506	25618	20050401	1120	20050615	
		ru0507	20084	20050420	1512	20050715	
		ru0508	14744	20050608	1618	20050815	

续表 2　Continued 2

品种 Items	交易所 Exchange	合约 Contracts	最高持仓量 High Open Positions	最高持仓日期 Date of High Open Positions	最后持仓 Open Positions at the End	最后持仓日期 Date of Open Positions at the End	年末持仓 Open Position at the End of year
橡胶		ru0509	16826	20050701	2622	20050915	
		ru0510	26690	20050805	2050	20051017	
		ru0511	36030	20050908	1606	20051115	
		ru0601	37126	20050928	2718	20051230	2718
		ru0603	42414	20051212	23102	20051230	23102
		ru0604	25248	20051229	24854	20051230	24854
		ru0605	3362	20051228	3170	20051230	3170
		ru0606	1930	20051229	1914	20051230	1914
		ru0607	650	20051229	648	20051230	648
		ru0608	540	20051228	520	20051230	520
		ru0609	40	20051107	40	20051230	40
		ru0610	2	20051230	2	20051230	2
		ru0611	2	20051221	2	20051230	2
强麦	ZCE	WS501	2646	38356	200	38372	0
		WS503	2108	38366	56	38429	0
		WS505	117448	38357	2	38485	0
		WS507	6846	38356	48	38538	0
		WS509	113038	38404	80	38616	0
		WS511	119680	38428	1152	38677	0
		WS601	170238	38527	24716	38716	24716
		WS603	5072	38695	4886	38716	4886
		WS605	226344	38684	172158	38716	172158
		WS607	54786	38673	37472	38716	37472
		WS609	116200	38701	105228	38716	105228
		WS611	31248	38716	31248	38716	31248
硬麦	ZCE	WT501	1300	38356	24	38372	0
		WT503	1028	38380	20	38429	0
		WT505	26466	38357	2	38484	0
		WT507	394	38408	4	38538	0
		WT509	25446	38414	4	38616	0
		WT511	15182	38517	2	38677	0
		WT601	10358	38595	108	38716	108
		WT603	54	38664	16	38716	16
		WT605	4068	38685	866	38716	866
		WT607	56	38649	16	38686	16
		WT609	416	38673	294	38716	294
		WT611	36	38708	18	38716	18
一号棉花	ZCE	CF501	1362	38359	1248	38366	0
		CF503	11590	38356	6320	38422	0
		CF504	36358	38358	7708	38455	0
		CF505	30806	38400	7388	38491	0
		CF506	32630	38440	5502	38516	0
		CF507	44032	38454	3266	38546	0
		CF508	19934	38484	3404	38575	0
		CF509	47992	38516	2224	38608	0
		CF510	50628	38545	2812	38645	0
		CF511	19956	38594	1302	38667	0
		CF512	3448	38597	654	38699	0
		CF601	36670	38637	2710	38716	2710
		CF603	40062	38650	18686	38716	18686
		CF604	34588	38713	23850	38716	23850
		CF605	21040	38712	18236	38716	18236
		CF606	7412	38714	6248	38716	6248

续表 3 Continued 3

品种 Items	交易所 Exchange	合约 Contracts	最高持仓量 High Open Positions	最高持仓日期 Date of High Open Positions	最后持仓 Open Positions at the End	最后持仓日期 Date of Open Positions at the End	年末持仓 Open Position at the End of year
一号棉花		CF607	2314	38709	1954	38716	1954
		CF608	1938	38713	1628	38716	1628
		CF609	806	38716	806	38716	806
		CF610	432	38684	406	38716	406
		CF611	508	38716	508	38716	508

数据来源:上海期货交易所、大连商品交易所、郑州商品交易所
Source: SHFE、DCE、ZCE

7-16 2005 年金属期货持仓情况

Open Positions of Metal Products in 2005

品种 Items	交易所 Exchange	合约 Contracts	最高持仓量 High Open Positions	最高持仓日期 Date of High Open Positions	最后持仓 Open Positions at the End	最后持仓日期 Date of Open Positions at the End	年末持仓 Open Position at the End of year
铜	SHFE	cu0501	37634	20050104	3890	20050117	
		cu0502	104624	20050104	3750	20050204	
		cu0503	128252	20050110	5990	20050315	
		cu0504	115028	20050203	2310	20050415	
		cu0505	96234	20050310	3380	20050516	
		cu0506	86690	20050330	3270	20050615	
		cu0507	86334	20050524	6070	20050715	
		cu0508	103934	20050614	6650	20050815	
		cu0509	102208	20050721	4090	20050915	
		cu0510	78288	20050812	6460	20051017	
		cu0511	65162	20050913	4680	20051115	
		cu0512	64368	20051013	9710	20051215	
		cu0601	75956	20051108	18330	20051230	18330
		cu0602	55450	20051207	26064	20051230	26064
		cu0603	43194	20051230	43194	20051230	43194
		cu0604	9750	20051230	9750	20051230	9750
		cu0605	2170	20051230	2170	20051230	2170
		cu0606	1650	20051230	1650	20051230	1650
		cu0607	1274	20051230	1274	20051230	1274
		cu0608	1838	20050919	1606	20051230	1606
		cu0609	970	20051230	970	20051230	970
		cu0610	474	20051230	474	20051230	474
		cu0611	204	20051223	192	20051230	192
		cu0612	114	20051230	114	20051230	114
铝	SHFE	al0501	11374	20050104	8400	20050117	
		al0502	14024	20050104	5230	20050204	
		al0503	30882	20050105	6110	20050315	
		al0504	22010	20050222	5210	20050415	
		al0505	35808	20050310	1900	20050516	
		al0506	33062	20050317	1490	20050615	
		al0507	13250	20050516	1660	20050715	
		al0508	16840	20050615	1990	20050815	
		al0509	13116	20050711	3170	20050915	
		al0510	12598	20050812	3260	20051017	

续表　Continued

品种 Items	交易所 Exchange	合约 Contracts	最高持仓量 High Open Positions	最高持仓日期 Date of High Open Positions	最后持仓 Open Positions at the End	最后持仓日期 Date of Open Positions at the End	年末持仓 Open Position at the End of year
铝		al0511	10790	20050905	1960	20051115	
		al0512	11326	20051017	1720	20051215	
		al0601	22642	20051018	6260	20051230	6260
		al0602	12046	20051125	10148	20051230	10148
		al0603	42708	20051226	35606	20051230	35606
		al0604	15312	20051230	15312	20051230	15312
		al0605	7236	20051230	7236	20051230	7236
		al0606	2216	20051230	2216	20051230	2216
		al0607	690	20051228	690	20051230	690
		al0608	844	20051228	842	20051230	842
		al0609	562	20051222	524	20051230	524
		al0610	2	20051221	2	20051230	2
		al0611	30	20051229	30	20051230	30

数据来源：上海期货交易所、大连商品交易所、郑州商品交易所
Source：SHFE、DCE、ZCE

7-17　2005年能源期货持仓情况
Open Positions of Energy Products in 2005

品种 Items	交易所 Exchange	合约 Contracts	最高持仓量 High Open Positions	最高持仓日期 Date of High Open Positions	最后持仓 Open Positions at the End	最后持仓日期 Date of Open Positions at the End	年末持仓 Open Position at the End of year
燃料油	SHFE	fu0503	27260	20050105	2840	20050228	
		fu0504	12458	20050217	3260	20050331	
		fu0505	15126	20050311	820	20050429	
		fu0506	32464	20050411	160	20050531	
		fu0507	36794	20050420	180	20050630	
		fu0508	31108	20050603	60	20050729	
		fu0509	39678	20050627	6940	20050831	
		fu0510	49800	20050725	3020	20050930	
		fu0511	48900	20050826	0	20051031	
		fu0512	58568	20050926	4420	20051130	
		fu0602	51092	20051102	5900	20051230	5900
		fu0603	60344	20051228	53852	20051230	53852
		fu0604	6704	20051230	6704	20051230	6704
		fu0605	1136	20051229	1088	20051230	1088
		fu0606	118	20051019	108	20051230	108
		fu0607	52	20051117	44	20051230	44
		fu0608	64	20050928	52	20051230	52
		fu0609	50	20051117	28	20051230	28
		fu0610	24	20051216	24	20051230	24
		fu0611	66	20051117	18	20051230	18
		fu0612	6	20051220	4	20051230	4

数据来源：上海期货交易所、大连商品交易所、郑州商品交易所
Source：SHFE、DCE、ZCE

7-18　2005年农产品期货实物交割情况

品种 Items	交易所 Exchange	合约 Contract	交割量 Volume of Delivery	合约成交量 Trading Volume of Contract	最高持仓量 High Open Positions	最高持仓日期 Date of High Open Positions
黄大豆1号	DCE	a0501	30735	16900178	82760	20050104
		a0503	1791	274266	4426	20050104
		a0505	3775	22581042	386786	20050118
		a0507	5644	391142	33106	20050606
		a0509	28788	26699270	401368	20050523
		a0511	3825	8640940	263898	20050718
黄大豆2号	DCE	b0503	34	8172	588	20050104
		b0505	1000	558790	32302	20050223
		b0507	175	117856	8120	20050310
		b0509	1006	58822	4224	20050401
		b0511	12	17556	54	20050120
玉米	DCE	c0501	30	923648	1532	20050104
		c0503	511	853666	18804	20050106
		c0505	5636	13871290	149290	20050106
		c0507	44323	6026468	196732	20050325
		c0509	4728	6587064	141894	20050516
		c0511	2918	5597640	91690	20050810
豆粕	DCE	m0501	5032	7924706	11590	20050104
		m0503	888	314834	3694	20050121
		m0505	1647	12024074	127314	20050307
		m0508	4841	24151984	248890	20050609
		m0509	14643	7649906	190278	20050624
		m0511	734	5368846	102856	20050830
橡胶	SHFE	ru0501	571	46452	4736	20041021
		ru0503	2837	293454	14380	20050112
		ru0504	1952	96638	5172	20050203
		ru0505	3000	350412	15802	20050310

Summary for Practical Delivery of Agricultural Products in 2005

金额单位:万元

交割金额 Amount of Delivery	合约成交金额 Turnover of Contract	结算价 Clearing Price	交割率(%)Delivery Rate		
			Ⅰ	Ⅱ	Ⅲ
90514.58	45702072.25	2945	0.36	74.28	0.40
4993.31	752616.67	2788	1.31	80.93	1.33
11075.85	59523238.98	2934	0.03	1.95	0.04
16305.52	1122702.39	2889	2.89	34.10	2.90
77641.24	81589675.11	2697	0.22	14.34	0.19
10120.95	26080746.62	2646	0.09	2.90	0.08
97.89	21756.78	2879	0.83	11.56	0.90
2940.51	1488327.22	2943	0.36	6.19	0.40
504.18	326028.06	2881	0.30	4.31	0.31
2573.41	169688.23	2540	3.42	47.63	3.03
32.76	45748.35	2730	0.14	44.44	0.14
35.25	1069378.15	1175	0.01	3.92	0.01
592.76	974306.98	1160	0.12	5.44	0.12
6853.18	16203483.51	1212	0.08	7.55	0.08
56448.12	7484795.70	1274	1.47	45.06	1.51
5889.32	8540085.82	1246	0.14	6.66	0.14
3527.61	7037115.14	1209	0.10	6.36	0.10
11654.11	18833577.86	2316	0.13	86.83	0.12
2370.96	742375.57	2670	0.56	48.08	0.64
4074.45	28657528.67	2458	0.03	2.59	0.03
12158.17	64213798.07	2516	0.04	3.89	0.04
37321.40	20840374.86	2555	0.38	15.39	0.36
1773.34	13631475.71	2416	0.03	1.43	0.03
3405.25	304896	11925	2.46	24.11	2.23
18207.89	1835128	12840	1.93	39.46	1.98
12443.35	604910	12535	4.04	75.48	4.11
18839.80	2284593	12625	1.71	37.97	1.65

续表

品种 Items	交易所 Exchange	合约 Contract	交割量 Volume of Delivery	合约成交量 Trading Volume of Contract	最高持仓量 High Open Positions	最高持仓日期 Date of High Open Positions
橡胶		ru0506	1191	795610	25618	20050401
		ru0507	1138	824458	20084	20050420
		ru0508	809	501862	14744	20050608
		ru0509	1311	796734	16826	20050701
		ru0510	1135	2790408	26690	20050805
		ru0511	1271	3433768	36030	20050908
强麦	ZCE	WS501	7743	4143470	110958	20040920
		WS503	1049	795714	2454	20041229
		WS505	2401	5866126	121748	20041220
		WS507	97	570122	9926	20041220
		WS509	1943	6792212	113038	20050221
		WS511	3313	5867996	119680	20050317
硬麦	ZCE	WT501	2372	1349432	36782	20040906
		WT503	760	912140	2736	20040812
		WT505	708	1031762	28564	20041229
		WT507	75	275308	4456	20041109
		WT509	760	1270118	25446	20050303
		WT511	444	374422	15182	20050614
一号棉花	ZCE	CF501	592	2458692	35984	20041020
		CF503	3164	1326610	28052	20041126
		CF504	3828	1540518	36358	20050106
		CF505	3716	1581190	30806	20050217
		CF506	2464	1806962	32630	20050329
		CF507	1584	1516650	44032	20050412
		CF508	1616	1249408	19934	20050512
		CF509	1256	1883030	47992	20050613
		CF510	1456	2127788	50628	20050712
		CF511	608	1374692	19956	20050830
		CF512	328	906472	3448	20050902

数据来源:上海期货交易所、大连商品交易所、郑州商品交易所

Source: SHFE、DCE、ZCE

Continued

交割金额 Amount of Delivery	合约成交金额 Turnover of Contract	结算价 Clearing Price	交割率(%)Delivery Rate		
			Ⅰ	Ⅱ	Ⅲ
8024.21	5326241	13710	0.30	9.30	0.30
8791.79	5361179	15955	0.28	11.33	0.33
6324.36	3437042	15635	0.32	10.97	0.37
10687.93	5988807	16305	0.33	15.58	0.36
10083.03	22839510	17770	0.08	8.51	0.09
10733.44	28109480	16870	0.07	7.06	0.08
12261.27	7527328.53	1616	0.37	13.96	0.33
1663.67	1459917.78	1580	0.26	85.49	0.23
3567.29	9986884.01	1479	0.08	3.94	0.07
146.47	957261.61	1522	0.03	1.95	0.03
3016.06	11596780.28	1552	0.06	3.44	0.05
5458.95	9931772.04	1689	0.11	5.54	0.11
3658.85	2362495.14	1550	0.35	12.90	0.31
1165.33	1580774.71	1519	0.17	55.56	0.15
1046.81	1665822.27	1517	0.14	4.96	0.13
104.44	441440.36	1388	0.05	3.37	0.05
1107.25	2011606.74	1385	0.12	5.97	0.11
642.17	583885.65	1419	0.24	5.85	0.22
3621.56	15482737.29	12385	0.05	3.29	0.05
21831.60	8356679.02	13640	0.48	22.56	0.52
26796.00	9896230.57	13775	0.50	21.06	0.54
26114.19	10604018.47	13775	0.47	24.13	0.49
16397.92	12550708.52	13425	0.27	15.10	0.26
10723.68	10771343.14	13530	0.21	7.19	0.20
10605.00	8851339.91	13020	0.26	16.21	0.24
8547.08	13476776.84	13640	0.13	5.23	0.13
10632.44	15170127.28	14535	0.14	5.75	0.14
4441.44	9715753.31	14600	0.09	6.09	0.09
2396.86	6407442.81	14680	0.07	19.03	0.07

7-19 2005年金属期货实物交割情况

品种 Items	交易所 Exchange	合约 Contract	交割量 Volume of Delivery	合约成交量 Trading Volume of Contract	最高持仓量 High Open Positions	最高持仓日期 Date of High Open Positions
铜	SHFE	cu0501	1945	5428200	147234	20041117
		cu0502	1875	3413616	138462	20041210
		cu0503	2995	3248766	128252	20050110
		cu0504	1155	2164732	115028	20050203
		cu0505	2225	2225122	96234	20050310
		cu0506	1635	3114182	86690	20050330
		cu0507	3035	2924022	86334	20050524
		cu0508	3325	2506294	103934	20050614
		cu0509	2045	2383978	102208	20050721
		cu0510	3230	1647928	78288	20050812
		cu0511	2340	1403762	65162	20050913
		cu0512	4855	1097966	64368	20051013
铝	SHFE	al0501	4460	711562	29038	20041011
		al0502	2615	601218	22560	20041216
		al0503	3055	764142	37412	20041228
		al0504	2905	300604	22010	20050222
		al0505	950	406134	35808	20050310
		al0506	745	385188	33062	20050317
		al0507	1030	211300	13250	20050516
		al0508	995	210154	16840	20050615
		al0509	1585	165330	13116	20050711
		al0510	1630	154248	12598	20050812
		al0511	980	166074	10790	20050905
		al0512	860	130418	11326	20051017

数据来源：上海期货交易所、大连商品交易所、郑州商品交易所
Source：SHFE、DCE、ZCE

7-20 2005年能源期货实物交割情况

品种 Items	交易所 Exchange	合约 Contract	交割量 Volume of Delivery	合约成交量 Trading Volume of Contract	最高持仓量 High Open Positions	最高持仓日期 Date of High Open Positions
燃料油	SHFE	fu0501	2280	4854074	64882	20041103
		fu0503	7410	984606	27298	20041230
		fu0504	1630	175216	12458	20050217
		fu0505	710	232334	15126	20050311
		fu0506	80	1587090	32464	20050411
		fu0507	90	2407940	36794	20050420
		fu0508	30	1251686	31108	20050603
		fu0509	3470	1639280	39678	20050627
		fu0510	1710	2025322	49800	20050725
		fu0512	2210	2306044	58568	20050926

数据来源：上海期货交易所、大连商品交易所、郑州商品交易所
Source：SHFE、DCE、ZCE

Summary for Practical Delivery of Metal Products in 2005

金额单位:万元

交割金额 Amount of Delivery	合约成交金额 Turnover of Contract	结算价 Clearing Price	交割率(%)Delivery Rate		
			Ⅰ	Ⅱ	Ⅲ
30565.68	76952072.11	31430	0.07	2.64	0.08
28846.88	48444749.15	30770	0.11	2.71	0.12
48968.25	46569003.42	32700	0.18	4.67	0.21
20200.95	31857309.89	34980	0.11	2.01	0.13
38708.83	34455233.20	34570	0.20	4.62	0.22
27901.28	49737348.99	34130	0.11	3.77	0.11
51731.58	46118041.78	34090	0.21	7.03	0.22
57805.13	40187678.85	34770	0.27	6.40	0.29
36308.98	39209232.62	35510	0.17	4.00	0.19
61224.65	27865337.70	37910	0.39	8.25	0.44
45922.50	24316131.25	39250	0.33	7.18	0.38
97464.13	19583709.24	40150	0.88	15.09	1.00
35512.20	5741976.33	15930	1.25	30.72	1.24
21063.83	4810319.38	16110	0.87	23.18	0.88
25005.18	6216015.52	16370	0.80	16.33	0.80
24230.70	2460514.96	16680	1.93	26.40	1.97
8013.25	3401191.54	16870	0.47	5.31	0.47
6373.48	3248980.93	17110	0.39	4.51	0.39
8554.40	1775606.05	16560	0.97	15.55	0.96
8203.78	1755307.74	16490	0.95	11.82	0.93
13028.70	1370729.36	16440	1.92	24.17	1.90
14050.60	1278750.67	17240	2.11	25.88	2.20
8423.10	1379434.09	17190	1.18	18.16	1.22
8256.00	1108782.10	19200	1.32	15.19	1.49

Summary for Practical Delivery of Energy Products in 2005

金额单位:万元

交割金额 Amount of Delivery	合约成交金额 Turnover of Contract	结算价 Clearing Price	交割率(%)Delivery Rate		
			Ⅰ	Ⅱ	Ⅲ
4557.28	10714738.36	1991	0.09	7.03	0.09
15123.09	2058256.30	1973	1.51	54.29	1.47
4156.50	363614.02	2550	1.86	26.17	2.29
1923.30	526269.04	2850	0.61	9.39	0.73
222.88	4019134.93	2786	0.01	0.49	0.01
263.61	6169029.65	2929	0.01	0.49	0.01
81.93	3293071.85	2731	0.00	0.19	0.00
10916.62	4590338.36	3146	0.42	17.49	0.48
5683.60	5771729.55	3340	0.17	6.87	0.20
6411.21	7274785.09	2901	0.19	7.55	0.18

7-21 2005 年农产品期货合约月末结算价

Clearing Price of Agricultural Product Contracts in 2005

合约品种 Items	交易所 Exchanges	合约 Contracts	1月 Jan.	2月 Feb.	3月 Mar.	4月 Apr.	5月 May	6月 June	7月 July	8月 Aug.	9月 Sept.	10月 Oct.	11月 Nov.	12月 Dec.
黄大豆1号	DCE	a0501	2945											
		a0503	2602	2760	2788									
		a0505	2534	2775	3014	2933	2934							
		a0507	2509	2782	3065	3009	3077	2889	2889					
		a0509	2538	2813	3139	3061	3168	2959	2835	2687	2697			
		a0511	2466	2722	2981	2962	3103	2992	2890	2767	2679	2626	2646	
		a0601	2472	2729	2949	2951	3048	2993	2916	2813	2723	2677	2517	2617
		a0603	2466	2719	2908	2944	3057	2977	2889	2830	2720	2690	2534	2645
		a0605	2505	2729	2952	2987	3053	3011	2936	2891	2746	2738	2543	2686
		a0607	2476	2716	2973	2980	3031	2972	2897	2916	2754	2771	2571	2720
		a0609			2983	3022	3075	3043	2946	2954	2800	2802	2602	2765
		a0611					3030	2987	2898	2846	2758	2760	2561	2720
		a0701							2822	2836	2754	2752	2547	2710
		a0703									2766	2749	2555	2720
		a0705											2575	2725
黄大豆2号	DCE	b0503	2626	2760	2879									
		b0505	2503	2717	3031	3010	2943							
		b0507	2484	2709	3050	3047	3091	2759	2881					
		b0509	2501	2740	3086	3059	3067	2888	2728	2455	2541			
		b0511	2448	2663	2890	2940	2937	2936	2837	2663	2610	2576	2730	
		b0601	2462	2660	2810	2961	2960	2950	2876	2781	2708	2670	2486	2793
		b0603			2862	2961	2920	2951	2875	2766	2710	2671	2510	2600
		b0605					3045	3192	2770	2825	2765	2719	2520	2637
		b0607							3070	2834	2760	2717	2567	2666
		b0609										2782	2555	2679
		b0611											2530	2401
玉米	DCE	c0501	1175											
		c0503	1149	1149	1160									
		c0505	1149	1182	1259	1229	1212							
		c0507	1169	1208	1305	1282	1265	1274	1274					
		c0509	1187	1223	1328	1314	1286	1291	1256	1232	1246			
		c0511	1183	1232	1324	1315	1281	1299	1245	1235	1263	1189	1225	
		c0601	1171	1230	1316	1316	1270	1290	1231	1208	1239	1226	1207	1245
		c0603			1319	1316	1270	1288	1227	1198	1236	1225	1215	1251
		c0605					1265	1300	1244	1222	1268	1261	1243	1279
		c0607							1258	1243	1285	1286	1260	1327
		c0609									1296	1306	1278	1368
		c0611											1272	1381

续表 1　Continued 1

合约品种 Items	交易所 Exchanges	合约 Contracts	1月 Jan.	2月 Feb.	3月 Mar.	4月 Apr.	5月 May	6月 June	7月 July	8月 Aug.	9月 Sept.	10月 Oct.	11月 Nov.	12月 Dec.
豆粕	DCE	m0501	2316											
		m0503	2168	2416	2670									
		m0505	2097	2420	2679	2516	2458							
		m0508	2130	2418	2716	2576	2733	2630	2549	2516				
		m0509	2139	2429	2727	2592	2750	2670	2598	2502	2555			
		m0511	2069	2330	2615	2572	2725	2673	2554	2489	2427	2355	2416	
		m0512								2483	2418	2350	2429	2330
		m0601	2066	2332	2528	2536	2665	2657	2551	2500	2400	2328	2195	2337
		m0603			2522	2535	2655	2650	2526	2484	2396	2352	2158	2353
		m0605					2470	2669	2570	2526	2409	2375	2156	2320
		m0607								2476	2450	2405	2202	2366
		m0608								2528	2455	2420	2217	2379
		m0609									2470	2422	2213	2397
		m0611											2193	2357
		m0612												2295
橡胶	SHFE	ru0501	11925											
		ru0503	12115	12865	12840									
		ru0504	12280	13070	13135	12535								
		ru0505	12295	13240	13265	12480	12625							
		ru0506	12255	13310	13500	12530	13390	13710						
		ru0507	12165	13250	13565	12630	13480	14500	15955					
		ru0508	12110	13220	13545	12650	13575	14525	16605	15635				
		ru0509	11880	13030	13515	12650	13575	14520	16815	15970	16305			
		ru0510	12125	13000	13360	12655	13590	14465	16935	16170	17205	17770		
		ru0511	12885	12885	13550	12615	13660	14415	16890	16345	17300	17110	16870	
		ru0601	12885	12885	12885	13550	13550	12740	16885	16490	17665	17345	16845	17870
		ru0603			12885	13550	13550	13550	16825	16555	17705	17565	16870	18180
		ru0604				12885	12885	13550	15595	16470	17545	17600	16950	18365
		ru0605					12885	13550	16500	15985	17415	17600	16935	18350
		ru0606						12885	16605	16050	17260	17605	16940	18315
		ru0607							16850	16340	16985	17500	16900	18260
		ru0608								16340	16940	17495	16890	18145
		ru0609									16950	17495	16750	17775
		ru0610										17500	17500	17920
		ru0611											17420	18040
强麦	ZCE	WS501	1616											
		WS503	1600	1590	1580									
		WS505	1620	1628	1597	1494	1479							
		WS507	1590	1622	1628	1534	1523	1517	1522					
		WS509	1663	1743	1703	1633	1634	1649	1562	1556	1552			
		WS511	1646	1740	1742	1661	1671	1684	1607	1603	1595	1626	1689	
		WS601		1757	1768	1696	1716	1737	1642	1647	1641	1676	1734	1744

续表 2　Continued 2

合约品种 Items	交易所 Exchanges	合约 Contracts	1月 Jan.	2月 Feb.	3月 Mar.	4月 Apr.	5月 May	6月 June	7月 July	8月 Aug.	9月 Sept.	10月 Oct.	11月 Nov.	12月 Dec.
强麦		WS603				1706	1721	1736	1647	1646	1666	1690	1726	1744
		WS605						1783	1668	1685	1714	1739	1767	1785
		WS607								1626	1683	1718	1563	1611
		WS609										1780	1684	1733
		WS611												1733
硬麦	ZCE	WT501	1550											
		WT503	1536	1550	1519									
		WT505	1534	1561	1512	1469	1517							
		WT507	1528	1560	1542	1490	1420	1385	1388					
		WT509	1555	1596	1577	1510	1525	1526	1499	1467	1385			
		WT511	1560	1592	1583	1520	1541	1540	1504	1471	1464	1447	1419	
		WT601		1614	1608	1548	1575	1573	1542	1510	1491	1472	1385	1376
		WT603				1575	1575	1582	1565	1532	1518	1511	1428	1448
		WT605						1593	1566	1547	1539	1530	1462	1457
		WT607								1512	1517	1527	1434	1459
		WT609										1579	1450	1508
		WT611												1510
一号棉花	ZCE	CF501	12385											
		CF503	12760	13575	13640									
		CF504	12855	13725	13950	13775								
		CF505	13020	13850	14120	14360	13775							
		CF506	13155	13950	14320	14505	13450	13425						
		CF507	13325	14020	14475	14705	13605	13370	13530					
		CF508	13455	14095	14590	14900	13845	13610	13460	13020				
		CF509	13640	14315	14875	15210	14240	13940	13640	13585	13640			
		CF510	13695	14545	15040	15410	14420	14235	13890	13780	14245	14535		
		CF511	13705	14395	14475	15105	14365	14305	13965	13975	14425	14535	14600	
		CF512	13100	14440	14425	15030	14240	14250	13940	13965	14610	14690	14695	14680
		CF601		13200	14450	15420	14600	14725	14125	14065	14860	14985	14705	14860
		CF603				15535	14665	14960	14190	14250	15025	15155	14855	15055
		CF604					14705	15145	14440	14400	15115	15280	14970	15175
		CF605						15095	14710	14555	15165	15375	15090	15270
		CF606							14825	14625	15215	15435	15165	15375
		CF607								14650	15230	15505	15215	15445
		CF608									15300	15580	15255	15500
		CF609										15625	15430	15640
		CF610											15395	15650
		CF611												15690

数据来源：上海期货交易所、大连商品交易所、郑州商品交易所
Source：SHFE、DCE、ZCE

7-22 2005年金属期货合约月末结算价

Clearing Price of Metal Product Contracts in 2005

合约品种 Items	交易所 Exchanges	合约 Contracts	1月 Jan.	2月 Feb.	3月 Mar.	4月 Apr.	5月 May	6月 June	7月 July	8月 Aug.	9月 Sept.	10月 Oct.	11月 Nov.	12月 Dec.
铜	SHFE	cu0501	31430											
		cu0502	31540	30770										
		cu0503	30560	32010	32700									
		cu0504	29570	31440	33570	34980								
		cu0505	28790	30820	32490	34830	34570							
		cu0506	28250	30290	31550	33140	32370	34130						
		cu0507	27840	29810	30870	31910	30760	34610	34090					
		cu0508	27450	29560	30280	31130	29650	33810	35720	34770				
		cu0509	27090	29050	29780	30530	28850	32840	35230	35250	35510			
		cu0510	26670	28720	29350	30050	28260	32030	34500	35200	36570	37910		
		cu0511	26560	28300	29050	29750	27680	31230	33670	34930	36100	37250	39250	
		cu0512	26320	28120	28750	29270	27290	30470	32980	34560	35530	36840	37910	40150
		cu0601	26170	27570	28460	28660	26980	29810	32300	34180	35000	36410	37180	41930
		cu0602		26700	28220	28590	26800	29180	31720	33780	34430	36050	36770	41850
		cu0603			28780	28880	26360	28500	31290	33460	33890	35700	36470	41570
		cu0604				28440	26200	27950	30900	33110	33260	35190	36230	41200
		cu0605					25940	27440	30240	32760	33050	34710	35810	40720
		cu0606						27070	29820	32440	32500	34380	35610	40220
		cu0607							29530	32000	32220	33870	35430	39770
		cu0608								31780	31760	33480	35200	39200
		cu0609									31200	32900	34900	38600
		cu0610										32800	34590	38070
		cu0611											33480	37560
		cu0612												37310
铝	SHFE	al0501	15930											
		al0502	16130	16110										
		al0503	16220	16340	16370									
		al0504	16300	16460	16560	16680								
		al0505	16320	16570	16660	16910	16870							
		al0506	16320	16650	16750	16860	16810	17110						
		al0507	16300	16720	16840	16790	16690	16620	16560					
		al0508	16340	16630	16860	16690	16620	16530	16490	16490				
		al0509	15640	15640	16720	16640	16580	16490	16550	16450	16440			
		al0510	15820	15820	17130	16650	16540	16470	16520	16510	16590	17240		
		al0511	16240	16050	17220	16590	16560	16460	16520	16570	16570	17050	17190	
		al0512	16590	16590	16590	16550	16320	16430	16520	16640	16580	17030	17430	19200
		al0601	16310	16310	17260	17250	16450	16480	16450	16650	16580	17050	17480	19110
		al0602		16310	16310	16050	16240	16400	16250	16640	16580	17050	17540	19170

续表 Continued

合约品种 Items	交易所 Exchanges	合约 Contracts	1月 Jan.	2月 Feb.	3月 Mar.	4月 Apr.	5月 May	6月 June	7月 July	8月 Aug.	9月 Sept.	10月 Oct.	11月 Nov.	12月 Dec.
铝		al0603			16610	16610	16610	16610	16640	16670	16580	17050	17630	19280
		al0604				16610	16610	16310	16310	16250	16550	17090	17680	19350
		al0605					16610	16610	16610	16610	16700	17210	17780	19350
		al0606						16610	16610	16610	16550	17250	17800	19370
		al0607							16610	16610	16580	17690	17830	19470
		al0608								16610	16690	17300	17800	19450
		al0609									16610	17150	17890	19540
		al0610										16700	17150	19560
		al0611											17560	19110
		al0612												19280

数据来源:上海期货交易所、大连商品交易所、郑州商品交易所
Source: SHFE、DCE、ZCE

7-23 2005年能源期货合约月末结算价

Clearing Price of Energy Product Contracts in 2005

合约品种 Items	交易所 Exchanges	合约 Contracts	1月 Jan.	2月 Feb.	3月 Mar.	4月 Apr.	5月 May	6月 June	7月 July	8月 Aug.	9月 Sept.	10月 Oct.	11月 Nov.	12月 Dec.
燃料油	SHFE	fu0503	2021	1973										
		fu0504	2024	2122	2550									
		fu0505	2032	2177	2520	2850								
		fu0506	2057	2186	2441	2636	2786							
		fu0507	2065	2188	2419	2581	2703	2929						
		fu0508	2013	2225	2415	2574	2571	2871	2731					
		fu0509	2020	2196	2399	2571	2534	2768	2777	3146				
		fu0510	2028	2204	2398	2559	2517	2734	2866	3169	3340			
		fu0511	2028	2232	2405	2574	2516	2720	2897	3083	3294	3210		
		fu0512	1981	1981	2382	2591	2508	2714	2912	3068	3248	3189	2901	
		fu0602		1930	2275	2588	2494	2685	2901	3072	3275	3163	2926	2991
		fu0603			2324	2565	2482	2740	2912	3078	3280	3168	2909	3068
		fu0604				2538	2530	2722	2905	3076	3256	3164	2905	3073
		fu0605					2440	2714	2875	3070	3268	3172	2906	3077
		fu0606						2643	2880	3076	3266	3151	2934	3075
		fu0607							2900	3072	3251	3152	2906	3079
		fu0608								3078	3249	3165	2915	3082
		fu0609									3279	3177	2906	3070
		fu0610										3199	2960	3058
		fu0611											2998	3037
		fu0612												3080

数据来源:上海期货交易所、大连商品交易所、郑州商品交易所
Source: SHFE、DCE、ZCE

7-24　2005年农产品期货交割仓库明细

Summary Delivery Points of Agricultural products in 2005

品种 Items	交易所 Exchanges	交割仓库 Delivery Points	库容 Volume	地　址 Address	电话 Telephone No.
黄大豆1号	DCE	大连第一粮食储运工业公司(一粮库)		大连市甘井子区金三角广场15号	0411-86600164、87601234
		大连市第二粮食储运工业公司(二粮库)		大连市沙河口区尖山街101号	0411-84671766、84671333-210
		大连良运集团储运公司(良运库)		大连市甘井子区华北路284号	0411-86601964
		大连商业转运公司(中转库)		大连市甘井子区西北路870号	0411-86428342、86429043
		大连浙经乾元物资储运有限责任公司(吉祥库)		大连市金州区站前街道双兴路20号	0411-87700006
		辽宁锦州驻大连湾国家粮食储备库(黑山库)		大连湾毛营子村	0411-87601070、87602441
		大连龙跃仓库(龙跃库)		大连市甘井子区大房身村	0411-87600912、87601445
		中粮辽宁粮油进出口公司大连储运贸易公司(辽粮库)		大连市甘井子区西北路	0411-86429383、86428034
		黑龙江省粮油集团大连中转仓库(龙粮库)		大连市甘井子区西北路867号	0411-86428877、86429161
		大连吉粮储运贸易有限公司(吉粮库)		大连市甘井子区革镇堡	0411-86427207
		大连聚兴仓储有限公司(聚兴库)		大连湾毛营子村	0411-87607221
		大连金信仓储库(金信库)		中山区五五路12号	0411-86428112、86428620
		开发区湾港储运公司(和尚岛库)		甘井子区大连湾镇新街四号	0411-82627613、82627612
		黑龙江省粮油物资公司大连开发区仓库(物资库)		大连甘井子区后革镇堡	0411-86428537
		大连保税区华晨达国际工贸有限公司(前关库)		大连市甘井子区前关村	0411-87114551
		大连北海储运有限责任公司(北海库)		大连市甘井子区革镇堡棋盘村	0411-86428607、86428095、13940982726
		黑龙江农垦外贸大连仓储库(农垦库)		大连市甘井子区毛营子村	0411-87605757、87605774
		辽宁大连粮贸国家粮食储备库(中粮贸库)		大连市甘井子区大连湾镇后盐村	0411-86872223、86872111
		中国外运辽宁储运公司(外运库)		大连市甘井子区后革镇革钢路	0411-86428425、86429564
		大连华农仓储有限公司(华农库)		大连金州区石河镇北海村	0411-87260811、87260301
		大连北良港务有限公司(北良港)		大连经济技术开发区北良港	0411-88998306
黄大豆2号	DCE	中粮辽宁粮油进出口公司大连储运贸易公司		大连市甘井子区西北路	0411-86429383、0411-86428034、13941127111

续表1 Continued 1

品种 Items	交易所 Exchanges	交割仓库 Delivery Points	库容 Volume	地 址 Address	电话 Telephone No.
黄大豆2号		大连经济技术开发区湾港储运公司		大连湾港内	0411-82627613、0411-82627612、13609848267
		大连北良港务有限公司		大连经济技术开发区海青岛柳柴沟	0411-88998306、13332207100
		大连北海储运有限责任公司		大连市甘井子区革镇堡棋盘村	0411-86428095、86428607、13940982726
玉米	DCE	吉林省粮油运销总公司		大连市甘井子区甘海路4号	0411-82121340、13804251470
		辽宁大连吴家国家粮食储备库		大连市金州区站前街道吴家村	0411-87700836-8012、13500770021
		大连北良港务有限公司		大连经济技术开发区海青岛柳柴沟	0411-88998306、13332207100
		大连北海储运有限责任公司		大连市甘井子区革镇堡棋盘村	0411-86428095、86428607
		营口港务集团有限公司		营口市鲅鱼圈区新港大路1号	0417-6269639、13304970579
		营口汇丰物流有限公司		营口经济技术开发区新港大路	0417-6140011、13354176543
		大连华腾物流有限公司		大连甘井子区革镇堡	0411-86458768、13591810492
		大连金禾仓储有限公司		大连甘井子区大连湾镇毛莹子村	0411-87602357、13842873678
		大连良丰储运有限公司		大连甘井子区大连湾镇大连湾村	0411-82737111、13942090755
		大连港散粮码头公司		大连市开发区新华路1号	0411-87599551
		大连经济技术开发区湾港储运公司		大连湾港内	0411-82627613、82627612、13609848267
豆粕	DCE	江苏省江海粮油贸易公司张家港储运部		江苏张家港市中兴镇	0520-8382162
		江苏江阴中谷国家粮食储备库		江苏江阴市滨江开发区定山路2号	0510-6400777
		江苏南通粮油接运有限公司		江苏南通市任港路62号	0513-3508463
		江苏昆山国家粮食储备库		江苏昆山市明星路23号	0512-57557096
		浙江嘉善银粮国家粮食储备库		浙江嘉善市开源路298号	0573-4161294
		浙江乍浦中谷国家粮食储备库		浙江平湖市乍浦镇乍王路66号	0571-85068027
		江苏南通运河桥国家粮食储备库		南通市通吕运河三桥北东首	0513-5668018
		中国外运陆桥运输有限公司		江苏省连云港市墟沟中华东路18号	0518-2304438、2318394、2304036
		连云港中储物流中心		江苏省连云港市新浦海连东路147号	0518-5802978、5801337
		南京铁心桥国家粮食储备库		江苏省南京市雨花台区铁心桥镇关南村	025-52890972 52891674 13605152082
		深圳市赤湾码头有限公司		深圳赤湾港	0755-26817637

续表 2　Continued 2

品种 Items	交易所 Exchanges	交割仓库 Delivery Points	库容 Volume	地　址 Address	电话 Telephone No.
豆粕		(以下为豆粕厂库)			
		东莞华农饲料蛋白开发有限公司		广东省东莞市麻涌镇新沙港科技工业园区	0769-8226777 8231000 13926836069
		东莞中谷油脂有限公司		广东省东莞市麻涌镇新沙港科技工业园区	0769-8824558 8823057 13829238830
		统一嘉吉(东莞)饲料蛋白科技有限公司		广东省东莞市麻涌镇新沙港科技工业园区	0769-8225888 转 611;13609692196
		广州植之元油脂有限公司		广州市沿江中路 296 号江湾商业中心 1501-06	13924079326
		东海粮油工业(张家港)有限公司		江苏省张家港市金港镇东海路 1 号	0512-58381018
		南通宝港油脂发展有限公司		江苏省南通市跃龙南路 228 号	0513-5718271、0513-5718272
		南京新港华农饲料蛋白有限公司		江苏省南京经济技术开发区新生圩港内	025-85804058、13776686999
		金光食品(宁波)有限公司		浙江省宁波市北仑区黄河北路 1 号	0574-86888188
		舟山中海粮油工业有限公司		浙江省舟山市临港工业区(老塘山)	0580-2260088、0580-2260066
		益海(连云港)粮油工业有限公司		江苏省连云港市墟沟大港路	0518-2387266、0518-2387208、0518-2387283
		黄海粮油工业(山东)有限公司		山东省日照市岚山港北	0633-2634001
		山东新良油脂有限公司		山东省日照市海滨五路南首新良路 1 号	0633-2216912
		龙口新龙食油有限公司		山东省龙口开发区新港路 39 号	0535-8857263、13905450348
天胶	SHFE	海南新思科电子商务有限公司(永桂仓库)	16000	[存货地]海南省海口市长流金盘永桂开发区	0898-8712482
		海南省海口港集团(货运公司)	18000	海南省海口市秀英码头海港大厦 3 楼	0898-68652597
		山东储备物资管理局八三二处	22000	山东省青岛市城阳区京城路 80 号	0532-7756270
		山东省奥润特贸易有限公司	18000	山东省青岛市李沧区长顺路 15 号	0532-4816601
		上海长桥物流有限公司	20000	上海市老沪闵路 1070 号	021-64765262
		上海期晟储运管理有限公司	40000	上海市闵行区剑川路 2280 号	021-64305295
		上海市化轻总公司桃浦仓储公司	16000	上海市南大路 478 号	021-62506616
		天津工艺品进出口(集团)公司艺达储运贸易公司	31000	天津北辰区北仓道	022-26396540
		云南天然橡胶储运中心	15000	云南省昆明市东郊凉亭	0871-3914605
		中储发展股份有限公司(上海大场分公司)	35000	[存货地]上海市南大路 310 号	021-62507360
强麦	ZCE	河南省粮食局第二直属库	不限	鹤壁太行路北段	0392-3338900
		河南国家粮食储备库	不限	郑州市郑汴路 624 号	0371-65811186
		山东济宁国家粮食储备库	不限	山东省济宁市车站西路 67 号	0537-2889125
		中央储备粮沈丘直属库	不限	河南省沈丘县纸店镇东关	0394-5677268
		陕西西瑞粮食储备库有限公司	不限	西安西站 108 专线	029-84416007

续表 3 Continued 3

品种 Items	交易所 Exchanges	交割仓库 Delivery Points	库容 Volume	地 址 Address	电话 Telephone No.
强麦		河南新乡新华国家粮食储备库	不限	新乡市解放路 425 号	0373-2099231
		河北藁城永安国家粮食储备库	不限	河北藁城永安路 18 号	0311-8045090
		河北省粮食局直属机械化粮油储备库	不限	河北省元氏县城北	0311-4625272
		河南延津中谷国家粮食储备库	不限	延津县火车站路 1 号	0373-7918341
		河北邢台国家粮食储备库	不限	邢台市中兴西大街 36 号	0319-2166003
		河北衡水和平路国家粮食储备库	不限	衡水市和平东路道岔街 4 号	0318-2057008
		荷泽市粮油中转储备库	不限	菏泽市人民南路 43 号	0530-5967760
		徐州国家粮食储备库	不限	徐州市下淀路 174 号	0516-3643222
		天津市军粮城机米厂	不限	天津市东丽区军粮城大街 193 号	022-24360077
		安徽省粮食储备库(安徽省机械化粮库)	不限	合肥市望江西路 388 号	0551-5585137
		河南濮阳皇甫国家粮食储备库	不限	河南濮阳市高新区黄河路西段	0393-4710258
		河南郑州兴隆国家粮食储备库	不限	郑州市南阳路北段粮仓路 1 号	0371-3757525
		南京铁心桥国家粮食储备库	不限	南京市雨花台区铁心桥镇铁心村吴尚组	025-52890848 025-52890972
		北京大兴国家粮食储备库	不限	北京市大兴区黄村镇大庄路东	010-60281851
		山东良友储备粮承储有限公司	不限	山东省日照市石臼海宾五路	0633-8306706-6002
		中央储备粮商丘直属库	不限	河南省商丘市梁园区谢集镇道南	0370-3602208
		山东黄岛国家粮食储备库	不限	山东省青岛市黄岛区澎湖岛街 2 号	0532-86852901
硬麦	ZCE	河南省粮食局第二直属库	不限	鹤壁太行路北段	0392-3338900 ?
		河南国家粮食储备库	不限	郑州市郑汴路 624 号	0371-65811186
		山东济宁国家粮食储备库	不限	山东省济宁市车站西路 67 号	0537-2889125
		中央储备粮沈丘直属库	不限	河南省沈丘县纸店镇东关	0394-5677268
		陕西西瑞粮食储备库有限公司	不限	西安西站 108 专线	029-84416007
		河北省粮食局直属机械化粮油储备库	不限	河北省元氏县城北	0311-4625272
		洛阳市粮食局第二仓库	不限	洛阳市春都路 158 号	0379-2315230 0379-2315268
		河南延津中谷国家粮食储备库	不限	延津县火车站路 1 号	0373-7918341
		河北邢台国家粮食储备库	不限	邢台市中兴西大街 36 号	0319-2166003
		河北衡水和平路国家粮食储备库	不限	衡水市和平东路道岔街 4 号	0318-2057008
		徐州国家粮食储备库	不限	徐州市下淀路 174 号	0516-3643222
		杭州市粮食收储有限公司	不限	杭州市拱墅区储鑫路 58 号	0571-88016441
		江苏昆山国家粮食储备库	不限	江苏省昆山市明星路 23 号	0512-57596385
		天津市军粮城机米厂	不限	天津市东丽区军粮城大街 193 号	022-24360077
		重庆市上桥粮食中转库	不限	重庆市沙坪坝区华岩一村 51 号	023-65254509 023-65251178
		湖南长沙市芙蓉北路国家粮食储备库	不限	长沙市芙蓉北路 46 号	0731-4363389
		广西柳州国家粮食储备库	不限	广西柳州市柳太路 11-1 号	0772-3915275
		安徽省粮食储备库(安徽省机械化粮库)	不限	合肥市望江西路 388 号	0551-5585137
		山西阳曲国家粮食储备库	不限	太原市阳曲县城百家巷	0351-5523857
		浙江嘉善银粮国家储备库有限公司	不限	浙江省嘉善县开源路 298 号	0573-4163295
		武汉市第五粮库	不限	湖北省武汉市青山区建设一路一号	027-86537378 027-86537385
		南京铁心桥国家粮食储备库	不限	南京市雨花台区铁心桥镇铁心村吴尚组	025-52890848 025-52890972
		河南郾城国家粮食储备库	不限	郾城县孟庙镇文明路 6 号	0395-6932099

续表 4　Continued 4

品种 Items	交易所 Exchanges	交割仓库 Delivery Points	库容 Volume	地　址 Address	电话 Telephone No.
一号棉花	ZCE	中国储备棉管理总公司漯河直属库	不限	漯河市孟南工业开发区纬三路东段	0395-3394663
		河南储备物资管理局四三二处	不限	河南省获嘉县史庄镇南	0373-5965905
		南阳市棉花储运有限公司	不限	河南省南阳市光武西路万商街 9 号	0377-3293168 0377-3551838
		河南豫棉物流有限公司	不限	河南郑州管城区南曹乡小李庄火车站	13503719095
		邢台邦力工贸购销中心	不限	邢台市顺义街 7 号	0319-2022244
		衡水市棉麻总公司	不限	衡水市人民西路西段 98 号	0318-2140719
		廊坊开发区中棉储运中心	不限	廊坊开发区云鹏道北	0316-6077161
		菏泽市棉麻公司	不限	菏泽市长江路东段	0530-5110055
		中国储备棉管理总公司青岛直属库	不限	青岛市城阳区仙山路中段	0532-84816703
		中国储备棉管理总公司徐州直属库	不限	江苏省徐州市铜山县新区二堡	0516-3409128
		湖北银丰仓储物流有限责任公司	不限	湖北省武汉市东西湖区余氏墩	027-62195571
		芜湖市棉麻有限责任公司	不限	芜湖市褐山路 79 号	0553-5801539
		湖南六九零一单位	不限	湖南省岳阳县鹿角镇	0730-7860150
		天津市天棉棉花有限公司	不限	天津市西青区杨柳青镇胜利路增 1 号	022-27392024
		山东省禹城棉麻有限公司	不限	禹城市人民路 777 路	0534-2126265

数据来源：上海期货交易所、大连商品交易所、郑州商品交易所
Source：SHFE、DCE、ZCE

7-25　2005 年金属期货交割仓库明细

Summary Delivery Points of Metal products in 2005

品种 Items	交易所 Exchanges	交割仓库 Delivery Points	库容 Volume	地　址 Address	电话 Telephone No.
铝	SHFE	广东储备物资管理局(八三零处)	13000	广东南海市盐步镇三眼桥货场西侧	0757-85760802
	SHFE	广东南储仓储管理有限公司	16000	广东南海市盐步镇三眼桥货场东侧	0757-85784323
	SHFE	上海国储天威仓储有限公司	26667	[存货地] 上海市交通路 3965 号	021-68402727
	SHFE	上海京鸿实业有限公司	6667	上海市外高桥保税区荷丹路 68 号	021-50640027
	SHFE	上海期晟储运管理有限公司	10000	上海市闵行区剑川路 2280 号	021-64305295
	SHFE	上海外高桥保税区联合发展有限公司(储运物资公司)	2800	上海市浦东新区冰克路 500 号(16 区 3 号门对面	021-58694758
	SHFE	无锡中储物流有限公司	19525	江苏省无锡市锡沪路 183 号	0510-2407262
	SHFE	中储发展股份有限公司(上海沪西分公司)	65333	[存货地] 上海市曹杨路 2021 号	021-62163222
	SHFE	中储发展股份有限公司(上海江湾分公司政民库)	0	[存货地] 上海市政民路 195 号	021-65111634
	SHFE	中储发展股份有限公司上海吴淞分公司	30667	上海市宝山区铁山路 495 号	021-56123941
	SHFE	中国有色金属广州供销运输公司(金鑫储运分公司)	5850	广东南海市盐步镇三眼桥货场西侧三河东路	0757-85785806
	SHFE	中金深圳仓储运输公司南海仓库	20000	南海市街边站机场路口	0757-86435311

续表 Continued

品种 Items	交易所 Exchanges	交割仓库 Delivery Points	库容 Volume	地址 Address	电话 Telephone No.
铜	SHFE	上海国储天威仓储有限公司	80000	[存货地] 上海市交通路 3965 号	021-68402727
	SHFE	上海京鸿实业有限公司	20000	上海市外高桥保税区荷丹路 68 号	021-50640027
	SHFE	上海期晟储运管理有限公司	30000	上海市闵行区剑川路 2280 号	021-64305295
	SHFE	上海外高桥保税区联合发展有限公司(储运物资公司)	8400	上海市浦东新区冰克路 500 号	021-58694758
	SHFE	中储发展股份有限公司(上海沪西分公司)	196000	[存货地]上海市曹杨路 2021 号	021-62163222
	SHFE	中储发展股份有限公司(上海江湾分公司政民库)	0	[存货地] 上海市政民路 195 号	021-65111634
	SHFE	中储发展股份有限公司上海吴淞分公司	92000	上海市宝山区铁山路 495 号	021-56123941

数据来源:上海期货交易所、大连商品交易所、郑州商品交易所
Source: SHFE、DCE、ZCE

7-26 2005 年能源期货交割仓库明细

Summary Delivery Points of Energy products in 2005

品种 Items	交易所 Exchanges	交割仓库 Delivery Points	库容 Volume	地址 Address	电话 Telephone No.
燃料油	SHFE	广东南华石油有限公司(西基油库)	29550	广州市经济技术开发区西基村	020-83635322
	SHFE	广州发展碧辟油品有限公司(南沙油库)	19700	广州南沙经济技术开发区坦头村	020-84684191
	SHFE	粤海(番禺)石油化工储运开发有限公司(小虎岛油库)	19700	广州市番禺区黄阁镇粤海路 1 号粤海小虎石化	020-84976664
	SHFE	中油燃料油股份有限公司(湛江油库)	295500	湛江港第二作业区中油燃料湛江油库	0759-2259009
	SHFE	珠海中燃石油有限公司(桂山油库)	9850	广东珠海桂山岛	0756-3231867

数据来源:上海期货交易所、大连商品交易所、郑州商品交易所
Source: SHFE、DCE、ZCE

八、证券期货中介机构

Securities and Futures Intermediate Institutions

2005年证券机构监管综述

Summary for Securities Institutions Supervising in 2005

截至2005年12月底,全国存续经营的证券公司共有116家。其中,具有保荐业务资格的公司76家,获得客户资产管理业务资格的公司62家,获得网上委托业务资格的公司90家,获得证券投资咨询资格的证券公司87家。全国共有证券营业部3090家,证券从业人员12万人,证券投资咨询机构109家。

2005年,因证券市场持续低迷,证券公司经营面临着较大的困难。据证券公司财务月报,除停业整顿中的1家证券公司外,其余115家证券公司2005年12月末资产总额3070亿元,负债总额2441亿元,净资产628亿元,净资本350亿元,自营证券368亿元,客户交易结算资金1664亿元,受托资金531亿元。115家公司全年累计营业收入109.88亿元,累计营业支出240.42亿元,累计亏损118.02亿元。其中30家累计盈利18.21亿元,85家累计亏损136.23亿元。

2005年,证监会认真贯彻落实《国务院关于推进资本市场改革开放和稳定发展的若干意见》、《证券公司综合治理工作方案》和全国证券期货监管工作会议安排,全面推进证券公司综合治理工作,积极化解风险,大力促进证券公司规范发展。2005年证券机构监管工作主要包括:

一、督促证券公司落实整改

根据《证券公司综合治理工作方案》有关规定,在基本摸清证券行业风险底数的基础上,证监会全面推进证券公司整改,督促公司制定措施切实可行、进度细化到月、责任落实到人的整改计划,认真进行整改,取得了明显进展,基本实现综合治理的近期目标。总体上看,证券行业脱离了风险集中爆发的高危期,普遍性的违法违规行为得到遏制,合规守法的经营意识明显增强,监管工作的主动性、权威性得到增强。

二、推进基础制度改革

不断完善证券公司客户交易结算资金存管制度,切实保护投资者的合法权益。2005年,除风险处置公司和重组公司外,其他证券公司基本实现了客户交易结算资金独立存管。对于风险处置公司和重组公司,积极推进客户交易结算资金第三方存管工作,其中12家公司已实现第三方存管,其余公司也提出了存管方案。证监会及时对第三方存管进行总结研究,并推动将该制度纳入新修订的《证券法》,要求全部证券公司实施。通过制度改革,客户资金安全性和内控建设明显增强。

全面改革证券公司资产管理和自营业务制度,从制度上防范和降低证券公司经营风险。对新的集合资产管理业务实行风险揭示、信息披露、合同报备和资产第三方托管等监管措施。进一步完善自营业务的监控机制,对自营业务开始推行账户报备、交易所实时监控、稽查提前介入等监管制度。

着手制定国债回购新规则。新规则将要求国债回购登记明细到投资者账户,建立质押库和投资者查询系统,从制度上解决证券公司挪用客户国债问题。

三、支持优质证券公司创新发展

一批优质证券公司通过综合治理工作，切实加强风险控制，完善内部管理，已初步具备做优做强的条件。截至年底，全国共有15家创新试点类公司和15家规范类公司。证监会根据实际情况适时指导、支持证券公司推出新产品、新业务，支持优质公司做优做强。一是批准了13只共计145亿元集合理财产品，市场反响良好；二是审核或批准了总规模超过200亿元的专项理财计划；三是配合股权分置改革，提出了创设权证、缩股等创新解决方案；四是指导创新试点类和规范类公司参与风险公司处置，获取业务扩张的先机。

四、推进证券公司风险处置及重组工作

2005年，风险处置工作由被动转为主动，全年共处置了大鹏证券、亚洲证券、广东证券、兴安证券等12家整改无望或发生新违规的高风险公司，加大对违法违规行为的责任追究力度，形成公司综合治理工作的压力机制，并积极推动已处置公司由行政清算向司法清算的过渡，抓紧做好已处置公司的收口工作。同时，进一步完善风险处置的政策和机制，制订了《高风险证券公司账户清理工作指引》、《风险证券公司现场监控工作指引》以及证券类资产处置、中介机构工作规程等操作指引；中国证券投资者保护基金有限责任公司正式成立，风险处置的长效机制有了实质性进展。此外，加强与地方政府和有关方面的维稳协调配合和互动工作，积极做好维护社会稳定的工作。

按照综合治理的基本要求和有关工作方案，完成了国泰君安、南方、华夏、申银万国等公司的重组工作，并通过市场化方式将被处置高风险公司的证券业务和营业网点转移到优质公司，促进了行业资源整合。2005年12月，证监会发布了《关于证券公司借入次级债务有关问题的通知》，支持公司通过借入次级债务或者将机构客户债务转为次级债务等方式进行债务重组，缓解流动性风险。

五、进一步研究完善有关法律法规

根据日常监管和风险处置的需要以及综合治理工作经验，对《证券法》及《公司法》的修改多次提出了建议。对现有的机构监管法规进行了清理，制定了机构监管法规体系建设的总体框架和工作方案。配合新证券法出台，起草了《证券公司监管条例》、《证券公司风险处置条理》、《证券公司风险控制指标管理办法》、《证券公司净资本计算方法》和《资信评级办法》等草案。

六、进一步明确监管职责，形成监管合力，做好日常监管工作

2005年，继续落实《证券公司监管职责分工协作指引》，转变工作理念，完善监管机制，强化监管力度，丰富监管手段，加强系统内沟通交流，充分发挥派出机构、协会、交易所、登记结算公司、证券投资者保护基金等单位的监管作用，形成监管合力，提高监管质量和效率。

根据实际情况，将2005年重点工作落实到人、进度细化到月。针对证券公司自营和资产管理业务存在的问题，制定了《对证券公司自营、资产管理业务账户和投资行为加强监管的职责分工方案》，初步建立了对证券公司自营、资产管理等业务的协同监控体系。

（中国证监会）

8-1 全国证券期货中介机构统计表
Sataistics of Securities & Futures Intermediate Institutions

机构 Institutions	1994年	1995年	1996年	1997年	1998年	1999年	2000年	2001年	2002年	2003年	2004年	2005年
证券交易所 Stock Exchange	2	2	2	2	2	2	2	2	2	2	2	2
证券结算公司 Securities Trading Center	2	2	2	2	2	2	2	1	1	1	1	1
证券公司 Securities Company	91	97	94	90	90	90	100	109	127	133	133	116
证券营业部 Securities House	2262	N	2420	2412	2412	2412	2680	2700	2936	3020	3075	3090
基金管理公司					6	10	10	15	21	34	45	53
期货交易所 Futures Exchange	14	14	14	14	3	3	3	3	3	3	3	3
期货经纪公司 Futures Brokerage	N	N	329	294	278	213	178	200	179	186	188	183

数据来源:中国证监会

Source: CSRC

8-2 2005年证券经营机构A股交易金额排名表
Top 20 of Securities Companies by A Share Turnover in 2005

金额:亿元

序号 No.	上海			深圳		
	会员名称 Companies	交易金额 Turnover	比重%	会员名称 Companies	交易金额 Turnover	比重%
1	国泰君安证券股份有限公司	2470.07	6.51	中国银河证券有限责任公司	1478.12	6.14
2	中国银河证券有限责任公司	2411.30	6.36	国泰君安证券股份有限公司	1359.88	5.65
3	申银万国证券股份有限公司	1907.74	5.03	申银万国证券股份有限公司	946.58	3.93
4	海通证券股份有限公司	1337.73	3.53	国信证券有限责任公司	938.64	3.90
5	中信建投证券有限责任公司	1205.95	3.18	广发证券股份有限公司	869.01	3.61
6	国信证券有限责任公司	1179.05	3.11	招商证券股份有限公司	810.60	3.37
7	广发证券股份有限公司	1077.60	2.84	华夏证券股份有限公司	791.05	3.29
8	光大证券股份有限公司	954.64	2.52	海通证券股份有限公司	745.16	3.10
9	招商证券股份有限公司	947.65	2.50	光大证券股份有限公司	648.56	2.69
10	中信证券股份有限公司	863.50	2.28	华泰证券有限责任公司	455.00	1.89
11	华泰证券有限责任公司	781.55	2.06	南方证券股份有限公司	441.02	1.83
12	中国建银投资证券有限责任公司	671.44	1.77	广东证券股份有限公司	395.16	1.64
13	中国国际金融有限公司	620.74	1.64	天同证券有限责任公司	391.74	1.63
14	联合证券有限责任公司	602.76	1.59	中信证券股份有限公司	369.55	1.54
15	天同证券有限责任公司	595.78	1.57	联合证券有限责任公司	358.52	1.49
16	东方证券股份有限公司	535.66	1.41	兴业证券股份有限公司	308.70	1.28
17	兴业证券股份有限公司	488.49	1.29	湘财证券有限责任公司	299.98	1.25
18	湘财证券有限责任公司	483.43	1.27	泰阳证券有限责任公司	299.24	1.24
19	中银国际证券有限责任公司	462.73	1.22	长城证券有限责任公司	296.30	1.23
20	长城证券有限责任公司	415.57	1.10	平安证券有限责任公司	276.75	1.15
合计		20013.36	52.75		12479.55	51.83

注:表中交易金额为双边计算

数据来源:上海、深圳证券交易所

Source:Shanghai Shenzhen Stock Exchange

8-3　2005年证券经营机构B股交易金额排名表

Top 20 of Securities Companies by B Share Turnover in 2005

金额:亿元

序号 No.	上海			深圳		
	会员名称 Companies	交易金额 Turnover	比重%	会员名称 Companies	交易金额 Turnover	比重%
1	申银万国证券股份有限公司	49.41	14.71	国泰君安证券股份有限公司	67.15	8.68
2	国泰君安证券股份有限公司	34.35	10.23	广发证券股份有限公司	47.67	6.16
3	中国银河证券有限责任公司	20.88	6.22	国信证券有限责任公司	45.34	5.86
4	海通证券股份有限公司	19.29	5.74	招商证券股份有限公司	42.46	5.49
5	广发证券股份有限公司	13.56	4.04	申银万国证券股份有限公司	34.61	4.48
6	中信证券股份有限公司	11.09	3.30	中国银河证券有限责任公司	33.43	4.32
7	方正证券有限责任公司	8.07	2.40	中国国际金融有限公司	28.39	3.67
8	招商证券股份有限公司	7.89	2.35	平安证券有限责任公司	25.06	3.24
9	华泰证券有限责任公司	7.55	2.25	南方证券股份有限公司	21.99	2.84
10	国信证券有限责任公司	7.30	2.17	海通证券股份有限公司	18.65	2.41
11	摩根大通证券(远东)有限公司	6.09	1.81	光大证券股份有限公司	18.27	2.36
12	东方证券股份有限公司	6.00	1.79	广东证券股份有限公司	18.20	2.35
13	中信建投证券有限责任公司	5.90	1.76	联合证券有限责任公司	15.81	2.04
14	里昂证券有限公司(Credit Lyonnais)	5.87	1.75	华夏证券股份有限公司	14.85	1.92
15	渤海证券有限责任公司	5.82	1.73	中信证券股份有限公司	14.49	1.87
16	光大证券股份有限公司	5.37	1.60	广州证券有限责任公司	11.34	1.47
17	金通证券股份有限公司	5.17	1.54	中银国际证券有限责任公司	11.23	1.45
18	中国国际金融有限公司	4.92	1.46	巨田证券有限责任公司	10.68	1.38
19	亚洲证券有限责任公司	4.78	1.42	西南证券有限责任公司	10.32	1.34
20	南方证券股份有限公司	4.40	1.31	蔚深证券有限责任公司	8.51	1.10
合计		233.71	69.58		498.46	64.46

注:表中交易金额为双边计算

数据来源:上海、深圳证券交易所

Source:Shanghai Shenzhen Stock Exchange

8-4 2005年证券经营机构国债现货交易金额排名表
Top 20 of Securities Companies by Cash T-Bonds Turnover in 2005

金额:亿元

序号 No.	上海			深圳		
	会员名称 Companies	交易金额 Turnover	比重%	会员名称 Companies	交易金额 Turnover	比重%
1	中国银河证券有限责任公司	439.43	9.21	中国银河证券有限责任公司	2.20	14.06
2	国泰君安证券股份有限公司	393.41	8.24	中信证券股份有限公司	1.37	8.72
3	申银万国证券股份有限公司	321.79	6.74	申银万国证券股份有限公司	1.34	8.53
4	海通证券股份有限公司	309.32	6.48	第一证券有限公司	1.04	6.66
5	中银国际证券有限责任公司	266.80	5.59	国信证券有限责任公司	0.59	3.78
6	中国国际金融有限公司	260.21	5.45	金元证券有限责任公司	0.59	3.76
7	中信证券股份有限公司	219.77	4.60	中银国际证券有限责任公司	0.58	3.73
8	湘财证券有限责任公司	126.59	2.65	平安证券有限责任公司	0.46	2.90
9	辽宁省证券公司	108.69	2.28	国泰君安证券股份有限公司	0.39	2.46
10	平安证券有限责任公司	105.17	2.20	广发证券股份有限公司	0.32	2.07
11	招商证券股份有限公司	92.94	1.95	华夏证券股份有限公司	0.32	2.04
12	中信建投证券有限责任公司	85.01	1.78	东方证券股份有限公司	0.31	1.98
13	中国科技证券有限责任公司	73.11	1.53	华泰证券有限责任公司	0.27	1.70
14	中天证券有限责任公司	68.20	1.43	天同证券有限责任公司	0.26	1.67
15	中国民族证券有限责任公司	65.59	1.37	广东证券股份有限公司	0.24	1.52
16	山西证券有限责任公司	64.75	1.36	海通证券股份有限公司	0.22	1.40
17	广发证券股份有限公司	63.45	1.33	南方证券股份有限公司	0.19	1.24
18	方正证券有限责任公司	62.99	1.32	招商证券股份有限公司	0.18	1.17
19	华西证券有限责任公司	61.59	1.29	中原证券股份有限公司	0.18	1.16
20	国元证券有限责任公司	61.45	1.29	亚洲证券有限责任公司	0.15	0.94
合计		3250.26	68.08		11.20	71.49

注:表中交易金额为双边计算

数据来源:上海、深圳证券交易所

Source:Shanghai Shenzhen Stock Exchange

8-5 2005年证券经营机构国债回购交易金额排名表

Top 20 of Securities Companies by turnover of T-Bond Repurchase in 2005

金额:亿元

序号 No.	上海			深圳		
	会员名称 Companies	交易金额 Turnover	比重%	会员名称 Companies	交易金额 Turnover	比重%
1	中国银河证券有限责任公司	3272.00	7.89			
2	国泰君安证券股份有限公司	3256.24	7.86			
3	中银国际证券有限责任公司	2837.91	6.85			
4	金信证券有限责任公司	2314.05	5.58			
5	申银万国证券股份有限公司	2214.71	5.34			
6	中信证券股份有限公司	1986.24	4.79			
7	海通证券股份有限公司	1837.80	4.43			
8	中信建投证券有限责任公司	1818.15	4.39			
9	湘财证券有限责任公司	1185.70	2.86			
10	中国国际金融有限公司	1180.94	2.85			
11	光大证券股份有限公司	1064.04	2.57			
12	北京证券有限责任公司	877.24	2.12			
13	世纪证券有限责任公司	844.19	2.04			
14	宏源证券股份有限公司	750.58	1.81			
15	广发证券股份有限公司	681.21	1.64			
16	山西证券有限责任公司	661.27	1.60			
17	长江证券有限责任公司	643.29	1.55			
18	天同证券有限责任公司	630.11	1.52			
19	兴安证券有限责任公司	496.69	1.20			
20	江南证券有限责任公司	489.11	1.18			
合计		29041.46	70.05		0.00	0.00

注:表中交易金额为双边计算

数据来源:上海、深圳证券交易所

Source: Shanghai Shenzhen Stock Exchange

8-6 2005年证券营业部A股交易金额排名表
Top 20 of Securities Sale departments by Turnover of A share in 2005

金额:亿元

序号 No.	上海			深圳		
	营业部名称 Securities House	交易金额 Turnover	比重%	会员名称 Companies	交易金额 Turnover	比重%
1	国信证券有限责任公司深圳红岭中路证券营业部	663.53	1.75	国信证券有限公司深圳红岭中路证券营业部	539.95	2.24
2	中国国际金融有限公司上海陆家嘴东路证券营业部	449.13	1.19	招商证券股份有限公司深圳振华路证券营业部	285.64	1.19
3	招商证券股份有限公司深圳振华路证券营业部	393.77	1.04	华西证券有限责任公司江油东大街证券营业部	195.54	0.81
4	光大证券股份有限公司上海张杨路证券营业部	351.12	0.93	广发证券股份有限公司上海石泉路证券营业部	104.76	0.44
5	国泰君安证券股份有限公司总部	212.54	0.56	西南证券有限责任公司重庆沧白路证券营业部	80.04	0.33
6	中银国际证券有限责任公司上海银城中路证券营业部	149.62	0.40	渤海证券有限责任公司天津气象台路证券营业部	74.40	0.31
7	联合证券有限责任公司总部	144.52	0.38	第一证券有限公司上海控江路证券营业部	73.07	0.30
8	中国国际金融有限公司北京建国门外大街证券营业部	133.61	0.35	南京证券有限责任公司南京大钟亭证券营业部	65.45	0.27
9	平安证券有限责任公司深圳八卦三路证券营业部	120.46	0.32	中信建投证券有限责任公司南京市淮海路证券营业部	59.75	0.25
10	申银万国证券股份有限公司上海新昌路营业部	107.79	0.28	财通证券经纪有限责任公司杭州解放路证券营业部	54.41	0.23
11	国泰君安证券股份有限公司北京知春路证券营业部	105.94	0.28	中信建投证券有限责任公司淄博市中心路证券营业部	54.03	0.22
12	广发证券股份有限公司广州环市东路证券营业部	102.58	0.27	中国国际金融有限公司上海陆家嘴东路证券营业部	46.82	0.19
13	国泰君安证券股份有限公司上海江苏路证券营业部	98.16	0.26	广东证券股份有限公司佛山顺德区凤山西政通证券营业部	46.60	0.19
14	申银万国证券股份有限公司上海银城东路营业部	92.87	0.25	光大证券股份有限公司东莞运河东一路证券营业部	44.10	0.18
15	汉唐证券有限责任公司上海武进路证券营业部	84.44	0.22	河北财达证券经纪有限责任公司石家庄华西路证券营业部	43.02	0.18
16	汉唐证券有限责任公司深圳福星路证券营业部	76.55	0.20	新疆证券有限责任公司乌鲁木齐新华南路证券营业部	42.79	0.18
17	国泰君安证券股份有限公司上海商城路证券营业部	75.45	0.20	金信证券有限责任公司上海长乐路证券营业部	42.45	0.18
18	中信证券股份有限公司上海复兴中路证券营业部	70.06	0.19	中富证券有限责任公司大连胜利东路证券营业部	42.29	0.18
19	国信证券有限责任公司广州东风中路证券营业部	69.81	0.18	中国民族证券有限责任公司北京和平里证券营业部	42.09	0.17
20	兴业证券股份有限公司上海金陵东路证券营业部	67.07	0.18	广东证券股份有限公司茂名市文明中路证券营业部	41.89	0.17
合计	合计	3569.00	9.42		1979.08	8.22

注:表中交易金额为双边计算

数据来源:上海、深圳证券交易所

Source: Shanghai Shenzhen Stock Exchange

8-7 2005年证券营业部国债现货交易金额排名表
Top 20 of Securities Sale departments by Turnover of Cash T-Bonds in 2005

金额:亿元

序号 No.	上海			深圳		
	营业部名称 Securities House	交易金额 Turnover	比重%	会员名称 Companies	交易金额 Turnover	比重%
1	中银国际证券有限责任公司上海银城中路证券营业部	248.51	5.21	中国银河证券有限责任公司郑州健康路证券营业部	1.18	7.50
2	海通证券股份有限公司交易总部	193.95	4.06	申银万国证券股份有限公司广州江南大道证券营业部	1.04	6.63
3	中国国际金融有限公司上海陆家嘴东路证券营业部	176.08	3.69	第一证券有限公司广州华利路证券营业部	1.03	6.58
4	国泰君安证券股份有限公司总部	141.83	2.97	金元证券有限责任公司海口南宝路证券营业部	0.57	3.64
5	中信证券股份有限公司总部(非营业场所)	88.84	1.86	中银国际证券有限责任公司海口机场路证券营业部	0.55	3.53
6	辽宁省证券公司沈阳市府大路证券营业部	81.76	1.71	中国银河证券有限责任公司北京月坛证券营业部	0.38	2.45
7	申银万国证券股份有限公司证券投资总部	79.06	1.66	国信证券有限公司深圳红岭中路证券营业部	0.30	1.89
8	中国国际金融有限公司北京建国门外大街证券营业部	77.26	1.62	天同证券有限责任公司济南共青团路证券营业部	0.15	0.93
9	平安证券有限责任公司国债部(非营业场所)	73.31	1.54	东方证券股份有限公司杭州体育场路证券营业部	0.14	0.88
10	中国银河证券有限责任公司南昌广场东路证券营业部	67.77	1.42	中原证券股份有限公司郑州经三路证券营业部	0.13	0.80
11	中天证券有限责任公司沈阳北五马路证券营业部	59.57	1.25	东方证券股份有限公司上海山东中路证券营业部	0.12	0.77
12	中国科技证券有限责任公司深圳沙头角证券营业部	51.79	1.09	长财证券经纪有限责任公司上海京城路证券营业部	0.11	0.68
13	申银万国证券股份有限公司北京劲松九区证券营业部	51.36	1.08	招商证券股份有限公司深圳振华路证券营业部	0.10	0.64
14	中国银河证券有限责任公司北京月坛证券营业部	43.66	0.92	中国银河证券有限责任公司荆门证券营业部	0.09	0.59
15	长江证券有限责任公司总部	37.26	0.78	华泰证券有限责任公司南京中山北路证券营业部	0.08	0.51
16	中国民族证券有限责任公司北京太平桥大街证券营业部	36.68	0.77	华西证券有限责任公司江油东大街证券营业部	0.07	0.48
17	金信证券有限责任公司上海长乐路证券营业部	34.83	0.73	中国科技证券有限责任公司上海延安东路证券营业部	0.07	0.46
18	方正证券有限责任公司上海昆山路证券营业部	34.50	0.72	中期证券经纪有限责任公司上海徐家汇路证券营业部	0.07	0.43
19	江南证券有限责任公司南昌广场南路证券营业部	33.82	0.71	中信建投证券有限责任公司淄博市中心路证券营业部	0.06	0.40
20	申银万国证券股份有限公司上海银城东路营业部	30.94	0.65	中信建投证券有限责任公司长春市人民大街证券营业部	0.05	0.35
合计		1642.79	34.42		6.29	40.15

注:表中交易金额为双边计算
数据来源:上海、深圳证券交易所
Source:Shanghai Shenzhen Stock Exchange

8-8 2005年证券营业部国债回购交易金额排名表
Top 20 of Securities Sale departments by Turnover of T-Bond Repurchase in 2005

金额:亿元

序号 No.	上海			深圳		
	营业部名称 Securities House	交易金额 Turnover	比重%	会员名称 Companies	交易金额 Turnover	比重%
1	中银国际证券有限责任公司上海银城中路证券营业部	2643.04	6.38			
2	金信证券有限责任公司义乌江滨北路证券营业部	2005.74	4.84			
3	海通证券股份有限公司交易总部	1005.25	2.43			
4	世纪证券有限责任公司深圳深南大道中证券营业部	773.30	1.87			
5	中信证券股份有限公司总部(非营业场所)	702.02	1.69			
6	中国国际金融有限公司上海陆家嘴东路证券营业部	685.60	1.65			
7	中信建投证券有限责任公司北京市东直门南大街证券营业	554.99	1.34			
8	申银万国证券股份有限公司上海兰溪路营业部	494.13	1.19			
9	北京证券有限责任公司北京北三环东路证券营业部	492.58	1.19			
10	中国国际金融有限公司北京建国门外大街证券营业部	489.56	1.18			
11	山西证券有限责任公司太原府西街营业部	434.42	1.05			
12	光大证券股份有限公司南京中山路证券营业部	417.08	1.01			
13	国泰君安证券股份有限公司深圳上步中路证券营业部	415.63	1.00			
14	宏源证券股份有限公司乌鲁木齐文艺路证券营业部	414.05	1.00			
15	长江证券有限责任公司上海东方路证券营业部	411.02	0.99			
16	国泰君安证券股份有限公司上海延平路证券营业部	408.80	0.99			
17	兴安证券有限责任公司上海桂林路证券营业部	408.43	0.99			
18	中信证券股份有限公司北京张自忠路证券营业部	381.48	0.92			
19	国泰君安证券股份有限公司沈阳分公司	355.11	0.86			
20	中国银河证券有限责任公司杭州解放路证券营业部	350.82	0.85			
合计		13843.03	33.39			

注:表中交易金额为双边计算

数据来源:上海、深圳证券交易所

Source:Shanghai Shenzhen Stock Exchange

8-9 2005年证券公司增资扩股情况
Summary for Expanding Capital of Securities Companies in 2005

序号 No.	公司名称 Companies	增资后注册资本 Capital After Expanding (亿元)(RMB100m)	备注 Memo
1	国金证券有限责任公司	5	原成都证券经纪有限责任公司
2	光大证券股份有限公司	24.45	
3	西安华弘证券经纪有限责任公司	5.6	
4	平安证券有限责任公司	13	
5	金元证券有限责任公司	8	尚未完成

数据来源:中国证监会
Source: CSRC

8-10 2005年取得保荐资格的证券公司名单
Listed of Sponsors in 2005

序号 No.	公司名称 Sponsors	保荐代表人 Deputy of Sponsor
1	广发证券股份有限公司	何宽华 管汝平 谭旭 徐荔军 朱项平 崔海峰 刘旭阳 陈青 吴广斌 蔡铁征 刘哲 杨德彬 陈天喜 赵瑞梅 罗斌华 黄山 安用兵 陈宇杰 赵源 陈家茂 张立军 裴运华 姜秀华 于明 周庭硕 康翰震 贺小社 邵丰 徐佑军 伍建筑 朱煜起
2	光大证券有限责任公司	孙报春 任俊杰 徐荣健 朱文正 周皓 张奇英 王成林 黄文强 魏贵云 赵冬冬 王苏华 刘灏 税昊峰 程刚 侯良智 罗浩 邱小兵 刘延辉 杨小虎 朱永平 熊莹 胡庆颖
3	国泰君安证券股份有限公司	岳远斌 倪毓明 顾晓东 魏惇 叶可 马涛 任松涛 张斌 金利成 王文毅 李鹏 刘欣 牛国锋 张江 隋英鹏 武飞 饶慧民 曾大成 水耀东 唐伟
4	海通证券股份有限公司	孙剑峰 章熙康 刘华艳 金铭 顾峥 胡宇 熊旭敏 宋立民 王海滨 周威 王建辉 姜诚君 张立 徐雅珍 陈鸿杰 周晓雷 李保国 林涌 张均宇 汪烽 罗晓雷 项骏 樊倩
5	西南证券有限责任公司	郭磊 张昱 谢玮 王晖 粟建国 史金鹏 孔繁军 李旭 王涛 舒兆云 叶泉 王海涛 袁宗 李阳 鲁宾 许冰 姚晨航 任强 徐守伦 钱峰 陈代千
6	华泰证券有限责任公司	黄飞 吴智俊 窦智 都晨辉 刘惠萍 卞建光 唐涛 杨晓 黄庆兵 曹群宁 敖吕文 姜健 安雪梅 胡旭 王陆 陈刚 周学群 余庆生
7	国信证券有限责任公司	陈立波 张剑军 龙涌 胡华勇 廖家东 吴卫钢 郭晓光 石芳 谢风华 刘兴华 林郁松 赵德友 李震 张群伟 郭永青 徐伟 徐浪 张俊杰 曾信 董宇 凌文昌 眭衍照 徐峰 国磊峰 先卫国 范信龙 钮蓟京 巴震 许刚
8	中国银河证券有限责任公司	司宏鹏 王俊 李宏贵 张涛 刘文成 李晓岱 王大勇 何斌辉 郑榕萍 卢于 王红兵 陈宏 高铁文 张卫东 徐存新 张瑾 傅涛 郑炜 罗民 张庆升 赵驹 蒋爱军
9	东北证券有限责任公司	张洪刚 刘红 胡浩成 梁化军 田树春 王静波 罗捷 汪六七 黄峥 郭明新 刘永 沈晶玮

续表 1　Continued 1

序号 No.	公司名称 Sponsors	保荐代表人 Deputy of Sponsor
10	联合证券有限责任公司	俞军柯　崔洪军　陈岗　谢崇远　李梦江　沈伟　赵远军　李俊旭　黎海祥　胡刘斌　龚文荣　张邈　孙晓青　李迅冬　李华忠　张春旭　陈鹏　雷文龙　王海清　武健
11	申银万国证券股份有限公司	黄学圣　张宏斌　吴斌　黄健　刘祥生　苏罡　冯震宇　孔海燕　金碧霞　李杰峰　杨璀　于竑　袁樯　吴薇
12	中信证券股份有限公司	张剑　孙毅　温健　马小龙　李虎　方浩　刘轲滨　陈淑绵　葛小波　姜颖　陈恺　朱洁　邵向辉　梅挽强　刘凡　徐沛　张焖　胡腾鹤
13	天同证券有限责任公司	岳远斌　何黎辉　刘玉星　逄伟　张蕾蕾　黄俊　郑伟
14	长城证券有限责任公司	刘春玲　张国连　范文伟　奈学雷　周炜　邹丽　王玮　游进　康米和
15	招商证券股份有限公司	康剑雄　王苏望　吴喻慧　杨梧林　李丽芳　谢继军　郑华峰　帅晖　沈卫华　江荣华　朱权炼　孙向阳　刘芳　张丽丽　姜杰　蒋欣　孙莉
16	兴业证券股份有限公司	王廷富　李艳西　卢学线　宋涛　姚文良　宋乐真　姜文国　白树峰　石军　徐彩霞　周慧敏　陈正旭
17	东方证券有限责任公司	王国文　于晓丹　于力　陈波　车达飞　王延翔　陈肖汉　孙茂峰　李康林
18	华安证券有限责任公司	江成祺　贾梅　王钢　陈焱　李文涛　沈志龙　徐圣能　方书品　汪刚友
19	泰阳证券有限责任公司	彭娟娟　富博　张敏　郑齐华
20	渤海证券有限责任公司	袁鸿飞　张群生　常青　崔勇　高强　王振刚　张嘉棋
21	华欧国际证券有限责任公司	李锋　江岚　谭军　成曦　郁浩　李丹　范翔辉
22	中关村证券股份有限公司	任强　宇尔斌　杨帆　胡强　王颖
23	长江巴黎百富勤证券有限责任公司	严俊涛　孙玉龙　刘钢　陈亚辉　吴代林　施伟　袁建中　彭良松　王镇　徐康　王珏　陈亿律
24	北京证券有限责任公司	杨艳萍　吕晓峰　申克非　张鸣溪
25	红塔证券股份有限公司	沈春晖　陈曙光　王革文　于睿　陈福民　刘向前　郑守林
26	大通证券股份有限公司	孙建华　刘胜民　刘润松　张望
27	平安证券有限责任公司	崔岭　曾年生　林辉　周强　王雯　罗腾子　秦洪波　韩长风　梁磊　李鹏　王锡谷　张绍旭　张同波　陈新军　方向生
28	金元证券有限责任公司	孙利军　陈绵飞　王健　冯洪全　渠亮　洪毅恺　方向东
29	华龙证券有限责任公司	全泽　郭喜明　范道远　李军　潘银　王历勇　朱彤　王保平　刘凡　马倬峻　金涛
30	宏源证券股份有限公司	庞雪梅　李强　王旭　李金海　刘宏　吴晶　温泉
31	东吴证券有限责任公司	杨伟　申隆　广宏毅　王振亚　余焕　陈晓荃　汤迎旭　郑维雄　胡玉杰　黄钦
32	天一证券有限责任公司	杜坤勇　薛江　杨海生　潘剑云　竺勇　范国祖　陈宇涛　李奔
33	河北证券有限责任公司	崔胜朝　刘铮
34	山西证券有限责任公司	李凡　樊海东　史吉军　崔学良　巴永军　毛传武　樊丽莉
35	方正证券有限责任公司	周旭东　葛文兵　宋大龙　尹利才　宋剑峰　巫海彤　周春发　袁宁　袁盛奇
36	华融资产管理公司	付巍　司颖　王小波
37	国联证券有限责任公司	王燚　江红安　申燕斌
38	江南证券有限责任公司	姚小平　王承军　谢涛　陈强　俞建杰　赵诚
39	新疆证券有限责任公司	赵文远　安锐　周洪刚　陈若愚
40	德邦证券有限责任公司	黎友强　吴凌东　李泽业　潘云松　李学军　李旭巍　张胜　唐宏
41	中国国际金融有限公司	李星　段晓东　陆静　杨旋旋　王建阳　赵沛霖　涂艳辉　连涟　王子龙
42	恒泰证券有限责任公司	赵铁青　沈奕　赵庆　韩刚　沈红

续表 2 Continued 2

序号 No.	公司名称 Sponsors	保荐代表人 Deputy of Sponsor
43	中银国际证券有限责任公司	徐晨 郝智明 姚旭东 陈国潮 李庆文 陈兴珠 唐伟 耿立生 谢民 顾振宇 姜济卿
44	国元证券有限责任公司	王晨 万士清 杜振宇 武保卫 傅贤江 钟丙祥
45	东海证券有限责任公司	冯文敏 王晖 张静 杨林 郝群
46	第一证券有限公司	倪霆 计静波 郑茂林
47	巨田证券有限责任公司	胡晓和 滕建华 陈作为 赵云峰
48	金通证券股份有限公司	季诚永 郑益甫 王东晖
49	国海证券有限责任公司	吴环宇 周宏章 范文明 彭朝晖 周志林
50	金信证券有限责任公司	汪洋 沈坚 尤凌燕 佟玉华 吴浩
51	中信万通证券有限责任公司	叶欣 丛龙辉 庞东 文富胜 刘景泉 高毅辉 李永柱 钱伟琛
52	中国民族证券有限责任公司	张杏超 温俊峰 曹巍
53	中国科技证券有限责任公司	韦建 罗洪峰 刘乃生
54	东莞证券有限责任公司	李殿坤 王平 李瑞瑜 张春辉
55	广州证券有限责任公司	张晓斌 刘茜
56	华鑫证券有限责任公司	杨卫东
57	华林证券有限责任公司	杨健 章文 廖卫江 廖建华 潘杨阳 杨光 任东升
58	爱建证券有限责任公司	林好常 许乃弟 朱家凤 杜卫民 刘勇
59	南京证券有限责任公司	孔玉飞 高金余 马飞 张睿
60	第一创业证券有限责任公司	王岚 孙迎辰 王时中 毕杰 王永兴 王勇
61	华西证券有限责任公司	傅承 宗俊 王炳全 张邦明 凌江红 赵勇 俞露 周展
62	国盛证券有限责任公司	孙盛良 任滨 高立金 林新正 梁亮 颜永军
63	中原证券股份有限公司	赖步连 刘政 赵丽峰 张红军 贾广华
64	航空证券有限责任公司	孙振 张荣石
65	国都证券有限责任公司	梁辰 何忠伟 周昕 覃正宇
66	兴安证券有限责任公司	张川
67	西部证券股份有限公司	张武 刘力军 吴雪明
68	信达资产管理公司	李卓彦 梁森林
69	财富证券有限责任公司	唐劲松 黄崇春 王刑天 白岚
70	世纪证券有限责任公司	周忠军 江曾华 马如华 王生兵 张见 程正茂 鲁元金 孙雷
71	民生证券有限责任公司	杨卫东 匙芳 周永发 王学春 王如鲲
72	首创证券有限责任公司	陈桂平 刘晓山 雷茂
73	海际大和证券有限责任公司	杨虎进 陈永阳 周家祺 徐光兵
74	中山证券有限责任公司	郭长艾 石引泉
75	新时代证券有限责任公司	王建雄 胡文晟 李毅
76	高盛高华证券有限责任公司	黎洋 徐海
77	中信建投证券有限责任公司	陈友新 李伟 林煊 宋永祎 王立武 王广学 王东梅 徐炯炜 詹朝军 钟鸿鸣
78	中国建银投资证券有限责任公司	柴育文 何向东 贾佑龙 马益平 李光增 徐疆 殷岩峰

数据来源：中国证监会

Source：CSRC

8-11　2005年取得外资股业务资格的境外证券经营机构名单

Listed of Oversea Business Qualified Foreign Securities Companies in 2005

序号 No.	公司名称 Companies	资格种类 Qualification
1	DBS唯高达香港有限公司	经纪商、主承销商
2	ING霸菱证券(香港)有限公司	经纪商、主承销商
3	百德能证券有限公司	经纪商、主承销商
4	宝来证券(香港)有限公司	经纪商、主承销商
5	倍利证券(香港)有限公司	主承销商
6	大福证券有限公司	经纪商、主承销商
7	大和证券住银资本市场(香港)有限公司	经纪商、主承销商
8	德意志证券亚洲有限公司	经纪商、主承销商
9	帝杰亚洲有限公司	经纪商、主承销商
10	东方惠嘉证券有限公司	经纪商、主承销商
11	东亚证券有限公司	经纪商
12	东洋证券亚洲有限公司	经纪商
13	东洋证券株式会社	经纪商、主承销商
14	发展证券香港有限公司	经纪商
15	法国巴黎百富勤融资有限公司	主承销商
16	法国巴黎百富勤证券有限公司	经纪商、主承销商
17	法国兴业证券(香港)有限公司	经纪商、主承销商
18	高盛(亚洲)有限责任公司	经纪商、主承销商
19	工商东亚证券有限公司	经纪商、主承销商
20	广利证券有限公司	经纪商
21	国际证券(香港)有限公司	经纪商
22	和升国际有限公司	经纪商、主承销商
23	荷银融资亚洲有限公司	主承销商
24	荷银证券亚洲有限公司	经纪商
25	亨泰证券有限公司	经纪商
26	恒生证券有限公司	经纪商
27	汇丰证券(亚洲)有限公司	经纪商、主承销商
28	汇富证券有限公司	经纪商、主承销商
29	极讯亚太有限公司	经纪商
30	加拿大怡东融资有限公司	主承销商
31	加怡证券经纪有限公司	经纪商
32	嘉诚证券有限公司	经纪商、主承销商
33	嘉佳证券有限公司	经纪商
34	建弘证券(亚洲)有限公司	经纪商、主承销商
35	京华山一国际(香港)有限公司	经纪商、主承销商
36	京华证券国际有限公司	经纪商、主承销商
37	凯基证券亚洲有限公司	经纪商、主承销商
38	乐金投资证券公司	经纪商、主承销商
39	里昂证券有限公司	经纪商、主承销商
40	摩根斯丹利添惠亚洲有限公司	经纪商
41	内藤证券株式会社	经纪商
42	培基证券有限公司	主承销商
43	群益证券(香港)有限公司	经纪商、主承销商
44	软库金汇投资服务有限公司	经纪商、主承销商

续表 Continued

序号 No.	公司名称 Companies	资格种类 Qualification
45	瑞士信贷第一波士顿(香港)有限公司	经纪商、主承销商
46	三星证券株式会社	经纪商、主承销商
47	顺隆证券行有限公司	经纪商
48	所罗门美邦香港有限公司	经纪商
49	万信证券有限公司	经纪商
50	吴玉钦证券(香港)有限公司	经纪商
51	新鸿基投资服务有限公司	经纪商、主承销商
52	新加坡大华亚洲(香港)有限公司	主承销商
53	新加坡发展亚洲融资有限公司	主承销商
54	新日本证券国际(香港)有限公司	经纪商、主承销商
55	信诚证券有限公司	经纪商
56	野村国际(香港)有限公司	经纪商、主承销商
57	怡富证券有限公司	经纪商、主承销商
58	英明证券有限公司	经纪商
59	元富证券(香港)有限公司	经纪商、主承销商
60	中银国际证券有限公司	经纪商
61	周生生证券有限公司	经纪商
62	大华继显(香港)有限公司	经纪商
63	东海东京证券公司	经纪商
64	中国国际金融香港有限公司	经纪商
65	美林远东有限公司	经纪商
66	敦沛证券有限公司	经纪商
67	瑞银证券亚洲有限公司	经纪商
68	日本日联飞翼证券股份有限公司	经纪商

数据来源:中国证监会

Source: CSRC

8-12 2005年获得证券投资咨询业务资格的机构名单

Listed of Securities Investment Consulting Qualified Companies in 2005

序号 No.	地区 Area	机构名称 companies
1	安 徽	安徽大时代投资咨询有限公司
2	安 徽	安徽华安新兴证券投资咨询有限责任公司
3	北 京	北京中方信富投资管理咨询有限公司
4	北 京	北京东方高圣投资顾问有限公司
5	北 京	北京京放投资管理顾问有限责任公司
6	北 京	北京首证投资顾问有限公司
7	北 京	北京君之创证券投资咨询有限公司
8	北 京	北京清华紫光投资顾问有限责任公司
9	北 京	北京新兰德证券投资咨询有限公司
10	北 京	北京中咨北方投资顾问有限公司
11	北 京	北京海问咨询有限公司
12	北 京	北京金美林投资顾问有限公司
13	北 京	北京和君创业咨询有限公司
14	北 京	北京中和应泰管理顾问有限公司

续表1　Continued 1

序号 No.	地区 Area	机构名称 companies
15	北　京	北京信鼎创富证券投资咨询有限公司
16	北　京	北京金昌投资咨询有限公司
17	北　京	北京盛世华商投资咨询有限公司
18	北　京	北京首放投资顾问有限公司
19	北　京	北京博星投资顾问有限公司
20	北　京	北京亚泰奇达证券投资咨询有限公司
21	北　京	北京汇正财经顾问有限公司
22	北　京	天相投资顾问有限公司
23	北　京	和讯信息科技有限公司
24	北　京	北京群丰证券投资咨询有限公司
25	大　连	大连北部资产经营有限公司
26	大　连	大连宝鼎咨询有限公司
27	福　建	福建儒林投资管理顾问有限公司
28	福　建	福建天信投资咨询顾问有限公司
29	广　东	广东科德投资顾问有限公司
30	广　东	广东百灵信投资管理有限公司
31	广　东	广州博信投资咨询有限公司
32	广　东	广州越声理财咨询有限公司
33	广　东	广州运财行理财投资有限公司
34	广　东	广州万隆证券咨询顾问有限公司
35	广　东	珠海博众证券投资咨询有限公司
36	广　东	广州新升咨询顾问有限公司
37	海　南	海南港澳资讯产业股份有限公司
38	海　南	海南精信资讯有限公司
39	河　北	河北源达证券投资咨询有限公司
40	河　南	河南九鼎投资咨询有限公司
41	河　南	河南万国咨询开发有限公司
42	黑龙江	哈尔滨新思路投资咨询有限公司
43	黑龙江	哈尔滨大富证券投资顾问有限公司
44	黑龙江	黑龙江省容维投资顾问有限责任公司
45	湖　北	武汉新兰德证券投资顾问有限公司
46	湖　南	湖南金证投资咨询顾问有限公司
47	湖　南	湖南证券研究所有限公司
48	吉　林	吉林北方万盛投资管理顾问有限公司
49	江　苏	江苏天鼎投资咨询有限公司
50	江　苏	江苏现代资产投资管理顾问有限公司
51	江　苏	无锡金百灵投资咨询有限公司
52	辽　宁	沈阳渤海投资咨询顾问有限责任公司
53	辽　宁	沈阳世纪金龙投资咨询有限公司
54	宁　波	宁波海顺投资咨询有限公司
55	宁　夏	宁夏嘉信证券投资咨询有限公司
56	青　岛	青岛安信投资顾问有限责任公司
57	青　岛	青岛市大摩投资咨询有限公司
58	山　东	济南英大证券投资咨询有限责任公司
59	山　东	山东神光咨询服务有限责任公司
60	陕　西	陕西巨丰投资资讯有限责任公司
61	陕　西	陕西融泰投资咨询有限公司
62	上　海	上海金信证券研究所有限责任公司

续表 2　Continued 2

序号 No.	地区 Area	机构名称 companies
63	上　海	上海万国股市测评咨询有限公司
64	上　海	上海证联投资咨询服务有限责任公司
65	上　海	上海申银万国证券研究所有限公司
66	上　海	上海丰润投资顾问有限公司
67	上　海	上海亚洲商务投资咨询有限公司
68	上　海	上海新世纪资信评估投资服务有限公司
69	上　海	上海涌金理财顾问有限公司
70	上　海	上海金汇信息系统有限公司
71	上　海	上海益邦投资咨询有限公司
72	上　海	上海证券综合研究有限公司
73	上　海	上海世基投资顾问有限公司
74	上　海	上海新兰德证券投资咨询顾问有限公司
75	上　海	上海新资源证券咨询有限公司
76	上　海	上海万盛投资咨询有限公司
77	上　海	上海赛德投资咨询有限公司
78	上　海	上海荣正投资咨询有限公司
79	上　海	上海德鼎投资咨询有限公司
80	上　海	上海天力投资顾问有限公司
81	上　海	上海中广信息传播咨询有限公司
82	深　圳	深圳市智多盈投资顾问有限公司
83	深　圳	深圳市芙浪特证券投资顾问有限公司
84	深　圳	深圳市怀新企业投资顾问有限公司
85	深　圳	深圳市尊悦证券投资顾问有限公司
86	深　圳	深圳市中证投资资讯有限公司
87	深　圳	深圳市周明海询商务投资顾问有限公司
88	深　圳	深圳市国诚投资咨询有限公司
89	深　圳	深圳市前沿投资顾问有限公司
90	深　圳	深圳市股海观潮投资顾问有限公司
91	深　圳	深圳市珞珈投资咨询有限公司
92	深　圳	深圳市新兰德证券投资咨询有限公司
93	深　圳	深圳华鼎财经资讯股份有限公司
94	四　川	成都倍新投资咨询有限责任公司
95	四　川	成都银华投资资讯有限公司
96	四　川	成都汇阳投资顾问有限公司
97	天　津	天津证券投资咨询有限公司
98	天　津	天津市中融投资咨询有限公司
99	厦　门	厦门市新汇通投资咨询有限公司
100	厦　门	厦门高能投资咨询有限公司
101	厦　门	厦门市鑫鼎盛证券投资咨询服务有限公司
102	云　南	云南产业投资管理有限公司
103	浙　江	杭州新希望证券投资顾问有限公司
104	浙　江	杭州三元证券投资顾问有限公司
105	浙　江	浙江国金投资咨询有限公司
106	浙　江	浙江利捷企业策略咨询有限公司
107	浙　江	浙江凡思达投资顾问有限公司
108	重　庆	重庆博股通金证券投资咨询有限公司
109	重　庆	重庆东金管理顾问有限公司

数据来源：中国证监会

Source：CSRC

8-13　2005年外资证券类机构代表处名录

China Office of Foreign Securities Companies in 2005

序号 NO.	地区 Area	机构名称 Name
1	上　海	乐金投资证券公司上海代表处
2	上　海	韩国现代证券公司上海代表处
3	上　海	三星证券公司上海代表处
4	上　海	韩华证券股份有限公司上海代表处
5	上　海	友利证券公司上海代表处
6	上　海	霸菱集团上海代表处
7	上　海	高盛(中国)有限责任公司上海代表处
8	上　海	摩根大通证券(亚太)有限公司上海代表处
9	上　海	贝尔斯登公司上海代表处
10	上　海	美林国际有限公司上海代表处
11	上　海	美国培基证券有限公司上海代表处
12	上　海	大和证券 SMBC 股份有限公司上海代表处
13	上　海	野村证券公司上海代表处
14	上　海	内藤证券公司上海代表处
15	上　海	倍利证券(香港)有限公司上海代表处
16	上　海	金鼎综合证券(维京)股份有限公司上海代表处
17	上　海	日盛嘉富证券国际有限公司上海代表处
18	上　海	元富证券(香港)有限公司上海代表处
19	上　海	建华证券(亚洲)有限公司上海代表处
20	上　海	元大京华证券(香港)有限公司上海代表处
21	上　海	群益国际控股有限公司上海代表处
22	上　海	宝来证券股份有限公司上海代表处
23	上　海	统一证券(香港)有限公司上海代表处
24	上　海	大华证券(香港)有限公司上海代表处
25	上　海	瑞银证券亚洲有限公司上海代表处
26	上　海	法国巴黎百富勤有限公司上海代表处
27	上　海	汇丰投资管理香港有限公司上海代表处
28	上　海	新鸿基投资服务有限公司上海代表处
29	上　海	唯高达香港有限公司上海代表处
30	上　海	花旗环球金融亚洲有限公司上海代表处
31	上　海	太丰行融资(亚洲)有限公司上海代表处
32	上　海	大福证券有限公司上海代表处
33	上　海	荷银证券亚洲有限公司上海代表处
34	上　海	里昂证券有限公司上海代表处
35	上　海	洛希尔中国控股有限公司上海代表处
36	上　海	荷银投资管理(亚洲)有限公司上海代表处
37	上　海	摩根士坦利添惠亚洲有限公司上海代表处
38	上　海	凯基证券亚洲有限公司上海代表处
39	上　海	恒生证券有限公司上海代表处
40	上　海	工商东亚融资有限公司上海代表处
41	上　海	香港上海汇丰银行有限公司(证券业务)上海代表处
42	上　海	汇富金融服务有限公司上海代表处
43	上　海	新加坡发展亚洲融资有限公司上海代表处
44	上　海	新加坡大华亚洲(香港)有限公司上海代表处
45	上　海	英国施罗德集团上海代表处

续表 Continued

序号 NO.	地区 Area	机构名称 Name
46	上　海	巴克莱证券有限公司上海代表处
47	上　海	卓亚(企业融资)有限公司上海代表处
48	上　海	法国兴业证券(香港)有限公司上海代表处
49	上　海	瑞士信贷第一波士顿(香港)有限公司上海代表处
50	上　海	瑞穗证券股份有限公司上海代表处
51	上　海	富邦综合证券股份有限上海代表处
52	上　海	德意志银行股份有限公司(证券业务)上海代表处
53	深　圳	香港新鸿基投资服务有限公司深圳代表处
54	深　圳	荷银证券亚洲有限公司深圳代表处
55	深　圳	摩根大通证券(亚太)有限公司深圳代表处
56	深　圳	里昂证券有限公司驻深圳代表处
57	深　圳	倍利证券(香港)有限公司深圳代表处
58	深　圳	凯基证券亚洲有限公司深圳代表处
59	深　圳	元富证券(香港)有限公司深圳代表处
60	深　圳	金鼎综合证券(香港)有限公司深圳代表处
61	北　京	美林国际有限公司北京代表处
62	北　京	花旗环球金融中国有限公司北京代表处
63	北　京	摩根士丹利添惠亚洲有限公司北京代表处
64	北　京	高盛(中国)有限责任公司北京代表处
65	北　京	雷曼兄弟公司北京代表处
66	北　京	贝尔斯登公司北京代表处
67	北　京	英国施罗德集团北京代表处
68	北　京	洛希尔中国控股有限公司北京代表处
69	北　京	里昂证券有限公司北京代表处
70	北　京	法国巴黎百富勤有限公司北京代表处
71	北　京	摩根大通证券(亚太)有限公司北京代表处
72	北　京	荷银融资亚洲有限公司北京代表处
73	北　京	瑞银证券亚洲有限公司北京代表处
74	北　京	香港上海汇丰银行有限公司(证券业务)北京代表处
75	北　京	瑞士信贷第一波士顿(香港)有限公司北京代表处
76	北　京	中银国际控股有限公司北京代表处
77	北　京	工商东亚金融控股有限公司北京代表处
78	北　京	汇富金融服务有限公司北京代表处
79	北　京	嘉诚亚洲有限公司北京代表处
80	北　京	三菱日联证券股份有限公司北京代表处
81	北　京	日兴柯迪证券股份有限公司北京代表处
82	北　京	大和证券 SMBC 股份有限公司北京代表处
83	北　京	道亨证券有限公司北京代表处
84	北　京	野村证券公司北京代表处
85	北　京	金鼎综合证券(香港)有限公司北京代表处
86	北　京	倍利证券(香港)有限公司北京代表处
87	北　京	元大京华证券股份有限公司北京代表处
88	北　京	新百利有限公司北京代表处
89	北　京	京华山一国际(香港)有限公司北京代表处
90	北　京	德意志银行股份有限公司(证券业务)北京代表处
91	北　京	瑞穗证券股份有限公司北京代表处
92	北　京	宝来证券股份有限公司北京代表处
93	广　州	宝来证券股份有限公司广州代表处
94	成　都	金鼎综合证券(香港)有限公司成都代表处

数据来源:中国证监会
Source: CSRC

8-14　2005年获得客户资产管理业务资格的证券公司名单
Listed of being entrusted Investment Qualified Companies in 2005

序号 No.	公司名称 Companies	序号 No.	公司名称 Companies
1	健桥证券股份有限公司	32	湘财证券有限责任公司
2	金信证券有限责任公司	33	中关村证券股份有限公司
3	东吴证券有限责任公司	34	华龙证券有限责任公司
4	华西证券有限责任公司	35	大通证券股份有限公司
5	巨田证券有限责任公司	36	招商证券股份有限公司
6	国联证券有限责任公司	37	国元证券有限责任公司
7	山西证券有限责任公司	38	光大证券有限责任公司
8	联合证券有限责任公司	39	申银万国证券股份有限公司
9	上海证券有限责任公司	40	长江证券有限责任公司
10	银河证券有限责任公司	41	海通证券有限公司
11	国都证券有限责任公司	42	中信证券股份有限公司
12	长城证券有限责任公司	43	广发证券股份有限公司
13	天同证券有限责任公司	44	华安证券有限责任公司
14	西南证券有限责任公司	45	中富证券有限责任公司
15	渤海证券有限责任公司	46	新疆证券有限责任公司
16	国信证券有限责任公司	47	东方证券有限责任公司
17	兴业证券股份有限公司	48	中国国际金融有限公司
18	东北证券有限责任公司	49	东莞证券有限责任公司
19	万通证券有限责任公司	50	金通证券有限责任公司
20	西部证券股份有限公司	51	恒泰证券有限责任公司
21	国海证券有限责任公司	52	第一创业证券有限责任公司
22	天一证券有限责任公司	53	恒泰证券有限责任公司
23	中国民族证券有限责任公司	54	红塔证券股份有限公司
24	泰阳证券有限责任公司	55	金元证券有限责任公司
25	宏源证券股份有限公司	56	财富证券有限责任公司
26	广州证券有限责任公司	57	江南证券有限责任公司
27	民生证券有限责任公司	58	爱建证券有限责任公司
28	河北证券有限责任公司	59	中原证券股份有限公司
29	北京证券有限责任公司	60	南京证券有限责任公司
30	国泰君安证券股份有限责任公司	61	世纪证券有限责任公司
31	平安证券有限责任公司	62	中国建银投资证券有限责任公司

8-15 2005年证券公司名单

List of Securities Companies in 2005

序号 No.	公司名称 Company	注册资金 Capital（亿元）（RMB100m）	所在地 Location
1	国元证券有限责任公司	20.3	安 徽
2	华安证券有限责任公司	17.05	安 徽
3	中国国际金融有限公司	US$1.25	北 京
4	中国银河证券有限责任公司	45	北 京
5	中信建投证券有限责任公司	27	北 京
6	中关村证券股份有限公司	15.4	北 京
7	北京证券有限责任公司	15.1	北 京
8	民生证券有限责任公司	12.82	北 京
9	北京高华证券有限责任公司	10.72	北 京
10	中国科技证券有限责任公司	10.56	北 京
11	中国民族证券有限责任公司	10.48	北 京
12	高盛高华证券有限责任公司	8	北 京
13	首创证券有限责任公司	6.5	北 京
14	新时代证券有限责任公司	5.22	北 京
15	航空证券有限责任公司	5.2	北 京
16	大通证券股份有限公司	11.19	大 连
17	兴业证券股份有限公司	9.08	福 建
18	华龙证券有限责任公司	5.06	甘 肃
19	广发证券股份有限公司	20	广 东
20	广州证券有限责任公司	8.17	广 东
21	华林证券有限责任公司	8.07	广 东
22	第一证券有限公司	6	广 东
23	广发华福证券有限责任公司	5.5	广 东
24	东莞证券有限责任公司	5.5	广 东
25	中山证券有限责任公司	5.1	广 东
26	万联证券有限责任公司	5	广 东
27	联讯证券经纪有限责任公司	1.158	广 东
28	国海证券有限责任公司	8	广 西
29	华创证券经纪有限责任公司	2	贵 州
30	金元证券有限责任公司	5	海 南
31	万和证券经纪有限责任公司	1.25	海 南
32	河北证券有限责任公司	5.3	河 北
33	河北财达证券经纪有限责任公司	2.3	河 北
34	中原证券股份有限公司	10.34	河 南
35	天元证券经纪有限责任公司	1.3	黑龙江
36	江海证券经纪有限责任公司	1.09	黑龙江
37	长江证券有限责任公司	20	湖 北
38	湘财证券有限责任公司	25.15	湖 南
39	泰阳证券有限责任公司	12.04	湖 南
40	财富证券有限责任公司	5.36	湖 南
41	东北证券有限责任公司	10.1	吉 林
42	长财证券经纪有限责任公司	0.56	吉 林
43	华泰证券有限责任公司	22	江 苏

续表 1 Continued 1

序号 No.	公司名称 Company	注册资金 Capital (亿元)(RMB100m)	所在地 Location
44	东海证券有限责任公司	10.1	江 苏
45	国联证券有限责任公司	10	江 苏
46	东吴证券有限责任公司	10	江 苏
47	信泰证券有限责任公司	9.21	江 苏
48	南京证券有限责任公司	6.5859	江 苏
49	中期证券经纪有限责任公司	1	江 苏
50	江南证券有限责任公司	5.4	江 西
51	国盛证券有限责任公司	5.02	江 西
52	广发北方证券经纪有限责任公司	1	锦 州
53	德邦证券有限责任公司	10.08	辽 宁
54	中天证券有限责任公司	5	辽 宁
55	沈阳诚浩证券经纪有限责任公司	0.87	辽 宁
56	恒泰证券有限责任公司	6.5	内蒙古
57	日信证券有限责任公司	6	内蒙古
58	天一证券有限责任公司	10	宁 波
59	中信万通证券有限责任公司	8	青 岛
60	三江源证券经纪有限公司	1.8392	青 海
61	天同证券有限责任公司	24.48	山 东
62	山东齐鲁证券经纪有限公司	5.12	山 东
63	西部证券有限责任公司	10	山 西
64	山西证券有限责任公司	10	山 西
65	大同证券经纪有限责任公司	1	山 西
66	健桥证券股份有限公司	10.5	陕 西
67	西安华弘证券经纪有限责任公司	0.53	陕 西
68	陕西开源证券经纪有限责任公司	0.5	陕 西
69	海通证券股份有限公司	87.34	上 海
70	申银万国证券股份有限公司	67.1576	上 海
71	国泰君安证券股份有限公司	37.27	上 海
72	光大证券股份有限公司	24.45	上 海
73	东方证券股份有限公司	21.3979	上 海
74	中银国际证券有限责任公司	15	上 海
75	上海证券有限责任公司	15	上 海
76	爱建证券有限责任公司	6.5	上 海
77	上海远东证券有限公司	6.0359	上 海
78	长江巴黎百富勤证券有限责任公司	6	上 海
79	中富证券有限责任公司	5.1	上 海
80	华欧国际证券有限责任公司	5	上 海
81	海际大和证券有限责任公司	5	上 海
82	航天证券经纪有限责任公司	2	上 海
83	富成证券经纪有限公司	1.63	上 海
84	中信证券股份有限公司	24.815	深 圳
85	招商证券股份有限公司	24	深 圳
86	国信证券有限责任公司	20	深 圳
87	中国建银投资证券有限责任公司	15	深 圳
88	平安证券有限责任公司	13	深 圳
89	国都证券有限责任公司	10.6	深 圳
90	世纪证券有限责任公司	10.05	深 圳

续表 2 Continued 2

序号 No.	公司名称 Company	注册资金 Capital（亿元）(RMB100m)	所在地 Location
91	联合证券有限责任公司	10	深圳
92	华鑫证券有限责任公司	10	深圳
93	长城证券有限责任公司	8	深圳
94	第一创业证券有限责任公司	7.5	深圳
95	巨田证券有限责任公司	6	深圳
96	五矿证券经纪有限责任公司	1.6	深圳
97	蔚深证券有限责任公司	1	深圳
98	众成证券经纪有限公司	0.575	深圳
99	华西证券有限责任公司	10.13	四川
100	四川省天风证券有限责任公司	5.49	四川
101	国金证券有限责任公司	5	四川
102	和兴证券经纪有限责任公司	3.69	四川
103	川财证券经纪有限责任公司	0.92	四川
104	渤海证券有限责任公司	23.17	天津
105	西藏证券经纪有限责任公司	0.6	西藏
106	厦门证券有限责任公司	0.5	厦门
107	宏源证券股份有限公司	6.09	新疆
108	新疆证券有限责任公司	5.7	新疆
109	红塔证券股份有限公司	13.87	云南
110	太平洋证券有限责任公司	6.65	云南
111	金通证券股份有限公司	8.85	浙江
112	金信证券有限责任公司	5.2	浙江
113	方正证券有限责任公司	5.13	浙江
114	财通证券经纪有限责任公司	5.008	浙江
115	天和证券经纪有限公司	2.1	浙江
116	西南证券有限责任公司	16.3	重庆

数据来源：中国证监会

Source：CSRC

8-16 2004—2005 年高风险证券公司处置情况表

Settlement Situation of High Risky Securities Companies in 2004—2005

序号 No.	公司名称 Companies	处置时间 Date of Settlement	处置状况 Situation of Settlement
1	南方证券	2004 年 1 月 2 日	已关闭，已提交账户清理报告，证券类资产已处置，第三方存管已全部上线，目前正在行政清算过程中。
2	德恒证券	2004 年 9 月 3 日	已关闭，已提交账户清理报告，正在收购个人债权，证券类资产尚未处置，目前正在行政清算过程中。
3	恒信证券	2004 年 9 月 3 日	已关闭，已提交账户清理报告，正在收购个人债权，证券类资产尚未处置，目前正在行政清算过程中。
4	中富证券	2004 年 9 月 3 日	尚在托管经营过程中，已提交账户清理报告，正在收购个人债权，首都机场重组方案正在研究之中。
5	汉唐证券	2004 年 9 月 3 日	已关闭，已提交账户清理报告，正在收购个人债权，证券类资产尚未处置，第三方存管已上线 3 家，尚余 19 家，目前正在行政清算过程中。

续表 Continued

序号 No.	公司名称 Companies	处置时间 Date of Settlement	处置状况 Situation of Settlement
6	闽发证券	2004年10月18日	已关闭,已提交账户清理报告,正在收购个人债权,证券类资产尚未处置,第三方存管已上线1家,尚余28家,目前正在行政清算过程中。
7	辽宁证券	2004年10月22日	尚在托管经营过程中,已提交账户清理报告,个人债权基本收购完毕,重组方案正在研究之中。
8	大鹏证券	2005年1月14日	已关闭,已提交账户清理报告,证券类资产已处置,个人债权正在登记甄别确认,第三方存管已上线30家,尚余1家,目前正在行政清算过程中。
9	亚洲证券	2005年4月29日	已关闭,已提交账户清理报告,个人债权正在登记甄别确认,证券类资产已处置,第三方存管已上线32家,尚余15家,目前处于行政清算过程中。
10	北方证券	2005年5月27日	已关闭,已提交账户清理报告,个人债权正在登记甄别确认,证券类资产已处置,第三方存管已全部上线,目前处于行政清算过程中。
11	五洲证券	2005年6月10日	已关闭,已提交账户清理报告,证券类资产已处置,第三方存管已上线6家,尚余1家,目前处于行政清算过程中。
12	民安证券	2005年6月10日	已关闭,已提交账户清理报告,个人债权正在登记甄别确认,证券类资产已处置,第三方存管已上线1家,尚余16家,目前处于行政清算过程中。
13	武汉证券	2005年8月5日	已关闭,个人债权正在登记甄别确认,证券类资产尚未处置,目前处于行政清算过程中。
14	甘肃证券	2005年8月26日	已关闭,已提交账户清理报告,个人债权正在登记甄别确认,证券类资产已处置,目前处于行政清算过程中。
15	昆仑证券	2005年10月21日	已关闭,个人债权正在登记甄别确认,证券类资产尚未处置,目前处于行政清算过程中。
16	广东证券	2005年11月4日	已关闭,个人债权正在登记甄别确认,证券类资产尚未处置,目前处于行政清算过程中。
17	天勤证券	2005年11月25日	已关闭,个人债权正在登记,证券类资产尚未处置,目前处于行政清算过程中。
18	西北证券	2005年12月9日	已关闭,个人债权正在登记,证券类资产尚未处置,目前处于行政清算过程中。

数据来源:中国证监会
Source:CSRC

九、大 事 记

Events

2005年中国证券市场大事记
Events for China Securities Market in 2005

1月

1日　证券公司推荐企业发行股票实行“自行排队,限报家数”的规定废止,运行了三年多的“通道制”就此终结。

证券交易所、期货交易所、证券公司、期货经纪公司即日起获准减征有关营业税。

4日　深交所和中国证券登记结算深圳分公司正式联合办理上市公司非流通股股份转让及相关业务。

6日　全国证券期货监管工作会议在京召开。中国证监会主席尚福林指出,要以加强市场基础性制度建设为主线,围绕推进资本市场的改革和发展、加强市场监管、扩大对外开放和强化自身建设等工作重点,逐步解决市场存在的深层次问题和结构性矛盾。

14日　由监管部门和长江证券相关人士组成的托管工作组进驻大鹏证券公司,该公司被正式托管。

15日　中国证监会宣布即日起恢复新股发行,并正式实施股票发行询价制度。华电国际成为这一新制度下发行股票的第一家公司。

18日　《信托投资公司信息披露管理暂行办法》公布。《中国证券报》被银监会指定为承担信托公司信息披露工作的全国性报纸。

21日　德恒、中富、恒信、闽发、南方、云南、汉唐和辽宁证券等8家高风险券商因严重违法违规、风险巨大,被中国证监会正式立案稽查。

24日　经国务院批准,即日起调整证券(股票)交易印花税税率,A股、B股股票印花税税率由此前的2‰调整为1‰。这是证券市场上第七次调整证券交易印花税。

31日　《最高人民法院关于对与证券交易所监管职能相关的诉讼案件管辖与受理问题的规定》正式施行。投资者对证券交易所在履行监管职责过程中做出的不直接涉及投资者利益的行为提起的诉讼,人民法院不予受理。

2月

1日　爱建股份公告,香港名力集团通过具有QFII资格的恒生银行购买并持有爱建股份5.066%的股权。这是海外投资者第一次通过QFII举牌A股公司。

16日　中国保监会、中国证监会日前发布《关于保险机构投资者股票投资交易有关问题的通知》和《保险机构投资者股票投资登记结算业务指南》。保险资金直接入市进入实质性操作阶段。

17日　中国保监会发出《关于保险资金股票投资有关问题的通知》,对保险资金股票投资的有关比例作了具体规定。同日,保监会与银监会联合发布《保险公司股票资产托管指引(试行)》,对托管人的基本条件、主要职责和监督管理等作出规定。

20日　《商业银行设立基金管理公司试点管理办法》公布施行,标志着商业银行设立基金管理公司试点工作进入实质性操作阶段。

中国证监会、财政部下发通知明确，公开发行股票、可转债等证券时，所有申购冻结资金的利息须全部缴存到上海、深圳证券交易所开立的存储专户，作为证券投资者保护基金的来源之一。此举标志着证券投资者保护基金的设立进入实质性操作阶段。

23 日　上证 50ETF 在上证所上市交易并开展申购、赎回业务。

3 月

7 日　光大证券和广发证券设立集合资产管理计划的申请获得中国证监会批准，标志着证券公司的创新试点活动进入实质性阶段。

4 月

1 日　中国人民银行日前核定国泰君安证券公司发行 12.67 亿元短期融资券。这是券商首次获准发行短期融资券。

7 日　经国务院批准，工商银行、建设银行和交通银行被确定为首批直接投资设立基金管理公司的试点银行。

8 日　沪深 300 指数正式发布。

29 日　经国务院批准，中国证监会发布《关于上市公司股权分置改革试点有关问题的通知》，宣布启动股权分置改革试点工作。

5 月

9 日　清华同方(600100)、金牛能源(000937)、紫江企业(600210)和三一重工(600031)发布公告，已被中国证监会确定为股权分置改革试点单位。股权分置改革试点拉开序幕。

《上市公司股权分置改革试点业务操作指引》发布。

30 日　证监会、国资委联合发布《关于做好股权分置改革试点工作的意见》，要求大中型上市公司积极解决股权分置问题。

6 月

7 日　工银瑞信基金管理公司正式获准设立，这是首家由商业银行发起设立的基金管理机构。

10 日　三一重工、清华同方股改方案提交临时股东大会表决，结果三一重工方案高票通过，清华同方方案被流通股股东否决，从而成为第一个被否决的股改方案。

16 日　中国证监会正式发布实施《上市公司回购社会公众股份管理办法(试行)》。邯郸钢铁首家宣布将实施流通股回购。

中国证监会发出《关于上市公司控股股东在股权分置改革后增持社会公众股份有关问题的通知》。

17 日　国务院国资委公布《国有控股上市公司股权分置改革的指导意见》，确定国有控股股东持股底线原则。

7 月

12 日　中国证监会发布《上市公司与投资者关系工作指引》。

18 日　上海证券交易所和深圳证券交易所分别推出《权证管理暂行办法》。

21 日　人民币汇率形成机制实施重大改革。人民币汇率不再盯住单一美元，而是参考一个“货币篮子”，将市场供求关系作为重要依据，形成有管理的浮动汇率。人民币对美元当日升值

2%,即1美元兑8.11元人民币。

27日　中小板首家公布股改方案的中捷股份方案获得通过。

29日　科龙电器董事长顾雏军等人被公安机关立案侦查并被采取刑事强制措施。"格林柯尔系"开始瓦解。

8月

8日　中国银河金融控股公司成立,汇金公司、财政部分别出资55亿元和15亿元,将通过子公司收购银河证券部分业务。

12日　华夏证券重组方案确定。在承接华夏证券资产的基础上,中信证券、中国建投出资组建中信建投证券有限公司和建投中信资产管理有限公司。

23日　经国务院同意,证监会、国资委、财政部、央行、商务部等五个部门联合发布《关于上市公司股权分置改革的指导意见》,股权分置改革进入全面推进阶段。

9月

4日　中国证监会发布《上市公司股权分置改革管理办法》。

15日　科龙电器公司单一大股东广东格林柯尔拟将其持有的境内法人股262,212,194股转让给海信集团的控股子公司海信空调。

19日　沪深交易所正式颁行《上市公司股权分置改革保荐工作指引》。

28日　中国证券投资者保护基金有限责任公司正式开业。

中国建银投资证券有限责任公司在深圳开业。

29日　证监会、财政部、人民银行发布《证券投资者保护基金管理办法》。

10月

14日　中国建设银行今日起在香港向普通投资者公开发售13.24亿股H股。

11月

15日　中国石油天然气股份有限公司全面要约收购锦州石化和辽河油田流通股。深交所发布《上市公司要约收购业务指南》。

22日　上证所发布《关于证券公司创设武钢权证有关事项的通知》。

23日　武钢认购权证和认沽权证上市。

24日　中国证监会转发中国证券业协会制定的《证券公司证券自营业务指引》。

12月

12日　中国证监会发布《会员制证券投资咨询业务管理暂行规定》。

16日　中国证监会发布《关于证券公司借入次级债务有关问题的通知》。

29日　第一次证券业经济普查主要数据公布,2004年证券业资产缩水近两成。

经国务院同意,中国证监会日前批准郑州商品交易所上市白糖期货品种,交易所将在完成各项准备工作后挂牌交易白糖期货合约。

上证所第三届理事会会议审议并原则通过了《上海证券交易所交易规则》(修订稿),要求在上报证监会批准后发布施行。

附　　录

Appendix

上海证券交易所收费标准

The Standard Cost and Fee in Shanghai Stocks Exchange

业务类别			收费项目	收费标准	最终收费对象
交易	A股		经手费	成交金额的0.011%(双向)	会员等交上证所
			证管费	成交金额的0.004%(双向)	会员等交中国证监会(上证所代收)
			印花税	成交金额的0.1%(双向)	投资者交税务机关(上证所代收)
	B股		经手费	成交金额的0.026%(双向)	会员等交上证所
			证管费	成交金额的0.004%(双向)	会员等交中国证监会(上证所代收)
	证券投资基金(封闭式基金、ETF)		经手费	成交金额的0.0045%(双向)	会员等交上证所
			证管费	成交金额的0.004%(双向)	会员等交中国证监会(上证所代收)
	权证		经手费	成交金额的0.0045%(双向),前三年减半	会员等交上证所
			证管费	成交金额的0.004%(双向)	会员等交中国证监会(上证所代收)
	债券(国债、企业债券和可转换公司债券)		经手费	成交金额的0.004%(双向)	会员等交上证所
			证管费	成交金额的0.001%(双向)	会员等交中国证监会(上证所代收)
	国债质押式回购	1天	经手费	成交金额的0.000125%(双向),起点0.25元	会员等交上证所
		2天	经手费	成交金额的0.00025%(双向)	会员等交上证所
		3天	经手费	成交金额的0.000375%(双向)	会员等交上证所
		4天	经手费	成交金额的0.0005%(双向)	会员等交上证所
		7天	经手费	成交金额的0.000625%(双向)	会员等交上证所
		14天	经手费	成交金额的0.00125%(双向)	会员等交上证所
		28天	经手费	成交金额的0.0025%(双向)	会员等交上证所
		28天以上	经手费	成交金额的0.00375%(双向)	会员等交上证所
	企业债券质押式回购	1天	经手费	成交金额的0.000125%(双向)	会员等交上证所
		3天	经手费	成交金额的0.000375%(双向)	会员等交上证所
		7天	经手费	成交金额的0.000625%(双向)	会员等交上证所
	国债买断式回购	7天	经手费	成交金额的0.000625%(双向)	会员等交上证所
		28天	经手费	成交金额的0.0025%(双向)	会员等交上证所
		91天	经手费	成交金额的0.00375%(双向)	会员等交上证所
	大宗交易	A、B股、证券投资基金	经手费	相对于竞价市场同品种费率下浮30%	会员等交上证所
		国债、企业债券现券、回购,可转换公司债券	经手费	相对于竞价市场同品种费率下浮10%	会员等交上证所
ETF申购、赎回			经手费	挂牌上市后的前三年免收	会员等交上证所
发行	新股认购		经手费	成交金额的0.012%	会员等交上证所
	可转换公司债券认购		经手费	成交金额的0.01%	会员等交上证所
	投资基金认购		经手费	成交金额的0.0085%	会员等交上证所

续表　Continued

业务类别		收费项目	收费标准	最终收费对象
发行	配股、转配股、职工股配股、国家股配售、股票配可转换公司债	经手费	成交金额的 0.012%(双向)	会员等交上证所
	投资基金配售	经手费	成交金额的 0.0085%(双向)	会员等交上证所
上市	A 股	上市初费	上市总面额的 0.03%,不超过 3 万元	上市公司交上证所
		上市年费	上市总面额的 0.012%,不超过 6000 元	上市公司交上证所
	B 股	上市初费	发行总股本的 0.1%,折成美元最高不超过 5000 美元	上市公司交上证所
		上市年费	600 美元/年	上市公司交上证所
	证券投资基金	上市初费	基金总额的 0.01%,起点 1 万元,不超过 3 万元	基金管理人交上证所
		上市年费	60000 元/年	基金管理人交上证所
	权证	上市初费	20 万元	发行人交上证所
	企业债券	上市初费	上市总额的 0.01%,起点 8000 元,不超过 4 万元	发行人交上证所
		上市年费	上市总额的 0.0096%,起点 4800 元,不超过 24000 元	发行人交上证所
	可转换公司债券	上市初费	上市总面额的 0.01%,起点 1 万元,不超过 3 万元	发行人交上证所
		上市年费	6000 元/年	发行人交上证所
席位	非 B 股席位	初费	60 万元/个	会员等交上证所
	B 股席位	初费	7.5 万美元/个	会员等交上证所
	所有类型席位	年费	1. 与持有本所席位的会员等机构所属全部席位的年申报笔数挂钩计算,计费期间为上年 12 月 1 日至当年 11 月 30 日。	会员等交上证所
			2. 席位年费=(该机构所持席位的年交易类申报笔数总和－2 万笔/年×持有席位数)×0.15 元+(该机构所持席位的年非交易类申报笔数总和－2 万笔/年×持有席位数)×0.01 元	
			3. 以会员或机构为单位,最低收费标准 2 万元/年。	
			4. 详见《关于调整本所席位年费收费模式有关问题的通知》。	
其他业务		费用项目、标准、收取方式按照相关业务规定执行		

深圳证券交易所收费标准

The Standard Cost and Fee in Shenzhen Stocks Exchange

收费对象	收费项目	收费标的	收 费 标 准	备 注
投资者	佣金	A股	不得高于成交金额的0.3%,也不得低于代收的证券交易监管费和证券交易经手费,起点5元 (要约收购费用参照A股收费标准。)	投资者交证券公司
		B股	不得高于成交金额的0.3%,也不得低于代收的证券交易监管费和证券交易经手费,起点5港元	
		基金	不得高于成交金额的0.3%,也不得低于代收的证券交易监管费和证券交易经手费,起点5元	
		权证	不得高于成交金额的0.3%,也不得低于代收的证券交易监管费和证券交易经手费,起点5元	
		国债现货	不超过成交金额的0.1%	
		国债回购	1天按不超过成交金额的0.002%收取 2天按不超过成交金额的0.003%收取 3天按不超过成交金额的0.005%收取 4天按不超过成交金额的0.006%收取 7天按不超过成交金额的0.01%收取 14天按不超过成交金额的0.02%收取 28天按不超过成交金额的0.04%收取 63天按不超过成交金额的0.05%收取 91天按不超过成交金额的0.06%收取 182天按不超过成交金额的0.07%收取 273天按不超过成交金额的0.07%收取	
		企业债现货	不超过成交金额的0.1%	
		企业债回购	1天按不超过成交金额的0.002%收取 2天按不超过成交金额的0.003%收取 3天按不超过成交金额的0.005%收取 4天按不超过成交金额的0.006%收取 7天按不超过成交金额的0.01%收取	
		可转债	不超过成交金额的0.1%	
		专项资产管理计划	不超过转让金额的0.3%	
		代办A股	按成交金额收取0.3%	
		代办B股	按成交金额收取0.3%	
	证券交易经手费	A股	按成交额双边收取0.1475‰	1. 由深交所收取(证券交易所风险基金由交易所自行计提,不另外收取)。
		B股	按成交额双边收取0.301‰	
		基金	按成交额双边收取0.0975‰	
		权证	按成交额双边收取0.045‰	
		国债现货	成交金额在100万元以下(含)每笔收0.1元	
			成交金额在100万元以上每笔收10元	
		国债回购	成交金额在100万元以下(含)每笔收0.1元,反向交易不再收取	
			成交金额在100万元以上每笔收1元,反向交易不再收取	

续表 1　Continued 1

收费对象	收费项目	收费标的	收　费　标　准	备　注
投资者	证券交易经手费	企业债回购	成交金额在 100 万元以下(含)每笔收 0.1 元,反向交易不再收取	2. 大宗交易收费:A 股大宗交易按标准费率下浮 30% 收取;B 股、基金大宗交易按标准费率下浮 50% 收取;债券、债券回购大宗交易费率标准维持不变。 3. 此项费用包含在佣金之中。
			成交金额在 100 万元以上每笔收 1 元,反向交易不再收取	
		企业债现货	按成交金额双边收取 0.04‰	
		可转债	按成交金额双边收取 0.04‰	
		专项资产管理计划	转让金额的 0.032%	
		代办 A 股	按成交金额双边收取 0.1‰	
		代办 B 股	按成交金额双边收取 0.13‰	
	证券交易监管费	A 股	按成交额双边收取 0.04‰	1. 代中国证监会收取。 2. 此项费用包含在佣金之中。
		B 股		
		基金		
		权证		
		企业债现货	按成交额双边收取 0.01‰	
		可转债		
		专项资产管理计划	按转让金额双边收取 0.01%	
		国债现货	按成交额双边收取 0.01‰(从交易经手费中扣除,不另收)	1. 代证券业协会收取。 2. 此项费用包含在佣金之中。
		代办 A 股	按成交金额双边收取 0.5‰	
		代办 B 股	按成交金额双边收取 0.67‰	
	证券交易印花税	A 股	按成交金额双边收取 1‰	代国家税务局扣缴
		B 股		
		代办 A 股		
		代办 B 股		
发行人	上市初费	A 股	30000 元	深交所收取
		B 股	30000 元	
		债券	上市总额的 0.01%,最高限额 30000 元	
		基金	30000 元	
		权证	200000 元	
		专项资产管理计划	转让份额总额的 0.008%,最高不超过 25000 元。	
	上市月费	A 股	5000 万股本以下 500 元;每增加 1000 万元股本增收 100 元,最高限额 2500 元	
		B 股		
		债券	1 亿元以下 500 元,每增加 2000 万元增收 100 元,最高 2000 元	
		基金	5000 元	
		专项资产管理计划	以转让份额总额作为收费依据,将 1 亿元作为基数,每月交纳 500 元,每增加 2000 万元月费增加 100 元,最高不超过 2000 元。	
	配股手续费	配股证券	按配股金额 3.5‰收取	

续表 2 Continued 2

收费对象	收费项目	收费标的	收 费 标 准	备 注
会员	席位费	席位	境内 60 万元/个;境外 60 万港元/个	深交所收取
	席位管理费	席位	1. 按会员或机构所属全部席位的年申报笔数汇总计算,计费期间为上年 12 月 1 日至当年 11 月 30 日 2. 计算公式:(各席位年交易类申报笔数总和－2 万笔/年×已交席位初费的席位数【含中止状态席位】)×0.15 元＋(各席位年非交易类申报笔数总和－2 万笔/年×已交席位初费的席位数【含中止状态席位】)×0.01 元 3. 以会员或机构为单位,最低收费标准 2 万元/年。 4. 席位管理年费以人民币计收,境外机构以收费当年 12 月 1 日中国人民银行公布的外汇牌价中间价折算收取。	
	席位转让费	席位	境内 6000 元/个;境外 6000 港元/个	

中国证监会派出机构通讯录

Compact list of CSRC Regional Offices

机构名称 Offices	机构地址 Address	邮政编码 Zip Code	电话 Phone
天津证监局	天津市和平区大理道98号	300050	022-23132267
河北证监局	石家庄市中华南大街85号	50071	0311-7882264
山西证监局	太原市迎泽大街163号	30001	0351-4085891
内蒙古证监局	呼和浩特市赛罕区东风路8号农发行大厦12层	10015	0471-4688863
辽宁证监局	沈阳市和平区十一纬路12号	110003	024-22899877
吉林证监局	长春市解放大路84号(交通大厦18、19层)	130021	0431-5679006
黑龙江证监局	哈尔滨市香坊区珠江路56号	150036	0451-82357006
大连证监局	大连市西岗区黄河路219号外经贸大厦七层	116011	0411-3780088-8718
上海证监局	上海建国西路319号	200031	021-64716776
江苏证监局	南京市云南路31-1苏建大厦23层	210008	025-4575515
浙江证监局	杭州市体育场路429号(天和大厦)10楼	310006	0571-88473371
宁波证监局	宁波市药行街139号中国银行15层	315010	0574-87196666-1507
山东证监局	济南市黑虎泉西路139号胜利大厦6层	250011	0531-6106965
安徽证监局	合肥市蒙城路109号安徽地税大厦17层	230001	0551-5100866
河南证监局	郑州市纬四路东段19号广发大厦7层	450008	0371-5600126
青岛证监局	青岛市东海西路39号世纪大厦23层	266071	0532-5798502
湖北证监局	武昌区洪山路62号8栋7楼	430071	027-87302001
湖南证监局	长沙市车站北路329号证券大厦	410001	0731-2180282
江西证监局	江西省府大院南一路5号省粮食局三楼	330046	0791-6286471
广东证监局	广州市解放南路123号金汇大厦23楼	510120	020-83270717
福建证监局	福州市五四路119号嘉信大厦11层	350001	0591-7828190
广西证监局	广西南宁市桃源路67号广西石油大厦12、14楼	530021	0771-5333745
厦门证监局	厦门市湖滨南路388号国贸大厦6层	361004	0592-5165631
深圳证监局	深圳市福田区笋岗西路体育大厦东座	518028	0755-83260816
海南证监局	海口市南宝路36号国托大厦8层	570206	0898-66515231
四川证监局	成都市洗面桥街26号	610041	028-85555903
贵州证监局	贵州省贵阳市中华北路18号银海大厦北楼五层	550001	0851-6904175
云南证监局	云南省昆明市北京路577号	650051	0871-5197256
西藏证监局	西藏自治区拉萨市中和国际城滨河广场东	850000	0891-6873076
陕西证监局	西安市含光路南段28号嘉翔大楼5层	710065	029-88212809
甘肃证监局	兰州市城关区秦安路81号	730030	0931-8851612
青海证监局	西宁市解放路14号	810000	0971-8233497
宁夏证监局	宁夏银川市兴庆区上海东路9号金源大厦11、12楼	750004	0951-6736403
新疆证监局	乌鲁木齐市民主路40号附2号金新信托大厦5层	830002	0991-2826046
北京证监局	西城区北礼士路甲10号	100044	010-68330826
重庆证监局	重庆市渝中区临江支路2号合景大厦26层	400015	023-89031986

后 记

Postscript

在本书的编制过程中,我们得到了中国证监会领导的关心和指导,得到了会内外有关单位的大力支持和配合。他们是:中国证监会市场监管部、发行监管部、上市公司监管部、基金监管部、机构监管部、期货监管部、国际合作部,中国人民银行调查统计司、中国银行业监督管理委员会统计部,国家统计局国民经济核算司、综合司,上海证券交易所、深圳证券交易所、中国证券登记结算公司、上海期货交易所、大连商品交易所和郑州商品交易所。学林出版社在本书的编辑、出版及发行过程中给了我们大力支持。我们在此对上述单位表示衷心的感谢。

参加本书编写的人员有:

谢 庚 欧阳泽华 何龙灿 王春玲 刘连起 李 莹 赵 然 张 静
辛志运 余 薇 鲁素英 张文红 赵春萍 蒋建人 陆 谳 费永建
刘 俊 孙辰健 李 斌 周 晓 高 斌 申 兵 朱玉玺 徐庆雯
李 虎 王永红

中国证券监督管理委员会

2006 年 6 月